काव्यशास्त्र के मानदण्ड

काव्यशास्त्र के मानदण्ड

डॉ. रामनिवास गुप्त

वाणी प्रकाशन

वाणी प्रकाशन
4695, 21-ए, दरियागंज, नयी दिल्ली 110 002
शाखा
अशोक राजपथ, पटना 800 004
फ़ोन : +91 11 23273167 फ़ैक्स : +91 11 23275710
www.vaniprakashan.in
vaniprakashan@gmail.com
editorial@vaniprakashan.com
sales@vaniprakashan.in

KAVYASHASHRA KE MANDAND
by Dr. Ramniwas Gupt

ISBN : 81-7055-825-5 (10 Digit)
ISBN : 978-81-7055-825-5 (13 Digit)
Criticism

प्रथम संस्करण 2001
आवृत्ति संस्करण 2015
मूल्य : ₹ 395

रजोरिया प्रिंटर्स, दिल्ली-110 093 में मुद्रित

वाणी प्रकाशन का लोगो मक़बूल फ़िदा हुसेन की कूची से

अपनी बात

मनुष्य काव्यसृजन क्यों करता है, कैसे करता है, इसकी गुणवत्ता क्या है, इसका मार्ग कैसा हो, यह मानवता के लिए कहाँ तक उपयोगी है, इन प्रश्नों का उत्तर देता है काव्यशास्त्र। पुरोगामी आचार्यों ने इस विषय पर गहन चिन्तन किया और समकालीन साहित्य को दृष्टिगत करके विभिन्न मानदण्ड निर्धारित किए। कालान्तर में ये मानदण्ड ही काव्यशास्त्र का आधार बन गए। मूलतः विभिन्न विद्वानों द्वारा अभिमत मानदण्डों में कोई मतभेद नहीं है, काल और स्थितिवश उनकी कथन भंगिमा में अन्तर प्रतीत होता है। सभी आचार्यों का लक्ष्य, काव्य के माध्यम से सौन्दर्य की तलाश करना है। सौन्दर्य से अभिभूत होकर आनन्दानुभूति पाना मनुष्य की लालसा रही है। यह सौन्दर्य प्रकृति के रूपों में भी मिल सकता है, विभिन्न चेष्टाएँ भी इसका आधार बन सकती हैं। सभी कलाओं के रूप और चेष्टा के लालित्य को अंकित करने का प्रयास, कलाकार की भावभूमि को दस्तक देता रहा है। कौन कलाकार लालित्य के सोपानों की किन ऊँचाइयों को, कहाँ तक छू पाया, इसका मूल्यांकन करना काव्यशास्त्र की दृष्टि का विषय है। कलाकार की अभिव्यंजना कहाँ फिसलती नजर आई, इसके लिए काव्यशास्त्र उन्हें सावधान करता रहा। अतः काव्यशास्त्र युगों की सीमाएँ चीरता हुआ, अपनी अन्तर्भेदी दृष्टि से कला में निहित सौन्दर्य का दिग्दर्शन कराने हेतु प्रयासरत है।

प्रस्तुत पुस्तक 'काव्यशास्त्र के मानदण्ड' इस दिशा में एक लघु प्रयास है। इसमें पौर्वात्य और पाश्चात्य आचार्यों के, कला में सौन्दर्य की खोज के विभिन्न पैमानों को सारभूत रूप में प्रस्तुत करने की चेष्टा की गई है। आशा है, इसके अध्ययन से काव्यशास्त्र के विभिन्न घटकों को हृदयगम करके पाठकों के काव्यास्वादन का मार्ग सरल होगा।

–रामनिवास गुप्त

विषयसूची

विषय प्रवेश 9
काव्य का स्वरूप 13
काव्यहेतु 17
काव्य के प्रयोजन 21
काव्यगुण 25
काव्यदोष 31
शब्दशक्ति 38
मिथक और काव्य 50
कल्पना और काव्य 55
रस : परिभाषा एवं अवयव 60
रस-सिद्धान्त 81
रस-निष्पत्ति 93
ध्वनि सिद्धान्त 104
अलंकार सिद्धान्त 112
रीति सिद्धान्त 117
औचित्य सिद्धान्त 121
वक्रोक्ति सिद्धान्त 125
कला का स्वरूप और प्रकार 131
सौन्दर्य और कला 144
प्रतीक और साहित्य 148
काव्यबिम्ब 153
महाकाव्य : परिभाषा और स्वरूप 159
खण्डकाव्य : परिभाषा और स्वरूप 166
गीतिकाव्य : परिभाषा एवं स्वरूप 172

मुक्तक काव्य का स्वरूप	177
नाट्यकाव्य : परिभाषा एवं स्वरूप	183
आलोचना का स्वरूप	188
शास्त्रीय समीक्षा	195
स्वच्छन्दतावादी समीक्षा	200
मार्क्सवादी समीक्षा	205
नई समीक्षा	209
आधुनिकता बनाम समकालीनता बोध	214
आलोचक के गुण	219
आलोचक रामचन्द्र शुक्ल	225
आलोचक नन्ददुलारे वाजपेयी	232
आलोचक हजारी प्रसाद द्विवेदी	239
आलोचक रामविलास शर्मा	244
आलोचक डॉ. नगेन्द्र	250
काव्य सत्य–प्लेटो एवं अरस्तू के सन्दर्भ में	255
अनुकरण-सिद्धान्त	260
त्रासदी	265
विरेचन-सिद्धान्त	275
हौरेस का औचित्य सिद्धान्त	280
लौंजाइनस का उदात्त-तत्त्व	286
डॉ. जानसन–काव्य सिद्धान्त	291
क्रोचे–अभिव्यंजनावाद	296
टी.एस.इलियट–निर्वैयक्तिकता सिद्धान्त	301
कॉलरिज के काव्य सिद्धान्त	306
विलियम वर्ड्स्वर्थ के काव्य सिद्धान्त	312
आई.ए.रिचर्ड्स–काव्य सिद्धान्त	318
मैथ्यू आर्नल्ड के काव्य सिद्धान्त	328
यथार्थवाद	333
अस्तित्ववाद	338

विषय-प्रवेश

जीवन की भौतिक यातनाओं से मुक्ति हेतु साधन उपलब्ध हो जाने पर मानव को विराट प्रकृति के अन्दर झाँकने का अवकाश प्राप्त हुआ। उसने देखा कि प्रत्यूष वेला में एक स्वर्णघट का विहान समस्त विश्व को स्वर्णिम रेखाओं से सौन्दर्य में लपेट लेता है और गोधूलि वेला में सारी प्रकृति को अपने राग में रंजित करता हुआ वह, स्वर्णगोलक की भाँति विशाल सागर के अतल में तिरोभूत हो जाता है। फिर आसमान से उतरती सन्ध्या का अन्धकार सहसा सृष्टि के समस्त रूपों को पोंछ डालता है और रजत का एक टुकड़ा अपनी ज्योत्स्ना छिटककर कोमलकान्ति का सृजन करके धरती के जीवन में नए प्राणों की स्फूर्ति का संचार कर देता है। नभ पर छिटके बूँद-बूँद तारक जीवन की आँख मिचौनी की क्रीड़ा करने लगते हैं। सारी प्रकृति चमत्कृत होकर इस खेल को निर्निमेष देखती रहती है। इस सौन्दर्य को देखने की उत्सुकता में कलियाँ आँखें खोलकर झाँकने लगती हैं और पादपों के कोमल पल्लव इससे रंजित हो उठते हैं। नदियाँ कल-कल करती हैं और सागर की लहरें हिलोरें मारने लगती हैं। प्रकृति के इस सौन्दर्य की अनुभूति को मनुष्य अपनी शब्दार्थमयी वाणी से अभिव्यक्ति प्रदान करता आया है। इसलिए हमारे आचार्यों ने शब्दार्थ के सहभाव में संश्लिष्ट सौन्दर्य को ही काव्य कहा है। सौन्दर्य के बिना शब्दार्थ केवल बातचीत की संज्ञा प्राप्त कर पाता है। धीरे-धीरे मनुष्य को अपने अन्तर्जगत् की हलचल का अहसास हुआ और जीवन के यथार्थ की आन्तरिक अनुभूतियाँ उसके प्राकृतिक सौन्दर्य की अनुभूतियों में संश्लिष्ट हो गईं। यहीं से काव्य में प्रकृति सौन्दर्य के माध्यम से मानवीय भावों और व्यवहारों को देखने की प्रक्रिया आरम्भ हुई। जब काव्य का विश्लेषण होने लगा और जीवन में इसकी उपादेयता आँकने के लिए काव्य-चिन्तन की प्रक्रिया आरम्भ हुई तो इसे **साहित्य समीक्षा का उद्भव** कहा गया।

सबसे पहले काव्य में निहित उस तत्त्व की तलाश हुई जो मानव हृदय को सबसे अधिक प्रभावित कर पाया। **भरत** ने **नाट्यशास्त्र** में इसे **रस** की संज्ञा प्रदान की। फिर सोचा गया कि काव्यानन्द का आश्रयभूत तत्त्व क्या है ? **भामह** ने कहा कि शब्द और अर्थ से रस की प्राप्ति होती है, परन्तु यह कथन कुछ अधूरा मालूम

पड़ा। अतः कहा गया कि शब्दार्थ में सौन्दर्य की अन्विति होने पर ही आनन्द की प्राप्ति होती है। इस सौन्दर्य को **अलंकार** का नाम दिया गया और अनेक आचार्यों ने सौन्दर्य की व्याख्या हेतु कितने ही ग्रन्थ रच डाले। चूँकि आचार्यों का लक्ष्य सौन्दर्य का अर्थ स्पष्ट करना था, अतः उन्होंने 'काव्यालंकार' नामक ग्रन्थों की रचना की, इसीलिए **वामन** का कहना है कि काव्यविवेचन सम्बन्धी ग्रन्थों को 'काव्यालंकार' की संज्ञा इसलिए दी जाती है कि इनमें काव्यगत सौन्दर्य का निर्देश और आख्यान रहता है। सौन्दर्य के कारण ही काव्य साध्य होता है। **काव्यं ग्राह्यमलंकारात् सौन्दर्यमलंकार** (काव्यालंकार सूत्र)। यही कारण है कि भामह, वामन, रुद्रट, आदि के ग्रन्थों के नाम क्रमशः काव्यालंकार, काव्यालंकारसूत्र, काव्यालंकार, अलंकार-सर्वस्व आदि रखे गए। इसके बाद अलंकार शब्द को सौन्दर्य के व्यापक अर्थ से हटाकर उपमादि अलंकारों में सीमित कर दिया गया तो आचार्यों ने अपनी कृतियों के नाम काव्यशब्द को आश्रित करके रखे। दण्डी का 'काव्यादर्श', राजशेखर का 'काव्यमीमांसा', मम्मट का 'काव्यप्रकाश' हेमचन्द्र का 'काव्यानुशासन' आदि नाम इसी दृष्टि के परिणाम हैं। अब काव्य के लिए साहित्य शब्द भी आरूढ़ हो गया। अतः विश्वनाथ के ग्रन्थ का नाम 'साहित्यदर्पण' मिलता है। कुछ आचार्यों ने काव्य के मूलभूत तत्त्व के आधार पर भी काव्यविवेचन ग्रन्थों के नाम ग्रहण किए। आनन्दवर्धन का 'ध्वन्यालोक', जगन्नाथ का 'रसगंगाधर' आदि नाम इसी विचार के द्योतक हैं, परन्तु इन सभी ग्रन्थों का लक्ष्य काव्य का सौन्दर्य प्रदान करने वाले तत्त्वों की व्याख्या करना रहा। काव्य के इस सौन्दर्य की समीक्षा के लिए एक नाम और प्रयुक्त किया गया है जिसे आज भी प्रयोग में लाया जाता है। **भोजराज** ने इसे **काव्यशास्त्र** कहा। यदि ध्यान से देखा जाए तो प्रतीत होता है कि काव्यशास्त्र का अर्थ काव्य अनुशासन या काव्य ज्ञान सम्बन्धी नियमन सिद्धान्त ही तो है। जैसे धर्मशास्त्र में धर्म का आदेश होता है और ज्योतिषशास्त्र में दीप्तिमान ग्रहों और नक्षत्रों का वैज्ञानिक निरूपण किया जाता है, उसी प्रकार काव्यशास्त्र में काव्य के सौन्दर्य विषयक अंगों की अनुशासित विवेचना रहती है। अतः **हेमचन्द्र** के **काव्यानुशासन** और **भोजराज** द्वारा प्रयुक्त **काव्यशास्त्र** में कोई अर्थभेद नहीं है। **राजशेखर** का **काव्यमीमांसा** शब्द भी इसी अर्थ का सूचक है। **हेमचन्द्र** ने 'शब्दानुशासन' नाम से व्याकरण के ग्रन्थ और 'छन्दानुशासन' नाम से छन्द सम्बन्धी ग्रन्थ की रचना की थी। इन्होंने इनके नाम के आधार पर, काव्यसमीक्षा करने वाली कृति का नाम काव्यानुशासन रख दिया। इस प्रकार काव्यालोचन, काव्यमीमांसा, काव्यानुशासन, काव्यशास्त्र आदि शब्दों में कोई अर्थ भिन्नता नहीं है, अतः काव्य के विवेचन के लिए इनमें से किसी शब्द विशेष का आग्रह अपेक्षित नहीं।

हिन्दी साहित्य के आधुनिक काल में काव्य के स्वरूप और इसके विभिन्न अंगों की विवेचना के लिए साहित्य **समीक्षा शब्द** आरूढ़ हो गया। **साहित्य समीक्षा**

का अर्थ है--**साहित्य के विभिन्न तत्त्वों का चिन्तन**। समीक्षा पद में 'सम' उपसर्ग और 'ईक्षा' पद है। 'सम' का अर्थ है--उचित और 'ईक्षा' का तात्पर्य है--चिन्तन। अतः साहित्य के विषय में 'उचित चिन्तन' समीक्षा है। समीक्षा का लक्ष्य व कार्य वही है जो किसी समय काव्यालंकार, काव्यानुशासन, काव्यशास्त्र आदि का था, अपितु रस में भी कहीं व्यापक हो गया है। साहित्य समीक्षा में साहित्य का चिन्तन भाव है केवल आदेश नहीं। इसके सैद्धान्तिक पक्ष में काव्यशास्त्र के सभी कार्य समा जाते हैं, परन्तु व्यावहारिक समीक्षा आज के युग की नई पद्धति है। इसके अन्तर्गत किसी कृति के साहित्य सौन्दर्य का व्यावहारिक कथन होता है।

आधुनिक समीक्षकों ने काव्यशास्त्र अर्थात् साहित्य समीक्षा के विषय में अपने विचार व्यक्त किए हैं। **डॉ. भगीरथ मिश्र** का कहना है कि जिसमें काव्य के नियमों, सिद्धान्तों, वर्गीकरण, भेद-प्रभेद, मानदंड, प्रयोजन आदि पर व्यापक रूप से विचार किया जाता है, वह काव्यशास्त्र है। **डॉ. गणपतिचन्द्र गुप्त** ने काव्यशास्त्र के स्थान पर साहित्य विज्ञान शब्द का प्रयोग किया है। इनका मत है कि जिस प्रकार काव्य या साहित्य का शास्त्रीय विवेचन काव्यशास्त्र या साहित्यशास्त्र कहलाता है, वैसे ही साहित्य का वैज्ञानिक विवेचन 'साहित्यविज्ञान' कहा जा सकता है। इसके सिद्धान्त पक्ष में साहित्य के स्वरूप का विश्लेषण एवं साहित्यसर्जन एवं प्रक्रिया का विश्लेषण और साहित्य की आस्वादन प्रक्रिया का विश्लेषण--इन तीन अंगों का विवेचन वांछनीय है। डॉ. नगेन्द्र का विचार है कि काव्यशास्त्र सृजनात्मक साहित्य का वाचक है। वह काव्य सम्बन्धी तथ्यों और नियमों का आकलन मात्र न होकर काव्य का दर्शन है जिसके माध्यम से मानव सत्य का अनुसन्धान किया जाता है।

उपर्युक्त कथनों में कोई मौलिक भेद नहीं है। साहित्यशास्त्र, काव्यशास्त्र, साहित्यविज्ञान आदि विभिन्न शब्दों के प्रयोग से साहित्य के चिन्तन पक्ष में कोई परिवर्तन नहीं होता। लेबल बदल देने से वस्तु के गुण नहीं बदल जाया करते। इन सबका लक्ष्य एक ही है।

कुछ लोग काव्यशास्त्र और साहित्य समीक्षा में भिन्नता बताने में श्रेय समझते हैं। काव्यशास्त्र के नाम से उनके मस्तिष्क पर प्राचीन आचार्यों के सिद्धान्तों का हौआ मँडराता है। वे काव्यशास्त्र के नाम पर भारतीय व पाश्चात्य विचारकों के सिद्धान्तों का उल्टा सीधा कथन करने में अपना महत्त्व मान बैठते हैं। वे नहीं समझ पाते कि किसी युग में उन आचार्यों द्वारा कथित काव्यानुशासन उस युग की साहित्य समीक्षा ही थी। हमें प्राचीन सिद्धान्तों के विवेचन में ही आज के साहित्य के चिन्तन की इतिश्री नहीं मान लेनी चाहिए। जैसे-जैसे साहित्य निरन्तर विकासमान होता है, वैसे ही समीक्षा भी विकसित होती चली जाती है। जो वस्त्र हमने बचपन में बनवाए थे, वे आज की परिस्थिति में छोटे पड़ जाएँगे। इसी तरह पुराने समय की जो साहित्यिक गतिविधियाँ थीं, उस समय का काव्यानुशासन उसी के योग्य था। अब जबकि मनुष्य

के जीवन के क्रियाकलापों और अभिव्यक्ति में गुणात्मक अन्तर आ गया है, वहाँ पुराना काव्यशास्त्र छोटा प्रतीत होता है। अतः इसे व्यापक धरातल पर ग्रहण करने के लिए साहित्य समीक्षा शब्द की भूमि पर उतरना होगा। अब अलंकारों के मोह, रीति के भेद, वक्रोक्ति के प्रकार, ध्वनि के हजारों विभेद व रूपक के 24 प्रकारों में सन्धि अवस्था, अर्थप्रकृति आदि का परिज्ञान, लक्षणा शब्द शक्ति के 80 प्रकार के रूपों की परिगणना, नायिका नखशिख वर्णन, अरस्तू के विरेचन आदि सिद्धान्तों को लेकर काव्यशास्त्र के नाम पर दाँत किटकिटाना कितना उपयोगी होगा ? पाठकों को इस पर स्वयं विचार करना चाहिए कि इन सबकी कितनी उपयोगिता है। आज के हिन्दी साहित्य को समय की गति पहचान कर ही मार्ग का अनुसरण करना चाहिए। **कालिदास** का कथन है, "कोई वस्तु पुरानी है, अतः आदरणीय है और कोई वस्तु नई है, अतः ग्राह्य नहीं, इस प्रकार का विचार बुद्धिमत्तापूर्ण नहीं होता। विद्वान् तो गुण देखकर किसी वस्तु को ग्रहण करते हैं।" आज हम हिन्दी के व्यापक साहित्य के आधार पर साहित्य की विभिन्न विधाओं को परिभाषित करने और उनका साहित्यिक विवेचन दे पाने में सक्षम नहीं, परन्तु साहित्य समीक्षा के बोझ से दबा डालते हैं। मेरा कहने का भाव यही है कि आज की हिन्दी समीक्षा, हिन्दी का काव्यशास्त्र ही है और काव्यशास्त्र का प्रयोग इस युग में आउटडेटिड हो गया है। अतः साहित्य के चिन्तन हेतु जो कुछ हुआ है और हो रहा है, उसे साहित्य समीक्षा ही समझना चाहिए।

आज हिन्दी में काव्य का अर्थ कविता समझा जाने लगा है। अब गद्य रचनाएँ—नाटक, उपन्यास, कहानी, निबन्ध, संस्मरण आदि को काव्य नहीं कहते और न ही इसके रचनाकार कवि कहलाते हैं। ऐसी स्थिति में काव्यशास्त्र के अन्तर्गत बताई गईं विशिष्ट बातें केवल कविता तक सीमित रह जाएँगी। इससे हिन्दी साहित्य का अहित होगा। हमें ध्यान रखना चाहिए कि आधुनिक युग में काव्य का अर्थ संकुचित हो गया है। अतः इसके स्थान पर साहित्य शब्द का प्रयोग सर्वथा उचित है। काव्यशास्त्र के स्थान पर साहित्य समीक्षा पदों का कथन ही समीचीन है फिर भी काव्यशास्त्र का प्रयोग एकदम बहिष्कार्य नहीं। व्यापक अर्थ में काव्य शब्द उन सभी विधाओं का द्योतक है जो साहित्य के भीतर सन्निविष्ट हैं।

काव्य का स्वरूप

हमारे देश में 'साहित्य' और 'काव्य' शब्द पर्याय रहे हैं। भारतीय मनीषियों ने साहित्य के लिए 'काव्य' शब्द का प्रयोग किया है। **भामह** ने काव्य का लक्षण देते हुए **'काव्यालंकार'** में लिखा है–

'शब्दार्थौ सहितौ काव्यम्।'

शब्द व अर्थ के उचित सहभाव का नाम काव्य है। शब्द और अर्थ के समुचित सहभाव का तात्पर्य शब्द और अर्थ की उस संश्लिष्टात्मक स्थिति से है जिसमें उपयुक्त शब्द से उपयुक्त और आह्लादकारी अर्थ की प्राप्ति हो।

राजशेखर ने **'काव्यमीमांसा'** में 'काव्य' शब्द के स्थान पर 'साहित्य' शब्द प्रयोग किया है–

'साहित्य पंचमी विद्या।
शब्दार्थयोः यथावत्, सहभावेन, साहित्य-विद्या...।'

भर्तृहरि के समय में 'काव्य' को 'साहित्य' का नाम दिया जा चुका था–

'साहित्य संगीत-कलाविहीनः।'

इन सबका उद्देश्य शब्द व अर्थ के सहभाव को प्रकट करना था। शब्द और अर्थ के समुचित सहभाव के मूल में उसका जीवनोपयोगी और आह्लादकारी होने का विचार स्वतः निहित है, अन्यथा औचित्य का कोई अर्थ नहीं रहता।

साहित्य, जहाँ शब्द और अर्थ का आनन्द विधायक रूप प्रकट करता है वहाँ उसमें कल्याण की भावना भी विद्यमान है। भामह का विचार था कि शब्द और अर्थ के उचित सहभाव में चारुता का माध्यम अलंकार है ! इसलिए उन्होंने साहित्य का आत्म-तत्त्व शब्दालंकार और अर्थालंकार स्वीकार किया। **कुन्तक** ने 'वक्रोक्तिजीवितम्' में इस अर्थ को अधिक स्पष्ट करते हुए लिखा है–

'हृदयाह्लादकारकश्चित्तानन्द-जनकः काव्यबन्धः।'

अर्थात् काव्य **हृदय को आह्लादित करता है** और चित्त में आनन्द जगाता है।

साहित्य की उपर्युक्त परिभाषा का विरोध सम्पूर्ण काव्यशास्त्र में कहीं पर भी

नहीं हुआ। परवर्ती काव्यशास्त्रकारों का विवाद विषय यही रहा कि साहित्य (काव्य) के आनन्दमय और हितकारक रूप को स्थिर करने वाला मूल तत्त्व क्या है ? इसीलिए चिन्तन का विषय काव्य की परिभाषा नहीं, अपितु काव्य के सारभूत तत्त्व का अन्वेषण करना था।

दण्डी ने काव्य के लक्षण के विषय में लिखा है—

'शरीरम् इष्टार्थव्यवच्छिन्ना पदावली।' —काव्यादर्श

अर्थात् अर्थ से युक्त पदावली काव्य का शरीर है। यह तो प्रत्यक्ष है कि साहित्य की अभिव्यक्ति पदों के माध्यम से होती है। अतः पदावली साहित्य का बाह्य रूप है, परन्तु इस पदावली द्वारा इष्ट अर्थ सम्प्रेषित करना साहित्य की विशेषता है। यह इष्ट अर्थ वही हो सकता है जो सम्पूर्ण मानव जीवन के लिए आह्लादकारी और कल्याणमय हो, अतः जो बात भामह ने कही है, **दण्डी** भी उसे ही दुहराते हैं, केवल शब्दों के प्रयोग में भिन्नता है। **दण्डी** इस इष्टार्थ का जनक अर्थालंकार मानते हैं। बात वहीं आ जाती है कि शब्द और अर्थ के समुचित सहभाव अथवा इष्टार्थ से युक्त पदावली कैसी है ? इनमें फर्क इतना ही है कि भामह शब्दालंकार और अर्थालंकार, दोनों को समान महत्त्व देते हैं जबकि दण्डी केवल अर्थालंकारों को। इसलिए विवाद आत्मस्थानीय स्थिति का है।

वामन ने 'काव्य' के विषय में कहा है—'काव्यशब्दोऽयम् गुणालंकार-संस्कृतयोः शब्दार्थयोः वर्तते। भक्त्या तु शब्दार्थमात्रवचनोऽत्र गृह्यते।'

अर्थात् गुण और अलंकार से युक्त शब्दार्थ ही काव्य है। केवल शब्दार्थ को काव्य मानने की परिपाटी लाक्षणिक है। मूलतः वामन भी शब्द व अर्थ के सहभाव को काव्य मानते हैं, परन्तु इस सहभाव का औचित्य उनकी दृष्टि में तभी हो सकता है जब काव्य में गुण और अलंकारों का समावेश होता कि गुण और अलंकार के माध्यम से शब्दार्थ में चमत्कार, आह्लाद और कल्याण की प्राप्ति हो सके, इसीलिए वे कहते हैं—

'काव्यशोभायाः कर्त्तारः धर्मा गुणाः।
तदतिशयहेतवस्त्वलंकाराः।।'

अर्थात् काव्य में चारुत्व जनकता गुणों से होती है और अलंकार इस चारुता के लिए अपेक्षित है।

'ध्वन्यालोक' में **आनन्दवर्धन** ने काव्यत्व के लिए शब्द और अर्थ का सहभाव आवश्यक बताया है—

'शब्दार्थयोः साहित्येन काव्यत्वे...।'

वे कहते हैं—

'सहृदय-हृदयाह्लादि शब्दार्थमयत्वमेव काव्यलक्षणम्'

अर्थात् वह शब्दार्थमय रचना जिसमें रसिक जनों के मन को आनन्दित करने

की क्षमता हो, काव्य है। आह्लाद का अभिप्राय उस आनन्द से है जो मन के प्रसादन के साथ-साथ हित को अपेक्षित रखे। **आनन्दवर्धन** काव्य में सौन्दर्य को आत्मभूत तत्त्व स्वीकार करते हैं। सौन्दर्य से ही आह्लाद और कल्याण की प्राप्ति सम्भव है, अन्यथा इस सौन्दर्य का कोई औचित्य ही नहीं। इसी सारभूत तत्त्व को **उन्होंने ध्वनि, प्रतीयमान आदि शब्दों से सम्बोधित किया है**। इस प्रकार आनन्दवर्धन भी भामह द्वारा कथित काव्य लक्षण को ज्यों का त्यों स्वीकार करते हैं। विवाद केवल इस बात का है कि शब्द और अर्थ के समुचित सहभाव की अभिव्यक्ति का विधायक तत्त्व कौन सा है, **भामह** ने इसे शब्दालंकार एवं अर्थालंकार कहा है, **दण्डी** ने अर्थालंकार, **वामन** ने गुण तथा अलंकार और **आनन्दवर्धन** ने प्रतीयमान अर्थ।

आचार्य **मम्मट** काव्य के लक्षण के विषय में 'काव्यप्रकाश' में कहते हैं–

'तददोषौ शब्दार्थौ सगुणावानलंकृति पुनः क्वापि।'

अर्थात् शब्दार्थ का वह सहभाव, जिसमें दोष न हों, गुणों की विद्यमानता हो और अलंकारों का सहयोग हो या न भी हो, वह काव्य है। दोष न होने, गुणों की अपेक्षा और अलंकारों का महत्त्व, ये सब शब्दार्थ के समुचित सहभाव के विधायक हैं।

आचार्य **विश्वनाथ** का विचार है कि कोई रचना तभी काव्य बन सकती है जब उसमें रसात्मकता की क्षमता हो–

'वाक्यम् रसात्मकम् काव्यम्।'

अर्थात् आह्लादजनक शब्दार्थमयी कृति काव्य है। यह पहले ही कहा जा चुका है कि आह्लाद का औचित्य तभी है जब वह मानव के लिए हितकारी भी हो।

पंडित **जगन्नाथ** के विचार में काव्य का लक्षण है–

'रमणीयार्थ-प्रतिपादकः शब्दः काव्यम्।'

अर्थात्, रमणीय अर्थ का प्रतिपादक शब्द काव्य है। यह अर्थ की रमणीयता क्या है ? इसके विषय में उनका कहना है–

'रमणीयता च लोकोत्तराह्लादजनकज्ञानगोचरता।'

अर्थात् जिससे लोकोत्तर आह्लाद की प्राप्ति हो, उसे रमणीयता कहते हैं।

इस प्रकार भामह ने जहाँ शब्द व अर्थ का समुचित सहभाव काव्य का लक्षण निर्धारित किया था, वहीं सभी परवर्ती काव्यलक्षणकारों ने उस सहभाव को स्फुट रूप में कहने के लिए विभिन्न परिभाषाएँ दे डालीं। वस्तुतः इन परिभाषाओं में किंचित भी मौलिक भेद नहीं। सभी का उद्देश्य इस बात को स्पष्ट करना है कि काव्य में आह्लादजनकता के लिए कौन से तत्त्व अपेक्षित हैं, अतः संस्कृत के मनीषियों द्वारा निर्धारित काव्य अथवा साहित्य का लक्षण यही है।

शब्द और अर्थ का समुचित सहभाव जो सहृदयों **के मन को आह्लादित** करे, काव्य है। इस आह्लादजनकता में शब्दालंकार, अर्थालंकार, गुण, रीति, वक्रोक्ति, ध्वनि,

व्यंजना, दोष रहितत्व आदि अनेक तत्त्व उपकारक हो सकते हैं। इसीलिए सभी काव्य लक्षण ग्रन्थों में अलंकार, गुण, रस आदि की व्याख्या की गई है।

संस्कृत में काव्य लक्षण ग्रन्थ प्रणेताओं के प्रभाव से हिन्दी के समीक्षकों ने भी साहित्य की परिभाषा में मूलतः वही चिन्तन ग्रहण किया जो परम्परा से प्राप्त हुआ। **गुलाबराय** का मत है कि "साहित्य संसार के प्रति हमारी मानसिक प्रतिक्रिया अर्थात् विचारों, भावों और संकल्पों की अभिव्यक्ति है। वह हमारे किसी न किसी प्रकार के हित का साधन करने के कारण संरक्षणीय हो सकती है।"

प्रेमचन्द जी का कथन है कि साहित्य जीवन की आलोचना है। हजारीप्रसाद द्विवेदी मानते हैं कि साहित्य जीवन की वास्तविकता की उपेक्षा करके सजीव नहीं रह सकता। डॉ. नगेन्द्र का कहना है कि साहित्य आत्माभिव्यक्ति है। आत्माभिव्यक्ति ही आनन्द है, रस है और रस जीवन का सबसे बड़ा पोषक है।

इन सभी परिभाषाओं के मूल में हित और रस की बात निहित है जिसे प्राचीन आचार्यों ने पहले ही स्वीकार कर लिया था।

पश्चिमी समालोचक साहित्य के विषय में समय-समय पर जो परिभाषाएँ देते रहे हैं, उनका स्वरूप भी हित और आनन्द, इन्हीं दो तत्त्वों पर आधारित है। **जानसन** का कहना है कि साहित्य में सत्य एवं आनन्द तथा कल्पना व बुद्धि का योग पाया जाता है। **विल्सन** मानते हैं कि साहित्य भावनाओं के रंग में रंजित बुद्धि का व्यापार है। **सिडनी** का कथन है कि साहित्य का ध्येय आनन्द और शिक्षा प्रदान करना है। **फोर्ड मेडाकस** ने साहित्य के मूल में आनन्द का सर्वाधिक महत्त्व स्वीकार किया है जबकि **एमर्सन, मैथ्यू आर्नल्ड, हडसन** आदि हित व जीवनमूल्यों को अधिक महत्त्व देते हैं।

निष्कर्षतः कहा जा सकता है कि भारतीय आचार्यों द्वारा साहित्य के मूल में रमणीयता, आनन्द और हित का जो विचार व्यक्त किया गया, वह शाश्वत व सार्वभौमिक है।

काव्यहेतु

भारतीय काव्यशास्त्र में काव्यसृजन की प्रक्रिया का पृथक् विवेचन नहीं मिलता। काव्यहेतु प्रसंग, काव्यप्रयोजन कथन तथा कुछ अन्य स्थलों पर इसके विषय में प्रकाश डाला गया है। ये काव्यहेतु ही काव्य के स्वरूप का निर्धारण करते हैं।

सर्वप्रथम **भामह** ने काव्य के सृजन के विषय में कहा–

'गुरुपदेशादध्येतुम् शास्त्रं जड़धियोऽप्लम्।
काव्यतु जायते जातुक कस्यचित् प्रतिभावतः।।'

अर्थात् मूर्ख भी काव्यशास्त्र को गुरु से पढ़ सकता है, किंतु इसका प्रादुर्भाव तो किसी प्रतिभाशाली के हृदय में होता है। लेकिन भामह ने कवि से अपेक्षा रखी है कि वह शास्त्रों का ज्ञाता हो। इसके बाद **दण्डी** ने काव्यसृजन में प्रतिभा, शास्त्रज्ञान व अभ्यास को काव्यहेतु स्वीकार किया है। **वामन** भी लोकव्यवहार ज्ञान, शास्त्रज्ञान व प्रतिभा आदि को ही काव्य के हेतु मानते हैं। आचार्य **मम्मट** ने इन सभी बातों को निम्नलिखित श्लोक में संकलित कर दिया है–

'शक्तिर्निपुणता लोकशास्त्रकाव्याद्यवेक्षणात्।
काव्यज्ञशिक्षयाऽभ्यास इति हेतुस्तदुद्भवे।।'

अर्थात् शक्ति, प्रतिभा, लोककाव्यशास्त्र आदि का ज्ञान तथा काव्यमर्मज्ञों से प्राप्त शिक्षा का अभ्यास–ये तीन तत्त्व काव्यरचना के हेतु है। उन्होंने इन तीनों के समन्वित रूप को महत्त्व दिया है।

प्रतिभा–प्रतिभा के विषय में **रुद्रट** का मत है कि एकान्त मन में विस्फुरित विभिन्न वर्ण्य विषयों की अनायास अभिव्यक्ति प्रतिभा है। **भट्टतौत** वर्ण्यविषयों को नए रूपों में उद्घादित करने वाली बुद्धि को प्रतिभा मानते हैं–

'प्रज्ञा नवनवोन्मेषशालिनी प्रतिभा मता।'

अभिनवगुप्त का विचार है कि अपूर्व वस्तु के निर्माण में प्रतिभा ही समर्थ होती है–

'प्रतिभापूर्ववस्तुनिर्माणक्षमा प्रज्ञा।'

इस प्रतिभा को **मम्मट** ने कवित्व निर्माण के बीज रूप विशिष्ट संस्कार के

रूप में देखा है–

'शक्तिः कवित्वबीजः संस्काररूपः।'

'रसगंगाधर' में **जगन्नाथ** इसे काव्यरचना के अनुकूल शब्दार्थ की प्रस्तुति कहते हैं। राजशेखर के अनुसार प्रतिभा दो प्रकार की होती है। **कारयित्री** प्रतिभा से काव्य की निर्मिति सम्भव है जो कवि हृदय में रहती है और **भावयित्री** प्रतिभा सहृदय जन में होती है जिसके आधार पर वह काव्य का आस्वादन करता है। **रुद्रट** इस प्रतिभा को **सहजा** और **उत्पाद्य** मानते हैं। उनकी दृष्टि में सहजा प्रतिभा कारयित्री प्रतिभा ही कवि का सम्बल होती है। व्युत्पत्ति और अभ्यास सहायक तो हैं, पर इनके बल पर काव्यसृजन सम्भव नहीं। इसलिए **दण्डी** ने कहा कि किसी रचना में कवि की शक्ति के अभाव से उत्पन्न दोष शीघ्र दिखाई दे जाता है। **जयदेव** का मत है कि जिस प्रकार लता को उत्पत्ति के लिए **मिट्टी**, जल व बीज आवश्यक है, उसी प्रकार काव्यरचना का कारण व्युत्पत्ति और अभ्यास से युक्त प्रतिभा है। **हेमचन्द्र** आदि आचार्य प्रतिभा को काव्यसृजन में प्रमुख मानते हुए भी व्युत्पत्ति तथा अभ्यास को वांछनीय समझते हैं। इस प्रकार मूलतः सभी आचार्य काव्यरचना हेतु के विषय में एक ही बात कहते हैं कि **प्रतिभा काव्य के सृजन का मूल बिन्दु है,** परन्तु **शास्त्रज्ञान और काव्याभ्यास भी आवश्यक है।** प्रतिभा वह वस्तु है जिसके लिए एक ही विषय पर विभिन्न कवियों द्वारा किया गया काव्यसृजन भिन्न हो जाता है। काव्य रचना करते समय कवि की निजी प्रकृति भी उसका साथ देती चलती है। इसलिए विभिन्न कवियों की कृतियों में रसों की अभिव्यक्ति विभिन्न दशाओं में विशिष्ट होती है। **भवभूति** के स्वभाव में करुणा की प्रधानता है, अतः उत्तररामचरित में वे करुण रस का सुन्दर अंकन करते हैं, परन्तु **महावीरचरितम्** तथा **मालतीमाधवम्** में क्रमशः वीर व श्रृंगार का उद्रेक करने में उन्हें उतनी सफलता नहीं मिलती।

काव्य प्रयोजन के प्रसंग में आचार्य **मम्मट** ने कवि को यश, अर्थ और **अनर्थनिवृत्ति** का अधिकारी माना है। व्यवहार ज्ञान और कोमल उपदेश का अधिकारी सहृदय व्यक्ति है, किन्तु इन सबसे ऊपर 'सद्यः परनिवृत्ति' अर्थात् आह्लादप्राप्ति (रसास्वादन) प्रयोजन है। इसके अधिकारी कवि और सहृदय, दोनों हैं। इस सिद्धान्त के अनुसार काव्य निर्माण के समय कवि के लिए कोई घटना विशिष्ट न रहकर साधारण बन जाती है और लौकिक कारण-कार्य एवं सहकारी कारण क्रमशः विभाव, अनुभाव और संचारी भाव बन जाते हैं। किसी भी दर्शक के समान कवि के लिए अर्जुन के समान पुत्र विरह में कोई पिता बन जाता है और अभिमन्यु विशिष्ट पुत्र न रहकर कोई पुत्र बन जाता है। इस प्रकार अभिमन्यु वध की घटना कवि के लिए देशकाल की सीमा से परे हो जाती है। कवि निजत्व, परत्व और उदासीनता के बन्धन से मुक्त हो जाता है। यह स्थिति पूर्ववर्ती रागद्वेष से मुक्त होती है। अब उनका शोक, विभावादि का संयोग पाकर करुण रस में निष्पन्न हो जाता है। इस स्थिति में कवि साधारणीभूत

घटनाचक्र को वाणी देने में समर्थ हो सकता है। इसी क्षण उसका दुहरा व्यक्तित्व होता है। रसास्वादन के कारण वह सहृदय कहलाता है और काव्यनिर्मिति के कारण कवि है।

कवि के लिए लेखनकर्म अपने रस के साथ चलने वाली बाह्य क्रिया है, किंतु जब कवि के भावानुकूल समुचित शब्द नहीं मिलता तो उसके आस्वादन में बाधा पहुँचती है। सामान्यतः समाधिस्थ होकर लिखने वाले कवि के लिए शब्दचयन की आवश्यकता नहीं रहती। उसे विषयानुकूल वाक्यविन्यास स्वतः मिलता रहता है। वह मानस पटल पर शब्द और विषय, दोनों को संश्लिष्ट मानता है। केवल उच्चारण के समय वर्णों के क्रमिक उच्चारण द्वारा पदों की अभिव्यक्ति होती है। कवि इसी शब्द को वाणी देता है। इस प्रकार चित्त की एकाग्रता भी काव्य का हेतु है। कालिदास ने प्रकारान्तर से इसे अनेक स्थलों पर व्यक्त किया है। **मालविकाग्निमित्रम्** में चित्त की एकाग्रता की शिथिलता के कारण चित्रकार मालती का अंकन करने में असमर्थ रहा–

'चित्रगतायामस्यां कान्तिविसंवादशंकि मे हृदयम्।
सम्प्रति शिथिलसमाधिं मन्ये येनेयमालिखिता।।'

राजा अग्निमित्र को चित्रलिखित मालविका के सौन्दर्य में वितर्क हो रहा था। वह इसका कारण चित्रकार की समाधि की शिथिलता ही समझता है। काव्य में कवि की अभिव्यक्ति वहीं सफल मानी जाती है जिसमें सौन्दर्यजनक उपकरण सहजभाव में प्रयुक्त हों और इस सहजभाव का आधार चित्त की एकाग्रता है। प्रतिभावान कवि के सामने एक के बाद एक सौन्दर्य उपकरण बिना अभ्यास के बँधे चले आते हैं, काव्य का आधार भाव है और यह कवि की अन्तःप्रकृत्ति को प्रकाशित करते हैं। इसीलिए एक ही कथानक पर आधारित विभिन्न कवियों की रचनाओं में कथा के पात्र अलग-अलग दिखाई देते हैं। वाल्मीकि, कालिदास, भवभूति, तुलसीदास, मैथिलीशरण गुप्त आदि के राम एक ही कथानक से सम्बद्ध होने पर भी पृथक्-पृथक् हैं क्योंकि इनकी निर्मिति अलग-अलग मानसिक धरातलों पर हुई है। दर्शक अथवा पाठक का सम्बन्ध ऐतिहासिक पात्रों से न होकर कवि निर्मित पात्रों से होता है और साधारणीकरण के व्यापार से स्थायी भावों के आस्वादन में सहायक बनता है।

आधुनिक समीक्षकों ने काव्यसृजन के लिए कल्पना तत्त्व, भावतत्त्व, विचारतत्त्व व शैली तत्त्व हेतु स्वीकार किए हैं। मूलतः भारतीय आचार्यों द्वारा कथित हेतुओं के साथ इनका पूर्ण तादात्म्य है। केवल शब्दों के कहने में थोड़ा अन्तर है। कवि की प्रतिभा ही वह कल्पना तत्त्व है जिसमें काव्यनिर्मिति सहज रूप में होती है। भावतत्त्व को काव्य का आधार मानकर तो सम्पूर्ण नाट्यशास्त्र की रचना हुई है। रसनिष्पत्ति का आधार ही स्थायी भाव, संचारी भाव व अनुभाव हैं। सभी काव्यशास्त्र प्रणेताओं ने भावों की विशद व्याख्या की है। जहाँ तक विचार तत्त्व का प्रश्न है, **दण्डी** ने

लोककाव्य, शास्त्रज्ञान और **रुद्रट** व **जयदेव** ने व्युत्पत्ति शब्दों के माध्यम से विचारतत्त्व को काव्यहेतु बनाया। इसी प्रकार काव्यशिक्षा का अभ्यास शैली तत्त्व है, परन्तु भारतीय काव्यसिद्धान्तों में प्रतिभा, व्युत्पत्ति व काव्याभ्यास (कल्पना, भाव, विचार और शैली) को पृथक्-पृथक् देखने की अपेक्षा इनके समन्वित उत्कर्ष को काव्यहेतु के रूप में जानने की चेष्टा की, इसीलिए **भामह हेतुर्न तु हेतवः** शब्दावली का प्रयोग करते हैं। उनका तात्पर्य यही है कि उपर्युक्त तत्त्व पृथक्-पृथक् स्थिति में काव्यसृजन की प्रक्रिया को अभिव्यक्ति दे पाने में समर्थ नहीं। जब इन सबका संश्लेषण कवि की मानसभूमि में हो, तभी अभिव्यक्ति हो पाती है। यदि एकांगी तत्त्व पर आधारित काव्यसृजन का प्रयास किया जाए तो पद्यबद्ध रचना तो बन सकती है, परन्तु आह्लादमयी कृति का सृजन सम्भव नहीं।

काव्य के प्रयोजन

काव्य के प्रयोजन का अर्थ उन लक्ष्यों से है जो काव्यसृजन के बाद कवि अथवा श्रोता/पाठक को प्राप्त होते हैं। भारतीय आचार्यों ने काव्य के उन प्रयोजनों पर विस्तार से विचार किया है। **भरतमुनि** का मत है कि काव्य, सुख एवं विश्रान्ति का जनक, धर्म, यश, आयु, हित और बुद्धि को विकसित करने वाला तथा लोकोपदेश का प्रदाता है। **भामह** ने काव्य के इसी प्रयोजन को निम्नलिखित शब्दों में व्यक्त किया है–

'धर्मार्थकाममोक्षेषु, वैचक्षण्यम् कलासु च।
करोति कीर्तिं प्रीतिं च साधुकाव्यनिबन्धनम्।।'

भामह का विचार है कि सुन्दर काव्य के आधार पर कवि सदा जीवित रहता है और कुकाव्य उसकी मौत का कारण है। कुकवि होने की अपेक्षा अकवि होना अच्छा है। **वामन** भी भामह के इस विचार का समर्थन करते हैं–

'प्रतिष्ठाम् काव्यबन्धस्य मर्शये सरणिम् विदुः
अकीर्तिवर्तिनीम् त्वेवम् कुकवित्वविडम्बनम्।।'

वामन का मत है कि कीर्ति, काव्य का अदृष्ट प्रयोजन है और प्रीति अदृष्ट–

'काव्यम् सद्दृष्टा-दृष्टार्थ-प्रीति-कीर्ति-हेतुत्वात्।'

आनन्दवर्धन ने ध्वनि का निरूपण करते हुए ध्वन्यालोक के आरम्भ में कहा है–

'तेन ब्रूमः सहृदयमनः प्रीतये तत्स्वरूपम्।
...तस्य हि ध्वनेः स्वरूपम्...सहृदयानाम्।
आनन्दो मनसि लभताम् प्रतिष्ठामिति प्रकाश्यते।'

अर्थात् सहृदयों की मनःप्रीति के लिए हम उसके स्वरूप को बता रहे हैं। सहृदय लोगों के मन में आनन्दप्राप्ति हो, इसलिए ध्वनि का वर्णन किया जा रहा है।

आचार्य रत्नेश्वर ने काव्यार्थ के आस्वादन से व्युत्पन्न आनन्द को प्रीति बताया है–

'प्रीतिः काव्यार्थस्वाद समुत्थः आनन्दः।'

इस प्रकार प्रीति और आनन्द, दोनों शब्द पर्याय ही हैं। **ध्वन्यालोक** के व्याख्याकार

अभिनवगुप्त ने सहृदय श्रोता और पाठक की दृष्टि से प्रीति को काव्य का कार्यांतिक प्रयोजन माना है। वे रस को आनन्द का आत्मस्वरूप बताते हैं परन्तु **ध्वन्यालोक** में काव्य को जनहित के रूप में भी देखा गया है–

'शृंगार रसांगैरुन्मुखीकृताः सन्तो हि विनेयाः सुखम् विनयोपदेशान् गृहणन्ति।
सदाचारोपदेशरूपा हि नाटकादिगोष्ठी विनेयजनहितार्थमेव मुनिभिरवतारिता।'

आनन्दयुक्त कर्त्तव्योन्मुखता ही काव्य की विशेषता होती है। काव्य मानव को मानवता की राह दिखाता है। **आनन्दवर्धन** का कथन है कि तृष्णा के क्षय से सुख का परिपुष्ट रूप ही काव्य में शांत रस के रूप में प्रतीत होता है–

'शान्तश्च तृष्णाक्षयसुखस्य च परिपोषस्यलक्षणे रसः प्रतीयते एव।'

अर्थात् संसार में जो सुख है, वे तृष्णाक्षय के सुख की तिलभर भी बराबरी नहीं कर सकते।

काव्यप्रकाश में आचार्य **मम्मट** ने काव्य के छह प्रयोजन अंकित किए हैं। यशप्राप्ति, अर्थ प्राप्ति, व्यवहार ज्ञान, अमंगलनाश, आनन्द और उपदेश। व्यावहारिक दृष्टि से ये प्रयोजन सर्वथा उचित हैं। **मम्मट** ने इन सभी प्रयोजनों में काव्यसम्भूत आनन्द को काव्य का चरम प्रयोजन स्वीकार किया है। सभी पूर्ववर्ती आचार्यों द्वारा प्रतिपादित प्रीति प्राप्त करने का उद्देश्य मम्मट के विचार में भी सर्वोपरि है।

साहित्य की परिभाषा से ही विदित है कि **मानवभाव के आह्लाद एवं हित का विधान करने वाली मानवीय वाणी, साहित्य है।** अतः साहित्य का उद्देश्य पृथक् से बताने की आवश्यकता नहीं रह जाती। हाँ, इतना अवश्य है कि यह बात जानने की जरूरत पड़े कि आनन्द और हित क्या हैं ? आचार्य **मम्मट** स्पष्ट करते हैं कि साहित्य के माध्यम से मन में व्याप्त विचारवैविध्य दूर होने पर जो एकाग्रता उदित होती है, वह लोकोत्तर आनन्द का जनक है। दर्शनशास्त्रों में मन की एकाग्रता ही समाधि का मूल बिन्दु कही गई है। **योगदर्शन** में उल्लेख है कि वृत्तियों के एकाग्र होने पर आत्मा अपने स्वरूप में अवस्थित होती है। आत्मा का रूप आनन्दमय है, अतः एकाग्रता में आनन्द की प्राप्ति सम्भव है चाहे यह एकाग्रता समाधि से प्राप्त हो या साहित्य से। यही कारण है कि आचार्यों ने साहित्य से प्राप्त होने वाले आनन्द को ब्रह्म आनन्द सहोदर के सदृश होने की संज्ञा दी है।

दूसरी प्रमुख बात **मानव हित** की है। जब आचार्यों ने देखा कि 'रस' शब्द का दुरुपयोग करने वाले कवि भौंडी व कुत्सित कृतियों द्वारा हल्की तबीयत वाले लोगों से वाह-वाह लूटने लगे हैं तो उन्होंने 'हित' को भी साहित्य के प्रयोजन में सम्मिलित कर दिया। उन्हें शंका होने लगी थी कि उच्छृंखल लोग सामाजिक मर्यादाओं की अवहेलना करके जीवन सरणि को ही तोड़ देंगे। अतः सांस्कृतिक मूल्यों का संरक्षण आवश्यक हो गया था। इन मूल्यों में धर्म अर्थात् मानव का लौकिक उत्कर्ष एवं निःश्रेयस् (मोक्ष) प्रदान करने वाला जीवनक्रम, सामाजिक सम्मान, आर्थिक लाभ एवं

उपदेशात्मक सभी को स्थान प्राप्त हुआ। परन्तु इसका अभिप्राय यह नहीं कि हित का विधान करने वाला साहित्य आनन्द की उपेक्षा कर दे। नैतिकता विधायक साहित्य को तभी तक स्तरीय स्वीकार किया गया है जब तक वह नीरसता को प्राप्त न हो। **सरसता ही जीवन है**। सरस सरोवर पर ही प्राणी जाते हैं, नीरस सर पर किसी की प्यास नहीं बुझती। इस प्रकार साहित्य में आनन्द और हित की अभिव्यक्ति में आनुपातिक अंतर तो स्वीकार्य है, परन्तु किसी एक तत्त्व का सर्वथा अभाव ग्राह्य नहीं। हम विभिन्न युगों के साहित्य का अवलोकन करते हैं तो ज्ञात होता है कि भक्तिकालीन साहित्य में लोकहित व लोकरंजन—दोनों तत्त्वों का सन्तुलन बना रहा, परन्तु रीतिकाल में लोक मंगल तत्त्व की उपेक्षा होने पर साहित्य का स्तर नीचा समझा गया। आधुनिक काल में भी सुधारवादी कविता में कोरी उपदेशात्मकता और वर्णनात्मकता से विमुख होकर हिन्दी काव्यधारा छायावादी काव्य में परिणत हो गई। यहाँ जीवन के यथार्थ का धरातल ढीला होने पर प्रगतिवादी और प्रयोगवादी कविता का उन्मेष शीघ्र हुआ। अतः स्पष्ट है कि काव्य का उद्देश्य रसाभिव्यक्ति के साथ-साथ जीवन की नैतिकता और वास्तविकता में सन्तुलन बनाए रखना है। यह सन्तुलन बिगड़ जाने पर किसी साहित्य का महत्त्व स्थापित नहीं होता।

साहित्य द्वारा रचयिता को **यशप्राप्ति व अर्थप्राप्ति तो प्रत्यक्ष** रूप में विदित ही हैं। सदियाँ बीत जाने पर भी **अश्वघोष, कालिदास, सूर, तुलसी, कबीर** आदि आज भी श्रेय व प्रेय हैं। भारतेन्दु, **मैथिलीशरण गुप्त, जयशंकर प्रसाद, निराला, पंत** आदि साहित्यकारों का जितना सम्मान है, वह सर्वविदित है। साहित्य का पठनपाठन सभ्यता के विकास के साथ-साथ वृद्धि को प्राप्त होता रहा है। जो साहित्यकार सांस्कृतिक मूल्यों का संरक्षण करते हुए मानवमात्र का उपकार करने में संलग्न हैं या रहेंगे, वे प्रतिष्ठा के भागी तो होंगे ही। **प्रेमचन्द, शेक्सपियर, मिल्टन, पोप** आदि के प्रति जनभावना आज भी जुड़ी है और आगे भी ऐसी ही रहेगी। जहाँ तक **अर्थप्राप्ति** का प्रश्न है, यह सामयिक है। कितने ही साहित्यकार अपने युग में सम्मानित होने के साथ-साथ अर्थप्राप्ति में भी समर्थ हुए। मूलतः सरस्वती के पुजारी वैभव के भूखे नहीं होते। वैभव और विलासतो, मन की सात्विकता एवं विराट भावना के विकास में बाधक नहीं है। कलाकार को तो इतना ही चाहिए जितनी सामान्य जीवन की आवश्यकता होती है और इतना उसे समाज से मिलता रहता है। उसका धन, उसकी कला है जो युगों तक मानव मात्र को जीवनीय तत्त्व प्रदान करती है। आज हम देखते हैं कि कितने ही साहित्यकार अर्थप्राप्ति हेतु बहुत पापड़ बेलते हैं, परन्तु वे कालिदास या प्रसाद या निराला कब बन पाए ? उनके भीतर कोई ऐसी शक्ति नहीं जो मानसिक धरातल पर क्रांति पैदा कर सके। वे बारूद के पटाखे की तरह धुआँ छोड़कर ठुस्स रह जाते हैं। वास्तव में अर्थप्रप्ति साहित्य का अत्यन्त गौण प्रयोजन है। साहित्यकार तो समाज के भवन का निर्माण करता है, उसे गिराता नहीं। वह

मानव को मानव से जोड़ता है, तोड़ता नहीं। यही उसका धर्म है, यही कर्म है और यही विविध दुःखों से विमुक्ति है। इसलिए कुन्तक ने कहा है कि काव्यबन्ध उच्चकुल में उत्पन्न लोगों के हृदय को आह्लादित करने वाला एवं मृदु शैली में कहा हुआ धर्मादिसिद्धि का मार्ग है–

'धर्मादि-साधनोपायः सुकुमारः क्रमोदितः।
काव्यबन्धोऽभिजातानाम् हृदयाह्लादकारकः।।'

उच्चकुल में उत्पन्न होने वाले राजपुत्रादि धर्म, अर्थ, काम, मोक्ष की इच्छा तो रखते हैं, किन्तु शारीरिक श्रम और क्लेश से बचने की उनमें प्रवृत्ति पाई जाती है, काव्य से उन्हें प्रीति के अतिरिक्त पुरुषार्थ चतुष्टय की प्राप्ति सुविधापूर्वक सम्भव है। यह पुरुषार्थ अन्य शास्त्रों से भी प्राप्त किया जा सकता है, परन्तु वे शास्त्र कठिन शैली में रचित होने के कारण शीघ्र बुद्धिगम्य नहीं होते। अतः सुकुमारमति अभिजातों के लिए काव्य का उपदेश हितकर है। काव्य के प्रयोजन में अभिजात राजपुत्रों आदि का विशेष ध्यान क्यों रखा गया ? राजपुत्र आदि उत्तम उपदेश से रहित होने की स्थिति में स्वच्छन्दतापूर्वक विचरण से लोक व्यवहार का नाश करने में समर्थ हो सकते है। इसलिए उनके कर्तव्य-अकर्तव्य परिज्ञान के लिए रामादि राजाओं के काव्यनिबद्ध चरित्रों का और भी महत्त्व है। यदि राजपुत्रादि की बात छोड़ दें तो भी लोकव्यवहार के संचालन में काव्य का उपदेश महत्त्वपूर्ण साधन है। उत्तम काव्य से रमणीय लोकाचार का परिज्ञान सरलतापूर्वक हो सकता है। यहाँ धर्म का अर्थ लोककर्तव्य है। अर्थ जीवन के भौतिक साधनों की व्यवस्था का नाम है।

कुन्तक द्वारा कथित काव्यप्रयोजन भले ही ऊपरी तौर पर सतही लगते हों, परन्तु ध्यान से सोचने पर इनका अर्थ विराट रूप में उभरने लगता है।

काव्यगुण

भारतीय काव्यशास्त्र में मनीषियों ने काव्य के विभिन्न पक्षों पर गम्भीर चिन्तन किया। काव्य क्या है, काव्य सृजन में प्रेरक तत्त्व कौन से हैं, काव्यकार काव्य का सृजन क्यों करता है, काव्यानन्द कैसे सम्पन्न होता है, काव्य का उत्कर्ष करने वाले गुण कौन से हैं, किन दोषों से काव्यत्व को हानि होती है इत्यादि सभी पक्षों के विवेचन में जितनी स्पष्टता भारतीय दृष्टि में रही, अन्यत्र कहीं नहीं मिलती। भरत द्वारा रचित 'भरतनाट्यम' प्रथम व्यवस्थित कृति है जिसमें काव्य एवं नाटक के विभिन्न पहलुओं पर विस्तार से प्रकाश डाला गया है। भरत लिखते हैं कि काव्यकृति में अगूढ़, अर्थान्तर आदि दस दोष, काव्यविघातक तत्त्व होते हैं। काव्य में गुणों की उपस्थिति से सौन्दर्य में वृद्धि होती है। दण्डी गुणों के विषय में लिखते हैं–

'दोषाः विपत्तये तत्र गुणाः सम्पत्तये यथा।'

अर्थात् दोष यदि काव्य में विपत्ति के लिए हैं तो गुण काव्य की सम्पत्ति के लिए हैं। दूसरे शब्दों में दोष काव्यविघातक तत्त्व हैं तो गुण विधायक तत्त्व।

रीति सिद्धान्त के प्रतिपादक वामन गुणों के विषय में कुछ विस्तार से बताते हैं। उनका कथन है कि काव्य की शोभा बढ़ाने वाले तत्त्व गुण कहलाते हैं–

'काव्यशोभायाः कर्तारो धर्माः गुणाः।'

दण्डी जिन्हें अलंकार कहते थे, वामन ने उन्हें गुण नाम दे दिया। वामन इन दस गुणों का शब्दगत और अर्थगत दोनों रूपों में उल्लेख करते हैं। इस प्रकार उन्होंने बीस गुणों का प्रतिपादन किया है। उनका मत है कि गुणों के समावेश का नाम रीति है। वामन द्वारा प्रस्तुत गुणों का प्रतिपादन अति महत्त्वपूर्ण है।

शब्दगत गुण

किसी काव्यकृति की रचना में प्रगाढ़ता हो तो **ओज** गुण होता है, परन्तु शिथिलता में **प्रसाद** गुण की स्थिति रहती है। बहुत से पदों का एक पद के समान भासित होना मसृणता है, इस मसृणता में **श्लेष** गुण है। जिस काव्यशैली से काव्य रचना आरम्भ हो और अन्त तक वही बनी रहे तो **समता** गुण होता है। काव्यशैली में आरोह

के बाद अवरोह और अवरोह के बाद आरोह का क्रम बना रहे, उसे **समाधि** गुण कहते हैं। यदि किसी शैली में **समाधि** गुण न हो, फिर भी कोई पाठक जान-बूझ कर उसे आरोह-अवरोह क्रम से पढ़े तो इसे समाधि गुण नहीं माना जाता। जहाँ शैली में पद पृथक्-पृथक् रखे जाएँ वहाँ **माधुर्य** गुण होता है। कोमलता की अभिव्यक्ति में **सुकुमारता** गुण कहलाता है, परन्तु जहाँ विकटता प्रतीत हो, वहाँ **उदारता** गुण की स्थिति होती है। विकटता का अभिप्राय है कि पद नृत्य करते प्रतीत होते हैं। जहाँ वर्ण्य विषय में स्पष्टता रहती है, वहाँ **अर्थ व्यक्ति** गुण है और काव्यबन्ध में उज्ज्वलता हो तो उसे **कान्ति** गुण कहते हैं। इसी प्रसंग में वामन का कथन है कि शब्दगत गुण केवल पाठ के धर्म नहीं हैं अर्थात् काव्य को विशेष प्रकार से पढ़ने से ही इन गुणों की अभिव्यक्ति नहीं होती, अपितु इनका रूप स्वाभाविक ढंग से ही काव्य में परिलक्षित होना चाहिए।

अर्थगत गुण

भरत ने जिन दस गुणों का संकेत दिया था, उन्हें वामन ने अर्थगत रूप में भी उल्लिखित किया है। गुण तो वही दस हैं, परन्तु शब्दों के प्रयोग और अर्थ की अभिव्यक्ति के आधार पर उनकी दुहरी व्याख्या की गई है। **ओज** में अर्थ की प्रौढ़ता है। **प्रसाद** गुण अर्थ की विमलता से सम्बद्ध है। **श्लेष** घटना को कहते हैं। घटना का अभिप्राय है—अनेक क्रिया परम्परा, विदग्ध चेष्टा, प्रसिद्ध वर्णन शैली तथा युक्ति विन्यास की शिलष्टता अर्थात् योग। क्रम न टूटने और अर्थ सुगमता से समझ में आने को **समता** गुण कहा गया है। **समाधि** गुण से अभिप्राय है—अर्थ चमत्कार। कवि नवीन उद्भावनाओं पर भी आश्रित होता है और अन्य कवियों की उद्भावनाओं पर भी। ये दोनों रूप स्फुट और अस्फुट रूप में हो सकते हैं। उक्ति वैचित्र्य का नाम **माधुर्य** गुण है। जहाँ कठोरता का अभाव हो, वहाँ **सुकुमारता** गुण होता है। ग्राम्यता का अभाव **उदारता** गुण है। जहाँ वर्णनीय पदार्थों के स्वभाव में स्पष्टता रहे, वहाँ अर्थ व्यक्ति गुण रहता है। जिन पदों में शृंगार आदि रस दीप्त हों, वहाँ कान्ति गुण है।

वामन द्वारा प्रस्तुत गुणों में काव्य रचना के अनेक तत्त्व निहित हैं। उदाहरणतः अर्थगत कान्ति गुण **रस** की दीप्ति करता है जबकि अर्थगत माधुर्य **उक्तिवैचित्र्य** का सूचक है। अर्थगत प्रसाद, सुकुमार तथा अर्थ व्यक्ति गुण अर्थ की सरलता के द्योतक हैं। शब्दगत श्लेष, ओज और उदारता गुणों से **समासबद्धता एवं गाढ़ता** का बोध होता है। शब्दगत समाधिगुण किसी काव्य कृति की लय का निर्धारण करता है।

इस प्रकार वामन ने काव्य के उत्कर्ष हेतु गुणों की ऐसी प्रस्तुति की है जो बाह्य होकर भी अन्तरंग सौन्दर्य के सृजन में उपयोगी है।

वामन के पश्चात् आनन्दवर्धन ने गुणों के स्वरूप में भारी परिवर्तन कर दिया और गुणों की संख्या दस से घटाकर तीन बना दी। अब तक गुणों का स्वरूप बाह्य

ही था। भरत, दण्डी और वामन गुणों को शब्द एवं अर्थ का धर्म मानते थे। आनन्दवर्धन ने इन्हें रस से सम्बद्ध करके, काव्य के अंतरंग के सूचक बना दिया। वे कहते हैं—

'तमर्थमवलम्बन्ते ये अंगिनं ते गुणाः स्मृताः।'

अर्थात् गुण रस का धर्म है और वह रस के साथ अचल भाव से रहता है, उसके उत्कर्ष का साधक है, साथ ही वह गौण रूप से शब्दार्थ का भी धर्म है। उदाहरणतः शौर्य प्रमुखतः आत्मा का धर्म है, परन्तु भारी शरीर वाले व्यक्ति को भी बड़े डील-डौल के कारण शूरवीर कह देते हैं। भले ही वह कायर हो। इसी प्रकार गुण मुख्यतः रस का धर्म है किन्तु गुण रूप से शब्दार्थमयी रचना का भी धर्म है। आनन्दवर्धन ने गुणों की व्याख्या करते हुए अपना मत निम्न रूप में प्रकट किया है—

(1) रस सम्बन्धी व्याख्या—किसी काव्यरचना के वाच्यार्थ बोध के बाद पाठक का चित्त तीन प्रकारों में द्रुत/दीप्त/व्याप्त होता है तो उनसे क्रमशः आह्लाद, विस्तार और विकास की अनुभूति मिलती है, इसे ही काव्य में क्रमशः माधुर्य, ओज और प्रसाद गुण कहते हैं। चित्त की पहली स्थिति चित्तद्रुति अर्थात्, माधुर्यगुण की अनुभूति से विषयानुसार शृंगार, करुण, हास्य, अद्भुत और शान्त, इन कोमल रसों के आनन्द का आस्वादन प्राप्त होता है। इसी प्रकार चित्त की दूसरी वृत्ति दीप्ति से ओज गुण की अनुभूति के बाद विषयानुसार वीर, रौद्र, भयानक और बीभत्स रसों के आस्वादन की प्राप्ति सम्भव है। तीसरी चित्तवृत्ति चित्त व्याप्ति अर्थात् प्रसाद गुण की अनुभूति से स्थिति थोड़ी भिन्न हो जाती है। वाच्यार्थ का त्वरित बोध सहृदय व्यक्ति का चित्त व्याप्त कर लेने पर द्रुति या दीप्ति भी उदित होती है। इससे प्रसाद गुण की स्थिति ऐकांतिक नहीं रहती, इसके साथ माधुर्य और ओज में से किसी एक गुण की स्थिति भी मानी गई है।

(2) शब्द और अर्थ सम्बन्धी व्याख्या—गुण का दूसरा पहलू शब्दार्थ से सम्बद्ध है। सामान्यतः शृंगार, हास्य, अद्भुत और शान्त कोमल रस हैं, इनमें कोमल वर्णों का प्रयोग वांछित है। वीर, रौद्र, भयानक और बीभत्स कठोर रस हैं, अतः इनमें कठोर वर्णयोजना का प्रयोग अनुकूल है। रसानुकूल यही वर्णयोजना क्रमशः माधुर्य और ओज गुण कहलाती है। ऐसी वर्णयोजना जो त्वरित अर्थबोध कराती है, उसे प्रसाद गुण युक्त कहेंगे। यदि कोई कोमल रसों की अभिव्यक्ति के लिए कठोर वर्ण योजना कर दे तो वहाँ रसगत माधुर्य गुण तो माना जाएगा, परन्तु वह निकृष्ट कोटि का होगा। ऐसी स्थिति को विश्वनाथ ने साहित्यदर्पण में गुणीभूतव्यंग्य की संज्ञा दी है। इसमें वर्ण प्रतिकूलता दोष होगा।

गुण के भेद (आनन्दवर्धन)

आनन्दवर्धन ने गुण के तीन भेद बताए हैं—माधुर्य, ओज और प्रसाद।

(1) माधुर्य

किसी काव्यरचना के वाच्यार्थ अवबोध के उपरान्त पाठक का चित्त आर्द्र/द्रवित होता है तो इसे द्रुति कहते हैं और द्रुति से आह्लाद की अनुभूति होती है। यही माधुर्य गुण है। यह गुण सम्भोग शृंगार, करुण, विप्रलम्भ शृंगार और शान्त रसों में क्रम से तीव्रतर और तीव्रतम रहता है।

माधुर्य गुण के व्यंजक विशेष वर्ण हैं। ट, ठ, ड, ढ, वर्ण छोड़कर शेष स्पर्श वर्ण (क से म तक) अपने वर्ण के अंतिम वर्ण के साथ इस प्रकार संयुक्त रहें कि पंचमवर्ण पहले आए और स्पर्श वर्ण पीछे। जैसे ङ्क, ञ्च, न्द, म्प आदि! इनके अतिरिक्त र और ल वर्ण ह्रस्व स्वर से युक्त होने चाहिए।

माधुर्य गुण में समास का सर्वथा अभाव रहता है। यदि समास हो भी तो उसका आकार न बढ़े। रचना में मधुरता रहती है। जैसे—

आपने हाथ सों देत महावर आप ही बार सँवारत नीके।
आपुनि ही पहरावत आनि कै हार सँवारि कै मौरसिरी के।
हौं सखि लाजनि जात मरी मतिराम सुभाव कहा कहौं पी के।
लोग मिलैं घर घेरु करैं, अबहीं ते ये चेरे भए दुलही के।।

× × ×

झलकै अतिसुन्दर आनन गौर, छके दृग राजत कामनि छ्वै।
हँसि बोलन में छवि फूलन की बरषा, उर ऊपर जाति है ह्वै।
लट लोल कपोल कलोल करै, कलकंठ बनी जलजावलि ह्वै।
अंग अंग तरंग उठै दुति की, परिहै मनौ रूप अबै धर च्वै।।

× × ×

निरख सखी ये खंजन आए।
फेरे उन मेरे रंजन ने नयन इधर मन भाये।।

(2) ओज गुण

किसी रचना के वाच्यार्थ बोध के बाद जब पाठक का चित्त दीप्त होता है तो ओज गुण की अनुभूति मिलती है। वीर, रौद्र, भयानक और बीभत्स रसों में ओज गुण की अधिकता रहती है। इस गुण को अभिव्यक्ति देने के लिए इन वर्णों का काव्यरचना में प्रयोग किया जाता है—कवर्ग, चवर्ग, टवर्ग, तवर्ग एवं पवर्ग के दूसरे अक्षर तथा तीसरे अक्षर के साथ चौथा अक्षर संयुक्त रूप में विद्यमान रहें। जैसे—क्ख, ग्घ, त्थ, द्ध, ज्झ इत्यादि। इनके अतिरिक्त आगे या पीछे र से युक्त अक्षर। जैसे—र्क, क्र इत्यादि। ट, ठ, ड, ढ, श, ष वर्ण विशेषतः ओज गुण के व्यंजक हैं। ओज गुण में लम्बे-लम्बे समास रहते हैं और रचना उद्धत होती है।

उदाहरणतः—

ता दिन अखिल खलभलैं खल खलक में,
जा दिन सिवाजी गाजी नेक करखत हैं।
सुनत नगारे के अगारे तजि अरिन के
दारगन भाजत न दार परखत हैं।

× × ×

सक्र जिमि सैल पर अर्क तम-फैल पर,
विघन की रैल पर लम्बोदर लेखिए।
राम दसकन्ध पर भीम जरासन्ध पर,
भूषण ज्यों सिन्धु पर कुम्भज बिसेखिये।
हर ज्यों अनंग पर गरुड़ भुजंग पर,
कौरव के अंग पर पारथ ज्यों पेखिये।
बाज ज्यों विहंग पर सिंह ज्यों मतंग पर,
म्लेच्छ चतुरंग पर सिवराज देखिए।।

× × ×

मुंड कटत कहुँ रुंड नटत कहुँ सुंड पटत घन।
गिद्ध सलत कहुँ सिद्ध हसत सुख वृद्धि रसत मन।।

भूषण के उपर्युक्त पदों में कठोर वर्णों के प्रयोग के कारण ओज गुण की अभिव्यक्ति होती है। वीर रस, भयानक एवं बीभत्स रस की अनुभूति में ओज गुण का महत्त्वपूर्ण योग है।

(3) प्रसाद गुण

जो कविता सामाजिक के हृदय में तुरन्त व्याप्त हो जाती है, वहाँ प्रसाद गुण है। जैसे स्वच्छ वस्त्र में जल शीघ्र व्याप्त होता है या सूखे ईंधन में अग्नि शीघ्र व्याप्त होती है, वैसे ही काव्य रचना, सहृदय के मन में शीघ्र व्याप्त हो जाती है। यह सब प्रसाद गुण के कारण है। प्रसाद गुण के व्यंजक सरल और सुबोध पद होते हैं जिनके सुनते ही अर्थ की प्रतीति शीघ्र अनुभव का विषय बन जाती है। प्रसाद गुण सभी प्रकार की काव्य रचनाओं में और सभी रसों में विद्यमान रहता है।

जेहि सरवर हंस न आवा।
तेहि सर बगुला हंस कहावा।।

× × ×

माला फेरत जुग भया मिटा न मनका फेरि।
करका मनका डारि कै, मनका मनका फेरि।।

× × ×

न समझो किन्तु इस विध्वंस के होते प्रणेता,
समर के अग्रणी दो ही, पराजित और जेता।
नहीं जलता निखिल संसार दो की आग से है,
अवस्थित ज्यों न जग दो-चार ही के भाग से है।

× × ×

और जब मैं
बच्चे की दवा के लिए
आउटडोर वार्ड की क्यू में खड़ा रहता हूँ
तब मेरा पिट्ठू
कवि सम्मेलन के मंच पर पुष्पमालाएँ पहनता है।

उपर्युक्त रचनाएँ सरल एवं सुबोध हैं, अतः इनमें प्रसाद गुण की व्याप्ति है।

इसी प्रकार—

देखि बिहाल बिवाइन सों पग कंटकजाल लगे पुनि जोये।
हाय ! महा दुख पाए सखा ! तुम आए इतै न कितै दिन खोए।
देखि सुदामा की दीन दसा करुना करिकै करुनानिधि रोये।
पानी परात को हाथ छुयो नहिं, नैननि के जल सों पग धोये।।

सुदामा की दीन दशा का चित्रण अत्यन्त करुणा पूर्ण है, परन्तु कवि ने नितान्त सरल एवं सुबोध पदों का प्रयोग किया है। पाठक, प्रथम वाचन में अर्थग्रहण कर लेता है, अतः इस पद में प्रसाद गुण है।

काव्यदोष

काव्य, सौन्दर्य सृजन है, अतः काव्यशास्त्र का विवेचन करने वाले आचार्यों ने बहुविध चिन्तन द्वारा ऐसे उपाय तलाशने में शक्ति समर्पित की जिनसे काव्य की शोभा बढ़े। उन्होंने काव्य के अध्ययन से वे तत्त्व भी खोज निकाले जो काव्य के सौन्दर्य का अपकर्षण करते हैं। सर्वप्रथम, आचार्य भरत ने अगूढ़, अर्थान्तर आदि दस दोषों का उल्लेख करके काव्य सौन्दर्य की रक्षा करने के लिए कवियों को चेतावनी दी। ये दोष क्या हैं, इनका स्वरूप कैसा है, इस विषय में दण्डी ने लक्षण प्रस्तुत किया कि दोष, काव्य की विपत्ति के लिए होता है अर्थात् दोष काव्य सौन्दर्य के लिए विघातक तत्त्व है। भरत और दण्डी के समय इन दोषों की व्याप्ति बहिरंग थी, और इन्हें शब्द एवं अर्थ तक सीमित समझा जाता था। तदनंतर आनन्दवर्धन ने दोष का स्वरूप परिभाषित करने के प्रयास में इनका सम्बन्ध रस के साथ जोड़ दिया। आनन्दवर्धन की इस धारणा से प्रेरित होकर मम्मट ने काव्यप्रकाश में कहा कि मुख्य अर्थ का अपकर्ष दोष है। काव्य में मुख्य रस है, अतः रस का अपकर्षक अर्थात् विघात करने वाला तत्त्व दोष है–

मुख्यार्थहतिर्दोषः। रसश्च मुख्यः, हतिरपकर्षः।
उद्देश्य प्रतीति विघातलक्षणः अपकर्षः हतिशब्दार्थः।

काव्य का उद्देश्य आनन्द की अनुभूति है, आनन्द ही रस है और रस का जो अपकर्ष करे, वह दोष है। दोष से रस का अपकर्ष तीन प्रकार हो सकता है–

(1) रस की अनुभूति न होना।
(2) रस के प्रतीयमान (विद्यमान) होने पर भी उसमें अपकर्ष होना।
(3) रस की प्रतीति विलम्ब से होना।

जब दोष को रस में बाधक समझा जाने लगा तो इसके विषय में टीका-टिप्पणी अधिक हुई। भरत तो इस पक्ष में थे कि दोषों के सम्बन्ध में अधिक संवेदनशील नहीं होना चाहिए (दोषाः न अत्यर्थतो ग्राह्याः) क्योंकि संसार में कोई पदार्थ दोषहीन नहीं है। इसी प्रकार साहित्यपर्दण के लेखक विश्वनाथ निर्दोषता को काव्य का आवश्यक तत्त्व तो मानते हैं, परन्तु नितान्त निर्दोषत्व को काव्य का आधार मान

लेने पर काव्य ढूँढ़ने पर भी मिलना कठिन हो जाएगा। काव्य में दोष की स्थिति अनेकधा होती है। जहाँ दोष रस का विघातक बनता हो तो वह व्याज्य है। इससे सहृदय जन में उद्विग्नता उत्पन्न होती है। जहाँ दोष विषयानुकूल रहे या दोष का परिहार हो जाता है अर्थात् दोष दोष न रहे या दोष न दोष रहे न गुण, तो दोष उपेक्षणीय है। अतः कवि को उस दोष से बचना चाहिए जो रस का अपकर्ष करे। दूसरी ओर कुछ आचार्यों ने दोष को सर्वथा त्याज्य घोषित कर दिया। भामह तो सदोष रचना को साक्षात् मृत्यु मानते हैं। दण्डी का कथन है कि सदोषवाणी, कवि की मूर्खता व्यक्त करती है। जिस प्रकार श्वेत कुष्ठ के छोटे से दाग के कारण सुन्दर मुख अपनी कांति खो देता है, उसी प्रकार लेशमात्र दोष भी काव्य को विकृत कर देता है। आचार्य मम्मट काव्य प्रकाश में काव्य की परिभाषा प्रस्तुत करते समय यही उपदेश देते हैं कि वह दोष रहित हो—तदोषौ सगुणौ अनलंकृती क्वापि अर्थात् जो शब्द और अर्थ दोषरहित और गुणयुक्त हों, भले ही उनमें अलंकारों की स्थिति न रहे, काव्य हैं। केशव मिश्र भी दोष के प्रति कड़ा रुख अपनाते हुए कहते हैं कि दोष रस के लिए हानिकर है और पूर्णतः त्याज्य है—दोषः सर्वात्मना त्याज्यो रसहानिकरो हि सः। इस प्रकार के कथन दोष की हेयता के प्रति कुछ अतिवादात्मक हैं। वस्तुतः दोष का प्रमुख आधार है अनौचित्य, जिसे सहृदय के मन की बेचैनी कहा जा सकता है। अनौचित्य ही रसभंग का सर्वप्रमुख कारण है, रसभंग का दूसरा नाम ही रसदोष है। (अनौचित्याद् ऋते नान्यद् रसभंगस्य कारणम्—ध्वन्यालोक)। यदि कोई दोष सहृदयों के मन में उद्वेग उत्पन्न न करे, उसे दोष मानने की आवश्यकता नहीं, वह उपेक्षणीय है। अतः भरत का कथन उचित ही है कि दोष के प्रति अत्यधिक संवेदनशील होना उचित नहीं। अनेक स्थलों पर दोष भी गुण बना जाता है। द्रौपदी के अपमान की स्थिति में भीम क्रुद्ध होकर कटुवचन बोलता है। यह कटुता दोष नहीं, स्वाभाविक अभिव्यक्ति है। क्रुद्ध स्थिति में भी कोई कटु शब्द न बोलेगा तो फिर कब बोलेगा ? अतः रस विघातक न रहने पर कोई दोष, दोष नहीं रहता। दोष के शाब्दिक अर्थ पर बल न देकर उसे भावपक्ष की कसौटी पर ही परखना चाहिए।

काव्यदोष के प्रकार

भरत ने काव्यदोषों की संख्या दस बताई थी, परन्तु भामह, दण्डी, वामन, आनंदवर्धन, महिमभट्ट और भोजराज ने काव्यदोषों का पुनः-पुनःनिरूपण किया जिससे आचार्य मम्मट के समय इनकी संख्या सत्तर तक पहुँच गई। मम्मट ने इन सभी आचार्यों द्वारा निरूपित काव्यदोषों के आधार पर नब्बे काव्यदोषों का उल्लेख कर दिया और इनमें से अनेक दोषों के उदाहरण भी दिखाए। उन्होंने इन दोषों को पाँच वर्गों में विभाजित कर दिया—

(1) पदगत काव्यदोष।

(2) पदांशगत काव्यदोष।

(3) वाक्यगत काव्यदोष।

(4) अर्थगत काव्यदोष।

(5) रसगत काव्यदोष।

मम्मट का कथन था कि दोष रस का अपकर्षक है, रस अर्थ की अपेक्षा रखता है और अर्थ की निर्भरता वाक्य, पदांश और पद पर होती है। इस प्रकार पाँचों वर्गों के दोष परस्पर सम्बद्ध हैं। इन दोषों में, रसगत दोष तो प्रत्यक्ष रूप में रस के विघातक हैं और अन्य दोष अप्रत्यक्ष रूप में।

मुख्यार्थहतिदोषः, रसश्च मुख्यः, तदाश्रयाद्वाच्चः।
उभयोपयोगिनः स्युः शब्दाद्यास्तेन तेष्वपि सः।। **(काव्यप्रकाश)**

× × ×

रसस्योत्कर्षापकर्षहेतू गुणदोषौ, भक्त्या शब्दार्थयोः। **(काव्यानुशासन)**

यहाँ कुछ प्रमुख दोषों का दिग्दर्शन कराया जा रहा है।

पदगतदोष

(1) **श्रुतिकटु**–सुनने में कठोर प्रतीत होने वाले शब्दों का प्रयोग श्रुतिकटु होता है। इससे भावावेग में विक्षिप्तता आती है। मूर्धन्य उच्चारण के वर्णों और संयुक्त अक्षरों के प्रयोग से श्रुतिकटुता स्पष्ट प्रतीत होती है। जैसे–

शीतलच्छाय सांस्कृतिक सूर्य
त्योगोज्जीवित वह ऊर्ध्व ध्यान **धारास्तव।**
त्रिया अलक **चक्षुश्रवा** डसैं परत की डीठि।
पर क्या न **विषयोत्कृष्टता** करती **विचारोत्कृष्टता** !

उपर्युक्त पंक्तियों में रेखांकित शब्द श्रुतिकटु हैं। इनमें संयुक्त अक्षरों और मूर्धन्यवर्णों का प्रयोग अधिक है। ध्यातव्य है कि वीर, रौद्र, भयानक, बीभत्स रसों में श्रुतिकटु दोष नहीं होता।

(2) **च्युत संस्कृति**–जहाँ शब्दों का व्याकरण सम्मत प्रयोग न हो, वहाँ यह दोष प्रतीत होता है।

राजे विराजे मख भूमि में थे।
अरे अमरता के पुतलो ! तेरे वे जय नाद।
अरि आँधियो ओ बिजली की ! दिवा रात्रि तेरा नर्तन।

यहाँ राजे, विराजे, तेरे और तेरा शब्दों का प्रयोग व्याकरण सम्मत नहीं है।

(3) **अप्रयुक्त**–जहाँ पदों का प्रयोग व्याकरण सम्मत तो हो, परन्तु उन शब्दों का प्रचलन न हो तो अप्रयुक्त दोष माना जाता है।

नीरवता सी शिलाचरण, टकराता फिरता पवमान।

× × ×

राजकुल भिक्षा चरण से लगे भरने पेट

पवमान एवं भिक्षाचरण शब्दों का प्रयोग सामान्यतः प्रचलन में नहीं है, भले ही इन शब्दों का प्रयोग यहाँ व्याकरण सम्मत है।

(4) **क्लिष्टता**–अत्यन्त दुर्बोध शब्दों का प्रयोग क्लिष्टता दोष कहलाता है।

मन्दिर अरध अवधि हरि बदि गए,
हरि अहार चलि जात।

'मन्दिर अरध' अर्थात् पन्द्रह दिन और 'हरि अहार' अर्थात् एक महीना अर्थों की प्रतीति सहज नहीं है, अत्यन्त क्लिष्ट है।

कुम्भजपान कुमारी सहोदर आनन देखि लजात तिहारो।

कुम्भजपान अर्थात् अगस्त्य द्वारा पीया गया समुद्र, उसकी कुमारी (बेटी) और उसका सहोदर (भाई) अर्थों से चन्द्रमा अर्थ का बोध होता है, जो अत्यन्त क्लिष्ट है।

(5) **ग्राम्यत्व**–जब गँवारू शब्द का प्रयोग हो तो ग्राम्यत्व दोष होता है।

मूँड पै मुकुट धरे सोहत हैं गोपाल।

यहाँ मूँड ग्राम्य शब्द है। यह साहित्य में प्रयुक्त नहीं होता।

वाक्यगत काव्यदोष

(1) **वर्ण प्रतिकूलता**–वर्णनीय रस के प्रतिकूल वर्णों का प्रयोग वर्ण प्रतिकूलता है। ऐसे वर्णों का प्रयोग सम्पूर्ण वाक्य से ही अवभासित होता है।

मुकुट की उटक लटक बिंबि कुंडल को।

इस पंक्ति में श्रृंगार वर्णन के अन्तर्गत 'ट' वर्णों का प्रयोग दूषित लगता है।

(2) **न्यूनपदता**–जब वाक्य में अर्थ ज्ञान के लिए, आवश्यक होने पर भी, किसी शब्द का प्रयोग न किया जाए, वहाँ न्यूनपदता दोष है।

पानी पावक पवन प्रभु, ज्यों असाधु त्यों साधु।

जल, आग, हवा और राजा भले-बुरे के साथ समान बर्ताव करते हैं। यहाँ साधु और असाधु के आगे प्रति या साथ जैसा कोई शब्द, अर्थबोध के लिए आना चाहिए, परन्तु उसका प्रयोग नहीं हुआ।

(3) **अधिकपदता**–जब वाक्य में अनावश्यक शब्द का प्रयोग हो तो अधिक पदता दोष होता है।

मेरा मन स्फटिकाकृतिनिर्मल रहे सदा गुरुदेव।

स्फटिकाकृतिनिर्मल का अर्थ है स्फटिक मणि के समान स्वच्छा स्फटिकनिर्मल शब्द ही इस अर्थ के लिए पर्याप्त है। अतः आकृति शब्द का प्रयोग अधिक या

अनावश्यक है।

(4) **अक्रम**–जब वाक्य में शब्द का क्रम, वाक्य रचना की दृष्टि से अनुचित हो तो अक्रम काव्यदोष होता है।

थी सर्व में अधिक मंजुल मुग्धकारी।
जादू भरी मुरलिका पति राधिका की।

यहाँ पति शब्द का प्रयोग राधिका के बाद होना चाहिए।

(5) **संकीर्ण**–एक वाक्य के पद का प्रयोग, दूसरे वाक्य में हो तो संकीर्ण दोष है।

छोड़ चन्द्र गगन में उदय होत, अब मान।

इसमें अभीष्ट वाक्य हैं–चन्द्रगगन में उदय होत, छोड़ अब मान।

इनके अतिरिक्त कथितपदता, समाप्तपुनरात्तता, गर्भित, हतवृत्त, पतत्प्रकर्ष, प्रसिद्धिहत आदि भी अन्य वाक्यगत दोष हैं।

अर्थगत काव्यदोष

(1) **पुनरुक्त**–विभिन्न शब्दों के प्रयोग से अर्थ की आवृत्ति होना पुनरुक्त दोष है।

दृश्य बड़ा था रम्य, मंजु, सुन्दर, मनमोहन।

यहाँ मंजु, सुन्दर, मनमोहन शब्दों की रम्य शब्द के अर्थ की दृष्टि से पुनरुक्ति है।

कोमल कथन सभी को भाते,
अच्छे लगते मधुर वचन।

यहाँ प्रथम पंक्ति के अर्थ की आवृत्ति दूसरी पंक्ति में विद्यमान है।

(2) **दुष्क्रम**–जहाँ कथन में लोक या शास्त्र के विरुद्ध क्रम हो, वह दुष्क्रम काव्यदोष है।

मारुत नन्दन मारुत को, मन को,
खगराज को वेग लजायो।

हनुमान ने वायु के वेग, मन के वेग तथा गरुड़ के वेग को लज्जित कर दिया। इस वाक्य में मन के वेग का कथन सबसे बाद में होना चाहिए। पहले पवन वेग, फिर गरुड़ वेग और मन वेग का कथन उचित है क्योंकि ये क्रमशः अधिक वेगवान् हैं।

राजन ! देहु तुरंग मोहि अथवा देहु मतंग।

पहले हाथी माँगना चाहिए, फिर घोड़ा। लोकनीति के विरुद्ध यहाँ पहले घोड़ा माँगने की बात कही गई, फिर हाथी माँगने की।

(3) **सन्दिग्ध**–जब अर्थ सन्देह पूर्ण हो तो सन्दिग्ध काव्यदोष होता है।

जीना चाहो देशहित या इन्द्रियसुख हेतु।

प्रकरण के अभाव में निश्चित नहीं हो पाता की वक्ता देशभक्ति का पक्ष ले रहा

है या इन्द्रियसुख का।

(4) **अश्लीलता**–ऐसे शब्दों का प्रयोग जो लज्जा, जुगुप्सा या अमंगल का सूचक है, अश्लीलता काव्यदोष है। ऐसे शब्द दुहरे अर्थ व्यक्त करते हैं।

रावण के दरबार में स्थित अंगद का पाद।

यहाँ पाद शब्द का अर्थ है–पैर तथा अपान वायु। दूसरा अर्थ घृणासूचक है। इसी प्रकार–

अभिप्रेत पद प्रिया ने पाया।

यहाँ 'अभिप्रेत पद पाया' का अर्थ है–अभीष्ट पद प्राप्त किया। अन्य अर्थ में 'प्रेत पद पाया'–मर गया, अमंगलसूचक है।

(5) **अप्रतीत**–जब ऐसे शब्द का प्रयोग किया जाए जो उस अर्थ में किसी विशेष शास्त्र में ही प्रयुक्त होता है तो अप्रतीत काव्यदोष है।

तत्त्व ज्ञान पाकर हुए आशय दलित समस्त।

यहाँ आशय का अर्थ है–वासना। इस अर्थ में इसका प्रयोग योगशास्त्र में ही है, सामान्य प्रचलन में नहीं।

रसगत काव्यदोष

(1) **स्वशब्दवाच्य**–रस, भाव, विभाव, अनुभाव, और संचारीभाव सूचक शब्द का कथन स्वयं कर दिया जाए तो स्वशब्दवाच्य रसदोष है। ऐसे कथन से रस अभिव्यक्त नहीं होता।

कौशल्या क्या करती थी,
कुछ कुछ धीरज धरती थी।

यहाँ धीरज शब्द का प्रयोग सदोष है।

(2) **विभाद-अनुभाव की कष्ट कल्पना**–जहाँ विभाव या अनुभाव किस रस से सम्बद्ध है, इसे जानने में कठिनाई हो, वहाँ यह दोष होता है।

बैठि गुरुजन बीच, सुनि बालम वंशी चारु।
सकल छाँड़ि बन जाउ, यह तिय हिय करत बिचारु।।

'सकल छाँड़ि बन जाउ' में वाच्य अनुभाव शृंगार से सम्बद्ध है या शान्त से, यह आकलन स्पष्ट नहीं है।

(3) **प्रतिकूल विभाव ग्रहण**–वर्ण रस के विरोधी रस सम्बन्धी विभाव का ग्रहण करना, इस दोष के अन्तर्गत आता है।

मान जाओ तनिक मुस्करा दो प्रिये,
यह बीता समय लौट सकता नहीं।

शृंगार रस के प्रसंग में, बीते यौवन की चर्चा तो शान्त रस का विभाव है, अतः दोष सूचक है।

(4) **रस की बार-बार दीप्ति**—किसी रस के परिपाक हो जाने पर भी उसकी बार-बार चर्चा करना दोष है। साकेत के नवम सर्ग तथा प्रियप्रवास में विप्रलम्भ शृंगार का बार-बार वर्णन है।

(5) **बिना अवसर रस का प्रतिपादन**—रामचन्द्रिका में दशरथमरण के अवसर पर राम कौशल्या को उपदेश देते हैं। यह उचित अवसर नहीं है।

(6) **अंग की अतिविस्तृति**—वर्णन में अति कर दी जाए तो अतिविस्तृति दोष है। पद्मावत में अस्त्र-शस्त्र एवं व्यंजनों का वर्णन, प्रियप्रवास में प्रकृति वर्णन, जयद्रथ वध में स्वर्गवर्णन का विस्तार, आवश्यकता से अधिक हो गया है।

(7) **प्रकृति विपर्यय**—स्वभाव के विपरीत वर्णन करना रस दोष है। कुमार सम्भव में शिवपार्वती का शृंगार वर्णन तथा कामायनी में इड़ा के प्रति मनु का दुष्ट व्यवहार प्रकृति विपर्यय है।

इसी प्रकार अंगी की उपेक्षा, अनंग कथन, गलत मौके पर रस का विच्छेद आदि अन्य रसदोष है।

दोषों की निर्दोषता

दोष हमेशा ही दोष नहीं होते, कभी-कभी वे निर्दोष भी हो जाते हैं और गुण भी बन जाते हैं। अनुकरण में सभी दोष निर्दोष होते हैं और जो नहीं होते, वे नित्य दोष हैं।

लाटानुप्रास अलंकार में कथितपद दोष नहीं रहता गुण बन जाता है—

पूत कपूत तो का धन संचै।
पूत कपूत तो का धन संचै।।

इसी प्रकार—

स्वारथ हित खल करत जो ठगिबे मीठी बात।
सो न सुजन जानत, न पै जानत कृपा दिखात।।

दुष्ट लोग स्वार्थ के लिए मीठी बात करते हैं। क्या सज्जन नहीं जानते ? वे जानते हुए भी कृपा दिखाते हैं। यहाँ जानत शब्द अधिकपद है, परन्तु वक्ता के अभिप्राय में दृढ़ता आने से दोष नहीं रहा।

इसी तरह क्रोध में कटु वचन बोलना श्रुतिकटु दोष नहीं। बिना अवसर रस भंग भी गुण बन सकता है। जैसे—आइ गए हनुमान ज्यों करुना में वीररस। करुण वातावरण में वीर रस का प्रसंग यहाँ रसभंग का कारण नहीं बनता। अतः रस का व्याघात करने पर ही दोष दोष हैं, अन्यथा नहीं।

शब्दशक्ति

शब्द शक्ति का अर्थ

अर्थयुक्त वर्ण संघटना शब्द है। लोक में पदार्थों का बोध कराने वाली ध्वनि, शब्द कहलाती है। मूलतः शब्द और अर्थ एक ही चिकनी चकत्ती के दो पहलू हैं जिन्हें पृथक् नहीं किया जा सकता और उनके पार्थक्य में दोनों का अस्तित्व ही समाप्त हो जाता है। मस्तिष्क में शब्द स्फोट रूप में विद्यमान रहता है। उच्चारण तो उसकी बाह्य अभिव्यक्ति है। इस बाह्य अभिव्यक्ति से शब्द और अर्थ का सम्प्रेषण होता है। अतः उच्चारण और उसके अर्थ प्रकाशन के मध्य जो अप्रत्यक्ष क्रिया होती है, वही शब्द की शक्ति कहलाती है। दूसरे शब्दों में शब्द के जिस व्यापार से उसके किसी अर्थ का बोध होता है, उसे शब्दशक्ति कहते हैं। शब्द से प्राप्त होने वाले अर्थबोध द्वारा ही उसकी सामर्थ्य का ज्ञान होता है। यथा–

1. गाय दूध देती है।
2. वह तो गौ है।
3. वह गौ का हत्यारा है।

यहाँ गौ शब्द के अर्थ का स्वरूप भिन्न-भिन्न है। पहले वाक्य में गौ शब्द, पशुविशेष का बोध कराता है। दूसरे वाक्य में 'गौ' शब्द निरीहता का सूचक है। तीसरे वाक्य में गौ शब्द के साथ, समाज विशेष की भावनाएँ व्यक्त होती हैं–गौ-हत्या पाप है। गौ शब्द के प्रयोग की भिन्नता ने, इसके अर्थ में विस्तार की स्थिति उत्पन्न कर दी। यही शब्द-प्रयोग या शब्द का व्यापार, शब्द-शक्ति है अन्यथा एक शब्द का एक ही अर्थ होता। इस प्रकार प्रत्येक शब्द एक या अनेक अर्थों का बोधक हो सकता है। हर प्रकार के अर्थ का बोध कराने वाले शब्द का पृथक्-पृथक् व्यापार होता है, शब्द के इसी व्यापार का नाम शब्दशक्ति है।

शब्द शक्ति के भेद

शब्दशक्ति के तीन भेद हैं–

1. अभिधा 2. लक्षणा 3. व्यंजना।

अभिधा शब्दशक्ति

शब्द की जिस शक्ति से संकेतित अर्थ का बोध होता है, वह अभिधा है। यह संकेतित अर्थ क्या है ? संकेत करके बाबा कहता है कि यह कौआ है और बच्चा उसे कौआ मान लेता है। यह संकेतित अर्थबोध है। संकेतित अर्थ आरूढ़ होता है। इससे पदार्थों के अस्तित्व की प्रतीति होती है। मेज शब्द के उच्चारण से एक पदार्थ विशेष के अस्तित्व की जानकारी मिलती है।

अभिधा शब्दशक्ति द्वारा प्राप्त होने वाला अर्थ वाच्यार्थ कहलाता है और जिस शब्द से वाच्यार्थ की प्रतीति होती है, वह शब्द वाचक है। वाचक शब्द से साधारण अर्थ या स्वाभाविक अर्थ या प्रसिद्ध अर्थ का ज्ञान होता है। इस अर्थ को मुख्यार्थ भी कहते हैं। 'हाथी' शब्द वाचक है और पशु विशेष इसका वाच्यार्थ अर्थात् प्रसिद्ध अर्थ है यानि मुख्यार्थ है। लोक में सभी जानते हैं कि एक भारी पशु जिसके कान बड़े-बड़े होते हैं, टाँगें मोटी-मोटी होती हैं, एक लम्बी सूँड मुख के सामने लटकती है, हाथी है। यह हाथी शब्द का मुख्यार्थ है।

मुख्यार्थ के बोध के लिए कई साधन हैं—मुख्यार्थ बोध का प्रमुख साधन लोक व्यवहार है। मनुष्य सामाजिक प्राणी है। सर्वप्रथम वह परिवार से भाषा ग्रहण करता है। परिवार के लोग जिन शब्दों का व्यवहार करते हैं, उन्हें बालक ग्रहण कर लेता है। इन शब्दों में घरेलू व्यवहार में उभरने वाले शब्दों का ज्ञान सबसे पहले होता है। इसके बाद मनुष्य ज्यों-ज्यों समाज के सम्पर्क में आता है, उसके भाषा ज्ञान में वृद्धि होती जाती है। इसके बाद शिक्षा से शब्द ज्ञान बढ़ता है। विविध विषयों के ज्ञान की प्राप्ति हेतु अनेक शब्द सीखने पड़ते हैं। बड़े लोगों, शिक्षकों आदि के माध्यम से वाचक शब्दों की जानकारी तेजी से बढ़ती है। आज के युग में से वाचक शब्दों के ज्ञान में शिक्षा का महत्त्वपूर्ण योगदान है। इसके अतिरिक्त शब्दकोश से वाचक शब्द सरलतापूर्वक ज्ञातव्य हैं। कोश में शब्दों का बहुत बड़ा संग्रह होता है। एक ही स्थान पर अनेक वाचक शब्दों का ज्ञान पाने का यह सुविधाजनक साधन है। व्याकरण द्वारा वाचक शब्दों के शुद्ध-अशुद्ध रूपों एवं शब्द निर्माण की प्रक्रिया ज्ञात होती है। परन्तु कोश और व्याकरण का आश्रय केवल शिक्षित लोगों तक सीमित है। इस प्रकार वाचक शब्दों के संकेतग्रह में लोक व्यवहार सर्वोपरि है। प्रत्यक्ष और उपमान से भी संकेतित अर्थ जानने में सहायता मिलती है। अभिधा से वाच्यार्थ की प्राप्ति सुबोध होती है। जैसे—

कुस कंटक, मग संकट नाना।
चलब पयादेहिं बिनु पद त्राना।।
झाँक न झंझा के झोंके में,
झुक कर खुले झरोखे से।

× × ×

छाँडि रे मन ! हरि बिमुखन को संग।
जिनके संग कुबुधि उपजत, परत भजन में भंग।।
कहा होत पय पान कराए, विष नहि तजत भुजंग।

लक्षणा शब्दशक्ति

जब किसी शब्द के मुख्यार्थ में बाधा हो और व्यवहार, कोश आदि से भिन्न किसी अन्य शक्ति से शब्द का अभिप्राय ज्ञात हो सके, उसे लक्षणा शब्दशक्ति कहते हैं। अर्थात् मुख्यार्थ का ज्ञान होने के बाद, उसमें बाधा आने पर रूढ़ि या प्रयोजन द्वारा मुख्यार्थ से सम्बन्धित अन्य अर्थ का बोध कराने वाले शब्द व्यापार को लक्षणा शब्दशक्ति कहा जाता है। लक्षणा द्वारा प्राप्त अर्थ लक्ष्यार्थ और शब्द लक्षक कहलाते हैं। उदाहरणत–

उषा सुनहले तीर बरसती
जय लक्ष्मी सी उदित हुई।
उधर पराजित कालरात्रि भी,
जल में अंतर्निहित हुई।।

यहाँ 'तीर' शब्द का लक्ष्यार्थ किरण है। तीर शब्द का वाच्यार्थ तो वस्तु विशेष है जो कि संकेतित अर्थ है, परन्तु उषा के पास तीर नहीं होते, तीर के समान चलने वाली किरणें होती हैं। अतः तीर और किरण में सादृश्य सम्बन्ध है, इसी से तीर शब्द का अर्थ किरण ज्ञात होता है। किसी को देखकर लोग हँस पड़ते हैं–हाथी आ गया। हाथी शब्द से पशु विशेष का ज्ञान होता है, यही इसका संकेतित अर्थ है, परन्तु कोई व्यक्ति बहुत मोटा हो तो हाथी के शरीर की समानता के आधार पर उसे हाथी कह देते हैं। यहाँ हाथी शब्द का अभिप्राय है–हाथी के समान बड़े डील-डौल का मनुष्य। इसे लक्ष्यार्थ कहा जाएगा।

इस प्रकार लक्षणा शब्द शक्ति के व्यापार में तीन स्थितियाँ रहती हैं–

–मुख्यार्थ का ज्ञान और उसमें बाधा।
–मुख्यार्थ और लक्ष्यार्थ में सम्बन्ध।
–वाच्यार्थ से भिन्न अर्थ का ज्ञान।

ये स्थितियाँ कारण, कार्य और फल भी कही जा सकती हैं।

लक्षणा शब्दशक्ति के भेद

लक्षणा शब्दशक्ति के दो भेद हैं–रूढ़ि लक्षणा और प्रयोजनवती लक्षणा।

(1) **रूढ़ि लक्षणा**–जिस शब्दशक्ति से परम्परा के आधार पर मुख्यार्थ से सम्बन्ध रखने वाले लक्ष्यार्थ का बोध होता है, वह रूढ़ि लक्षणा शब्दशक्ति है। जैसे–

दुश्मन यहीं कहीं है, चौकन्ने सब हो जाएँ।

मनुष्य के चार कान नहीं होते। परम्परागत रूप में 'चौकन्ना' का अर्थ है--सावधान होना। भाषा में मुहावरों और लोकोक्तियों का प्रयोग रूढ़ि लक्षणा के अन्तर्गत आता है।

रूढ़ि लक्षणा के भी दो प्रकार है।--गौणी तथा शुद्धा।

गौणी रूढ़ि लक्षणा--जब रूढ़ि लक्षणा में, मुख्यार्थ और लक्ष्यार्थ में सादृश्य सम्बन्ध (गुण का आधार) हो तो गौणी-रूढ़ि लक्षणा शब्दशक्ति होती है। यथा--

चिड़ियों से मैं बाज लड़ाऊँ।

यहाँ बाज शब्द का प्रयोग वीर सैनिकों के लिए प्रयुक्त है। वीर सैनिक बाज के समान शत्रुओं पर टूट पड़ते हैं। बाज और सैनिकों में गुण सादृश्य है। और बाज का परम्परागत अर्थ वीर व्यक्ति के लिए प्रयुक्त होता है। इसी प्रकार--

शेरों के मुँह किसने धोए ?

यहाँ शेर का अर्थ गुणसादृश्य के आधार पर वीर पुरुष है और यह अर्थ परम्परागत है।

शुद्धा रूढ़ि लक्षणा--जहाँ मुख्यार्थ और लक्ष्यार्थ में कोई समानता न हो अर्थात् गुण सादृश्य का सम्बन्ध न हो अपितु कोई अन्य सम्बन्ध रहे, वहाँ शुद्धा रूढ़ि लक्षणा शब्दशक्ति होती है। जैसे--

वीर पंजाब है जाग उठा।

यहाँ पंजाब का अर्थ है--पंजाब में रहने वाले लोग। पंजाब भूखण्ड तो मुख्यार्थ है, उसमें जागने और वीरता दिखाने की क्रिया सम्भव नहीं। जागने की क्रिया उसके निवासियों में ही हो सकती है। इस अर्थ को जानने के लिए यहाँ सादृश्य सम्बन्ध नहीं है।

(2) **प्रयोजनवती लक्षणा**--जिस शब्द शक्ति द्वारा, विशेष प्रयोजन के आधार पर लक्ष्यार्थ का बोध हो, उसे प्रयोजनवती लक्षणा शब्दशक्ति कहा जाता है।

शेर शिवा ने अफजल गज को
पल में किया पराजित।

यहाँ शेर के मुख्यार्थ में बाधा होने पर उसका लक्ष्यार्थ 'अतिशय वीर' प्रस्तुत करने का प्रयोजन है। इसी प्रकार--

मुझ पर जैसा तुमने क्रूर प्रहार किया।
नारकीयों ने भी नहीं वैसा घोर प्रहार किया।।

यहाँ नारकीय का अर्थ है--नरक में रहने वाले अधम प्राणी। यह नरक भी कल्पित स्थान है, अतः कवि का मन्तव्य प्रहार की क्रूरता के साथ नीचता और अनैतिकता का बोध कराना है।

लक्षणा शब्दशक्ति के दो भेद हैं--शुद्धा और गौणी।

शुद्धा प्रयोजनवती लक्षणा--जहाँ विशेष प्रयोजन के आधार पर प्रतीत होने वाले

लक्ष्यार्थ का मुख्यार्थ के साथ सादृश्य सम्बन्ध न हो, किसी अन्य सम्बन्ध से अर्थ का बोध हो सके, वहाँ शुद्धा प्रयोजनवती लक्षणा शब्दशक्ति होती है। यथा–

ओ नील आवरण जगती के
दुर्बोध न तू है इतना।
अवगुण्ठन होता आँखों का
आलोक रूप बन जितना।

इन पंक्तियों में 'नील आवरण' आकाश के लिए प्रयुक्त है। इसमें कोई सादृश्य सम्बन्ध नहीं। अतः शुद्धा प्रयोजनवती है।

शुद्धा प्रयोजनवती शब्दशक्ति के भी दो रूप हैं–

(क) उपादान लक्षणा या अजहत्स्वार्था लक्षणा–जहाँ अर्थ सिद्धि के लिए मुख्यार्थ के बोध के साथ अन्य अर्थ का आक्षेप कर लिया जाता है, वहाँ उपादान लक्षणा शब्द शक्ति होती है। मुख्यार्थ सर्वथा न छूटने के कारण इसे अजहत्स्वार्था कहते हैं। ध्वनिकार आनन्दवर्धन इसे अर्थान्तरसंक्रमितवाच्य ध्वनि कहते हैं। मुख्यार्थ आधार (उपादान) बने रहने के कारण यह उपादान लक्षणा कहलाती है। जैसे–

धूल की ढेरी में अनजान,
छिपे हैं मेरे मधुमय गान।

'यहाँ धूल की ढेरी' के मुख्यार्थ के साथ 'तुच्छ वस्तु' लक्ष्यार्थ गृहीत है अर्थात् मुख्यार्थ भी रहता और अर्थ का आक्षेप भी है। कवि कहना चाहता है कि मैं तुच्छ व्यक्तियों और वस्तुओं को भी अपनी कविता के वर्ण्य-विषय के रूप में स्वीकार करता हूँ। इसी प्रकार–

ये नए लौंडे
इस पुरानी खाल में
कोई साँस ही नहीं समझते।

यहाँ 'नए लौंडे' का लक्ष्यार्थ 'लापरवाह जवान लड़के' तथा 'बूढी खाल' का मुख्यार्थ 'वृद्ध एवं कमजोर व्यक्ति' है। लक्ष्यार्थ के साथ मुख्यार्थ सर्वथा लुप्त नहीं हो जाता, वह किसी न किसी रूप में लक्ष्यार्थ को सहारा देता है, अतः उपादान लक्षणा है। मुख्यार्थ का सर्वथा परित्याग न होने के कारण ही इसे अजहत्स्वार्था भी कहा जाता है।

(ख) लक्षण लक्षणा या जहत्स्वार्था लक्षणा–जहाँ वाक्य के अर्थ की सिद्धि के लिए मुख्यार्थ का त्याग करके लक्ष्यार्थ बोध हो, वहाँ लक्षण लक्षणा या जहत्स्वार्था लक्षणा शब्दशक्ति होती है। जैसे–

मैं रथ का टूटा पहिया हूँ
मुझे फेंको मत।

यहाँ 'रथ का टूटा पहिया' पदों से जो मुख्यार्थ बोध होता है, लक्ष्यार्थ इससे सर्वथा

परे है। यहाँ लक्ष्यार्थ है–पुराने, जीर्ण-शीर्ण, उपेक्षित जीवन मूल्य। मुख्यार्थ का त्याग हो जाने के कारण यह जहत्स्वार्था लक्षणा शब्दशक्ति है। ध्वनिकार इसे अत्यन्त तिरस्कृतवाच्य ध्वनि कहते हैं। इसी प्रकार–

माली आवत देखि कै कलियाँ करत पुकार।
फूली फूली चुन लई, काल्हि हमारी बार।।

यहाँ माली शब्द का अर्थ यमराज तथा कली का अर्थ जीव है। ये दोनों अर्थ, मुख्यार्थ के आधार पर नहीं टिके हैं। इन्होंने मुख्यार्थ को आधार नहीं बनाया। अतः जहत्स्वार्था लक्षणा शब्दशक्ति है।

गौणी प्रयोजनवती लक्षणा–जहाँ विशेष प्रयोजन के आधार पर ज्ञात होने वाले लक्ष्यार्थ और मुख्यार्थ में सादृश्य सम्बन्ध हो, वहाँ गौणी प्रयोजनवती लक्षणा शब्दशक्ति होती है। यथा–

जिय बिनु देह, नदी बिनु बारी।
तैसेहि नाथ पुरुष बिनु नारी।।

यहाँ जिय और बारी के साथ पुरुष का सादृश्य सम्बन्ध है तथा देह और नदी के साथ नारी शब्द का प्रयोग सादृश्य रूप में ही आया है। अतः गौणी प्रयोजनवती लक्षणा है।

गौणी प्रयोजनवती लक्षणा भी दो रूपों में मिलती है–

(क) सारोपा–जहाँ आरोप स्पष्ट रूप में कहा जाए अर्थात् उपमेय और उपमान स्पष्ट शब्दों में प्रतीत हों, वह सारोपा लक्षणा होती है। जैसे–

दूर-दूर तक विस्तृत था हिम,
स्तब्ध उसी के हृदय समान।
नीरवता सी शिलाचरण से
टकराता फिरता पवमान।।

यहाँ हृदय उपमान है और हिम उपमेय। इसी प्रकार नीरवता उपमान है और शिलाचरण उपमेय। लक्ष्यार्थ के रूप में कवि, जलप्रलय के पश्चात् उत्पन्न हुई स्तब्धता अंकित कर रहा है।

इसी प्रकार, प्रातः के सौन्दर्य का एक दृश्य देखिए–

बीती विभावरी जाग री।
अम्बर पनघट में डुबो रही
तारा घट उषा नागरी।।

यहाँ अम्बर उपमेय, पनघट उपमान, तारा उपमेय और घट उपमान हैं। इनके माध्यम से सूर्योदय का चित्रण, नित्य प्रति होने वाली जल भरने की क्रिया के सन्दर्भ में प्रस्तुत किया गया है। अतः यह सारोपा लक्षणा शब्दशक्ति है।

(ख) साध्यवसाना–इस शब्दशक्ति में आरोप भाव स्पष्ट नहीं होता। उपमान,

उपमेय को अध्यवसित कर लेता है अर्थात् निगल लेता है, उसे अपने अन्दर ही समा लेता है। दूसरे शब्दों में उपमान की प्रस्तुति रहती है, उपमेय की नहीं। यथा–

कहाँ छिपा ऐ चाँद हमारा।
जेहि बिनु रैनि जगत अँधियारा।।

यहाँ 'चाँद' उपमान है, उपमेय पद्मावती के कथन की जरूरत नहीं पड़ी, उपमान के माध्यम से ही लक्ष्यार्थ बोध हो जाता है। इसी प्रकार–

जीना कितना मुश्किल है
लोकतन्त्र के साँपों में।

यहाँ 'साँप' शब्द उपमान है, उपमेय 'नेता' इसी में निहित है। यही लक्ष्यार्थ है। केवल उपमान का कथन होने के कारण यह साध्यवसाना लक्षणा शब्दशक्ति है। इसी प्रकार–

'इस खण्डहर में बिजली सी उन्मत्त जवानी दौड़ी होगी।'

यहाँ खण्डहर उपमान है, परन्तु 'बूढ़े शरीर' उपमेय का कथन नहीं हुआ। अतः साध्यवसाना लक्षणा है, परन्तु बिजली सी उन्मत्त जवानी दौड़ी होगी, में सारोपा है। काव्य में सादृश्यमूलक अलंकार, इन्हीं सारोपा और साध्यवसाना शब्दशक्तियों की परिणति हैं।

व्यंजना शब्दशक्ति

शब्द के जिस व्यापार से उसके मुख्यार्थ एवं लक्ष्यार्थ से भिन्न किसी विशेष या गूढ़ अर्थ का बोध होता है, उसे व्यंजना शब्दशक्ति कहते हैं। व्यंजना शब्दशक्ति द्वारा ज्ञात होने वाला अर्थ व्यंग्यार्थ तथा इस अर्थ का बोध कराने वाला शब्द व्यंजक कहलाता है। इस प्रकार अभिधा और लक्षणा से जो अर्थ प्रकट न हो सके, उसे व्यंजना शब्दशक्ति प्रकट करती है। यथा–

वक्र चन्द्रमहि ग्रसइ न राहू।
टेढ़ जानि संका सब काहू।।

टेढ़े चन्द्रमा को राहू नहीं ग्रसता। टेढ़ा जानकर सब शंका करते हैं। वाच्यार्थ और लक्ष्यार्थ से इस दोहे का अर्थ स्पष्ट नहीं होता। व्यंग्यार्थ से ज्ञात होता है कि दुष्ट लोग, दुष्टों का दमन नहीं करते, वे सीधे-सादे लोगों को ही हानि पहुँचाते हैं।

व्यंजना शब्दशक्ति के दो भेद हैं–शाब्दी व्यंजना और आर्थी व्यंजना।

(1) **शाब्दी व्यंजना**–जहाँ व्यंग्यार्थ किसी विशेष शब्द के प्रयोग पर निर्भर होता है अर्थात् एक शब्द का परिवर्तन हो जाने पर उसके स्थान पर, पर्याय प्रयुक्त होने पर व्यंग्यार्थ नहीं रहता, वहाँ शाब्दी व्यंजना शब्द शक्ति होती है। यथा–

चिरजीवो जोरी, जुरै क्यों न सनेह गम्भीर।
को घटि ? ए वृषभानुजा, वे हलधर के वीर।।

राधाकृष्ण की यह जोड़ी चिरंजीव हो। इनमें परस्पर क्यों न प्रेम रहे ? दोनों

में कौन कम है ? यह वृषभानुजा (बैल की छोटी बहिन) है और वह हलधर (हल चलाने वाले बैल) का भाई है। वाच्यार्थ तो यही है कि राधा वृषभानु की पुत्री है और कृष्ण बलराम का भाई है। परन्तु अन्य अर्थ के आ जाने से व्यंग्यार्थ प्रतीत होने लगा। यदि वृषभानुजा के स्थान पर वृषभानुसुता और हलधर के स्थान पर बलराम शब्द का प्रयोग हो तो व्यंग्यार्थ की उपलब्धि नहीं होगी। अतः शब्द विशेष के साथ व्यंग्यार्थ का सम्बन्ध होने के कारण, यहाँ शाब्दी व्यंजना है।

शाब्दी व्यंजना भी दो प्रकार की है–

(क) **अभिधामूला व्यंजना**–जहाँ मुख्यार्थ के बाद व्यंग्यार्थ का बोध हो, वहाँ अभिधाभूला व्यंजना शब्दशक्ति होती है। यथा–

विरह की घड़ियाँ हुईं अलि,
मधुर मधु की यामिनी सी।

यहाँ आराधिका का विरह वर्णन है। विरह में एक स्थिति ऐसी आती है जब प्रिया का, प्रिय से तादात्म्य हो जाता है। मधुर शब्द उसी अवस्था का द्योतक है। मुख्यार्थ के पश्चात् व्यंग्यार्थ का बोध होता है, अतः अभिधामूला व्यंजना है।

(ख) **लक्षणामूला व्यंजना**–जहाँ लक्ष्यार्थ के बोध के पश्चात् व्यंग्यार्थ का बोध हो, वहाँ लक्षणामूला व्यंजना होती है। यथा–

हम कुल घालक सत्य तुम्ह, कुल पालक दस सीस।
अंधउ बधिर न अस कहहिं, नयन कान तव बीस।।

अंगद रावण को कहता है कि हम कुलघालक हैं। तुम कुल पालक हो ? ऐसा तो अन्धे बहरे भी नहीं कहते, तुम्हारे तो आँख, कान बीस-बीस हैं। यहाँ पहले लक्ष्यार्थ अर्थात् 'बीस-बीस आँख, कानों वाला व्यक्ति तो समझदार होगा' अर्थ प्रतीत होता है, फिर व्यंग्यार्थ 'तुम तो हम से भी गए गुजरे हो के बोध होने से यहाँ लक्षणामूला व्यंजना शब्दशक्ति है।

(2) **आर्थी व्यंजना**–जहाँ व्यंग्यार्थ सम्पूर्ण वाक्य में अंतर्हित होता है और उसकी प्रतीति वक्ता, श्रोता, प्रसंग आदि पर निर्भर रहती है, आर्थी व्यंजना कहलाती है। आर्थी व्यंजना किसी विशेष शब्द पर निर्भर न होकर, अर्थ पर निर्भर है। शब्द का पर्याय रख देने पर भी व्यंग्यार्थ बना रहता है। यथा–

अबला जीवन हाय ! तुम्हारी यही कहानी।
आँचल में है दूध और आँखों में पानी ! !

इन पंक्तियों में नारी के दोहरे जीवन पर व्यंग्य है। इसमें एक ओर संतान के प्रति स्नेह भाव है तो दूसरी ओर पति-वियोजन का दुख भरा है। उसे किस प्रकार यातनाएँ झेलनी पड़ती हैं ?

आर्थी व्यंजना के अनेक रूप हैं।

(क) **वक्ता की विशिष्टता युक्त आर्थी व्यंजना**–जहाँ कवि या कवि कल्पित

व्यक्ति के कथन की विशेषता के कारण व्यंग्यार्थ की प्रतीति हो, वहाँ वक्ता वैशिष्ट्य आर्थी व्यंजना होती है। जैसे—

निरखि सेज़ रंग रंग भरी लगी उसासै लैन।
कछु न चैन चित्त में रह्यौ चढ़त चाँदनी रैन।।

नायिका की सखी नायक से कह रही है—

होली के दिनों में, नायिका रंग-बिरंगी सेजों को देखकर आहें भरने लगती है। चाँदनी रात के चढ़ते उसके चित्त में चैन नहीं रहता। इस कथन से वक्ता का प्रयोजन है कि नायक निष्ठुर है और उसे नायिका से दूर नहीं रहना चाहिए।

(ख) श्रोतृ (बोद्धव्य) वैशिष्ट्य आर्थी व्यंजना—इसमें श्रोता की विशेषता से व्यंग्यार्थ प्रतीत होता है। जैसे—

कबीरा माला काठ की कहि समुझावै तोहि।
मन न फिराये आपणाँ, का फिरावै मोहि।।

कबीर श्रोताओं को समझा रहे हैं कि तुम्हारा मन चंचल है, अतः काठ की माला फेरने का कोई लाभ नहीं, तुम अपना मन शुद्ध नहीं करते। यहाँ श्रोतृजनों से सम्बद्ध व्यंग्य है। इसी प्रकार—

मेरे धर्म को
काले रंग के खुजलीदार कुत्ते
नोचने को तैयार हैं,
क्योंकि—ईश्वर मर चुका है।

ये पंक्तियाँ भी श्रोतृजनों के सम्बन्ध में व्यंग्य है कि वे जिस धर्म के पोषक हैं उसकी कुत्ते भी परवाह नहीं करते। ईश्वर की मूर्ति से उन्हें भय नहीं, वे जानते हैं कि ईश्वर मर चुका है। श्रोता धर्म की लाश के साथ चिपटे हुए हैं।

(ग) वाक्य वैशिष्ट्य आर्थी व्यंजना—वाक्य के कहने के ढंग की विशेषता से ही व्यंग्यार्थ की प्रतीति होने पर वाक्य वैशिष्ट्य आर्थी व्यंजना होती है। यथा—

लंका निसिचर निकर निवासा।
इहाँ कहँ सज्जन का वासा।।

वाक्य भंगिमा से यहाँ व्यंग्यार्थ अनुभव होता है—लंका में तो बहुत राक्षस रहते हैं, यहाँ सज्जन कहाँ से मिलेगा। विभीषण को राम का नाम जपते सुनकर हनुमान को ऐसा अनुभव होता है।

(घ) अन्य सन्निधि वैशिष्ट्य आर्थी व्यंजना—इसमें वक्ता और श्रोता के वार्तालाप में, किसी अन्य व्यक्ति की समीपता से व्यंग्यार्थ प्रतीत होता है।

सौंप्यो सब गृह काज मुहिं अही निरदई सास।
साँझ समय में छिनक अलि ! मिलत कबहुँ अवकास।।

परकीया नायिका, अपने प्रेमी को सुनाने के लिए अपनी सखी से कहती है कि सायंकाल

के समय ही अवकाश मिल पाता है इससे साँझ के समय ही प्रेमी से मिलने सम्बन्धी व्यंग्य का बोध होता है।

(ङ) **वक्तव्य वैशिष्ट्य आर्थी व्यंजना**–इसमें वक्तव्य अर्थात् कही जाने वाली बात की विशेषता से व्यंग्यार्थ की प्रतीति होती है। यथा–

कौड़ी कौड़ी बंदा जोड़ी गाड़ि जमीं में धरता है।
जेहि लहना है सो लै जैहैं, पापी बहि बहि मरता है।

आदमी धन जोड़-जोड़ कर जमीन में गाड़ देता है, फिर भी चोर उसे खोदकर ले जाते हैं। आदमी पाप के मार्गों से कमा-कमा कर मर जाता है। यह कठोर सत्य है और वाक्य की विशेषता के कारण यहाँ वक्तव्य वैशिष्ट्य आर्थी व्यंजना है।

(च) प्रस्ताव-प्रकरण वैशिष्ट्य आर्थी व्यंजना–इसमें व्यंग्यार्थ की प्रतीति प्रस्ताव या प्रकरण से होती है। जैसे–

स्वयं सुसज्जित करके क्षण में,
प्रियतम को प्राणों के पण में।
हमीं भेज देती हैं रण में,
क्षात्रधर्म के नाते।
सखी ! वे मुझसे कहकर जाते।

यशोधरा अपनी सखी से कहती है कि यदि सिद्धार्थ मुझे सूचित करके वन में जाते तो मैं उनके पुण्य-मार्ग में बाधा न बनती। यहाँ प्रकरणगत व्यंग्यार्थ है।

(छ) देश वैशिष्ट्य आर्थी व्यंजना–इसमें व्यंग्यार्थ, देश या स्थान विशेष के कारण प्रतीत होता है। यथा–

चित्रकूट गिरि है वही, जहाँ सिय लछमन साथ।
मन्दाकिनी सरिता निकट वास कियो रघुनाथ।।

राम के निवास के कारण, चित्रकूट की विशेषता से उसकी पवित्रता सम्बन्धी व्यंग्यार्थ का बोध होता है।

(ज) काल वैशिष्ट्य आर्थी व्यंजना–इसमें व्यंग्यार्थ की प्रतीति समय विशेष की विशेषता के कारण होती है। जैसे–

गुरुजन परबस तुम पिय ! गमन करत मधुकाल।
हतभागिनी हों, का कहौं सुनि हो सब मौ हाल।।

इस दोहे में मधुकाल अर्थात् वसंत काल के कारण व्यंग्यार्थ का बोध होता है। नायिका कहती है–हे प्रिय ! तुम गुरुजनों के वश में हो और वसन्त ऋतु में घर से जा रहे हो। मैं क्या कहूँ, बाद में तुम मेरा हाल सुन लोगे अर्थात् आपके जाने के बाद मैं जीवित नहीं रहूँगी। यहाँ मधुकाल के कारण जीवित न रहने का व्यंग्य ज्ञात होता है।

(झ) काकु वैशिष्ट्य आर्थी व्यंजना–इसमें बात कहने के ढंग से व्यंग्यार्थ का

ज्ञान होता है। कहने का लहजा व्यंग्य उत्पन्न कर देता है। जैसे–

मानस सलिल सुधा प्रतिपाली।
जिअइ कि लवन पयोधि मराली।।

राम सीता से कहते हैं कि मानसरोवर के जल में पली हंसिनी खारे सागर में कैसे जीवित रहेगी ? अर्थात् राजमहल में पलने वाली सीता, वन के कष्ट कैसे सहेगी ? काकु की वक्रता के कारण व्यंग्यार्थ की अनुभूति होती है।

(ञ) **चेष्टा वैशिष्ट्य आर्थी व्यंजना**–इसमें व्यंग्यार्थ की प्रतीति उस व्यक्ति की चेष्टाओं से होती है जिसका वर्णन कवि करता है। संकेत भी व्यंग्यार्थ बोधक होते हैं। यथा–

न्हाय पहरि पट उठि कियो बैंदि मिस परनाम।
दृग चलाय घर को चली, विदा किए घनस्याम।।

गोपी ने यमुना में स्नान किया, वस्त्र पहने और प्रणाम करने के बहाने नयनों के संकेतों से संकेत स्थल पर अपना आना सूचित कर दिया। गोपी की चेष्टा के कथन से व्यंग्यार्थ प्रतीत होता है।

तात्पर्यवृत्ति

तात्पर्यवृत्ति में पद और वाक्य का महत्त्व है, अतः पद और वाक्य के विषय में जानकारी होनी चाहिए।

पद–पद वह वर्ण-समूह है जो प्रयोग करने योग्य अनन्वित अर्थ का बोधक होता है। अनन्वित का अभिप्राय है–किसी दूसरे पद के अर्थ के साथ असम्बद्ध। जैसे, गज एक पद है। यह ग और ज वर्णों का समूह है। व्याकरण की दृष्टि से इसका प्रयोग सम्भव है। यह किसी दूसरे पद के अर्थ से सम्बद्ध नहीं और अर्थविशेष का ज्ञान कराता है। किसी शब्द के व्याकरणिक प्रयोग को पद समझना चाहिए।

वाक्य–वाक्य पदों का समूह है जिसमें योग्यता, आकांक्षा और सन्निधि (आसत्ति) की स्थिति रहती है। वाक्य में योग्यता का अर्थ है–पदों के अर्थों के साथ सम्बन्ध में बाधा न होना। जैसे–वह जल पीता है। इस वाक्य में जल और पीना पदों के अर्थों में कोई विरोध नहीं। यदि कहा जाए कि वह आग पीता है। यहाँ आग और पीना पदों के अर्थों के सम्बन्ध में बाधा है। वाक्य के औचित्य के लिए दूसरा आधार आकांक्षा है। जब वाक्य में अर्थ की पूर्ति न हो और जानने की इच्छा बनी रहे तो आकांक्षा कही जाती है। यथा वह फल। इतना कह देने से अर्थ की पूर्ति नहीं होती। इसके साथ 'खाता है' पद की अपेक्षा है। इसे ही आकांक्षा कहेंगे। इसी प्रकार वाक्य के लिए सन्निधि की शर्त भी आवश्यक है। एक पद के उच्चारण के बाद अन्य पदों के उच्चारण में विलम्ब न होना सन्निधि है। यदि एक पद का उच्चारण अब हो और दूसरे पद का दस मिनट बाद और तीसरे का बीस मिनट

बाद तो वाक्य न बन पाएगा और न ही अर्थ की पूर्ति होगी। इन्हीं पदों से बने वाक्यों से तात्पर्यवृत्ति बनती है। अतः वाक्य के भिन्न-भिन्न पदों के अर्थ का अन्वयबोध बोध कराने वाली शक्ति, तात्पर्यवृत्ति होती है।

शब्द की अभिधा शक्ति एक-एक पद का अर्थ बोध कराती है। इसके बाद उन अर्थों को एक-दूसरे के साथ जोड़कर तात्पर्यवृत्ति से वाक्य के सम्पूर्ण अर्थ का ज्ञान होता है।

तात्पर्यवृत्ति के प्रतिपादक कुमारिल भट्ट थे। उन्हें अभिहितान्वयवादी भी कहा जाता है। उनका मत है कि अभिधा से तो प्रत्येक पद का अलग-अलग बोध सम्भव है, वाक्यार्थ ज्ञात नहीं होता अर्थात् अन्वित अर्थ की उपलब्धि नहीं हो पाती। वाक्य का सम्पूर्ण बोध कराने वाली वृत्ति, तात्पर्यवृत्ति ही है। अभिहितान्वयवाद का अर्थ भी यही है। अभिहित अर्थात् अभिधा से ज्ञात पदों के अर्थों को समन्वित वाक्य के अर्थ बोध कराने वाला सिद्धान्त। इसके विपरीत कुछ विद्वान् अन्विताभिधानवाद की बात कहते हैं। वे अभिधा शक्ति से ही वाक्य के अन्वित पदों के अर्थ का बोध मानते हैं। ध्वनि सिद्धान्त मानने वाले आचार्यों ने अभिहितान्वयवाद का समर्थन किया और तात्पर्यवृत्ति को मान्यता दी। वे तात्पर्यवृत्ति को व्यंजना शब्दशक्ति के रूप में नहीं मानते। व्यंजना का प्रभाव, तात्पर्यवृत्ति से अधिक होता है। उदाहरणतः—

वह फूल तोड़ता है।

इस वाक्य के प्रत्येक पद का अर्थ तो अभिधा शब्दशक्ति से ज्ञात होता है, साथ ही इन पदों के अन्वित रूप का अर्थ जो कि सारे वाक्य का तात्पर्य है, तात्पर्यवृत्ति से ही जाना आ सकता है। यही अभिहितान्वयवाद है। यह तात्पर्यवृति व्यंजना की अपेक्षा कम प्रभावशाली है—

जो रूखा शीशा टूटे तो सब कोई सुन पाता है।
किन्तु कुचला जाना हृदय कुसुम का, किसे सुनाई पड़ता है ?

यहाँ व्यंजना शब्दशक्ति से गहन अर्थ की अनुभूति है जो कि तात्पर्यवृत्ति से प्राप्त नहीं होती। इसके लिए व्यंजना शब्दशक्ति का आश्रय अनिवार्य है।

मिथक और काव्य

साहित्य में, मिथ नई चेतना और सौन्दर्य की प्रस्तुति करते हैं और सहृदय के मन को पुरा संस्कृति के सूत्रों से इस प्रकार आबद्ध करते हैं जिनमें आदिकाल से आज तक के मानवविकास की अनुभूतियाँ सजीव और सप्राण हो उठती हैं। Dictionary of Folklore में मिथ के विषय में कहा गया है, "मिथ वह कथा है जो किसी युग में घटित दिखाई गई हो। इन कथाओं में किसी देश के धार्मिक विश्वास, प्राचीन वीरों, देवी-देवताओं, जनता की अलौकिक तथा अद्भुत परम्पराओं तथा सृष्टि का वर्णन होता है।" मिथ, पूर्व युग की घटनाओं का वैज्ञानिक रीति से प्रस्तुत किया गया स्पष्टीकरण है। अरस्तू के विचार में मिथ वर्णनात्मक कथा है। यह व्यवस्थापूर्ण दार्शनिकता के विपरीत अबौद्धिक सहजोद्गार है। Theory of Literature के अनुसार मिथ का तात्पर्य किसी अज्ञात द्वारा गढ़ी हुई, विश्व के मूल, उद्गम एवं नियति सम्बन्धी कथा से है। यह समाज का स्पष्टीकरण है कि जगत् क्या है, हम जैसा करते हैं, क्यों करते हैं, प्रकृति का शिक्षणात्मक बिम्ब क्या है, मानव की नियति क्या है ?

इस प्रकार मिथ वह कथारूप है जो मनुष्य का सम्बन्ध अलौकिक और अतिमानवीय शक्तियों के साथ स्थापित करता हुआ, जाति के परम्परागत स्वप्नों की गम्भीर व्यंजना करता है।

मिथ में तीन विशेषताएँ प्रमुखतः रहती हैं–

(1) इसकी पृष्ठभूमि धार्मिक होती है।

(2) इसमें प्रधान पात्र देवी-देवता होते हैं।

(3) इसका प्रमुख वर्ण्य विषय सृष्टि की रचना है।

मानव मन में जिज्ञासा रही है कि यह सृष्टि क्या है, जीवन क्या है, सूरज और चाँद के पीछे क्या चेतना है, मानव धरती पर कब उतरा, पाप का प्रवेश कब हुआ इत्यादि, इत्यादि। ये प्रश्न उसके मन को झकझोरते रहे। उसने इन सब प्रश्नों का उत्तर मिथकीय कथाओं के माध्यम से तलाश किया। इसके अतिरिक्त मृत्यु की विभीषिका, मृत्यु पर जीवन की विजयाकांक्षा, जिजीविषा आदि की अनुभूतियाँ मुखरित करने का उसे एक ही मार्ग मिला–अतिमानवीय एवं अलौकिक कथाओं का सृजन।

ये कथाएँ पुराख्यानों के रूप में पुराणों में संगृहीत हैं। सभी जातियों को पौराणिक विश्वास, प्राचीन परम्परा से प्राप्त हैं। इनकी उत्पत्ति उस काल में हुई थी जिसे सांस्कृतिक विकास की दृष्टि से पौराणिक युग कहा जाता है। पौराणिक विश्वासों में प्रत्यक्ष या परोक्ष रूप से कोई कथा अवश्य रहती है। ये पौराणिक कथाएँ सत्य समझी जाती हैं। पौराणिक विश्वासों और आख्यानों का धर्म के साथ घनिष्ठ सम्बन्ध है क्योंकि ये प्रकृति की शक्तियों, देवताओं और अन्य शक्तियों की स्थिति का रहस्य समझाते हैं और इस प्रकार उससे मनुष्य का सम्बन्ध स्थापित करते हैं। प्राकृतिक शक्तियों की व्याख्या करने के लिए पुराणों के देवी-देवताओं की कल्पना की गई। रूपकों और काव्यमय वर्णनों से पुराणों में जगत् की रचना, प्रकृति की परिवर्तनशीलता, मानव की क्षमताएँ, नैतिक मूल्यों की शाश्वतता आदि के विषय में विचार व्यक्त किए गए। पौराणिक कथाओं के मूल में संसार की गतिशीलता होते हुए भी, उसके उद्देश्य में दर्शन का गाम्भीर्य व स्थैर्य है। यह पराभौतिक चिन्तना का आद्य रूप है और पारलौकिकता का अपरिहार्य संदेशवाहक है। ऐतिहासिक रूप से मिथ एवं धार्मिक कर्मकाण्ड सह-सम्बन्धी हैं। मिथ जीवन की आधारभित्ति है। यह पवित्र सूत्र की कालातीत योजना है जिसको जीवन अज्ञात रूप से भरता है और उसे भरने की प्रक्रिया में स्वयं भी निर्मित होता है।

Philosphy in a New Key में मिस लैंगर का मिथ के सम्बन्ध में मत है कि पौराणिक कथाओं की सच्चाई में चाहे अक्षरशः विश्वास न किया जाए, पर यह निर्विवाद है कि उनकी स्वीकृति ऐतिहासिक तथ्य या रहस्यात्मक सत्य के रूप में धर्मपरक गम्भीरता के साथ होती है। ये कथाएँ प्रकृत संघर्षों, अतिमानवीय शक्तियों, बर्बर प्रपीड़नों अथवा विपरीत आकांक्षाओं से दमित, मानव-वासनाओं की प्रतिपत्ति हैं। इनका चरम लक्ष्य काल्पनिक मिथ्या वर्णन नहीं अपितु उसके मूलभूत सत्यों की गम्भीर अभिव्यंजना करना है।

मिथ और कर्मकाण्ड

मिथ का सम्बन्ध धर्म से जुड़ जाने के कारण उसे कर्मकाण्ड का रूप समझा जाने लगा। परन्तु मिथ और कर्मकाण्ड में कुछ भेद हैं। धार्मिक कर्मकाण्ड, सम्बन्धित व्यक्तियों के विश्वासों, संवेगों, उनकी धारणाओं और मनोवृत्तियों को प्रभावित करता है। यह एक कार्यव्यापार है जिसमें हम भाग लेते हैं। यह हमें ऐसा दृष्टिकोण प्रदान करता है जिससे हम महत् एवं श्रेष्ठ कल्पना जन्य कृतियों को विश्वास के साथ देख सकें। यह सत्य है कि धार्मिक स्वीकृति को अपना विषय बनाकर कथा रचना करने वाले मिथ को विश्वसनीय एवं जातिग्राह्य बनाने में हमारे अनुष्ठानों का अनिवार्य योग है, परन्तु कर्मकाण्ड एवं मिथ में मूलभूत अन्तर है। जहाँ कर्मकाण्ड एक विहित कार्य है, एक विशेषीकृत व्यापार है, वहाँ मिथ अपने आप में विशेष विवरण भी नहीं,

वह तो एक प्रकार की सम्भाव्य कथा है जो विशेष अवसरों पर प्रस्तुत की जाती है।

मिथ और परीकथा

परीकथाएँ नितान्त काल्पनिक कथाएँ होती हैं जिनमें अद्भुत क्रियाकलापों का सन्निवेश कर दिया जाता है। पौराणिक कथाओं का साध्य परीकथाओं से कहीं गम्भीर होता है। यद्यपि मिथ और परीकथा दोनों के उपकरणों में पर्याप्त साम्य है, प्रयोग की दृष्टि से दोनों सर्वथा भिन्न है। परीकथा वैयक्तिक भोगतुष्टि है, वासनाओं की अभिव्यक्ति और उसकी काल्पनिक पूर्ति है, वास्तविक जीवन के अभावों की क्षतिपूर्ति है और सांसारिक संघर्षों से पलायन है। इसके विपरीत पौराणिक कथा, संघर्षों से दबी मानवीय वासनाओं का प्रतिकार हैं। यह काल्पनिक वर्णन नहीं है अपितु मूलभूत सत्यों की गम्भीर अभिव्यक्ति है।

मिथ एवं निजंधरी आख्यान

निजंधरी कथाएँ महापुरुषों, संतों, देवताओं या राक्षसों के जीवन और कार्यों से सम्बन्धित होती हैं, पर इनमें इतिहास का तत्त्व किसी न किसी मात्रा और रूप में अवश्य वर्तमान रहता है। पौराणिक आख्यान यदि प्रकृति सम्बन्धी जिज्ञासामूलक अनुभूतियों के काल्पनिक, धार्मिक और कलात्मक प्रतीक या समाधान हैं तो निजंधरी कथा जीवन की ठोस अनुभूतियों का प्रतीक है। कोई कथा तभी मिथ कही जा सकती है जब उसके प्रधान पात्र देवी और देवता हों अथवा इन पात्रों में देवत्व की भावना बनी हो। परन्तु जब वे पात्र देवत्व की कोटि से नीचे उतरकर मनुष्य की श्रेणी में आ जाते हैं तब उस कथा को लीजेंड कहने लगते हैं। मिथ कोई दिवास्वप्न भी नहीं है। पौराणिक आख्यान, जाति का स्वप्न होता है, दिवास्वप्न व्यक्ति का होता है। पौराणिक आख्यानों की भाव कल्पनाओं में मनुष्य को सन्तोष की प्राप्ति होती है क्योंकि इनका सम्बन्ध इदम् से होता है और ये सब प्रकार के तर्क वितर्क से मुक्त होते हैं। मिथ खण्डदृष्टि नहीं है, पूर्ण सर्जना है जिससे मनुष्य आस्थावान् रहता है, भविष्य के प्रति आस्थावान् होता है। यह लोकसंग्रही स्वरूप ध्वनित करता है।

काव्यबिम्ब और मिथ

मिथ की सामान्य धारणा है कि यह हमारी विश्वास भावना एवं श्रद्धावृत्ति को तुष्ट करने वाला काल्पनिक सृजन है। यह कवि की काव्यकल्पना का भी विषय बन सकता है, और इतिहास के तथ्य की अपेक्षा सम्भाव्य सत्य पर आस्था रखता है। इतिहास में तथ्य का, धर्म में मंगल का, विज्ञान में सत्य का और मिथ में सम्भावना का स्वर प्रमुख है।

काव्य एवं मिथ का गहरा सम्बन्ध है। प्राचीन महाकाव्यों का स्रोत धार्मिक मिथकीय चेतना है। काव्य के प्राचीन रूप में मिथ, धर्म एवं काव्य का अविभाज्य सम्बन्ध है। प्राचीन महाकाव्यों एवं चरित्रकाव्यों के मूल में जातीय मिथ परम्परा है जो इतिहास बोध के साथ निजंधरी कथाओं का रूप धारण करती है और कवि के भावोद्वेलन का संस्पर्श पाकर इन्द्रिय ग्राह्य एवं संवेद्य बन जाती है। मिथ की शाश्वतता से ही काव्य कालजयी बनते हैं।

काव्य तथा मिथ दोनों में समान मनःस्थिति है। दोनों के मूल में मन की संकल्पनात्मक अनुभूति है। कवि अपने भावों की अभिव्यक्ति में सदा मिथों का ऋणी रहा है। जाति के प्रतिनिधि काव्यों में तो मिथकों की अनिवार्यता निर्विवाद है। आज भी काव्य में बिम्बों को प्रभावशाली बनाने के लिए मिथक नए संदर्भों में ग्रहण किए जाते है। युग चेतना मूर्तित करने के लिए उन्हें नए परिप्रेक्ष्य में प्ररतुत किया जाता है। यथा—

मैं
रथ का टूटा पहिया हूँ
लेकिन मुझे फेंको मत !
क्या जाने कब
इस दुरूह चक्रव्यूह में
अक्षौहिणी सेनाओं को चुनौती देता हुआ
कोई दुस्साहसी अभिमन्यु आकर घिर जाय।
अपने पक्ष को असत्य जानते हुए भी
बड़े-बड़े महारथी
अकेली निहत्थी आवाज को
अपने ब्रह्मास्त्रों से कुचल देना चाहें
तब मैं
रथ का टूटा हुआ पहिया
उसके हाथों में
ब्रह्मास्त्रों से लोहा ले सकता हूँ।—धर्मवीर आरती

कालरिज पुराकथा को सहजज्ञान का विशेषण देते हुए कहते हैं कि यह किसी राष्ट्र को एक ऐसा कथात्मक ताना-बाना बुनने के लिए प्रेरित करता है जिसमें उसके मानस की आशा-आकांक्षा समाहित हो। आज की कविता को भी कथ्य की प्रभाविता और संवेधता के लिए बहुत बार मिथकों का आश्रय लेना आवश्यक हो जाता है।

काव्य बिम्ब एवं मिथक दोनों के मूल में कल्पनाशील सर्जक मानस है जो शेष सृष्टि से रागात्मक संश्लेषण स्थापित करता है। जहाँ मिथ जातीय रागों, भावों, अनुभूतियों और प्रश्नाकुल मनःस्थितियों का सम्पूर्ण ब्रह्माण्ड के साथ रागात्मक संश्लेषण

है, वहाँ काव्य बिम्ब भी अमूर्त भावनाओं का सृष्टि के साथ इन्द्रिय संवेद्य सम्मूर्तन है। मिथ के पीछे जातीय मानस है और बिम्ब के पीछे वैयक्तिक मानस। मिथ अपनी उत्कृष्टता के लिए बिम्बधर्मा बनता है तो काव्य बिम्ब भी मिथकों को अपनी संवेद्यता के लिए नियोजित करता है।

मिथक और काव्य बिम्ब में एक मौलिक अन्तर है–जहाँ मिथक अबौद्धिक एवं अव्यवस्थित है, वहाँ काव्यबिम्ब, प्रज्ञा की सजग चेतना है, उसमें व्यवस्था क्रम है।

निष्कर्षतः काव्य बिम्ब और मिथक में निम्नलिखित भेद हैं–

(1) काव्य बिम्ब व्यक्ति की दृष्टि है परन्तु मिथ जाति की।

(2) बिम्ब विशुद्ध काव्य है, परन्तु मिथ में धार्मिक विश्वासों का प्रगाढ़ सम्बन्ध है।

(3) काव्यबिम्ब व्यवस्थित सृजन है जबकि मिथ में व्यवस्था क्रम नहीं होता।

(4) काव्य बिम्ब शासित कल्पनात्मक सम्मूर्तन है, परन्तु मिथ नितान्त सहज स्फूर्त सम्मूर्तन है।

(5) काव्यबिम्ब लौकिक, मानवीय और वास्तविक है, परन्तु मिथ में अलौकिकता अतिमानवीयता एवं काल्पनिकता अधिक है।

(6) काव्य बिम्ब का लक्ष्य आह्लाद है, परन्तु मिथ में जिज्ञासामूलक, विस्मयी समाधान रहता है।

मिथ का प्रत्यय काव्य के समान एक प्रकार का सत्य है जो इतिहासगत या विज्ञान सम्मत सत्य का प्रतिद्वन्द्वी नहीं प्रत्युत पूरक है।

कल्पना और काव्य

कवि द्वारा किया गया वर्णन मिथ्या नहीं होता, वह सृष्टि की रचना करता है, उसकी दृष्टि सर्वोपरि है और वह क्रान्तद्रष्टा है। कवि की इस क्रान्तदर्शिता का स्रोत है--कल्पना। कल्पना करना मनुष्य का स्वभाव है और इसी कारण वह इतर प्राणियों से भिन्न है। कल्पना मनुष्य को विकासमान प्राणी के रूप में प्रतिष्ठित करने वाला व्यावर्तक गुण है अतः इसे सतत उत्कर्ष एवं संस्कार के उपकरण और अपरिहार्य साधन के रूप में सशक्त बनाना चाहिए। कल्पना से हम साधारणतया अप्राप्य वस्तुओं की ओर अर्थात् जो हमारे ऐन्द्रिय बोध और प्रत्यक्षानुभूति की परिधि से परे हैं, निरन्तर बढ़ते हैं। इन अज्ञात क्षेत्रों में जाए बिना हमारे अनुभवों का अर्थ न तो स्पष्ट होता है और न ही पूर्ण। ब्लेक का कथन है कि कल्पना ही कवि को बनाती है। शेक्सपियर इसकी चर्चा करते हुए कहते हैं, "कल्पना स्वर्ग एवं भूतल को एक करके, अज्ञात वस्तुराशि का रूपायन करती है।" कल्पना का क्षेत्र मुख्यतः मानस प्रत्यक्षीकरण का क्षेत्र है। कल्पना का संसार शाश्वत है जिसमें नश्वर का अनश्वर तत्त्व प्रत्यक्ष होता है। इसमें उस जड़-चेतन संसार की सनातन वास्तविकता निहित है जिसे हम प्रकृति के भौतिक तत्त्वों में प्रतिबिम्बित देखते हैं। कल्पना में सहजानुभूति की प्रधानता रहती है। कल्पना चेतना का आलोक स्तम्भ है जिसमें सहजानुभूति प्रमुख है। बेकन कहते हैं कि "नियतिकृत नियम से निरपेक्ष व स्वतन्त्र होने के कारण कल्पना इच्छानुसार प्रकृत्या विसदृश्य तत्त्वों को सम्बद्ध और सदृश तत्त्वों को असम्बद्ध करती है।" कीट्स का विचार है कि कल्पना जिस सौन्दर्य रूप का परिचय कराती है, वह अवश्य ही सत्य होगा, चाहे वह अज्ञात पूर्व ही क्यों न हो। शैली तो इसे भविष्य का साक्षात्कार मानते हैं। "कवि, वर्तमान जैसा है, उसकी वास्तविकता का सूक्ष्म अवलोकन कर उसके परिचालक नियमों का ही उद्घाटन नहीं करता प्रत्युत अपनी क्रान्तदर्शिता से वर्तमान के अन्तराल में प्रवाहित होने वाले भविष्य का भी साक्षात्कार करता है।" यह कल्पना ऐसी शक्ति है जो सृजन एवं विवृति दोनों में सक्षम है।

हिन्दी के छायावादी कवि पन्त कल्पना के सत्य के विषय में लिखते हैं, "मैं कल्पना के सत्य को सबसे बड़ा सत्य मानता हूँ और ईश्वरीय प्रतिभा का सबसे

बड़ा अंश मानता हूँ।'' डलेस इसी सत्य की आगे व्याख्या करते हैं कि ''कल्पना को विचार से पृथक् शक्ति के रूप में स्वीकार नहीं करना चाहिए बल्कि सत्य यह है कि विचार अपने स्वतः परिसरण में और अचेतन प्रक्रिया में कल्पना है।'' कवि की कल्पना व्यक्तिनिष्ठ है, स्वयं प्रकाश्य है, पर अपनी अभिव्यक्ति में उसे बुद्धि और औचित्य द्वारा शासित वास्तविकता के धरातल पर ही विकसित होना होता है। आचार्य शुक्ल का मन्तव्य है कि कल्पना सम्प्रेषण के लिए अनिवार्य है, कहीं-कहीं भाव से इसका समीकरण हो जाता है। रसकाल में दोनों का युगपत् अन्योन्याश्रित व्यापार होता है। वे 'वाक्यं रसात्मकं काव्यम्' में कल्पना पक्ष को स्वीकार करते हैं। उनके मत में विभाव व अनुभाव कल्पना द्वारा ही योजित होते हैं। शुक्ल ने 'योजित' शब्द के प्रयोग से कल्पना की बुद्धिपरकता स्वीकार की है, परन्तु रस के साथ उसके समीकरण में वे भाव प्रवणता को मान्यता देते हैं। शुक्ल के विचार में कल्पना के कार्य हैं–''काव्यवस्तु विधान करना, अनुभव कहे जाने वाले व्यापारों का संयोजन करना, अप्रस्तुतों की योजना करना, लक्षणा और व्यंजना की सहायता से भाषाशैली को अधिक व्यंजक व मार्मिक बनाना।'' कल्पना में संगति स्थापित करने की विशिष्टता होती है। अपने इसी स्वरूप के कारण उसमें बौद्धिकता का स्पर्श अनिवार्यतः हो जाता है। यदि हम यह विश्वास करते हैं कि कल्पना, काव्य के भीतर विचारों और अनुभूतियों को समीकृत कर उनका उत्कृष्ट रूपान्तरण करती है तब यह भी मानना होगा कि बौद्धिकता काव्यात्मक हेतु का आधार न होते हुए भी, इसके बिना वह अधूरा ही होगा।

कल्पना, काव्य, कवि, और भावक तीनों के लिए अपेक्षित है। यह काव्य की उत्कर्ष विधायक है, कवि की सृजनात्मक शक्ति है और भावक के रसास्वाद का आधार है। इसी आधार पर कल्पना को दो वर्गों में विभाजित कर सकते हैं–विधायक कल्पना एवं ग्राहक कल्पना। राजशेखर ने इन्हें ही कारयित्री प्रतिभा एवं भावयित्री प्रतिभा कहा है। भावक कल्पना के विषय में कहा गया है कि किसी साहित्यिक कृति के परिशीलन के समय हम बिम्ब नहीं देखते, कृति की संवेगात्मक प्रतिक्रिया में तन्मय होकर नए बिम्बों की सर्जना, अपनी कल्पना से करते हैं जिससे हम उस वर्णित संसार में पुनः जीने का रस ले सकें।

संक्षेपतः चेतना के स्तर पर अनुभवों का प्रत्यक्षीकरण भाषा है जो कल्पना द्वारा ही अस्तित्व में आता है।

कल्पना और प्रतिभा

पाश्चात्य काव्यशास्त्र में इमेजिनेशन सर्वोपरि शब्द है जिसे भारतीय आचार्यों ने प्रतिभा कहा है। व्यक्त प्रतिक्रियाओं को पूर्ण अनुभूतियों में मूर्तित करना कल्पना का मूल धर्म है। काण्ट ने इसे उत्पादनशील कल्पना और क्रोचे ने सजानुभूति कहा है। इन दोनों का मूर्त धर्म एक ही है–जीवन के सम्पर्क से मानव चेतना में उत्पन्न अरूप

झंकृतियों को रूप देना। अभिनवगुप्त इसे ही काव्य निर्माण में सक्षम प्रतिभा कहते हैं। इस प्रतिभा का मुख्य कार्य है—पुनर्निर्माण। कवि की प्रतिभा इन्द्रिय- ज्ञान-सम्भूत बिखरे अंशों को परस्पर मिलाकर एक पूर्ण चित्र प्रस्तुत करती है। इस दृष्टि से पाश्चात्य समीक्षा का Imagination या Intuition शब्द भारतीय प्रतिभा शब्द के समकक्ष है। परन्तु प्रतिभा और कल्पना शब्द पर्यायवाची से होते हुए भी, इनमें सूक्ष्म भेद है। भारतीय आचार्यों ने प्रतिभा को स्पष्टतः प्रज्ञा कहा है, परन्तु पाश्चात्य कल्पना में विचार तत्त्व का अन्तर्भाव होते हुए भी, उसकी स्पष्ट स्वीकृति नहीं है। कल्पना शब्द कभी-कभी लौकिक ज्ञान के विरोध में ध्वनि देता है जिससे जीवन से पलायन सा लगता है, इसमें प्रतिभा की विशदता एवं गम्भीरता लक्षित नहीं होती। प्रतिभा सम्बन्धी भारतीय धारणा अपने आप में इतनी पूर्ण है कि पाश्चात्य कवि कल्पना सम्बन्धी सभी विश्लेषण दृष्टियाँ इसमें समा जाती हैं। यह इन सब कल्पनाओं से परे, किन्तु इन सब कल्पनाओं का अक्षय स्रोत है। फिर भी सामान्यतः पाश्चात्य काव्यशास्त्र की कल्पना और भारतीय काव्यशास्त्र की कवि प्रतिभा को एक मान लिया जाता है।

बिम्ब और कल्पना

पूर्व अनुभूत विशिष्ट जीवन अनुभवों का रागप्रेरित सौन्दर्यात्मक पुनः प्रत्यक्ष ही काव्य बिम्ब है। यह काव्य बिम्ब कवि की विधायिका कल्पना द्वारा रूपायित होता है। सर्जनात्मक कल्पना या कारयित्री प्रतिभा, इस काव्य बिम्ब का सृजन करती है। कवि कल्पना अपनी क्रान्तदृष्टि से ऐसे सत्यों का साक्षात्कार करती है जो सामान्य बुद्धि से परे होते हैं। कल्पना वह शक्ति है जो काव्यात्मक बिम्ब का सृजन, रूपान्तरण और सम्प्रेषण करती है। बिम्ब कल्पना का व्यक्त रूप है। अतः काव्य बिम्ब और कल्पना का पार्थक्य असम्भव प्राय है। काव्यात्मक बिम्ब का सही अर्थ है—कल्पना सर्जित बिम्ब, कल्पना का ही रंग है, समृद्धि है, प्रेषण की क्षमता है, सृजन कौशल है, मौलिकता है, स्फूर्ति है। कल्पना के अभाव में काव्य बिम्ब का अस्तित्व ही सम्भव नहीं। परन्तु इसका अभिप्राय यह नहीं कि कल्पना काव्य बिम्ब है। जहाँ काव्य बिम्ब कवि हृदय का सम्पूर्ण राग है, वहाँ कल्पना उस राग को रूपात्मकता प्रदान कर प्रेषणीय बनाने का एकमात्र साधन है। अतः कल्पना ऐसा साधन है जिसके बिना साध्य काव्यबिम्ब अस्तित्वहीन है।

साहित्य और कल्पना

साहित्य में कल्पना शक्ति कई कार्य करती है जिन्हें निम्न रूपों में विभक्त किया जा सकता है—

(1) विषयवस्तु का चेतन स्तर पर प्रस्तुतिकरण—साहित्यकार जिस वस्तु का प्रयोग अपनी रचना में करता है, वह उसके अवचेतन मन में विभिन्न अनुभूतियों,

संस्कारों, बिम्बों और धारणाओं के रूप में विद्यमान रहती है। उसे कल्पना की सहायता से चेतना के स्तर पर लाया जाता है। और उसका पुनः सृजन सम्भव हो पाता है। कल्पना के माध्यम से प्राप्त होने वाला यह पुनःसृजन ही काव्य है। विस्तृत हिमराशि पर फिसलती अमिताभ किरणों का एक भव्य चित्र, रंग बोध की कल्पना की विशिष्टता के साथ द्रष्टव्य है–

नव कोमल आलोक बिखरता
हिम संसृति पर भर अनुराग;
सित सरोज पर क्रीड़ा करता
जैसे मधुमय पिंग, पराग।

× × ×

घिर रहे थे घुँघराले बाल
अंस अवलम्बित, मुख के पास;
नील घनशावक से सुकुमार
सुधा भरने को विधु के पास।

मुख के पास, कन्धों के सहारे क्रीड़ा करता श्रद्धा का केश-कलाप, नभ में चन्द्रमा के निकट, हिरण के शावकों के समान दौड़ते बादलों के टुकड़ों के समान प्रतीत होता है। कवि ने कल्पना के माध्यम से अनुभूत वस्तुओं और बिम्बों को पुनःसृजित करके सौन्दर्य को नव्यता प्रदान की है।

(2) कल्पना, काव्य में विषय वस्तु का विस्तार करती है। इसी से वर्ण्य विषय विस्तृत, स्पष्ट एवं अनुभूतिगम्य हो पाता है। तुलसीदास वर्षा वर्णन में, जन-जीवन के अनुभवों को गुम्फित करके वस्तु का विस्तार करते हैं–

दामिनी दमक रह न घन माहीं। खल कै प्रीति जथा थिर नाहीं।।
बरषहिं जलद भूमि निअराएँ। जथा नवहिं बुध विद्या पाएँ।
बूँद अघात सहहिं गिरि कैसे। खल के वचन संत सह जैसे।
छुद्र नदी भरि चलीं तोराई। जस थोरेहुँ धन खल इतराई।।
भूमि परत भा ढाबर पानी। जनु जीवहिं हिमाया लपटानी।।
सिमिट सिमिट जल भरहिं तलावा। जिमि सद्गुन सज्जन पहिं आवा।।

महाकाव्य, खण्डकाव्य और एकार्थकाव्य में वस्तु का विस्तार कल्पना के बिना सम्भव नहीं।

(3) कल्पना शक्ति, नई वस्तु का आविर्भाव करती है। यह वस्तुओं के पुनः सृजन से ऐसे रूप उपस्थित करती है जो नए प्रतीत होते हैं और सौन्दर्य को नया आयाम मिलता है।

ना जाने तेरा साहब कैसा है ?
भसजिद भीतर मुल्ला पुकारे क्या साहब तेरा बहरा है ?

चिउँटी के पग के नेवर बाजे सो भी साहब सुनता है।
पंडित होय के आसन मारे लम्बी माला जपता है।
अन्तर तेरे कपट कतरनी सो भी साहब लखता है।
ऊँचा नीचा महल बनाया गहरी नेंब जमाता है।
चलने का मनसूबा नाहीं रहने को मन करता है।
कौड़ी कौड़ी माया जोड़ी गाड़ि जमीं में धरता है।
जेहि लहना है सो लै जइहैं, पापी बहि बहि मरता है।
सतवन्ती को गजी मिलै नहिं वेश्या पहिरै खासा है।
जेहि घर साधू भीख न पावै भँडुआ खात बतासा है।
हीरा पाय परख नहिं जाने कौड़ी परखन करता है।
कहत कबीर सुनो भई साधो, हरि जैसे को तैसा है।

कबीर की क्रान्तदर्शी दृष्टि, चिन्तन और व्यवहार के धरातल की पारदर्शिता व्यक्त करने में अद्वितीय क्षमता रखती है। वे कल्पना शक्ति की क्षमता के प्रभाव से, बिखरी वस्तुओं का अद्भुत संयोजन करने में कुशल हैं।

(4) कल्पना शक्ति का एक प्रमुख कार्य है--विषयवस्तु को अनुभवगम्य बनाना। कल्पना, वस्तु को बिम्बों या सजीव चित्रों के रूप में प्रस्तुत करती है जिससे वह सहृदय के लिए अनुभूतिगम्य हो जाती है। महादेवी अपने उस भव्यलोक की अलौकिकता का सुन्दर वर्णन करती हैं--

वे मुस्काते फूल नहीं जिनको आता मुरझाना।
वे तारों के दीप नहीं जिनको भाता बुझ जाना।।

× × ×

कनक से दिन मोती सी रात,
सुनहली साँझ गुलाबी प्रात।
रचता मिटाता बारम्बार,
कौन वह जग का चित्राधार।।

(5) कल्पना देश-काल एवं व्यक्ति के सम्बन्धों से मुक्ति दिलाती है। हमारा सामान्य जीवन देशकाल की सीमाओं से बँधा हुआ तथा वैयक्तिकता से ग्रस्त होता है जिससे विषयवस्तु का साधारणीकरण नहीं हो पाता। कल्पना द्वारा प्रस्तुत सामग्री इन सीमाओं की परिधि लाँघकर, मानव मन को उस क्षितिज के पार ले जाती है जहाँ--

समरस थे जड़ या चेतन सुन्दर साकार बना था,
चेतनता एक विलसती आनन्द अखण्ड घना था।

काव्यास्वादन के इस चरम लक्ष्य की पूर्ति में कल्पना की सर्जना शक्ति की भूमिका सर्वोपरि है।

रस : परिभाषा एवं अवयव

रस, काव्य के माध्यम से आस्वाद्य मानसिक आनन्द है। इस आस्वादन के सम्बन्ध में भरत ने लिखा है कि विभाव, अनुभाव और व्यभिचारी भावों के संयोग से रस निष्पत्ति होती है। साहित्यदर्पण में विश्वनाथ कहते हैं, सत्त्वोद्रेक स्थिति में, मन रस का आस्वादन करता है। सत्त्व उस मन को कहते हैं जो रजोगुण और तमोगुण से अस्पृष्ट हो। सत्त्व उदात्त भावना का सूचक है। सत्त्वोद्रेक की स्थिति में सहृदय सांसारिक राग-द्वेष से विमुक्त सा हो जाता है। उसके ऐन्द्रिय विषय सामान्य धरातल से ऊपर उठकर परिष्कृत एवं उदात्त बन जाते हैं। इसी स्थिति में प्रमाता रस का आस्वादन कर पाता है।

रस अर्थात् काव्यानन्द की स्थिति एक ओर लौकिक भावनाओं से उत्पन्न सुख-दुख और दूसरी ओर आध्यात्मिक क्षेत्र के आनन्द के मध्य है। लौकिक भावनाओं से मानव को सुख भी मिलता है और दुख भी। रस का आस्वादन यद्यपि होता तो लौकिक ही है, पर यह केवल सुखात्मक होता है। यह सामान्य कोटि का न होकर उत्कृष्ट कोटि से सम्बद्ध है। दूसरे शब्दों में एक विषयानन्द है, दूसरा काव्यानन्द है और तीसरा ब्रह्मानन्द है। यह ब्रह्मानन्द की ओर उन्मुख है। अतः यह ब्रह्मानन्द तो नहीं, ब्रह्मानन्द सहोदर जरूर है अर्थात् लगभग ब्रह्मानन्द जैसा।

रस की निष्पन्नता में भाव, विभाव और व्यभिचारी भावों का संयोग रहता है।

(1) **भाव**–मानव मन में कुछ भाव स्थायी रूप में विद्यमान रहते हैं। परिस्थिति अनुसार उन भावों का उद्दीपन और शमन होता है। प्रत्येक रस में एक भाव प्रधान रहता है जिसके दीप्त होने पर रस की अनुभूति होती जाती है। रस के अनुभव काल में, वह भाव आदि से अन्त तक बना रहता है। इसीलिए इसे स्थायी भाव कहते हैं। स्थायी भाव निम्न हैं–

रति, हास, शोक, उत्साह, क्रोध, भय, जुगुप्सा, विस्मय, शम, स्नेह और आत्मनिवेदन।

(2) **व्यभिचारीभाव**–स्थायी भावों के साथ कुछ लघु मनोविकार उत्पन्न होते हैं जो स्थायी भाव की अनुभूति तीव्र करने में सहायक हैं। ये भाव व्यभिचारी भाव

या संचारी भाव कहे जाते हैं। ये, स्थायी भावों की तरह रसानुभव काल में स्थायी नहीं बने रहते, किन्तु बार-बार दीप्त होकर जलतरंग की भाँति विलीन हो जाते हैं। इनकी संख्या बहुत अधिक है, परन्तु काव्यशास्त्र ने तक्तीस व्यभिचारी भाव चुने हैं। इन्हें संचारी भाव भी कहा जाता है क्योंकि ये भाव स्थायी भावों के साथ-साथ चलते रहते हैं। इनके नाम इस प्रकार हैं–

गर्व, ग्लानि, मति, मोह, मरण, मद, श्रम, शंका, स्वप्न, स्मृति, हर्ष, धृति, निद्रा, निर्वेद, असूया, अपस्मार, अवहित्थ, अमर्ष, जाड्य, चपलता, चिन्ता, लज्जा, व्याधि, विवोध, वितर्क, विषाद, दैन्य, त्रास, आवेग, उग्रता, आलस, उत्सुकता और उन्माद।

(3) **विभाव**–स्थायी भावों को उद्दीप्त करने वाले कारण विभाव कहलाते हैं। ये विभाव दो प्रकार के हैं–

(क) **आलम्बन**–जिन साधनों को देखने, सुनने या विचारने से स्थायी भाव उद्बुद्ध हों, वे आलम्बन विभाव हैं। शृंगार में प्रेम पात्र पुरुष या स्त्री, जिसे देखने से रति भाव उद्दीप्त होता है, आलम्बन है। किसी युवती को देखकर किसी युवक में प्रेमोदय होता है तो वह युवती आलम्बन विभाव है।

(ख) **उद्दीपन विभाव**–उद्दीप्त हो चुके स्थायी भावों को उत्तेजित करने वाले साधन उद्दीपन विभाव होते हैं। वाटिका, गीत, नृत्य आदि प्रेमोदय को और तीव्र करते हैं, अतः उद्दीपन विभाव हैं।

(4) **अनुभाव**–जब स्थायी भाव उद्दीप्त हो जाएँ तो शरीर द्वारा की गई चेष्टाओं से उनकी बाह्य अभिव्यक्ति होती है। इन्हीं चेष्टाओं को अनुभाव कहा जाता है। इन अनुभावों की संख्या आठ बताई गई है–

स्तम्भ, स्वेद, रोमांच, स्वरभंग, कम्प, वैवर्ण्य, अश्रु और प्रलय। इन्हें सरल शब्दों में क्रमशः अंगों का जकड़ना, पसीना आना, रोम खड़े होना, आवाज टूटना, काँपना, रंग उड़ जाना, आँसू गिरना, अचेत होना कह सकते हैं। इनके अतिरिक्त चेहरा खिलना, मुस्कराना, रोना, निःश्वास लेना, भुजा फड़कना, आँखें लाल होना, होठ चबाना, नाक-भौं सिकोड़ना, एकटक देखना, जम्हाई लेना आदि शारीरिक चेष्टाएँ भी अनुभाव ही हैं। इन्हें अनुभाव इसीलिए कहते हैं कि ये भावों के अनुगामी हैं अर्थात् भावों के उद्दीप्त होने पर, उनकी अभिव्यक्ति हैं।

(5) **आश्रय**–वह व्यक्ति जिसके हृदय में भाव जाग्रत हो, आश्रय कहलाता है जैसे दुष्यन्त के मन में रतिभाव जागा, वह आश्रय है।

रस भेद–

स्थायी भावों के आधार पर रसों का विभाजन निम्न प्रकार से किया गया है–

स्थायी भाव	रस	स्थायी भाव	रस
रति	शृंगार	जुगुप्सा	बीभत्स

हास्य	हास्य	विस्मय	अद्‌भुत
शोक	करुण	शम	शान्त
उत्साह	वीर	स्नेह	वात्सल्य
क्रोध	रौद्र	समर्पण	भक्ति
भय	भयानक		

रसों का विशद निरूपण

(1) रस--शृंगार।

स्थायी भाव — रति।

आलम्बन भाव -- प्रेमपात्र--नायक या नायिका।

उद्दीपन विभाव -- सुन्दर दृश्य, वसन्त, संगीत, प्रिय की चेष्टाएँ।

अनुभाव — मुख खिलना, एकटक देखना, मधुर आलाप, विनोद, रुदन, विलाप, प्रलाप, निःश्वास, जड़ता।

संचारी भाव — प्रायः सभी।

(2) रस--हास्य

स्थायी भाव — हास (हँसी)।

आलम्बन विभाव — जिसे देखकर हँसी आए, विदूषक आदि। असंगत बातें।

उद्दीपन विभाव — आलम्बन का विचित्र वेश, विचित्र चेष्टाएँ, विचित्र कथन आदि।

अनुभाव — मुस्कराना, हँसना, लोट-पोट होना, आँसू आना।

संचारी भाव — हर्ष, चपलता, आलस्य।

(3) रस--करुण

स्थायी भाव — शोक।

आलम्बन विभाव — प्रिय व्यक्ति की मृत्यु, प्रिय वस्तु की हानि।

उद्दीपन विभाव -- आलम्बन की दीन दशा, दाह-क्रिया, आलम्बन के गुणों का स्मरण और उससे सम्बन्धित वस्तुओं का दर्शन।

अनुभाव — रुदन, विलाप, प्रलाप, भूमि पर लोटना, छाती पीटना, निःश्वास भरना।

संचारी भाव — मोह, विषाद, दैन्य, जड़ता, उन्माद, व्याधि, ग्लानि, निर्वेद, चिन्ता।

(4) रस--वीर

स्थायी भाव — उत्साह।

आलम्बन विभाव — जिसे देखकर लड़ने का उत्साह हो, दान करने या सहायता करने का उत्साह, शत्रु, दीन, याचक को देखना।

उद्दीपन विभाव – शत्रु की ललकार, मारू बाजा, चारण का गीत, दीनता, दुख या दरिद्रता, याचक द्वारा की गई प्रशंसा।

अनुभाव – भुजा फड़कना, मुख खिलना, सेना का उत्साह बढ़ाना, आक्रमण करना, लड़ना इत्यादि।

संचारी भाव – गर्व, हर्ष, धृति, उग्रता।

(5) रस–रौद्र

स्थायी भाव – क्रोध।

आलम्बन विभाव – जिसे देखकर क्रोध आए, शत्रु या अपकारक।

उद्दीपन विभाव – शत्रु या अपकारक की चेष्टाएँ, अनुचित कथन इत्यादि।

अनुभाव – आँखें लाल होना, भौंहें चढ़ना, होठ चबाना, दाँत पीसना, बकना, प्रहार करना इत्यादि।

संचारी भाव – गर्व, चपलता, उग्रता, अमर्ष।

(6) रस–भयानक

स्थायी भाव – भय।

आलम्बन विभाव – जिसे देखकर भय लगे।

उद्दीपन विभाव – आलम्बन की भयंकरता, भयंकरता बढ़ाने वाली चेष्टाएँ, कथन आदि।

अनुपात – विवर्णता, रोमांच, कम्प, स्वरभंग, स्तम्भ, पसीना गिरना, भागना, घिग्घी बँधना, मूर्छित होना।

संचारी भाव – डर, आवेग, दैन्य, शंका, चिन्ता, अपस्मार।

(7) रस–बीभत्स

स्थायी भाव – घृणा।

आलम्बन विभाव – जिसे देखकर घृणा हो, जैसे श्मशान मांस, रुधिर, हड्डी, गन्दगी आदि।

उद्दीपन विभाव – दुर्गन्ध, कीड़े बिलबिलाना, मक्खियाँ भिनभिनाना आदि।

अनुभाव – नाक-भौं सिकोड़ना, रोमांच, मुँह बिगड़ना।

संचारी भाव – आवेग, मोह, व्याधि।

(8) रस–अद्‌भुत

स्थायी भाव – विस्मय।

आलम्बन विभाव – आश्चर्यजनक या अलौकिक वस्तु, व्यक्ति, दृश्य या घटना देखना।

उद्दीपन विभाव – आलम्बन के अद्‌भुत गुण, कर्म आदि।

अनुभाव – एकटक देखना, स्तम्भित होना आदि।

संचारीभाव – वितर्क, आवेग, जड़ता, मोह, हर्ष।

(9) रस–शान्त

स्थायी भाव	–	शम
आलम्बन विभाव	–	वैराग या शान्तिजनक वस्तु, परिस्थिति, आत्मज्ञान।
उद्दीपन विभाव	–	तीर्थयात्रा, सत्संगति, पवित्र आश्रम आदि।
अनुभाव	–	रोमांच, प्रेमाश्रु गिरना इत्यादि।
संचारी भाव	–	धृति, मति, हर्ष, चिन्ता।

(10) रस–वात्सल्य

स्थायी भाव	–	स्नेह।
आलम्बन विभाव	–	सन्तान, शिशु, अनुज, शिष्या
उद्दीपन विभाव	–	आलम्बन की चेष्टाएँ बालक्रीड़ाएँ इत्यादि।
अनुभाव	–	मुख प्रसन्न होना, चूमना, बलैया लेना इत्यादि।
संचारी भाव	–	हर्ष, स्पर्धा, क्षोभ।

(11) रस–भक्ति

स्थायी भाव	–	समर्पण।
आलम्बन विभाव	–	आराध्य की मूर्ति।
उद्दीपन विभाव	–	आराध्य के गुण कथन या श्रवण, आराध्य की प्रशंसा में गीत, भजन और नृत्य, धार्मिक उपदेश, रासलीला, स्वांग, मूर्तिदर्शन इत्यादि।
अनुभाव	–	मुख खिलना, एकटेक देखना, एकाग्रता, मधुर आलाप, रुदन, विलाप, निःश्वास इत्यादि।
संचारी भाव	–	हर्ष, आलस्य, दैन्य, जड़ता, उन्माद, निर्वेद, चिन्ता, धृति, मोह, आत्मग्लानि, आत्मत्याग, निर्भरता, वितर्क इत्यादि।

मित्र रस एवं विरोधी रस

रस	मित्र रस	विरोधी रस
शृंगार	हास्य, वीर, अद्भुत	रौद्र, भयानक, बीभत्स, करुण, शान्त।
हास्य	शृंगार	करुण, भयानक।
करुण	शृंगार	हास्य, शृंगार।
वीर	शृंगार, अद्भुत, रौद्र	भयानक, शान्त।
रौद्र	अद्भुत	शान्त, हास्य, शृंगार, भयानक।
भयानक	बीभत्स	शृंगार, वीर, रौद्र, हास्य, शान्त।
बीभत्स	भयानक	शृंगार।
अद्भुत	शृंगार	रौद्र

शान्त	–	शृंगार, हास्य, रौद्र, वीर, भयानक।
वात्सल्य	शृंगार, हास्य	रौद्र, भयानक, बीभत्स, शान्त।
भक्ति	शृंगार, शान्त, अद्भुत	रौद्र, भयानक। बीभत्स।

टिप्पणी–विरोधी रसों का एक-साथ वर्णन नहीं होना चाहिए। एक स्थायी भाव भी, दूसरे स्थायी भाव का संचारी भाव हो सकता है।

अनुभावों की अभिव्यक्ति

1. स्तम्भ – स्तम्भ की भाँति जड़ होना।
कान्ह को देखत देवता-सी।
बृखभान लली, न हली न चली।

2. स्वेद – पसीना आना।
झलकी भरि भाल कनी जल की,
पुट सूख गए मधुराधर द्वै।।

3. रोमांच – रोंगटे खड़े होना।
गुरु रघुपति सब मुनि मन माहीं।
मुदित भये पुनि पुनि पुलकाहीं।।

4. स्वरभंग – गला सूखना, आवाज न निकलना, अस्पष्ट आवाज निकलना।
कंठ सूख मुख आव न बानी।
जनु पाठीन दीन बिनु पानी।।

(पाठीन-मछली)

5. कम्प – काँपना।
नयन सजल तन थर थर काँपी।
माँजहि खाइ मीन जनु मापी।।

6. वैवर्ण्य – रंग उड़ जाना या पीला पड़ जाना।
मुख कान्ति पड़ी नीली-पीली।
आँखें अशान्त नीली-नीली।।

7. अश्रु – आँसू टपकना।
बन्धु समेत जनक तब आए।
प्रेम उमगि लोचन जल छाये।।

× × ×

मोती जैसे बड़े बड़े।
टप टप आँसू टपक पड़े।।

8. प्रलय – मूर्छित होना।
इधर उर्मिला मुग्ध निरी।
कहकर हाय धड़ाम गिरी।।

संचारी भावों की अभिव्यक्ति

1. हर्ष – मन की प्रसन्नता।
हँसने लगे तब हरि अहा।
पूर्णेन्दु सा मुख खिल गया।।

2. गर्व – अपनी श्रेष्ठ भावना से दूसरे की अवज्ञा करना।
हे सारथे ! हैं द्रोण क्या, आवें स्वयं देवेन्द्र भी।
वे भी न जीतेंगे समर में आज क्या मुझसे कभी।

3. उत्सुकता – उत्कण्ठा, कार्यसिद्धि विलम्बन सहना।
पपिहा ज्यों पिउ पिउ करौं, कब रे मिलहुगे राम !

4. चपलता – स्थिर होकर न बैठना।
उततें इत, इत तें उतहिं, छिनक न कहुँ ठहराति।
जक न परति, चकरीभयी फिरि आवति फिरि जाति।।

5. मद – मद्यप की सी चेष्टाएँ।
झुकति हँसति हँसि हँसि झुकति,
झुकि झुकि हँसि हँसि देति।

6. उन्माद – पागलों की सी चेष्टाएँ।
छिन रोवति छिन हँसि उठति,
छिन बोलति छिन मौन।

7. व्रीडा – लज्जा का भाव व्यक्त होना।
अंगद बचन सुनत सकुचाना।
रहा बालि बानर, मैं जाना।।

8. अवहित्थ – हर्ष, भय आदि भाव को लज्जा के कारण छिपाना।
सुनि नारद की बात, तात निकट मुख नमन करि।
उमा कमल के पात कर उठाइ गिनन लगि।।

9. स्वप्न – सपना देखना।
लागि गई पलकें पल सौं,
पल लागत ही, पल में पिव आए।

10. निद्रा – नींद आना।
जागत रैन भयेउ भिनुसारा।
भयी आलस सोवत बेकरारा।।

11. विबोध – जाग उठना।
पहर पाछिली पीव कहँ नींद मिलायो आनि।
मिल न सकी, गाज्यो जलद, उघरि गयी अँखियानि।।

12. श्रम – थकावट।
पुर तैं निकसी रघुवीर वधू धरि धीर दये मग में डग द्वै।
झलकी भरि भाल कनि जल की, पट सूखि गए मधुराधरवै।।

13. आलस्य – काम न करने की इच्छा।
अंगरात जमुहात, नहिं उठत बैन परभात।

14. व्याधि – रुग्ण अवस्था, विरह-दाह।
विरह न बोल आव मुख ताई। मरि मरि बोल जिउ बरियाई।।
दवै विरह, दारुन हिय काँपा। खोलिन जाय विरह दुख झाँपा।।

15. अपस्मार– मिरगी के रोग जैसी स्थिति।
होइ अचेत परी धरनी, पटकै कर, फेन तजै मुख तें।

16. ग्लानि – शारीरिक अशक्ति।
पीली पड़ निर्बल कोमल कृश देहलता कुम्हलायी।
विवसना लाज में लिपटी साँसों में शून्य समायी।।

17. जड़ता – शरीर की कर्मेन्द्रियाँ जड़वत् हो जाना।
जाइ समीप राम छवि देखी।
भई जनु कुँवरि चित्र अनरेखी।।

18. मोह – शरीर की ज्ञानेन्द्रियाँ असमर्थ होना।
विरह महानल विकल हिय पिय-पिय कहि बिलखाहिं।
आये हू पिय के निकट तिय पहचानति नाँहिं।।

19. मरण – मृत्यु या मृत्यु की पूर्व अवस्था।
खाकर भी बार-बार झटके
क्यों प्राण अभी तक अटके ?
हे जीव ! चलो, अब दिन बीते।
हा राम ! राम ! लक्ष्मण ! सीते !

20. दैन्य – अपने आपको हीन समझना।
माधवजू ! मो सम मन्द न कोऊ।
× × ×
मो सम कौन कुटिल खल कामी।

21. निर्वेद – अपने प्रति और संसार के प्रति विरक्ति।
सोच सुमन्त्र विकल दुख दीना।
धिग् जीवन रघुवीर विहीना।।

भये अजस अघभाजन प्राना।
कवन हेतु नहिं करत पयाना।।

22. शंका – अनिष्ट होने का भय।
हे मित्र ! मेरा मन न जाने हो रहा क्यों व्यस्त है ?
इस समय पल पल मुझे अपशकुन करता त्रस्त है।

23. त्रास – अचानक डर जाना।
आवत मुकुट देखि कपि भागे।
दिन ही लूक परन विधि ! लागे।

24. आवेग – घबराहट।
पाँयन की सुधि भूलि गयी, अकुलाय महावर आँखिन दीन्हौं।

25. विषाद – काम बिगड़ने या उपाय न होने पर पीड़ा।
जो जहँ सुनह, धुनइ सिर सोई।
बड़ विषाद, नहिं धीरज होई।।

26. चिन्ता– गम्भीर सोच।
माथे हाथ मूँदि दोउ लोचन।
तनु धरि सोच लाग जनु सोचन।।

27. स्मृति – अनुभूत की याद आना।
बीच बास करि जमुनहि आए।
निरख नीर लोचन जल छाए।।

28. वितर्क – तर्क-वितर्क करना।
लंका निसिचर निकर निवासा।
इहाँ कहँ सज्जन कर बासा।

29. धृति – धीरज करना।
पुरतें निकसी रघुवीर वधू,
धरि धीर दये मग में डग द्वै।

30. मति – सन्देह के बाद विचार से निर्णय लेना।
अच्युत ! तव उपदेश से मोह सब खो गया।
भाग संशय, अब हरे ! करूँगा तुम्हारा ही कहा।।

31. अमर्ष – अवज्ञा से उत्पन्न असहनशीलता।
माथे लखन कुटिल भयी भौंहें।
रदपट फरकत नयन रिसौहैं।।

32. असूया – दूसरे के उत्कर्ष की निन्दा करना।
कहँ कठोर हर को धनुख, कहँ यह प्राकृत बाल।
या को भंजन तो कियो, सरब संघारी काल।।

33. उग्रता – अपराध के कारण उत्पन्न चण्डता।

सुनत दसानन उठा रिसाई।
खल ! तोहि निकट मृत्यु अब आई।
अस कहि कीन्हेसि चरन प्रहारा।
अनुज गहे पद बारहि बारा।।

33 संचारी भावों के अतिरिक्त कुछ अन्य प्रमुख संचारी भाव भी हैं। यथा–

उदासीनता – तटस्थता।

कोउ नृप होइ हमहिं का हानी।
चेरि छाँडि अब होब न रानी।।

स्पर्धा – दूसरे के महत्ता की समता की इच्छा।

भैया ! कबहिं बढ़ैगी चोटी।
तू जो कहति बल के बेनी ज्यों है है लांबी मोटी।।

क्षोभ – तीव्र प्रतिक्रिया प्रकट करना।

खेलत में को काको गुसैयाँ।
हरि हारे जीते श्रीदामा बरबस ही कत करत रिसैयाँ।

आत्मग्लानि – अपने मन की वितृष्णा।

मैं धिक धिक उदधि अभागी।
सब उतपात भयेउ जेहि लागी।।
कुल कलंक करि सृजेउ विधाता।
साईं-द्रोह मोहि दीन्ह कुमाता।।

आत्म त्याग – अपना त्यागने की इच्छा।

यह तनु जारौं छारि करि कहौं कि पवन उड़ाँव।
मकु तेहि मारग होइ परै, कन्त धरै जहँ पाँव।।

इस प्रकार रस की निष्पन्नता हेतु भाव, विभाव, अनुभाव, संचारी भाव और आश्रय का सुष्ठु चिन्तन काव्य में अपेक्षित है।

रसों की संख्या

रस कितने हैं, इस विषय में संस्कृत के काव्यशास्त्र सम्बन्धी आचार्यों में मत-भिन्नता है। रसों की संख्या के विषय में तीन प्रकार का दृष्टिकोण मिलता है।

(1) रसों की संख्या आठ है

आचार्य भरत ने अपने नाट्यशास्त्र में शृंगार, हास्य, करुण, रौद्र, वीर, भयानक, बीभत्स और अद्‌भुत नाम से आठ रसों की चर्चा की है। इनके विषय में उनका कथन है कि महात्मा द्रुहिण ने आठ रस ही बताए हैं। उन्होंने इन आठों में भी चार रसों को

मूल रस स्वीकार किया। उनके विचार में शृंगार से हास्य, रौद्र से करुण, वीर से अद्‌भुत और बीभत्स से भयानक रस की उत्पत्ति होती है। तदनन्तर आचार्य भामह भी आठ रसों की बात करते हैं। दण्डी ने तो काव्यादर्श में स्पष्ट लिखा है कि रस आठ हैं–

इह त्वष्ट रसायत्ता रसवत्ता स्मृता गिराम्।

दशरूपक के लेखक धनंजय नाटक के संदर्भ में आठ रस मानते हैं, शान्त रस नाटक के प्रसंग में अभिनय के योग्य नहीं। धनिक भी शांत रस की स्थिति स्वीकार नहीं करते क्योंकि इसका अभिनय नहीं किया जा सकता।

(2) रसों की संख्या नौ है

शारदातनय ने 'भावप्रकाशन' में दो रस परम्पराओं का उल्लेख किया है। एक परम्परा तो भरत के नाट्‌यशास्त्र की है तथा दूसरी वासुकि, नारद, व्यास और वाल्मीकि की है। इस दूसरी परम्परा के लोग नौ रस मानते हैं। वाल्मीकि की परम्परा शान्त रस भी मानती है। उद्‌भट ने काव्यालंकार सारसंग्रह में शान्तरस को नवम रस के रूप में सम्मिलित किया है। अभिनवगुप्त भी नौ रसों की संख्या के समर्थक हैं। वक्रोतिजीवित के लेखक कुन्तक ने कहा है कि शान्तरस को पूर्ववर्ती निकायों द्वारा मान्यता प्राप्त है। आचार्य क्षेमेन्द्र ने औचित्यविचारचर्चा में इन्हीं नव रसों की व्याख्या की है। भोज ने भरत द्वारा निरूपित आठ रसों की चर्चा के बाद प्रेयान्, शान्त, उदात्त और उद्धत रसों का विवेचन किया है। आचार्य मम्मट काव्यप्रकाश में आठ रसों का उल्लेख करके कहते हैं कि शान्तोऽपि नवमो रसः अर्थात् शान्त भी नवम रस है। वाग्भट नवरस के पक्षपाती थे और संगीत रत्नाकार के रचयिता शार्गदेव ने नौ रसों को मान्यता दी है। परन्तु भानुदत्त, रसतरंगिणी में नाटक के लिए आठ रस तथा काव्य में शान्त सहित नौ रस मानते हैं। धनंजय का मत भी यही था कि नाटक में आठ और काव्य में नौ रसों का स्थान होना चाहिए। नाट्‌यदर्पण के लेखक रामचन्द्र, गुणचन्द्र नौ रसों के पक्षपाती रहे। जगन्नाथ नौ रस मानते थे। उन्होंने भक्ति रस को स्वीकृति नहीं दी।

(3) नौ से अधिक रसों की चर्चा

रसों की संख्या के सम्बन्ध में रुद्रट ने काव्यालंकार में नौ रसों के अतिरिक्त दसवें रस प्रेयान् की परिकल्पना की। भोज ने सरस्वतीकण्ठाभरण एवं शृंगारप्रकाश रचनाओं में नौ रसों के अतिरिक्त प्रेयान्, उदात्त और उद्धत रसों का विवेचन किया। उन्होंने सरस्वतीकण्ठाभरण के पाँचवें परिच्छेद में उद्धत, प्रेयस्, उदात्त, स्वातन्त्र्य, आनन्द, प्रशम, पारवश्य, साध्वस, विलास, अनुराग, संगम, लावण्य, निर्वेद, रति, अमर्ष, विषाद, जुगुप्सा, हर्ष, धृति, उत्कण्ठा, आवेग, व्रीडा, अवहित्था, भय, शंका आदि भावों का

भी रस रूप में उल्लेख किया है। भोज को रसानन्त्यवाद का आचार्य कहा जाता है। अग्निपुराण में नौ रसों का उल्लेख है, परन्तु शृंगार के काम, हास्यादि भेदों का भी कथन है। मम्मट ने रस तो नौ बताए हैं, परन्तु वे विप्रलम्भ शृंगार में 'शापहेतुक' तथा 'विरह' नामक भेद भी गिनाते हैं। आचार्य विश्वनाथ नौ रसों को मान्यता देकर वत्सल को दशम रस के रूप में प्रतिपादित करते हैं। भानुदत्त, रसतरंगिणी में कहते हैं कि विप्रलम्भ शृंगार के देशान्तर गमन हेतुक, गुरुनिदेश हेतुक, अभिलाष हेतुक, ईर्ष्याहितुक और शापहेतुक भेद भी हैं। भानुमिश्र ने समय, देव उपद्रव आदि रसों की कल्पना की है। उन्होंने हास्य, करुण, भयानक, बीभत्स और अद्‌भुत रसों के स्वनिष्ठ एवं परनिष्ठ भेद किए हैं। इनके अतिरिक्त अभिमुख, विमुख और परमुख भेदों का विवेचन भी मिलता है। रूपगोस्वामी ने भक्ति को रस रूप में प्रतिष्ठित किया। मधुसूदन सरस्वती, जीवगोस्वामी और कर्णपूर तो भक्ति को रसराज मानते हैं। कर्णपूर ने भरत द्वारा कहे गए आठ रसों के अतिरिक्त शान्त, वात्सल्य, प्रेमन् और भक्ति रस को मान्यता दी। उन्होंने कहा, प्रेमन् रस, मधुर रस का पर्याय ही है। इन्होंने माया को भी रस कहा है। 'रसप्रदीप' के लेखक प्रभाकर ने गंगाधर द्वारा मान्य चित्ररस का उल्लेख किया है। इस प्रकार अनेक आचार्यों ने कुछ नई कल्पनाओं द्वारा रसों की अपने ढंग से व्याख्या करने की कोशिश की।

हिन्दी में रसों की संख्या

हिन्दी में अनेक कवियों और आचार्यों ने रस के विषय में अपने मत प्रकट किए। सूरदास ने साहित्य लहरी में नौ रसों का सोदाहरण विवेचन किया है। उस्मान ने चित्रावली में नौ रसों की चर्चा की है। नन्ददास भी नव रसवादी थे। उन्होंने भक्ति को रस के रूप में स्वीकार किया और इसके लिए प्रेम रस, हरिरस, हरिलीलारस, उज्ज्वल रस, अद्‌भुत रस आदि नाम दिए। रीतिकाल के आचार्य तो भरत, मम्मट, विश्वनाथ एवं भानुमिश्र से प्रभावित थे। उन्होंने किसी नए रस की कल्पना नहीं की।

हिन्दी साहित्य के आधुनिक युग में भारतेन्दु हरिश्चन्द्र ने नौ रसों के अतिरिक्त वात्सल्य, दास्य और माधुर्य रस की चर्चा की। वे दास्य एवं भक्ति को एक ही रस मानते हैं। उनके विचार में प्रेम और माधुर्य भी एक रस है। भारतेन्दु ने भक्ति, प्रेम, सख्य, वात्सल्य और प्रमोद (आनन्द) को मिलाकर रसों की संख्या चौदह तक पहुँचा दी। तदनन्तर जगन्नाथ प्रसाद नौ रसों के पक्षपाती रहे परन्तु कन्हैयालाल पोद्दार भक्ति को भी रस मानते हैं और उनके मत में रसों की संख्या दस है। उनके विचार में भक्ति का अन्तर्भाव शृंगार में नहीं हो सकता। इसके विपरीत सीताराम शास्त्री नवरसों के अतिरिक्त किसी रस को उचित नहीं मानते। अयोध्या सिंह उपाध्याय भी नौ रस की चर्चा करते हैं। वे भक्ति और वात्सल्य को रस का दर्जा नहीं देते। उनके विचार

में इन दोनों का मूल भाव रति है। वीर रस के कर्मवीर भेद का उन्होंने आग्रह अवश्य किया है। कवि ब्रजेश 'रस-रसांग निर्णय' में साधारण रस नाम से एक नए रस का प्रतिपादन करते हैं जिसका स्थायी भाव सहज प्रीति है, विराट् भगवान् देवता आलम्बन है, रंग मिश्रित, सत्संगति प्राकृतिक दृश्य उद्दीपन हैं तथा पुलक आदि अनुभाव हैं। इस रस के अनेक भेद हैं–राष्ट्र, स्वामी, सखा आदि विषयक सहज प्रीति।

आचार्य रामचन्द्र शुक्ल ने 'रस मीमांसा' में आठ भावों को ही रस के योग्य स्वीकार किया है। उन्होंने निर्वेद भाव की व्याख्या नहीं की। इसे वे रस के उपयुक्त नहीं मानते। उन्होंने रति भाव में राग की परिकल्पना करके प्रीति के आलम्बन भेद से दाम्पत्य रति, वात्सल्यरति, मैत्री, स्वदेश प्रेम, धर्म, सत्यप्रेम को मान्यता दी। उन्होंने प्रकृति रस की भी स्थापना की है। वे प्राकृतिक दृश्यों से प्राप्त आनन्द को प्रकृति रस कहते हैं। इसके विपरीत डॉ. श्यामसुन्दरदास ने 'साहित्यलोचन' में नवरस को मान्यता दी और शुक्ल द्वारा निर्वेद को स्थायी भाव न मानने की बात कर खण्डन किया। रामदहिन मिश्र तो नवरसों के अतिरिक्त भक्ति और वात्सल्य को भी रसों में सम्मिलित करने में कोई संकोच नहीं मानते थे। गुलाबराय ने भक्ति और वात्सल्य को रस मानने का समर्थन किया। उनके विचार में, इन रसों को शृंगार के अन्तर्गत मानने में इन्हें पूरा मान नहीं मिलता। वात्सल्य का तो मानव जाति की रक्षा से सीधा सम्बन्ध है। यह भाव क्षुद्र जन्तुओं में भी होता है, इसलिए इसे स्वतन्त्र रस मानना उचित है। देशभक्ति रस के सम्बन्ध में वे कहते हैं कि देशभक्ति से सम्बद्ध साहित्य इतना बढ़ता जा रहा है कि कालान्तर में इसे भी स्वतन्त्र रस का स्थान देना आवश्यक हो सकता है। डॉ. नगेन्द्र ने 'रस सिद्धान्त' में रसों का विशद विवेचन किया है ? वे नौ रसों के अतिरिक्त वत्सल को भी रस के रूप में मान्यता देते हैं। भक्ति का स्थायी भाव चाहे भय, विस्मय, प्रेम, समर्पणभाव, या चिन्मय उदात्तीकृति रति, उसका अन्य रसों में अन्तर्भाव नहीं होता। इन सभी तत्त्वों से मिश्रित यह एक पृथक् भाववृत्ति है। डॉ. नगेन्द्र सख्य, प्रमोद, आनन्द, प्रकृति, देशभक्ति, क्रान्ति, उद्वेग, प्रक्षोभ आदि को रसों के रूप में मान्यता देने के पक्ष में नहीं। डॉ. भगीरथ मिश्र, अपनी पुस्तक 'काव्य शास्त्र' में नौ रसों के अतिरिक्त वात्सल्य और भक्ति रसों सहित ग्यारह रस मानते हैं। परन्तु उन्होंने निरूपण नौ रसों का ही किया है। डॉ. प्रेमस्वरूप गुप्त मानते हैं कि भक्ति स्वतन्त्र रूप में रस है। इसके विपरीत डॉ. राममूर्ति त्रिपाठी 'रस विमर्श' में भक्ति को शान्त रस में ही अन्तर्भुक्त करने के पक्ष में हैं। भक्ति में सांसारिक विरति और दार्शनिकता उसे शमभाव की ओर ले जाती है। हिन्दी के प्रयोगवादी कवि बुद्धिरस और ऊब रस की परिकल्पना करते हैं। उनके विचार में ऊब में भी रसानुभूति होती है।

इस प्रकार हिन्दी साहित्यकारों ने शृंगार, हास्य, करुण, रौद्र, वीर, भयानक, बीभत्स, अद्‌भुत और शान्त रसों को पूर्ण मान्यता देकर प्रकृति रस, देशभक्ति रस

और बुद्धि रस की परिकल्पना की। कई आचार्य तो भक्ति और वत्सल को स्वतन्त्र रस मानने में कोई अनौचित्य नहीं समझते।

भक्ति रस का औचित्य

साहित्य में भक्तिकाव्य का विशेष स्थान है। इससे प्राप्त आनन्द को काव्यशास्त्र में क्या स्थान दिया जाए, इस पर अनेक आचार्यों ने अपने विचार प्रस्तुत किए। कुछ आचार्यों ने भक्ति को रति भाव के अन्तर्गत स्थान दिया क्योंकि भक्ति किसी देव या आराध्य के प्रति रतिभाव ही है, दूसरों का कथन है कि भक्ति से संसार के प्रति विरक्ति जाग्रत होती है और मन शान्त होता है। तो इससे विरति भाव या शमभाव में समाहित कर देना उचित है। परन्तु एक वर्ग ऐसा भी है जो भक्ति को किसी भाव में अन्तर्भूत न मानकर, एक स्वतन्त्र भक्ति रस की स्थिति का प्रतिपादन करता है। भक्ति रस के पक्ष-विपक्ष में उनकी बात निम्न रूप में प्रस्तुत की जा सकती है।

भक्तिरस स्वतन्त्र रस नहीं है

ईश्वर या किसी देवता के प्रति अनुराग भक्ति है। अतः इसका स्थायी भाव भगवदनुराग है। धनंजय का कथन है कि भक्ति, एक सामान्य भाव है। इसे उत्साह नामक स्थायी भाव और हर्ष नामक संचारी भाव में अंतर्भूत मानना उचित है। अतः यह पृथक् रस नहीं है। अभिनवगुप्त भी भक्ति को स्वतन्त्र रस नहीं मानते। उनके विचार में रस उसे मानना चाहिए जो पुरुषार्थोपयोगी हो तथा जिससे अतिशय रंजना होती हो। भक्ति तो ईश्वर-प्रणिधान का विषय है, अतः इसे स्मृति, मति, धृति आदि संचारी भावों अथवा उत्साह स्थायी भाव में ही अन्तर्भूत मानना चाहिए। इसके अतिरिक्त प्रसंगानुकूल इसे अन्य रसों का अंग मानना चाहिए। आचार्य मम्मट और विश्वनाथ भक्ति को देव विषयक रति भाव मानते है। वे इसे रस न कहकर भाव की संज्ञा देते हैं।

रतिर्देवादिविषया...भावः प्रोक्तः। **(काव्यप्रकाश)**

रसगंगाधर के प्रणेता जगन्नाथ स्नेह, भक्ति और वात्सल्य को रति भाव मानते हैं—

स्नेहभक्तिवात्सल्यमिति रतेरेव विशेषाः।

उनके मत में इन्हें पृथक् रस स्वीकार नहीं किया जा सकता।

भक्ति स्वतन्त्र रस है

कुछ आचार्यों के मत में भक्ति स्वतन्त्र रस है। भानुदत्त ने प्रचलित नौ रसों से पृथक् भक्ति रस को मान्यता दी है। भक्ति को स्वतन्त्र रस मानने पर रूपगोस्वामी ने अधिक बल दिया। वे कहते हैं कि भक्ति कोई सामान्य भाव नहीं है, यह उदात्त एवं उच्चभाव

है। भक्त की तन्मयता ही भक्ति है। इसके आनन्द से प्रेरित होकर भक्त लोग मोक्ष की कामना भी नहीं करते। भक्ति जैसे अनुभव सिद्ध एवं अति आनन्द देने वाले रस को रस स्वीकार न करना निरर्थक प्रलाप है। रूपगोस्वामी भक्ति रस के पाँच रूप मानते हैं–

1. शान्त भक्ति रस : स्थायी भाव शान्ति।
2. प्रीति भक्ति रस : स्थायी भाव प्रीति।
3. प्रेयान् भक्ति रस : स्थायी भाव सख्य।
4. वत्सल भक्ति रस : स्थायी भाव वात्सल्य।
5. मधुर भक्ति रस : स्थायी भाव मधुरा रति।

हिन्दी साहित्य के भक्ति काल की रचनाओं में भक्ति के ये पाँचों रूप कृष्णभक्ति में मुखर हैं। परन्तु रामभक्ति में दास्यभाव की प्रमुखता है और सन्तकाव्य का मूलभाव विरति है। सम्भवतः कृष्ण भक्ति को आधार मानकर ही भक्ति के ये विभिन्न रूप निर्धारित हुए। भक्ति को रस मानने के सम्बन्ध में मधुसूदन सरस्वती का मन्तव्य है कि भगवद्रति परिपूर्णरसा है। यह श्रृंगार आदि रसों की अपेक्षा वैसी ही प्रखर है जैसे खद्योत की अपेक्षा सूर्य।

हिन्दी के कुछ साहित्यकार भी भक्ति रस को स्वतन्त्र रस के रूप में स्वीकृति देते हैं। अयोध्यासिंह का कथन है कि भक्ति रस में वेद्यान्तर स्पर्शशून्य, ब्रह्मानन्द सहोदर आदि विशेषण पूर्ण रूप में घटित होते हैं, अतः इसे स्वतन्त्र रस मानने में आपत्ति नहीं होनी चाहिए। कन्हैयालाल पोद्दार का मत है कि भक्ति और ब्रह्मानन्द पर्यायवाची हैं। जब नौ रसों को ब्रह्मानन्द सहोदर कहा गया है तो भक्ति रस को स्वतन्त्र रस के रूप में स्वीकार करना अनुचित नहीं। दूसरे, यदि श्रृंगार, करुण आदि रसों के आस्वादन का प्रमाण सहृदय है तो भक्ति रस के आस्वादन का प्रमाण भक्त है, अतः भक्ति रस का अस्तित्व स्वीकार्य है। इसी प्रसंग में डॉ. नगेन्द्र कहते हैं कि भक्तिकाव्य का आस्वादन सहृदय नहीं करते अपितु वे लोग करते हैं जिनकी सहृदयता विशिष्ट संस्कारों से सम्पृक्त होती है। उदाहरणतः सूर, मीरा, तुलसी आदि के काव्य से सामान्य सहृदयजन और भक्तजन के समान रसास्वादन नहीं होता। इस दृष्टि से भक्ति को स्वतन्त्र रस नहीं मानना चाहिए क्योंकि रस का भोक्ता सामान्य सहृदय जन होता है, विशिष्ट संस्कारों से युक्त व्यक्ति नहीं। दूसरी ओर डॉ. नगेन्द्र का तर्क है कि आस्तिक जन मानते हैं कि भक्ति भाव मानव के मन में संस्कार रूप में विद्यमान रहता है। भगवद्रति स्थायी भाव है क्योंकि आत्मा और परमात्मा का नित्य सम्बन्ध है। यद्यपि सांसारिक रागद्वेष के कारण यह भगवद्रति का भाव धूमिल हो जाता है, फिर भी सदा विद्यमान रहता है। यह सत्य है कि परोक्षसत्ता के प्रति जिज्ञासा, विस्मय, प्रच्छन्नमय अधीनता का भाव, आदरभाव आदि मानव संस्कार के अंग हैं। इन्हीं से ही विचारकों ने अद्‌भुत, दास्य, सख्य, वात्सल्य आदि

भावों को स्वीकृति दी है, फिर भी भगवद्रति स्थायी भाव नहीं है। ये विचार व्यक्त करते हुए भी डॉ. नगेन्द्र भक्ति को पृथक् रस मानते हैं। वे सूरदास का उदाहरण प्रस्तुत करते हुए कहते हैं कि कवि ने अपने काव्य में आत्मसमर्पण भाव व्यक्त किया और इसी समर्पणभाव को भक्तिरस का स्थायी भाव कहा जा सकता है। समर्पणभाव मिश्रभाव है। वैसे रति, भय आदि भी तो मिश्रभाव ही होते हैं। भक्ति में भगवद्रति सामान्य रति न होकर, उदात्त रति है। सामान्य रस प्रक्रिया में विभावों के लौकिक विघ्नों का कवि कल्पना द्वारा निराकरण कर लिया जाता है, किन्तु भक्ति रस के विभाव तो अलौकिक होते हैं, इसलिए उनमें लौकिक बाधाओं की स्थिति होती ही नहीं। अतः भक्ति को पृथक् रस मानना चाहिए। इस रस का अन्तर्भाव अन्य रसों में सम्भव नहीं। भगवद्रति, शुद्ध विस्मय, भय, शम या रति भाव नहीं।

भक्ति काव्य से आनन्द प्राप्त होता है, यह निर्विवाद सत्य है। इस आनन्द को शृंगार आदि रस से भिन्न ही मानना चाहिए। भक्ति काव्य से प्राप्त आनन्द के विषय में आपत्ति उठाई जाती है कि विशिष्ट संस्कारों में पला हुआ व्यक्ति जिस रूप में उसे ग्रहण करता है, अन्य व्यक्ति नहीं। परन्तु हमें ध्यान रखना होगा कि किसी प्रदेश विशेष में रचित साहित्य, चाहे किसी भी रस से सम्बद्ध हो, अन्य प्रदेश के पाठकों और श्रोताओं को समान रूप में प्रभावित नहीं करता क्योंकि दोनों क्षेत्रों के व्यक्ति विभिन्न संस्कारों में पले हैं। तब इस प्रकार की आपत्ति सभी प्रकार के रसों के विषय में उठाई जा सकती है। हमें यह भी स्वीकार करना होगा कि विश्व में सामान्य व्यक्ति या तो सीधे रूप में आस्तिक हैं या किसी अदृश्य शक्ति पर विश्वास करते हैं। ऐसी स्थिति में भक्तिरस उसके लिए अनपेक्षित नहीं है। जहाँ तक हिन्दी साहित्य का सम्बन्ध है, भक्ति साहित्य, एक विशेष प्रकार की आनन्दानुभूति प्रदान करता है। साहित्य और समाज का गहरा सम्बन्ध है, समाज के विचारों, भावों, संस्कारों और कार्यों से परे होकर साहित्य सृजन नहीं होता। मनुष्य के भावों का परिमार्जन, सामाजिक संस्कारों पर निर्भर होता है, अतः विशिष्ट संस्कारों में पले होने की बात तो सभी रसों पर लागू होती है। रस कोई ऐसी वस्तु नहीं है जो किसी भाव से सम्बन्धित मात्र होने से ही प्राप्त हो जाए। जब तक भावों का उद्वेलन होकर, मन की एकाग्रता से साधारणीकरण की स्थिति नहीं आ जाती, आनन्द अनुभव नहीं होता। इसलिए भक्ति रस के विषय में विशिष्ट संस्कारों में पले व्यक्ति विषयक आपत्ति उठाना समीचीन नहीं। ध्यातव्य है कि हम दूसरे देश की भाषा जानने पर भी, उस देश के साहित्य से आनन्द की उस गहन अनुभूति तक नहीं पहुँच पाते जितनी अपनी भाषा के साहित्य से। इसका मूल कारण है कि हम दूसरे देश के समाज के संस्कारों में नहीं पले, इसलिए उसके साहित्य में व्यक्ति संस्कारों से नहीं जुड़ पाते, परिणामतः काव्यजन्य साहित्य के आनन्द की अनुभूति अधूरी ही रहती है। यों तो किसी योगी, संन्यासी आदि के सामने शृंगार के पद सुनाए जाएँ तो उसे

आनन्द के स्थान पर क्रोधानन्द ही प्राप्त होगा। संस्कारों विशेष में पले होने की शर्त लागू करने पर, भक्तिरस की तरह अन्य रसों की स्थिति भी अमान्यता के खतरे में पड़ जाएगी। प्रत्येक भाषा और प्रत्येक क्षेत्र का साहित्य, संस्कार विशेषों के परिच्छदों से आवृत होता है, यही कारण है कि उन संस्कारों से रहित व्यक्तियों को, उस साहित्य में आनन्द की मात्रा अनुभूत नहीं हो पाती। अतः संस्कारों विशेष में पले होने की चर्चा अनपेक्षित है। यदि संस्कार विशिष्ट का प्रश्न उठाया जाए तो सहृदय जन भी तो विशष्टि संस्कारों वाले व्यक्ति ही होते हैं, सामान्य व्यक्ति नहीं।

कुछ व्यक्ति भक्ति को रस न मानकर, भाव मानने का आग्रह करते हैं। यदि अन्य लोग इसे स्वतन्त्र रस मानने का आग्रह करें तो कोई बुराई नहीं और फिर ईश्वरभक्ति का मानसिक धरातल पर कोई असंगत प्रभाव नहीं होता। वस्तुतः कुछ लोगों के मन में धर्म, सम्प्रदाय और मत-मतान्तरों की बात घूम जाती है। वे सोचते हैं कि भक्ति को रस का दर्जा दे देने से सभी सम्प्रदायों का धार्मिक साहित्य भी काव्य के अन्तर्गत लाने की बात उठ खड़ी होगी। यदि ऐसी ही स्थिति का डर है तो रामकाव्य, कृष्णकाव्य, सन्तकाव्य आदि तो हिन्दी साहित्य से लुप्त हो जाने चाहिए थे, पर ऐसा हुआ नहीं और न ही होगा। भक्तिरस स्वीकार करने का मतलब नीरस, उपदेशात्मक और भ्रामक विचारों की अभिव्यक्ति ग्रहण करना नहीं है। अतः संस्कारों या भावों का प्रश्न उठाकर भक्तिरस का निराकरण करना उचित नहीं। किसी अदृश्य शक्ति के प्रति स्वीकृति की भावना, मानव मानस में आदि काल से संस्कार रूप में विद्यमान रही है, अतः भगवद्विषयक रति सामाजिक मनुष्यों में केवल अर्जित वृत्ति नहीं कही जा सकती। इसलिए भक्ति रस को नवरसों से भिन्न रस स्वीकारने में कोई हानि नहीं।

रसों की अभिव्यक्ति

(1) **शृंगार रस**–विभाव, अनुभाव तथा संचारी भावों से अभिव्यक्त होने वाला पति पत्नी का रति स्थायी भाव शृंगार रस है। इसके आलम्बन और आश्रय नायक-नायिका होते हैं। वसन्त, पावस, पुष्प, चाँदनी, विहार, संगीत, प्रवास, मान, दर्शन, संलाप आदि उद्दीपन विभाव हैं। नेत्र चालन, मुस्कान, आलिंगन, विलाप, अश्रु आदि अनुभाव हैं। स्वेद, स्वरभंग, आलस्य, चपलता, गर्व, लज्जा आदि संचारी भाव हैं। शृंगार रस के दो रूप हैं–

(क) संयोग शृंगार–पति पत्नी के परस्पर दर्शन, श्रवण, स्पर्श, आलिंगन, संलाप आदि से पूर्णता पाने वाला रतिभाव संयोग शृंगार रस कहलाता है। यथा–

देखन मिस मृग विहंग तरु, फिरति बहोरि-बहोरि।।
निरख निरख रघुवीर छवि, बाढ़ि प्रीति न थोरि।।
देख रूप लोचन ललचाने। हरखे जनु निज निधि पहिचाने।।

थके नयन रघुपति छवि देखी। पलकन हूँ परिहरि निमेखी।।
अधिक सनेह देह भइ भोरी। सरद ससिहि जनु चितव चकोरी।।
लोचन मग रामहिं उर आनी। दीन्हे पलक कपाट सयानी।।

इस उद्धरण में देखिए–

रस–संयोग शृंगार। स्थायी भाव–रति। आश्रय–सीता। आलम्बन–राम। उद्दीपन–वाटिका आदि। अनुभाव–स्तम्भ, देह भारीपन, नयन थकना, एकटक देखना। संचारी भाव–हर्ष, जड़ता।

(ख) वियोग शृंगार–पूर्वराग, मान, प्रवास, अभिशाप आदि से उद्बुद्ध होने वाला रतिभाव वियोग शृंगार रस होता है यथा–

निसि दिन बरसत नैन हमारे।
सदा रहत पावस ऋतु हम पै, जब तैं स्याम सिधारे।
दृग अंजन लागत नहिं कबहूँ उर कपोल भये कारे।
कंचुकि नहिं सूखत सुनु सजनी उर बिच बहत पनारे।।
सूरदास प्रभु अम्बु बढ़्यो गोकुल लेहु उबारे।
कहँ लौं स्याम घन सुन्दर विकल होत अति भारे।।

रस–वियोग शृंगार। स्थायी भाव–रति। आश्रय–गोपियाँ। आलम्बन–गोपियाँ। उद्दीपन भाव–वर्षा ऋतु। अनुभाव–रुदन, अश्रु बहाना, आहें भरना। संचारी भाव–आवेग, चिन्ता, विषाद, जड़ता आदि।

(2) हास्य रस–विभाव, अनुभाव और संचारी भावों के संयोग से निष्पन्न होने वाला हास्य स्थायी भाव, हास्य रस कहलाता है। यह हास्य रस स्मित–मुस्कान, हसित–मामूली हँसी, विहसित–तनिक मधुर खिलखिलाहट, अवहसित–हँसने में सिर-कंधे हिलना, अपहसित–हँसते-हँसते आँखों में पानी आना और अतिहसित–हँसी में हाथ-पैर की क्रिया आदि होना, इन छह रूपों में मिलता है। यथा–

सखि ! बात सुनो इक मोहन की,
निकसी मटुकी सिर रीती ले कै।
पुनि बाँधि लयो सु नये नतना
रु कहुँ कहुँ बुन्द करीं छलकै।।
निकसि उहि गैल हुते जहाँ जहाँ मोहन
लीनी उतारि तब चलकै।
पतुकी धरि स्याम खिसाय रहे
उत ग्वारि हँसी मुख आँचल कै।।

रस–हास्य। स्थायी भाव–हास्य। आश्रय–गोपी। आलम्बन–कृष्ण। उद्दीपन–कृष्ण का खिसियाना। अनुभाव–मुख पर आँचल करना, हँसना। संचारी भाव–चपलता, हर्ष।

3. करुण रस--विभाव, अनुभाव और संचारी भावों के संयोग से निष्पन्न होने वाला शोक स्थायी भाव, करुण रस होता है यथा--

पाँय बेहाल बिवाइन सों भये, कंटक जाल लगे पुनि जोये।
हाय ! महादुख पाये सखा ! तुम आए इतै न कितै दिन खोये।।
देखि सुदामा की दीन दसा करुना करि कै करुनानिधि रोये।
पानी परात का हाथ छुयो नहिं, नैननि के जल सों पग धोये।।

रस--करुण। स्थायीभाव--शोक। आश्रय--कृष्ण। आलम्बन--सुदामा। उद्दीपन--सुदामा की दीन दशा, पैरों की बिवाई व काँटे। अनुभाव--अश्रु, उपालम्भ। संचारी भाव--विषाद, पश्चात्ताप।

(4) **वीर रस**--विभाव, अनुभाव और संचारी भावों के संयोग से पूर्णता पाने वाला उत्साह स्थायी भाव वीर रस होता है। युद्ध, दान, दया और धर्म के प्रति उत्साह दिखाने में, वीर रस चार प्रकार का कहा गया है। यथा--

मैं सत्य कहता हूँ सखे ! सुकुमार मत जानो मुझे।
यमराज से भी युद्ध में प्रस्तुत सदा जानो मुझे।
हे सारथे ! हैं द्रोण क्या ? आवें स्वयं देवेन्द्र भी।
वे भी न जीतेंगे समर में आज क्या मुझ से कभी।।

रस--युद्धवीर। स्थायीभाव--उत्साह। आश्रय--अभिमन्यु। आलम्बन--द्रोण आदि वीर। अनुभाव--अभिमन्यु का कथन। संचारी भाव--गर्व, हर्ष, उत्सुकता।

(5) **रौद्र रस**--विभाव, अनुभाव और संचारी भावों के संयोग से निष्पन्न होने वाला क्रोध स्थायी भाव, रौद्र रस है। क्रोध में विवेक नहीं रहता और अनायास चेष्टाएँ हो सकती हैं। क्रोध में उत्साह की अभिव्यक्ति कथन तक सीमित रहती है, वीर रस के उत्साह की भाँति शारीरिक व्यापार नहीं रहते। यथा--

माथे लखन कुटिल भयी भौंहें।
रदपट फरकत नैन रिसौंहैं।।
कहि न सकत रघुवीर डर, लगे वचन जनु बान।
नाइ राम पद कमल जुग, बोले गिरा प्रमान।।

रस--रौद्र। स्थायी भाव--क्रोध। आश्रय--लक्ष्मण। आलम्बन--जनक के वचन। उद्दीपन--जनक के कथन की कठोरता। अनुभाव--भौंह टेढ़ी होना, होठ फड़कना, आँखों का गुस्सा। संचारी भाव--अमर्ष, उग्रता इत्यादि।

(6) **भयानक रस**--विभाग, अनुभाव और संचारी भावों के संयोग से निष्पन्न होने वाला भय स्थायी भाव, भयानक रस होता है। यथा--

उधर गरजतीं सिन्धु लहरियाँ कुटिल काल के जालों सी
चली आ रही फेन उगलती फन फैलाए व्यालों-सी
धँसती धरा, धधकती ज्वाला, ज्वालामुखियों के निःश्वास,

और संकुचित क्रमशः उसके अवयव का होता था ह्रास।

रस–भयानक। स्थायी भाव–भय। आश्रय–मनु। आलम्बन–सिन्धु लहरें, धरा, ज्वालामुखी। उद्दीपन–सिन्धु लहरों का गरजना, धरा धँसना, ज्वालामुखियों के निःश्वास। अनुभाव–अंगों का सिकुड़ना, जड़ता। संचारी भाव–आवेग, शंका।

(7) **बीभत्स रस**–विभाव, अनुभाव और संचारी भावों के संयोग से अभिव्यक्त जुगुप्सा स्थायी भाव, बीभत्स रस होता है। यथा–

रक्तमांस के सड़े पंक से उमड़ रही है
महाघोर दुर्गन्ध, रुद्ध हो उठती श्वास।
तैर रहे अस्थि खण्ड शत रुण्ड मुण्ड हत
कुत्सित कृमि संकुल कर्दम में महानाश।।

रस–बीभत्स। स्थायी भाव–जुगुप्सा। आश्रय–मजदूर। आलम्बन–युद्धभूमि। उद्दीपन–दुर्गन्ध। अनुभाव–श्वास रुकना।

(8) **अद्भुत रस**–विभाव, अनुभाव और संचारी भावों के संयोग से सम्पन्न विस्मय स्थायी भाव, अद्भुत रस होता है। यथा–

अब कै राखि लेहु भगवान्।
हौं अनाथ बैठ्यो द्रुम डरिया, पारिधि साधे बान।।
ताके डर मैं भाज्यो चाहत ऊपर ढुक्यौ सचान।।
दुहुँ भाँति दुख भयो आनि यह, कौन उबारे प्रान।।
सुमिरत ही अहि डस्यौ पारधी कर छूट्यौ सन्धान।।
सूरदास सर लग्यो सचानहि, जय जय कृपानिधान।।

रस–अद्भुत। स्थायी भाव–विस्मय। आश्रय–भक्त। आलम्बन–प्रभु। उद्दीपन–साँप द्वारा शिकारी को डसना, बाज को तीर लगना। अनुभाव–प्रभु का स्मरण। संचारी भाव–त्रास, आशंका, हर्ष।

(9) **शान्त रस**–विभाव, अनुभाव और संचारी भावों की पुष्टि से अभिव्यक्त निर्वेद स्थायी भाव, शान्त रस है। जैसे–

शापित सा मैं जीवन का यह ले कंकाल भटकता हूँ।
उसी खोखलेपन में जैसे कुछ खोजता अटकता हूँ।।
अन्ध तमस है किन्तु प्रकृति का आकर्षण है खींच रहा।
सब पर हाँ अपने पर भी मैं झुँझलाता हूँ खीझ रहा।।

रस–शान्त। स्थायीभाव–निर्वेद। आश्रय–मनु। आलम्बन–निस्सार संसार। उद्दीपन–निराशाजनक परिस्थितियाँ। अनुभाव–भटकना, माथे पर बल पड़ना। संचारी भाव–आलस्य, ग्लानि, चिन्ता, दैन्य, धैर्य आदि।

(10) **वात्सल्य रस**–विभावों, अनुभावों और संचारी भावों से पुष्ट, अभिव्यक्त स्नेह स्थायी भाव, वात्सल्य रस होता है। यथा–

सोभित कर नवनीत लिए।
घुटुरुनि चलत रेनु तन मंडित मुख दधिलेप किए।
चारु कपोल लोल लोचन गोरोचन तिलक दिए।
लट लटकनि मनु मत्त मधुपगन मादक मधुहिं पिए।
कठुला कण्ठ बज्र केहरि नख राजत रुचिर हिए।
धन्य सूर एकौ पल इहिं सुख का सत कल्प जिए।

रस–वात्सल्य। स्थायी भाव–स्नेह। आश्रय–यशोदा या परिजन। आलम्बन–कृष्ण। उद्दीपन–धूल भरा शरीर, दही से लिपटा मुख आदि। अनुभाव–मुस्काना, रूप सौन्दर्य देखना आदि। संचारी भाव–हर्ष, उत्सुकता, मोह, चापल्य आदि।

(11) **भक्ति रस**–विभावों, अनुभावों एवं संचारी भावों के संयोग से अभिव्यक्त प्रभु के प्रति समर्पण स्थायी भाव, भक्ति रस है। यथा–

जा थल कीन्हें बिहार अनेकन ता थल काँकरि बैठि चुन्यौ करैं।
जा रसना सौं करी बहु बातनि ता रसना सों चरित्र गुन्यौ करैं।
आलम जौन से कुंजन में करी खेल तहाँ तन सीस धुन्यौ करैं।
नैनन में जे सदा रहते तिनकी तब कान कहानी सुन्यौ करैं।

रस–भक्ति। स्थायी भाव–समर्पण। आश्रय–भक्त। आलम्बन–कृष्ण। उद्दीपन–कृष्ण के विहार स्थल, कुंज आदि। अनुभाव–कंकर चुनना, गुण-प्रशंसा, सिर धुनना इत्यादि। संचारीभाव–उत्सुकता, पश्चात्ताप, अनन्यता आदि।

रस-सिद्धान्त

रस का स्वरूप

भारतीय साहित्य में काव्यानन्द के लिए रस शब्द का प्रयोग सर्वप्रथम, भरत के नाट्यशास्त्र में हुआ है। रस के सम्बन्ध में इतना विस्तार से कुछ कह पाना सहसा मानसिक चिन्तन का परिणाम नहीं था। भरत से पूर्व भी, इसके विषय में पर्याप्त चर्चा रही होगी। जैसे पाणिनि की अष्टाध्यायी, पाणिनि से पूर्व बीसियों वैयाकरणों के चिन्तन की अन्तिम परिणति थी, उसी प्रकार रस का विशद उल्लेख भी परम्परागत चिन्तन का फल था। हाँ, इतना जरूर है कि पाणिनि ने प्राचीन वैयाकरणों के नामों का उल्लेख अपनी कृति में कर दिया, परन्तु भरत ने इसकी आवश्यकता न समझी।

भरत के 'नाट्यशास्त्र' में रस के विवेचन हेतु लिखा गया है–"तत्र विभावानुभाव-व्यभिचारिसंयोगाद्रसनिष्पत्तिः।" अर्थात् विभाव, अनुभाव और व्यभिचारी भावों के संयोग से रस की निष्पत्ति होती है। स्वयं भरत ने अपने मन्तव्य को स्पष्ट करने के लिए आगे लिखा है–जिस प्रकार अनेक प्रकार के व्यंजनों, औषधियों तथा द्रव्यों के संयोग से रस की निष्पत्ति होती है, जिस प्रकार गुड़ आदि द्रव्यों, व्यंजनों और औषधियों से षाडव आदि रस बनते हैं, उसी प्रकार विविध भावों से युक्त स्थायी भाव रस रूप को प्राप्त होता है। यह रस कौन सा पदार्थ है ? वे बताते हैं कि जो आस्वाद्य हो, रस है। रस का आस्वादन कैसे होता है ? जैसे अनेक प्रकार के व्यंजनों से सम्पन्न अन्न का उपभोग करते हुए प्रसन्नचित्त पुरुष रसों का आस्वादन करते हैं और हर्षादि अनुभव करते हैं, इसी प्रकार सहृदय प्रेक्षक, वाणी, अंग और मनःस्थिति के साथ विविध भावों के अभिनयों द्वारा व्यक्त स्थायी भावों का आस्वादन करते है तथा हर्षादि को प्राप्त होते हैं। इसलिए नाट्य के माध्यम से आस्वादित होने के कारण ये नाट्य रस कहलाते हैं।

'नाट्यशास्त्र' के उपर्युक्त कथन से निम्नलिखित बातें स्पष्ट होती हैं–

1. विभाव, अनुभाव तथा व्यभिचारी भावों से युक्त स्थायी भाव रसत्व की स्थिति को प्राप्त कर लेता है।

2. प्रेक्षक उन स्थायी भावों का स्वाद लेते हैं जिन्हें वाणी, अंग और मानसिक स्थितियों के साथ अनेक भावों के अभिनयों से व्यक्त किया गया है। अर्थात् पहले नायक अभिनयों के माध्यम से स्थायी भावों को व्यक्त करता है फिर प्रेक्षक उन स्थायी भावों का स्वाद लेते हैं। यह आस्वादन ही रस हैं।

3. स्थायी भावों का आस्वादन सहृदय व्यक्ति ही कर पाते हैं।

4. स्थायी भावों के आस्वादन से हर्षादि की प्राप्ति होती है।

5. नाट्य सौन्दर्य के माध्यम से स्थायी भाव की उपस्थिति का सहृदय प्रेक्षक द्वारा आस्वादन ही रस है। उदाहरणतः तपोवन से सज्जित मंच पर दुष्यन्त और शकुन्तला का अभिनय करने वाले जब वाणी, अंगों और सात्विक अभिनयों द्वारा अनुभाव और व्यभिचारी भावों सहित स्थायी भाव प्रस्तुत करते हैं तो रमणीय स्थिति उत्पन्न हो जाती है जिसे सहृदय प्रेक्षक अपने मानसिक धरातल पर चखता है। सहृदय प्रेक्षक द्वारा किया गया यह आस्वादन ही रस है, इससे प्रेक्षक में हर्ष आदि की प्राप्ति होती है।

अलंकारवादियों ने इसे कविता के क्षेत्र में अपना लिया। उनके अनुसार शब्द और अर्थ के सौन्दर्य के माध्यम से विभाव, अनुभाव और व्यभिचारी भावों से युक्त अभिव्यक्ति स्थायी भाव को पाठक या श्रोता चखते हैं तो उनका यह आस्वादन रस है। दण्डी का कथन है कि विभावादि से अपुष्ट रति स्थायी भाव केवल प्रीति भाव होता है, किन्तु विभाव, अनुभाव और व्यभिचारी भावों से परिपुष्ट होकर यह रति स्थायी भाव, रस में परिणत हो जाता है।

प्राक्प्रीतिदर्शिता सेयं रतिः शृंगारान्तर्गता।

भरत द्वारा प्रतिपादित रस के प्रमुख व्याख्याता अभिनवगुप्त थे। उन्होंने इसके विषय में टिप्पणी की–

''नट द्वारा किए जाने वाले अभिनय के प्रभाव से प्रत्यक्ष दिखाई देने वाला, एकाग्र मन की निश्चलता के कारण अनुभव होने वाला, समस्त नाटकों और किसी काव्य विशेष से प्रकाशित होने वाला अर्थ, नाट्य कहलाता है। यह यद्यपि अनन्त विभावादि रूप है तथापि समस्त अचेतन विभावों के ज्ञान में भोक्तावर्ग का प्रधान-भोक्ता में लय होने के कारण, नायक कहलाने वाले भोक्ता विशेष की स्थायी भावात्मक चित्तवृत्ति स्वरूप होता है। यह एक चित्तवृत्ति, लौकिक गीतों के गेय पदादि, लास्य आदि दस अंगों से युक्त और स्वीकृत लक्षण वाले गुण अलंकार, गीत, वाद्य आदि के संयोग द्वारा अत्यन्त सौन्दर्य को प्राप्त काव्य की महिमा तथा नट द्वारा की जाने वाली प्रयोग परम्परा एवं अभ्यास विशेष के प्रभाव से स्वकीय-परकीय भाव से रहित हो जाती है। इसीलिए साधारणीकरण हो जाने से सामाजिकों को भी अपनी सत्ता के भीतर समाविष्ट करती हुई नायक तथा सामाजिक की चित्तवृत्ति का तादात्म्य होने के कारण ही अनुमान तथा आगम एवं योगी प्रत्यक्ष से उत्पन्न तटस्थ प्रमाता एवं

प्रमेय से विलक्षण तथा परकीय लौकिक चित्तवृतियों से ही निर्विघ्न अनुभूति के विश्रान्ति रूप आस्वादन नाम से कहे जाने वाले व्यापार द्वारा गृहीत होने के कारण रस शब्द से उच्चारित होती है।''

उपर्युक्त अनुच्छेद को संक्षेप में इस प्रकार कह सकते हैं–''नट अभिनय करता है। एकाग्र मन की निश्चलता से इसकी अनुभूति होती है, यही नाट्य है। यह नाट्य नायक के चित्त में व्याप्त रति आदि स्थायी भाव के अनुरूप होता है। विविध नाट्य साधनों से इस नाट्य में स्वकीय-परकीय भाव नहीं रहता अर्थात् सामाजिकों के साथ इसका तादात्म्य हो जाता है। इसे साधारणीकरण कहते हैं। दूसरे शब्दों में, नायक के चित्त के स्थायी भाव और दर्शकों के स्थायी भाव में भिन्नता नहीं रहती। इस समय सामाजिकों के चित्त में अन्य वृत्तियों का उदय नहीं हो पाता। इस निर्विघ्न संवेदनात्मक विश्रान्ति व्यापार को रस कहते हैं।''

उदाहरण के लिए कुशल नट-नटी दुष्यन्त एवं शकुन्तला के रूप में हमारे सम्मुख उपस्थित होते हैं। तपोवन के रमणीय कुंजों में वे एक-दूसरे को देखकर आकर्षण अनुभव करते हैं। इससे उनमें मिलने की आतुरता उत्पन्न होती है। फिर दोनों का मिलन हो जाता है। काव्य, संगीत, रंग, वैभव आदि की सहायता से यह सब मंचित हो जाने पर प्रेक्षक के चित्त में स्थित स्थायी भाव जाग्रत होकर उस सीमा तक उद्दीप्त होता है जहाँ प्रेक्षक देशकाल का अन्तर भूलकर निर्विघ्न रूप में आनन्दमयी चेतना में विभोर हो जाता है। यह आनन्द-चेतना ही रस है।

इस प्रकार अभिनवगुप्त ने रस की परिभाषा को दार्शनिक रूप प्रदान कर दिया। अनुमान, आगम, योगिप्रत्यक्ष (योग दर्शन के अनुसार प्रमाण के भेद हैं) शब्दों का प्रयोग और स्पष्ट संकेत करता है। योगदर्शन के अनुसार जीव के क्रियाकलाप चित्तवृत्तियों के अनुरूप होते हैं। ये चित्तवृत्तियाँ सुख-दुखात्मक हैं और इनकी संख्या अनन्त है। इन चित्तवृत्तियों को एकाग्र करना योग कहलाता है। जब चित्तवृत्तियाँ विविध विषयों से हटकर संयमित हो जाती हैं तो आत्मा अपने स्वरूप में स्थिर होती है। आत्मा का गुण आनन्द है। अतः आत्मिक आनन्द की अनुभूति होती है। अभिनवगुप्त भी यही कह रहे हैं कि नट-नटी के माध्यम से स्थायी भाव का सामाजिकों के साथ साधारणीकरण हो जाता है जिससे उनकी चित्तवृत्तियों में एकाग्रता आती है। चित्तवृत्तियों की एकाग्रता होने पर योगदर्शन में कथित आनन्द का आस्वादन हो पाता है। इसलिए आनन्द को अनिर्वचनीय कहा गया है।

अभिनवगुप्त का विचार है कि रति, हास, उत्साह और विस्मय स्थायीभाव सुखात्मक हैं, परन्तु क्रोध, भय, शोक और जिज्ञासा में दुख की प्रधानता होती है। वे पुनः कहते हैं कि हमारे मत में तो आनन्दमय ज्ञानस्वरूप आत्मा का आस्वादन रस रूप में होता है। उसमें दुख की शंका कैसे हो सकती है ? यदि करुणा आदि रस प्रधान काव्यों में दुख की प्राप्ति मानी जाए तो ऐसे काव्यों की रचना में कवि

और श्रवण में श्रोता की प्रवृत्ति नहीं हो सकती। इसके विपरीत, रामचन्द्र गुणचन्द्र, 'नाट्यदर्पण' में मानते हैं कि रस दुखात्मक और सुखात्मक दोनों प्रकार के होते हैं। उनमें शृंगार, हास्य, वीर, अद्भुत और शान्त सुखप्रधान हैं तथा करुण, रौद्र, बीभत्स एवं भयानक दुखात्मक रस हैं। काव्य के अभिनय में भयानक बीभत्स एवं भयानक दुखात्मक रस हैं। काव्य का अभिनय भयानक, बीभत्स, करुण एवं रौद्र रस आस्वादन करने वालों में कुछ अवर्णनीय क्लेश दशा उत्पन्न कर देता है। इसीलिए भयानक आदि से सामाजिक को घबराहट होती है। सुखास्वाद से तो किसी को उद्वेग नहीं होता। रुद्रभट्ट ने 'रसकलिका' में इस कथन का समर्थन किया है। किन्तु भट्टनायक, दशरूपक के टीकाकार धनिक, मम्मट, विश्वनाथ और जगन्नाथ रसों को सुखात्मक मानते हैं। आधुनिक समालोचकों में केशव प्रसाद मिश्र, भगवान दास, श्यामसुन्दर दास, गुलाबराय, हजारी प्रसाद द्विवेदी आदि के विचार में तो रस सुखात्मक है, परन्तु रामचन्द्र शुक्ल का विचार है कि रस सुखात्मक और दुखात्मक दोनों रूपों में हैं। शुक्ल का कहना है कि कोई दुखात्मक कथा पढ़कर बहुत देर तक उसकी खिन्नता बनी रहती है।

इन सभी मतों पर विचार करने से ज्ञात होता है कि काव्याध्ययन में पाठक का वैयक्तिक स्वार्थ जुड़ा नहीं रहता, अतः उसमें दुख भी नहीं होता। स्वार्थ न होने से रजोगुण, तमोगुण के आविष्कार के अभाव में यह गुण सुख की मर्यादा में रहते हैं। करुण रस शोक की संवेदना नहीं है। शोक दुखदायक होता है किन्तु कवि का काव्य, मन में जिस करुण रस का संचार करता है, वह आँखों में अश्रु लाने पर भी मन को अपूर्व आनन्द प्रदान करता है। यहाँ एक बात और विचारणीय है कि काव्य का आस्वादन सहृदय जन ही कर सकते हैं। प्रायः देखा जाता है कि बच्चे और अबोध स्त्री-पुरुष किसी भयानक अभिनय को देखकर स्वदुख से जोड़कर उसकी काव्यात्मकता नहीं समझ पाते। परन्तु सहृदय जनों में ऐसा नहीं होता। अतः काव्यानन्द का सम्बन्ध उन सामाजिकों के सन्दर्भ में देखना उचित नहीं जिनकी दृष्टि काव्य से कोसों दूर है। काव्य कोई खेल तमाशा तो है नहीं। यदि प्रसाद, निराला, पन्त या महादेवी अपनी कविता अबोध बच्चों, नारी या पुरुष के सम्मुख सुनाते तो उसका क्या प्रभाव होता ? पहले तो वे कविता को कुछ समझ ही न पाते, यदि थोड़ा-बहुत समझते तो उनकी अनुभूति सुख-दुखात्मक होती। अतः रस का सम्बन्ध सहृदय दर्शकों, पाठकों एवं श्रोताओं से है और वह सुखात्मक ही है।

'करुणादावपि रसे जायते यत् परं सुखम्।
सचेतसामनुभवः प्रमाणं तत्र केवलम्।।'

रस निष्पत्ति–रस निष्पत्ति भारतीय काव्यशास्त्र का महत्त्वपूर्ण विषय है। नाट्यशास्त्र के प्रणेता भरत ने रस के स्वरूप का नहीं, रस की निष्पत्ति का कथन किया है जिसका आस्वादन सहृदय पाठक, श्रोता, प्रेक्षक करते हैं। कवि और नट

को भी रस प्राप्त होता है।

1. नाटक के अभिनय में उन्हीं पात्रों का अनुकरण होता है जो कवि द्वारा निबद्ध है।

2. सहृदय को काव्य में निबद्ध विषयों का बोध, शब्द की अभिधा शक्ति से होता है।

3. सहृदय के मन में स्थायी भाव संस्कार रूप में पहले से विद्यमान होते हैं। शब्दार्थ जनित बोध से सहृदय का विषय के साथ मानसी प्रत्यक्षीकरण होने लगता है।

4. जब मन में अपने पराए की पहचान मिट जाती है तो सहृदयों में वासना रूप में विद्यमान स्थायी भाव सामान्य अवस्था में आ जाता है अर्थात् विशेष भाव नहीं रहता इसे साधारणीकरण कहते हैं। इस साधारणीकरण का मतलब यही है कि काव्य में वर्णित अथवा नाट्य द्वारा प्रदर्शित सुख-दुख में सहृदय का अहंभाव नहीं होता।

5. साधारणीकरण के पश्चात् चित्त में रज और तम गुणों का तिरोभाव हो जाता है और सत्वगुण के सद्भाव से शरीरधारी चेतनमय चित्त, अलौकिक प्रकाशमय और आनन्दमय स्थिति या सिद्धि प्राप्त करता है। यही रस है।

6. इस प्रकार की रस निष्पत्ति का अर्थ-आनन्द दशा की प्राप्ति या आनन्द की स्थिति या आनन्द की सिद्धि है।

साधारणीकरण–(क) साधारणीकरण के सिद्धान्त की परिकल्पना भट्टनायक ने की थी। इस विषय में अभिनवगुप्त की 'अभिनव भारती' में निम्नलिखित पंक्ति उद्धृत है–

विभावादि साधारणीकरणात्मना..........भावकत्व
व्यापारेण भाव्यमानो रस..........भोगेन भुज्यत इति।

अर्थात् विभावादि के साधारणीकरण रूप भावकत्व व्यापार द्वारा भाव्यमान स्थायी भाव ही रस है जो भोग द्वारा आस्वादित होता है।

इस कथन के विश्लेषण से निम्नलिखित तथ्य सामने आते हैं।

1. विभावादि अर्थात् विभाव, अनुभाव तथा संचारी भाव का साधारणीकरण होता है।

2. यह साधारणीकरण वस्तुतः भावकत्व व्यापार है।

3. भावकत्व व्यापार द्वारा भाव्यमान, स्थायी भाव ही रस होता है।

(ख) अभिनवगुप्त ने अभिज्ञानशाकुन्तलम् नाटक के प्रथम अंक की एक घटना का उद्धरण देकर साधारणीकरण के सिद्धान्त में जरा-सा संशोधन किया है–

राजा दुष्यन्त एक मृग का पीछा कर रहे हैं और भीत मृग दौड़ रहा है, काव्य में भीत मृग तथा त्रासक दुष्यन्त वास्तविक न होने के कारण, भय ही देश एवं काल

से पूर्णतः असम्बद्ध प्रतीत होता है। इसलिए 'मैं भीत हूँ' या 'यह भीत है' या 'शत्रु/मित्र/तटस्थ भीत हैं' इत्यादि बोध से उत्पन्न होने वाले सुख-दुख के विचार से भिन्न, निर्विघ्न प्रतीति के रूप में ग्राह्य स्थायी भाव ही रस बन जाता है। फिर भी अपरिमित साधारणता व्याप्त होती है, अतः सामाजिकों की एकग्राह्यता से ही यह बोध मिलता है। अनादि वासना से रंजित चित्त वाले सामाजिकों की वासना के मेल से रस स्थिति प्राप्त होती है।

अभिनवगुप्त के अनुसार विभाव, अनुभाव और संचारी भाव का साधारणीकरण तो होता है, परन्तु स्थायीभाव का भी साधारणीकरण होना चाहिए। इस साधारणीकरण में देशकाल का बन्धन नहीं रहता तथा स्व, पर के भाव से मुक्ति हो जाती है। स्व के बोध से सुख-दुखात्मकता का समावेश होता है, परन्तु जब स्वबोध ही न रहे तो केन्द्रीय सुख-दुख की भावना नहीं रहती। कला के क्षेत्र में साधारणीकरण एक व्यक्ति का नहीं, अपितु यह एक सामूहिक क्रिया है। समस्त सामाजिक एकाग्रचित्त होकर, सामूहिक रूप में अनुभव करते हैं। मनुष्य में भाव संस्कार रूप में रहते हैं। अतः अनादि वासना के संस्कारों से चित्रित, सामाजिकों के चित्तों के साथ वासना के तादात्म्य से रस की स्थिति होती है। अभिनवगुप्त भावकत्व और भुक्ति तत्त्वों को नहीं मानते, इनके स्थान पर वे ध्वनि शब्द का प्रयोग करते हैं। उनके विचार में ध्वनि से (व्यंजना) साधारणीकरण होता है और रस की अभिव्यक्ति होती है।

(ग) मम्मट द्वारा रचित काव्यप्रकाश में अभिनवगुप्त के संशोधन को अधिक स्पष्टता के साथ कहा गया है–

भावकत्व ही साधारणीकरण है। इस भावकत्व व्यापार से विभावादि और स्थायी भावों का साधारणीकरण होता है। इस साधारणीकरण का अर्थ है–सीतादि विशेष पात्रों का कामिनी आदि सामान्य रूपों में उपस्थित होना। स्थायीभाव, अनुभावादि के साधारणीकरण का अभिप्राय 'विशिष्ट सम्बन्धों' से मुक्ति है।

इस व्याख्या के अनुसार विभाव, अनुभाव, स्थायीभाव तथा संचारी भाव–सभी का साधारणीकरण होता है। भट्टनायक द्वारा कथित साधारणीकरण में केवल एक संशोधन किया गया कि भावकत्व व्यापार, स्थायी भाव का भी होता है। यदि भट्टनायक के 'विभावादि' कथन में स्थायी भाव को भी अंतर्भूत मान लिया जाए तो इस संशोधन की आवश्यकता नहीं। यह व्याख्या मानी भी जा सकती है क्योंकि भट्टनायक ने स्थायी भाव के साधारणीकरण के विपक्ष में कोई उल्लेख नहीं किया है। एक बात और है कि जब विभाव, अनुभाव और संचारी भाव का साधारणीकरण होगा तो स्थायी भाव का साधारणीकरण स्वयं सिद्ध है अन्यथा भरत वाक्य 'विभावानुभाव व्यभिचारिसंयोगाद् रस निष्पत्तिः' के अनुसार विभावादि का स्थायी भाव के साथ संयोग किस प्रकार होगा ? ऐसा प्रतीत होता है कि कि भट्टनायक के कथन में विभावादि के साथ स्थायी भाव शब्द का स्पष्ट उल्लेख न होने के कारण अपने संशोधन द्वारा

अभिनवगुप्त को स्वमत स्थापना का स्वर्ण अवसर प्राप्त हो गया। उस युग में खण्डन-मण्डन के माध्यम से स्वमत स्थापना के आधार पर यशलाभ की प्रवृत्ति जोरों पर थी। अभिनवगुप्त के कथन की विशेषता इसी बात पर आधारित है।

संस्कृत में परवर्ती आचार्य प्रायः अभिनवगुप्त के मत की आवृत्ति करते रहे। केवल विश्वनाथ और जगन्नाथ द्वारा किए गए विवेचनों में कुछ वैचित्र्य के संकेत मिलते हैं। परन्तु वे कोई नई उद्‌भावना नहीं कर सके, केवल विश्वनाथ ही साधारणीकरण में आश्रय और सामाजिक में तादात्म्य की बात कहते हैं।

(घ) आधुनिक काल में रामचन्द्र शुक्ल ने साधारणीकरण का विवेचन किया था परन्तु उनके सामने भट्टनायक और अभिनवगुप्त के अभिमत विद्यमान न थे। उन्होंने विश्वनाथ के मत को देखा था। उसका भी शास्त्रीय विवेचन न करके शुक्ल ने स्वतन्त्र चिन्तन व्यक्त किया। रामचन्द्र शुक्ल आलम्बन अर्थात् भाव के विषय का साधारणीकरण मानते हैं। यह साधारणीकरण पहले कवि-भाव का विषय बनता है। फिर समस्त सहृदय समाज के भाव का विषय होता है। आलम्बन के साधारणीकरण का अर्थ यह नहीं कि आलम्बन का व्यक्तित्व तो बना रहता है, परन्तु उसमें कुछ ऐसे गुणों का समावेश हो जाता है जिनके कारण वह समस्त, सहृदय समाज का विषय बन जाता है। दूसरे शब्दों में, सीता कामिनी मात्र बनकर नहीं रह जाती, अपितु अपने शील, सौन्दर्य आदि सामान्य गुणों के कारण सभी के प्रेम का विषय बन जाती है। इस प्रकार साधारणीकरण आलम्बन का नहीं, अपितु आलम्बन के धर्म का होता है। इस प्रकार आलम्बन के वैशिष्ट्य की रक्षा करते हुए सामान्य गुणों के आधार पर साधारणीकरण की बात शुक्ल जी को अभीष्ट है। वे काव्य को नैतिक और अनैतिक द्वन्द्वों के भीतर देखने के लिए सचेष्ट हैं। अतः आलम्बन की विशिष्टता का पूर्णतः तिरोभाव नहीं चाहते।

इसके विपरीत, केशवप्रसाद मिश्र ने रामचन्द्र शुक्ल के मत पर आक्षेप किए और बताया किं साधारणीकरण में आलम्बन का तिरोभाव हो जाता है और नैतिकता का प्रश्न पृथक् नहीं रहता। वह ध्वनि में अवसित हो जाता है। केशव प्रसाद, अभिनवगुप्त के मत के अनुनायी हैं। वे मानते हैं कि साधारणीकरण और रसानुभूति ध्वनि के माध्यम से होती है। उन्होंने शुक्ल के मत को अद्वैतवादी कहा क्योंकि आलम्बन की विशिष्टता और आलम्बन के धर्म के साधारणीकरण की विद्यमानता से द्विधा स्थिति हो जाती है। इसमें साधारणीकरण अपूर्ण और सीमित रहता है।

इस प्रकार साधारणीकरण के सिद्धान्त का ग्राह्य रूप वही है जो भट्टनायक ने प्रतिपादित किया था, अभिनवगुप्त ने उसमें कोई विशेष परिवर्तन नहीं किया। परवर्ती आचार्यों ने इस सिद्धान्त को थोड़े-बहुत शब्दों के हेर-फेर से ही कहा है। साधारणीकरण का स्वरूप संक्षेप में निम्न प्रकार से है–

1. अभिधा से पात्रों और वस्तुओं का पदबोध होता है। पदबोध के बिना दर्शक,

श्रोता, पाठक किसी कृति के भाव व्यापार में प्रविष्ट ही नहीं हो सकता। जैसे किसी कवि की कविता का अर्थ ही समझ न आए तो पाठक या श्रोता उससे आनन्द की उपलब्धि में असमर्थ ही रहेंगे।

2. पदबोध के पश्चात् भावकत्व-व्यापार होता है। इस स्थिति में काव्य की वस्तु शब्दार्थ मात्र न रहकर मानसी हो जाती है। इस भावकत्व व्यापार को ही साधारणीकरण कहा गया है। अभिनवगुप्त साधारणीकरण को तो मानते हैं, परन्तु भावकत्व को नहीं। उनका कहना है कि व्यंजना से साधारणीकरण सम्भव है परन्तु यह कथन केवल मतभेद दिखाने के लिए ही है। साधारणीकरण की स्थिति में अलौकिक और चमत्कारपूर्ण वस्तु इस योग्य हो जाती है कि सामाजिकों को उसके ग्रहण करने में कोई आपत्ति न रहे। वे काव्य में वर्णित वस्तुओं को विशिष्ट न मानकर साधारण समझने लगते हैं। विभाव, अनुभाव, संचारी भाव और स्थायी भाव सभी विशिष्ट प्रतीत न होकर सामाजिक के लिए ग्राह्य हो जाते हैं।

3. सामाजिक के चित्त में एक अनादि वासना की भी विद्यमानता है। जब विभावादि स्थायी भाव में स्थित हो जाते हैं तो चित्त की एकाग्रता के कारण अनादि वासना (संस्कार) के तादात्म्य से रस सिद्धि होती है।

चित्त की एकाग्र स्थिति में रस का मोह और संकट दशा नहीं रहती। सत्त्व गुण के उद्रेक से आनन्दमय स्थिति होती है जिसे चेतनामय चित्त भोगता है। संसार में जितने भी उपभोग हैं, मनुष्य उन्हें बाह्य रूप से इन्द्रियों द्वारा ग्राह्य करते हैं और अन्तः रूप में चित्त द्वारा उनकी भुक्ति होती है। इसलिए भट्टनायक ने 'भोगेन भुज्यते' पदों का प्रयोग किया है। यदि रस को आस्वादन कहकर ही इतिश्री समझ ली जाए तो यह प्रश्न ज्यों का त्यों रहेगा कि इस रस का आस्वाद कौन करता है ? दर्शन में इसका उत्तर दिया गया है कि आत्मा यद्यपि निर्लेप है, परन्तु वह शरीर के माध्यम से कर्ता और भोक्ता है। शरीर का जो रूप दिखाई देता है, वह स्थूल है। परन्तु चित्त स्थानीय शरीर सूक्ष्म है। अतः काव्यानन्द स्थूल शरीर से नहीं सूक्ष्म शरीर द्वारा भोज्य है। यद्यपि चित्त, प्रकृति का रूप होने से निर्जीव है, परन्तु आत्मा के संसर्ग से वह जीवन का संचालन करता है। अतः वह ही, सभी फलों का भोक्ता है।

करुण रस का आस्वाद

करुण रस का आस्वाद प्रीतिकर कैसे हो सकता है ? यह काव्यशास्त्र का महत्त्वपूर्ण प्रश्न है। रामचन्द्र गुणचन्द्र तथा अन्य कतिपय आचार्य करुण रस का आस्वाद दुखात्मक मानते हैं, परन्तु भरत, अभिनवगुप्त, मम्मट, विश्वनाथ, जगन्नाथ आदि ने करुण रस को भी सुखात्मक स्वीकार किया है। विश्वनाथ ने साहित्यदर्पण के तृतीय परिच्छेद में लिखा है कि "शोक-हर्ष आदि के कारणों से संसार में लौकिक शोक-हर्ष आदि भले ही होते हों, परन्तु काव्य से सम्बद्ध होने पर वे कारण अलौकिक

विभाव बन जाते हैं। अतः उन सबसे सुख ही होता है।'' रसगंगाधर में जगन्नाथ का मत है कि यह अलौकिक काव्यव्यापार की ही महिमा है जो उससे अभिव्यक्त शोक आदि पदार्थ भी अलौकिक आह्लाद उत्पन्न करने लगते हैं। प्राचीन काल में यूनान तथा रोम आदि में भी कवि को दैवी शक्तियों से विभूषित माना जाता था। स्वयं प्लेटो ने दिव्य प्रेरणा के सिद्धान्त पर बल दिया है। वस्तुतः कवि की प्रतिभा में गुणात्मक अन्तर है, जिसके कारण काव्यगत शोक अलौकिक आनन्द में परिवर्तित हो जाता है। प्रत्यक्षतः नाटक के करुण भावों को देखकर वैसा शोक अनुभव नहीं होता जैसा कि हम सामान्य जीवन में देख पाते हैं।

भरतसूत्र के व्याख्याकार भट्टलोल्लट ने तर्क दिया है कि रस की स्वगत रूप में अर्थात् सामाजिक द्वारा प्रतीति मानी जाए तो करुण रस में दुख का आस्वाद मानना होगा। परन्तु करुण रस का आस्वाद दुखमय नहीं होता, अतः रस प्रतीति का सिद्धान्त उचित नहीं। उनका कहना है कि काव्य में भावकत्व व्यापार होता है जिसमें शब्दार्थ का प्रयोग दोष रहित एवं गुण, अलंकार युक्त रखा जाता है। नाटक में आंगिक, वाचिक, सात्विक और आहार्य अभिनय से नाट्य कौशल की अभिव्यक्ति होती है। इन प्रयत्नों से पाठक, श्रोता, दर्शक में व्यक्तिगत रागद्वेष का तिरोभाव होने लगता है। दूसरे शब्दों में, सहृदय व्यक्ति लोकानुभव की तरह शोक स्थायी भाव की दुखमय प्रतीति नहीं करता। अतः उसे दुख की अनुभूति नहीं होती। इस प्रकार शोक आदि कटुभाव व्यक्तिगत रागद्वेष से मुक्त होकर सुखद लगते हैं। इस भावकत्व व्यापार को उन्होंने साधारणीकृत बना दिया। कल्पना के चमत्कार से साधारणीकृत होकर शोकादि की विशिष्टता नहीं रहती। लोक व्यवहार में भी प्रयक्ष दिखाई पड़ता है कि व्यक्तिगत हानि से मनुष्य को अधिक कष्ट होता है और पर हानि से बहुत कम, परन्तु काव्य में प्रस्तुत किया जाने वाला शोक न व्यक्तिगत है, न किसी पड़ोसी का है और न अन्य किसी ऐसे व्यक्ति का जिसके साथ सामान्य रूप में हमारा व्यवहार हो। अतः वहाँ दुख का भाव हमारे मन को आघात नहीं पहुँचाता। इतना जरूर है कि किसी प्राचीन पुरुष के साथ हमारी श्रद्धा जुड़ी है और कोई कवि उस पात्र की अनुभूति नहीं कराता, उससे क्रोध उत्पन्न होता है। इस क्रोध का आधार सामाजिक के वे संस्कार हैं जो उसने किसी परिवेश से अर्जित किए हैं, जिनमें व्यक्तिगत रागद्वेष का आग्रह विद्यमान रहता है। यही कारण है कि किसी समाज में काव्य सृजन की दिशा उस समाज के जीवन दर्शन से भिन्न नहीं होती। इसलिए आज तक रावण में वह दिव्यशक्ति नहीं भरी जा सकी जो राम में दिखाई जाती है। यदि किसी ने यह प्रयत्न किया भी तो वह कब आदृत हो पाया ? अतः रस निष्पत्ति में वे मानवीय संवेदनाएँ भी सक्रिय रहती हैं जिन्हें मनुष्य सामाजिक जीवन में स्वीकार कर चुका है। कृष्ण की माखन चोरी जिस प्रकार आनन्ददायक है, सम्भवतः काव्य में राम के पक्ष में ऐसा दिखाने पर आनन्द की प्राप्ति न होगी। क्या कृष्ण का गोपिका

प्रेम राम में आरोपित करने पर सहृदय को आनन्ददायक हो सकेगा ? इसका उत्तर निषेधात्मक ही मिलेगा। इस प्रकार साधारणीकरण का नियम विभिन्न समाज खण्डों में विभिन्न संस्कारों के दायरे में ही क्रियान्वित रहेगा, भले ही कला के नाम पर कोई विरोध करे। एक सांस्कृतिक धरातल पर जुड़े हुए किसी समाज के लोग दूसरे सांस्कृतिक आधार के समाज में रची गई काव्य कृतियों से कदापि समान आनन्द की अनुभूति नहीं कर पाते। यही वह बिन्दु है जो काव्य में सांस्कृतिक मर्यादा, नैतिकता आदि का प्रश्न छिपाए हुए हैं। यही वह कारण है कि हम भीष्म को शकुनि के रूप में नहीं देख पाए, सीता को शूर्पणखा का रूप नहीं दिया जा सका, पार्वती को रीतिकाल की सुभान की स्थिति न मिल पाई, महात्मा बुद्ध को चाणक्य की कूटनीति से अलंकृत न किया जा सका इत्यादि। इस साधारणीकरण की सीमाएँ सामाजिक की सांस्कृतिक चेतना से बँधी हैं। यह सब समझते हैं कि एक बन्दर हिमालय को उठाकर नहीं ला सकता, समुद्र को उछलकर लाँघ नहीं सकता, पूँछ में रूई और तेल लगाकर नगर को जला नहीं सकता, फिर भी इन सब घटनाओं का साधारणीकरण हो जाता है और रस की अनुभूति होती है। आज के वैज्ञानिक युग में जहाँ विज्ञानबुद्धि का प्रसार है, वे इन कार्यों को मूर्खता कहेंगे या निरा तमाशा समझेंगे, परन्तु भारत में बड़े से बड़ा वैज्ञानिक जो इस देश की संस्कृति के परमाणुओं में बँधा है, इन कार्यों को देखकर, उस बन्दर को निरा बन्दर नहीं मानता, अपितु उसे पूज्य समझकर आनन्द विभोर हो जाता है। अतः विचारना होगा कि साधारणीकरण उन विभावों, अनुभावों, संचारी भावों और स्थायी भावों का होता है जिनके साथ वासना रूप में सामाजिकों के संस्कार, उनकी चेतना में गहरे बैठ गए हैं। सम्भवतः भारतीय आचार्यों को संस्कृति का प्रश्न उठाने की जरूरत महसूस नहीं हुई क्योंकि उनके सामने किसी भिन्न सांस्कृतिक संदर्भ में सोचने की समस्या ही नहीं थी, लेकिन इसका अभिप्राय यह भी नहीं है कि भिन्न संस्कृतियों से सहृदय एक ही नाटक देख रहे हैं तो वे कहीं भी साधारणीकरण न कर पाएँ। सभी संस्कृतियों में बहुत सारी स्थितियाँ और संवेदनाएँ समान रूप में पाई जाती हैं जो मनुष्य की सभ्यता और संस्कृति के विकास में स्वाभाविक रूप में बँधी हैं। इन स्थितियों और संवेदनाओं के प्रभाव से एक ही कृति में विभिन्न समाज खण्डों के लोग समान अनुभव प्राप्त कर सकते हैं। इसलिए दूसरे देशों में रचित काव्य भी सहृदयों द्वारा पठनीय है।

हमारे सामने प्रश्न है कि करुण रस के आस्वाद का साधारणीकरण का विवेचन तो इसलिए किया गया है कि इसके माध्यम से करुण रस का आस्वादन होता है। अब देखिए शैव्या के विलाप से जो कष्ट अनुभव होता है, क्या किसी चोर डाकू कातिल को पुलिस द्वारा पीड़ा दिए जाने पर भी ऐसा ही होता है ? निश्चय ही नहीं। क्यों नहीं ? क्योंकि चोर डाकू कातिल के कुकृत्य उन भावनाओं के विपरीत होते हैं जिन्हें मानव ने जीवन को सुविधाजनक बनाने के लिए संघर्षों में से गुजरकर अर्जित

किया है। इन दुष्टों को दी गई पीड़ा यदि मानवीय सम्भावनाओं से अधिक हो जाती है तो भी मनुष्य का हृदय रो उठता है। रावण की मृत्यु पर भी कुछ-कुछ ऐसा ही लगता है। अतः जीवन का सत्य जो संस्कृति का प्राण है, उसके साथ सहृदय का हृदय शीघ्र ही साधारणीकरण की प्रक्रिया अपनाता है। यहाँ जीवन की अन्तिम किरण का प्रश्न है, वहाँ भी ऐसा ही देखा गया है। भगतसिंह के बलिदान का दृश्य देखकर मन में शीघ्र स्फूर्ति आ जाती है।

अभी भी करुण रस के सुखात्मक पक्ष की बात नहीं सुलझ पाई। अत्याचारी को दी गई पीड़ा से तो सहृदय को दुख नहीं हुआ। परन्तु सज्जनों पर आने वाली विपत्तियों की अनुभूति करुण रस में दुखात्मक क्यों नहीं होती ? इस विषय में सर्वप्रथम उल्लेख यही है कि इन विपत्तियों के साथ सहृदय के व्यक्तिगत दुख का सम्बन्ध नहीं रहता। जब तक किसी की व्यक्तिगत हानि न हो और न ही व्यक्तिगत हानि होने की शंका हो तो वह भूले हुए की तरह खो जाता है। मूलतः काव्य के पठन, श्रवण, दर्शन से सहृदय के मन में एकाग्रता आती है। एक क्षण में, मन में एक ही वृत्ति रह सकती है, यह मन का लक्षण है और यह वृत्ति काव्य में लीन है। अतः अन्य वृत्तियों का तिरोभाव हो जाता है। अब इस तल्लीनता अर्थात् एकाग्रता में भी जो शोक भाव व्याप्त है, उसमें निज की भावना नहीं तो फिर उस करुण रस का आस्वादन दुखात्मक नहीं हो सकता। जहाँ दुख नहीं, वहाँ सुख की परिकल्पना कर लेना कोई अनौचित्य भी नहीं।

कुछ लोगों का कहना है कि हरिश्चन्द्र, शैव्या, सीता आदि पर कष्ट की छाया नाट्य कौशल में देखकर अनेक सहृदयों की आँखें अश्रुपूर्ण हो जाती हैं। अतः सामाजिकों को दुख की अनुभूति होनी चाहिए, लेकिन आँसू तो सुख में भी आते हैं, आँसू केवल दुख के सूचक नहीं हैं। ममत्व, सहानुभूति का भाव आँसुओं की धारा प्रवाहित करने लगता है। हाँ, नाटक में सीता की विपत्तियाँ देखकर दर्शक इतना तो कहता सुना गया है कि बिचारी को बहुत कष्ट सहने पड़े, परन्तु इस कथन में सहानुभूति है, दुख नहीं। कितनी बार निज विगत दुखों की स्मृति से भी तो सहृदय की आँखें अश्रुपूर्ण हो जाती हैं। वह भी तो एक नाटक है, जिसे निज अंतःकरण के पटल पर अभिनीत किया गया है। इन स्मृतियों में भी विलक्षण आनन्द भरा है जिसे पाकर कोई सहृदय कवि बन जाता है।

अतः इस सम्पूर्ण विवचेन का अभिप्राय यही है कि काव्यगत करुण रस का आस्वाद दुखात्मक नहीं होता, चित्तवृत्ति की एकाग्रता और स्व के तिरोभाव से सहृदय काव्यगत शोक से शोकाकुल न होकर विलक्षण अनुभूति पाता है। काव्यगत शोक के विभावों से चमत्कृत उसका चित्त उसी तरह दिशा बदल लेता है जैसे किसी झरने की धारा चट्टान से टकराकर दूसरी दिशा में बहने लगती है। प्रायः देखा गया है कि दूरदर्शन पर नायक प्रतिनायक में घूँसेबाजी के अभिनय से प्रभावित होकर बच्चे

घबरा उठते हैं। इसका कारण यही है कि उसमें वास्तविकता समझकर वे निज के भाव से मुक्त नहीं हो पाते। उन्हें निरन्तर यही ख्याल बना रहता है कि यह घूँसेबाजी कहीं हम तक न पहुँच जाए। इसलिए रसत्व से स्व के भाव से मुक्ति अनिवार्य है।

आचार्यों ने रस को अलौकिक ब्रह्मानन्द सहोदर कहा है। यह कथन सर्वथा उचित है। लौकिक अर्थात् सांसारिक सुख-दुख की अनुभूति में स्व की भावना विधायक तत्त्व है, परन्तु काव्यानन्द में व्यक्तिगत लाभ हानि का सम्बन्ध नहीं होता, इसलिए वह अलौकिक है। रही बात ब्रह्मानन्द सादृश्य की। भारतीय दर्शन में, समाधि अवस्था की परिकल्पना की गई है जिसकी सिद्धि होने पर ब्रह्म अर्थात् आत्मा की आनन्दावस्था अनुभूत होती है। काव्य के माध्यम से सहृदय भी कुछ समय तक एकाग्रचित्तता (समाधि) में लीन हो जाता है। इस समय उसे जिस रस का आस्वादन मिलता है वह आत्मानन्द जैसा ही है। इसलिए आचार्य मम्मट ने 'काव्य-प्रकाश' में रस को 'स्वविगलितवेद्यान्तरं ब्रह्मानन्द-सहोदरम्' कहा है। अतः करुण रस का आस्वाद भी अलौकिक और दुख रहित है।

रस-निष्पत्ति

रस-निष्पत्ति भारतीय काव्यशास्त्र का महत्त्वपूर्ण विषय है। नाट्यशास्त्र के प्रणेता भरतमुनि ने रस के स्वरूप का नहीं, वरन् रस की निष्पत्ति का कथन किया है–विभाव अनुभाव व्यभिचारी की व्याख्या इस प्रकार की है–जिस प्रकार अनेक प्रकार के व्यंजनों, औषधियों तथा द्रव्यों के संयोग से (भोज्य) रस की निष्पत्ति होती है, और जैसे गुड़ आदि द्रव्यों, व्यंजनों और औषधियों से षाडव आदि रस बनते हैं, उसी प्रकार विविध भावों से संयुक्त होकर स्थायी भाव भी (नाट्य) रस को प्राप्त होते हैं "जैसे अनेक व्यंजनों से संस्कृत अन्न का उपभोग करते हुए प्रसन्नचित्त पुरुष रसों का आस्वादन करते हैं और हर्ष आदि अनुभव करते हैं, इसी प्रकार प्रसन्नचित्त प्रेक्षक विविध भावों एवं अभिनयों द्वारा व्यंजित वाचिक, आंगिक तथा सात्विक अभिनयों से संयुक्त स्थायी भावों का आस्वादन करते हैं और हर्षादि को प्राप्त होते हैं।"

इस लम्बे कथन का निष्कर्ष इस प्रकार है–

1. विविध भावों से संयुक्त होकर स्थायी भाव नाट्य रस को प्राप्त होते हैं।

2. विविध भावों एवं अभिनयों से संयुक्त स्थायी भावों का आस्वादन प्रसन्न प्रेक्षक करते हैं।

3. रस की उत्पत्ति कोई नई वस्तु की उत्पत्ति नहीं है, अपितु नाना भावों से युक्त स्थायी भाव रस में परिणत होते हैं।

(क) भट्टलोल्लट का मत (उत्पत्ति)

पूरवर्ती काव्यशास्त्र में भरत के कथन का विवेचन होने लगा। इस विवेचन में पहला नाम भट्टलोल्लट का आता है। इसका कोई ग्रन्थ उपलब्ध नहीं है, परन्तु इनकी व्याख्या के कुछ उदाहरण अभिनवगुप्त (ग्यारहवीं शती) के ध्वन्यालोक एवं अभिनवभारती में और कुछ मम्मट के काव्यप्रकाश में प्राप्य हैं। अभिनवभारती में उद्धृत अंश के अनुसार–

1. स्थायी भाव रूप चित्तवृत्ति की उत्पत्ति में विभाव कारण है।

2. अनुभाव, स्थायी भावों के कार्य रूप हैं क्योंकि वह स्थायी भावों के बाद

उत्पन्न होते हैं। वे रस के कार्य नहीं बल्कि कारण हैं।

3. निर्वेदादि व्यभिचारी भाव चित्तवृत्ति स्वरूप के कारण स्थायी भाव के साथ नहीं रह सकते क्योंकि मन में एक समय में एक ही चित्तवृत्ति रह सकती है। फिर भी स्थायी भाव की वासना रूप में स्थिति और संचारी भावों की उद्‌बुद्ध रूप में स्थिति साथ-साथ सम्भव है।

4. इस प्रकार विभाव, अनुभाव, व्यभिचारी भावों से पुष्ट किया हुआ स्थायी भाव ही रस है अर्थात् अपरिपुष्ट स्थिति में स्थायी भाव कहलाता है और परिपुष्ट रूप में रस।

5. यह रस मुख्यतः अनुकार्य (नायक आदि) और अनुकर्ता (नट) दोनों में रहता है। अनुसन्धान (नाट्यकला) के बल से नट में भी रस की उत्पत्ति हो जाती है। अनुसन्धान के तीन अर्थ हैं–आरोप, अभिमान और योजन। आरोप का अर्थ है–नट का अपने में रामत्वादि का आरोप, अभिमान का अर्थ है–नट द्वारा उस समय के लिए अपने को रामादि समझना और योजन का अर्थ है–पहले जो मैं नट था वही मैं अब राम हूँ। ये तीनों शब्द तादात्म्य मात्रा के भेद हैं, आरोप में तादात्म्य कुछ बाह्य रहता है, अभिमान में आन्तरिक हो जाता है और योजन में पूर्णता को प्राप्त होता है।

'काव्यप्रकाश' में उद्धृत अंश के अनुसार 'ललना' आदि आलम्बन और उद्यान आदि उद्दीपन विभावों के कारण उत्पन्न रति आदि स्थायी भाव कटाक्ष-भुजाक्षेप आदि अनुभावों से प्रतीति योग्य होकर निर्वेद आदि सहकारी संचारी भावों से पुष्टि पाकर मुख्य रूप से अनुकार्य राम (नायक) और राम के स्वरूप के अनुसन्धान से नट में रस प्रतीत होता है।

इस अंश से अनुसन्धान के सामाजिक परक तीन अर्थ निम्न प्रकार होंगे–

1. सामाजिक नट पर राम का आरोप कर, उसमें रामगत रस की प्रतीति कर लेता है। यहाँ आरोप शब्द से ज्ञात होता है कि सामाजिक के मन में थोड़ा बहुत यह रहता है कि यह नट है और राम के रूप में व्यवहार कर रहा है।

2. अनुसन्धान में अभिमान शब्द से अभिप्राय है कि रंग कौशल की प्रवंचना से सामाजिक नट के वास्तविक रूप को भूलकर उसे राम समझने लगता है। यह प्रतीति यद्यपि मिथ्या है, फिर भी इसके बिना सामाजिक को नट में नायकगत रस की प्रतीति नहीं हो सकती।

3. अनुसन्धान का योजनपरक अर्थ होगा कि 'नट ही राम है।' ऐसा समझ लेने पर सामाजिक नटगत रस प्रतीत हो सकेगा।

यहाँ एक शंका उत्पन्न होती है कि अनुकार्य क्या है ? मूलरूप में रस का आस्वाद, वास्तविक रामादि ने किया था। वह ऐन्द्रिय मानसिक अनुभव था, लेकिन अब मूल पात्रों की सत्ता नहीं है। नट तो कवि निबद्ध रामादि रत्यादि के भावों का

लोकज्ञान और व्यक्तिगत अनुभवों के आधार पर अनुकरण करता है। भट्टलोल्लट ने मूलपात्रों और कवि-निबद्ध पात्रों के रूप में भेद नहीं किया। मूलपात्र के नाटक या काव्य के पात्र कवि की भावना से थोड़े बहुत भिन्न हो जाते हैं। इस विषय में आचार्य ने कोई टीका-टिप्पणी नहीं की। परन्तु इसका उत्तर यही है कि कवि-निबद्ध पात्र ही कवि की भावभूमि में उतरकर सत्य हो जाते हैं। रामायण में कहा गया है कि वाल्मीकि को छन्द मिल जाने पर भी वे इसका सदुपयोग न कर सके तो ब्रह्मा ने उनसे कहा कि राम का चरित्र लिखो। वाल्मीकि ने उत्तर दिया कि मैं राम के विषय में कुछ नहीं जानता। यदि उनके विषय में लिखूँगा तो वह लोक की दृष्टि में गलत हो सकता है। ब्रह्मा ने समझाया कि तुम जो कुछ लिखोगे वही सत्य होगा। अतः कवि द्वारा निबद्ध पात्रों को ही सत्य मानना होता है। मूलपात्र न सदा रहते हैं और न रह सकते हैं, वे अमर तो हैं नहीं। आज भी सामाजिक उसी राम को मानते हैं जिसे कवि ने निबद्ध किया था।

इस प्रकार भट्टलोल्लट की दृष्टि वस्तुपरक है। वे सहृदय की दृष्टि से रस को आस्वाद न मानकर आस्वाद्य मानते हैं। रस की स्थिति मूल पात्र एवं नट में है जिसे सहृदय सामाजिक अनुभव करता है। अतः नाट्य का मूल सौन्दर्य उसकी विषय वस्तु में निहित है। इसकी व्यक्तिपरक व्याख्या का सूत्रपात यहीं से आरम्भ होता है। अभिनेता द्वारा रसानुभूति की घोषणा कर भट्टलोल्लट ने नाट्यकला के विकास में नया मोड़ उपस्थित किया है। अभिनय कला के प्रसंग में अनुसन्धान क्रिया की अपने आप में एक सिद्धि है, अतः निष्कर्षतः निष्पत्ति का अर्थ है—स्थायी भाव की उपचिति एक मिश्र प्रक्रिया है जिसमें विभाव, अनुभाव, व्यभिचारी भाव योग देते हैं। विभावों से स्थायी भाव की उद्बुद्धि होती है, इस उद्बुद्धि को उत्पत्ति कह सकते हैं। स्थायी भाव वासना रूप में स्थित होने के कारण केवल कवि के शब्दों के कथन से साक्षात्कार की स्थिति प्राप्त नहीं करता। विभावों के कारण वह रसात्मक रूप प्राप्त करता है, अनुभावों से उस स्थायी भाव की प्रतीति होती है और व्यभिचारी भावों से पुष्टि। स्थायी भाव, अनुभाव और व्यभिचारी भाव, तीनों ही मिलकर उपचिति की क्रिया पूर्ण करते हैं।

(ख) शंकुक का मत (अनुकृति एवं अनुमान)

भरत द्वारा प्रतिपादित रस सिद्धान्त के दूसरे प्रसिद्ध व्याख्याता शंकुक है। शंकुक की कोई कृति अभी तक प्राप्त नहीं हुई है, लेकिन उनके कुछ विचार अभिनवभारती, ध्वन्यालोक तथा काव्यप्रकाश में उद्धृत हैं। अभिनवभारती के उदाहरणों के अनुसार—

विभाव नामक कारणों से अनुभाव के रूप में शारीरिक व्यापारों से सहचारी रूप में प्रकट होने वाले व्यभिचारी भावों से नट द्वारा शिक्षा-अभ्यास आदि के प्रयत्न से होने के कारण, कृत्रिम होने पर भी कृत्रिम न माना जाने वाला, अभिनय की

सामर्थ्य से अनुकर्ता (नट) में होने वाला, प्रमुख रूप में रामादि में रहने वाले स्थायी भाव का अनुकरण किया गया, स्थायी भाव रस है। अनुकरण रूप होने के कारण ही स्थायी भाव को दूसरे नाम 'रस' से सम्बोधित किया गया है।

विभाव काव्यबल से उपस्थित होते हैं। अनुभाव शिक्षा से और व्यभिचारी भाव अपने कृत्रिम अनुभवों की प्राप्ति के बल से। स्थायी भाव तो काव्यबल से भी प्रतीत नहीं होता। रति, शोक आदि शब्द रति आदि भावों का अभिधा शक्ति द्वारा कथन मात्र करते हैं। रस कथन से वाचिक अभिनय के रूप में बोध नहीं कराते।

इसलिए रतिभाव का अनुकरण शृंगार रस है, अतः लोल्लट ने रस को स्थायी भाव रूप और स्थायी भाव जन्य माना है। यह समीचीन नहीं। मिथ्याज्ञान से भी फल प्राप्ति देखी जाती है। मणि और दीपक की प्रभा में, मणि की भावना से उनकी ओर दौड़ने वाले दो व्यक्तियों में समान मिथ्याज्ञान विशेष भी फल प्राप्ति के लिए महत्त्वपूर्ण होता है।

1. यहाँ नर्तक ही सुख पाने वाला है, ऐसी प्रतीति नहीं होती।

2. 'यह नट ही राम है' ऐसा भी नहीं।

3. यह भी प्रतीत नहीं होता कि यह (नट रूप राम) सुखी नहीं है और यह नट राम है या नहीं ऐसा भी प्रतीत नहीं होता।

4. न ही यह नट उस राम के सदृश है, ऐसा बोध होता है, लेकिन सम्यक्, मिथ्या, संशय तथा सादृश्य रूपों की समस्त प्रतीतियों से भिन्न प्रकार की, चित्र आलिखित घोड़े के नियम से, जो सुखी राम है, वह ही यह नट है, इस प्रकार की प्रतीति होती है। कहा है—नट को रामादिरूप में देखते समय न सन्देह, न यथार्थता, न भ्रान्ति की प्रतीति होती है। यह नट राम है और यह नट राम नहीं है, ऐसा विचार भी नहीं होता। अतः विपरीत प्रकार के विचार भेद से गोलमाल हो जाता है, किस युक्ति से यह स्फुरित अनुभव बताया जाए ?

ध्वन्यालोकलोचन में शंकुक का मत निम्न प्रकार से कहा गया है—

अनुकर्ता नट में अभिनय आदि सामग्री से जनित जो स्थायी भाव का अभ्यास होता है, वह दीवार पर हरिताल आदि से बने अश्व की प्रतीति जैसा है। वह ही लोकातीत होने से आस्वाद के अन्य नाम की प्रतीति द्वारा आस्वाद्यमान रस है, अभिनय से उत्पन्न यह रस नाट्यरस है।

आचार्य मम्मट ने 'काव्यप्रकाश' में शंकुक का मत उद्धृत किया है—काव्यानुशीलन के बल और अभ्यास से सिद्ध अपने कार्य (अनुभाव) को प्रकट करने से नट द्वारा ही प्रदर्शित किए जाने वाले कृत्रिम परन्तु कृत्रिम न समझे गए विभावादि शब्दों से कथित कारण-कार्य सहकारी के संयोग से गम्य-गमक भाव के कारण अनुमानीय होने पर भी वस्तु के सौन्दर्य के बल के कारण रसनीयता द्वारा विलक्षण रूप में अनुमान्य, स्थायी रूपता से संभाव्यमान रति आदि भाव नट में न होने पर भी सामाजिकों के

संस्कारों से अस्वाद किया हुआ रस है, ऐसा शंकुक का मत है।

उपर्युक्त उदाहरणों से शंकुक द्वारा कथित रस निष्पत्ति का स्वरूप निम्न प्रकार होना चाहिए।

1. विभाव कारण है, इन कारणों से अनुभाव शरीर के व्यापार के रूप में प्रकट होते हैं और व्यभिचारी सहकारी भाव है।

2. नट द्वारा शिक्षा-अभ्यास के माध्यम से प्रदर्शित विभाव, अनुभाव तथा व्यभिचारी भाव कृत्रिम होने पर भी अकृत्रिम प्रतीत होते हैं।

3. इन भावों को नट अभिनय द्वारा प्रकट करता है।

4. स्थायी भाव मुख्यतः नायकादि में रहता है परन्तु नट उसका अनुकरण करता है।

5. विभावों, अनुभावों, सहकारी भावों से जो कि नट द्वारा शिक्षा-अभ्यास द्वारा प्रकट किए गए हैं तथा नायक आदि के स्थायी भाव के अनुकरण के कारण स्थायी भाव की ऐसी स्थिति बन जाती है कि वह नामान्तर रूप में रस कहलाता है। अर्थात् स्थायी भाव का दूसरा नाम रस है।

6. नट विभावों को काव्य से ग्रहण करता है, अनुभावों का प्रदर्शन अभ्यास से करता है और व्यभिचारी भाव कृत्रिम अनुभावों द्वारा व्यक्त करता है, परन्तु स्थायी भाव की प्राप्ति इन तीनों विधियों से नहीं होती। रति आदि शब्दों के कथन और इन शब्दों के वाचिक अभिनय से स्थायी भाव रति आदि का बोध होता है, प्रतीति नहीं। स्थायी भाव की प्रतीति नायकादि के स्थायी भाव का अनुकरण करने से ही सम्भव है, यह स्थायी भाव वस्तुतः रामादि में अवस्थित रहता है।

7. अभिनय आदि सामग्री और अनुकरण से स्थायी भाव का जो अवभास (प्रतीति) होता है वह चित्र में बनाए गए घोड़े की प्रतीति के समान है। चित्र में बना हुआ घोड़ा वास्तव में घोड़ा नहीं होता, फिर भी उसकी प्रतीति घोड़े के रूप में होती है। इस प्रकार नट द्वारा अनुकरण किया गया स्थायी भाव वस्तुतः नायक आदि के स्थायी भाव का अवभास होता है। अभिनय से उत्पन्न यह स्थायी भाव रस है।

8. रति आदि स्थायी भाव सामाजिकों में स्थायी रूप में विद्यमान रहते हैं और अपने संस्कारों के कारण इनका आस्वाद करते हैं।

9. रस लोकातीत है अर्थात् लौकिक वस्तुओं के उपभोग से इस प्रकार का हर्षादि प्राप्त नहीं होता।

10. रस दशा में सामाजिकों को नट न सुखी प्रतीत होता है न असुखी, न राम प्रतीत होता है न राम से भिन्न, यह राम है या नहीं, ऐसा सन्देह भी नहीं होता और वह राम के सदृश भी दिखाई नहीं देता। वे सामाजिक चित्र-आलिखित अश्व की प्रतीति के समान सुखी राम का अनुमान नट में कर लेते हैं। इसे सन्देह, यथार्थ

या भ्रान्ति नहीं कह सकते, यह विलक्षण स्थिति है।

इस सारे कथन को संक्षेप में कह सकते हैं—

1. अनुकार्य रामादि का वास्तविक रूप वह है जो काव्य में निबद्ध राम आदि का स्वरूप बताया गया है, ऐतिहासिक रामादि का नहीं। मूलतः ऐतिहासिक रामादि कवि के लिए अनुकार्य है, नट के लिए तो काव्य में कथित राम आदि ही अनुकरण योग्य है। नट इसी रामादि में अवस्थित स्थायी भाव का अनुकरण करता है।

2. जब नटगत स्थायी भाव अवास्तविक है तो प्रेक्षक उसकी प्रतीति कैसे करता है ? नट में राम की प्रतीति न भ्रान्ति के कारण है, न सन्देह के कारण, न उसे यथार्थ में राम मानने के कारण, अपितु चित्रतुरंगन्याय से अनुमान द्वारा होती है। प्रेक्षक भ्रान्ति अथवा सन्देह से कला का आनन्द नहीं ले सकता।

3. विभावों, अनुभावों और व्यभिचारी भावों का अभिनय करने से नटनटी अभिनय कला की सहायता से राम सीता के स्थायी भाव का प्रदर्शन करने में सफल हो जाते हैं। इसी से रस निष्पन्न हो जाता है।

4. रस-निष्पत्ति का अर्थ हुआ—रंग कौशल आदि की सहायता से नट द्वारा रामादि के स्थायी भाव का अभिनय। इस स्थायी भाव पर आश्रित एक कलात्मक स्थिति है जिसमें अभिनय तत्त्व प्रधान है। सहृदय इस रस का एक ओर वस्तु सौन्दर्य तथा दूसरी ओर अपनी वासना के बल पर चर्वण करता है।

5. अनुमान एक प्रकार का परोक्ष ज्ञान है जो पूर्व अनुभूति प्रत्यक्ष पर आश्रित है। इसे पूर्ववत् शेषवत् और सामान्यतोदृष्टि भेदों में विभाजित किया गया है। कारण को देखकर कार्य का अनुमान (बादलों को देखकर वर्षा का अनुमान) पूर्ववत् अनुमान है। अर्थात् कभी बादल आए थे और वर्षा हुई थी, अब बादल आए हैं तो वर्षा होगी। कार्य को देखकर कारण का अनुमान शेषवत् है। नदी में पानी बढ़ रहा है, अतः पर्वत पर वर्षा हुई है। ऐसा पहले भी हुआ था, एक वस्तु को एक स्थान पर देखकर अन्य स्थान पर उसका अनुमान करना सामान्यतोदृष्टि है। धुएँ को देखकर आग का अनुमान इसी प्रकार का है। इसके प्रसंग में यह अनुमान कलात्मक सौन्दर्य और प्रेक्षक की वासना के कारण प्रत्यक्ष हो जाता है। हेमचन्द्र ने इसके लिए उदाहरण दिया है—"कोई व्यक्ति कषाय फल खा रहा है तो उस समय हमारे मुख में इसी प्रकार का पानी भर आता है, जिस प्रकार का पानी उस कषाय फल को खाने वाले के मुख में भर रहा होगा या हम कषाय फल खा रहे होते तो भर आता। बस, इसी प्रकार राम के रूप में अभिमत नट के स्थायी भाव को देखकर सामाजिक की वासना के स्थायी भाव में भी चर्वणा का अवकाश हो जाता है। बर्फ को देखकर ही उसकी शीतलता प्रतीत होने लगती है, भले ही त्वचा से उसका स्पर्श न हो क्योंकि दर्शक में बर्फ की शीतलता को अनुभव करने वाले संस्कार पहले से विद्यमान हैं।

6. नट द्वारा नायकादि के स्थायी भावों की अनुकृति को यदि कल्पनात्मक

सृजन कहा जाए तो शंकुक द्वारा प्रयुक्त कृत्रिम एवं अनुकृति शब्दों की स्थूलता नहीं रहती।

7. शंकुक ने रस की व्याख्या केवल नाटक के सन्दर्भ में की है, काव्य-पक्ष गौण हो गया है, परन्तु ऐसा सोचना भी एकदम उचित नहीं। शंकुक, भरत द्वारा कथित नाट्य रस की ही व्याख्या कर रहे हैं।

8. शंकुक द्वारा नाट्यगत भाव को कल्पनात्मक अनुभूति के रूप में स्पष्ट करना तथा कला अवबोध की विलक्षणता की स्थापना करना महत्त्वपूर्ण प्रयास है।

9. शंकुक ने कवि-निबद्ध पात्र को नाट्य के लिए वास्तविक मानकर तथा प्रेक्षक को रस चर्वण में सक्रिय दिखाकर रस-निष्पत्ति को अधिक स्पष्ट किया है।

(ग) भरत सूत्र के तीसरे प्रमुख व्याख्याकार भट्टनायक है।

अभिनवभारती और काव्यप्रकाश में इनके मत को निम्न रूप में उद्धृत किया गया है—

रस न प्रतीत होता है, न उत्पन्न होता है, सामाजिकों में रस की प्रतीति मानने पर उन्हें करुण रस में दुःखी होना चाहिए। सीतादि में विभाव भावना न होने एवं उनमें अपनी स्त्री की संवेदना न होने से देवता आदि साधारणीकरण के अयोग्य होने और समुद्र पार करने आदि कार्य के असाधारण होने से रस की प्रतीति का कथन संगत नहीं और उस रति आदि से युक्त राम की उपलब्धि न होने से भी प्रतीति सम्भव नहीं, शब्द, अनुमान आदि से उस रसप्रतीति आदि में लोक प्रत्यक्ष प्रमाणों से होने वाली सरसता नहीं हो सकती। नायक युगल दिखाई देते ही रस के स्थान पर लज्जा, घृणा, इच्छा आदि अपने स्वभाव के अनुरूप वृत्तियाँ उदित होंगी। यदि इन वृत्तियों की व्याकुलता पैदा न हो तो शून्य में भी रसवत्ता होनी चाहिए, अतः स्मृति अनुभव आदि रूप में रस की प्रतीति का कथन उचित नहीं। उत्पत्ति के सिद्धान्त में भी यही दोष है।

सुख, दुःख, मोह उत्पन्न करने की शक्ति को रस-निष्पत्ति का सिद्धान्त मानने से, पहले से स्थित रस और बाद में अभिव्यक्त होने वाले रस में, विभावादि विषयों के तारतम्य का विरोध होगा, अतः रस का स्वगत रूप (सामाजिक में) और पुरगत रूप (नटादि में) पहले की तरह अर्थात् प्रतीति और उत्पत्ति की तरह मानना होगा।

इसलिए काव्य का दोष रहित और गुण-अलंकार से युक्त लक्षण होने के कारण नाटक में चार प्रकार के अभिनय से अपने भीतर रहने वाले समस्त अज्ञान आदि के निवारक एवं विभावादि के साधारणीकरण रूप, अभिधा के बाद दूसरे भाग भावकत्व व्यापार से होने वाला रस, अनुभव-स्मृति आदि से भिन्न प्रकार के रजोगुण तथा तमोगुण के मिश्रण की विचित्रता के कारण द्रुति-विस्तार विकार रूप होने से, सत्त्वगुण के उद्वेग के प्रकाश और आनन्दमय निजचित्र की विश्रान्ति के स्वरूप से, परब्रह्म के सदृश भोग द्वारा भोगा जाता है।

उदासीन होने (नटगत रूप में) और स्वगत रूप से, रस न प्रतीत होता है, न उत्पन्न होता है और न अभिव्यक्त होता है अपितु काव्य और नाटक में अभिधा के बाद दूसरे अंश के रूप में होने वाले विभावादि के साधारणीकरण रूप भावकत्व व्यापार में भाव्यमान स्थायी भाव सत्वोद्रेक जन्य प्रकाशमय एवं आनन्दमय संविद विश्रान्ति (आत्मास्वाद) की उपस्थिति से चेतनामय देह से भोगा जाता है। (भोगेन भुज्यते) (काव्य प्रकाश)।

भट्टनायक के विषय में उद्धृत उपर्युक्त अंश का आशय निम्न प्रकार है—

भट्टनायक ने पहले तो रस-निष्पत्ति से सम्बन्धित प्रतीति, उत्पत्ति और अभिव्यक्ति के सिद्धान्तों का खण्डन किया है। उनका कहना है कि यदि सामाजिक को स्वयं ही रस की प्रतीति होती है तो उसके दो रूप होंगे। प्रत्यक्ष और परोक्ष (अनुमान आदि से)। रस की प्रत्यक्ष प्रतीति मान लेने पर करुणादि रसों में नायक-नायिका के शोक से सामाजिक आदि को शोक अनुभव होगा और शृंगार में प्रेम क्रीड़ा के साक्षात्कार से चित्त में लज्जा, जिज्ञासा, इच्छा आदि भाव उदित हो जाएँगे जिससे आनन्द की उपलब्धि न होगी। यदि सामाजिक में शोक, रति के विभाव देखकर व्यग्रता नहीं होती तो उसे उनके बिना शून्य में भी रसास्वादन होना चाहिए।

परन्तु वास्तव में ऐसा होता नहीं। आनन्द की स्थिति में सामाजिक न दुःखी होता है, न लज्जा अनुभव करता है, न उदासीन होता है, फिर मंच पर सीता पार्वती आदि को विभाव मानने पर लज्जा आदि भाव प्रतीत नहीं हो सकते क्योंकि वे पूज्य हैं और उनमें अपनी स्त्री की संवेदना सर्वदा नहीं, देवता आदि से प्रत्यक्ष रूप में साधारणीकरण हो ही नहीं सकता, वे अलौकिक हैं। इसी प्रकार हनुमान द्वारा समुद्र पर से छलाँग मारने की बात अलौकिक है। अतः प्रत्यक्षतः रस प्रतीति असिद्ध है। अब परोक्ष रूप में प्रतीति की बात लें। परोक्ष ज्ञान का साधन आगत (शब्द) तथा अनुमान है। शब्द ज्ञान से तो अर्थ बोध मात्र ही होता है। अतः उसका सामाजिकीकरण सम्भव नहीं। यदि अनुमान से ऐसा मान लें तो ठीक नहीं क्योंकि इसमें प्रत्यक्ष के समान सरसता नहीं आ पाती, अतः सामाजिक को परोक्षवृत्ति से भी रस प्रतीति नहीं मिलेगी। अब कहें कि रस प्रतीति परगत है अर्थात् नट-रस प्रतीति से क्या लाभ ?

रस की उत्पत्ति के सिद्धान्त में रस प्रतीति के अन्तर्गत कहे गए दोष विद्यमान हैं। इसके बाद सांख्यकार द्वारा प्रतिपादित शक्ति का सिद्धान्त आता है। उसका कहना है कि रस सुखात्मक भी होता है और दुखात्मक भी। सुख दुख उत्पन्न करने वाली सामग्री बाह्य है, इसमें विभाव दाल के समान है, अनुभाव और व्यभिचारी भाव छौंक सादृश्य है और इस सामग्री से उत्पन्न आस्वाद स्थायी भाव है। इस ढंग से स्थायी भावों को रसत्व प्राप्त होता है। इसके विषय में भट्टनायक का कथन है कि पहले से स्थित रस की बाद में विभावादि अभिव्यक्ति मानने पर रसानुभूति में भी न्यूनाधिक तारतम्य होने लगेगा जो कि अखण्ड एकरसता की मान्यता के विरुद्ध

है और यह अभिव्यक्ति सामाजिक को स्वगत रूप में होती है या पररूप में। इसमें रस प्रतीति के अन्तर्गत बताया गया दोष है। अब प्रश्न रह गया रस की अभिव्यक्ति का। इसके विरोध में पहला प्रश्न तो वही स्वगत और परगत का उठता है। यदि रस की अभिव्यक्ति नट में (परगत) मानी जाए तो वह सामाजिक के लिए व्यर्थ है। यदि यह अभिव्यक्ति सामाजिक में (स्वगत में) होती तो सांख्यकार की तरह विभावादि की शक्ति के तारतम्य में रसाभिव्यक्ति का तारतम्य आ जाएगा जो कि रस की अखण्डता में बाधक होगा। अतः रस की अभिव्यक्ति की कल्पना व्यर्थ है।

अब भट्टनायक अपना मत व्यक्त करते हैं—

भट्टनायक काव्य के तीन व्यापारों की कल्पना करते हैं—अभिधा, भावकत्व और भोग द्वारा भुक्ति। शब्दार्थ का प्रथम व्यापार अभिधा है जिसमें शब्दार्थ का बोध होता है। यह बोध काव्य इतिहास, शास्त्रादि में समान रूप से व्याप्त रहता है। अभिधा का यह कार्य सर्वविदित होने से भट्टनायक ने इसका विवेचन नहीं किया।

दूसरा व्यापार भावकत्व है। इसकी सत्ता काव्य और नाट्य में रहती है। काव्य में गुण अलंकार की विद्यमानता से और नाटक में चतुर्विध अभिनय के कारण अभिधा से भिन्न प्रभावक्षमता उत्पन्न हो जाती है। भावकत्व से सहृदय के चित्त का व्यक्तिगत रागदोषजन्य अज्ञान दूर हो जाता है, आनन्द में अपने पराए का भाव प्रमुख बाधा है, यह बाधा भावकत्व के समय नहीं रहती। इससे विभावादि का साधारणीकरण हो जाता है। भावकत्व व्यापार (साधारणीकरण) से स्थायीभाव प्रकाशित हो उठता है।

तीसरा व्यापार भोग द्वारा भुक्ति है। भावकत्व व्यापार से प्रकाशित स्थायी भाव सत्त्वगुण के जागने पर आत्मप्रकाश और आनन्द की स्थिति में आत्मा के अपने स्वरूप के बोध से मुक्त यहाँ दार्शनिक सिद्धान्त को समझने की जरूरत है। दार्शनिक स्थिति यह है कि चेतन प्रकाशमय और आनन्दमय है। प्रकृति के सत्त्च, रज और तम गुण उसे आच्छादित रखते हैं। रज और तम के प्रभाव से उसमें अपने पराए का भेद उत्पन्न होता है। यदि रज और तम का आवरण हट जाए तो यह चेतन, सत्त्वगुण की सबलता में, अपने स्वरूप में उपस्थित हो जाता है। यही निजसंविद्विश्रान्ति है। चूँकि चेतन का स्वरूप प्रकाशमय और आनन्दमय है, अतः भोग की भुक्ति की स्थिति आनन्द ही है। यहाँ आनन्द और अनुभूति में पृथकूता नहीं क्योंकि आनन्द उस चेतन का स्वरूप है। इसलिए आचार्यों ने आनन्द (रस) की निजसंविद्विश्रान्ति (निज-अपने, संविद्-बोध की, विश्रान्ति-स्थिति) की संज्ञा दी है। अतः रस न आस्वाद है और न आस्वाद्य, वह तो चेतन की स्वरूप अवस्थिति है। केवल बोध कराने हेतु ही आस्वाद आदि शब्दों का व्यवहार किया है। पातंजलि ने योगदर्शन के समाधि-पाद में योग प्राप्ति का लक्ष्य चेतन की स्वरूप में अवस्थिति ही बताया है। काव्य के आचार्यों ने उस समाधि और चेतन की स्वरूप-स्थिति का सम्बन्ध रस प्रक्रिया और रस से जोड़ दिया। अतः रस-निष्पत्ति का अर्थ हुआ—आनन्द की स्थिति। यह स्थिति रस

की सिद्धि भी कही जा सकती है। रसमग्न चेतनमय शरीर योग की सिद्धि की तरह रससिद्धि पा लेता है। दर्शन के क्षेत्र में पदार्थों का अभाव नहीं माना जाता, कार्य का कारण में लीन होना ही अभाव प्रतीत होता है। इसे तिरोभाव कहते हैं। जब कारण कार्य में दिखाई देता है तो वहाँ पदार्थों का सद्भाव है। इसी तरह रस का भी तिरोभाव और सद्भाव माना जाता है। चेतनमय शरीर के चित्त में सत्त्व के जागने और रज एवं तम के तिरोभाव से रस की सिद्धि होती है।

(घ) अभिनवगुप्त का मत

रस सिद्धान्त की व्याख्या करने वाले चौथे प्रमुख आचार्य अभिनवगुप्त हैं। उनके विचार में रस-निष्पत्ति का अर्थ, इसकी अभिव्यक्ति है। काव्य सुनने का अधिकारी सहृदय व्यक्ति है जिसकी निर्मल बुद्धि हो, उसे ही सहृदय कहते हैं। काव्य अथवा नाट्य द्वारा सर्वप्रथम, इस सहृदय व्यक्ति का वाक्यार्थ बोध होता है। तत्पश्चात् वाक्यार्थ का मानसी एवं साक्षात्कारात्मिका प्रतीति उत्पन्न होती है। फिर सुख-दुख देने वाला अन्य जनों से भिन्न, निर्विघ्न प्रतीति से स्थायी भाव हृदय में रस बन जाता है। इस स्थायी भाव में सहृदय की आत्मा न अत्यन्त उपेक्षित होती है और न विशेष रूप से उल्लिखित। लेखक ने उदाहरण से स्पष्ट किया है--शकुन्तला नाटक में राजा दुष्यन्त, एक मृग के पीछे रथ दौड़ाता है। पहले तो इस कथन तथा नाट्य से अभिधा द्वारा सहृदय को वाक्यार्थ का बोध होता है। इस बोध के बाद वाक्य से गृहीत कलादि के व्यवधान को हटा देने वाली मानसी प्रतीति उत्पन्न होती है। यह प्रतीति विशिष्ट नहीं, साधारण होती है अर्थात् वाक्य का मानसिक धरातल पर साधारणीकरण हो जाता है। इस समय मृग का भय और उस भय का कारण तथा भय देने वाला दुष्यन्त सभी कल्पित होते हैं। अतः सहृदय स्वयं भयभीत होने अथवा मृग के भयभीत होने से उत्पन्न सुख-दुख से भिन्न ऐसी स्थिति प्राप्त करता है। यहाँ निर्विघ्न प्रतीति होने लगती है और भय स्थायी भाव साक्षात् ही हृदय में प्रविष्ट होता-सा आँखों के सामने घूमता-सा भयानक रस होता है। इस रस-निष्पत्ति में, विभावादि का विस्तृत रूप में साधारणीकरण हुआ करता है और साक्षात्कारात्मक रूप से नटादि सामग्री इसकी परिपोषिका होती है। जिसमें विद्यमान देशकाल प्रमाता आदि को अलग कर देने पर वह साधारणीकरण व्यापार अत्यन्त पुष्ट हो जाता है। अतः सभी सहृदय को एक रूप से ही प्रतीत होती है। अनादि संस्कारों से चित्रित चित्त वाले सामाजिकों की एक जैसी वासना होने के कारण सबको एक जैसे ही रस की प्रतीति होती है। यह विघ्नों से रहित प्रतीति चमत्कार कहलाती है। प्रत्येक दशा में आस्वादात्मक एवं निर्विघ्न रूप से ग्राह्य भाव ही रस है।

अभिनवगुप्त आगे लिखते हैं कि रसों के प्रति काव्य भावक होता है। अर्थात् काव्य मानसी साक्षात्कार कराता है। यह भाव रूप, शब्द और अर्थ दोनों का होता

है क्योंकि केवल शब्द का भावकत्व मानने पर अर्थज्ञान न होने से मानसी साक्षात्कार की स्थिति ही नहीं आती। अतः काव्य व्यंजकत्व नामक व्यापार से रसों को भावरूप प्रदान कराता है। फिर मोह रूपी अन्धकार के मिट जाने पर भोग भी शब्दार्थ के ध्वनन व्यापार (व्यंजना शक्ति के कार्य) से अभिषिक्त होता है। अतः सामाजिक में स्थायी भाव की वासना रूप में विद्यमानता के कारण रस की प्रतीति या उत्पत्ति नहीं होती, अभिव्यक्ति होती है।

अभिनवगुप्त द्वारा कथित अभिव्यक्ति सिद्धान्त में भट्टनायक के सिद्धान्त से कुछ भी भिन्नता नहीं। अभिनवगुप्त ने साधारणीकरण और भोग शब्दों के बीच में ध्वनन (व्यंजना शक्ति) शब्द अड़ा दिया है। चूँकि ध्वन्यालोक में ध्वनि सिद्धान्त की स्थापना की गई है, अतः ध्वनन की बात तो कही जानी ही चाहिए थी। जब ध्वनिकार व्यंग्यार्थ के बिना काव्यत्व ही नहीं मानता तो काव्य से भाव्यमान रस, व्यंजना शक्ति के बिना कैसे सम्भव हो सकता है ?

भरत के रस-निष्पत्ति सूत्र पर इसके बाद अन्य आचार्यों ने कोई नई व्याख्या प्रस्तुत नहीं की। अब हमें रस-निष्पत्ति को निष्कर्ष रूप में निम्न प्रकार समझना चाहिए।

1. विविध भावों से संयुक्त होकर स्थायी भाव ही रस को प्राप्त होते हैं। रस कोई नई वस्तु की उत्पत्ति नहीं।

2. विविध भावों एवं अभिनयों से संयुक्त स्थायी भावों का आस्वादन सहृदय पाठक, श्रोता प्रेक्षक करते हैं। कवि और नट को भी रस प्राप्त होता है।

3. नाटक के अभिनय में उन्हीं पात्रों का अनुकरण होता है जो कवि द्वारा निबद्ध हैं।

4. सहृदय को काव्य में निबद्ध विषयों का बोध, शब्द की अभिधा शक्ति से होता है।

5. सहृदय के मन में स्थायी भाव, संस्कार रूप में पहले से विद्यमान होते हैं। शब्दार्थ जनित बोध से सहृदय का विषय के साथ मानसी प्रत्यक्षीकरण होने लगता है।

6. जब मन में अपने-पराए की पहचान मिट जाती है तो सहृदयों में वासना रूप में विद्यमान स्थायी भाव सामान्य अवस्था में आ जाता है अर्थात् विशेष भाव नहीं रहता। इसे साधारणीकरण कहते हैं। इस साधारणीकरण का अर्थ यही है कि काव्य में वर्णित अथवा नाट्य द्वारा प्रदर्शित सुख-दुख में सहृदय का अहम् भाव नहीं होता।

7. साधारणीकरण के पश्चात् चित्त में रज और तम गुणों का तिरोभाव हो जाता है और सत्त्वगुण के सद्भाव से शरीरधारी चेतन चेतनमय चित्त अलौकिक प्रकाशमय और आनन्दमय की स्थिति या सिद्धि प्राप्त करता है। यही रस है।

8. इस प्रकार निष्पत्ति का अर्थ—आनन्ददशा की प्राप्ति या आनन्द की स्थिति या आनन्द की सिद्धि है।

ध्वनि सिद्धान्त

ध्वनि सिद्धान्त का उत्स

भारतीय काव्यशास्त्र में ध्वनि सिद्धान्त अत्यधिक महत्त्वपूर्ण काव्य सिद्धान्त है। संस्कृत काव्य में रस, अलंकार तथा रीति काव्यसिद्धान्तों की स्थापना ध्वनि सिद्धान्त से पूर्व हो चुकी थी। भरत ने नाटक के सन्दर्भ में रस की प्रमुखता प्रतिपादित की, परन्तु विभाव आदि के अभाव में मुक्तक कविताओं का महत्त्व प्रस्तुत करने में 'नाट्यशास्त्र' में कथित रस प्रक्रिया असमर्थ रही। अतः परवर्ती आचार्यों ने रस के स्थान पर अलंकारों को अधिक महत्त्व प्रदान किया। अलंकारों के अभाव में उन्हें कविता अच्छी नहीं लगती थी। कालिदास, बाण, दण्डी, स्वयम्भू, पुष्पदन्त और श्रीहर्ष की कृतियों में अलंकारों का उत्कर्ष प्रत्यक्ष है। भामह ने 'काव्यालंकार' और दण्डी ने 'काव्यादर्श' की रचना करके अलंकार सम्प्रदाय की स्थापना की। परन्तु काव्य की बाह्य चमत्कृति का प्रदर्शन करने के कारण, यह प्रयास एकांगी ही रहा। परिणामतः वामन ने रीति को काव्य के आत्मतत्त्व के रूप में प्रतिष्ठित किया। रीतितत्त्व अलंकार की अपेक्षा काव्य का अधिक संश्लिष्ट एवं अपरिहार्य तत्त्व है, फिर भी वामन काव्यालोचन का सर्वांगीण मानदण्ड प्रस्तुत न कर सके। अतः रीति की स्थापना के बाद ऐसे काव्य सिद्धान्त की तलाश जारी रही जिससे काव्य की बाह्य विशेषताओं के साथ उसके आन्तरिक मर्म का उद्घाटन हो सके। ध्वनि सिद्धान्त का उत्स इसी प्रयास का परिणाम है।

ध्वनि सिद्धान्त का स्वरूप

कश्मीर निवासी **आनन्दवर्धन** ने नौवीं शती में **'ध्वन्यालोक'** ग्रन्थ की रचना करके ध्वनि को काव्य का निकष घोषित किया। उस समय संस्कृत, प्राकृत और अपभ्रंश में रचित प्रबन्धकाव्य, मुक्तक काव्य, नाटक, आख्यायिका आदि के परिप्रेक्ष्य में ऐसे तत्त्व की तलाश थी जिसे पाकर कोई कृति काव्यत्व प्राप्त करने में सक्षम होती और जिसे काव्य के किसी एक अंग में व्याप्त न होकर उसका प्राणभूत अंग कहा जा

सकता। आनन्दवर्धन ने वह तत्त्व खोज निकाला और उसे **ध्वनि** नाम दिया–

'काव्यस्यात्मा ध्वनिरिति बुधैर्यः समाम्नातपूर्वः।' **ध्वन्यालोक, 1.1**

उपर्युक्त उदाहरण से स्पष्ट होता है कि काव्यतत्त्वदर्शी विद्वान ध्वनि सिद्धान्त से परिचित तो थे, परन्तु इस विषय में विवादास्पद स्थिति के कारण उनमें से कोई भी भरत, भामह, दण्डी, वामन की भाँति इसे काव्यशास्त्र के निश्चित सिद्धान्त के रूप में प्रतिष्ठित न कर सका। अतः ध्वनि सिद्धान्त को रस, अलंकार व रीति के सम्मुख काव्य का निकष प्रतिपादित करने का श्रेय आनन्दवर्धन को मिला। आनन्दवर्धन से पूर्व किसी काव्यलक्षणकार ने इस सिद्धान्त का न तो निर्देश करने का साहस किया और न ही इसका खण्डन करने की चेष्टा की। ध्वनि सिद्धान्त की मौखिक चर्चा के विषय में ध्वनिकार ने स्वयं लिखा है–

'तस्याभावम् जगदुरपरे भाक्तमाहुस्तमन्ये।
केचिद् वाचां स्थितमविषयम् तत्वमूचुस्तदीयम्,
तेन ब्रूमः सहृदयमनःप्रीतये तत्स्वरूपम्।'–**ध्वन्योक, 1.1.**

उस समय ध्वनि सिद्धान्त के विषय में कुछ लोग कहते थे कि शब्द और अर्थ, काव्य का शरीर हैं। शब्दगत और अर्थगत चारुता अलंकारों द्वारा प्राप्त हो जाती है। वर्णसंघटना सम्बन्धी विशेषताएँ, माधुर्यादिगुण, उपनागरिकादि वृतियाँ और वैदर्भी आदि रीतियाँ पहले ही प्रस्तुत की जा चुकी हैं, इसलिए इन सबसे भिन्न **ध्वनि** नामक वस्तु काव्य का आत्मतत्त्व नहीं हो सकता। सहृदय लोगों के मन को आनन्दित करने वाली शब्दार्थमय कृति काव्य होती है। काव्य में चारुत्वजनक हेतु अलंकर, रीति आदि पहले से ही विद्यमान हैं, अतः ध्वनि को काव्य का आत्मतत्त्व मानने की कोई आवश्यकता नहीं। दूसरे लोगों का कहना था कि काव्यलक्षणकारों ने 'ध्वनि' को काव्य के आत्मतत्त्व के रूप में, गौण दृष्टि से भी विचार नहीं किया। अतः इसे काव्य का प्राणतत्त्व नहीं माना जा सकता। इसके अतिरिक्त, कुछ लोगों का विचार है कि ध्वनितत्त्व वाणी से अकथ्य है और सहृदयजनों के मन को संवेदित करता है। इन परिस्थितियों में आनन्दवर्धन सहृदय लोगों के मन के आह्लाद हेतु ध्वनि सिद्धान्त की व्याख्या करते हैं। ध्वनि की परिभाषा के विषय में ग्रन्थकार ने कहा है–

'यत्रार्थो वाच्यविशेषः, वाचकविशेषः शब्दो वा, तमर्थं व्यंक्तः सः काव्यविशेषः ध्वनियति।'–**ध्वन्यालोक 1.13**

अर्थात् जहाँ वाच्य विशेष अर्थ अथवा वाचक विशेष शब्द, प्रतीयमान अर्थ को व्यक्त करते हैं, वह विशिष्ट काव्य ध्वनिकाव्य है। वैयाकरण, श्रूयमाण वर्णों को ध्वनि मानते हैं। इसी प्रकार, उनके मत का अनुसरण करने वाले काव्यतत्त्वदर्शी विद्वान् भी वाच्यवाचक से युक्त व्यंग्यार्थ को ध्वनि कहते हैं। कहने का अभिप्राय है कि व्याकरण में वर्णों का लक्ष्य व्यंग्यार्थ और व्यंजना व्यापार में निहित है, अतः ध्वनि ही काव्य का आत्मतत्त्व है–

'ते च श्रूयमाणेषु वर्णेषु ध्वनिरिति व्यवहरन्ति। तथैव अन्यैः तन्मत्तानुसारिभिः सूरिभिः काव्यतत्वार्थदर्शिभिर्वाच्य-वाचकसंमिश्रः। शब्दात्मा काव्यमिति व्यपदेश्यो व्यंजकत्वसाम्यवाद ध्वनिरिव्युक्तः। **ध्वन्यालोक, 1.13**

इस तरह स्पष्ट है कि काव्य के आत्मतत्त्व के रूप में 'ध्वनि' शब्द का प्रयोग वैयाकरणों द्वारा, काव्य की व्याख्या के लिए होता रहा है। मम्मट ने भी इस विषय में संकेत दिया है–

'बुधैः व्याकरणैः प्रधानभूतस्फोटरूप-व्यंग्य-व्यंजकस्य शब्दस्य ध्वनिरिति व्यवहारः कृतः। ततः तन्मतानुसारिभिः अपि न्यग्भावित-वाच्यव्यंग्य व्यंजनक्षमस्य शब्दार्थ-युगलस्य।'–**काव्यप्रकाश, 1.41**

अर्थात् व्यंग्य को व्यक्त करने वाला स्फोट रूप शब्द ध्वनि है, ऐसा वैयाकरण मानते हैं। **इस मत का अनुसरण करने वालों ने शब्दार्थ द्वारा कथित व्यंग्य का प्रकाशन करने वाली शक्ति को ध्वनि कहा है।** अतः वर्ण, शब्द, व्यंग्यार्थ, व्यंजना व्यापार और व्यंग्य का प्रकाशन करने वाली शक्ति ध्वनि है। चूँकि वर्णों का युगपत् जन्म सम्भव नहीं, पृथक्-पृथक् रूप में वर्णो का निश्चित अर्थ भी नहीं होता और वर्ण नाशवान है, अतः वैयाकरणों ने वर्णों की इस अशक्तता से बचने के लिए, अर्थ के प्रत्यायक स्फोट की कल्पना प्रस्तुत की। स्फोटवाद के प्रणेता महर्षि स्फोटायन हैं। इस सिद्धान्त के अनुसार पूर्व-पूर्व वर्णों के अनुभव से उत्पन्न संस्कार से परिपुष्ट अंतिम वर्ण के श्रवण से श्रोता के मस्तिष्क में विद्यमान (सत्) और तिरोभूत (असत्) की एक पदप्रतीति होती है। अर्थात् एक नित्य शब्द की अभिव्यक्ति होती है। यह नित्य शब्द स्फोटरूप है। यह स्फोटरूप शब्द अपरिवर्तनशील है। इस प्रकार वैयाकरण के विचार में स्फोट ही वह शब्द है जो अर्थ का संप्रेषक है। स्फुटति अर्थो यस्मात् इति स्फोटः अर्थात् जिससे अर्थ प्रस्फुटित हो, उसे स्फोट कहते हैं, इस प्रकार–

प्रथम अर्थ में, ध्वनि, नाद का पर्याय है।

दूसरे अर्थ में ध्वनि, नाद द्वारा प्रकाशित व्यंग्य है और स्फोट व्यंजक है।

आनन्दवर्धन के कथनानुसार काव्यमर्मज्ञ विद्वानों ने स्फोट सिद्धान्त के अन्तर्गत प्रयुक्त ध्वनि और उसके विभिन्न अर्थों से प्रेरणा एवं प्रभाव ग्रहण करके ध्वनि सिद्धान्त के रूप में काव्यालोचन की नई पद्धति प्रस्तुत की। उन्होंने ध्वनि को व्यंग्य व्यंजक, व्यंजना-व्यापार तथा काव्य आदि विभिन्न अर्थों में प्रयुक्त किया है। इस तरह काव्यात्मा ध्वनि का मूलाधार, वैयाकरणों की ध्वनि है।

ध्वनि विवेचन

आनन्दवर्धन का मत है कि काव्य में, सहृदयजनों के मन को आनन्दित करने वाला अर्थ दो प्रकार का होता है–वाच्यार्थ और प्रतीयमान अर्थ। इनमें से वाच्यार्थ लोकप्रसिद्ध अर्थ है और अनेक काव्यशास्त्र मर्मज्ञों ने उपमा आदि अलंकारों द्वारा इसका प्रदर्शन

किया है। परन्तु प्रतीयमान अर्थ नारी सौन्दर्य के समान है जिसकी कोई विशेष परिभाषा बता पाना सम्भव नहीं। यह प्रतीयमान अर्थ, वस्तु, अलंकार, रस आदि अनेक रूपों में दिखाई पड़ता है। जहाँ वाच्यार्थ से वस्तुवर्णन मात्र है, वहाँ प्रतीयमान अर्थ द्वारा काव्य में सौन्दर्य उभर आता है–

'हैदराबाद में, म्यूजियम में एक घड़ी है
जिसमें से गाँधी
हर घंटे पर दरवाजा खोलकर आते हैं
और लौट जाते हैं।
स्वामी दयानन्द का सत्यार्थ प्रकाश
और तिलक का गीता रहस्य
बणियों ने खरीद लिया है।'–**विष्णुचन्द्र शर्मा**

*   *   *

'क्यों भई
क्या किसी को घूँस देकर
चाँद पर कब्जा नहीं किया जा सकता।
बेकार इतनी चाँदनी यूँ ही
फेंक देने वाला, मूर्ख है।'–**केशवचन्द्र शर्मा**

यहाँ वर्णन मात्र में एक गहरा व्यंग्य भरा है जो कविता का प्राणभूत तत्त्व बन गया है। जब अलंकार में भी प्रतीयमान अर्थ का संश्लेषण हो जाए तो काव्य में उत्कृष्टता झलकने लगती है–

'घायलों की, पीड़ितों की
गूँज है वातावरण में
एक मंदिर सा बना रणक्षेत्र
मैं इसका पुजारी।।–**दुष्यन्त कुमार**
आवाजों के चक्रव्यूह
मुझे बुरी तरह
घेरते जा रहे हैं
और मैं
अभिमन्यु की तरह
टूटी तलवार की मूँठ लिए
संघर्षरत हूँ।

ध्वनिकार का मत है कि काव्य के सौन्दर्य में अभिवृद्धि करने वाले वे ही अलंकार मान्य हैं जिनकी रचना बिना किसी प्रयत्न के हो सके। सायास अलंकार प्रतीयमान अर्थ व्यक्त करने में असमर्थ हो जाते हैं।

'रसाक्षिप्ततया यस्य बन्धः शक्यक्रियो भवेत्।
अपृथग्यत्ननिर्वर्त्यः सोलंकारो ध्वनौ मतः।'–**ध्वन्यालोक, 2.16**

जहाँ वस्तु रूप प्रतीयमान अर्थ, विचारमूलक तथ्य होता है और अलंकार रूप प्रतीयमान अर्थ वैचित्र्यमूलक कल्पित अभिव्यक्ति है, वहाँ रसरूप प्रतीयमान अर्थ का स्वरूप भावात्मक रहता है–

'तासौं दुःख कहिए हो बीरा। जेहि सुनि कै लागै परपीरा।
को होई भीवँ दँगवे परगाहा। को सिंघल पहुँचावै चाहा।।
सो कंत गए होई जोगी। हौं किंगरी भै झरौं वियोगी।'

नागमति अपने विरह का मर्म, रात में, वृक्ष पर बैठे एक पक्षी को सम्बोधित करके कह रही है। वियोगश्रृंगार के इस वर्णन में प्रतीयमान अर्थ द्वारा ध्वनि का प्रकाशन है।

इस प्रकार प्रतीयमान अर्थ तभी प्रतीयमान कहला पाता है जब काव्य में व्यंजना शब्दशक्ति के चमत्कार से व्यंग्य का बोधन हो। यही व्यंग्य, ध्वनि है। जिस शब्द में व्यंग्य समाविष्ट है अथवा जिस काव्य में व्यंग्य के माध्यम से शब्द और अर्थ प्रतीयमान अर्थ को भाषित करते हैं, वह ध्वनि काव्य है। मूलतः आनन्दवर्धन शब्द की अभिधा एवं लक्षणा शक्तियाँ मानते हैं, जब काव्य में अभिधा व लक्षणा शब्द-शक्तियों द्वारा व्यंग्यार्थ इष्ट होता है, तभी काव्य को ध्वनि काव्य कहा जाता है। यह व्यंग्यत्व ही काव्य का प्राणभूत तत्त्व है। इसके अभाव में वाच्यार्थ को ही अभिव्यक्त करने वाला काव्य उच्चकोटि का नहीं हो सकता। महाकवियों की वाणी में ही व्यंजनाशक्ति प्रकट होती है।

'यत्रार्थः शब्दो वा तमर्थमुपसर्जनीकृत स्वार्थौ।
व्यंक्तः काव्यविशेषःस ध्वनिरिति सूरिभिः कथितः।' **ध्वन्यालोक, 1.13**

अर्थात् जहाँ शब्द या अर्थ प्रतीयमान के लिए अपना अर्थ अर्पित करते हैं, दूसरे शब्दों में, शब्द और अर्थ द्वारा प्रतीयमान अर्थ प्रतिभाषित होता है, वह काव्यविशेष ध्वनि है।

इस व्यंग्यार्थ का उपादान वाच्यार्थ ही है। यह प्रतीयमान अर्थ, शब्द और अर्थ के ज्ञानमात्र से प्राप्त नहीं होता। इसे काव्यतत्त्वज्ञ ही जानते हैं। परन्तु इसका अर्थ यह नहीं कि जिस काव्य में वाच्यार्थ की प्रधानता हो, वह काव्य नहीं है। आनन्दवर्धन का कथन है कि व्यंग्यत्व अर्थात् प्रतीयमान अर्थ से ही काव्य को जीवनीय शक्ति मिलती है। वाच्यार्थ की प्रधानता से युक्त काव्य ध्वनिकाव्य के समान आह्लादकारी नहीं हो सकता। इसे मध्यम कोटि का काव्य समझ लेने में कोई अनौचित्य नहीं। जहाँ व्यंग्यत्व की प्रधानता नहीं उसे काव्य मानने में भी ध्वनिकार को कोई आपत्ति नहीं। रसादि अलंकार और गुणीभूत-व्यंग्य को उन्होंने स्वयं ध्वन्यालोक में काव्य स्वीकार किया है। इस प्रकार के काव्य में ध्वनि अर्थात् व्यंग्यत्व की प्रधानता का

अभाव रहता है।

ध्वनि के भेद

ध्वन्यालोक के अनुसार ध्वनि के दो भेद हैं–(1) लक्षणामूलाध्वनि। (2) अभिधामूला ध्वनि।

(1) **लक्षणामूलाध्वनि**–इसे अविवक्षितवाच्य भी कहा गया है। लक्षणा शब्दशक्ति के विषय में आचार्य मम्मट लिखते हैं–

'मुख्यार्थबाधे तद्‌योगे रूढितोऽथ प्रयोजनात्।
अन्योऽर्थो लक्ष्यते यत्सा लक्षणारोपिता क्रिया।।' **काव्यप्रकाश, 2.9**

अर्थात् मुख्यार्थ के बाधित होने पर रूढ़ि अथवा प्रयोजन में मुख्यार्थ से सम्बद्ध गुण के सादृश्य के आधार पर अन्य अर्थ की प्रतीति जिससे होती है, वह लक्षणा शब्दशक्ति है। 'वह निरा बैल है' वाक्य में बैल शब्द का मुख्यार्थ बाधित होने पर, उससे सम्बद्ध बुद्धि की मन्दता ज्ञात होती है। यही लक्षणा शब्दशक्ति है।

लक्षणामूला ध्वनि के दो प्रकार हैं–

(क) अर्थान्तरसंक्रमित वाच्य–मुख्यार्थ का दूसरे अर्थ में बदल जाना ही अर्थान्तर संक्रमण होता है। इसे लक्षणा का उपादान अथवा अजहत्स्वार्था भेद भी कहते हैं। जहाँ मुख्यार्थ अपनी सिद्धि के लिए अन्य अर्थ का आक्षेप करा लेता है और आक्षिप्त अर्थ की सहायता से अपने अन्वय को उपत्पन्न करा देता है, वह उपादान अथवा अजहत्स्वार्था लक्षणा है। जिस स्थान पर उपादान लक्षणा द्वारा व्यंग्य की अभिव्यक्ति हो, वह अर्थान्तरसंक्रमित वाच्य ध्वनि है–

'हर आदमी के भीतर
एक **छोटा आदमी है**
सावधानी हटते ही
वह बाहर झाँकने लगता है
और छोटे-छोटे पैमानों में
सारे आदमी को नाप देता है।'

यहाँ छोटा आदमी से अभिप्राय 'ओछा व्यक्तित्व' है। मुख्यार्थ बाधित होने पर भी अन्य अर्थ इसके साथ सम्बद्ध रहता है।

(ख) अत्यन्ततिरस्कृत वाच्य–जब कोई शब्द, अन्य के लिए अपने अर्थ को बिल्कुल छोड़ देता है, वहाँ लक्षण लक्षणा अथवा जहत्स्वार्था लक्षणा शब्दशक्ति होती है। मुख्यार्थ का सर्वथा परित्याग ही अत्यन्त तिरस्कार है–

'मैंने हरेक को आवाज दी
हरेक का **दरवाजा खटखटाया है।**
मगर बेकार...

मैंने जिसकी पूँछ उठाई है
उसको मादा पाया है।'—**धूमिल**

यहाँ 'पूँछ' शब्द की अन्विति मनुष्य के साथ ठीक बैठाने के लिए इसका अर्थ 'परीक्षा' करना होगा।

'आज
आदमी के अपने ही **सींग**
सारी मानवता के लिए
खतरा बन गए हैं।'

'सींग' शब्द का अन्वय पशु के साथ होना चाहिए क्योंकि आदमी के सींग नहीं होते। अतः आदमी के साथ अन्विति के लिए इसका अर्थ 'खुराफात' समझना चाहिए। सींग हिंसा का साधन है, अतः यह मुख्यार्थ छोड़कर 'हिंसा' अर्थ का बोधक बन गया है। यही अत्यन्त तिरस्कृतवाच्य ध्वनि है।

(2) अभिधामूला ध्वनि—इसे विवक्षितान्यपरवाच्य भी कहा गया है जब मुख्यार्थ में ही व्यंग्य आभासित हो, वहाँ अभिधा ध्वनि होती है। इसके दो भेद हैं—

(क) असंलक्ष्यक्रमवाच्य—जब वाच्यार्थ और व्यंग्यार्थ की प्रतीति एक साथ-सी प्रतीत हो, वहाँ असंलक्ष्यक्रम व्यंग्य ध्वनि होती है। यद्यपि वाच्यार्थ पहले ज्ञात होता है और व्यंग्यार्थ बाद में, परन्तु शीघ्रता के कारण यह क्रम मालूम नहीं पड़ता। दोनों की प्रतीति में बहुत कम अन्तर है—

'बापू मरे
अनाथ हो गई भारतमाता
अब क्या होगा...
हाय ! हाय ! हम रहे कहीं के नहीं
लुट गए
...रो रो करके आँखें लाल कर लीं धूर्तों ने'—**नागार्जुन**

(ख) संलक्ष्यक्रमवाच्य—जहाँ वाच्यार्थ और व्यंग्यार्थ में क्रम की प्रतीति रहे अर्थात् पहले वाच्यार्थ ज्ञात हो और बाद में व्यंग्यार्थ, उसे संलक्ष्यक्रमवाच्य ध्वनि कहते है। जैसे—

'हम जरा भी झुके मुड़े होते
तो तेरे हाथ के कड़े होते।
अपने अन्दर जरा से गिर जाते
तो अपने कद से बहुत बड़े होते।'—**कुँवर बेचैन**

ध्वनिकार ने ध्वनि के आधार पर काव्य के तीन भेद भी किए हैं। उत्तम, मध्यम और अधम। **उत्तम** काव्य में व्यंग्य की प्रधानता रहती है। इसे भी रसध्वनि, अलंकार ध्वनि और वस्तुध्वनि के रूप में पुनः विभाजित किया गया है। **मध्यम** काव्य गुणीभूत

व्यंग्य है। इसमें वाच्यार्थ की अपेक्षा व्यंग्यार्थ अधिक रमणीय नहीं रहता। **अधम काव्य** के अन्तर्गत चित्रकाव्य आता है। इसमें न व्यंग्यार्थ होता है और न अर्थ का सौन्दर्य। साहित्यदर्पणकार ने इसे काव्य के रूप में भी स्वीकार नहीं किया।

निष्कर्ष–आनन्दवर्धन का लक्ष्य यही था कि रस, अलंकार, वस्तु आदि में चारुत्व उत्पन्न करने वाला तत्त्व व्यंग्यार्थ है। कोई कथन सीधे ढंग से कहने की अपेक्षा व्यंग्य का आश्रय पाकर अधिक शक्तिशाली हो जाता है, यह तो लोकविदित है ही। मूलतः आचार्य ने शब्दशक्ति को समुचित प्रयोग के आधार पर काव्य के उत्कर्ष की तलाश करने का प्रयत्न किया है। इसका कारण व्याकरण का महत्त्व ही प्रतीत होता है। अतः कहा जा सकता है कि रस, काव्य का फल है तो ध्वनि वह प्रक्रिया है जो रस तक पहुँचाने का आधार तैयार करती है।

आज हिन्दी कविता में विशेषतः नवप्रगतिवादी काव्य, यहाँ तक गद्य साहित्य में भी व्यंजना का प्रभाव अधिक है। मानवीय विसंगतियों के कथन हेतु शब्दों और कथन की जो वक्रता ग्रहण की जा रही है, वह व्यंजना के कारण ही है। अतः ध्वनि के महत्त्व को तो स्वीकारना ही होगा, किन्तु रस, अलंकार आदि के खण्डन-मण्डन की दृष्टि से इसका प्रतिपादन करना समीचीन नहीं। भारतीय आचार्यों ने काव्य की रचना प्रक्रिया और लक्ष्य के विवेचन हेतु जो चिन्तन प्रस्तुत किया, वह साहित्य के विभिन्न आयामों का स्पष्टीकरण ही है।

अलंकार सिद्धान्त

भामह (छठी शती) अलंकार सिद्धान्त के प्रवर्तक थे। काव्य के सम्बन्ध में उन्होंने लिखा है कि शब्द और अर्थ के सहभाव से काव्य बनता है। परन्तु सौन्दर्य के बिना काव्य महत्त्वहीन है। सुन्दर काव्य में धर्म, अर्थ, काम एवं मोक्ष को अभिव्यक्ति दी है क्योंकि यह तत्त्व ही सामाजिक जीवन के विधायक हैं। मानव के सामूहिक जीवन को सुविधापूर्वक चलाने वाले मानवीय क्रियाकलाप धर्म कहलाते हैं। सत्य, अहिंसा, अस्तेय, ब्रह्मचर्य, अपरिग्रह, शौच, संतोष, तप, स्वाध्याय, ईश्वर प्रणिधान, दान, पूजा, जनहित निर्माण कार्य आदि का आचरण मनुष्य को मनुष्य से जोड़ता है। अतः इनका पालन करना धर्म है। मनुष्य के ये क्रियाकलाप अर्थ की धुरी पर घूमते हैं। अतः अर्थसम्बन्धी व्यावहारिक ज्ञान मानवीय जीवन के लिए अनिवार्य है। जीवन को संचालित करने वाले रागात्मक तत्त्व तीसरे विधायक हैं। मनुष्य का लक्ष्य सांसारिक दुःखों से मुक्ति पाने की ओर आदिकाल से रहा है। काव्य में इन चारों जीवन विधायक तत्त्वों की व्याख्या रहती है जिससे सामाजिक उपकृत होते हैं। काव्य के माध्यम से सामाजिकों की कलाओं का व्यावहारिक ज्ञान भी मिलता है। इन सबसे ऊपर काव्य सामाजिकों को प्रीति (आह्लाद) भी प्रदान करता है। इसे ही आनन्द या रस कहा गया है। यह प्रीति कवि को भी अनुभूत होती है अन्यथा काव्यसृजन में उसकी प्रवृत्ति सम्भव नहीं। इनके अतिरिक्त, काव्य से कवि को यश मिलता है। यश ऐसा तत्त्व है जिसके सहारे मनुष्य को आत्मिक सन्तुष्टि प्राप्त होती है। यश प्रतिष्ठा हेतु ही मानव सारी आयुपर्यन्त सांसारिक संघर्ष से जूझता दिखाई पड़ता है। कवि इस यश की कामना के सहारे काव्यसृजन में लीन हो जाता है। मृत्यु के बाद भी कवि की कीर्ति चिरस्थायी रहती है। काव्य के इन उद्देश्यों के कथन का अभिप्राय काव्य का महत्त्व प्रतिपादित करना है। यह काव्य शब्द और अर्थ के सहभाव में प्रकट किया जाता है, परन्तु यह सहभाव तभी साहित्य कहलाने का अधिकारी है जब इसमें सौन्दर्य हो। **कुन्तक** का मत है कि सौन्दर्य के बिना साहित्य को साहित्य की संज्ञा नहीं दी जा सकती। चूँकि काव्य, शब्द और अर्थ के रूप में प्रकट होता है। अतः सौन्दर्य का सृजन शब्द और अर्थ के प्रयोगों पर निर्भर है। जब तक कवि को व्यवहारज्ञान,

शब्द ज्ञान, काव्यांगों का अभ्यास न हो तो वह अपने लक्ष्य में सफल नहीं हो पाता। साथ ही, कवि की कारयित्री प्रतिभा जगत् की परिकल्पना करने में सौन्दर्य की सृष्टि करती है। इसलिए **भामह** ने कवि का ध्यान इन हेतुओं और साधनों की ओर आकृष्ट किया है। यदि कवि इन हेतुओं के प्रति असावधान रहेगा तो उसका काव्य सदोष हो जाएगा और लोग उसकी निन्दा करेंगे। कुकाव्य साक्षात् रूप में कवि की मृत्यु है, अतः काव्य में सौन्दर्य का सृजन ही कवि की अमरता है। **इसी सौन्दर्य को आचार्यों ने अलंकार** की संज्ञा दी है। सौन्दर्य को अनेक रूपों में देखे जाने के कारण उसके अनेक प्रकार के कथन अलंकार ग्रन्थों में दिखाई पड़ते हैं। किसी ने उस सौन्दर्य की उद्‌भावना शब्दालंकारों और अर्थालंकारों में की है तो कोई इसे रीति या वक्रोक्ति या औचित्य या ध्वनि के रूप में देखना चाहता है। जहाँ तक रस का सम्बन्ध है, वह काव्य का सौन्दर्य नहीं, अपितु काव्य के सौन्दर्य का फल है। अतः रस को काव्य की चरम परिणति मानना चाहिए।

अलंकार क्या है ? इस विषय में **दण्डी** कहते हैं कि अलंकार काव्य की शोभा बढ़ाने वाले तत्त्व हैं—

'काव्यशोभाकरान् धर्मानलंकारान् प्रचक्षते।'

इसी बात को **वामन** ने दूसरे ढंग से कहा है—

'काव्यं ग्राह्यमलंकारात्। सौन्दर्यमलंकारः।'

अर्थात् अलंकार की विद्यमानता से ही काव्य उपादेय होता है। सुन्दरता को ही अलंकार कहते हैं। इस प्रकार **अलंकार का अर्थ सुन्दरता है जो कि काव्य को अस्तित्व प्रदान करता है।** अतः इसका सीधे रूप में कथन पाठक की समझ से बाहर हो जाता है। किसी से भी पूछ बैठे कि सुन्दरता किसे कहते हैं, वह निरुत्तर हो जाएगा। अतः प्राचीन आचार्यों ने उन साधनों का उल्लेख किया है जिसके माध्यम से सौन्दर्य का उत्कर्ष सामाजिकों को सम्प्रेषित करने योग्य हो जाता है। ये अनुप्रास, उपमा, रूपक आदि शब्दार्थमय साधन भी अलंकार कहे गए हैं। अतः अलंकार सिद्धान्त के दो अर्थ हैं—

(1) सौन्दर्य अलंकार है।

(2) सौन्दर्य के उत्कर्ष हेतु उपमादि साधन अलंकार है।

अब प्रश्न उठता है कि जब सौन्दर्य की स्थिति होने पर ही काव्य को काव्यत्व मिलता है और वह सौन्दर्य अमूर्त है, अनुभूति का विषय है, अवर्णनीय है तो उपमादि अलंकारों के विभेद कथन का कष्ट व्यर्थ में क्यों किया गया ? लोकव्यवहार में अमूर्त्त विषयों का ज्ञान सरलता से कराने हेतु उनमें मूर्त्तता का आरोपण कर लिया जाता है। उदाहरणतः ब्रह्म को संसार में किसने देखा है ? किसी ने नहीं। दर्शनों में कहा गया है कि उस परमतत्त्व को पाकर योगी संसार से विमुक्त हो जाते हैं, जिन्होंने ब्रह्म को देखा, वे तो संसार से चले गए, अमर हो गए, लौटकर नहीं आएँगे। अतः

ब्रह्म कैसा है, इसका ज्ञान नहीं हो सकता। दूसरे लोग, जिन्होंने ब्रह्म को नहीं देखा, वे ब्रह्म के रूप को बताने में असमर्थ हैं, अतः अरूप तत्त्व का बोध सम्प्रेषित करने के लिए भक्तों और कवियों ने कितनी ही मूर्त कल्पनाएँ कर डालीं। ब्रह्म के अवतारों और क्रियाकलापों का वर्णन कर दिया। जिन्हें अवतारवादी धारणा ग्राह्य नहीं, उन्होंने ईश्वर को प्रकृति के रूपों में छिपे हुए रहस्य की स्थिति में देखा। कहने का तात्पर्य है कि अरूप तत्त्व के सम्प्रेषण के लिए लोक व्यवहार में उसको मूर्त्त साधनों की कल्पना करनी पड़ती है। अतः अलंकार की प्राप्ति हेतु आचार्यों ने अनुप्रास, उपमा आदि साधनों का विस्तार से कथन किया है और उन्हें अलंकार की संज्ञा दी है। ये अलंकार ही शब्दार्थ रूप काव्य की शोभा बढ़ाते हैं और रस की प्रतीति में सहायक हैं। 'साहित्यदर्पण' में **विश्वनाथ** ने लिखा है–

'शब्दार्थयोरस्थिराः ये धर्माः शोभातिशायिनः।
रसादीनुपकुर्वन्तोऽलंकारास्तेऽगदादिवत्।'

उपमादि अलंकार काव्य के अस्थिर धर्म हैं। उन अलंकारों के बिना भी कहीं काव्य में सौन्दर्य समाविष्ट हो सकता है। इसलिए **मम्मट** ने काव्य की परिभाषा में अलंकारों की विद्यमानता को अनिवार्य नहीं माना। कुछ समीक्षकों ने जयदेव आदि के कथनों का गलत अनुवाद करके यह बताने की चेष्टा की है कि अलंकारों को काव्य का अनिवार्य अंग माना गया है, परन्तु स्थिति यह नहीं है–

'अंगीकरोति यः काव्यम् शब्दार्थावनलंकृती।
असौ न मन्यते कस्मादनुष्णमनलंकृती।।'

अर्थात् जो अलंकारहीन शब्द और अर्थ को काव्य मानते हैं, वे अग्नि को उष्णताहीन क्यों नहीं मान लेते ? अतः अलंकार का अर्थ सौन्दर्य है, केवल उपमादि अलंकार नहीं। यह तो भामह आदि आचार्य पहले ही कह चुके हैं कि केवल शब्द और अर्थ का साहचर्य ही साहित्य नहीं है। शब्द, अर्थ और सौन्दर्य की अन्विति होने पर ही काव्य का अस्तित्व है। कई लोग भूल से अलंकार का अर्थ सौन्दर्य नहीं, अपितु सौन्दर्य के स्थूल अस्थिर साधनों को मान बैठते हैं।

अलंकारों का वर्गीकरण–यद्यपि अलंकारों का महत्त्व भामह ने प्रतिपादित किया था, परन्तु दण्डी, रुद्रट, मम्मट, जयदेव, विश्वनाथ, जगन्नाथ आदि ने अलंकारों पर विस्तार से विचार किया है। 18वीं शती तक अलंकारों की संख्या क्रमशः विकसित होकर 897 तक जा पहुँची। आचार्यत्व प्रदर्शन के चक्कर में अनेक अलंकारों की उद्भावना हुई। आचार्यों ने अलंकारों के मूलतः दो भेद किए–

(1) **शब्दालंकार**–जहाँ शब्दों का प्रयोग और ध्वनि साम्य का चमत्कार रहता है, वे शब्दालंकार कहलाते हैं। अनुप्रास, यमक, श्लेष, वक्रोक्ति, पुनरुक्ति प्रकाश, पुनरुक्तवदाभास और चित्र शब्दालंकार माने गए हैं। कुछ विद्वानों ने वक्रोक्ति और श्लेष की अर्थालंकारों में गिनती की है।

(2) **अर्थालंकार**—इनमें अर्थगत चमत्कार रहता है। इन्हें निम्नलिखित वर्गों में विभाजित किया गया है।

(क) **साम्यमूलक**—जब पदार्थों का सादृश्य, वर्णन में चमत्कार उत्पन्न कर देता है, उसे सादृश्यमूलक अलंकार कहा गया है। इस वर्ग में लगभग आधे अलंकार हैं। इसमें रूपक, उल्लेख, भ्रांति, संदेह, परिणाम आदि ऐसे अर्थालंकार हैं जिनमें दो समान वस्तुओं में समानता बताते हुए भी दोनों में भिन्नता व्यक्त की जाती है तो वे भेद प्रधान साम्यमूलक अर्थालंकार होते हैं। प्रदीप, दीपक, प्रतिवस्तूपमा, दृष्टान्त, निदर्शना सहोक्ति व व्यतिरेक भेद-प्रधान अलंकार हैं। दो सदृश पदार्थों का भिन्न वर्णन करके उसमें समान धर्म का कथन करने से भेदाभेद स्थिति हो जाती है। उपमा, अन्वय, उपमेयोपमा और स्मरण भेदाभेद स्थिति के द्योतक हैं। जहाँ दो वस्तुओं का कथन हो और एक में दूसरे की सम्भावना व्यक्त की जाए—वे प्रतीतिमूलक अलंकार होते है। उत्प्रेक्षा और अतिशयोक्ति, प्रतीतिमूलक अलंकार हैं। दो वस्तुओं में समान बातें व्यंग्य रूप में ध्वनित होने पर उन्हें साम्यप्रधान कहा जाता है। अप्रस्तुत प्रशंसा, प्रस्तुतांकुर, पर्यायोक्ति और व्याजस्तुति साम्यप्रधान अलंकार हैं। अर्थवैचित्र्य प्रधान ऐसे अलंकार हैं जिनमें समानता का भाव विद्यमान रहने पर भी शब्द या वाक्य के अर्थ में विलक्षणता दिखाई पड़ती है। समासोक्ति, परिकर, परिकरांकुर, श्लेष आदि अलंकार इस वर्ग में आते हैं।

(ख) **विरोधमूलक**—जब दो वस्तुओं के कार्यकारण में पार्थक्य के कारण विरोध की प्रतीति हो, तो वहाँ विरोधमूलक अलंकार होता है। विरोधाभास, विभावना, विशेषोक्ति, असम्भव, असंगति, विषम, विचित्र, व्याघात आदि अलंकार इसी वर्ग में परिगणित हैं।

(ग) **शृंखलामूलक**—जहाँ दो या अनेक वस्तुओं को क्रमपूर्वक कहा जाता है। कारणमाला, एकावली, मालादीपक और सार शृंखलामूलक अलंकार हैं।

(घ) **न्यायमूलक**—जब तर्क, दृष्टान्त आदि से चमत्कार लाया जाता है तो न्यायमूलक अलंकारों का कथन होता है। यथासंख्य, पर्याय, परिसंख्या, विकल्प, काव्यार्थापत्ति, सम्भावना, काव्यलिंग, अर्थान्तरन्यास, हेतु, निरुक्ति, परिवृत्ति, समाधि, सामान्य, उन्मीलित, विशेषोमीलित आदि अलंकार न्यायमूलक हैं।

(ङ) **उभयालंकार**—जिन अलंकारों में शब्द और अर्थ, दोनों का चमत्कार रहता है, उन्हें उभयालंकार कहते हैं।

अलंकार और अलंकार्य—अलंकार ग्रन्थों में भाव, वस्तु और अलंकार तीनों की स्थिति पृथक्-पृथक् बताई गई है। अलंकार भाव में रमणीयता पैदा करता है और भाव का प्रदर्शन वस्तु के माध्यम से किया जाता है। अतः भाव और वस्तु, दोनों अलंकार्य हैं। उदाहरणतः

भूप सहस दस एकहिं बारा।
लगे उठावन टरहिं न टारा।।

यहाँ दस हजार राजा धनुष उठाते हैं, परन्तु उनसे धनुष हिलता भी नहीं। यह वस्तु है। इसमें विस्मय का भाव जाग्रत होता है। इसका कारण अतिशयोक्तिपूर्ण वर्णन है। अतः यहाँ अतिशयोक्ति अलंकार है। तात्त्विक दृष्टि से अलंकार और अलंकार्यों में कोई भेद नहीं, व्यावहारिक दृष्टि से भेद दिखाई पड़ता है।

अलंकारों का मनोवैज्ञानिक आधार–अलंकारों का प्रयोग, उक्ति को प्रभावोत्पादक बनाने के लिए होता है। किसी बात को बढ़ा-चढ़ाकर कहने, बाह्य विषमता से आश्चर्य उत्पन्न करने, कथन-भंगिमा से जिज्ञासा उत्पन्न करने और बुद्धि कौशल से चमत्कार जगाने पर प्रभाव में वृद्धि होती है। स्पष्टता, आश्चर्य, अन्विति, जिज्ञासा और कौतूहल भावों को क्रमशः साधर्म्य, अतिशय, वैषम्य, औचित्य, वक्रता और चमत्कारों के मूर्त्त रूपों में व्यक्त किया जाता है। कवि, असाधारण रूप से सहृदय और भावुक प्राणी होता है। अतः उसकी भावनाओं की अभिव्यक्ति अलंकारों से युक्त हो जाती है। मन इन भावनाओं को उद्दीप्त करता है। मनोवैज्ञानिक दृष्टि से यह ओज ही अलंकारों के अस्तित्व का मुख्य कारण है।

रीति सिद्धान्त

स्वरूप

अभिव्यंजना के अनेक प्रकार हैं। कोई भी साहित्य अपनी रुचि के अनुकूल इनका आलम्बन कर लेता है। रीतिशब्द द्वारा अभिव्यंजना की इस विशिष्टता का ही बोध होता है। आज रीति को शैली का पर्याय मानते हैं। **शैली** शब्द की व्युत्पत्ति **शील** शब्द से हुई है। यह शैली भी लेखक के व्यक्तित्व की परिचायक है। कुल्लूक भट्ट ने शैली का प्रयोग व्याख्यान पद्धति के अर्थ में किया है।

रीति तत्त्व का महत्त्व प्रतिपादित करने वाले आचार्य वामन (नौवीं शती) ने 'काव्यालंकार सूत्र' में रीति को परिभाषित करते हुए कहा है–

'रीतिरात्मा काव्यस्य।
विशिष्टा पदरचना रीतिः।
विशेषो गुणात्मा।
सा त्रिधा वैदर्भी, गौडीया पांचाली चेति।।'

अर्थात् काव्य का आत्मरूप रीति है। पदों की विशिष्ट रचना को रीति कहते हैं। पद रचना का यह वैशिष्ट्य विभिन्न गुणों के संश्लेषण पर निर्भर है। यह रीति-वैदर्भी, गौड़ी व पांचाली, तीन प्रकार की है।

(1) माधुर्य गुण से युक्त रीति का नाम वैदर्भी है। दोषों से रहित और समस्त गुणों से युक्त, वीणा के स्वर के समान मधुर लगने वाली रीति, वैदर्भी मानी जाती है। वक्ता, अर्थ और शब्दों पर अधिकार रखते हुए भी जिस रचना शैली के बिना वाणी में मधुर रस स्रावित नहीं होता, वही वैदर्भी है। समासयुक्त पदों से रहित रीति, शुद्ध वैदर्भी कहलाती है।

(2) ओज व कान्ति गुण जिसमें विद्यमान हों, वह गौड़ी रीति होती है। माधुर्य एवं सौकुमार्य गुणों के न होने से यह गौड़ी रीति समासबहुल एवं उग्रपदों वाली होती है।

(3) माधुर्य एवं सौकुमार्य गुणों से युक्त रीति पांचाली है। इसमें पदरचना शिथिल है।

इन तीन रीतियों के भीतर काव्य इस प्रकार समाविष्ट हो जाता है जिस प्रकार रेखाओं के भीतर चित्र प्रतिष्ठित होता है। इन रीतियों में से दस गुणों से युक्त होने के कारण वैदर्भी रीति ग्राह्य है, परन्तु इस शैली की प्राप्ति हेतु अल्प गुणों वाली गौड़ी और पांचाली रीतियों का अभ्यास उपयोगी रहता है। वैदर्भी रीति के आश्रय से अर्थगुणों का लेशमात्र भी आस्वादन के योग्य हो जाता है।

वामन द्वारा काव्यालंकारसूत्र में 'काव्यरीतिः' शीर्षक के अन्तर्गत रीति से सम्बन्धित निष्कर्षतः इतना ही कथन है। इससे स्पष्ट होता है कि काव्यलेखन पद्धति ही रीति है जिसका आधार भरत द्वारा कथित दस गुण हैं। वामन का लक्ष्य उस काव्य सौन्दर्य पर टिका है जो विशिष्ट पद रचना के माध्यम से श्रोता को चमत्कृत का दे। रीति, काव्य के शिल्पपक्ष की संरचना का बोध कराती है।

वामन ने शब्दों और अर्थों में दस गुण स्वीकार किए हैं। उनके मतानुसार पदरचना में सामर्थ्य लाने से ओज गुण आता है और शिथिलता से प्रसाद। किन्तु ओज के साथ मिलकर प्रसाद गुण भी समर्थ हो जाता है। अनेक अलग-अलग पदों की प्रतीति समास के समान होना **श्लेष** गुण है। आरम्भ से अन्त तक रचना में एकरूपता होना **समता** है। क्रमिक रूप से आरोह-अवरोह होना **समाधि** कहलाता है। पदों का पृथक्-पृथक् होना **माधुर्य** गुण है और कोमल पदों का प्रयोग ही **सुकुमारता** गुण कहलाता है। शब्दविन्यास में जब अर्थ नाचते हुए प्रतीत होते हों, तब उसे **उदारता** कहते हैं। जिन पदों से अत्यन्त शीघ्र अर्थ की प्रतीति होती है, वह **अर्थव्यक्ति** कहलाती है। सुन्दर कथा, भव्य पदयोजना से **कान्ति** उत्पन्न होती है।

रीति के सम्बन्ध में अन्य आचार्यों की दृष्टि

रीति के विषय में, वामन के अतिरिक्त अन्य आचार्यों द्वारा भी उल्लेख हुआ है, परन्तु भिन्न सन्दर्भों में। **दण्डी ने काव्यादर्श** में लिखा है कि वाणी की अभिव्यक्ति के अनेक मार्ग हैं और उनमें परस्पर सूक्ष्म भेद हैं। इन मार्गों में वैदर्भी व गौड़ी का स्पष्ट वर्णन किया जाता है। इनके भी अनेक भेद देखे गए हैं। इस प्रकार दण्डी के विचार में वैदर्भी व गौड़ी काव्यशैलियाँ हैं। शैली का भी काव्य में महत्त्वपूर्ण स्थान होता है। शैली के बिना अभिव्यक्ति सम्भव नहीं, परन्तु शैली, काव्य का साधन है, प्राणभूत तत्त्व नहीं। **भोज** ने 'सरस्वतीकण्ठाभरण' ग्रन्थ में दण्डी की बात दोहराई है–

वैदर्भादिकृतः पन्थाः काव्यमार्ग इति स्मृतः।
रीङ्-गतविति धातोः सा व्युत्पत्या रीतिरुच्यते।।

ध्वन्यालोक के रचयिता **आनन्दवर्धन** का विचार था कि रीति का प्रतिपादन करने वाले आचार्य काव्यत्व से परिचित अवश्य थे, किन्तु उन्हें व्यक्त करने का प्रकार नहीं जानते थे। इसलिए वे रीति के चक्कर में पड़ गए।

'अस्फुटस्फुरितम् काव्यतत्वमेतद् यथोदितम्।
अशक्नुवद्भिः व्याकर्तुंरीतयः सम्प्रवर्तिताः।।'

आनन्दवर्धन ने कहा है कि रीति वह विधि है जिसके द्वारा काव्य के शरीर-शब्द और अर्थ में चारुता का सन्निवेश होता है। उन्होंने रीति का सम्बन्ध रस से भी स्थापित करने का प्रयास किया। परवर्ती आचार्यों में, **विश्वनाथ** ने **'साहित्यदर्पण'** में रीति का उल्लेख करते हुए कहा है कि शरीर के सुन्दर गठन विशेष के समान सुन्दर पद संघटना रीति है। यह रीति रस आदि की उपकारक अर्थात् सहयोग देने वाली है। इस प्रकार वामन के अतिरिक्त किसी आचार्य ने रीति को काव्य का प्राणभूत तत्त्व मानने की बात स्वीकार न की। आनन्दवर्धन ने तो प्रतिपादन की अक्षमता का दोष लगाकर वामन के आचार्यत्व पर ही प्रश्नचिह्न लगा दिया। उन्होंने रीति को काव्यरचना की विधि मानकर इसके नियामक तत्त्व भी गिना दिए–

(1) **वक्तृऔचित्य**–वक्तृ का अर्थ वक्ता या रचनाकार है। प्रत्येक कवि अपनी रुचि के अनुसार रीति का निर्धारण करता है। रीति कवि के स्वभाव की परिचायक है। कवि जीवजगत के जो अनुभव पाता है, उन्हें ही दूसरों के लिए अपने ढंग से प्रस्तुत करता है। यदि कवि में दैन्य तथा भक्तिभाव है तो वह स्वभावगत विशेषता के आधार पर भक्तिकाव्य का सृजन करता है। हिन्दी के परवर्ती कवियों ने ब्रजभाषा की कोमल पदावली में अपनी भावनाओं के अनुरूप अलग काव्यरीति अपनाई, परन्तु रीतिकालीन कवियों ने श्रृंगारप्रियता के कारण श्रृंगार की प्रवृत्ति का आश्रय लिया। अतः कवि द्वारा गृहीत काव्यप्रवृत्ति विशेष का ही दूसरा नाम रीति है।

(2) **वाच्यौचित्य**–वाच्य का अर्थ है–कथनीय वस्तु। वाच्य के भी अनेक प्रकार हैं। कोई वस्तुध्वनिभूत रस का अंग होती है तो कोई रसाभास का, कोई अभिनय के योग्य होती है और कोई नहीं होती, कोई उत्तम प्रकृति के लिए होती है और कोई अधम प्रकृति के लिए।

(3) **विषयौचित्य**–यह शैली का तीसरा नियामक तत्त्व है। विषयौचित्य का अभिप्राय, काव्य में विशिष्ट प्रकार के संघटनविधान (महाकाव्य, खण्डकाव्य, आख्यायिका आदि) से है। आनन्दवर्धन का विचार है कि रीति का विधान वाक्य के विशिष्ट स्वरूप के अनुसार होना चाहिए। इस विषय में **मम्मट** ने भी उल्लेख किया है कि श्रृंगाररस प्रधान आख्यायिका में मसृण वर्णों का प्रयोग तथा रौद्र रस प्रधान कथा में उद्धृत वर्णों का प्रयोग होना चाहिए। रौद्र रस प्रधान नाटकों में दीर्घसमासों का प्रयोग वांछनीय है। यद्यपि कवि अपनी इच्छा से रीतियों का विधान करता है। परन्तु उसे इस प्रकार की रीति ग्रहण करनी चाहिए जिससे विषय भलीभाँति स्पष्ट हो सके।

(4) **रसौचित्य**–रीति का संघटन रस के औचित्य पर ही निर्भर है। करुण रस तथा विप्रलम्भ श्रृंगार के लिए समाससहित रीति का प्रयोग उचित नहीं, परन्तु वीर,

रौद्र रसों के लिए दीर्घ समासों से युक्त रीति का प्रयोग ग्राह्य है। आनन्दवर्धन ने रसौचित्य पर काव्य के समग्र तत्त्वों को आधारित कर दिया।

इस प्रकार वामन के परवर्ती आचार्यों ने रीति को काव्यविधि रूप में ही ग्रहण किया उन्होंने इसके अवन्तिका, मागधी आदि अन्य भेद भी किए, परन्तु मान्यता वैदर्भी, गौड़ी और पांचाली रीति को ही मिली। वामन ने रीति के आधारभूत जो दस गुण गिनाए थे, उन्हें माधुर्य, ओज व प्रसाद गुणों में समाहित कर दिया गया। अन्ततः वामन द्वारा प्रतिपादित 'काव्यात्मा रीतिः' का सिद्धान्त मान्य न हुआ।

निष्कर्ष–अतः रीति उस शब्दयोजना को कहते हैं जो कवि के इष्ट अर्थ को तीव्रतम रूप से ग्राहक के हृदय में भासमान कर दे। रीति, शब्द और अर्थ के आश्रित रचना चमत्कार का नाम है जो माधुर्य, ओज और प्रसाद गुण द्वारा चित्त को द्रवित, दीप्त और परिव्याप्त करके उसे रसदशा तक पहुँचा दे। यह काव्यरीति प्रत्येक कवि की दृष्टि से अनेक प्रकार की है। क्षेत्रविशेष में प्रचलित मुख्य काव्यरीतियों की संज्ञा भले ही दे दी जाए, परन्तु इनकी संख्या कवियों के मानसिक दृष्टिकोण की विभिन्नता के कारण सीमित नहीं की जा सकती। प्रत्येक कवि की अपनी काव्यरीति होती है।

औचित्य सिद्धान्त

स्वरूप

औचित्य सिद्धान्त का प्रतिपादन क्षेमेन्द्र ने ग्यारहवीं शती में किया था। **औचित्य विचारचर्चा** ग्रन्थ में उन्होंने कहा कि जब तक काव्य में औचित्य प्राप्त नहीं होता, अलंकार और गुणों की कोई उपयोगिता नहीं। रससिद्धकाव्य का प्राणभूत तत्त्व तो औचित्य है। शब्दार्थ रूप काव्य में उपमा, उत्प्रेक्षा आदि अलंकार बाह्य शोभा प्रदर्शित करने के कारण कटक, कुंडल, हार आदि के समान सौन्दर्य के प्रसाधन मात्र हैं। कुछ विद्वानों ने काव्य के जो गुण बताए हैं, वे सत्य, शील आदि के समान गुणमात्र हैं। काव्य में अविनाशी तत्त्व तो औचित्य है। इसके बिना गुण और अलंकार निर्जीव हो जाते हैं। अतः उचित स्थान पर धारण करने पर ही अलंकारों की शोभा होती है और औचित्य से युक्त ही गुण प्रशंसनीय हो पाते हैं **इस प्रकार जो पदार्थ जिसके अनुरूप होता है, उसे प्राचीन आचार्यों ने उचित कहा है। उचित के भाव को औचित्य कहते हैं।** पद, वाक्य, प्रबन्धार्थ, गुण, अलंकार, रस, क्रिया, कारक, लिंग, वचन, विशेषण, उपसर्ग, निपात, काल देश, कुल, व्रत, तत्त्व, सत्व, अभिप्राय, स्वभाव, सारसंग्रह, प्रतिभा, अवस्था, विचार, नाम, आशीर्वाद इन स्थानों में व्याप्त औचित्य स्पष्ट प्रतीत हुआ करता है।

विवेचन

क्षेमेन्द्र का मन्तव्य है कि उपर्युक्त स्थानों के प्रयोग, इस विधि से किए जाएँ कि वे पाठकों, श्रोताओं और दर्शकों को अपील करें तथा इनके यथास्थान होने में किसी प्रकार की विमति न रहे। इन स्थानों के अनुचित प्रयोग से काव्यत्व की हानि होती है। यदि मुकुट में जड़ित होने वाली मणि, पैरों के आभूषण में जड़ दी जाए तो वह विरोध नहीं करती, परन्तु कलाकार की निन्दा होती है। इसी प्रकार पद, वाक्य, प्रबन्ध, गुण, अलंकार, रस आदि का यथास्थान प्रयोग न हो तो इसमें कवि का दोष है। अतः औचित्य की उपेक्षा से काव्य निर्जीव हो जाता है। इस औचित्य को सामंजस्य

भी कह सकते हैं। सामंजस्य सौन्दर्य है। शरीर के विभिन्न अंग सुन्दर होने पर भी उनके आनुपातिक सामंजस्य के अभाव में सुन्दरता अनुभव नहीं होती, अतः आनुपातिक सामंजस्य अर्थात् औचित्य ही वह तत्त्व है जो सुन्दर लगता है। अलैग्जेंडर पोप का कहना है–

`In wit as nature, what affects our hearts.
Is not the exactness of peculiar parts,
It is not a lip or eye, we beauty call,
But the joint force and full result of all.?"

किसी के होठों या आँखों की सुन्दरता तभी आकर्षक होती है, जब उनमें आनुपातिक सामंजस्य हो। छोटे से चेहरे पर लम्बी और पैनी नाक का कोई औचित्य नहीं। बड़े चेहरे पर छोटी-छोटी आँखों की रचना में विधाता को ही दोष मिलता है। कहते हैं कि तिलोत्तमा अत्यन्त सुन्दरी थी। ब्रह्मा ने तिल-तिल भर सौन्दर्य इकट्ठा करके इसका निर्माण किया था, परन्तु उस सारे सौन्दर्य का बण्डल बाँधकर रख दिया जाता तो तिलोत्तमा सुन्दर कैसे बनती ? अतः उस तिल-तिल भर सौन्दर्य के संयोजन में औचित्य ही वह तत्त्व था जिससे तिलोत्तमा अपूर्व सुन्दरी का रूप पा सकी। आचार्य **क्षेमेन्द्र** ने इसी औचित्य को काव्य की आत्मा स्वीकार किया है। **काव्यसृजन का बाह्य रूप है–शब्द और अर्थ।** शब्दों का प्रयोग विभिन्न व्याकरणिक कोटियों, काव्य हेतुओं, काव्यांगों आदि को व्यक्त करता है। यदि इस अभिव्यक्ति में यथास्थान संयोजन का अभाव अथवा अनौचित्य रहे तो काव्य से निष्पन्न होने वाले आनन्द की उपलब्धि नहीं होती। **स्थायी भाव के आस्वादन का नाम रस है।** यह रस भी औचित्य के अभाव में नीरस हो जाता है। **अतः यदि रस काव्य की आत्मा है तो औचित्य रस की आत्मा है।** सामाजिक जीवन सरणि में औचित्य का कितना महत्त्व है, यह तो सभी जानते हैं। जब किसी कार्य के संयोजन में सामंजस्य होता है तो हम कह उठते हैं कि सब ठीक (उचित) है। यही औचित्य काव्य को मन के अनुकूल बनाने में समर्थ है।

अब विचारने का विषय यह है कि औचित्य का मापदण्ड क्या है ? **'मुंडे मुंडे मतिर्भिन्ना, भिन्नरुचिर्हि लोकः'** के अनुसार विभिन्न विचारों के कारण लोगों की रुचि भिन्न-भिन्न होती है। एक को जो उचित लगता है, दूसरे के लिए वही अनुचित है। यहाँ औचित्य को परिभाषित कैसे किया जाए ? यदि इसकी परिभाषा और सीमा न हो तो सबका औचित्य अलग-अलग हो जाएगा। ऐसी स्थिति में काव्य और काव्य के सिद्धान्त की बड़ी दुर्गति होगी। सम्भवतः यह प्रश्न आचार्य क्षेमेन्द्र के मन में नहीं उठा। प्रायः देखा जाता है कि जब मनुष्य किसी और अनुभूति की सूक्ष्मता का विश्लेषण करने में असमर्थ हो जाता है तो उसे अलौकिक या अतीन्द्रिय कहने लगता है। जब कबीर ब्रह्म को परिभाषा में नहीं बाँध पाते तो कह उठते हैं–

'कहिने कूँ सोभा नहीं तेख्या ही परवान।।'

कुरुक्षेत्र में 'भीमगोडा' स्थान पर किसी ने पूछा कि यह भीमगोडा क्या है ? जब कोई उत्तर न सूझा तो कह उठा कि भीमगोडा तो भीमगोडा ही है। उसके पास तो भीमगोडा की व्याख्या के लिए शब्द न थे। शायद क्षेमेन्द्र भी औचित्य की सूक्ष्मता को शब्दों में नहीं बाँध पाए और हर जगह उचित यथा स्थान, औचित्य आदि शब्दों का ही प्रयोग करते रहे। अतः जिसने कबीर के ब्रह्म की भाँति औचित्य का साक्षात्कार किया हो। वही प्रमाण हो सकता है।

साभान्यतः लोकजीवन में औचित्य का अर्थ तर्कसंगत होता है, परन्तु तर्क का आधार बुद्धितत्त्व है, इसमें भावतत्त्व गौण हो जाता है। इससे जरा ऊपर उठकर सामंजस्य की बात आती है। यह सामंजस्य मूर्तिकला और चित्रकला के अधिक निकट है। जब मूर्ति में तराशे गए हाव-भावों में सामंजस्य होता है, तभी मूर्तिकला और चित्रकला की श्रेष्ठता समझी जाती है। इसी प्रकार काव्य में प्रयुक्त शब्दार्थ और उनके माध्यम से अभिव्यक्त वस्तु का सामंजस्य सौन्दर्य है, चमत्कार है, आह्लाद है। यह विभिन्न अंगों का संयुक्त प्रभाव है। इसे ही आचार्य क्षेमेन्द्र ने औचित्य की संज्ञा दी है। भरत द्वारा वर्णित भावों से संयुक्त तथा नाट्यकलापों से प्रदर्शित स्थायीभाव ही रस में परिणत हो जाता है। 'नाट्यशास्त्र' में कथित रसों की अभिव्यक्ति हेतु शृंगार आदि के अनुकूल विभावों, अनुभावों और संचारीभावों का कथन औचित्य नहीं तो और क्या है ? यदि विपरीत विभावादि हों तो रस की निष्पन्नता कहाँ रहे ? इसलिए भरत ने भी विवश होकर अनेक स्थलों पर औचित्य को स्वीकृति दी है। अतः औचित्य सिद्धान्त, आचार्य क्षेमेन्द्र की महत्त्वपूर्ण खोज है।

अन्य आचार्यों का मत

क्षेमेन्द्र के पूर्ववर्ती व परवर्ती आचार्यों ने भी औचित्य की महत्ता स्वीकार की है। भरत ने नाटक के विवेचन में औचित्य की व्यापकता तथा महत्त्व की ओर संकेत किया है। उनके विचार से **अभिनय वह है जो दर्शकों को रस दशा तक ले जा सके और यह अनुभूति तभी हो सकती है जब नाटक के विधान में औचित्य का योग हो–**

'वयेऽनुरूपः प्रथमस्तुवेषो वेषानुरूपश्च गतिप्रचारः।
गतिप्रचारानुगतं च पाठ्यं पाठयानुरूपोऽभिनयश्च कार्यः।।'

अर्थात्–वेष का विन्यास आयु के अनुकूल होना चाहिए और चाल, वेष के अनुसार हो। फिर चाल के अनुरूप पाठ्य और पाठ्य के अनुरूप अभिनय अपेक्षित है। इस प्रकार भरत ने क्रमशः आहार्य, आंगिक, वाचिक व सात्त्विक अभिनय में औचित्य को प्रमुख स्थान दिया है।

भामह ने काव्यालंकार में औचित्य को काव्य का सबसे बड़ा गुण माना है और अन्य गुणों का समाहार औचित्य में कर दिया है। उन्होंने काव्यदोष को अनौचित्य

की संज्ञा दी है। उनका मत है कि औचित्य से दोष का परिहार हो जाता है। उदाहरणतः पुनरुक्ति एक काव्यदोष है, परन्तु भय, शोक, हर्ष आदि भावों में पुनरुक्ति दोष दूर हो जाता है।

यशोवर्मा ने रामाभ्युदयम् नाटक में वचनौचित्य पर प्रकाश डालते हुए कहा है कि नाटक के पात्रों का वार्तालाप उनकी प्रकृति के अनुकूल होना चाहिए और उचित स्थान पर रस की पात्रोचित प्रतीति होनी चाहिए—

'औचित्यवचसा प्रकृत्यनुगता सर्वत्र पात्रोचित्ता।
पुष्टिस्तत्रावसरे रसस्य च कथापात्रे नचातिक्रमः।।'

भट्टलोल्लट ने महाकाव्यों में रस की प्रतीति के लिए औचित्य की अनिवार्यता की बात कही है। रुद्रट और राजशेखर ने भी औचित्य का महत्त्व स्वीकार किया है, परन्तु **ध्वन्यालोक** के रचयिता आनन्दवर्धन ने रस, ध्वनि तथा औचित्य के सम्बन्ध का व्यापक दिग्दर्शन कराया है—

'अनौचित्यात् ऋते नान्यद् रसभंगस्य कारणम्।
औचित्योपनिबन्धस्तु रसस्योपनिषत्परा।।'

अर्थात् अनौचित्य ही रस को विकृत कहने का प्रमुख कारण है और औचित्य का सन्निवेश, रस का गोपनीय रहस्य है। इसकी प्रतीति के लिए उन्होंने अलंकारौचित्य, गुणौचित्य, संघटनौचित्य, प्रबन्धौचित्य, रसौचित्य और रीत्यौचित्य की अपेक्षा स्वीकार की। उनका कथन है कि वाच्यवाचक का औचित्य से रसादि विषयों के साथ संयोजन ही कवि का मुख्य कार्य है।

ध्वन्यालोक के टीकाकर **अभिनवगुप्त** ने तो औचित्य की आलोचना करने वालों का उपहास तक किया। उनका विचार था कि औचित्य के बिना काव्य में रस, भाव आदि की स्थिति हो ही नहीं सकती। औचित्य सदा रसध्वनि पर आधारित रहता है। **कुन्तक** ने औचित्य को वक्रोक्ति के सहायक के रूप में दिया है। उनके विचार में एक प्रकार का औचित्य वह होता है जिसके द्वारा किसी वस्तु के स्वभाव का महत्त्व पुष्ट किया जा सके। औचित्य का दूसरा प्रकार वह है जिसमें अभिधेय वस्तु को वक्ता या श्रोता के निजी रमणीय स्वभाव से ढक दिया जाए। कुन्तक द्वारा कथित वक्रता के अनेक रूप औचित्य ही हैं—

'तत्र पदस्य तावत् औचित्यम् बहुविधभेदभिन्नो वक्रभावः।'

इस प्रकार किसी भी युग में हम औचित्य को नितान्त अज्ञात और अपरिचित नहीं कह सकते। वस्तुतः औचित्य संसार के समीक्षाशास्त्र को भारतीयों की महती देन है।

वक्रोक्ति सिद्धान्त

स्वरूप

काव्य में वक्रोक्ति सिद्धान्त के स्थापक आचार्य कुन्तक (दसवीं शती) थे। उन्होंने **वक्रोक्तिजीवतम्** ग्रन्थ की रचना की। उनका मत था कि शब्द व अर्थ, दोनों के न्यून और आधिक्य से रहित कुछ अवर्णनीय लोकेत्तर मनोहर स्थिति ही साहित्य है। शब्द के बिना अर्थ आधारहीन है और अर्थ के बिना शब्द की कोई उपयोगिता नहीं। अतः दोनों का सहभाव साहित्य है, परन्तु शब्द और अर्थ का सहभाव तभी साहित्य या काव्य कहलाने का अधिकारी है, जब वह सौन्दर्य से युक्त (सालंकार) हो। शोभा, सौन्दर्य को कहते हैं। यह शोभा ही सहृदय के आह्लाद की जनक है। अतः शब्द और अर्थ, दोनों अलंकरणीय हैं। इनका अलंकार क्या है ? कुन्तक स्वयं ही प्रश्न करके इसका उत्तर देते हैं कि वक्रोक्ति ही एकमात्र अलंकार है जिससे शब्द और अर्थ, दोनों अलंकृत होते हैं–

'उभावेतावलंकार्यौ तयोः पुनरलंकृति।
वक्रोक्तिरेव वैदग्ध्यभंगी भणितिरुच्यते।।'

यह वक्रोक्ति क्या है, प्रचलित कथन से भिन्न प्रकार का विचित्र वर्णन ही वक्रोक्ति है।

'वक्रोक्तिः प्रसिद्धाभिधानव्यतिरेकिणी, विचित्रैवाभिधा कीदृशी वैदग्ध्यभंगी भणितिः। वैदग्ध्यं, विदग्धभावः, कविकर्मकौशलः तस्य भंगी विच्छित्ति तथा भणितिः विचित्राभिधानं वक्रोक्तिरित्युच्यते।

अर्थात् वक्रोक्ति प्रसिद्ध कथन से भिन्न विचित्र कथन है। यह कैसी है ? **वैदग्ध्यभंगी** कथन है–वैदग्ध्य, विदग्ध का भाव है अर्थात् कविकार्य की कुशलता है। इस कौशल की भंगी अर्थात् शोभा से युक्त कथन। अतः विचित्र प्रकार का कथन वक्रोक्ति है।

वक्रोक्ति के भेद

कवियों के व्यापार की वक्रता के छह प्रकार हो सकते हैं। उनमें से प्रत्येक भेद से

शोभित होने वाले अनेक भेद सम्भव हैं–

(1) **वर्णविन्यास वक्रता**–रचना में अक्षरों को विशेष प्रकार से रखना वर्णविन्यास कहलाता है। इस वर्णविन्यास का वक्रत्व साधारण शैली में भिन्न, विचित्र होता है। इससे रचना में सौन्दर्य की वृद्धि होती है। प्राचीन आचार्यों ने इस वक्रता के अन्तर्गत अनुप्रास तथा यमक अलंकार गृहीत किए हैं। कुन्तक ने अनुप्रास के विधान में वर्णों की मधुरता और सुन्दरता अपेक्षित मानी है। वर्णों की आवृत्ति से वक्रता दिखाई पड़ती है। अनुप्रास का विधान रीति और गुण के अनुसार होना चाहिए। यमक के विषय में उनका कहना है कि वाच्य के अर्थ को बोधगम्य बनाने के लिए प्रसाद गुण आवश्यक है। वर्ण मधुर लगने के कारण यमक के शब्दों में सुकुमारता वांछित है। यमक में औचित्य का ध्यान रखना भी अपेक्षित है।

(2) **पदपूर्वार्ध वक्रता**–पद में दो भाग होते हैं। पहला भाग प्रातिपदिक और धातु है और दूसरा प्रत्यय। 'मेरा' पद में 'मैं' पद पूर्वार्ध है और 'एरा' पद उत्तरार्ध। इसी प्रकार 'चला' पद में 'चल' धातु पद पूर्वार्ध है और 'आ' प्रत्यय पद उत्तरार्ध। अतः प्रतिपादक और धातु के विन्यास-वैचित्र्य को पदपूर्वार्ध वक्रता कहते हैं। इस वक्रता के अनेक रूप हैं–

(1) प्रकरण के कारण रूढ़ि शब्द का प्रसिद्ध धर्म के अध्यारोप को लेकर किया गया प्रयोग रूढ़िवैचित्र्य है। यह धर्मगत प्रयोग है।

(2) रूढ़ि शब्द के धर्मगत वैचित्र्य में अतिशय का वर्णन भी **रूढ़ि वैचित्र्य** है।

(3) अनेक शब्दों से कथन होने पर भी प्रकरण के अनुरूप विशेष शब्द का प्रयोग अर्थात् **पर्याय वक्रता** है।

(4) विशेषण के महत्त्व से आह्लादजनकता होना **विशेष** वक्रता है।

(5) अमूर्त्त वस्तु का मूर्त्त वस्तु सूचक शब्द से कथन करना **उपचार वक्रता** है।

(6) प्रकरण के अनुरूप पदार्थ का स्वरूप व्यक्त रूप में न कर सकने पर अर्थ छिपाने की सामर्थ्य से मुक्त किसी शब्द से अस्पष्ट कथन **संवृत्ति वक्रता** होती है।

(7) सम्बन्ध के वैचित्र्य को **वृत्ति वैचित्र्य** वक्रता कहते हैं। अनुभव से प्राप्त सम्बन्ध में से ही कवि किसी वृत्ति का ग्रहण किया करता है।

(8) यहाँ वैचित्र्य संपादन के लिए भिन्न लिंग के शब्दों का भी समानाधिकरण रूप से प्रयोग होता है, उसे **लिंग वक्रता** कहते हैं।

(9) जब क्रिया वैचित्र्य के प्रतिपादन पर रमणीय क्रियापदों के प्रयोगों को कविगण प्रस्तुत करते हैं, वहाँ **क्रिया वक्रता** होती है।

(3) **प्रत्यय वक्रता**–प्रत्ययों पर आश्रित रहने वाली भंगिमा को **प्रत्यय वक्रता** कहते हैं। संख्या, कारक पुरुष आदि के द्योतक प्रत्ययों से काव्य की शोभा में वक्रता

आ जाती है। काव्य की शोभा के लिए वचन वैचित्र्य की रचना की जाती है। जहाँ अचेतन पदार्थ में भी चेतना का अध्यारोप करके रसादि के परिपोषण के लिए उसमें चेतन की क्रिया का समावेश, रूप कर्तृत्वादि कारक के रूप में उस अचेतन पदार्थ का वर्णन किया जाता है, वहाँ कारक वैचित्र्यकृत प्रत्ययवक्रता होती है। कभी-कभी कवि लोग काव्य के वैचित्र्य के लिए उत्तम पुरुष अथवा मध्यम पुरुष के स्थान पर प्रातिपदिक मात्र प्रथम पुरुष का प्रयोग करते हैं।

(4) **वाक्य वक्रता**–अव्यय, कारक, विशेषण आदि से युक्त क्रिया वाक्य कहलाती है। पद समुदाय रूप इस वाक्य की भंगिमा, वाक्य वक्रता होती है। इसके सहस्रों भेद हो सकते हैं जिसमें उपमादि समस्त अलंकार वर्ग का अंतर्भाव हो जाएगा।

(5) **प्रकरण वक्रता**–प्रकरण का अर्थ है प्रबन्ध काव्य, नाटकादि में एक विशिष्ट वर्ण्य विषय। प्रकरण सौन्दर्य पर ही प्रबन्ध-सौष्ठव निर्भर है। कुन्तक ने प्रकरण को सरस उपादेय तथा सुन्दर बनाने वाले अनेक प्रसंगों का उल्लेख किया है। यह वक्रता नायक के चरित्र में दीप्ति, सौन्दर्य, लालित्य आदि का समावेश करने, रसपूर्ण प्रसंगों की उद्‌भावना, नवीन प्रकरणों की कल्पना, प्रबन्ध के अनेक प्रकरणों में परस्पर अन्विति, कथानक को समय तथा विदग्ध बनाने के लिए सहायक प्रसंगों के सन्निवेश तथा नाटक में गर्भांक योजना में समाविष्ट की जाती है।

(6) **प्रबन्ध वक्रता**–समस्त दृश्य तथा श्रव्यकाव्य के लिए प्रबन्ध शब्द का प्रयोग किया जाता है। जब सम्पूर्ण प्रबन्ध में वक्रता रहती है तब उसे प्रबन्ध वक्रता कहते हैं। यह अत्यन्त व्यापक वक्रोक्ति है। पहले कही गई वक्रताएँ इसकी अंगमात्र हैं। सब वक्रताएँ मिलकर समग्र रूप में प्रबन्ध वक्रता उत्पन्न करती हैं। प्रबन्ध में पूर्वकथित पाँच वक्रताओं से ऐसा प्रतीत होता है कि कवि किसी महापुरुष के चरित्र का वर्णन कर रहा है, परन्तु समग्र रूप में राम के समान आचरण करना चाहिए रावण के समान नहीं आदि विधि निषेधात्मक धर्म का उपदेश काव्य के फलितार्थ होता है। यही प्रबन्ध वक्रता है। दूसरे शब्दों में, काव्य में प्राप्त होने वाली मानवीय संवेदनाओं की भंगिमा प्रबन्ध वक्रता है।

वक्रोक्ति सिद्धान्त का निष्कर्ष–इस प्रकार वक्रोक्ति के अन्तर्गत समस्त कवि कर्म का कथन कर दिया गया है। **कुन्तक** ने शब्द-अर्थ और अलंकार के समन्वित रूप को साहित्य कहा है। केवल काव्य की जानकारी हेतु इनके पृथक्-पृथक् वर्णन की प्रवृत्ति काव्यांग विवेचन में रहती है। साहित्य या काव्य तभी साहित्य कहलाने का अधिकारी है जब उसमें शोभा का सन्निवेश रहे, अतः शोभा या सौन्दर्य के उपकारक की खोज कुन्तक ने वक्रोक्ति के रूप में की। जैसे एक-एक धागे में शक्ति, सत्ता और सुन्दरता होने पर ही सुन्दर वस्त्र की निर्मिति होती है, उसी प्रकार काव्यरचना के प्रत्येक अंग में वक्रता रहने पर साहित्य का सृजन सम्भव है। काव्य का सौन्दर्य वक्रता पर आश्रित है। आचार्य कुन्तक ने इस सौन्दर्य का प्राणभूत तत्त्व वक्रोक्ति

के रूप में खोज निकाला है। अन्य आचार्यों ने अलंकार रीति, औचित्य आदि का जो कथन किया है, वे सभी वक्रोक्ति के अन्दर समा जाते हैं। यह वक्रोक्ति 'वक्रोक्ति' नामक वाक्य प्रकरण और प्रबन्ध में समाहित है। साहित्य में जहाँ भी सौन्दर्य है, वह वक्रोक्तिजन्य है। वक्रोक्ति से सहृदय को आह्लाद की प्राप्ति होती है।

अन्य आचार्यों का दृष्टिकोण–इस वक्रोक्ति शब्द का उल्लेख प्राचीन काल से प्राप्त होता है। **बाणकृत कादम्बरी** में शब्द का प्रयोग परिहासकल्पित मिलता है। **'वक्रोक्तिनिपुणेन विलासी अनेन।' भामह काव्यालंकार** में वक्रोक्ति को 'इष्टवाचनालंकृति' लिखकर इसे समस्त अलंकारों का मूल मानते हैं। उनका कहना है कि वक्रोक्ति के बिना काव्य में सौन्दर्य नहीं आ सकता–

'सैषा सर्वत्र वक्रोक्तिरनयाऽर्थो विभाव्यते।
यत्नोऽस्याम् कविना कार्यः, कोऽलंकारोऽनया बिना।'

वक्रोक्ति से रहित चमत्कार हीन वाक्य तो वार्ता रह जाती है जैसे सूर्य अस्त हो गया, चन्द्रमा चमकता है, चिड़ियाँ घोंसले बनाती हैं इत्यादि।

दण्डी ने काव्य को दो भागों में विभाजित किया है–स्वभावोक्ति और वक्रोक्ति। उनका मत है कि वक्रोक्ति कोई अलंकार नहीं है, सामान्य कथन से पृथक् उपमादि अलंकार सभी का आश्रय वक्रोक्ति है। श्लेष से वक्रोक्ति का विकास और भी अधिक हो जाता है, परन्तु **वामन** ने वक्रोक्ति को एक अर्थालंकार में सीमित कर दिया। वे इसे व्यापक रूप में ग्रहण नहीं करते। इसके बाद आचार्य **रुद्रट, मम्मट, वाग्भट्ट, हेमचन्द्र, जयदेव** आदि ने वक्रोक्ति को एक अलंकार के रूप में ही स्वीकृति दी। इसे काकु और श्लेष वक्रोक्ति रूप में विभाजित करके सीमित कर दिया। **आनन्दवर्धन 'सैषा सर्वत्र वक्रोक्तिः'** वाक्य कहकर भामह द्वारा सांकेतिक अभिप्राय को व्यक्त करते हैं। उन्होंने वक्रोक्ति को काव्य सौन्दर्य का विशद अभिव्यंजक माना है।

कुन्तक ने वक्रोक्ति को काव्य का प्राण मानकर वक्रोक्ति सिद्धान्त की स्थापना की। उन्होंने वक्रोक्ति की तीन मुख्य विशेषताएँ बताई हैं–

(1) वक्रोक्ति में साधारण अर्थ में भिन्नता रहती है।
(2) यह कविकर्म कौशल की शोभा से युक्त कथन है।
(3) यह सहृदयों को आह्लाद प्रदान करने वाली है।

'शब्दार्थौ सहितौ वक्रकविव्यापार-शालिनी।
बन्धे व्यवस्थितौ काव्यं तद्विदाह्लादकारिणी।।'

(4) वक्रोक्ति और रस में कोई विरोध नहीं। रस यहाँ काव्य का फलितार्थ है। वक्रोक्ति उस आह्लाद को प्राप्त कराने वाला कवि कर्म कौशल है जिसके सौन्दर्य से सहृदय आनन्द प्राप्त करते हैं। नाट्यकौशल की भाँति वक्रोक्ति काव्य कुशलता है परन्तु कुन्तक ने वक्रोक्ति से आह्लादप्राप्ति की प्रक्रिया की व्याख्या नहीं की। सम्भवतः इसे रसप्रक्रिया (भरत द्वारा कथित) मान लिया गया है।

वक्रोक्ति और अभिव्यंजनावाद—कुछ लोग **कुन्तक** की **वक्रोक्ति** और इटली के विद्वान् **क्रोचे** के अभिव्यंजनावाद में साम्य और वैषम्य ढूँढ़ने लगते हैं। अतः पहले व्यंजना का मूल रूप जान लेना आवश्यक है। **क्रोचे** ने बताया है कि मन की दो क्रियाएँ हैं—सैद्धान्तिक तथा व्यावहारिक। **सैद्धान्तिक** क्रिया में स्वयंप्रकाश और तर्क—दो प्रकार का ज्ञान है। स्वयंप्रकाश ज्ञान का सम्बन्ध विशिष्ट व्यक्तियों या पदार्थों से है और इस ज्ञान के सहारे कला जन्म लेती है। तर्क का सम्बन्ध जातिवाचक बोधों से है। इसके अन्तर्गत दर्शन, विज्ञान आदि आते हैं जो सिद्धान्तों का निर्माण करते हैं। आत्मा की व्यावहारिक क्रिया में आर्थिक और नैतिक व्यवहार सम्मिलित है।

मन में स्वयंप्रकाश ज्ञान में एक अलौकिक शक्ति होती है जिसमें वह एक क्षण में समस्त जीव-जगत् के चित्र आत्मसात कर उन्हें सजीव तथा सुन्दर रूप प्रदान करती है। इन रूपों की मानसिक अभिव्यक्ति की इस प्रक्रिया को अभिव्यंजना कहा गया है। किंतु यह अभिव्यंजना आन्तरिक है और अखण्ड है। इसमें अलंकार, शैली आदि का पृथक् महत्त्व नहीं। काव्य, चित्र, मूर्त्ति आदि उस अभिव्यंजना के बाह्य रूप हैं वे भी कलाकार चाहे तो। अभिव्यंजना की सफलता सौन्दर्य प्रतीति में है, सौन्दर्य के अभाव में किसी अभिव्यक्ति को अभिव्यंजना नहीं कहा जा सकता। सौन्दर्य को श्रेणीबद्ध नहीं कर सकते, वह तो स्वतःपूर्ण है। अभिव्यंजना का यह सौन्दर्य अनुभव करने के लिए पाठक को कवि के मानस जगत् में प्रवेश करना होगा क्योंकि इसकी बाह्य अभिव्यक्ति क्रोचे को स्वीकार्य नहीं।

अब वक्रोक्ति और अभिव्यंजना में समता देखिए—

(1) दोनों में अभिव्यक्ति पर बल दिया है।

(2) दोनों की अर्थवत्ता सौन्दर्य के साथ है।

(3) दोनों सौन्दर्य को अखण्ड मानते हैं।

(4) कुन्तक ने वक्रोक्ति को कवि कर्म की कुशलता का सौन्दर्य बताया है। क्रोचे ने अभिव्यंजना को वस्तुओं को मन के स्वयंप्रकाश की कल्पना से निर्मित वस्तुओं की मानसिक अभिव्यक्ति कहा है। मूलतः इनमें भेद नहीं है। कवि-कर्म-कौशल भी मन की कल्पनाशक्ति (प्रतिभा) के बिना सम्भव नहीं।

वक्रोक्ति और अभिव्यंजना में कुछ स्तरों पर वैषम्य भी है—

(1) कुन्तक वस्तु के सहज और आहार्य दो रूप मानते हैं। वक्रता का सम्पूर्ण विवेचन वस्तु और कवि कौशल की पृथक्ता पर आश्रित है, परन्तु अभिव्यंजनावाद में वस्तु और कवि कौशल अभिन्न है।

(2) वक्रोक्ति में काव्य की समस्या के बाहरी अंग का विवेचन है, परन्तु अभिव्यंजना में सूक्ष्म मानसिक क्रिया को प्रमुखता दी गई है। अभिव्यंजना में बाह्य रूप आवश्यक नहीं।

(3) वक्रोक्ति का रस के साथ सम्बन्ध बाहरी है जबकि अभिव्यंजना का रस से सीधा तादात्म्य कहा गया है।

(4) वक्रोक्ति का सम्बन्ध काव्य के साथ ही जोड़ा गया है, परन्तु अभिव्यंजना का सिद्धान्त सभी कलाओं के साथ जुड़ा है और केवल आन्तरिक है।

उपर्युक्त विवेचन से ज्ञात होता है कि वक्रोक्ति और अभिव्यंजना में साम्य भी है और वैषम्य भी। क्रोचे ने कलासृजन की प्रक्रिया में भाव और अभिव्यक्ति का एकात्म रूप ही देखा। उसने अभिव्यंजना का पाठकों, दर्शकों और श्रोताओं के लिए बहिरंग निरूपण नहीं किया क्योंकि उसके सम्मुख रससिद्धान्त की पूर्ण भूमिका पहले से विद्यमान न थी अन्यथा वह भी वक्रोक्ति की भाँति कवि कर्म की कुशलता का विश्लेषण करता। कुन्तक को रस (भावों) का स्वरूप बताने की जरूरत न थी। वह तो इस बात में संलग्न था कि भाव दशा तक पहुँचने का कौशल कौन सा है ? अतः दोनों की तलाश के लक्ष्य भिन्न थे। क्रोचे मन के स्वयंप्रकाश ज्ञान से संश्लिष्ट जिन जीवजगत् के रूपों की परिकल्पना करता है, आखिर वे सब काव्य में वर्ण, पद, वाक्य की वक्रता के सौन्दर्य की अभिव्यंजना होनी चाहिए। यह भी सत्य है कि वक्रोक्ति की वस्तु के आधार के बिना सम्भव नहीं। अतः वक्रोक्ति और अभिव्यंजनावाद में भिन्नता यही है कि कुन्तक ने वस्तु की अभिव्यक्ति की कुशलता को विस्तार से बताया है जबकि क्रोचे अभिव्यक्ति का बाह्य कौशल एकदम उपेक्षित कर देते हैं।

कला का स्वरूप और प्रकार

कलयति इति कला अर्थात् जो जगत् का सृजन करती है, निर्माण करती है, वह कला है। धर्म के क्षेत्र में अवधारणा है कि ब्रह्मा ने सृष्टि की रचना की। मनुष्य में भी ब्रह्मत्व का अंश है, अतः वह भी अपने मानसिक जगत् की कल्पना से सृष्टि का पुनःसृजन करता है, सृष्टि को सुन्दर रूपों में देखना चाहता है और सुन्दरतम की खोज में अपनी सम्भावनाओं व क्षमताओं को मूर्त रूप देने का प्रयास करता है। ऐसा करने में उसकी सिसृष्टि की तुष्टि होती है और उस आनन्द की परिकल्पना की उपलब्धि का अवसर मिलता है, जिन क्षणों में ब्रह्मा ने सृष्टि की परिकल्पना को साकार रूप देने का सफल प्रयोग किया था। यह कला क्या है ? इस विषय में अरस्तू का मन्तव्य है कि कला प्रकृति का अनुकरण है। कलाकार रंगों से, औजारों से, शब्दों से प्रकृति को रूपायित करता है। मनुष्य कल्पनाशील प्राणी है। वह प्रकृति के प्रत्यक्ष सौन्दर्य से तृप्त नहीं होता, उसमें कुछ अभाव महसूस करता है। इस अभाव की पूर्ति कला के माध्यम से होती है। अतः कला केवल अनुकरण नहीं, प्रकृति की पुनः कृति है। इसीलिए अरस्तू कहते हैं, ''अशक्य सम्भाव्य (improbable possibility) से घटित हो सकने वाला असम्भाव्य (Probable impossibility) कहीं अधिक उत्कृष्ट और संग्राह्य है। हीगेल इस विषय में कुछ और स्पष्ट करते हैं, ''मानव अपने चारों ओर सृष्टि में जो सौन्दर्य पाता है, वह उससे भी उत्कृष्ट सौन्दर्य को कल्पना के सहारे निर्मित करता है और इस प्रकार कला प्रकृति से श्रेष्ठ है।'' कला का आवश्यक गुण है कि इसके माध्यम से कलाकार अपनी अनुभूति में दूसरों को तन्मय कर लेता है। इसीलिए तालस्ताय ने कहा था, ''कला ऐसी प्रक्रिया है, जिससे एक मनुष्य अपनी अनुभूतियाँ, साभिप्राय रूप में दूसरों तक प्रेषित करता है।'' कला में प्रेषणीयता का गुण ही उसकी सार्थकता का प्रमाण है। क्रोचे अभिव्यंजना को कला मानते हैं। बाह्य सौन्दर्य, प्रतिभा ज्ञान के साँचे में ढलकर, सुन्दरतम बन जाता है। सौन्दर्य वस्तु में नहीं होता, अनुभूति में होता है, सौन्दर्य, बाह्य नहीं, अन्तः है। परन्तु कार्ल मार्क्स का मन्तव्य है कि कलाकार की चेतना सामाजिक स्थिति की देन है। सामाजिक जीवन की भित्ति, समाज की आर्थिक व्यवस्था है, अतः कला मुख्यतः समाज की

आर्थिक स्थिति से ही प्रेरणा पाती है। वे कलाकार के व्यक्तित्व और कल्पनाशक्ति को आनुषंगिक मानते हैं। इसके विपरीत फ्रायड कला को मानव के अवचेतन मन की प्रवृत्तियों का उन्नत रूप कहते हैं। कला द्वारा कलाकार की दमित वासनाओं का उन्नयन होता है। कलाकार अपनी वासनाओं को कला के आवरण में प्रस्तुत करता है। रवीन्द्रनाथ टैगोर कला की प्रेरणा, सौन्दर्य भावना में तलाशते हैं, "सौन्दर्य का बोध, हमें विश्व की विभूतियों में आनन्द की प्रतीति देकर कला को सुन्दर और सम्पन्न बनाता है। जब हम आत्मा के सौन्दर्य का बोध करते हैं तो विश्वात्मा के परमानन्द का अनुभव, हमारी कला को कल्याण और प्रेम के मार्ग से असीम की ओर ले जाता है।" इस प्रकार कला और सौन्दर्य के प्रति रवीन्द्र का दृष्टिकोण अत्यन्त व्यापक है। कलाकार का जब जीवन या प्रकृति से साक्षात्कार होता है तो उनका रूप अविकल, अपरिवर्तित नहीं रहता। कलाकार की अन्तश्चेतना कल्पना, पूर्व संस्कार, विचारशक्ति से उसे नए रूपों, नए सौन्दर्य और नई दृष्टि में ढालकर नए अर्थ प्रदान कर देती है। "प्राकृतिक जगत् के उस शारीरिक और नैतिक सौन्दर्य का, जिससे हमें वस्तुजगत् में आनन्द प्राप्त होता है, हम बारम्बार साक्षात्कार और अनुभव करना चाहते हैं, ज्यों के त्यों रूप में नहीं अपितु उस रूप में जिसे हमारी कल्पना उसका मानस साक्षात्कार करती है। इस क्रिया से मौलिक और सार्थक कृति उत्पन्न हो जाती है जिससे कलात्मक कृति कहते हैं।" अतः कला का आधारभूत तत्त्व सौन्दर्य है। सौन्दर्यानुभूति वह दशा है, जब अन्तःवृत्ति का वस्तु के गुणों के साथ स्वतः तादात्म्य स्थापित हो जाता है। रामचन्द्र शुक्ल कहते हैं, "हमारी अन्तः सत्ता की यही तदाकार परिणति सौन्दर्य की अनुभूति है। जिस वस्तु के प्रत्यक्ष ज्ञान या जिनकी भावना से तदाकार परिणति जितनी अधिक होगी, उतनी ही वह हमारे लिए सुन्दर कही जाएगी।" यद्यपि प्रवृत्ति भेद से व्यक्ति-व्यक्ति की सौन्दर्य अनुभूति में थोड़ा भेद हो जाता है, किन्तु फिर भी यह निश्चित है कि न्यूनाधिक रूप में यह अनुभूति-क्षमता सबमें होती है। सौन्दर्य की मात्रा भी न्यूनाधिक रूप से सभी वस्तुओं में रहती है। कलाकार अपनी अन्तश्चेतना की कल्पना के संस्पर्श से उसे सुन्दर कलाकृति के रूप में प्रस्तुत कर देता है। इसीलिए श्यामसुन्दरदास कहते हैं, "ललित कलाएँ मानसिक दृष्टि में सौन्दर्य प्रत्यक्षीकरण है।" सौन्दर्य सामंजस्य में है। इसमें आत्मगत अनुभूति का सौन्दर्य, बाह्य व्यक्ति का सौन्दर्य, मानवीय भाव एवं प्रयत्न का सौन्दर्य, सामाजिक व्यवहार का सौन्दर्य, ये सभी एक भाव में आबद्ध रहते हैं। कला की सौन्दर्य चेतना व्यापक और संश्लिष्ट होती है।

उपर्युक्त विवेचन से स्पष्ट होता है—

(1) कला, वस्तुजगत् का मानसिक भूमि पर पुनःसृजन है।

(2) कला के निर्माण में कलाकार की कल्पना की अहं भूमिका होती है।

(3) कला सौन्दर्य-अभिव्यंजना में है।

(4) कला में कलाकार के व्यक्तित्व का प्रभाव भी रहता है।

(5) कला समाज की आर्थिक स्थिति से प्रेरणा पाती है।

(6) कला दमित वासनाओं का उन्नयन है।

(7) कला का सम्बन्ध आनन्द की प्रतीति से है।

(8) कला की सौन्दर्यानुभूति व्यक्ति और जगत् में सर्वत्र न्यूनाधिक रूप में रहती है।

(9) कला की अभिव्यक्ति शब्दों, रंगों, व्यवहार, मूर्तपदार्थों में सम्भव है।

(10) कला सम्भाव्य का चित्रण करती है।

अतः वस्तुजगत् के साक्षात्कार से, परिकल्पित अनुभूतियों द्वारा सौन्दर्यमयी अभिव्यंजना कला है।

कला के तत्त्व-1

पाश्चात्य विचारकों के अनुसार प्रत्येक कलाकृति में तीन तत्त्व होते हैं। प्रथम वह पदार्थ जिससे किसी कलावस्तु का कलेवर बनता है, जैसे मूर्ति में प्रस्तर खण्ड, चित्र में रंग, काव्य में भाषा आदि। इस तत्त्व को भोग कहते हैं। प्रत्येक कलाकृति में अवयवों की आकृतिगत विशेषता होती है। समान भोग से दो कलाकृतियों की रचना की जा सकती है। जैसे प्रस्तर खण्ड से गोवर्धनधारी की प्रतिमा भी बना सकते हैं और शेषशायी विष्णु की भी। कलाकृति का दूसरा तत्त्व रूप (आकृति) है। ये दोनों कला के बाह्य कलेवर हैं। इनको अनुभूतियों का वाहन बनाकर कलाकार कृति के सौन्दर्य को गम्भीर और मानसिक बना देता है। इसे कला का प्रतिपाद्य तत्त्व कहा जाता है। अब इन भोग, रूप और प्रतिपाद्य तत्त्वों का विस्तार से विश्लेषण निम्न रूप में ध्यातव्य है।

(1) भोग

जो पदार्थ वस्तु का कलेवर हो, भोग है। भोग कलाकृति के सौन्दर्य का आधार है। मनुष्य सौन्दर्य का आस्वादन सौन्दर्य चेतना द्वारा करता है। रूप और प्रतिपाद्य के प्रति सजग होने पर भी भोग के प्रति रुचि बनी रहती है। बच्चे के लिए कलाकृति का आकृति सौन्दर्य या प्रतिपाद्य, आकर्षण का कारण नहीं होते अपितु, रंग, ध्वनि आदि से ही वह प्रभावित होता है।

भोग का सम्बन्ध हमारी ज्ञानेन्द्रियों से है। इनमें नेत्र प्रमुख हैं। इन्हीं से सुन्दर वस्तु देखने पर, सबसे पहले रंगों का प्रभाव पड़ता है। वस्तुओं के सौन्दर्य में रंगों का महत्त्वपूर्ण स्थान है। सामान्यतः स्त्रियों को लाल रंग प्रिय होता है और पुरुषों को नीला। रंगों के अतिरिक्त मधुर ध्वनि, कोमल स्पर्श, गन्ध तथा रस भी आकर्षण उत्पन्न करते हैं। ये प्रत्यक्ष रूप में इन्द्रिय संवेद्य होकर आनन्द प्रदान करते हैं। इनकी

कल्पना भी आह्लादकारक है। काव्य में भाषा, ध्वनि रूपी भोग का प्रयोग होता है। कविता का आनन्द शब्दों और छन्दयोजना तक ही सीमित नहीं अपितु शब्दों के माध्यम से श्रोता को वर्ण, स्पर्श, रूप, रस, गन्ध की भी सजीव अनुभूति होती है। मूलतः भोग ही वस्तु के सौन्दर्य का आधार है। यही कारण है कि कलाकार अपनी कृति को सुन्दरतम बनाने के लिए, भोग को प्रभावशाली ढंग से प्रस्तुत करता है।

(2) रूप

कला के जो भौतिक उपादान हैं, उन्हें कुछ संगति दी जाती है, व्यवस्था का नियोजन होता है, इसे रूप कहते हैं, अर्थात् भोग को व्यवस्था प्रदान करना रूप है। भोग्य पदार्थ, रूप के अवयव हैं। इनकी सत्ता रूप से पृथक् होती है, परन्तु रूप, स्वयं न किसी अवयव में रहता है और न उनके निरर्थक समूह में। रंगों और रेखाओं से चित्रगत रूप का निर्माण होता है, ध्वनि काव्य के रूप का, ध्वनि एवं गति से संगीत के रूप का तथा प्रस्तर खण्डों से मूर्ति एवं भवन के रूप का निर्माण होता है। गन्ध, स्पर्श एवं रस के भोग का रूप निर्माण सम्भव नहीं, अतः इन्हें दृश्य और श्रव्य रूपों द्वारा केवल व्यंजित किया जाता है। काव्य में बिम्बों का विधान होता है जो कि दृष्टि का विषय है। संगीत की लय का आरोह-अवरोह रूप भी नेत्रों के सामने अनुकूल ध्वनि लहरों की सृष्टि करता है। नृत्य में तो दृष्टिगत रूप है ही। इस प्रकार, सभी रूपों के दृष्टिगत रूप प्रमुख हैं। दृष्टिगत रूप में तीन भेद हैं–

क. प्राकृतिक अथवा सजीव।

ख. आलंकारिक

ग. ज्यामितीय अथवा सूक्ष्म।

मनुष्य, पशु, पक्षी, वनस्पति के शरीर में जो गतिशील रूप अनुभव होता है, वह सजीव रूप है। जब इनके रूप अलंकृत होकर अपनी प्राकृतिक छटा से वंचित हो जाते हैं तो यह आलंकारिक रूप है। इस रूप में सजीवता के स्थान पर अलंकृति एवं विचित्रता ही चमत्कार का हेतु हैं। ज्यामितीय रूपों में, नियमों की सूक्ष्मता और बन्धन होते हैं।

यदि भोग स्वयं आकर्षक हो तो रूप में माधुर्य स्वयं उत्पन्न हो जाता है। रूप का यह प्रथम गुण है। रूप का दूसरा गुण लावण्य है। जब रूप में मोती की छाया के समान तरंग की प्रतीति हो, वह लावण्य है। रूप के अन्य गुण शोभा, कान्ति, दीप्ति आदि हैं। काव्य के रूपों में छन्द, मात्रा, घटनाओं की प्रस्तुति का ढंग, गद्य, पद्य आदि समाविष्ट हैं।

सुन्दर रूप में, अवयव के संगठन के अन्तर्गत विविधता में एकता रहनी चाहिए। विविधता का लक्ष्य दर्शक की रुचि बढ़ाना तथा एकता का उद्देश्य समस्त पक्षों की ओर ध्यान दिलाना है। विविधता न होने से कलाकृति सादी दिखाई पड़ती है और

अधिक विविधता की स्थिति में उलझन बढ़ती है। दोनों ही स्थितियाँ रसात्मकबोध में बाधक हैं। अतः रूप में विविधता के साथ एकता का ध्यान रखना चाहिए। विविधता उत्पन्न करने के लिए माध्यम की सम्पन्नता, लयात्मकता, अर्थ की व्यंजनात्मकता, संघर्ष, नवीनता तथा ताजगी का विधान अपेक्षित है। रूप में, एकता बनाने के लिए माध्यम तथा शिल्प की एकसूत्रता, लय की निरन्तरता, समता, परिचयात्मकता, परम्परा पालन, अर्थ की निरन्तरता, स्पष्टता, सरलता एवं औचित्य ध्यातव्य हैं।

कलाकृति की कथावस्तु आकर्षक एवं कल्याणप्रद हो तो रूप सौन्दर्य में वृद्धि होती है। आधिकारिक कथावस्तु की सरसता के लिए, प्रासंगिक कथाओं के माध्यम से विविधता उत्पन्न करना आवश्यक है। इससे विविध रूपों की समाविष्टि में, एक मुख्य रूप उभरता प्रतीत होगा और सौन्दर्य का आयाम बढ़ेगा। सभी घटनाएँ और प्रासंगिक कथाएँ, मुख्य वस्तु का अनुगमन करें। मुख्यता आधिकारिक कथा की ही रहे।

किसी भी कृति के अंगों की संगति इस प्रकार हो कि उनमें सन्तुलन बना रहे। दृश्य कलाओं में केन्द्र के चारों ओर समान भार का संयोजन, सन्तुलन कहा जाता है। सन्तुलन के अभाव में कृति का सौन्दर्य डगमगा जाएगा क्योंकि सामंजस्य ही तो सौन्दर्य है। किसी अंग का अनावश्यक विकास या किसी अंग का संकोच असन्तुलन उत्पन्न कर देगा।

किसी कृति के रसास्वादन के लिए, उसका आरम्भ से अन्त तक, एक पद्धति पर विकास होना चाहिए। यह पद्धति समवेत विकास की है। कलाकृति का प्रत्येक अंग एक ही दिशा और एक ही लक्ष्य को इंगित करे।

कला के रूप के विषय में किन्हीं निश्चित नियमों की स्थापना कर पाना सम्भव नहीं। कलाकार प्रारम्भ में तो अनेक नियमों का पालन करते हैं, किन्तु अभ्यस्त हो जाने के बाद वे नियमों से दूर हटने लग जाते हैं। अभ्यास से कला, उनकी संवेदना के अनुसार चलती है।

(3) प्रतिपाद्य

कलाकृति का आन्तरिक अर्थ प्रतिपाद्य तत्त्व है। प्रतिपाद्य की अभिव्यक्ति हेतु कुछ नियमों का पालन करना होता है जिनसे भोग और रूप का सामंजस्य स्थापित किया जाता है। कलाकार रूढ़ियों का अक्षरशः पालन नहीं करता। वह प्रतिभा के सहारे नए नियम भी विकसित कर लेता है। अतः प्रतिपाद्य की अभिव्यक्ति के लिए नियम और स्वच्छन्दता दोनों का समन्वय करना आवश्यक है। भोग और रूप के माध्यम से प्रतिपाद्य में प्रसाद, ओज और माधुर्य गुण विकसित होते हैं। प्रतिपाद्य की सरलता में प्रसाद गुण होता है। सरलता के अभाव में, कृति में दुरूहता आती है और सौन्दर्य बोध नष्ट होने लगता है। वीर, रौद्र आदि रसों की अभिव्यक्ति से प्रतिपाद्य में ओज

गुण आता है। श्रृंगार और करुण रस से माधुर्य की अनुभूति होती है।

सौन्दर्य या आदर्श से जो अनुभूतियाँ सम्बद्ध होती हैं, उन्हीं से कलाओं का प्रतिपाद्य बनता है। कलाकार अपनी प्रकृति के अनूकूल, बाह्य जगत् में जो परिवर्तन चाहता है, उसी के अनुसार वह अपने आदर्श की कल्पना कर लेता है। इस आदर्श की कल्पना उसे अपने परिवेश से मिलती है। उसका समाज, जातीय और सांस्कृतिक पक्ष, प्रेरणा के रूप में काम करते हैं।

कलाओं के मूल तत्त्व भारतीय एवं पाश्चात्य दृष्टि के समन्वित रूप में निम्न प्रकार से भी ग्राह्य हो सकते हैं। पाश्चात्य विद्वान् कला के मूल में भाव, कल्पना, बुद्धि और शैली तत्त्वों को मान्यता देते हैं।

कला के तत्त्व-2 (समन्वित दृष्टि)

किसी कलाकृति की निर्मिति में पाँच तत्त्व सक्रिय रहते हैं। इन्हें समझने के लिए सांख्यदर्शन के तत्त्व-विमर्श से अवगत होना वांछित है। इस जगत् में दो तत्त्व हैं—चेतन और जड़ अर्थात् पुरुष और प्रकृति। पुरुष अविकारी है, परन्तु, प्रकृति परिवर्तनशील है। प्रकृति में आकाश, वायु, अग्नि, जल, पृथ्वी पंचमहाभूत हैं, शब्द, स्पर्श, तेज, रस, गंध तन्मात्राएँ हैं, हाथ, पैर, वाक्, पायु, उपस्थ कर्मेन्द्रियाँ हैं, कान, त्वचा, आँखें, जिह्वा, नासिका ज्ञानेन्द्रियाँ हैं, मन उभय इन्द्रिय है, बुद्धि और अहंकार सूक्ष्म तत्त्व हैं, इन सबका मूल प्रकृति है। जब प्रकृति का रूप व्यक्त होता है तो ये सब प्रकट होते हैं। यह जगत् कलाकार की संरचना का आधार हैं। ज्ञानेन्द्रियों द्वारा जगत् का प्रत्यक्षीकरण अर्थात् अनुभूति होती है। अनुभूति पाना मन का कार्य है। इसके उपरान्त बुद्धि चिन्तन करती है, फिर अहं द्वारा अनुभूति को अंतिम रूप दिया जाता है। मन, बुद्धि और अहंकार की संज्ञा अंतःकरण है, जो ज्ञान का भीतर की साधन है। इस अंतःकरण की अभिव्यंजना की बाह्य अभिव्यक्ति कलाकृति है। कला की निर्मित की प्रक्रिया में यही पाँच तत्त्व निर्धारक हैं।

(1) वस्तु तत्त्व

मानव और मानवेतर जगत्, वस्तु तत्त्व है। यही वस्तु तत्त्व, कला का प्रथम सोपान है। इस वस्तुजगत् के रूपों, आकारों, क्रिया-कलापों और भावों को कला का माध्यम बनाया जाता है। धरती, आकाश, पर्वत-नदियाँ, वन-उपवन, वर्षा-अकाल, गर्मी-सर्दी, पेड़-पौधे, समुद्र-खाड़ी, प्राकृतिक और निर्मित रूप, मनुष्यों जीवों के अन्तःबाह्य क्रियाकलाप, ये सब कला के वस्तुगत विषय हैं। इन्हीं की विभिन्न स्थितियों का चित्रण कला में होता है। जीवन के सभी रूपों को अपने भीतर समाए हुए इस जगत् की आधारभूमि पर कला का लोक सुन्दरतम की खोज में निकल पड़ता है।

(2) अनुभूति तत्त्व अथवा मानस प्रत्यक्षीकरण

वस्तुजगत् की बाह्य और अंतःक्रियाओं और प्रतिक्रियाओं को कलाकार इन्द्रियों के सन्निकर्ष से मन में प्रत्यक्ष करता है। यही वस्तुजगत् का मानस प्रत्यक्षीकरण है। ज्ञानेन्द्रियाँ संवेदना की वाहक हैं और वस्तुजगत् की क्रियाओं और प्रतिक्रियाओं को मन तक प्रेषित करती हैं। मन के पटल पर, यह सब, बिम्ब रूप में अंकित हो जाता है। कला की निर्मिति में इन बिम्बों का ही योगदान होता है। वस्तुजगत्, सम्मुख न रहने पर भी ये बिम्ब, कलाकार के अंतःकरण में संवेग उत्पन्न करते रहते हैं। फलतः कला अपनी निर्मित की प्रक्रिया में, भीतर ही भीतर सक्रिय रहती है।

(3) बुद्धि तत्त्व

वस्तुजगत् के मानस प्रत्यक्षीकरण के बाद बुद्धि द्वारा, बिम्बों को तर्कसंगत बनाया जाता है। उसमें नैसर्गिक और उपार्जित ज्ञान का सहयोग रहता है। पूर्वज्ञान, संस्कार, बोध, प्रत्यय सभी के संयोग मानस-प्रत्यक्षीकृत विषयवस्तु को नया आयाम मिलता है। इसकी प्रक्रिया इतनी क्षिप्र है कि अनुमान से परे की बात है। कलाकार की क्षमता के अनुसार बुद्धि तत्त्व अपने कार्य में रत हो जाता है।

(4) कल्पना तत्त्व

बुद्धि तत्त्व द्वारा संगति में चर्चित सामग्री को कल्पना सजाती और सँवारती है। उसके यथार्थ के साथ सम्भाव्यता का मिश्रण होने लगता है। कलाकार ने अभी तक जो कुछ पाया था उसे नए रूपों में ढाला जाता है। जो जैसा है, वह तो है ही, परन्तु वह और क्या हो सकता है, इस कार्य को कल्पना तत्त्व पूर्णता की ओर ले जाता है। अहं (सूक्ष्म प्रकृति का शुद्ध रूप) प्रत्यक्षीकृत बुद्धिगत एवं कल्पनागत अर्थात् प्रतिभागत विषय को सात्त्विकता के स्तर पर उतारता है, इसीलिए कुछ समीक्षक कला में नैतिकता की बात उठाना निरर्थक मानते हैं। अहं की स्थिति में सात्त्विक भावों पर टिकी कला अनैतिक होती ही नहीं। हाँ, यह सम्भव है, जो कलाकार सच्चे नहीं हैं, वे कला में अनीति का व्यवहार करें।

(5) शिल्प तत्त्व

कल्पना द्वारा निर्मित विषयवस्तु शुद्ध कला है और अपने आनन्दातिरेक या सृजन की इच्छा के प्रबल वेग के कारण कलाकार शिल्प के माध्यम से इसे बाह्य अभिव्यक्ति प्रदान करता है। इस बाह्य अभिव्यक्ति के आधार—शब्द, रंग, कागज, वस्त्र, तूलिका, मिट्टी, पत्थर, औजार आदि कुछ भी हो सकते हैं। इन बाह्य आधारों के सामंजस्य में जो कुछ भी बन पाता है वही कलाकृति है। यह काव्य, चित्र, मूर्ति, स्थापत्य,

संगीत आदि कलाओं में दिखाई देती है। इन बाह्य उपादानों में, अनेक स्तर निहित रहते हैं। कलाकार अपनी कला की बाह्य अभिव्यंजना हेतु किन स्तरों का इस्तेमाल करता है, यह उसकी क्षमता पर निर्भर है। बाह्य उपकरणों के संयोजन का सामंजस्य किस रूप में हो, यही कलाकार का कौशल है।

कला को कला इसीलिए कहते हैं कि यह सृजन करती है अर्थात् वस्तुजगत् को नए रूपों में प्रस्तुत करती है। यथा, बीज से पौधा उगता है, पौधे से कपास जन्म लेती है, कपास से रूई निकलती है, रूई से कपड़ा बनता है और कपड़े से वस्त्र बनते हैं। इन वस्त्रों में जब कल्पना के रंग भर जाते हैं तो सुन्दरतर का सृजन होता है, यही कला है। यही सृजन कितने ही रूपों में दिखाई पड़ता है। मनुष्य जिन्हें ललित कलाएँ कहता है, वे सब इस वस्तुजगत् के रूपों का पुनःसृजन है।

कला का प्रयोजन

(1) आदि मानव जब गुफाओं में रहता था तो उस समय भी कलाकृतियों का निर्माण करने से परे नहीं था। वह पशु, पक्षियों, वनस्पति, आकाश, सागर तथा प्रकृति के अन्य रूपों को देखकर उनके सौन्दर्य, माधुर्य, गाम्भीर्य, शक्ति आदि के प्रभाव से अभिभूत हो जाता था। अपनी दिनचर्या से मुक्त होकर अवकाश के क्षेत्रों में उसने रंगों में अथवा औजारों के प्रयोग में, गुफा भित्तियों पर चित्र उकेर दिए। उसने गारा तैयार की और उससे कितनी ही आकृतियों को रूप दे दिया। घास के तिनके बीने, और उन्हें सुन्दर आकृतियाँ प्रदान कीं। उसने हथौड़ा चलाया और छैनी पर लगी चोटों से कितने ही अनगढ़ पत्थर सुन्दर प्रतिमाओं का रूप पा गए। इन सबके मूल में मानव का क्या प्रयोजन था ? यदि ध्यान से देखा जाए तो प्रतीत होता है कि मनुष्य में सृजन की अदम्य भावना है जिसकी अभिव्यंजना नाना-कलाओं के रूप में व्यक्त होती है। मनुष्य ने मोर की ध्वनि सुनी, कोकिल का आलाप उसके कानों को सुन्न कर गया, मेघ की गर्जन ने गम्भीर परिवेश बना दिया, झरने की मधुर कलकल उसके हृदय में समा गई तो उसने भी घुँघरू बाँध लिए पैरों पर, उठा ली वीणा और कस दिया ढोलक। ढोलक की थाप पर उसके पैर थिरकने लगे, घुँघरुओं में घुल गई झरने की कल कल और कण्ठ से निकल पड़ी कोकिल ध्वनि। यह सब क्या था ? प्रकृति के जिस सौन्दर्य से वह अभिभूत हुआ था, जो सब कालों में सुलभ नहीं था, मनुष्य ने उसे कला रूप में सभी कालों में सुलभ बना लिया। अतः कला का मूर्धन्य प्रयोजन तो रहा—मानव की सृजन भावना की अभिव्यक्ति।

(2) जगत् में मनुष्य सुख की तलाश में चला था और आज भी चल रहा है। भौतिक सुविधाएँ उसके सुख की भले ही कुछ अंश तक पूर्ति कर दें, परन्तु उसकी तुष्टि सुन्दर रूपों को देखकर होती है। सृष्टि के सुन्दर रूप न सर्वत्र और न सब कालों में उपलब्ध हैं, अतः मानव ने सुन्दर रूपों का सृजन आरम्भ कर दिया। सौन्दर्य

की यह अन्वेषणा कलाओं में व्यक्त हुई। प्रत्येक कलाकार शब्द में, मूर्ति में, चित्र में, नृत्य में, संगीत में, व्यवहार में सौन्दर्य की खोज कर रहा है। वह नित्यप्रति कलात्मक कृतियाँ जगत् को देता है ताकि सुन्दरतम रूपों की उपलब्धि हो सके। सौन्दर्य की यही तलाश, सभी कलाओं का उद्देश्य है।

(3) मनुष्य सामाजिक प्राणी है। वह युगों से जीवन सरणि के साथ बहता चला आ रहा है। जीवन का इतना लम्बा सफर तय करने में उसने जीवन के प्रति कुछ मान्यताएँ संस्कार रूप में अर्जित कर लीं जो जीवन का आदर्श रूप बन चुकी हैं। ये मान्यताएँ, जीवन का एक साँचा हैं जिसमें मनुष्य के सभी क्रिया-कलाप उसकी सीमाओं को तोड़कर भागने में अपराध अनुभव करते हैं। इसे साँचे में कुछ नैतिकाएँ हैं, कुछ सदाचार के नियम हैं, कुछ शिष्टाचार का प्रारूप है, कुछ जातीय गुण हैं, कुछ मानवता, देश प्रेम, मातृभूमि प्रेम आदि की भावनाएँ हैं। मनुष्य इन्हें भावी जीवन के लिए भी उपादेय मानता है और इन्हीं में मानवता का अस्तित्व खोजता है। जब उसकी, सृजन की इच्छा बलवती होती है, तो वह जीवन के इस साँचे को साकार रूप देना चाहता है। यही उसकी कला का लक्ष्य बन गया है। अतः कलाओं का एक प्रयोजन यह भी है कि वह मनुष्य की सांस्कृतिक मान्यताओं को अक्षुण्ण बनाए रखे, जीवन मूल्यों में दरार न आए और वे टूटकर न बिखर जाएँ। परन्तु परिस्थितियाँ तेजी से बदलती हैं तो कलाकार इन मूल्यों को तराशता है और नए रूपों में ढालता है ताकि इन्हें भद्दापन न ढक ले। यही कारण है कि विभिन्न कालखण्डों में निर्मित कलाकृतियाँ विभिन्न दृष्टिकोणों की परिचायक हैं।

(4) लोग कहते हैं कि ज़माना बदलता है, वक्त बदलता है, परन्तु यह सत्य नहीं। न जमाना बदलता है और न वक्त बदलता है। वक्त तो निरन्तर प्रवाहमान है, बदलती हैं स्थितियाँ और बदलते हैं क्रिया-कलाप। कलाकार जिन स्थितियों में जी रहा है, वह उनसे दूर नहीं हो सकता। जब उसके मन में सृजन की इच्छा होती है तो उसे विषय की तलाश सताती है। वह इन बदली हुई स्थितियों को कला का विषय बना लेता है। जिन परिस्थितियों से उसे रोज़ जूझना होता है, जो उसके मन में नित्य प्रति सुख-दुखात्मक प्रतिक्रियाएँ उत्पन्न कर रही हैं, उसके सृजन का विषय बन जाती हैं। अपने युग की इन स्थितियों—जीवन के सभी क्षेत्रों की क्रिया-प्रतिक्रियाओं को कला के माध्यम से प्रतिबिम्बित करना उसका लक्ष्य रहता है। इसीलिए विभिन्न युग की कलाएँ, समकालीन जीवन पद्धतियों के विविध रूपों की अभिव्यंजना करती हैं।

(5) कुछ लोग कलाओं के प्रयोजन में कीर्ति और धन को भी सम्मिलित करते हैं। वस्तुतः ये प्रयोजन गौण और आनुषंगिक हैं। यह आवश्यक नहीं कि कलाकार, कला की अभिव्यक्ति को धनसंग्रह का आधार समझे। कला का सम्बन्ध हृदय से है और धन का सम्बन्ध भौतिक जगत् से। जो कलाकार धन और कीर्ति को कला के प्रयोजन के रूप में ग्रहण करता है तो उसका यह मन्तव्य हेय है। व्यावसायिक

कला, कलात्मकता को पूर्ण अभिव्यक्ति दे पाने में सक्षम नहीं होती।

(6) कला का एक महत्त्वपूर्ण प्रयोजन, इसका सम्प्रेषण है। यह सहृदयजनों तक सम्प्रेषित की जाती है। कला की परख के लिए आनन्दवर्धन ने कहा है–'सहृदयजन मनःप्रीतये' अर्थात् यह सहृदयजनों के मन के प्रसादन हेतु है। जिस कला में आनन्द प्रेषित करने की क्षमता नहीं, उसकी निर्मिति निरर्थक है। कलाकार तो सृजन के क्षणों में आनन्द से अभिभूत होता ही है, अपनी कला से वह सहृदय जनों को भी आह्लादित कर देता है। कला का आनन्द वे ही ले सकते हैं जिनके हृदय सात्त्विक हों अर्थात् जो सहृदय हों अर्थात् जिनका मन कलाकार की सात्त्विक दशा की अनुरूपता रखता हो।

कला के प्रकार

प्राचीन भारत में विचारकों ने कला को ऊँचा स्थान नहीं दिया। इसीलिए उन्होंने कला को केवल विद्या कहा और अभिनय, नृत्य, चित्रकला, मूर्तिकला आदि को उपविद्या की संज्ञा दी। काव्य को अन्य कलाओं से अलग स्थान मिला। कला लौकिक आनन्द होती है, परन्तु काव्यकला ब्रह्मानन्द सहोदर है। यहाँ चौंसठ कलाओं की गणना मिलती है। इनमें चोरी, जुआ जैसी कलाएँ भी सम्मिलित हैं। जयशंकर प्रसाद और रामचन्द्र शुक्ल काव्य को इस प्रकार की कलाओं के अन्तर्गत नहीं मानते। अब पश्चिम के सम्पर्क से भारतीय दृष्टिकोण में परिवर्तन आया और विद्वान लोग काव्य को ललित कलाओं में स्वीकार करने का संकोच नहीं करते। वस्तुतः सभी कलाओं में कुछ न कुछ सौन्दर्य अवश्य रहता है। सभी कलाओं में कोई न कोई मूल आधार होता है, भले ही कुछ मूर्त आधार पत्थर, ईंटों की तरह स्थूल हो और कुछ नाद या शब्द की तरह सूक्ष्म। चक्षु और कर्ण इन्द्रियों से इन कलाओं के सौन्दर्य का बोध होता है। ये भौतिक आधार और ज्ञानेन्द्रियाँ केवल माध्यम का काम करते हैं। इनके द्वारा कलाकार के मनोभाव, दर्शक या श्रोता के मन में प्रेषित और गृहीत होते हैं। इस प्रकार सभी कलाकृतियाँ प्रतीकात्मक होती हैं। वे उन सौन्दर्य तत्त्वों, भावों या अर्थों की वाहक मात्र हैं। जब उनके साथ ज्ञानेन्द्रियों का सन्निकर्ष होता है तो उनका निहित सौन्दर्य, दर्शक या श्रोता के मन पर प्रतिध्वनित हो उठता है। अतः ज्ञानेन्द्रियों के माध्यम से मन में सौन्दर्य अनुभूति कराना कला का मूल उद्देश्य है।

(1) वास्तुकला

वास्तुकला का आधार पत्थर, ईंट, धातु खण्ड, काष्ठ आदि हैं जिनसे भवन का ढाँचा खड़ा होता है। इन उपादानों के प्रयोग से वास्तुकार भवन, मन्दिर, महल, साधारण मकान आदि का निर्माण करता है और उनके निर्माण में प्राकृतिक साधनों प्रकाश, छाया, रंग, स्थिति आदि का आश्रय भी लिया जाता है। उपादानों के सहारे निर्मित

भवनों द्वारा दर्शकों के मन में चमत्कार उत्पन्न करने की चेष्टा होती है। वास्तुकार द्वारा प्रदर्शित कला में, हमारे मन में सौन्दर्यानुभूति या भावोन्मेष जगाने की क्षमता रहती है। ताजमहल, फतेहपुर सीकरी के भवन, लाल किला आदि देखने से दर्शक के मन में हर्षोल्लास की अनुभूति होती है। वास्तुकला का आधार भले ही स्थूल उपादान हैं, परन्तु इन उपादानों से कलात्मक सौन्दर्य उभारना सरल काम नहीं। इसके लिए भी गम्भीर चिन्तन और सहजानुभूति अनिवार्य तत्त्व हैं। वास्तुकला के सुन्दर नमूनों से दर्शकों के मन अत्यधिक प्रभावित होते हैं। किसी मन्दिर को देखने से मन में आस्थाओं का संसार सजीव हो उठता है। मन्दिर के कलश, गुम्बद और ऊँची छतें, चेतना को भी ऊर्ध्वमुखी करती हैं। मन्दिरों में, मानव के विश्वास और इच्छाओं का मूर्तन होता है। वास्तुकला के सौन्दर्य की अभिवृद्धि में बिम्बों और प्रतीकों का भी महत्त्वपूर्ण स्थान है जो कि सूक्ष्म को स्थूल रूप में व्यक्त करते हैं। वास्तुकला शब्द और नाद के बिना भी काव्यकला के समान आनन्द अनुभूति देने में सक्षम है। दर्शन और अनुभावन इसके सौन्दर्य के माध्यम हैं। कबीर कहते है।—''कहिबे कूँ सोभा नहीं, तेख्या ही परवान।'' वास्तुकला को शब्द देने की जरूरत नहीं, उसके सौन्दर्य को चक्षुओं से पान करना ही पर्याप्त है। भवनों की ऊँचाई, विशालता, ड्राइंग और निर्मिति से गरिमा, भव्यता, चित्रात्मकता और कलात्मक कौशल की अनुभूति होती है।

(2) मूर्ति कला

मूर्ति कला का मूर्त आधार पत्थर, धातु या मिट्टी है जिन्हें मूर्तिकार काँट-छाँट कर निर्जीव वस्तुओं के रूप में ढालकर सजीव बनाता है। मूर्तिकला यथार्थ जगत् के आकार, रूप, रंग मूर्त कर देता है, परन्तु मूर्तियों को गति नहीं दे पाता, भले ही मूर्तियाँ गति की मुद्रा में भी दिखाई गई हों। गति के अभाव में, यथार्थ जीवन के रूप, पूर्णतः अंकित नहीं हो पाते। मूर्तिकार की कृति में, वास्तुकार की कृति की अपेक्षा अधिक मानसिकता रहती है। मूर्तिकार, स्थूल टुकड़ों में आकृति, चेष्टा या मुद्रा की योजना करके उसमें भाव की सजीवता ढाल देता है। अनेक आकृतियों के संयोग से किसी घटना की ओर भावपूर्ण संकेत भी किया जाता है, किन्तु स्थिर रूप में ही सौन्दर्य का अंकन करना मूर्तिकला की विशेषता है। मूर्तिकार किसी क्षण की विशिष्ट गतिशील मुद्रा, स्थिति या झाँकी भी पत्थर या धातु पर अंकित कर पाने में समर्थ है।

(3) चित्रकला

चित्रकला का मूर्त आधार कपड़ा, लकड़ी अथवा कागज का ऊपरी धरातल है जिस पर टेढ़ी-तिरछी रेखाओं और रंगों के प्रयोग से जगत् के विविध रूप मूर्त किए जाते हैं। चित्र में मूर्ति की अपेक्षा, कम मूर्त आधार है। चित्रकार इसकी पूर्ति के लिए, उसी अनुपात में रेखाओं और रंगों का प्रयोग इस कुशलता से करता है कि वस्तु

के सारे परिप्रेक्ष्य, स्थिति, आकृति, वर्ण और मुद्रा को रूपायित कर सके। उसे सपाट धरातल पर, ठोस पदार्थों और यथार्थ रंगों को प्रतिच्छायित करना होता है। वह चित्रपट पर पदार्थों को इस प्रकार अंकित करता है कि उनके सारे परिप्रेक्ष्य—लघुता, गुरुता, दूरी, समीपता के अनुपात उसी प्रकार दिखाई दें, जैसे वास्तविक जगत् में दिखाई देते हैं। चित्र में मूर्ति की अपेक्षा भावों के चित्रण में अधिक सुविधा रहती है। रंगों की शोखी, फीकेपन, गहनता और मिश्रण से मानसिक भावों एवं शारीरिक सौन्दर्य का चित्रण उभारने में कलाकार अपनी अनुभूतियों की अभिव्यंजना को आकृति प्रदान करता है। वह अपनी अनुभूतियों के अनुरूप घटनाओं या दृश्यों के चित्रण के माध्यम से मनुष्य या प्रकृति के विभिन्न रूपों में नए अर्थ भरने के प्रयास में रंगों का सदुपयोग करता है। काव्य के समान चित्रकला में भी मनःस्थिति, धारणाएँ, सामाजिक दृष्टिकोण, सामयिक स्थितियाँ स्थान पाती हैं। चित्रकला फोटोग्राफी की तरह यान्त्रिक नहीं, इसमें कलाकार की सहजानुभूति और कल्पना का मिश्रण रहता है। यह किसी वस्तु का हुबहू चित्रण नहीं, अपितु वस्तु के प्रत्यक्षीकरण से कल्पना-प्रसूत अभिव्यक्ति है। चित्रकला में वस्तुओं का अवतरण, चित्रकार के निजी और सामाजिक संस्कारों के भावात्मक परिवेश में होता है। इस प्रकार चित्रकला, काव्यकला के बहुत समीप आ जाती है जबकि एक में रंगों का प्रयोग होता है, दूसरी में शब्दों का।

(4) संगीत कला

संगीत का आधार नाद है जो चाहे कण्ठ से निःसृत हो या वाद्य-यंत्र से। नाद के नियम भी निर्धारित हैं। भारतीय संगीत सात स्वरों में बाँधा गया है। न जाने कितने वर्षों के श्रम के बाद संगीत को नियम बद्ध करने के लिए कलाकारों ने अपनी ऊर्जा नियोजित की। अनेक वर्षों तक भावों की अभिव्यक्ति का माध्यम नाद रहा। आज अभिव्यक्ति के विविध साधन होने पर भी इस नाद कला का महत्त्व कम नहीं हो पाया। मनुष्य के हृदय पर इस नाद का गहरा प्रभाव है। संगीत में धीरे-धीरे नाद के साथ शब्द भी सन्निहित कर दिए गए। ऐसी स्थिति में संगीत कला का महत्त्व काव्य कला से कम नहीं रहा। शुद्ध नाद दशा में संगीत की भावाभिव्यक्ति, मूर्त और स्पष्ट नहीं होती, परन्तु नाद की गम्भीरता और माधुर्य, भावों को बाँधने में सक्षम होते हैं। शब्द के सहयोग से तो संगीतकला, काव्य कला के सभी पक्षों की अभिव्यंजना करने लग जाती है। स्वरों के आरोह-अवरोह के साथ शब्द संगीत का रूप अत्यन्त चमत्कारपूर्ण होता है। कबीर, सूर और मीरा के पद, रागों में निबद्ध होने के कारण, आज भी प्रिय हैं। उनके काव्य और संगीत का समन्वित रूप हृदय और बुद्धि दोनों के लिए चामत्कारिक है। संगीत की प्रतीति का आधार कर्ण हैं, परन्तु शब्दबद्ध संगीत तो काव्य से भी एक सोपान आगे बढ़ जाता है।

(5) काव्य कला

काव्य कला का आधार शब्द है। जगत् के रूपों के मानसी प्रत्यक्षीकरण को कल्पना से समन्वित करके कलाकार जिस शब्दमयी वाणी को अभिव्यक्ति प्रदान करता है, वही काव्य कला है। वस्तुओं का मानसी प्रत्यक्षीकरण अमूर्त है परन्तु अमूर्त भावों को शब्दों द्वारा मूर्त रूप प्रदान किया जाता है। शब्दों से पदार्थ के बोध और भावों की व्यंजना साथ-साथ होती है। काव्य कला के शब्दों में अलंकार, बिम्ब विधान, प्रतीक योजना, मिथकीय प्रयोग, छन्द योजना, शब्दशक्ति बाह्य उपकरण हैं जबकि जगत् का मानसी प्रत्यक्षीकरण और कल्पना अन्तः उपादान हैं। कवि का चिन्तन, कल्पना कौशल, सामयिक परिवेश की प्रेरणाएँ, जातीय संस्कार और युगीन संस्कृति का, काव्य कला की निर्मिति में महत्त्वपूर्ण योगदान रहता है। कला का सौन्दर्य जीवन को तोड़ने में नहीं, मोड़ने और जोड़ने में है। जीवन सरिता के कूलों को कल्पना के अपोढ में सुन्दरतर रूप देने में कवि सतत प्रयत्नशील रहता है।

काव्य की अनुभूति चक्षु और कर्ण इन्द्रियों से होती है। काव्य कला में मानव चेतना के अनेक स्तरों और वृत्तियों को एक साथ स्पन्दित करने की क्षमता है, अतः इसका प्रभाव चिरस्थायी रहता है। नीति, ज्ञान, जीवन मूल्य और संस्कृति को सुरक्षित रखने और उन्हें संक्रमित करने का सुलभ एवं प्रभावशाली साधन काव्यकला ही है। काव्यकला द्वारा मनःप्रसादन भी होता है। यह मानव के आचरण को नियमित करती है और स्वस्थ जीवन जीने में सहायक है। मुद्रण के आविष्कार से काव्य कला चिरकाल तक जीवनीय शक्ति लिए रहती है और भविष्य के सोपानों को श्रृंखलाबद्ध करने में सहायता प्रदान करती है।

भारतीय कला की कुछ विशेषताएँ

भारतीय कलाओं का दृष्टिकोण भावात्मक रहा है। ये, कला का सम्बन्ध मानव जीवन से जोड़ती हैं। अधिकांशतः भारतीय कला धर्म से अनुप्राणित हैं। मन्दिरों के भवन भव्यता और सौन्दर्य के प्रतीक हैं और मूर्तियाँ चिन्तन, सौमनस्य, शान्ति और भक्ति भाव से ओतप्रोत हैं। कहीं-कहीं शौर्य, बल और संघर्ष का भी अंकन है। भारतीयों ने कला में औचित्य और स्पष्टता का विशेष ध्यान रखा और भावाभिव्यक्ति एवं क्रियाशीलता को अभिव्यक्ति दी। रूप सौष्ठव में कल्पना, भावुकता और आदर्शवादिता की तरफ झुकाव रहा। भारतीय कला में वेशभूषा, केश विन्यास और अलंकरण की प्रवृत्ति रही। भारतीय कलाकृतियाँ मातृभूमि के साथ रागात्मक सम्बन्ध प्रदर्शित करती हैं। सौन्दर्य अंकन में भारतीय कलाकार की कल्पना एक विशिष्ट दृष्टिकोण रखती है, यद्यपि बाहरी प्रभाव के कारण समय-समय पर वह प्रभावित अवश्य रही। भारतीय कलाकार कला में दिव्यता की झलक के लिए सदा आतुर रहा। सादगी भी इस कला में महत्त्वपूर्ण स्थान रखती है।

सौन्दर्य और कला

सौन्दर्य : पाश्चात्य अवधारणा

साहित्य में सौन्दर्य का विशेष महत्त्व रहा है। इसे सौन्दर्य, रमणीयता, शोभा, कान्ति, चमत्कार, उक्ति-वैचित्र्य आदि अनेक संज्ञाओं से अभिहित किया गया। सामान्यतः चक्षुओं, श्रवणेन्द्रिय एवं मन को आकृष्ट करने की क्षमता होना सौन्दर्य का मूल भाव है, व्यापक अर्थ में इसके अन्तर्गत सद्गुणों का भाव निहित रहता है। सुकरात के अनुसार–"जो नेत्र और श्रवण के माध्यम से प्रीतिकर हो वही सुन्दर है।" प्लेटो का मत है कि सौन्दर्य केवल शरीर का गुण नहीं है, इसमें चेतना का सौन्दर्य भी होता है जिसका नियन्त्रण, नियम और मर्यादाओं से युक्त नैतिक सौन्दर्य से है। इनके अतिरिक्त ज्ञान-विज्ञान के सौन्दर्य का भी महत्त्व होता है। अतः सौन्दर्य के चार स्तर हैं–शारीरिक सौन्दर्य, मानसिक सौन्दर्य, नैतिक सौन्दर्य और प्रज्ञात्मक सौन्दर्य। प्लेटो का मन्तव्य है कि जो हमारे अनुराग का विषय है, अन्ततः वही सुन्दर है। यह सौन्दर्य कलाकार की चेतना में सक्रिय मूलविचार अथवा भावना के रूप में रहता है। परन्तु काव्य तर्क शास्त्र के आधार पर सौन्दर्य के दो रूप निरपेक्ष तथा सापेक्ष सौन्दर्य स्वीकार करते हैं। निरपेक्ष अथवा शुद्ध सौन्दर्य रूपगत सामंजस्य पर निर्भर है जबकि सापेक्ष सौन्दर्य जीवन के प्रति उसकी सार्थकता में ही निहित है। सौन्दर्य चिन्तकों का एक वर्ग मानता है कि सौन्दर्य भावनाओं की अभिव्यक्ति है। ये सौन्दर्य की सत्ता रागात्मक अनुभूति के रूप में स्वीकार करते हैं। इस वर्ग के अनुसार अनेकता में एकता, सुसंगति तथा स्पष्टता सौन्दर्य के तीन आधार हैं। जिसकी हम कामना करते हैं और जो हमारी इच्छा पूर्ति करता है, वही सुन्दर है। ग्रांट एलेन का कथन है, "सुन्दर वह है जो हमारी अन्तःवृत्तियों को अधिकाधिक उत्तेजित करे और जिसमें न्यूनतम क्लान्ति का अनुभव हो।" इसी बात को सीधे रूप में संस्कृत में कहा गया है–यावद् यस्मै रोचते, भवेत्तत्तस्य सुन्दरम्। मनोविश्लेषण सिद्धान्त के स्थापक फ्रायड, सौन्दर्य का सीधा सम्बन्ध कामेच्छा अर्थात् रतिभाव से मानते हैं। इस प्रकार पाश्चात्य मत के अनुसार सौन्दर्य के तीन सिद्धान्त हैं–

(1) सौन्दर्य वस्तुनिष्ठ अर्थात् विषयनिष्ठ है।

(2) सौन्दर्य व्यक्तिनिष्ठ अर्थात् विषयीनिष्ठ है।

(3) सौन्दर्य काम की अभिव्यक्ति एवं परितृप्ति में है।

इन मतों की भिन्नता में प्रश्न होता है कि सौन्दर्य वस्तु का गुण माना जाए अथवा द्रष्टा की प्रतीति का। अतः सौन्दर्य के क्षेत्र में एक अन्य मत सामने आया जो मानता है कि "सौन्दर्य वस्तु का गुण है, किन्तु वह प्रमाता की भावनाओं पर आधारित होता है। अर्थात् सौन्दर्य ऐसा तत्त्व है जो प्रतीयमान है और जिसकी सत्ता वस्तु और प्रमाता दोनों पर निर्भर करती है। इस मत को सौन्दर्य का समन्वयवादी सिद्धान्त कहा गया। इस सिद्धान्त के अनुसार सौन्दर्य वैयक्तिक अनुभूति होते हुए भी, कलात्मक दृष्टिकोण से निर्मित व्यापार है जो उन लोगों में सौन्दर्य की भावना उत्पन्न करता है, जो उसे मानते हैं। सौन्दर्य न तो पूर्ण रूप से अनुभव पर निर्भर करता है और न ही अनुभूत वस्तु पर, यह न वैयक्तिक है और न विषयगत। सौन्दर्य अंतःकरण और विषयवस्तु के मध्य एक सम्बन्ध है।

इस प्रकार सौन्दर्य संवेगात्मक सम्बन्ध है जो आनन्द प्रदान करता है। यह भावात्मक, स्वाभाविक और विषयीकृत मूल्य है। आनन्द के विषयीकरण से, सौन्दर्य निर्मित होता है। सौन्दर्य वस्तुनिष्ठ भी है और व्यक्तिनिष्ठ भी, इसका व्यक्तिगत और सामाजिक उपयोग हो सकता है। इसीलिए समन्वयवादी कहते हैं कि सौन्दर्य पदार्थ का गुण है, पदार्थ का तत्त्व है, किन्तु पदार्थ का भौतिक तत्त्व न होकर प्रतीयमान तत्त्व है जिसकी प्रतीति प्रमाता को, भावना द्वारा होती है।

सौन्दर्य : भारतीय अवधारणा

भारतीय कला के क्षेत्र में सौन्दर्य की धूम रही, परन्तु सैद्धान्तिक दृष्टि से इसके विवेचन की ओर कम ध्यान दिया गया। कालिदास ने अपने काव्यों में सौन्दर्य का चिन्तन केवल ऐन्द्रिय धरातल पर ही नहीं किया अपितु उसके मानसिक पहलू को भी अभिव्यक्ति प्रदान की। कालिदास की मान्यता है कि नैसर्गिकता में ही सच्चा सौन्दर्य है। नैसर्गिक सौन्दर्य अलंकारों की अपेक्षा नहीं रखता।

प्रियेषु सौभाग्यफला हि चारुता।

भारवि नैसर्गिक सौन्दर्य के लिए गुणों की आवश्यकता नहीं मानते वे भावुक कलाकार हैं, अतः उनके विचार में मानवीय भावनाएँ, काव्य सौन्दर्य का मूल आधार हैं। महाकवि माघ गतिशीलता द्वारा रूप सौन्दर्य की नित्य नवीनता पर बल देते हैं–

क्षणे क्षणे यन्नवतामुपैति तदेव रूपं रमणीयतायाः।

भक्ति साहित्य में, ईश्वर के दिव्य सौन्दर्य का विभिन्न भंगिमाओं में निरूपण किया गया है। मधुसूदन सरस्वती, रूपगोस्वामी आदि के अनुसार 'अंग प्रत्यंग का जो यथोचित सन्निवेश है तथा जो उचित सन्धि बन्ध है, उसे सौन्दर्य कहते हैं।'

मधुसूदन सरस्वती ने परमात्मा को सौन्दर्यसारसर्वस्व कहकर उसके आध्यात्मिक स्वरूप को अभिव्यक्ति दी है। बौद्ध परम्परा में, सौन्दर्य बोध के लिए कला के आन्तरिक पक्ष पर बल दिया गया। सौन्दर्य का ज्ञान तभी सम्भव है जब आन्तरिक चित्र, बाह्यरूप में पुनः सर्जित हो। भारतीय कलाशास्त्र में, कला का मूल उद्देश्य सौन्दर्य की अभिव्यक्ति करना है। परन्तु इसमें मूल रूप सौन्दर्य के बाह्य पक्ष को भी अधिक अभिव्यक्ति प्राप्त हुई। भारतीय काव्यशास्त्र में अलंकार सिद्धान्त के अन्तर्गत सौन्दर्य का विशद और सूक्ष्म विवेचन है। अलंकारों द्वारा काव्य में चारुता, शोभा, सौन्दर्य का समावेश हो सकता है। इसीलिए वामन कहते हैं कि सौन्दर्य अलंकार है। दण्डी का कथन है कि काव्य की शोभा, अलंकार बढ़ाते हैं। रीति सिद्धान्त के अन्तर्गत वामन कोमलता, माधुर्य, ओज, प्रसाद आदि रूप के बाह्य आकर्षणों के साथ लावण्य को भी मान्यता देते हैं। ध्वनिकार आनन्दवर्धन ने प्रतीयमान अर्थ द्वारा बाह्य रूप की अपेक्षा आन्तरिक सौन्दर्य का प्रतिपादन किया है।

इस प्रकार भारतीय परम्परा में सौन्दर्य मुख्यतः वर्ण के रूप में विधान पर आधारित है। सौन्दर्य स्वयं शोभा होता है, वह रमणीय है, लोकोत्तर है, आह्लादजनक है तथा अनिर्वचनीय है। कवि की प्रतिभा, रूप सौन्दर्य का नित नवीन उन्मेष करती है। भारतीय बाह्य और आन्तरिक सत्ता के सामंजस्य में सौन्दर्य की श्रेष्ठता स्वीकार करते हैं।

कलागत सौन्दर्य

सौन्दर्य कला का मुख्य विषय है। यह मनुष्य के सर्वोत्तम मनोभावों का प्रतीक है। भारतीय आचार्य सौन्दर्य का विवेचन दो रूपों में करते हैं—सौन्दर्य का सामान्य विवेचन तथा कलात्मक सौन्दर्य। सौन्दर्य के सामान्य विवेचन में, सामान्य रूप से सौन्दर्य विषयक अवधारणा पर विचार किया जाता है जबकि कलात्मक सौन्दर्य में, कला के माध्यम से सौन्दर्य की विवेचना होती है। वेदों में कला शब्द का शास्त्रीय अर्थ में तो नहीं किन्तु काव्य, संगीत, चित्र, मूर्ति आदि विभिन्न कलाओं के रूप में प्रचुर उल्लेख प्राप्त है। वेदों में संगीत का विस्तार से विवेचन मिलता है। रामायण, महाभारत काल में कलाओं के सम्बन्ध के अन्विति, संविभाग, समृद्धि, अलंकार, जीवन्तता आदि कला तत्त्वों का प्रत्यक्ष या परोक्ष रूप में वर्णन मिलता है। कला मूलतः मानसी सृष्टि है तथा कलाकार के अभिप्राय को मूर्तित करने में ही उसकी सार्थकता है। सौन्दर्यशास्त्र की दृष्टि से कलाओं के अन्तःसम्बन्ध के विषय में विष्णु धर्मोत्तर पुराण में कहा गया है कि अनुक्रम, सादृश्य विधान, सम्मीति आदि कला सौन्दर्य के आवश्यक तत्त्व है। इनका प्राण रस है। निष्कर्षतः भारतीय कलाओं का दृष्टिकोण परम्परा बद्ध है जिसमें कलाकार की व्यक्तिगत रुचि की अपेक्षा शास्त्र को प्रमाण रूप में स्वीकार किया गया है।

पाश्चात्य सौन्दर्यशास्त्र में अनेक विद्वान् सौन्दर्य का सम्बन्ध वस्तु के रूप सें मानते हैं। उन्होंने सौन्दर्य को कलाकार की सृष्टि के रूप में मान्यता प्रदान की है। यह मनुष्य की भावना और कल्पना पर आधारित है। सौन्दर्य सृष्टि के लिए कल्पना की आवश्यकता होती है क्योंकि कलाकृति के रूप सौन्दर्य की कुछ ऐसी विशेषताएँ हैं जो उसे प्राकृतिक रूप सौन्दर्य से पृथक् कर देती हैं। कला का बिम्ब विधान, मानसिक रूप होने के कारण, अनुभूति निर्लिप्त और सूक्ष्म हो जाती है।

कलात्मक अनुभूति में भावना व्यापार की तीव्रता होती है जिससे सौन्दर्य की अनुभूति भी तीव्र हो जाती है। कला सौन्दर्य प्राकृतिक और काल्पनिक स्रोत से पुनःनिर्मित होता है।

संक्षेपतः सौन्दर्य कला का विषय है जिसे भारतीय विचारक, मानसिक अनुभूति का विषय मानते हैं जबकि पाश्चात्य विचारक इसे वस्तु रूप में मान्यता प्रदान करते हैं। सौन्दर्य कला का विषय होने के कारण, मनुष्य की भावना पर आधारित होता है और कलात्मक सौन्दर्य मनुष्य की मानसिक प्रक्रिया का स्वरूप है।

प्रतीक और साहित्य

प्रतीक का अर्थ है–चिह्न, लक्षण, किसी की स्थानापन्न वस्तु, प्रतिमा, सूचक या प्रतिनिधि (Symbol)। साहित्य में प्रतीक शब्द के लाक्षणिक आधार पर कवियों ने इसका व्यापक आधार पर प्रयोग किया है। यों तो भाषा का प्रत्येक ध्वनि समूह किसी न किसी अर्थ का प्रतीक है, परन्तु काव्य में प्रतीक को विशिष्ट व्यवहार में ग्रहण किया गया है। रिची का मत है, "जहाँ तक चिन्तन का प्रश्न है, वह अपने सभी स्तरों पर एक प्रतीकात्मक प्रक्रिया है।...प्रतीकीकरण चिन्तन का अपरिहार्य व्यापार है। लेंगर कुछ और व्यापक अर्थ में कहते हैं–"सत्य तो यह है कि प्रतीकीकरण चिन्तन का अपरिहार्य व्यापार नहीं प्रत्युत एक ऐसा प्राग्वैचारिक व्यापार है जिसके बिना चिन्तन सम्भव ही नहीं। वस्तुतः प्रतीक हमारे आद्य प्रत्यय हैं जो तर्क पूर्ण होते हुए भी अबौद्धिक नहीं।" फैल्क्सि माति इबाने का मन्तव्य है, "प्रतीक मानव चेतना का प्रस्थान बिन्दु है, मनुष्य की प्राचीनतम अन्तर्राष्ट्रीय भाषा है जिसमें पुराकालीन विचार और भाव संकेन्द्रित रहते हैं।" लोकमान्य तिलक गीता रहस्य में स्पष्ट करते हैं, "जब किसी वस्तु का कोई भाग गोचर होता है, फिर आगे उस वस्तु का ज्ञान हो तब उस भाग को प्रतीक कहते हैं।" डॉ. आनन्द दीक्षित के अनुसार, "प्रतीक शब्द का प्रयोग उस दृश्य अथवा गोचर वस्तु के लिए किया जाता है जो किसी अदृश्य, अगोचर या अप्रस्तुत विषय का प्रतिनिधान, उसके साथ अपने साहचर्य के कारण करती है।" आंग्ल कोशकार प्रतीक के सम्बन्ध में बताते हैं, "केवल मानस प्रत्यक्ष तथा कल्पना के क्षेत्र में आने वाले विचारों, भावों और अनुभूतियों के गोचर संकेत अथवा चिह्न प्रतीक कहलाते हैं।"

उपर्युक्त परिभाषाओं से प्रतीक के सार्वदेशिक अर्थों की प्रतीति होती है, परन्तु काव्य में प्रतीक का क्या स्वरूप है, इस विषय में रामचन्द्र शुक्ल का मत है कि यह स्वरूप या भावना जाग्रत करता है, काव्य में प्रतीकों के प्रयोग से कवि सृष्टि के साथ अपने रागात्मक सम्बन्ध मूर्तित करने की ओर अग्रसर होता है। उदाहरणतः कमल, कोमल और मधुर भावनाओं का प्रतीक है जबकि कुमुदिनी शुभ्र हास का, समुद्र विस्तार और गम्भीरता का। डॉ. भगीरथ मिश्र काव्य प्रतीक की व्याख्या करते

हैं, "अपने रूप, गुण, कार्य या विशेषताओं के सादृश्य एवं प्रत्यक्षता के कारण जब कोई वस्तु या कार्य किसी अप्रस्तुत वस्तु, भाव, विचार, क्रिया-कलाप, देश, जाति, संस्कृति आदि का प्रतिनिधित्व करता है, तब वह प्रतीक कहलाता है।" काव्यात्मक प्रतीक के सन्दर्भ में विलियम वाई टिण्डैल का कथन है कि साहित्य के प्रतीक, चाहे सम्पूर्ण कृति ही हो या उसका एक अवयव, स्पष्ट साकार अंग संघटना है। ये काव्य में विचार, भाव या आकार में व्याप्त रहते हैं। कारलाइल का मत है कि प्रतीक उस रूप के समान दीखता है जिसका एक अंश अनकहा और अनिश्चित हो।

इस प्रकार प्रतीक हमारे लिए इतर को प्रस्तुत ही नहीं करता अपितु उसे वहन भी करता है। वह किसी अनकहे सत्य की सादृश्य स्थापना के लिए प्रयुक्त संयुक्त रचना है जो अभिधा की सीमा पार कर, भावनाएँ या विचार एकीकृत करके मूर्तित करता है। स्पष्टतः प्रतीक के स्वरूप में निम्नलिखित विशेषताएँ रहती हैं–

(1) यह प्रतिनिधित्व करने वाला प्रस्तुत है।

(2) इससे मन में तुरन्त कोई भावना जाग्रत होती है।

(3) इस पर युग, देश, संस्कृति और मान्यताओं की छाप रहती है।

(4) यह विशिष्ट अर्थ में रूढ़ हो जाता है। नए प्रतीक व्यक्तिगत हों तो भी धीरे-धीरे रूढ़ हो जाते हैं।

(5) इसका एक अर्थ अनकहा होता है।

काव्य में प्रतीकों का प्रयोग सीमित रूप में ही होना चाहिए। प्रतीकों के बल पर काव्ययात्रा निरापद नहीं होती। जातीय मान्यताओं और रहस्यमय संकेतों के कारण अर्थ की अनिश्चितता से विचारों और भावों के साधारणीकरण में काव्य की क्षमता घट जाती है।

प्रतीक की मूल संवेदना

प्रतीक किसी दृश्य या अमूर्त का सीधा प्रतिनिधित्व करता है। भारतीय काव्यशास्त्र में साध्यवसाना लक्षणा भी प्रतीक की संवेदना व्यक्त करती है क्योंकि प्रतीक का सीधा सम्बन्ध वस्तु से नहीं, वस्तुविषयक प्रत्यय से होता है। प्रतीक किसी वस्तु का स्थानापन्न नहीं, वस्तुविषयक प्रत्ययों का वाहक होता है। प्रतीकों का प्रत्यक्ष सम्बन्ध मानसचित्रों से है, यथार्थ वस्तु से नहीं। इस प्रकार प्रतीक और वस्तु के बीच जो सम्बन्ध है उसमें व्यक्तिगत संस्कार, जातिगत मान्यताएँ, सामाजिक परिवेश आदि विविध सन्दर्भ संकेन्द्रित रहते हैं। यह मानवी अस्तित्व की प्रवाहमान सरिता के दृश्य एवं अदृश्य दो तटों को मिलाने वाला सेतु बनता है। प्रकृति-मन्दिर के हर सजीव स्तम्भ से समय-समय पर धुँधले शब्द निकलते हैं। मनुष्य प्रतीकों के वनकुंज से होकर चलता है। प्रतीकों के ये वनकुंज अपरिचित हैं और गम्भीर भी। फिर भी आँखों में परिचय की आभा लिए, मनुष्य के पीछे-पीछे चलते हैं। प्रतीक में एक ओर

सहजानुभूति और दृश्य जगत् की विद्यमानता रहती है तो दूसरी ओर धारणा तथा अदृश्य सत् चेतना की व्यंजना की। इसमें सहजानुभूति और विभावन के संगम के साथ ही दृश्य जगत् और अदृश्य जगत् का मेल छिपा रहता है। प्रतीक अपनी सामंजस्य विधायक शक्ति द्वारा चेतन और अचेत में ऐक्य स्थापित करता है।

बिम्ब और प्रतीक

उद्गम की दृष्टि से बिम्ब और प्रतीक दोनों ही ऐन्द्रिय बोध से सम्बद्ध हैं, परन्तु विकास क्रिया में प्रयोग, परम्परा और जातीय स्वीकृति के साथ प्रतीक की ऐन्द्रियता कम होती जाती है और प्रत्ययात्मकता घनी। बिम्ब में ऐन्द्रियता अक्षुण्ण होती है। डॉ. नगेन्द्र का कथन है कि प्रत्येक प्रतीक अपने मूल में उपमान होता है, धीरे-धीरे उस उपमान का बिम्ब रूप अचल बन जाता है। यह अचल बिम्ब ही प्रतीक है। अचल बिम्ब में, प्रारम्भ में ऐन्द्रियता रहती है परन्तु परिणति जड़ता (अचलता) में होती है। प्रतीक में अडिग परम्परागत अर्थ होता है। बिम्ब विधान में चित्रात्मकता की प्रवृत्ति के कारण सहज संवेद्यता रहती है परन्तु प्रतीक विधान में उसका अभाव होता है। प्रतीक केवल संकेत करता है। जबकि बिम्ब उसे पूर्णतया प्रत्यक्ष और ग्राह्य बना देता है। बिम्ब और प्रतीक में भेद के लिए निम्न बातें ध्यातव्य हैं–

(1) बिम्ब के निर्माण में व्यक्ति आधार है जबकि प्रतीक जातीय चेतना से उद्भूत है।

(2) बिम्ब समग्र दृश्य मूर्तित करता है, प्रतीक किसी भाव या वस्तु का प्रतिनिधित्व करता है।

(3) बिम्ब, मूर्त, स्पष्ट और ध्वन्यात्मक है, प्रतीक रहस्यगर्भी, अस्पष्ट और अर्थ की सीमा लिए रहता है।

(4) बिम्ब में रागात्मक स्पर्श अधिक होता है परन्तु प्रतीक प्रत्ययात्मक है।

(5) बिम्ब सहज संवेद्यता के कारण साधारणीकरण में अधिक सक्षम है परन्तु प्रतीक अर्थग्रहण में सन्दर्भ सापेक्ष व साधारणीकरण में दीक्षागम्य है।

(6) बिम्ब में ऐन्द्रियता रहती है जबकि प्रतीक में बौद्धिकता।

(7) बिम्ब का प्रमुख क्षेत्र काव्य है, परन्तु प्रतीक का क्षेत्र धर्म और दर्शन है।

प्रतीक और साहित्य

जैसे धार्मिक क्षेत्र में पत्थर या धातु की मूर्तियाँ किसी परम सत्ता के प्रतीक रूप में पूजी जाती हैं, उसी प्रकार साहित्य के क्षेत्र में किसी भाव या विचार का प्रतिनिधित्व करने वाले शब्द प्रतीक कहलाते हैं। किसी शब्द के प्रचलित अभिधेय अर्थ को ग्रहण करते हुए भी उसके द्वारा किसी अन्य अर्थ की सूचना दी जाए तो वह प्रतीक है।

यथा किसी शव को देखकर कोई कह दे, "पंछी उड़ गया, खाली पिंजरा रह गया।" यहाँ पंछी शब्द आत्मा का प्रतीक है और पिंजरा शरीर का।

अब प्रश्न है कि काव्य में प्रतीकों का प्रयोग क्यों करते हैं ? वस्तुतः काव्य में उन सभी साधनों का प्रयोग किया जाता है जो हमारी भावनाएँ अधिक स्पष्टता से, अधिक प्रभावशाली रूप में प्रकट करने में सहायक हों। काव्य में विभिन्न अलंकारों के प्रयोग के पीछे भी यही उद्देश्य है। इस उद्देश्य की पूर्ति हेतु प्रतीक अनेक रूपों में प्रयुक्त होता है–

(1) प्रतीक के माध्यम से सूक्ष्म भावों, विचारों और कल्पनाओं की स्थूल रूप में प्रस्तुति होती है जैसे–

तमसो मा ज्योतिर्गमय।

यहाँ तमस शब्द अज्ञान का प्रतीक है और ज्योति ज्ञान का। इसी प्रकार कामायनी से एक उदाहरण प्रस्तुत है–

झंझा झकोर गर्जन है, बिजली है नीरदमाला।
पाकर इस शून्य हृदय को सबने आ घेरा डाला।।

(2) प्रतीक के माध्यम से किसी अपरिचित वस्तु का परिचय, परिचित वस्तु के आधार पर दिया जाता है। इससे पाठक सुगमतापूर्वक अपरिचित वस्तु को ग्रहण करने में समर्थ होता है। यथा, तुलसीदास ज्ञान और भक्ति में भेद बताते हुए कहते हैं कि ज्ञान दीपक के समान है और भक्ति चिन्तामणि है।

(3) अप्रस्तुत का वर्णन करके पाठक के हृदय में प्रस्तुत विषय में जिज्ञासा करना प्रतीक का लक्ष्य रहता है। जैसे कबीर कहते हैं–

एक अचम्भो देख्यो री माई।
ठाडा सिंह चरावै गाई।।

यहाँ अप्रस्तुत सिंह और गाय के कथन से, प्रस्तुत आत्मा और इन्द्रियों के विषय को जानने की जिज्ञासा होती है।

(4) जब विषयवस्तु की व्यंजना अभिधा में न करके व्यंग्य रूप में की जाए तो प्रतीक बन जाता है। जैसे–

नहिं पराग नहिं मधुर मधु, नहिं विकास इहि काल।
अलि कली ही सौ बंध्यौ, आगे कौन हवाल।।

इस दोहे में कली, अस्फुट यौवन बाला का प्रतीक है।

(5) जब एक ही शब्द, वाक्य, प्रसंग, कहानी द्वारा दो विषयों का प्रतिपादन एक साथ हो तो प्रतीक की अभिव्यंजना होती है जैसे–

उन्ह बानन्ह अस को जो न मारा।
बेधि रहा सगरौ संसारा।।

पद्मावत और कामायनी महाकाव्यों में रत्नसेन-पद्मिनी तथा मनु-श्रद्धा के प्रतीकार्थों

से लौकिक और आध्यात्मिक विचारों की अभिव्यक्ति एक साथ हुई है।

कुछ लोगों का विचार है कि प्रतीकों का प्रयोग उस समय किया जाता है जब भाषा की अभिधा शक्ति कुण्ठित हो जाती है। यह विचार अर्धसत्य है। प्रतीक तो भावाभिव्यक्ति को अधिक स्पष्ट, आकर्षक एवं प्रभावशाली बनाने के लिए प्रयुक्त किए जाते हैं। जब कभी प्रतीकों का बाहुल्य हो जाए तो काव्य रचना दुर्बोध और भावाभिव्यक्ति अस्पष्ट होने लगती है।

हिन्दी काव्य और प्रतीक

प्राचीन हिन्दी काव्य में प्रतीकों का प्रयोग सामान्य रूप में ही हुआ किन्तु आधुनिक काल में छायावादी एवं प्रयोगवादी काव्य में प्रतीक योजना का खुलकर सहारा लिया गया। छायावादी काव्य में सूक्ष्म भावनाओं की अभिव्यक्ति प्रकृति के उपादानों को प्रतीक बताकर की गई है। छायावाद के विषय में रामचन्द्र शुक्ल लिखते हैं, "हिन्दी में छायावाद शब्द का जो व्यापक अर्थ रहस्यवादी रचनाओं के अतिरिक्त और प्रकार की रचनाओं के सम्बन्ध में भी ग्रहण हुआ है, वह इसी प्रतीक शैली के अर्थ में है। छायावाद का सामान्य अर्थ हुआ–प्रस्तुत के स्थान पर उसकी व्यंजना करने वाली छाया के रूप में, अप्रस्तुत का कथन।" प्रतीकवादियों की रहस्यवृत्ति और अस्पष्टता छायावादियों में मिलती है।

प्रयोगवादियों के विषय में शिवदान सिंह चौहान का मत है कि वे छद्मवेषी प्रतीकवादी हैं। उन्होंने अपने काव्य में प्रतीकों द्वारा अपनी दमित वासनाओं की अभिव्यक्ति करने का प्रयास किया है, किन्तु उनमें पाश्चात्य प्रतीकवाद की मूलभावना नहीं मिलती। अज्ञेय स्वीकार करते हैं–"आज के मानव का मन, यौन परिकल्पनाओं से लदा हुआ है और वे कल्पनाएँ सब दमित और कुण्ठित हैं। उसकी सौन्दर्य चेतना भी इससे आक्रान्त है। उसके उपमान सब यौन प्रतीकार्थ रखते हैं।" प्रयोगवादी काव्य में यौन-प्रतीकों की प्रचुरता है परन्तु उसमें पाश्चात्य प्रतीकवादियों जैसी रहस्यवादिता, धार्मिकता, संगीतात्मकता और अलौकिक सौन्दर्य सृष्टि का आग्रह नहीं मिलता। प्रतीक वादी कवियों और अज्ञेय में यदि कोई सम्बन्ध है तो यह कि दोनों ने नए प्रतीकों की योजना पर बल दिया है, नए उपमान ढूँढ़ने की बात कही है, परन्तु फ्रेंच कवियों के प्रतीक सम्बन्धी सिद्धान्त रहस्यों, अन्तर्विरोधों और अस्पष्टताओं से भरे थे, अज्ञेय में यह बात नहीं है।

पाश्चात्य काव्य के अनुकरण के प्रभाव से हिन्दी में प्रतीकों का प्रयोग बिना सोचे समझे तेजी से बढ़ा जिसके कारण कुछ कवियों की रचनाएँ अस्पष्ट दुरूह और जटिल बन गईं। जिन प्रतीकों के प्रयोग से काव्य रचना का अर्थ अस्पष्ट हो जाए और बोधगम्य न रहे तो यह प्रतीकों का सदुपयोग नहीं दुरुपयोग है। इससे काव्य में प्रेषणीयता का अभाव होने लगता है।

काव्यबिम्ब

काव्यकला के सन्दर्भ में बिम्ब का प्रयोग आधुनिक है और यह अंग्रेजी के इमेज शब्द का पर्याय है। पाश्चात्य काव्यशास्त्र इसे काव्य का अनिवार्य माध्यम, उपकरण मानता है। वस्तुतः बिम्ब काव्य के माध्यम का उपकरण ही नहीं, काव्य क्रियाकल्प का अनिवार्य अंग है। कला की सर्जना बिम्ब रचना का ही नाम है। बिम्ब क्या है ? इसके विषय में अनेक विद्वानों ने अपने दृष्टिकोण प्रस्तुत किए—

(1) बिम्ब किसी पदार्थ की मानसिक प्रतिकृति है।

(2) काव्य बिम्ब एक प्रकार का भावगर्भित शब्दचित्र है।

(3) बिम्ब किसी अमूर्त विचार अथवा भावना की पुनर्निर्मिति है।

(4) बिम्ब पदार्थों के आन्तरिक परिदृश्य की अभिव्यक्ति है।

(5) यह कल्पना अथवा स्मृति में उपस्थित चित्र या प्रतिकृति है।

(6) मूल उद्दीपन की अनुपस्थिति में स्मृति के अनुभव का समग्र अथवा अंश रूप में पुनरुत्पादन बिम्ब है।

उपर्युक्त परिभाषाओं से बिम्ब के विषय में अनेक धारणाएँ स्पष्ट होती हैं—

(1) बिम्ब पदार्थ नहीं अपितु पदार्थ प्रतिछवि है, मूलसृष्टि नहीं, पुनःसृष्टि है।

(2) बिम्ब एकचित्र है जो पदार्थ के साथ इन्द्रियों के सन्निकर्ष से, प्रमाता के चित्त में उद्बुद्ध हो जाता है।

(3) पदार्थ के साथ इन्द्रियों का सन्निकर्ष प्रत्यक्ष और परोक्ष दोनों रूपों में होता है। प्रत्यक्ष सन्निकर्ष में इन्द्रियों की क्रिया प्रमुख रहती है, परन्तु परोक्ष सन्निकर्ष में कल्पना का योगदान प्रमुख हो जाता है। गौण रूप से प्रत्यक्ष सन्निकर्ष में कल्पना और परोक्ष सन्निकर्ष में इन्द्रियाँ सक्रिय रहती हैं।

(4) बिम्ब का विषय मूर्त या अमूर्त, दो प्रकार का हो सकता है अर्थात् पदार्थ का भी बिम्ब होता है और गुण का भी। जिन बिम्बों को अमूर्त माना जाता है वे अचाक्षुष होते हैं, अगोचर नहीं।

(5) कुछ ऐसे काव्य बिम्ब होते हैं जो उद्दीपक पदार्थ की अनुपस्थिति में कल्पना द्वारा उद्बुद्ध होते हैं, उनमें ऐन्द्रिय तत्त्व परोक्ष रूप में विद्यमान रहता है।

(6) काव्य बिम्ब का माध्यम शब्द-अर्थ हैं। यों तो प्रत्येक शब्द में एक बिम्ब होता है, परन्तु काव्य के लिए सामान्य प्रयोग के शब्द उपयोगी नहीं होते।

(7) कवि को प्रतिभा एवं कल्पना द्वारा बिम्बों को उभारना पड़ता है।

(8) बिम्ब के मूल में राग की प्रेरणा अनिवार्यतः रहती है।

अतः मूर्त या अमूर्त विषय के साथ इन्द्रिय सन्निकर्ष से पदार्थ की शब्दार्थमयी प्रतिकृति काव्यबिम्ब है।

काव्यबिम्ब का आधार तत्त्व

काव्यबिम्ब का प्रेरक तत्त्व भाव है। काव्यबिम्ब, सामान्य बिम्ब से अधिक रंगमय और समृद्ध होता है और उसके निर्माण में सर्जनात्मक कल्पना सक्रिय रहती है। कभी-कभी स्मृति या निष्क्रिय कल्पना भी उपकरण के रूप में उपयोगी होती है। सामान्यतः ज्ञानेन्द्रिय का अनुभव बिम्ब उद्बुद्ध करता है। परन्तु चक्षु का योगदान सर्वाधिक है। शब्द, स्पर्श, रस और गन्ध के भी अपने-अपने बिम्ब होते हैं, उन्हें भी प्रायः रूप का आधार लेना पड़ता है। इसीलिए साम्य के समस्त रूपों में सादृश्य का महत्त्व सबसे अधिक है। अलंकारतन्त्र अधिकांशतः सादृश्य पर ही आधारित है। काव्यबिम्ब शब्दार्थमय होता है अतः सार्थक शब्द ही बिम्ब के मूर्तन के उपकरण हैं। वैसे तो सभी शब्दों के अपने-अपने बिम्ब होते हैं, परन्तु कवि ऐसे शब्दों का चयन करता है जिनके बिम्ब अभीष्ट एवं अनुकूल होते हैं या फिर वह शब्दों को नए बिम्बों में ढाल लेता है।

काव्य में, शब्द की लक्षणा और व्यंजना शक्तियाँ बिम्ब का विधान करती हैं। प्रत्येक लक्ष्यार्थ एक प्रकार का बिम्ब होता है, परन्तु लक्ष्यार्थ और बिम्ब पर्यायवाची नहीं हैं। 'फूल-सी हँसी मुरझा गई', 'मदिर ऊँघते रजनी भर जगकर तारा' आदि में लक्षणा के प्रयोग बिम्ब रूप हैं। लक्षणा में केवल अमूर्त के लिए मूर्त का अर्थात् गुण के लिए गुणी का ही प्रयोग नहीं होता अपितु मूर्त के स्थान पर अमूर्त का प्रयोग भी चमत्कारपूर्ण है। 'उसके मन में पाप झाँक रहा था'—यहाँ पाप की धारणा का अपना बिम्ब नहीं है, जो बिम्ब बनता है, वह पापकर्म का या झाँकने का। अभिप्राय यही है कि लक्षणा शब्दशक्ति, बिम्बविधान का समर्थ उपकरण है। इसी प्रकार व्यंग्यार्थ में भी बिम्ब होता है। 'रात हो गई है' में सड़क पर गाड़ियाँ न मिलने, घर लौटने, सोने या मद्यपान आदि के अनेक बिम्ब उभरते हैं। ये बिम्बश्रोता के अर्थग्रहण पर निर्भर हैं। ध्वन्यर्थ सदा बिम्ब नहीं होता। वस्तुध्वनि तो बिम्ब रूप होती है, परन्तु रस ध्वनि बिम्ब रूप नहीं होती। रसध्वनि का स्वरूप अनुभूतिमय होता है।

उपमान और प्रतीक के साथ बिम्ब का घनिष्ठ सम्बन्ध है। उपमान बिम्ब रचना का साधन है। सादृश्य विधान उपमान की सहायता से होता है। प्रत्येक उपमान का अपना बिम्ब होता है जो उद्दिष्ट, अर्थ, विचार या अनुभूति को मूर्त करने में सहायक होता है। परन्तु उपमान की अपेक्षा बिम्ब अधिक विस्तृत और व्यापक है।

बिम्ब विधान के अनेक उपकरणों में उपमान भी एक है। प्रतीक एक प्रकार से उपमान का रूढ़ रूप है। जब उपमान स्वतन्त्र न रहकर पदार्थ विशेष के लिए रूढ़ हो जाता है तो उसे प्रतीक कहते हैं। प्रतीक का बिम्ब रूप धीरे-धीरे स्थिर हो जाता है, अतः प्रतीक एक अचल बिम्ब है।

अलंकार और बिम्ब, दोनों एक-दूसरे के निकट हैं, फिर भी दोनों में भेद है। अलंकार की परिधि अधिक व्यापक है, बिम्ब साम्यमूलक अलंकारों तक सीमित है। विरोधमूलक अलंकारों में भी बिम्ब की कल्पना की जा सकती है। बहुत सारे अलंकार ऐसे हैं जहाँ बिम्ब की कल्पना सम्भव नहीं हो पाती।

काव्य की कुछ अन्य धारणाएँ मिथक, रूपक, अन्योक्ति रूपक आदि भी बिम्ब के निकट हैं। क्रोचे की सहजानुभूति बिम्ब रूप में ही होती है। रूपक लक्षणा के प्रयोग का पर्याय है। अन्योक्ति रूपक और मिथक संश्लिष्ट बिम्बों के प्रकार हैं। अमूर्त सिद्धान्त या विचारधारा को मूर्त रूप देने के लिए जिस बिम्बविधान की सृष्टि की जाती है, वह अन्योक्ति रूपक है। जब इस प्रकार के बिम्ब जनजीवन में विश्वास क अंग बन जाते हैं और तथ्य प्रतीत होने लगते हैं तो वे पुराकथा कहलाते हैं। अन्योक्ति रूपक में कल्पना और मिथक में विश्वास का आधार रहता है और इसी से उनका स्वरूप सामान्य बिम्ब की अपेक्षा गहन हो जाता है।

काव्यबिम्ब के प्रकार

बिम्ब में ऐन्द्रिय आधार प्रमुख रहता है, अतः इन्द्रियों के माध्यम से उपलब्ध होने वाले बिम्ब के पाँच भेद हो सकते हैं—दृश्य, श्रव्य, स्पृश्य, घ्रातव्य और आस्वाद्य। दृश्य या चाक्षुष बिम्ब आकारवान् होते हैं और उनका स्वरूप सबसे अधिक स्पष्ट होता है क्योंकि इनके आयाम अधिक मूर्त होते हैं। ऐसे प्रत्येक अनुभव के लिए जिसमें किसी भी इन्द्रिय का सीधा सन्निकर्ष होता है, प्रत्यक्ष विश्लेषण का प्रयोग किया जाता है। जीवन तथा काव्य में प्रत्यक्ष बिम्बों की संख्या सबसे अधिक रहती है। यही कारण है कि अलंकार योजना में सादृश्य का अधिक महत्त्व रहा। श्रव्य बिम्बों का ग्रहण कर्णेन्द्रिय द्वारा होता है। वर्णध्वनि, छन्दलय, तुक आदि से श्रव्य बिम्ब प्राप्त होते हैं। अनुप्रास आदि से भी अन्य बिम्बों की निर्मिति होती है। प्रत्येक छन्द का अपना बिम्ब होता है। दोहा, चौपाई आदि छन्द अलग-अलग प्रकार श्रव्य बिम्बों का निर्माण करते हैं। ध्वनि प्रतीकों पर आश्रित श्रव्य बिम्ब भी हैं। वीणा, वंशी, मृदंग, कोकिल, गिटार आदि के ध्वनि बिम्ब अलग प्रकार के हैं। स्पृश्य बिम्ब में स्पर्शजन्य संवेदनों के समन्वय से बिम्ब बनते हैं। कोमल, कर्कश, कठोर आदि विशेषण स्पर्श बिम्बों के वाचक हैं। इन विशेषणों के बिम्ब अतिप्रयोग के कारण जड़ बन गए हैं। मखमली घास, रेशमी बाल आदि में स्पृश्य बिम्बों का चमत्कार दिखाई देता है। काव्य में गन्ध बिम्बों का प्रयोग कम मिलता है। भिन्न-भिन्न गन्धरूपों

के प्रतीक फूलों आदि से भी घ्रातव्य बिम्ब बनते हैं। इस प्रकार के बिम्बों की उपलब्धि कम है। फूलों आदि के आधार पर गुलाबी महक, आम्रबौर गन्ध आदि बिम्ब बहुत कुछ रूढ़ से हैं। इनकी अपेक्षा आस्वाद्य बिम्ब अधिक सुलभ है। सौन्दर्य में आस्वाद की अभिव्यक्ति और व्याख्या, दोनों में ही आस्वादपरक बिम्बों का प्रयोग सरल है। 'मीठी लगै अँखियान लुनाई' या 'नयन सलौने अधर मधुर, कहि रहीम घटि कौन', में आस्वाद्य का स्पष्ट प्रयोग है। ऐन्द्रिय बिम्बों में प्रायः विपर्यय होता रहता है। यथा—मुधर रूप, कोमल स्वर, कटु स्वर, कोल्ड ड्रिंक्स आदि में विशेषण के विपर्यय हैं। इसका कारण यही है कि विभिन्न इन्द्रियाँ, एक ही चेतना के माध्यम के भेद हैं।

काव्यबिम्ब और काव्यमूल्य

बिम्बों का आकलन, उनके गुण और परिमाण पर निर्भर करता है। बिम्ब का प्रमुख गुण सजीवता है। बिम्ब की रूपरेखा इतनी स्पष्ट होनी चाहिए कि प्रमाता तुरन्त ही उसका ऐन्द्रिय साक्षात्कार कर सके। समृद्धि भी बिम्ब का एक गुण है। समृद्धि शब्द यहाँ मधुरता, उदात्तता, कोमलता या विराटता का सूचक है। सजीवता और समृद्धि गुणों को अनुशासित करने वाला एक शब्द औचित्य है। औचित्य का अभिप्राय है—प्रसंग के प्रति सार्थकता। अब प्रश्न है कि क्या काव्यकृतियों को बिम्बों के आधार पर, एक दूसरी से अधिक मूल्यवान् घोषित किया जा सकता है ? किसी काव्यकृति में प्रचुर मात्रा में बिम्ब अधिक हैं और वे सजीव, समृद्ध और प्रसंगानुकूल भी हैं, तो क्या वह काव्यकृति अन्य काव्यकृति से श्रेष्ठ है ? यहाँ यही कहा जा सकता है कि अन्य गुणों और अवगुणों के बराबर रहने पर, बिम्ब की दृष्टि से समृद्ध काव्यकृति श्रेष्ठ ही समझी जाएगी। किसी कृति में बिम्ब अधिक सजीव हैं, इसका अर्थ यही है कि उन बिम्बों की प्रेरक, कविगत अनुभूति अधिक तीव्र और शुद्ध है। तुलनात्मक दृष्टि से देखा जाए तो कीट्स की बिम्ब योजना, शैली की बिम्ब योजना की अपेक्षा अधिक स्पष्ट और सजीव है क्योंकि उसकी प्रेरक अनुभूति अधिक प्रखर थी। बिम्ब की समृद्धि वस्तुतः प्रेरक और प्रेरित अनुभूति की सार्थकता का ही परिणाम है। इसी प्रकार तुलसी के बिम्ब विधान में, सूर के बिम्ब विधान की अपेक्षा वैविध्य और प्राचुर्य का कारण, तुलसी के अनुभूति क्षेत्र की अपेक्षाकृत अधिक व्यापकता है। सामान्य व्यवहार में अनुभूति के सूक्ष्मता, तीव्रता, प्रबलता, व्यापकता आदि गुण हैं। इनमें कल्पना का योग हो जाने से, अनुभूति में समृद्धि का समावेश हो जाता है। दूसरी ओर नैतिक आदर्शों से युक्त होकर अनुभूति शुद्ध एवं सात्विक बन जाती है। सर्जना के क्षणों में, अनुभूति के ये नाना रूप जब शब्द और अर्थ के माध्यम से व्यक्त होने का उपक्रम करते हैं तो इस सक्रियता के फलस्वरूप अनेक मानस छवियाँ आकार धारण करने लगती हैं, आलोचना की शब्दावली में इन्हें ही काव्यबिम्ब कहा जाता है। इस प्रकार बिम्ब, अमूर्त अनुभूति को शब्दों के माध्यम से मूर्त रूप देने की परिणति है। फिर भी काव्यबिम्बों का स्वतन्त्र महत्त्व नहीं। इनमें

प्रभावी शक्ति अनुभूति की ही है। भावानुभूति से परे रहकर इन्द्रिय बोध, बिम्ब का भले ही सृजन करने में समर्थ हो, परन्तु काव्यबिम्ब का नहीं। अतः अनुभूति के उत्कर्ष में बिम्ब का उत्कर्ष होता है।

बिम्बों की ताजगी का प्रश्न

बिम्ब विधान के सन्दर्भ में नूतनता का प्रश्न भी उठता है। जिस प्रकार परम्परागत उपमान निरन्तर प्रयोग से निष्प्राण हो जाते हैं, उसी प्रकार पुराने काव्य बिम्बों की चमक भी उतर जाती है और उनमें वैचित्र्य एवं आकर्षण का भाव नहीं रहता। अतः नया कवि, रूढ़ उपमानों पर आश्रित बिम्बों का त्याग करके, अपनी नवीन सौन्दर्य चेतना के अनुरूप, नए उपमानों की तलाश में नए बिम्बों का निर्माण करने में प्रवृत्त होता है। महावीर प्रसाद द्विवेदी ने कहा था कि भारती को कुछ नवीन आभूषणों से अलंकृत करने में हमें संकोच नहीं करना चाहिए। नवीन उपमानों और बिम्बों से काव्य के शिल्प का विकास होता है, परन्तु नए बिम्बों की परिकल्पना चारुत्व की परिधि में ही सार्थक है क्योंकि काव्य में उत्कर्ष के विधान का आधार चारुत्व है। चारुत्व के दो पक्ष हैं—वस्तुगत और भावगत। वस्तुगत रूप प्रसंगानुरूपता का वाचक है और भावगत रूप वस्तु व प्रमाता की चित्तवृत्ति के तादात्म्य का। जो बिम्ब प्रसंग या मूलभाव के अनुरूप है, वही चारु है। प्रमाता की चित्तवृत्ति के साथ सामंजस्य स्थापित किए बिना बिम्ब में रमणीयता का समावेश नहीं होगा। केवल बिम्ब की नवीनता उसे रमणीय नहीं बना देती। कोई बिम्ब, कितना ही विचित्र और मौलिक क्यों न हो, तब तक काव्य के लिए उपयोगी नहीं हो सकता जब तक वह प्रमाता की चेतना में अभीष्ट प्रतिक्रिया उत्पन्न न कर दे। प्रत्येक नवीनता सुन्दर नहीं होती और प्रत्येक नया बिम्ब, काव्य की कोटि में नहीं आ सकता। काव्य में कोरी कल्पना की उड़ान किसी अपूर्व सिद्धि का संकेत नहीं देतीं। बिम्ब में कल्पना के सार्थक सहयोग की पहचान अनुभूति के साथ तादात्म्य से ही सम्भव है—

> घायलों की पीड़ितों की, गूँज है वातावरण में।
> एक मन्दिर सा बना, मैं इसका पुजारी।।

यहाँ दलित मानव की पीड़ा और व्यवस्था के प्रति आक्रोश व्यक्त करने वाला बिम्ब अनुभूति के क्रोड़ से ही निकलकर प्रभावी प्रतीत होता है।

> भूख ने उन्हें जानवर कर दिया है
> संशय ने उन्हें आग्रहों से भर दिया है
> वह भेड़ है
> जो दूसरों की ठण्ड के लिए
> अपनी पीठ पर
> ऊन की फसल ढो रही है

यह जनता
उसमें बेचैनी है
मगर सामने नहीं आती
जानते हुए भी असली हत्यारे का पता नहीं बताती।

जनता का चरित्र पहचान के लिए धूमिल ने नए उपमानों की तलाश की और उन्हें प्रसंगानुकूल अभिव्यंजना दी, इसी में बिम्ब की सार्थकता है। इसी प्रकार–

क्या आजादी सिर्फ तीन रंगों का नाम है
जिन्हें एक पहिया ढोता है
या इसका कोई खास मतलब होता है
दरअसल अपने यहाँ जनतन्त्र
एक ऐसा तमाशा है, जिसकी जान मदारी की भाषा है।

यहाँ तिरंगे झंडे और मदारी के तमाशे से सम्बद्ध बिम्ब, अनुभूति के साथ जुड़े हैं। इनकी नवीनता और मौलिकता प्रमाता के लिए आकर्षक है।

बिम्ब योजना के क्षेत्र में नूतन प्रयोगों की चार प्रवृत्तियाँ मिलती हैं–

(1) नूतन प्रयोगों के प्रथम वर्ग में कवि का ध्यान उपमान की नवीनता पर इतना केन्द्रित हो जाता है कि अनिवार्य गुण उपेक्षित हो जाते हैं।

(2) नूतन कल्पना में प्रस्तुत और अप्रस्तुत के बीच साम्य-वैषम्य के अनुपात की रक्षा तो होती है, परन्तु रागात्मक सम्बन्ध स्थापित नहीं हो पाता।

(3) तीसरे वर्ग में वे बिम्ब आते हैं जिनमें नवीन उपकरणों और उपमानों का रागात्मक सम्बन्ध होता है। कवि की उद्दीप्त संवेदना उनमें राग का संचार कर देती है, भले ही वे नए हों।

(4) चौथे वर्ग का नूतन बिम्ब विधान वह है जहाँ अपूर्वता, परिचित उपकरणों के नए प्रयोग में निहित रहती है और बिम्ब के साथ मानव संवेदना का सम्पर्क अक्षुण्ण रहता है। नवीन बिम्ब योजना का वास्तव में यही रूप काव्योचित है। जैसे–

नाक का मोती अधर की कान्ति से,
बीज दाड़िम का समझकर भ्रान्ति से।

इसी प्रकार–

निरख सखि ये खंजन आए,
फेरे उन मेरे रंजन ने नयन इधर मन भाए।

काव्य का उद्देश्य है अनुभूति का सम्प्रेषण। बिम्ब योजना इस सिद्धि की साधक प्रक्रिया है। इस प्रक्रिया में रागवेष्टित बिम्ब अधिक उपयोगी है। नए उपमानों पर आधारित बिम्ब तभी कारगर होते हैं जब वे सहृदय समाज के संस्कारों से संलग्न हो जाएँ। नगरीय जीवन में नित्यप्रति अनेक उपकरण जुड़ते जा रहे हैं, परन्तु वे बिम्बों का आधार तभी बन पाएँगे जब उनके साथ रागात्मक कल्पना का सम्बन्ध बन जाएगा।

महाकाव्य : परिभाषा और स्वरूप

बन्ध के आधार पर काव्य के दो रूप हैं—प्रबन्धकाव्य तथा मुक्तक काव्य। प्रबन्ध काव्य के भी दो भेद हैं—महाकाव्य और खण्डकाव्य। महाकाव्य का स्वरूप महत् एवं उदात्त होता है। भामह का कथन है—महाकाव्य सर्गबद्ध होता है, इसका स्वरूप उदात्त है, इसके शब्दार्थ अग्राम्य होते हैं, यह अलंकार युक्त भाषा के आश्रय में लिखा जाता है, इसमें नायक का अभ्युदय परिलक्षित रहता है और यह पाँच सन्धियों से समृद्ध होता है। दण्डी ने महाकाव्य सम्बन्धी जो लक्ष्य निश्चित किए, वे भामह के लक्षणों का स्पष्टीकरण मात्र है। उनके अनुसार सर्गबद्धता, देवस्तुति, इतिहास प्रसिद्ध कथानक, ऋद्धिमत्ता, नाट्य सन्धि, घटना वैविध्य, उदात्त नायक, लोकरंजन, सर्गों में भिन्न छन्द, महाकाव्य का स्वरूप निर्धारित करते हैं। दण्डी ने मंगलाचरण और सर्गों में वृत्ति परिवर्तन की रूढ़ियों की नई उद्‌भावना अवश्य की, परन्तु शेष तत्त्वों का समावेश भामह के अनुसार ही है। तदनन्तर रुद्रट ने संस्कृत के साथ प्राकृत और अपभ्रंश भाषाओं में लिखित महाकाव्यों का अवलोकन करके महाकाव्य की परिभाषा में कुछ नयापन लाने की चेष्टा की। उनके अनुसार महाकाव्य में उत्पाद्य-अनुत्पाद्य कथानक, अवान्तर कथाओं का नियोजन, सर्गबद्धता एवं नाटकीयता, समग्र जीवन की अभिव्यक्ति, नायक की उदात्तता, प्रतिनायक, नायक की विजय, ऋद्धिमत्ता, अस्वाभाविक घटनाओं का लोप परन्तु अतिमानवीय कार्यों का समावेश, रसात्मकता और सोद्देश्यता का समावेश रहता है। उन्हें देवस्तुति, आठ से अधिक सर्गों का नियोजन और प्रत्येक सर्ग में एक ही छन्द की योजना के नियम मान्य नहीं। वस्तुतः महान् उद्देश्य, महान् चरित, महान् घटना और समग्र जीवन का रसात्मक चित्रण ही महाकाव्य के चार प्रमुख लक्षण हैं। रुद्रट ने पहली पर नायक के साथ प्रतिनायक के चरित्र के उद्‌घाटन पर बल दिया, अवान्तर कथाओं की योजना भी इसी से सम्बद्ध है। उन्होंने कथानक सम्बन्धी उत्पाद्य-अनुत्पाद्य रूप की मौलिक अवधारणा प्रस्तुत की। संस्कृत काव्यशास्त्र में आचार्य विश्वनाथ अन्तिम आचार्य हैं जिन्होंने महाकाव्य के लक्षणों को स्पष्ट रूप में निरूपित करने की चेष्टा की। उनके अनुसार सर्गबद्धता, सद्वंशज क्षत्रिय नायक, शृंगार-वीर-शान्त रसों में से एक की प्रधानता, सर्गान्त में छन्द परिवर्तन, भावी कथा

परिसूचना और कम से कम आठ सर्ग, नाट्य सन्धि, चतुवर्ग फलप्राप्ति, मंगलाचरण, घटना-विभिन्नता और नायक या अन्य पात्र या कथानक पर आधारित नामकरण, ये महाकाव्य के मूलभूत तत्त्व हैं जो किसी काव्यरचना के महाकाव्यत्व का निर्धारण करते हैं।

इधर हिन्दी में महाकाव्यों की रचना में देखा गया कि संस्कृत आचार्यों द्वारा प्रतिपादित नियमों के आधार पर इन्हें परखना सम्भव नहीं। अतः हिन्दी चिन्तकों ने महाकाव्य के विषय में नए दृष्टिकोण उपस्थित किए। जयशंकर प्रसाद के अनुसार महाकाव्य के कथानक में घटना वैभिन्न्य, प्रभावोत्पादकता, मनोभावों का वर्णन, धीरोदात्त नायक और महत्ता, इस विधा की निर्मिति करते हैं। उनका मन्तव्य है कि महत्ता महाकाव्य का प्राण है। दूसरी ओर रामचन्द्र शुक्ल ने महाकाव्य में सम्बन्ध निर्वाह पर बल देते हुए कहा—"प्रबन्धकाव्य में मानव जीवन का पूर्ण दृश्य होता है। उसमें घटनाओं की सम्बद्ध शृंखला और स्वाभाविक क्रम के ठीक-ठीक निर्वाह के साथ-साथ हृदय को स्पर्श करने वाले—उसे नाना भावों का रसात्मक अनुभव कराने वाले प्रसंगों का समावेश होना चाहिए।...सम्बन्ध निर्वाह पर विचार करते समय सबसे पहले तो यह देखना चाहिए कि प्रासंगिक कथाओं का जोड़ अधिकाधिक वस्तु के साथ अच्छी तरह मिला हुआ है या नहीं अर्थात् उनका अधिकाधिक वस्तु के साथ ऐसा सम्बन्ध है या नहीं जिससे उसकी गति में कुछ सहायता पहुँचती है। जो वृत्तान्त इस प्रकार सम्बद्ध न होंगे वे ऊपर से ठूँसे हुए मालूम होंगे, चाहे उनमें कितनी ही अधिक रसात्मकता हो।"..."अतः घटना प्रधान प्रबन्धकाव्य में वृत्तान्तों का सन्निवेश अपेक्षित होता है जो उस साध्य कर्म के साधन मार्ग में पड़ते हैं अर्थात् जिनका उस कार्य से सम्बन्ध होता है। प्राचीन यवन आचार्य अरस्तू ने इसका विचार अपने 'काव्य के सिद्धान्त' पुस्तक के आठवें प्रकरण में किया है और यह अब भी पाश्चात्य समालोचकों में कार्यान्वयन के नाम से प्रसिद्ध है।" उपर्युक्त कथन से अवगत होता है कि रामचन्द्र शुक्ल ने प्रबन्धकाव्य विषयक तीन अवधारणाएँ स्पष्ट कीं—सम्बन्ध निर्वाह, कथा के गम्भीर और मार्मिक स्थलों की पहचान तथा दृश्यों की स्थानगत विशेषता। डॉ. नगेन्द्र ने 'कामायनी के अध्ययन की समस्याएँ' पुस्तक में महाकाव्य के लिए पाँच लक्षणों को मान्यता दी जिनके आधार पर किसी भी कृति को, किसी भी काल में, महाकाव्यत्व की कसौटी पर परखा जा सकता है। उनके विचार में महाकाव्यत्व के पाँच मूल तत्त्व हैं—उदात्त कथानक, उदात्त कार्य (उद्देश्य), उदात्त चरित्र, उदात्त भाव और उदात्त शैली। दूसरे शब्दों में उदात्तता ही महाकाव्य का प्राण है। महाकाव्य की प्रत्येक वस्तु उदात्त होनी चाहिए।

पाश्चात्य काव्यशास्त्र में महाकाव्य की विशेषताओं पर प्रकाश डालते हुए अरस्तू कहते हैं कि महाकाव्य में उच्चकोटि के पात्रों की पद्यबद्ध अनुकृति रहती है, इसमें केवल एक प्रकार का छन्द ग्राह्य होता है और इसका रूप समाख्यानात्मक होता है।

परन्तु महाकाव्य के कार्य-व्यापार में काल की सीमा का कोई बन्धन नहीं। महाकाव्य में उसके समाख्यानात्मक रूप के कारण एक ही समय घटित होने वाली अनेक घटनाएँ प्रस्तुत की जा सकती हैं यदि ये विषयसंगत हों तो इनके काव्य को घनत्व और गरिमा प्राप्त होती है। इसके पश्चात् इलियाड और ओडेसी महाकाव्यों को आधार बनाकर महाकाव्य के लक्षण निर्धारित किए गए। ईस्वी पूर्व प्रथम शती में वर्जिल ने इनीड नाम से महाकाव्य की रचना की। उसमें कलापक्ष की प्रधानता थी और स्वरूप में वह पाठ्यकाव्य अधिक बन गया। कवित्त शैली, उद्देश्य और मूल प्रेरणा के कारण उसका स्वरूप अन्य महाकाव्यों से भिन्न हो गया। बाद में कैमास, एरियास्टो, स्पेंसर और मिल्टन आदि ने कलात्मक महाकाव्यों की रचना की जिनमें देशभक्ति, समाजकल्याण और प्रेम-निरूपण अधिक है। इलियाड और ओडेसी की वीर-भावना उनमें नहीं मिलती। पुनर्जागरण काल में जिन महाकाव्यों का सृजन हुआ, उनमें मनोवैज्ञानिक विश्लेषण, अतिप्राकृत तत्त्वों का बुद्धिसम्मत निरूपण और सामाजिक चेतना का विकास दिखाई देता है। तदनन्तर स्वच्छन्दतावादी विचारधारा के उदय के कारण महाकाव्य में गीतशैली, नाट्यशैली, मनोवैज्ञानिक विश्लेषण की प्रधानता, स्वच्छन्दता, रूपक कथात्मकता आदि तत्त्वों का समावेश होने लगा। गेटे का 'फाउस्ट', ब्राउनिंग का 'द रिंग एंड दी बुक' तथा हार्डी का 'द डाइनेस्ट' इसी प्रकार के महाकाव्य हैं। इस प्रकार बीसवीं शती तक आते-आते महाकाव्य ने अनेक रंग बदले। फलतः महाकाव्य विषयक अवधारणाओं में भी परिवर्तन हुआ। सी.एम. बावरा ने कहा कि महाकाव्य में समाख्यानकता, जीवन की महत्त्वपूर्ण घटनाओं युद्धादि का वर्णन और आनन्दोपलब्धि को महत्त्व देना चाहिए जबकि एयरक्रोम्बी घटना, चरित्र, उद्देश्य और शैली को महत्त्व प्रदान करते हैं। केर के विचार में, महाकाव्य में काल्पनिक चरित्रों की मनःस्थितियों और समस्याओं आदि अनेक दृश्यों का अन्तर्भाव होता है। कल्पना की विलक्षण शक्ति और चरित्र निरूपण ही उनकी दृष्टि में महाकाव्य की सबसे बड़ी सफलता है। डिक्सन तो महाकाव्य में काल्पनिक और अतिप्राकृत तत्त्वों का समावेश मानने में कोई अनौचित्य नहीं समझते। उनके विचार में महाकाव्य का नायक राष्ट्र का प्रतिनिधित्व करता है, उसकी विजय अवश्यम्भावी होती है। महाकाव्य की कथावस्तु मन्थर गति से अग्रसर होनी चाहिए और उसमें नाना घटनाओं, उपाख्यानों, दृश्यों आदि की सृष्टि भी वांछित है। टिलयार्ड का मन्तव्य है कि महाकाव्य के लिए गम्भीर शैली, बृहत् आकार, समृद्धता, शृंखलाबद्धता और युग या जाति की अभिव्यक्ति की अनिवार्यता होती है। महाकाव्य का नायक वीर होना चाहिए।

पाश्चात्य महाकाव्य में निष्कर्षतः प्रकथात्मक कथानक होना चाहिए जो न अति प्राचीन हो और न अधिक नवीन, वह वास्तविक और व्यापक हो। उसमें गरिमा हो और महान् घटनाएँ सुनियोजित हों। मूलकथा के साथ अवान्तर कथाओं की अन्विति भी आवश्यक है। चरित्र की दृष्टि से महाकाव्य का नायक उदात्त, विजयी और पराक्रमी

रहे जो देश या जाति का प्रतिनिधित्व करे। पात्रों में संघर्ष और द्वन्द्व की स्थिति नाटकीय ढंग से प्रस्तुत होनी चाहिए, पात्र चाहे महान् हों या न हों, वे मानवीय गुणों से संपन्न हों। महाकाव्य में अलौकिक तत्त्वों का समावेश न्यायसंगत है। महान् कार्य जीवन से सम्पृक्त होने चाहिए। शैली की दृष्टि से महाकाव्य सर्गबद्ध हो और एक ही छन्द में लिखा जाए। उसमें गरिमा, गम्भीरता, सशक्त कल्पनाशक्ति, मनोरम दृश्यचित्र, प्रवाह, भाषा लालित्य आदि तत्त्व विद्यमान रहें। इस प्रकार अपने समग्र रूप में महाकाव्य सर्वोकृष्ट काव्यरूप है।

महाकाव्य के शाश्वत गुण

महाकाव्य किसी जाति या राष्ट्र की सभ्यता एवं संस्कृति का परिचायक है अतः इसकी निर्मिति में उदात्तता का सन्निवेश एक अनिवार्यता है। संस्कृत, हिन्दी तथा पाश्चात्य आचार्यों ने महाकाव्य के आधार में उदात्तता तत्त्व को उन्मुक्त स्वीकृति दी है। यह उदात्तता क्या है ? "औदात्य अभिव्यंजना से वैशिष्ट्य और उत्कर्ष का नाम है।" सच्चे औदात्य के स्पर्श से आत्मा सहज ही उत्कर्ष प्राप्त करती है और सामान्य धरातल से ऊपर उठकर आनन्द और उल्लास से भर जाती है। उदात्त के अन्तरंग तत्त्वों के अतिरिक्त अलंकार विधान, उत्कृष्ट भाषा और गरिमा से अन्वित शिल्प विधान इसके बहिरंग के रूप में होने चाहिए। उदात्त को मूल तत्त्व मानकर महाकाव्य के पाँच शाश्वत गुण हो सकते हैं।

(1) उदात्त कथानक

महाकाव्य के उदात्त कथानक हेतु ऐतिहासिक एवं पौराणिक इतिवृत्त आवश्यक तो हैं परन्तु अनिवार्य नहीं। ऐतिहासिक या पौराणिक वृत्तों के स्थान पर अन्य वृत्त भी ग्राह्य हो सकते हैं, परन्तु उनमें किसी न किसी प्रकार से महत्कार्य का प्रतिपादन हो। महाकाव्य का कथानक मनःस्थितियों, संघर्षों एवं सामाजिक सम्बन्धों का विश्लेषण, नानारूपात्मक घटनाओं द्वारा व्यक्त किया जाए। यह भी ध्यान रहे कि सभी घटनाएँ, क्रियाएँ-प्रतिक्रियाएँ सुसम्बद्ध हों, उनकी कार्यान्विति में शैथिल्य न हो। इससे कथानक में उदात्तता आएगी जिसमें हमारी वृत्तियों को आकृष्ट करने की शक्ति होती है। कथानक में नाटकीय तत्त्वों के सन्निवेश से सप्राणता और सशक्तता आती है। महाकाव्य की कथावस्तु मानवीय धरातल पर आधारित होनी चाहिए जिसमें मानवीय भावनाओं का स्पन्दन भरा हो। जब महाकाव्य में राष्ट्रीय एवं सांस्कृतिक उन्नयन के वातायन उद्घाटित होते हैं और समष्टि का बिम्ब पूर्णतया उभरता है तो कथानक अधिक प्रभावी हो जाता है। महाकाव्य का कथानक अतीतोन्मुखी या वर्तमानोन्मुखी, दोनों प्रकार का हो सकता है परन्तु उसमें घटना प्रसंग से जीवन की उत्कृष्टता और उदात्तता उपलब्ध होना श्रेयस्कर है।

(2) उदात्त चरित्र

महाकाव्य में नायक प्रमुख पात्र होता है। कथानक का सूत्रधार भी वही है और फल की प्राप्ति भी उसी को होती है। अतः वह कथानक के उपयुक्त होना चाहिए, भले ही वह सद्वंश हो या नहीं, परन्तु उसमें विवेक, आदर्श और पराक्रम गुण निहित रहें। नायक की वंशगत दृष्टि से हटकर, उसके स्वाभाविक गुणों पर प्रकाश डालना चाहिए। उसके लिए देव, संद्वशी, क्षत्रिय या राजा होना जरूरी नहीं। एकलव्य का चरित्र इसीलिए उपेक्षणीय नहीं कि वह संद्वशी नहीं है। महाकाव्य में नायक उदात्त गुणों से सम्पन्न हो। महाकाव्य का नायक, अपने गुणों के प्रभाव से, दुर्बल स्थिति में भी महान् कार्य की संपूर्ति करने का प्रयास करता है। जीवन की उन्नति के अभियान में, जाति-देश के नव जागरण एवं अभ्युत्थान में नर के साथ नारी का सहयोग भी उल्लेखनीय है। अतः महाकाव्य में पुरुष को नायकत्व प्रदान किया जाता है तो नारी को भी उस पद पर समासीन करने में औचित्य की रक्षा की जानी चाहिए। सीता, सावित्री, अहल्याबाई, लक्ष्मीबाई, दुर्गावती आदि नारियाँ क्या गरिमा मण्डित नहीं हैं ? इन्हें गौरव विहीन बनाए रखने में क्या तुक है ? महाकाव्य के अन्य पात्र भी कथानक के औचित्य की रक्षा करते हुए अपने वैयक्तिक गुणों का बिम्ब प्रस्तुत करें। वे आदर्शवादी और यथार्थवादी दोनों प्रकार के हो सकते हैं। परन्तु मानवता से विलग न हों। महाकाव्य के ये पात्र त्यागी-भोगी, ज्ञानी-मूर्ख, देशभक्त-देशद्रोही, राजनीतिक-धार्मिक, निर्धन-धनी, उच्च-निम्न नाना रूपात्मक हो सकते हैं। जब पात्र सांस्कृतिक उन्नयन के लिए विशिष्ट धरातल पर प्रतिष्ठित हों तो अच्छा प्रभाव पड़ता है।

(3) उदात्त भावानुभूति

कवि कर्म की सार्थकता रागात्मक वृत्तियों के अभिजागरण में निहित है। भावों में जितनी गम्भीरता होगी, काव्य का स्तर उतना ही सम्मुन्नत होगा। यहाँ कवि को भावानुकूल कल्पना शक्ति से नई भावभूमियों का निर्माण करने का सुअवसर प्राप्त होता है। वह अपनी उदात्त और विराट कल्पनाशक्ति से महाकाव्य में युगीन और जातीय भावों का सजीव रूप मुखर कर सकता है। कल्पना, चित्त की विधायक शक्ति है। वह वर्ण्य विषय को बोधगम्य एवं भाषा को चित्रात्मक बनाती है। जो बिम्ब विधान से काव्य में मार्मिकता उदित होती है, उसकी सर्जना का हेतु कल्पना शक्ति है। कल्पना सर्जनात्मक, रंजनात्मक और आभरणात्मक कार्य करती है। भावों के निर्माण, उनको मनोरंजक बनाने और सजाने में कल्पना सर्वोपरि है। प्रकृति चित्रण से महाकाव्य में प्रभाविता एवं मनोहरता आती है। प्रकृति चित्रण में घटना एवं परिस्थिति का आत्मसात् होने पर भावों में उद्रेक होता है। अतः प्रकृति निरूपण भावात्मकता की अवतारणा करने में सहायक है।

काव्य का अन्तरंग पक्ष रागात्मक होता है, रागात्मकता से सौन्दर्य और रसानुभूति

उपलब्धि सम्भाव्य है, इसके लिए कवि प्रतीकों और बिम्बों का आयोजन करता है। बिम्ब भावों को प्राणान्वित करते हैं, वे भावों से पृथक् अस्तित्व नहीं रखते। काव्य में प्रतीक और बिम्ब की योजना का रूप आधुनिक है। प्राचीन आचार्य इस विषय में मौन हैं।

महाकाव्य में वीर-शान्त-शृंगार के प्रति मोह श्रेयस्कर नहीं। यह मान्यता एकांगी है। अन्य रसों को भी इनके समान मान्यता दी जा सकती है। काव्य में भले ही रस निष्पत्ति न हो, परन्तु भावानुभूति या रसानुभूति अवश्य होती है। भावानुभूति, काव्य का अनिवार्य तत्त्व है जिसकी सिद्धि प्रभावान्विति के बिना सम्भव नहीं। भावों की गहनता, उदात्तता और व्यापकता महाकाव्य के छविगृह का शृंगार करती है। इन्हीं से महाकाव्य सहृदय को रस से आप्लावित कर देता है।

(4) उदात्त शिल्प विधान

महाकाव्य की शैली विस्तारगर्भी, मूर्त, सघन एवं प्रबल होनी चाहिए। महाकाव्य का वर्ण्यविषय विस्तृत होता है, अतः उसी के अनुरूप शैली का प्रयोग अपेक्षित है। गरिमामय वाणी शैली का शृंगार है। इस उदात्त वाणी में विचारोद्भावना की क्षमता, प्रेरणा प्रसूत उद्दाम आवेग, समुचित अलंकार योजना, साधु शब्द और गरिमामय रचना का सन्निवेश आवश्यक है। भाषा में औदात्य तत्त्व का प्रादुर्भाव परिपुष्ट शब्द विधान से होता है। शब्द बोलते हैं, प्राणवत्ता से आपूर्ण रहते हैं। नीरस, बचकाना, अस्पष्ट, असंयत, वाक्स्फीति, असामयिक और ही न शब्द प्रयोग से भाषा का स्तर गिर जाता है तथा उदात्त तत्त्व का ह्रास होता है। भाषा व्यर्थ हीन बोझिल नहीं होनी चाहिए। उक्ति वैदग्ध्य से भाषा में भव्यता और भावबोध का उदय होता है। इसमें अलंकार योजना सहज होनी चाहिए। सायास अलंकारों को ठूँसना अनुभूति में बाधक है। महाकाव्य छन्द या मुक्त छन्द में रचा जा सकता है। गीतियोजना, महाकाव्य की शैली में उदात्तता की उपकारक है। इन सब, शैली के अंगों में सामंजस्य रखकर एकान्विति बनाने से शैली की गरिमा में अतिशय वृद्धि होती है।

(5) उदात्त उद्देश्य

महाकाव्य का नायक समाज का जाति या राष्ट्र का प्रतिनिधि होता है। महाकाव्य में उसके क्रियाकलापों में व्यक्तिनिष्ठता की अपेक्षा समाजोन्मुखी प्रवृत्ति रहती है। कवि उस नायक के माध्यम से समग्र जीवन के वे रूप प्रतिबिम्बित करता है जो उस समाज के लिए अपेक्षित हैं जिसके प्रति नायक प्रतिबद्ध है। अतः कवि का उद्देश्य जीवन के उदात्त रूप प्रस्तुत करना ही श्रेयस्कर है। उदाहरणतः रामचरितमानस का उद्देश्य केवल राम का चरित्र अंकित करना या कथा कहना ही नहीं अपितु तुलसी दास, राम के माध्यम से इस देश के जीवन के सद्व्यवहारों, आदर्शों और उदात्त

भावों को अभिव्यंजना देते हैं जिसके कारण वह महाकाव्य आज के जीवन के सन्दर्भ में भी उतना ही उपयोगी है जितना अपने रचनाकाल में था। अतः महाकाव्य सार्वभौमिक सत्य के उदात्त रूपों को समेटे रहता है। इसका लक्ष्य केवल रसात्मकता बोध कराना ही नहीं, कलात्मक कौशल का परिचय देना ही नहीं, चतुर्वर्गफल प्राप्ति भी है। महाकाव्य का सन्देश किसी समाज या जाति की धरोहर होता है मानव जीवन के मूल्यों के प्रति निष्ठावान् रहता है।

निष्कर्षतः महाकाव्य की परिभाषा और स्वरूप के विषय में कह सकते हैं—जीवन के विराट रूप से उद्वेलित प्रतिभा सम्पन्न कवि हृदय, उदात्त चरित्र के माध्यम से मानवीय भावनाओं और सांस्कृतिक आदर्शों के सन्निवेश से उदात्त काव्य शैली में, बृहत्फलक पर जिस रसात्मक कृति का सृजन करता है, वह महाकाव्य है।

खण्डकाव्य : परिभाषा और स्वरूप

आचार्य रुद्रट ने सर्वप्रथम, प्रबन्धकाव्य के दो रूप निश्चित किए—महत् और लघु। लघुकाव्य में चर्तुवर्ग फल में से कोई एक फल प्राप्त होता है तथा कोई एक रस समग्र रूप में अथवा अनेक रस असमग्र रूप में विद्यमान रहते हैं। इसी प्रकार साहित्य दर्पण में आचार्य विश्वनाथ का मत है कि लघुकाव्य में अनेक रसों की असमग्र अथवा एक रस की समग्र रूप में योजना की जाती है तथा लघुकाव्य का कथाधार महत् काव्य की अपेक्षा आकार में लघु होता है क्योंकि सभी रसों के पूर्ण परिपाक के लिए वस्तु विस्तार अपेक्षित है। इसके बाद संस्कृत काव्यशास्त्र में खण्डकाव्य के विषय में किसी आचार्य ने उल्लेख नहीं किया। खण्डकाव्य सम्बन्धी उपर्युक्त दोनों कथन अपने आप में अधूरे हैं और इनसे खण्डकाव्य का कोई स्पष्ट रूप नहीं उभरता।

हिन्दी में भी खण्डकाव्य काव्यविधा का स्वतन्त्र विवेचन नहीं मिलता। जितनी भी परिभाषाएँ प्राप्त होती हैं, वे सब आचार्य विश्वनाथ के कथन का अनुसरण करती हैं। विश्वनाथ प्रसाद इस विषय में कहते हैं—''महाकाव्य के ढंग पर जिस काव्य की रचना होती है, पर जिसमें पूर्ण जीवन ग्रहण न करके खण्डजीवन ही ग्रहण किया जाता है, उसे खण्डकाव्य कहते हैं। यह खण्डजीवन इस प्रकार व्यक्त किया जाता है जिससे वह प्रस्तुत रचना के रूप में स्वतः पूर्ण प्रतीत हो। इसीलिए महाकाव्य के एक या एकाधिक सर्गों को खण्डकाव्य नहीं कह सकते चाहे उनमें जीवन के एक खण्ड की झलक क्यों न दिखाई गई हो क्योंकि उन सर्गों के लिए पूर्वापर की अपेक्षा होती है। खण्डकाव्य का विस्तार भी थोड़ा होता है। एकार्थकाव्य की भाँति जीवन का कोई उद्दिष्ट पक्ष उसमें नहीं होता।'' इसी प्रकार डॉ. भगीरथ मिश्र 'हिन्दी काव्य शास्त्र का इतिहास' में खण्डकाव्य के विषय में अपना मत उद्धृत करते हैं कि इसमें ''किसी भी पुरुष के जीवन का कोई अंश ही वर्णित होता है, पूरी जीवन गाथा नहीं।'' परन्तु अपनी काव्यशास्त्र पुस्तक में उनका मत कुछ बदल जाता है। यहाँ उनका कथन है कि खण्डकाव्य में किसी एक घटना की प्रमुखता होती है किन्तु प्रसंग संक्षेप में रहते हैं।

डॉ. बलदेव उपाध्याय का मन्तव्य है कि गुणों में खण्डकाव्य, महाकाव्य से

किसी भी प्रकार कम नहीं, परन्तु यह मुख्यतः विषयीप्रधान होता है। इसके विपरीत हिन्दी साहित्य कोश में स्वीकार किया गया कि खण्डकाव्य, महाकाव्य के समान वस्तुपरक और व्यक्ति-निरपेक्ष नहीं है।

इन सभी मतों एवं हिन्दी में रचित खण्डकाव्यों के आधार पर अन्य अवधारणाओं के अनुसार खण्डकाव्य में निम्नलिखित विशिष्टताएँ ग्राह्य हैं।

(1) खण्डकाव्य, जीवन की किसी महत्त्वपूर्ण घटना की पूर्ण अनुभूति है जिससे जीवन के सम्बन्धित पक्ष का उज्ज्वल रूप झलकता है। परन्तु इस महत्त्वपूर्ण घटना का विस्तारपूर्वक वर्णन करने से यह महाकाव्य नहीं बन जाता।

(2) खण्डकाव्य में मुख्य घटना के साथ गौण घटनाएँ भी हो सकती हैं जो मुख्य घटना को उत्कर्ष प्रदान करें, परन्तु उनका स्वतन्त्र अस्तित्व नहीं होता।

(3) खण्डकाव्य में एक ही मुख्य मार्मिक संवेदना होती है।

(4) खण्डकाव्य का वृत्त सुगठित, वस्तुपरक, प्रख्यात या काल्पनिक होता है।

(5) इसके कथा विन्यास में आरम्भ, विकास और चरमसीमा का क्रम भी रहता है।

(6) इसमें निश्चित उद्देश्य की भावना निहित होती है।

(7) खण्डकाव्य में महाकाव्य के गुण अल्पमात्रा में मिलते हैं। इसमें सभी सन्धियाँ नहीं होतीं। कथा विन्यासवक्रता तथा प्रकृति एवं लोकरीति का आंशिक चित्रण होता है और उसमें मनोवैज्ञानिकता व वर्णनात्मकता रहती है।

(8) खण्डकाव्य का नायक देव, दनुज या मानव हो सकता है। वह प्रसिद्ध या काल्पनिक रूप में उदात्त, शान्त, ललित या उद्धत, किसी एक रूप में चित्रित होना चाहिए। यह आवश्यक नहीं कि खण्डकाव्य के नायक में महाकाव्य के समान धीरता गुण हो। इसमें प्रतिनायक की अनिवार्यता भी नहीं। कुछ खण्डकाव्य नायक प्रधान या नायिका प्रधान भी मिलते हैं।

(9) खण्डकाव्य में युग अथवा जाति के लिए कोई महत् सन्देश नहीं होता। इसके विपरीत व्यक्ति या समाज के लिए कोई सामयिक या चिरन्तन उपदेश निहित रहता है। नायक को चतुर्वर्ग फल में से प्रायः किसी एक की प्राप्ति होती है।

(10) खण्डकाव्यों में सर्गबद्धता अनिवार्य नहीं है और सर्ग रखे जाएँ तो उनकी संख्या निश्चित नहीं।

(11) खण्डकाव्य की रचना, यह आवश्यक नहीं कि परिनिष्ठित भाषा में ही हो। खण्डकाव्य खड़ी बोली, अवधी, ब्रज, राजस्थानी आदि भाषाओं में भी लिखे गए हैं।

(12) खण्डकाव्य आद्योपान्त एक छन्द में भी लिखे गए और विभिन्न छन्दों में भी।

(13) कुछ खण्डकाव्यों में मंगलाचरण और फलश्रुति मिलती है, किन्तु सब

में नहीं।

इसी प्रकार–

खण्डकाव्य ऐसी प्रबन्ध रचना है जिसमें नायक के जीवन की उस प्रमुख घटना का छन्दोबद्ध चित्रण होता है जो स्वतःपूर्ण हो और सम्बन्धित पक्ष का विशिष्ट रूप प्रस्तुत करे।

खण्डकाव्य के तत्त्व

खण्डकाव्य में सात तत्त्व होते हैं–

(1) **कथानक**–खण्डकाव्य का कथानक नायक के जीवन की किसी महत्त्वपूर्ण घटना से सम्बद्ध होता है। यह घटना जीवन का स्नैपशॉट है जिसमें जीवन के एक पक्ष की झलक या व्याख्या, बिम्बों या प्रतीकों के माध्यम से प्रस्तुत की जाती है। खण्डकाव्य का कथानक अपने आप में पूर्ण, स्पष्ट, संक्षिप्त एवं प्रबन्ध-वक्रता व प्रभान्विति से युक्त होता है। इसमें अवान्तर कथाओं का संयोजन प्रायः नहीं होता। वस्तुवर्णन संक्षिप्त होता है। यह कथानक उत्पाद्य, अनुत्पाद्य तथा मिश्र, किसी भी रूप में हो सकता है।

(2) **चरित्र**–खण्डकाव्य में पात्रों की संख्या सीमित होती है, फिर भी कोई संख्या निर्धारित नहीं। प्रमुख पात्र नायक रहता है। वह मानव, दानव या देव भी हो सकता है। उसमें उदात्त ललित, शान्त या उद्धत रूपों में से कोई एक होना चाहिए। अन्य पात्रों पर गुणों का कोई बन्धन नहीं। पात्र प्रतीकात्मक भी हो सकते हैं। उदाहरणतः अन्धायुग का धृतराष्ट्र, अन्धी मान्यताओं और परिस्थितियों से समझौता करने वाला प्रतीक पात्र है। खण्डकाव्य में प्रतिनायक की कल्पना की अनिवार्यता नहीं, लेकिन कोई बन्धन भी नहीं होता। उदाहरणतः जयद्रथवध खण्डकाव्य में प्रतिनायक है परन्तु यशोधरा में नहीं है। खण्डकाव्य में पात्रों में चरित्र विकास के लिए अवकाश नहीं होता अपितु कलात्मकता पात्रों की चरित्र सम्बन्धी किसी प्रमुख विशेषता के उद्घाटन की अपेक्षा रखती है। कुछ खण्डकाव्यों में इतिवृत्त के स्थान पर विचार सूत्र में आबद्ध चरित्र भाव या विचार में विलीन हो जाता है। कुरुक्षेत्र खण्डकाव्य के भीष्म ऐसे ही पात्र हैं।

(3) **संवाद**–पात्रों की चारित्रिक विशेषताएँ उद्घाटित करने, कथानक को गति देने और नाटकीय तत्त्व की अवतारणा के लिए खण्डकाव्य में संक्षिप्त, मार्मिक, तर्कपूर्ण एवं अवसरानुकूल संवादयोजना रखी जाती है। संवादयोजना के सहारे कवि अपने विचारों और भावों के विभिन्न पक्ष पाठकों के सम्मुख प्रस्तुत करने में सक्षम होता है।

(4) **रस या भाव व्यंजना**–खण्डकाव्य का कथानक संक्षिप्त होता है, अतः उसमें एक ही मनोभाव का विकास दिखाया जाता है। भाव और रस एक-दूसरे पर निर्भर

हैं और भाव के बिना रसदशा की उपलब्धि नहीं होती। खण्डकाव्य में एक रस की निष्पन्नता तथा अन्य रसों की अपूर्णता रहती है। कभी-कभी रस का सम्पादन नहीं हो पाता केवल उदात्त भाव का चरम सौन्दर्य ही दिखा दिया जाता है। नरोत्तमदास के 'सुदामाचरित' में रसपूर्णता की अपेक्षा मैत्री भाव का चरम सौन्दर्य ही अभिव्यक्त है। नई कविता के खण्डकाव्यों में रसबोध के स्थान पर भावबोध, संघर्ष और व्याकुलता दृष्टिगोचर होती है।

(5) **देशकाल**—खण्डकाव्य में घटना और पात्रों से सम्बन्धित स्थान और काल का स्वाभाविक तथा पात्रों की मनोदशा के अनुकूल चित्रण होता है। कभी-कभी कथानक का अपना देशकाल, कवि के रचनाकाल को भी ध्वनित करता है। धर्मवीर भारती के अन्धायुग में यही स्थिति है। देशकाल के चित्रण काल, स्थल तथा कार्य के संकलन पर भी ध्यान रखना चाहिए।

(6) **उद्देश्य**—खण्डकाव्य का कथानक व्यक्ति या समाज के जीवन की किसी प्रमुख घटना के माध्यम से जीवन के किसी पहलू की व्याख्या करता है और किसी सामयिक उपदेश को भी ध्वनित कर सकता है। धर्म, अर्थ, काम एवं मोक्ष में से किसी एक ओर, खण्डकाव्य का लक्ष्य उन्मुख होना चाहिए। हिन्दी में, छायावादोत्तर काव्य में यह प्रवृत्ति दिखाई नहीं देती।

(7) **शैली**—खण्डकाव्य की शैली उदात्त और गरिमापूर्ण होती है। वस्तुविन्यास सर्गबद्ध या सर्गहीन हो सकता है। काव्य के आरम्भ में मंगलाचरण तथा अन्त में फलश्रुति का नियम पूर्णतया लागू नहीं है। खण्डकाव्यों का नामकरण नायक, घटना, स्थान, काल आदि के आधार पर हो सकता है। उदाहरणतः सुदामाचरित नायक के नाम पर, जयद्रथवध घटना के नाम पर, पंचवटी स्थान के नाम पर और अन्धायुग काल के नाम पर लिखी गई रचनाएँ हैं।

खण्डकाव्य की रचना एक या अनेक प्रकार के छन्दों में सम्भव है। एक ही सर्ग में अनेक छन्द का प्रयोग किया जा सकता है। भावानुकूल अलंकार योजना और छन्दयोजना खण्डकाव्य के सौन्दर्य की अभिवृद्धि में सहायक हैं। पाठक को प्रभावित करने के लिए शैली में विचारों की संगति, तार्किक क्रम, शब्द-शक्तियों, प्रतीकों, बिम्बों आदि का आश्रय लेना उचित है। उपयुक्त शब्द चयन, पदमैत्री, नाटकीयता, अकुंठित प्रवाह आदि के सामंजस्य से काव्य को आकर्षक एवं रसात्मक बनाने का प्रयास होना चाहिए।

खण्डकाव्य और महाकाव्य में अन्तर

खण्डकाव्य एवं महाकाव्य दोनों ही प्रबन्धकाव्य हैं, फिर भी इनमें पर्याप्त भेद हैं।

(1) खण्डकाव्य में नायक के जीवन की एक प्रमुख घटना का वर्णन होता है जिससे जीवन के किसी एक पक्ष की झलक मिलती है परन्तु महाकाव्य में नायक

के समग्र जीवन के विविध पक्षों के माध्यम से युग विशेष के जीवन की जीवन्त एवं सुनियोजित अवतारणा की जाती है। महाकाव्य का कथानक विस्तृत और अवान्तर प्रसंगों के वर्णन से युक्त रहता है। महाकाव्य में जहाँ व्यापकता होती है वहाँ खण्डकाव्य में गहराई। महाकाव्य का कथानक इतिहास या परम्परा प्रसिद्ध होता है, परन्तु खण्डकाव्य की वस्तु पूर्णतः काल्पनिक भी सम्भव है। रामनरेश त्रिपाठी के पथिक, स्वन और मिलन खण्डकाव्य काल्पनिक कथानकों पर आधारित हैं।

(2) महाकाव्य के नायक प्रायः धीरोदात्त और सद्गुणयुक्त व्यक्ति होते हैं। उनमें प्रायः देव और राजाओं को अधिक लिया जाता है। परन्तु कुछ महाकाव्य इसका अपवाद भी हैं। हरदयालुसिंह के दैत्यवंश में दैत्य को नायकत्व दिया गया है और गुरुभक्तसिंह के नूरजहाँ काव्य की नायिका अनारकली, साधारण युवती है। खण्डकाव्यों में नायकों की प्रकल्पना देव या ख्यात में की जाती है, परन्तु कवि अन्य कोटि के नायक भी कल्पित कर सकता है।

(3) महाकाव्य में सभी रसों की योजना होती है परन्तु खण्डकाव्य में चार फलों में से एक तथा एक ही रस की प्राप्ति होती है। किसी-किसी खण्डकाव्य में एक से अधिक रसों की योजना भी मिलती है, परन्तु परिपाक एक का भी नहीं होता। उनमें एक ही भाव प्रमुख रहता है।

(4) महाकाव्य में प्रकृति का सांगोपांग चित्रण तथा लोकरीतियों का चित्रण रहता है। खण्डकाव्य के सीमित फलक में इन विषयों का विस्तृत समावेश सम्भव नहीं। प्रकृति का छुट-पुट चित्रण हो सकता है।

(5) महाकाव्य के एक सर्ग में एक ही छन्द की योजना होती है तथा सर्गान्त में छन्द परिवर्तन हो जाता है। कहीं-कहीं सर्ग में अनेक छन्द भी मिलते हैं। सर्ग के अन्त में आगे की कथा की सूचना दी जाती है। इसमें पाँच संधियों का विधान है। खण्डकाव्य की रचना एक छन्द में मिलती है और अनेक में भी। सर्गान्त में छन्द बदलने या आगे की कथा की सूचना देने का नियम नहीं है। साथ ही सन्धियों की व्यवस्था नहीं की जाती।

महाकाव्य सर्गबद्ध होता है। सर्ग भी न बहुत बड़े और न बहुत छोटे, आठ से अधिक होते हैं। हिन्दी के महाकाव्यों में ऐसा कोई प्रतिबन्ध दिखाई नहीं देता। रामचरितमानस में भी सात ही सर्ग हैं। खण्डकाव्य में सर्गों की कोई संख्या निश्चित नहीं है और न ही सर्गों की संख्या की कोई परम्परा रही। डॉ. रसाल के भोजराज खण्डकाव्य में दो सर्ग हैं और सोहनलाल द्विवेदी के 'कुणाल' में सोलह। इस तरह हिन्दी खण्डकाव्यों में सर्गों के सम्बन्ध में स्वतन्त्रता ही रही।

(6) महाकाव्य के प्रारम्भ में ईशवन्दना, आशीर्वाद, कथानिर्देश, खलनिन्दा और सज्जन प्रशंसा का विधान मिलता है। आधुनिक काल में यह नियम ढीला हो गया है। कामायनी में तो एकदम कथानक का प्रारम्भ हो जाता है। खण्डकाव्यों में उक्त

परम्परा का पालन नहीं है।

(7) खण्डकाव्य में एक ही मुख्य संवेदना होती है। इसमें युग अथवा जाति के लिए कोई महत् सन्देश नहीं पाया जाता, प्रत्युत व्यक्ति या समाज के लिए सामयिक या चिरन्तन उपदेश निहित रहता है। इसके विपरीत महाकाव्य सम्पूर्ण समाज की परम्पराओं, आदर्शों और जीवन पद्धति का प्रतिनिधित्व करता है।

खण्डकाव्य : एकार्थ काव्य, कहानी एवं एकांकी

एकार्थकाव्य का उद्देश्य किसी एक अर्थ या प्रयोजन की सिद्धि है। इसमें नायक के जीवन का उतना ही अंश लिया जाता है जिससे निश्चित उद्देश्य की सिद्धि हो। इसमें अभिव्यक्त नायक का जीवन अपने आप में पूर्ण होता है। इसमें घटना-वैविध्य भी रहता है किन्तु महाकाव्य की अपेक्षा कथा प्रवाह के मोड़ कम होते हैं। आचार्य विश्वनाथ ने खण्डकाव्य को एकार्थ काव्य का एकदेशानुसारी कहा है। एकार्थकाव्य के कथानक में यदि नायक के जीवन के उद्दिष्ट पक्ष में घटना विविधता होती है तो खण्डकाव्य में केवल एक मुख्य घटना। एकार्थ काव्य में कवि की दृष्टि अधिकतर वर्णनों पर रहती है तो खण्डकाव्य में वर्णनों का संक्षिप्त रूप ही रखा जाता है। दोनों ही रचनाएँ सर्गबद्ध हैं। इस प्रकार खण्डकाव्य की कथावस्तु एकार्थकाव्य की अपेक्षा लघु होती है।

खण्डकाव्य की समता कहानी और एकांकी से भी की जाती है। इनमें इतना ही साम्य है कि ये विधाएँ जीवन की किसी एक महत्त्वपूर्ण घटना की पूर्ण अनुभूति लेकर जीवन के पक्ष विशेष की झलक प्रस्तुत कर देती हैं इन सबमें प्रमुख घटना का विस्तार होता है। कहानी में एक मुख्य संवेदना के कई आघात प्रस्तुत किए जाते हैं और अन्तिम आघात मार्मिक व प्रभावशाली रहता है। खण्डकाव्य में एक ही मुख्य संवेदना होती है और उसमें एक ही प्रभावशाली आघात मिलता है। एकांकी में एक मुख्य आघात की योजना भी मिलती है और आघातों की भी। खण्डकाव्य तथा एकांकी। कहानी में पद्य-गद्य की दृष्टि से ही भेद नहीं है अपितु शिल्प विधान ही पृथक् है। एकांकी और कहानी में कथासूत्र का प्रारम्भ नाटकीय ढंग से होता है और कथा का क्रमिक विकास नहीं होता। नाटकीयता खण्डकाव्य में भी होती है, परन्तु इसमें कथा विकास क्रमिक रहता है। कहानी और एकांकी का कथानक जिज्ञासापूर्ण स्थल से प्रारम्भ होकर तेजी से चरमावस्था की ओर गतिशील होता है। खण्डकाव्य में कथावस्तु वर्णनात्मक ढंग से धीरे-धीरे विकास की ओर बढ़ती है।

इस प्रकार खण्डकाव्य ऐसी विधा है जो महाकाव्य, एकार्थकाव्य, कहानी और एकांकी विधाओं की निकटता और दूरी पर चलती हुई अपनी गति बनाए हुए है।

गीतिकाव्य : परिभाषा एवं स्वरूप

व्यक्तिगत सुख-दुःखों की सहजानुभूति जब स्वतः द्रवीभूत होकर रागात्मक होती है तो उसे **गीतिकाव्य** कहा जाता है। भावातिरेक गीतिकाव्य का मूल तत्त्व है। संगीत इस भावातिरेक का माध्यम है। जब मानसिक आवेग, मानसिक भित्तियों को तोड़कर बहने लगते हैं और उन्हें संगीत के माध्यम से भावप्रकाशन का झरोखा मिल जाता है तो गीतिकाव्य का सृजन होता है। गीतिकाव्य में कवि के व्यक्तित्व की छाप रहती है। कवि हृदय की रागात्मकता आत्मनिवेदन के रूप में प्रस्फुटित होती है। इस रागात्मकता में तीव्रता लाने हेतु गीत का संक्षिप्त होना आवश्यक है। गीत में एक ही भाव को पुष्ट करने के लिए विविधता भी होती है। यह भाव टेक का काम करता है तथा प्रभाव को घनीभूत करने के लिए बार-बार दोहराया जाता है। गीतिकाव्य के विषय में डॉ. नगेन्द्र का मत है कि गीतिकाव्य की आत्मा है—भाव, जो किसी प्रेरणा के भाव से जुड़कर एक साथ गीति में फूट निकलता है। स्वभाव से ही उसमें हार्दिकता का तत्त्व विद्यमान रहता है। उसमें एक प्रकार की सूक्ष्मता तथा सुसंगठित एकता होती है जो समस्त कविता को अन्वित किए रहती है। वह क्षणिक एवं तीव्र मनोवेग का परिणाम है। प्रसिद्ध गीतकार महादेवी वर्मा गीति को परिभाषित करते हुए उपर्युक्त कथन का समर्थन करती हैं कि साधारणतः गीत व्यक्तिगत सीमा में तीव्र सुख-दुखात्मक अनुभूति का शब्दरूप है जो अपनी ध्वन्यात्मकता में गेय हो सके। अनुभूति को तीव्र रखने के लिए, उसे दूसरों तक पहुँचाने के लिए, भाव की अभिव्यक्ति पर कुछ संयम आवश्यक है। "मिट्टी से भरे पात्र में जैसे रजकण ही अपने भीतर पानी के लिए जगह बना देते हैं, वैसे ही यथार्थ के लिए भाव में ऐसी स्वाभाविक स्थिति चाहिए जो भाव ही से मिल सके, इससे अधिक इतिवृत्त गीत में नहीं समा सकता।" अतः गीत की कोमल सीमा में रौद्र, भयानक तथा बीभत्स रसों का स्थान नहीं। सम्भवतः इसी कारण तुलसीदास ने गीतावली में युद्ध का वर्णन नहीं किया।

गीतिकाव्य के उद्‌गम में करुणा की प्रधानता है। सुखमय अनुभूति की अपेक्षा दुख भरे भाव, हमारे मर्मस्थल को अधिक स्पर्श करते हैं। इसीलिए शैले ने कहा था—Our sweetest songs are those which tellus saddest thoughts.

भवभूति ने करुणरस का महत्त्व इतना अधिक स्वीकार किया है कि वे इसे एकमात्र रस कह देते हैं—एको रसः करुण एव सः अर्थात् एक ही रस है और वह करुण है। आदि कवि से सम्बन्धित क्रौंच वध की घटना से भी इस कथन की पुष्टि होती है—

क्रौंच द्वंद्ववियोगोत्थः शोकः श्लोकोत्वमागतः। अर्थात् क्रौंच पक्षी युगल में से एक पक्षी मारा गया, उसके वियोग से उत्पन्न शोक ही कविता के रूप में बह निकला। उपर्युक्त विवेचन से ज्ञात होता है—

(1) गीतिकाव्य में वैयक्तिक सुख-दुःखों की रागात्मक अनुभूति व्यक्त होती है।

(2) गीतिकाव्य में भावातिरेक विद्यमान रहता है।

(3) संगीतात्मकता गीतिकाव्य की प्रमुख विशेषता है।

(4) गीति का सम्बन्ध वेदना के साथ अधिक रहता है।

(5) गीति का आकार संक्षिप्त होता है, अन्यथा गीत की गहराई तीव्र नहीं होती।

(6) सौन्दर्य की कल्पना, गीत को अधिक आकर्षक बना देती है।

भारतीय काव्य में गीतिकाव्य का आधार, सभ्यता के विकास के साथ जीवन की विभिन्न करवटों की अभिव्यक्ति में दिखाई देता है। बौद्ध साहित्य की थेरगाथाओं वैराग्य के प्रति विशेष आकर्षण है—"जब तुम वन में ध्यानस्थ बैठे होगे तब नीली ग्रीवा वाले सुन्दर शिखाशोभी तथा शोभायमान चित्रित पंखों से युक्त आकाशचारी पक्षी अपने सुमधुर कलरव द्वारा घोष भरे मेघ का अभिनन्दन करते हुए, तुम्हें आनन्द देंगे।"

वस्तुतः गाथा का अर्थ गीत ही है।

हिन्दी में गीतिकाव्य की परम्परा विद्यापति की पदावली में दिखाई देती है। वह पदावली संगीत के स्वरों में गूँजती हुई राधाकृष्ण के चरणों में समर्पित है। संयोग और वियोग की जितनी परिस्थितियाँ हो सकती हैं, उन सबका संश्लिष्ट वर्णन विद्यापति की पदावली में उपलब्ध है। संगीतात्मकता और लालित्य की दृष्टि से यह रचना अद्वितीय है।

कबीर के गीतों में एक प्रभावोत्पादक शक्ति है जो हृदय पर मर्माघात करती है। कबीर की विरहिणी आत्मा प्रेम विह्वल होकर, प्रत्येक पथिक से अपने प्रियतम का सन्देश पूछती है—

एक सबद कह पीउ का, कब रे मिलैंगे आइ।

वियोग श्रृंगार के निर्गुण रूप में उत्सुकता, पीड़ा और करुणा की कितनी संश्लिष्ट अभिव्यक्ति है।

सूर के गीत का आधार है—बालवृत्ति और यौवन का राग। वात्सल्य और श्रृंगार

का जितना अधिक विश्लेषण सूर ने किया उतना अन्य किसी कवि ने नहीं। इन क्षेत्रों का तो वे कोना-कोना झाँक आए। इन गीतों में भावातिरेक और सौन्दर्य कल्पना अपनी चरम सीमा पर दिखाई देते हैं। यथा–

खेलत मैं को काको गुसैयाँ।
हरि हारे जीते श्रीदामा, बरबस की कत करत रिसैयाँ।।

शैशव की ईर्ष्या और उसकी तीव्र अभिव्यंजना देखते ही बनती है।

तुलसी के गीतों में दैन्य भक्ति का प्रकाशन है। विनय पत्रिका में वे प्रभु के सम्मुख पूर्णतः समर्पित हैं।

तू दयाल दीन हौं, तू दानी हौं भिखारी।
हौं प्रसिद्ध पातकी, तू पापपुंजहारी।।

तुलसी की भक्ति में दास्य भाव की प्रमुखता है। अतः उनके गीतों में प्रभु का गुणगान तथा जीव की तुच्छता के दर्शन होते हैं। जीव प्रभु की कृपा में प्रतीक्षारत है, उसका अपना विश्वास हिल चुका है, वह पूर्णतः परावलम्बी है। अतः अपनी तुच्छता की पीड़ा उसे झकझोर रही है। तुलसी के आत्मनिवेदन में भी दर्द है जिससे गीति को बल मिलता है।

मीरा ने तो भारतीय जीवन के कण-कण को गीत से आप्लावित कर दिया। साधना से प्रेरित मानसिक पीड़ा, उसके हृदय-निर्झर से गीतों के रूप में प्रकट हुई। इस भाव प्रकाशन में पीड़ा के साथ आत्मनिवेदन का भाव है–

मैं तो साँवरे के रंग राँची।
पग घुँघरू बाँधि मीरा नाँची रे।
मैं तो मेरे नारायण की, आपहि हो गई दासी रे।।

परन्तु हिन्दी के भक्त कवियों के गीतों की वैयक्तिकता, उनका दर्द, केवल अपना दर्द नहीं है, यह विशेषता तो सम्पूर्ण जीव समूह की है। सूर, तुलसी, मीरा के गीत केवल उनके लिए नहीं हैं, उनमें समष्टि के सुख, पीड़ा और आत्मनिवेदन का उद्‌घाटन हुआ है। सूर की यशोदा, यशोदा नहीं, माँ है। तुलसी का निवेदक तुलसी नहीं, भक्त है। मीरा के दर्द की अनुभूति का आधार मीरा नहीं, कृष्ण की दीवानी है। इस प्रकार गीतिकाव्य की आधारभूमि वैयक्तिकता; भले ही बाहरी तौर पर वैयक्तिक हो परन्तु उसकी मूल धारा सामाजीकरण की तरंगों से जुड़ी है। निरी वैयक्तिकता के साथ, पाठकों और श्रोताओं की सहजानुभूति में तादात्म्य नहीं हो सकता।

हिन्दी के आधुनिक काल में गीतों का प्रादुर्भाव भारतेन्दु हरिश्चन्द्र से हुआ। उनके गीतों का मूल एक ओर मध्यकालीन भक्ति की विरह भावना से प्रेरित था तो दूसरी ओर उसमें पराधीन राष्ट्र की विवशता एवं निराशा की छटपटाहट थी–

कहँ परीक्षित कहँ जनमेजय कहँ विक्रम कहँ भोज

दिनकर के गीतों में भी पराधीनता की पीड़ा का मन्थन हो रहा है, परन्तु वे क्रान्ति

के पोषक होकर हुंकार करने का सन्देश देते हैं। आधुनिक काल में, गीतिकाव्य में पीड़ा, दर्द, विवशता, दीनता आदि भाव जरूर हैं, परन्तु उनकी दिशा बदल गई है। अब पराधीनता, निराशा और दर्द के साथ क्रान्ति का भाव भी आ जुड़ा है जो वैयक्तिकता का नहीं, समष्टि का पोषक है। हिन्दी के गीतिकाव्य में वैयक्तिकता को समष्टि की पृष्ठभूमि में उतारने की चेष्टा रही है।

छायावादी कवियों प्रसाद, महादेवी और पन्त के गीतों में मध्ययुग की भक्ति की करुणा के स्थान पर आध्यात्मिक भावभूमि की वेदना व्यक्त हुई। इनके गीतों का प्रेम, पार्थिव प्रेम से ऊपर उठकर मस्तिष्क को हृदयमय और हृदय को बुद्धिमय बना देता है। छायावाद के प्रभाव से ऐसे गीत भी लिखे गए जिनमें प्रकृति एवं प्रेम सौन्दर्य की तरलता मन हो हर लेती है–

बीती विभावरी जाग री।
अम्बर पनघट में डुबो रही
ताराघट उषा नागरी।

लेकिन जब अर्थ की धुरी पर घूमने वाली व्यवस्था के प्रति आक्रोश व्यक्त हुआ तो शोषित वर्ग की दयनीय दशा का चित्रण कुरूपता के स्तर तक आ गया, साथ ही रामेश्वर शुक्ल अंचल, नरेन्द्र शर्मा आदि व्यक्तिगत दुखात्मक अनुभूति के गीतों को प्रश्रय देते रहे। तदनन्तर लोकतन्त्र काल में गीतों का आधार समाजवादी व्यवस्था की विसंगतियों की प्रतिक्रिया के रूप में अपनाया गया।

इस प्रकार हिन्दी गीतिकाव्य पर दृष्टिपात करने से ज्ञात होता है–

(1) गीतिकाव्य का प्रमुख विषय, संयोग और वियोग शृंगार से बँधा रहा। शृंगार का रतिभाव, कहीं लौकिक दृष्टि से नायक-नायिका के आँचल का स्पर्श करता था तो कहीं विरहिणी आत्मा की तड़पन की करुणा व्यक्त करने लगता, इसे शृंगार, करुण और भक्ति रसों का समन्वित रूप कहा जा सकता है।

(2) आधुनिक हिन्दी गीतिकाव्य को एक ओर पराधीनता की पीड़ा मथ रही थी तो दूसरी ओर उसमें आक्रोश और विद्रोह का स्वर भी था। इन गीतों का मूलभाव, राष्ट्रीय भावना के साथ आबद्ध था।

(3) छायावादी कवियों ने आध्यात्मिकता और प्रकृति सौन्दर्य की भावभूमि पर गीतों की रचना की।

(4) कुछ कवियों के गीत व्यक्तिगत वेदना से परिपूर्ण थे जिनमें निराशा, आस्था का अभाव और कृत्रिम तड़प की अभिव्यक्ति हुई।

(5) समाज व्यवस्था की प्रतिक्रियास्वरूप, विसंगतियों पर आघात करने वाले गीतों का सृजन हुआ।

हिन्दी में गीतिकाव्य का स्वरूप वैयक्तिक न रहकर कहीं भक्ति तो कहीं दर्शन, कहीं शृंगार तो कहीं राष्ट्रप्रेम, कहीं व्यवस्था के प्रति विद्रोह तो कहीं प्रकृति के कोमल

सौन्दर्य की क्रोड़ में पलता रहा। यह व्यक्ति उन्मुखी न रहकर, समष्टि, राष्ट्र, समाज और मानव मात्र की मोक्ष भावना का पोषक बना।

गीतिकाव्य का शिल्प

गीतिकाव्य का शिल्प मुक्तक काव्य जैसा है। इसमें कथा प्रसंगों के पूर्वापर सम्बन्धों का अभाव रहता है। प्रत्येक गीत अपने आप में पूर्ण रचना होती है। संगीतात्मकता की अपेक्षा के लिए छन्दों का सन्निवेश इसकी अनिवार्यता है। कबीर, सूर, तुलसी, मीरा आदि का गीतिकाव्य तो लिखा ही शास्त्रीय रागों में गया था। आधुनिक काल के गीत भी छन्दबद्ध हैं। इनमें गीति, उपगीति, हरिगीति, पादाकुलक आदि मात्रिक छन्द अधिक प्रयुक्त हुए। छन्द तो स्वर और लय की बँधी हुई पद्धति है। इनके प्रयोग से संगीतात्मकता का सन्निवेश स्वयं हो जाता है। वार्णिक छन्द भी गीतिकाव्य के शिल्प का अंग रहे। सवैया और कवित्त छन्दों ने गीतों की कोमलता में अद्वितीय समृद्धि भर दी।

अलंकार गीतिकाव्य के सौन्दर्य की अभिवृद्धि में महत्त्वपूर्ण योगदान करते हैं। इनका स्वाभाविक समावेश ही गीतिकाव्य के लिए श्रेयस्कर है अन्यथा भावप्रवणता में बाधा आती है। कवि की स्वानुभूति में काव्यशास्त्र के ज्ञान और सौन्दर्यशास्त्र की सजग चेतना की संश्लिष्टि, स्वतः अलंकार योजना को स्फुरित करने में सहायक होती है। हिन्दी के सभी गीतकार बहुश्रुत और शास्त्रीय ज्ञान से युक्त थे अतः उनके गीतों में अलंकारों का स्रोता स्वतः झरने वाली निर्झरिणी की तरह झरता है–

स्नेह निर्झर बह गया।
रेत तन ज्यों रह गया।

गीतिकाव्य की अलंकार योजना जब बिम्ब योजना के साथ अवतरित होती है तो शब्द, अर्थ, वर्णन आदि में संगीत के तार खनकने लगते हैं और सौन्दर्य के सजीव चित्र अपनी छटा से पाठक को विभोर कर देते हैं। यह तभी सम्भव है जब ये सब गीतकार की अनुभूति में संश्लिष्ट हो जाएँ।

गीतों की भाषा कोमल शब्दावली के साथ आबद्ध रहती है। माधुर्य और प्रसाद गुण से युक्त भाषा, गीतों में भावात्मकता का निर्माण करती है। राष्ट्रीय गीतों और विद्रोह के गीतों में ओज गुण, इनकी प्रभावान्विति में सहयोगी रहता है।

जल उठ, जल उठ, अरी धधक उठ,
महानाश सी मेरी आग।

इस प्रकार गीतिकाव्य का शिल्प कोमल ही नहीं ओज पूर्ण भी हो सकता है। गीत केवल आनन्द की सृष्टि के लिए ही नहीं है, इनमें व्यक्ति, समाज, संस्कृति और राष्ट्र के महत्संदेश भी निहित रहते हैं।

मुक्तक काव्य का स्वरूप

मुक्तक : अर्थ एवं परिभाषाएँ

कविता का एक भेद मुक्तक काव्य है। इसके विषय में हिन्दी शब्दसागर तथा हिन्दी साहित्य कोश में कहा गया है–

(1) मुक्तक वह पद्य जो पूर्वापर निरपेक्ष एवं स्वतः पर्यवसित हो।

(2) वह कविता जिसमें कोई कथा या प्रसंग दूर तक न चले अर्थात् फुटकर कविता।

(3) प्रबन्ध काव्य के विपरीत काव्य।

(4) मुक्तक शब्द का अर्थ है–अपने आप में सम्पूर्ण या अन्य निरपेक्ष।

उपर्युक्त अर्थों के आधार पर, मुक्तक का, काव्य के क्षेत्र में ग्राह्य अर्थ उस फुटकर पद्य से है जिसका सम्बन्ध पूर्व तथा पश्चात् पद्य से न हो, जो अपने आप में पूर्ण अर्थ प्रकट करने में समर्थ हो, जो रसास्वादन के लिए स्वतन्त्र एवं आत्म पर्यवसित हो। दूसरे शब्दों में, मुक्तक काव्य फुटकर कविता है जिसमें पूर्वापर कथा प्रसंग के बिना अर्थाभिव्यक्ति एवं रसास्वादन की क्षमताएँ निहित रहती हैं। अभिनवगुप्त इस सम्बन्ध में अपना मत व्यक्त करते हैं कि मुक्तक एक दूसरे से अनालिंगित होता है। प्रबन्धकाव्य में आने वाले स्वतन्त्र पद्य मुक्तक नहीं होते, अतः पूर्वापर निरपेक्ष, स्वतन्त्र रसानुभूति कराने वाले छन्द मुक्तक काव्य हैं–

मुक्तकमन्येनानालिंगितम्। तेन स्वतन्त्रतया परिसमाप्त-निराकांक्षार्थमपि प्रबन्ध-मध्यवर्ति न मुक्तमित्युच्यते। यदि वा प्रबन्धे मुक्तकस्यास्तु सद्भावः, पूर्वापर निरपेक्षेणापि हि येन रस चर्वणा क्रियते तदैव मुक्तकम्।

अग्निपुराण में उल्लेख है कि सहृदय सामाजिक को चमत्कृत करने वाले एक पद्य को मुक्तक कहते हैं–मुक्तकं श्लोक एवैकश्चमत्कारक्षमः सताम्, जबकि हेमचन्द्र काव्यानुशासन में कहते हैं कि अनिबद्ध पद्य मुक्तक काव्य है। वाग्भट ने भी एक छन्द में समाप्त होने वाली रचना को मुक्तक की संज्ञा दी है। रामचन्द्र शुक्ल का मत है कि मुक्तक जीवन का एक रमणीय खण्ड-दृश्य दर्शाने वाला, एक चुना हुआ

गुलदस्ता, मनोरम वस्तुओं एवं व्यापारों का एक लघु स्तबक तथा रस के मधु छींटों से हृदयकलिका को क्षण भर विकसाने वाला काव्य है। दूसरी ओर डॉ. नगेन्द्र का विचार है कि एक "प्राचीन परम्परा थी मुक्तक कविता की, जो काव्य की अभिजात परिपाटी और उसमें निर्णीत उदात्त काव्य वस्तुओं को छोड़कर नित्यप्रति के सरल ऐहिक जीवन के छोटे-छोटे चित्रों को आँक रही थी।" यहाँ ऐहिक जीवन की दिनचर्या के लघुचित्रों को आरेखित करना, मुक्तक काव्य का लक्ष्य कहा गया है। इसी सन्दर्भ में विश्वनाथ प्रसाद अपना मत व्यक्त करते हैं कि "जिस रचना का लगाव पूर्वापर किसी दूसरी रचना से नहीं होता, वह अनुबन्धहीन अर्थद्योतन में समर्थ रचना मुक्तक काव्य कहलाती है।"

उपर्युक्त परिभाषाओं से ज्ञात होता है–

(1) मुक्तक पद्यबद्ध होता है।
(2) यह लघु आकार की कविता है।
(3) इसमें किसी कथा या कथाओं का पूर्वापर सम्बन्ध नहीं रहता।
(4) यह पूर्ण अर्थ की अभिव्यक्ति देने में समर्थ है।
(5) यह ऐहिक जीवन के छोटे-छोटे चित्र आँकता है।
(6) इसमें रसास्वादन कराने की क्षमता होती है।
(7) मुक्तक की अपनी विशिष्ट शैली है।
(8) इससे मार्मिक खण्ड-दृश्य या संवेदना की अभिव्यंजना सम्भव है।
(9) मुक्तक अर्थ की प्राप्ति के लिए स्वतन्त्र एवं मुक्त होता है।

मुक्तक का स्वरूप

मुक्तक, छन्द के बन्धन से रहित नहीं है। यह प्रबन्धकाव्य से भिन्न काव्य रूप है। इसे छन्दरहित अतुकान्त रचना नहीं कह सकते, चाहे इसमें गद्यगीत का रूप हो या कोई अन्य रूप, मुक्तक के लिए कोई भी छन्द ग्राह्य हो सकता है। जीवन की किसी लघु घटना या भाव भंगिमा को छन्द के परिधान में, मुक्तक प्रस्तुत किया जा सकता है। मुक्तक के संकलन में एक या अनेक छन्द प्रयुक्त हो सकते हैं। यह अत्यन्त लघु काव्य रचना है।

मुक्तक में किसी कथा के प्रवाह का तारतम्य नहीं होता। इसका छोटा-सा लघुकाय पद भी कथा प्रसंगों से बँधा नहीं रहता। किसी खण्ड दृश्य को प्रस्तुत करने के लिए कथा का समावेश एक मुक्तक या एक पद्य तक ही सीमित रखा जाता है। इसमें यदि कोई कहानी होती भी है तो एक मुक्तक के लघु आकार में सिमटी रहती है। मुक्तक के सम्यक् रस परिपाक के लिए किसी घटना की कल्पना की जा सकती है।

मुक्तक पूर्णतः स्वतन्त्र पद होता है। इसमें निज अर्थ की प्राप्ति हेतु पूर्व या

पश्चात् पदों की अपेक्षा नहीं होती। यह अपनी जानकारी स्वयं देता है। दो मुक्तकों का सम्बन्ध विषय की दृष्टि से मेल नहीं खाता। छोटा-सा दोहा भी अपने अल्पाकार में पूरा कथावृत्त सँजोए रखता है। यथा–

सतसैया के दोहरे ज्यों नावक के तीर।
देखन में छोटे लगैं घाव करैं गम्भीर।।

और भी–

जल में कुम्भ कुम्भ में जल है, बाहर भीतर पानी।
फूटा कुम्भ जल जलहि समाना, यह तत कथ्यौ ज्ञानी।।

इन दोहों में एक-एक वृत्त उभरते हैं। कवियों ने बिम्बों के माध्यम से शब्दचित्र आरेखित कर दिए हैं। इन्हें किसी पूर्वापर पदों की अपेक्षा नहीं। ये अपने आप में स्वतन्त्र, पूर्ण और पूर्ण अर्थ के द्योतक हैं। मुक्तक अपनी जानकारी स्वयं देता है–

अम्मणियो संदेसड़ो नारय कण्ह कहिज्ज।
जग दालिद्दिहिं डुब्बिउ, बलिबंधणहँ मुहिज्ज।।

यहाँ 'कहाँ राजा भोज, कहाँ गंगू तेली' की कथा, छोटे से छन्द में गुम्फित कर दी गई है। इस पद को अपना अर्थ देने के लिए पूर्वापर पदों की अपेक्षा नहीं।

एक अन्य पद देखिए–

भडुआ कभी न रन चढ़ै, कभी न बाजी बम्ब।
करहिं प्रणाम सभा को, अब चलै कवि गंग।।

गंग कवि के जीवन की अंतिम यात्रा का प्रसंग, छोटे से दोहे में कितना मार्मिक बन पड़ा है। अपने आप में पूर्ण अर्थ का द्योतक मुक्तक, रस की संवेदना से पाठक को सराबोर कर देता है। रसात्मकता काव्य का अनिवार्य गुण है। मुक्तक में तो इसकी तीव्रता और भी अधिक होनी चाहिए। इसलिए मुक्तक में जीवन की अद्वितीय मर्मस्पर्शी वृत्तियों का चुनाव किया जाता है जिससे अनुरंजन की अपूर्व क्षमता का समावेश हो जाता है–

नहिं पराग नहिं मधुर मधु, नहिं विकास इहि काल।
अलि कलि ही सौं बँध्यौ, आगे कौन हवाल।।

इसी प्रकार–

केसव केसन अस करि जस अरिहूँ न कराहिं।
चंद्रबदनि मृगलोचनी बाबा कहि कहि जाहिं।।

मुक्तक के भावोद्रेक से प्रबन्ध के समान रसमग्न करने की सामर्थ्य तो आनन्दवर्धन ने ही कह दी थी। मुक्तक की चमत्कृत करने की क्षमता का अनेक आचार्यों ने संकेत दिया है।

मुक्तक की एक विशिष्ट शैली होती है। भावों के सम्यक् गुम्फन के लिए कल्पना की समाहार शक्ति की मुक्तक में अनिवार्यता है। जिस कवि की समाहार

शक्ति जितनी सबल होगी, वह उतना ही श्रेष्ठ मुक्तककार होगा–

राति जु सारस कुरलिया गूँज भरे सब ताल।
जाकी जोड़ी बीछुटी ताको कौन हवाल।।

इसी प्रकार–

अम्बर कुंजा कुरलियाँ गरज भरे सब ताल।
जो गोविंद तै बीछुटे ताको कौन हवाल।।

यहाँ एक मुक्तक में वियोग शृंगार है तो दूसरे में भक्ति रस है। अन्तर भाव संश्लेषण और शब्द चयन का है। यहाँ भावों का विपुल विस्तार नहीं, संक्षिप्त एवं सीमित रूप अभिव्यंजित होता है। मुक्तककार इस लक्ष्य की पूर्ति शब्द की लक्षणा एवं व्यंजना शक्ति से करता है। वस्तुतः मुक्तककार का शब्द चयन एवं उसकी शब्द सृजन सामर्थ्य, मुक्तक के लघु आकार में 'गागर में सागर भरने' का जादू प्रस्तुत कर देता है। कबीर के विद्रोह का मुखर रूप एक मुक्तक में देखिए–

तू पंडित मैं काशी का जुलाहा।
बूझउ मोर गिआना।

काव्यशास्त्र का उचित ज्ञान भी अदोष मुक्तक रचना के लिए अनिवार्य है। अलंकारों का सदुपयोग, मुक्तक को सजाने के लिए होना चाहिए, पर अलंकारविधान इस प्रकार का हो कि मुक्तक के छोटे से कलेवर को विकृत न कर दे। मुक्तक काव्य की शैली में संक्षिप्तता, व्यंग्यात्मकता और चमत्कार का योग विशेष रूप में ग्राह्य है।

मुक्तकों का वर्गीकरण

आचार्यों ने मुक्तक के पाँच रूप बताए हैं। मुक्तक में एक पद्य, युग्मक में दो पद्य, विशेषक या सन्दानितक में तीन पद्य, कलापक में चार पद्य और कुलक में पाँच पद्य होते हैं। कुलक में पाँच से भी अधिक पद हो सकते हैं। हेमचन्द्र तो इसमें 5 से 14 तक पद्यों का समावेश मानते हैं। ऐसा प्रतीत होता है कि युग्मक, सन्दानितक, कलापक और कुलक पूर्वापर निरपेक्ष स्वपर्यसित अनिबद्ध काव्य के परिचायक हैं और मुक्तक से भिन्न, उसके समानान्तर प्रचलित काव्यरूप हैं।

मुक्तकों की संख्या और संग्रह के आधार पर इसके कुछ वर्गीकरण इस प्रकार हैं–

प्रघट्टक–एक कवि द्वारा रचित श्लोक समूह।

विकीर्णक–अनेक कवियों द्वारा रचित पद्य समूह।

संघात–एक कवि द्वारा एक विषय पर रचित पदों के समूह। इसमें एक ही छन्द का प्रयोग होना चाहिए।

पर्याय बन्ध–यह संघात के समान है।

आचार्य राजशेखर ने वर्ण्य विषय की दृष्टि से मुक्तक के पाँच भेद किए हैं–

1. शुद्ध–इतिवृत्त से रहित 2. चित्र कल्पना विस्तार से चित्रित चित्र 3. कथा से उद्‌भूत वृत्त एवं इतिवृत्त से युक्त 4. संविधानकम्–सम्भावना से युक्त एवं इतिवृत्त सहित। 5. आख्यानकवान्–कल्पनामय इतिवृत्त से युक्त।

मुक्तक के विषय में ये भेद विलक्षण एवं महत्त्वपूर्ण हैं।

इन भेदों पर दृष्टिपात करने से पता चलता है कि संस्कृत में युग्मक, विशेषक आदि अनिबद्ध काव्य के रूप अधिक प्रचलित नहीं हुए, केवल मुक्तक ही अत्यधिक प्रचलन में रहा। इसी से विपुल स्फुट साहित्य का सृजन हुआ। हिन्दी में भी इसका यही रूप लिया गया। रीतिकाल में तो एक पद में रसानुभूति एवं अर्थ प्राप्ति कराने वाले स्वतन्त्र पद्य ही मुक्तक रूप में अपनाए गए। हिन्दी के आधुनिक काल में अधिक तथा भक्ति काल में कुछ कम, इस प्रकार की प्रवृत्ति दृष्टिगोचर होती है। अंग्रेजी में कप्लेट, क्वाटरेट, हैक्सामीटर, हैक्टामीटर, सोनेट आदि का प्रचलन मुक्तक के रूप में हुआ। इनमें सोनेट अधिक प्रसिद्ध है। और प्राचीन रोमन साहित्य से लेकर आधुनिक पाश्चात्य साहित्य तक इसी काव्यरूप का अधिक प्रचलन एवं सम्मान रहा है।

हिन्दी में डॉ. शम्भूनाथ सिंह ने मुक्तक काव्य का वर्गीकरण कुछ अन्य प्रकार से किया है–

(1) संख्यावाचक तथा संख्याश्रित मुक्तक–यथा मुक्तक, कुलक, पंचक, अष्टक, दशक, कोश, बीसी, बत्तीसी, छत्तीसी, पंचासा, बावनी, शतक, सप्तशती, हजारा आदि।

(2) वर्णमाला आश्रित–मात्रिका, कक्का, ककहरा, बारहखड़ी।

(3) छन्दाश्रित–चौपाई, दोहा, छप्पय, कुंडलिया, कवित्त, कवितावली आदि।

(4) रागाश्रित–रसलावणी, गरवा, पद, कजरी, धमाल, गीता, गीतावली आदि।

(5) ऋतु एवं उत्सव सूचक फाग, होली, चचरी, चौमासा, बारहमासा, षड्‌ऋतु, मंगल, सोहर, गोरी, ब्याहला, बधावा।

(6) धर्माश्रित–स्तुति, स्तोत्र, विनय, स्तवन, प्रभाती, साँझ, भजन, निर्गुण, माहात्म्य, रमैनी, साखी, सबद, उलटवासी आदि।

(7) लोकाश्रित–मुकरी, पहेली, कहावत, ढकोसला आदि।

(8) साहित्यशास्त्र आश्रित–छन्द, रस, ध्वनि, नायक-नायिका भेद से सम्बन्धित छन्द।

(9) फुटकर काव्य रूप–अष्टयाम, दूत काव्य, सन्देश काव्य, गोष्ठी, संवाद, नखशिख आदि।

(10) फारसी काव्य रूप–ग़ज़ल, रुबाई, चौपदे।

उपर्युक्त नामकरण महत्त्वपूर्ण एवं उपादेय है, परन्तु इसे व्यावहारिक दृष्टि से अपनाना कुछ जटिल सा है।

मुक्तक काव्य की उपादेयता

मुक्तक काव्य सभाओं, गोष्ठियों, कवि सम्मेलनों और राजदरबारों आदि के लिए उपयुक्त है क्योंकि इसमें कम समय में अधिक रसानुभूति कराने की अपूर्व क्षमता है। इसका स्वच्छन्द एवं संक्षिप्त रूप सहृदयों के हृदय में चमत्कार उत्पन्न करने में सहायक होता है। प्रबन्ध काव्य का प्रसंग समझने के लिए पाठक जब तक पन्ने पलटता रहता है तब तक मुक्तक का पाठक रसविभोर हो चुका होता है।

मुक्तक का प्रभाव अनेक स्थितियों में गहरा एवं तीक्ष्ण पड़ता है। साहित्य में अनेक उदाहरण मिलते हैं जहाँ छोटे से मुक्तक ने अद्वितीय कार्य किए हैं। बिहारी के एक दोहे ने राजा जयसिंह को वासना के कर्दम से निकाल कर्तव्यनिष्ठ बना दिया। मुहम्मदशाह रंगीला के मन्त्री के एक मुक्तक ने दिल्ली में नादिरशाह द्वारा किए जा रहे कत्ले आम की तलवार रोक दी थी। ऐसा गुण केवल मुक्तक काव्य में ही निहित है।

स्मरण रखने की दृष्टि से मुक्तक काव्य अत्यन्त सुविधाजनक है। मुक्तक के इसी गुण के कारण साधारण व्यक्ति भी दो चार मुक्तक कण्ठस्थ करके अपने जीवन में साहित्यिक रस की अनुभूति पाने की तुष्टि से सन्तुष्ट होता है।

मुक्तक में जीवन की सहज अभिव्यक्ति करने की अपूर्व क्षमता है। रहीम की सतसई के दोहे, आम आदमी की जिन्दगी के धरातल को इतनी गहराई से स्पर्श करते हैं कि पाठक उनका अर्थ अपने जीवन में तलाशने का परिश्रम करने से बच जाता है और उनसे मार्ग दर्शन की अपेक्षा रखता है। मानव समाज की समसामयिक स्थिति और मान्यताएँ मुक्तक काव्य में अधिक सुरक्षित रह सकती हैं। जीवन में घटित होने वाली आकस्मिक और चमत्कारी स्थितियों की अनुभूतियाँ मुक्तक में इस प्रकार अभिव्यक्त हो पाती हैं कि वे भावी पीढ़ियों को धरोहर के रूप में, सहज ही प्राप्य होती हैं।

नाट्यकाव्य : परिभाषा एवं स्वरूप

नाटकीय कविता में नाटक और कविता के तत्त्वों का अद्भुत सामंजस्य होता है। इस सामंजस्य में दोनों प्रकार के तत्त्वों के आनुपातिक आधार पर कई प्रकार के काव्यरूपों का विकास हुआ जैसे काव्यात्मक नाटक (Poetic drama) नाट्य गीति (Dramatic lyric), गीति नाट्य (Lerical Drama), नाट्य एकालाप (Dramatic monologue) इत्यादि। हिन्दी में धर्मवीर भारती द्वारा रचित 'अन्धायुग' कृति के प्रकाशन के साथ समस्या उत्पन्न हुई कि इसे किस विधा के अन्तर्गत रखा जाए। वर्तमान विधाओं की परिधि में इसे समा पाना कठिन प्रतीत हुआ। यह कृति ऐसी है जो काव्य होने के साथ ही नाटकीय संवादात्मक शिल्प का प्रश्रय ग्रहण करती है। इस प्रकार की अन्य रचनाओं को नाटक के अन्तर्गत मानकर एच.ए. बीयर्स ने कहा था कि ये नाटक पाठ्य हैं, अभिनेय नहीं। अभिनेय नाटकों की अपेक्षा इनकी शैली में अधिक अलंकरण, भाव सबलता, क्रिया-व्यापार मन्दता और भाषण प्रौढ़ता होती है। परन्तु हैजलिट और लैम्ब इसका विरोध करते हुए अपना मत व्यक्त करते हैं कि इन कृतियों को नाटक मानना, नाटक के साथ अन्याय करना है। इन्हें नाटक नहीं, नाटकीय काव्य ही कहना चाहिए। टी. एस. इलियट ने इस प्रकार की रचनाओं के लिए Poetic drama or Dramatic poetry नाम से अभिहित किया था। इलियट का विचार है कि यदि कविता का क्षेत्र इतना विस्तृत कर दें कि सामान्य बात भी कविता में कहने लगें तो वह कविता नहीं रहेगी। यह कविता तभी होगी जब नाटकीय परिस्थिति भावात्मक तीव्रता के ऐसे बिन्दु पर पहुँच जाए कि कविता नैसर्गिक अभिव्यक्ति का रूप धारण कर ले। दूसरी ओर वे यह भी कहते हैं कि Poetic drama की रचना, कविता लिखना सीखने वाले गद्य नाटककारों की अपेक्षा, नाटक लिखना सीखने वाले कवियों द्वारा अधिक सम्भव है। भावावेगमयी नाटकीय स्थितियों को कविता में ही व्यक्त किया जा सकता है। इसका अभिप्राय यही है कि ड्रैमेटिक पोयट्री की रचना गद्य में लिखने वाले नाटककार की सामर्थ्य से परे है, कवि ही ऐसी रचना कर सकता है। अतः कवि द्वारा रचित कृति को काव्य नाम से अभिहित करना उचित है और नाटकीय परिस्थिति

की काव्यात्मक अभिव्यक्ति के कारण, नाटकीय काव्य या नाट्य काव्य नाम युक्ति-युक्त है।

नाट्यकाव्य का शाब्दिक अर्थ यही है–ऐसा काव्य जिसमें नाटकीय तत्त्व न्यूनाधिक परिमाण में विद्यमान हों। नाटकीय शिल्प का प्रश्रय लेने वाला काव्य, काव्य पहले है, नाटक बाद में। जिन रचनाओं का नाम काव्य-नाटक दिया जाए वे मूलतः नाटक होनी चाहिए, भले ही उनमें काव्य शिल्प भी ग्रहण किया गया हो। अतः हिन्दी के वे काव्य जिनमें नाटक की संवादात्मक शैली अपनाई गई है, मूलतः काव्य ही हैं, परन्तु नाटकीय उपादानों की अभिव्यक्ति के कारण उन्हें नाट्यकाव्य नाम से अभिहित करना होगा।

नाट्यकाव्य के तत्त्व

नाट्यकाव्य में छह तत्त्व होते हैं–

(1) कथानक

नाटयकाव्य का कथानक स्थूल परिस्थितियों के संयोजन तक सीमित नहीं होता, उसे नाटकीय क्रिया-व्यापार की सम्भावनाएँ सुरक्षित रखते हुए, काव्यात्मक संवेदना के स्तर तक उठना होता है। अतः इसमें सामान्य जीवन के सामान्य व्यापारों के लिए अवकाश नहीं रहता अपितु इसे जगत् की उस गम्भीरता को दिखाना होता है जिसमें सारी विविधता अपने बाह्य विस्तारों को छोड़कर घनीभूत हो जाती है। इसे युग-युगीन जीवन सत्य उद्घाटित करने वाली गहराई को अपने में समाहित करना होता है। नाट्यकाव्यों के कथानक विविध विस्तार से मुक्त होकर गहन अभिप्रायों की अभिव्यंजना हेतु उन प्रतीकात्मक आख्यानों का रूप धारण कर लेते हैं जो चिर प्रतिष्ठित हों और जातीय जीवन के सांस्कृतिक पक्ष से सम्बद्ध हो जाएँ। ये पुराख्यान किसी जाति के अवचेतन के संस्कारों, अनुभूतियों, कल्पनाओं और चिन्तन की परिणतियाँ हैं। नाट्यकाव्य में कथानक का सौन्दर्य चुनी हुई मार्मिक घटनाओं के द्वन्द्वमूलक विकास में निहित रहता है। घटनाओं से पात्र जुड़े होते हैं, अतः टकराव पात्रों में ही चलता है। पात्रों की मनःस्थितियों का द्वन्द्व मानसिक स्तर पर भी व्यक्त होता है और क्रिया-व्यापारों के रूप में भी। प्रत्येक पात्र की मनःस्थिति उसके परिवेश और परिस्थिति से परिचालित होती है, प्रतिक्रियास्वरूप पात्र भी परिस्थिति को अपने आदर्श के अनुकूल ढालने का प्रयास करता है। इस प्रकार कथानक में संघर्ष व्यक्तिगत स्तर पर भी रहता है और सामूहिक स्तर पर भी। कथानक के कुछ पात्र संकीर्ण उद्देश्यों के लिए संघर्ष करते हैं कुछ व्यापक उद्देश्यों के लिए। इस प्रकार संघर्ष, मूल्यों के टकराव में परिवर्तित हो जाता है। सभी सघर्षों का मूल अन्याय है, अतः सत्पक्ष को संघर्ष छोड़ना पड़ता है। दिनकर कहते हैं–

चुराता न्याय जो रण को बुलाता भी वही है
युधिष्ठिर स्वत्व की अन्वेषणा पातक नहीं है।
नरक उनके लिए जो पाप को स्वीकारते हैं।
नहीं उनके लिए जो शत्रु को ललकारते हैं।

इस प्रकार कथानक का संघर्ष सत् और असत् पक्षों का टकराव है। यह संघर्ष मूल्यात्मक है। यदि कवि जानबूझकर सत्पक्ष को प्रबलतर दिखाता है तो संघर्ष के सौन्दर्य की आभा लुप्त होने लगती है।

(2) पात्र और चरित्र-चित्रण

नाट्यकाव्य के पात्र कथानक के साथ अभिन्न रूप में गुँथे होते हैं। पात्रों के आचार-विचार ही कथानक की गतिशीलता निर्धारित करते हैं। काव्य की श्रेष्ठता इसी में है कि उसके पात्र जीवन सापेक्ष हों। यदि जीवन के उन्मुक्त संघटन को सर्वथा अस्वीकार करके, किसी स्थिति का तर्कसम्मत ढंग से उपयोग किया जाता है तो पात्र यथार्थ होने पर भी परिणाम यान्त्रिक होगा। जीवन की सहजता खो देने पर पात्र और स्थिति दोनों में यांत्रिकता आ जाती है। नाट्यकाव्य के कथानक में जिस प्रकार स्थूल घटनाओं और क्रिया-व्यापारों की भरमार नहीं होती, उसी प्रकार इसके पात्रों के चरित्र में बाह्य दृष्टि से परिवर्तन की गुंजाइश नहीं है और उनका उत्तरोत्तर विकास भी बहुत कम होता है। नाट्यकाव्य के पात्र अंतर्द्वन्द्व प्रधान और गूढ़ होते हैं। उनका विकास, आन्तरिक गहराई में होता है। उन पात्रों की परख जितनी गम्भीरता से की जाए, उतने ही गहन अर्थों की परत खुलने लगती हैं। वे पात्र भावोन्मुख रहते हैं और आन्तरिक प्रवृत्तियों व मानसिक द्वन्द्व के द्योतक होते हैं।

नाट्यकाव्य के प्रणेता को ऐसे पात्रों का सृजन करना होता है जिनमें नाटकीयव्यापार भी हो और काव्यात्मक भावात्मकता भी। गेटे का कथन है कि नाट्यकाव्य का सबसे अच्छा प्रभाव तब होता है जब उसके पात्र सांस्कृतिक उन्नयन के विशिष्ट धरातल पर प्रतिष्ठित हों, जिससे उनके कार्य नैतिक, राजनैतिक और यान्त्रिक विचारणाओं से अभिभूत हुए बिना, अपने व्यक्तित्व की निर्भ्रान्त अभिव्यंजना करें। इसीलिए पुराणकथाएँ कवियों के लिए विशेष रूप में उपयोगी हुआ करती हैं।

(3) संवाद

नाट्यकाव्य के संवाद पद्यमय होते हैं। पद्य में आन्तरिक भावों की अनुभूति अधिक सम्भव है, अतः नाट्यकाव्य लिखने के लिए गद्य की अपेक्षा पद्य सदा उपयुक्त करता है। टी.एस. इलियट का मत है कि नाट्यकाव्य के लिए बोलचाल की उस भाषा की आवश्यकता है जो नाटकीय होने के साथ-साथ काव्यात्मक स्तर भी प्राप्त कर

सके। बोलचाल के निचले स्तर की भाषा ग्राम्य हो जाती है तथा ऊँची उड़ान भरने वाली भाषा हास्यास्पद। अतः नाट्यकाव्य के संवादों की भाषा का सहज काव्यात्मक रूप ही ग्राह्य है। नाट्यकाव्य के संवाद छन्दबद्ध भी हो सकते हैं, मुक्तछन्द भी और कहीं-कहीं आवश्यकतानुसार गद्यकाव्य के स्तर पर भी पहुँच सकते हैं। परन्तु उनमें काव्यमयता सर्वत्र रहती है। सामान्यतः नाट्यकाव्य के लिए मुक्तछन्द उपयुक्त रहता है। मुक्तछन्द में भावानुसार विभिन्न लय योजना की स्वतन्त्रता होती है। नाटकीय व्यापार की गति और भावों के संवाद संक्षिप्त, सजीव, भावपूर्ण, बिम्बात्मक और व्यंजक होने चाहिए। लम्बे संवाद और स्वगत कथन नाट्यकाव्य के क्रिया-व्यापार में बाधक सिद्ध होते हैं।

(4) अभिव्यंजना

नाट्यकाव्य की अभिव्यंजना में बिम्ब, प्रतीक, अलंकार एवं नादसौन्दर्य सम्बन्धी छन्द, लय और तुक का सामंजस्य रहता है। बिम्ब कल्पनानिर्मित मानसछवि के शब्दचित्र होते हैं। इनसे सहृदय का वस्तु के साथ रागात्मक सम्बन्ध बनता है। नाट्यकाव्य में बिम्बों की काव्यमयता और नाटकीयता के मध्य सामंजस्य होने पर कलात्मक सौन्दर्य में अभिवृद्धि हो जाती है। प्रतीक में मूर्त के अमूर्तन और अमूर्त के मूर्तन की प्रक्रियाएँ अभिन्न रूप में घटित होती हैं। प्रायः सूक्ष्म अर्थ को मूर्त आधार के सन्निकर्ष से सम्प्रेषणीय बनाना प्रतीक का लक्ष्य है। प्रतीकों के माध्यम से किसी देश या जाति के जीवन मूल्य सम्प्रेषण हेतु कवि इन्हें रागात्मक स्तर पर प्रस्तुत करता है। इनसे काव्यकृति के बोधतत्त्व में गहनता आती है। काव्य और अलंकारों का सम्बन्ध तो अटूट है ही। उष्णता के बिना आग की जो स्थिति होती है, वही अलंकारों के बिना काव्य की। सौन्दर्य का दूसरा नाम ही अलंकार है। परन्तु नाट्यकाव्य में अलंकारों का अधिक प्रयोग, विषय की गरिमा में बाधक बन सकता है। अतः इनका प्रयोग स्थिति के अनुसार अल्पमात्रा में ही उचित है। अलंकारों की जटिलता पात्रों की मनोवृत्ति के सहज प्रकाशन में बाधा डालती है। अतः नाट्यकाव्य में अलंकारों का प्रयोग सहज, भावानुकूल एवं परिस्थितियों के अनुरूप ही होना चाहिए। लय और तुक का सम्बन्ध रागात्मक अर्थों से है। कविता से लय और तुक निकाल देने पर सूखी रेत रह जाती है। नाद सौन्दर्य से प्राप्य रसात्मकता के अभाव में नाट्यकाव्य का काव्यत्व सूख जाएगा, परन्तु लयात्मकता रागों का स्थान न ले ले अन्यथा नाट्ककाव्य गीतिनाट्य का रूप धारण कर लेगा। मुक्तछन्द या छन्द के प्रयोग में लय का सहज रूप ही पर्याप्त है। लय और तुक के बिना गद्यात्मकता की स्थिति आ सकती है जिससे नाट्यकाव्य के स्वरूप में व्याघात होगा।

(5) अभिनेयता

नाट्यकाव्य की अभिनेयता में मतभेद रहा है। कुछ नाट्यकाव्य रंगमंच पर सफल रहे, परन्तु ऐसे भी नाट्यकाव्य हैं जिनके मंचन की बात सोची भी नहीं जा सकती। नाट्यकाव्य, नाटकीय तत्त्व से युक्त होता है, अतः मंचन के योग्य होना चाहिए, परन्तु मूलतः यह काव्य है, अतः इसे मंच से जोड़ने की कोई आवश्यकता नहीं। परन्तु यह कवि के कलात्मक कौशल पर निर्भर है कि वह अपनी कृति को अभिनेय रूप दे पाता है या नहीं। यदि इसमें नाट्य सम्भावनाएँ भी रहें तो इसका कलात्मक उत्कर्ष ही होगा। जब नाटकीय आधार पर इसके कथानक का गठन होता है, इसी आधार पर पात्र योजना रखी जाती है और संवादों को तराशा जाता है तो इसकी मंचीयता को सर्वथा नकारने का विचार प्रशंसनीय नहीं। निर्देशक यदि मंच पर सफल दृश्य योजना, और ध्वनि-प्रकाश व्यवस्था का आयोजन कर सके तो नाट्यकाव्य के मंचन में बाधा नहीं रहेगी। नाटक की अभिनेयता में प्रयुक्त होने वाले तत्त्व, नाट्यकाव्य की अभिनेयता में क्रियान्वित किए जा सकते हैं।

(6) उद्देश्य

नाट्यकाव्य सोद्देश्य रचना है। महाकाव्य की भाँति नाट्यकाव्य भी जीवन की किसी समस्या का जीवन सापेक्ष समाधान प्रस्तुत करता है। यह गम्भीर रचना है, अतः इसमें सतही जीवन की अपेक्षा मानवीय सन्दर्भों से जुड़ी समस्याएँ होती हैं। पुराख्यानों के माध्यम से युग-युगीन सत्य का उद्घाटन करना कवि का लक्ष्य रहता है। यह प्राचीन मूल्यों के प्रश्रय में वर्तमान जीवन की विभीषिका से सुरक्षा का उपाय खोजता है। उदाहरणतः अन्धायुग और एककण्ठविषपायी नाट्यकाव्य किसी भी युग में व्याप्त मानसिक अन्धत्व और मृत परम्पराओं की लाश ढोने का विरोध करके अन्धों के माध्यम से ज्योति की कथा और विवेक द्वारा नए सत्यों की तलाश करने की कथा कहते हैं। प्रत्येक युग में, कभी-कभी जीवन की राह अन्धकार में खो जाती है तो कवि पुराख्यानों की स्थितियों के सादृश्य के आधार पर सहृदयों के सम्मुख विवेकपूर्ण मार्गदर्शन करने का प्रयास करता है। पुराख्यान जनमानस में, संस्कार रूप में अंकित रहते हैं, उन्हें वर्तमान के सन्दर्भ में सप्राण बनाकर सहृदयों की अनुभूतियों को नई दिशा दी जा सकती है। इस प्रकार नाट्यकाव्य का लक्ष्य जीवन की छोटी मोटी समस्याएँ उभारना नहीं, अपितु अतीतकाल से सूक्ष्म रूप में, मानस के अतल की गहराइयों का संस्पर्श करने वाले जातीय मूल्यों की जीवनीय शक्ति के माध्यम से प्रभावित करना है।

आलोचना का स्वरूप

आलोचना का अभिप्राय

आलोचना का अर्थ है—सम्यक् निरीक्षण। मनुष्य में आलोचना की प्रवृत्ति चिरकाल से रही है परन्तु साहित्य के क्षेत्र में इसका प्रवेश विलम्ब से हो पाया। इसका कारण यही है कि पहले साहित्य अस्तित्व में आता है, तदनन्तर आलोचना की आवश्यकता अनुभव होती है। आलोचना का जब साहित्य में प्रवेश हुआ तो सामान्यतः कृति के गुण-दोषों का विवेचन करना ही इसका लक्ष्य था। आलोचक किसी काव्य रचना के गुण-दोष गिनाकर ही अपने कार्य की इतिश्री समझ लेते थे। किन्तु अब आलोचना का क्षेत्र इतना व्यापक हो चुका है कि इसे गुण-दोष दिग्दर्शन कराने तक सीमित रखना उचित नहीं। आलोचना के सन्दर्भ में डॉ. सुरेश चन्द्र गुप्त का दृष्टिकोण है, "किसी कृति की विशेषताओं पर विचार करना, उसकी उपलब्धियों एवं अभावों का मूल्यांकन करना, सहृदयों के हृदयों पर उसकी प्रतिक्रिया का विश्लेषण करना, उसकी श्रेष्ठता तथा अभावों के विषय में निर्णय देना उसे श्रेणीबद्ध करना आदि अनेक कार्य आलोचना के अन्तर्गत आते हैं। हिन्दी में आलोचना, अंग्रेजी के (criticism) का पर्याय है जिसका अर्थ मूल्यांकन करना है। वर्सफोल्ड इसी बात का समर्थन करते हैं, "आलोचना कला और साहित्य के क्षेत्र में निर्णय की स्थापना है।" अतः कृति विशेष के रचयिता के व्यक्तित्व के प्रकाश में जब आलोचक उपयुक्त व्याख्या-विश्लेषणपूर्वक उस स्तर की अन्य कृतियों में उसके स्थान और महत्त्व का निर्धारण करता है, तब इसे आलोचना नाम दिया जाता है।

आलोचना की उपादेयता

आलोचना में गुण-दोष विवेचन के सन्तुलित आधार का महत्त्व है। इससे सहृदय अर्थात् कवि के समान मनोभाव रखने वाले पाठक को साहित्य के प्रामाणिक अनुशीलन की सुविधा प्राप्त होती है। निस्संग भाव से प्रस्तुत की गई किसी कृति की आलोचना, पाठक की बोधवृत्ति का निश्चय ही परिष्कार करती है। इसी से सत्साहित्य का प्रसार

और असत् साहित्य का बहिष्कार होता है। आलोचना से पाठक को बौद्धिक सहायता मिलती है और उसकी निर्णयात्मक शक्ति का प्रबोधन होता है। परिणामतः सहृदय को कृतिविशेष से रसात्मक बोध प्राप्त करने की सुविधा तो होती है, उसकी साहित्यिक जिज्ञासा को भी बल मिलता है। उत्तम आलोचना से काव्यकृतिकार को उत्साह एवं मार्गदर्शन मिलता है। इसीलिए कादम्बिनी पत्रिका में कहा गया कि समालोचना का अर्थ है—गुण गाना, दोष दिखाना और सीख सिखाना। कृष्णबिहारी उत्तम कोटि की आलोचना के विषय में इसी बात की पुष्टि करते हैं—"निष्पक्ष भाव से किसी वस्तु के गुण-दोषों की विवेचना करना समालोचना है। इस प्रथा के अवलम्बन से उत्तम विचारों की पुष्टि तथा वृद्धि होती रहती है।" आलोचना की यह दृष्टि साहित्य विवर्धन में सहायक है। समीक्षक श्रेष्ठ और साधारण कृतियों के गुण-दोषों का निर्धारण करके उनके ग्रहण और त्याग की प्रेरणा देता है। इस उद्देश्य की सिद्धि के लिए कृतिविशेष का उसी विषय से सम्बद्ध अन्य रचनाओं से तुलनात्मक अनुशीलन भी किया जाता है। अतः स्पष्ट है कि आलोचना से कृतिकार को उत्साह, विचारों की प्रौढ़ता रचनागत विचारों और शिल्प के परिमार्जन करने की प्रेरणा, यश आदि की उपलब्धि होती है, जबकि पाठक की बोधवृत्ति का परिष्कार होता है। इसी कारण गुलाबराय जी भी कहते हैं, "कवि की कृति का सभी दृष्टिकोणों से आस्वाद कर पाठकों को उस प्रकार के आस्वाद में सहायता देना," आलोचना का लक्ष्य है। सहृदय की रसग्रहणक्षमता का परिष्कार करने के लिए आलोचना उसकी संवेदनाएँ जाग्रत करती है और उसे रचना से साधारणीकरण की प्रेरणा देती है। दिनकर भी कहते हैं कि "आलोचना काव्य में प्रयुक्त कौशल का रहस्य उद्घाटित करती है, उस मार्ग का भेद खोलती है, जिस पर चलकर कवि ने अपने भावों को अभिव्यक्त किया है, अपनी कविता में आनन्द, प्रभाव या चमत्कार उत्पन्न किया है। इसीलिए रचनात्मक आलोचना के पढ़ने से पाठक की आनन्दग्राहिणी योग्यता का प्रसार होता है।" परन्तु इस उद्देश्य की प्राप्ति के लिए आलोचना तथा साहित्य रचना के नियम इतने जटिल न बना दिए जाएँ कि साहित्य सृजन में ही अवरोध आ जाए। आवश्यकता इस बात की है कि साहित्य की समीक्षा करने के लिए जो भी सिद्धान्त बनाए जाएँ, वे इतने व्यापक और लचीले हों कि साहित्य की विकासोन्मुख प्रकृति को अपने में समाहित कर सकें।

आलोचना कलात्मक है

डॉ. नगेन्द्र आलोचना को ललित साहित्य का अंग मानते हैं। आलोचना भले ही बाह्यतः बौद्धिक आयास प्रतीत हो, परन्तु इसकी आत्मा कलामयी है। आत्म के कलामयी होने का अर्थ है कि आलोचना भी मूलतः आत्माभिव्यक्ति ही है। आलोचना का विषय रसात्मक होता है और इसकी परिणति आत्मसिद्धि में होती है। अतः रस का अभिषेक आलोचना में भी रहता है। यह भी ठीक है कि आलोचना पद्धति में नियमों का पालन

करना आवश्यक और उपादेय होता है। यही वह गुण है जो आलोचना को सामान्य सहृदय की अपेक्षा विशिष्टता प्रदान करता है। कृति के रसग्रहण के सन्दर्भ में आलोचक, सहृदय से अभिन्न है किन्तु रस तत्त्व के विवेचन में वह पाठक की अपेक्षा विशिष्ट है। साहित्य का आस्वादन दोनों करते हैं, किन्तु उस आस्वादन का विश्लेषण आलोचक ही कर सकता है।

काव्य का विषय जीवन है। कवि अपने विषय का सृजन नहीं करता, पुनः-सृजन ही करता है। इसी तरह आलोचना का विषय काव्य है और आलोचक भी एक प्रकार से अपने आलोच्य विषय का पुनःसृजन करता है। काव्य के विषय में कहा जाता है—काव्य जीवन का आख्यान है। यदि आख्यान शब्द का प्रयोग इस प्रकार किया जाए कि 'आलोचना काव्य का आख्यान है' तो कोई अनुचित कथन नहीं। यहाँ भी आख्यान, विवेचन का पर्याय न होकर पुनःसृजन का ही वाचक है। आलोचना में आख्यान वस्तु विश्लेषण मात्र नहीं है, यहाँ भी पुनःसृजन की प्रक्रिया चलती है। कवि के साधनों में भावना और कल्पना प्रधान है और बुद्धि संश्लेषण में सहायता करती है। आलोचक में भावना और कल्पना का सम्यक् उपयोग रहते हुए भी बुद्धि अधिक सक्रिय रहती है। दूसरे, कवि जीवन का पुनःसृजन करता है जबकि आलोचना के माध्यम से काव्य का पुनःसृजन होता है। सृजन का परिणाम है पदार्थ और पुनःसृजन का परिणाम है बिम्ब। कवि-व्यापार में बिम्ब रचना की प्रधानता रहती है। आलोचना में पुनःसृजन द्वारा इन बिम्बों का स्पष्टीकरण होता है। काव्य में ऐन्द्रिय मानसिक बिम्ब प्रमुख रहते हैं, आलोचना मानसिक-प्रज्ञात्मक बिम्ब प्रस्तुत कर पाती है। आलोचना केवल बुद्धि का विलास नहीं है। काव्य विधाओं के समान इसमें भी सर्जनात्मकता परिव्याप्त रहती है।

आलोचना के प्रकार

आलोचना के रूप, साहित्य की विकास धारा पर निर्भर करते हैं, अतः युग की स्थिति के अनुरूप आलोचना शैलियों का प्रादुर्भाव होता है। फिर भी आलोचना की विभिन्न प्रवृत्तियों को मूलतः दो वर्गों में विभाजित किया जा सकता है—सैद्धान्तिक और व्यावहारिक। सैद्धान्तिक आलोचना के अन्तर्गत काव्यशास्त्रीय मूल्यों के निर्धारण के अतिरिक्त साहित्य की विविध विधाओं के स्वरूप का विवेचन भी प्रस्तुत किया जाता है जबकि व्यावहारिक आलोचना, सैद्धान्तिक आलोचना पर ही निर्भर करती है।

(1) **सैद्धान्तिक आलोचना**—सैद्धान्तिक आलोचना में साहित्य के कविता, नाटक, उपन्यास, निबन्ध आदि रूपों की रचना के सम्बन्ध में सामान्य सिद्धान्तों का निर्धारण और विवेचन किया जाता है। इसके लिए एक ओर रचनात्मक साहित्य के गुण-दोषों के आधार पर सिद्धान्त निरूपण होता है तो दूसरी ओर उपलब्ध काव्यशास्त्र से सहायता मिलती है। इनके अतिरिक्त साहित्य की नई धाराओं—छायावाद, प्रगतिवाद, नई

कविता, आंचलिक उपन्यास आदि के विषय में रचनाकारों की धारणाओं से प्रेरणा ली जाती है। किसी एक भाषा में विद्यमान सैद्धान्तिक आलोचना सम्बन्धी ग्रन्थों से दूसरी भाषा में सैद्धान्तिक दृष्टिकोणों के प्रभावित होने की बात भी नकारी नहीं जा सकती। यथा, हिन्दी काव्यशास्त्र, संस्कृत काव्यशास्त्र का ऋणी है, किन्तु पाश्चात्य काव्यशास्त्र से भी प्रेरणा ली गई है।

सैद्धान्तिक आलोचना द्वारा निर्धारित मानदण्ड, युगीन परिस्थितियों और काव्यप्रवृत्तियों के परिप्रेक्ष्य में परिवर्तित होते रहने चाहिए अन्यथा पुराने मानदण्डों की कसौटी पर परखते रहने से आलोचना में जड़ता आ जाएगी। हिन्दी में आधुनिक साहित्य को रीतिकालीन काव्यशास्त्रीय मानदण्डों पर परखने का कोई औचित्य नहीं। इसमें वर्तमान साहित्य के साथ अन्याय ही होगा। सैद्धान्तिक आलोचना की श्रेष्ठता का आधार युगीन साहित्य की सर्जनात्मक श्रेष्ठता पर निर्भर है। उत्कृष्ट साहित्य की उपलब्धि के उपरान्त ही आलोचना के मानदण्ड निर्धारित हो सकते हैं। आलोचना के सिद्धान्त कोरी कल्पना नहीं होती, इनके मूल में सर्जनात्मक साहित्य की प्रवृत्तिमूलक गवेषणा विद्यमान रहती है। यह भी ध्यातव्य है कि चिन्तन की गम्भीरता की सीमाएँ नहीं होतीं, एक ही विषय पर अनेक काव्यशास्त्रीय ग्रन्थों की रचना सम्भाव्य है। यह तो अनुभूति, अध्ययन, दृष्टिकोण, विश्लेषण बुद्धि पर निर्भर करता है कि विषय का चिन्तन किस रूप में किया जाए। रस के सम्बन्ध में ही देखिए, कन्हैयालाल पोद्दार की 'रसमंजरी', गुलाबराय की 'नवरस', रामचन्द्र शुक्ल की 'रस मीमांसा', नगेन्द्र की 'रस सिद्धान्त' कृतियाँ रस की व्याख्या के क्षेत्र में भिन्न-भिन्न प्रकार की उच्चकोटि की रचनाएँ हैं। इनमें गवेषणा की दृष्टि अपने-अपने ढंग की है।

(2) व्यावहारिक आलोचना—व्यावहारिक आलोचना में, सैद्धान्तिक आलोचना द्वारा निर्धारित सिद्धान्तों की कसौटी पर किसी साहित्यिक कृति का विश्लेषण और मूल्यांकन किया जाता है। साहित्यिक आलोचना में तीन आधारभूत तत्त्व होते हैं—प्रभावग्रहण, व्याख्या और निर्णय। इनके आधार पर व्यावहारिक आलोचना के प्रभावात्मक आलोचना, व्याख्यात्मक आलोचना और निर्णयात्मक आलोचना उपभेद किए जा सकते हैं। इन आलोचना प्रणालियों की अपनी-अपनी आधारभूत प्रवृत्तियाँ हैं जिनमें कहीं-कहीं एकरूपता भी दिखाई देती है।

(क) प्रभावात्मक आलोचना—यह मूलतः व्यक्तिनिष्ठ आलोचना है। इसमें उन प्रभावों का आकलन रहता है जो कृति विशेष के अध्ययन से आलोचक के मन पर अंकित हो जाते हैं। इसमें आलोचक की प्रतिक्रिया प्रमुख होती है और शास्त्रीय आलोचना के उपादानों का महत्त्व नहीं रहता। इस प्रकार प्रभाववादी आलोचना का आधार आलोचक की रुचि और मनोदशा है। इससे पक्षपात की सम्भावना बढ़ जाती है और विभिन्न आलोचकों की व्यक्तिगत रुचियों की भिन्नता के कारण प्रतिक्रियाओं में अवांछित दूरी उत्पन्न हो जाएगी। परम्परागत साहित्य सिद्धान्तों की उपेक्षा होने

से औचित्य से विमुखता की सम्भावना होगी। यदि सभी आलोचक स्वेच्छानुसार समीक्षा करने लगें तो आलोचना के क्षेत्र में अराजकता की स्थिति झेलनी पड़ सकती है।

(ख) **व्याख्यात्मक आलोचना** में आलोच्यकृति के अध्ययन और मनन के पश्चात् उसके भावगत व शैलीगत सौन्दर्य का तटस्थभाव से उद्‌घाटन किया जाता है। इसमें रचनागत प्रवृत्तियों के अनुसन्धान और व्याख्या-विश्लेषण की प्रवृत्ति होती है। आलोचक निजी प्रतिक्रियाओं से तटस्थ रहकर प्रतिपाद्य के वैज्ञानिक परीक्षण पर बल देता है। अतः काव्यकृति के साथ पूरा न्याय होता है और उसकी आलोचना भी अधिक विश्वसनीय एवं रोचक होती है। इस आलोचना पद्धति को पाँच भागों में विभाजित किया गया है—**शास्त्रीय आलोचना, मनोविश्लेषणात्मक आलोचना, ऐतिहासिक आलोचना, मार्क्सवादी आलोचना और चरित्रमूलक आलोचना**। **शास्त्रीय आलोचना** में आलोच्य कृति की विषयवस्तु और शैली, काव्यशास्त्र की कसौटी पर परखी जाती है। इसमें रस, भाव, अलंकार, भाषा, शैली आदि के शास्त्रीय दृष्टिकोण के अनुसार रचनागत विशिष्टताएँ प्रस्तुत करने का प्रयास होता है। इस आलोचना पद्धति में एक दोष दिखाई देता है कि कृति एवं कृतिकार की विशिष्टता उपेक्षित हो सकती है, साथ ही शास्त्रीय नियमों के दबाव में जटिलता का समावेश हो जाता है। अतः शास्त्रीय आलोचना में अत्यधिक नियमबद्धता से बचना चाहिए। **मनोविश्लेषणात्मक आलोचना** में लेखक के मनःस्तरों का अन्वीक्षण होता है। इस आलोचना के अन्तर्गत समीक्षक, लेखक के व्यक्तित्व और परिवेश का सम्यक् अध्ययन करके रचनागत विशेषताओं के मूल्यांकन हेतु समकालीन परिवेश की पृष्ठभूमि में रखता है। कला मानसिक ग्रंथियों की अभिव्यक्ति है और मनोविज्ञान मानसिक प्रक्रियाओं का विश्लेषण करने वाला शास्त्र है। अतः मनोविश्लेषणवादी आलोचना में लेखक की मानसिक क्रियाओं का विश्लेषण करते हुए उसकी मनःस्थिति तक पहुँचने का प्रयत्न किया जाता है। फ्रायड, एडलर और युंग दमित वासना की अभिव्यक्ति, हीनग्रंथियों से विमुक्ति और जिजीविषा को मानव की मूल प्रवृत्तियाँ मानते हैं। उनका मत है कि ये प्रवृत्तियाँ ही साहित्य की मूल प्रेरणाएँ हैं। आलोचक इन्हीं के आधार पर लेखक की मनोग्रंथि को पकड़ने का प्रयास करता है। वह मानकर चलता है कि कवि द्वारा अभिव्यक्त जीवन, उसका भोगा हुआ जीवन यथार्थ है। इससे रचनाकार के व्यक्तिगत जीवन के विषय में सम्भ्रम भी उत्पन्न हो सकता है। **ऐतिहासिक आलोचना** के अन्तर्गत किसी कृति की आलोचना युगीन परिस्थितियों के परिप्रेक्ष्य में की जाती है। इसमें कृतिविशेष में मूल्यांकन के लिए युग धर्म के निर्वाह का विश्लेषण होता है। इस बात पर अधिक बल दिया जाता है कि युग और साहित्य किस रूप में सम्बद्ध हैं और एक-दूसरे को प्रभावित करते हैं। इस प्रकार ऐतिहासिक आलोचना में युग चेतना की पृष्ठभूमि सर्वोपरि होती है, परन्तु व्यक्ति की उपेक्षा की सम्भावनाओं का खतरा उत्पन्न हो जाता है। **मार्क्सवादी**

आलोचना एक प्रकार से ऐतिहासिक आलोचना का ही विकसित रूप है। मार्क्सवाद समस्त सामाजिक सम्बन्धों और क्रियाओं के मूल में अर्थव्यवस्था को आधार मानता है। वस्तुजगत के परिवर्तन के साथ-साथ अर्थव्यवस्था भी बदलती है। अतः साहित्य में भी तदनुसार जीवनदृष्टि में परिवर्तन हो जाता है। मार्क्सवादी आलोचक इसी बदलती हुई अर्थव्यवस्था और द्वन्द्वात्मक भौतिकवाद के परिप्रेक्ष्य में साहित्य का अनुशीलन करता है। उसकी दृष्टि समाज के आर्थिक वैषम्य पर टिकी रहती है। वह सर्वहारा वर्ग के साथ सहानुभूति रखते हुए, आलोच्यकृति में उनकी समस्याओं और पूँजीवादी वर्ग से उनके संघर्ष की कहानी तलाशता है। वह उसे ही सत्साहित्य मानता है जिसमें पूँजीवाद का सशक्त विरोध हो और श्रमिक वर्ग की समस्याओं के अतिरिक्त उनके परिश्रम, उल्लास और सामाजिक व्यवहार की अभिव्यक्ति हो। यह आलोचना पद्धति पूर्वाग्रहग्रस्त है और केवल साम्यवादी दृष्टिकोण प्रस्तुत करने पर बल देती है। इसमें उदात्त चेतनाओं की सराहना नहीं हो पाती। जीवन के नैतिक आदर्श, अध्यात्मवाद, सौन्दर्य चेतना, रागात्मक प्रतिबद्धता आदि उपेक्षित होने लगते हैं। **चरितमूलक आलोचना** में कृतिविशेष की समीक्षा से पूर्व लेखक के मानस विश्लेषण पर बल दिया जाता है। इसके लिए एक ओर ऐतिहासिक आलोचना की पद्धति से लेखक पर युग-जीवन के प्रभाव खोजे जाते हैं तो दूसरी ओर मनोविश्लेषणात्मक आलोचना पद्धति से उसके मन का विकास समझने का प्रयत्न होता है। इसके अन्तर्गत लेखक की जीवनी के सन्दर्भ में उसकी अन्तःवृत्तियों और विचारधारा के अध्ययन को प्रमुखता दी जाती है। गंगाप्रसाद पाण्डेय की 'महाप्राण निराला', अमृतराय की 'कलम का सिपाही' और विष्णु प्रभाकर की 'आवारा मसीहा' इसी शैली की प्रसिद्ध रचनाएँ हैं। इस आलोचना पद्धति में लेखक के मनःस्तरों के अन्वीक्षण की अपेक्षा, जीवन घटनाओं के सामंजस्य पर अधिक ध्यान रखा जाता है। इसमें लेखक की जीवन चर्या का वर्णन इस रूप में प्रस्तुत किया जाता है कि उसके कृतित्व की ओर अनायास ही संकेत मिलने लगते हैं।

(ग) निर्णयात्मक आलोचना—आलोचना की इस शैली में कवि अथवा काव्यकृति के अनुशीलन, मूल्यांकन और महत्त्व निर्धारण का लक्ष्य रहता है। इसके लिए आलोचक को उस युग के अन्य कवियों या काव्यकृतियों को भी दृष्टि में रखना होता है। आलोचक का ध्यान इस बात पर रहता है कि आलोच्य कृति सहृदय पाठक और समाज का कहाँ तक मार्गनिर्देशन कर सकती है। निर्णयात्मक आलोचना एक ओर काव्यशास्त्रीय मर्यादाओं के सन्दर्भ में प्रयोज्य है तो दूसरी ओर रचनाजनित व्यक्तिगत प्रभावों की समीक्षा करती है। कुछ लोगों का मत है कि दो रचनाओं की काव्यधर्मिता की समीक्षा करते हुए, श्रेष्ठता का निर्णय नहीं देना चाहिए। समीक्षा का कार्यक्षेत्र मूल्यांकन तक ही सीमित रहे। यदि कामायनी और रामचरितमानस की तुलना करके एक को श्रेष्ठ बताया जाए तो कवि के साथ न्याय नहीं होगा।

फिर भी यदि आवश्यकता पड़े तो निर्णयात्मक आलोचना का आधार मानव मूल्यों की मर्यादा में ही रहे।

इस प्रकार साहित्य के उचित मूल्यांकन के लिए आलोचना का आश्रय आवश्यक है जिसके अभाव में काव्यकृतियों के स्वरूप का अवबोध सहृदय पाठकों के लिए असुविधाजनक हो जाएगा और वे काव्य की श्रेष्ठकृतियों के रसास्वादन से भी वंचित हो सकते हैं।

शास्त्रीय समीक्षा

साहित्य की निर्मिति एवं अभिव्यंजना के मूलभूत सामान्य एवं व्यापक सिद्धान्तों की विवेचना सैद्धान्तिक समीक्षा है। इस समीक्षा के दो रूप हैं—सिद्धान्तों की स्थापना और व्याख्या तथा स्थापित सिद्धान्तों के आधार पर काव्य कृतियों का मूल्यांकन। इनमें प्रथम को सिद्धान्तालोचन तथा द्वितीय को शास्त्रीय समीक्षा कहा गया है।

शास्त्रीय समीक्षा को समझने के लिए सिद्धान्तालोचन को समझना आवश्यक है क्योंकि इसी के आधार पर शास्त्रीय समीक्षा टिकी है अर्थात् शास्त्रीय समीक्षा, सिद्धान्तालोचन का व्यावहारिक पक्ष है। सिद्धान्तालोचन में काव्य की परिभाषा, काव्य का स्वरूप, काव्य हेतु, काव्य प्रयोजन, काव्य के भेद, काव्य की सृजन-प्रक्रिया, काव्यशिल्प के विभन्न अंग—अलंकारर, वक्रोक्ति रीति, औचित्य, ध्वनि और छन्द, रस का स्वरूप, रस के भेद, साधारणीकरण, साहित्य विषयक वाद, शब्द-शक्ति, नाटक का अभिनय, नायक-नायिका भेद, गुणीभूतव्यंग्य आदि का तात्त्विक विचार-विमर्श समाविष्ट रहता है। साहित्य के सृजन एवं मूल्यांकन हेतु सिद्धान्तों का अन्वेषण और सामान्य व व्यापक सिद्धान्तों की स्थापना करना सिद्धान्तालोचन है। साहित्य की जीवन से सम्बद्धता, प्रयोजनशीलता और विकृतिमूलक दृष्टि की उपयोगिता सम्बन्धी विविध प्रश्नों के समाधान हेतु सजग प्रतिमानों का निर्धारण आवश्यक है। इससे साहित्य को तात्त्विक आधार मिलता है। सिद्धान्तों की स्थिति श्रेष्ठ साहित्यिक कृतियों पर निर्भर है क्योंकि उत्कृष्ट साहित्य के सृजन के बाद समीक्षा के मानदण्ड निर्धारित किए जाते हैं। रचना सिद्धान्तों का निर्धारण काल्पनिक नहीं होता, उसके मूल में सर्जनात्मक साहित्य की प्रवृत्तियों की गवेषणा रहती है। जिन सिद्धान्तों को आदर्श मानकर समीक्षक अपने सामने रखता है और उनके अनुसार किसी कृति की समीक्षा करता है, वे ही काव्य सिद्धान्त हैं। सिद्धान्तालोचन में इन्हीं सिद्धान्तों का विशुद्ध विवेचन और चिन्तन किया जाता है। भरत का नाट्यशास्त्र, भामह का काव्यालंकार, दण्डी का काव्यादर्श, क्षेमेन्द्र का कविकण्ठाभरण, राजशेखर का काव्यमीमांसा, मम्मट का काव्यप्रकाश, विश्वनाथ का साहित्यदर्पण, जगन्नाथ का रसगंगाधर आदि ग्रन्थ, ऐसी कृतियाँ हैं जिनमें काव्य के सिद्धान्तों का निरूपण हुआ है। समीक्षक इन ग्रन्थों

में बताए गए काव्य मानदण्डों के आधार पर जब किसी काव्यकृति की समीक्षा करते हैं तो उसे शास्त्रीय समीक्षा कहा जाता है। अर्थात् काव्यशास्त्र के सिद्धान्तों के आधार पर, किसी काव्य की समीक्षा प्रस्तुत करना शास्त्रीय समीक्षा है। इसमें केवल सिद्धान्तों के प्रकाश में रचनात्मक साहित्य का अध्ययन, परीक्षण और मूल्यांकन होता है। समीक्षक में रचनाकार की संवेदना समझने के लिए व्यापक इतिहास बोध, गहन रसज्ञता और सूक्ष्म अन्तर्दृष्टि की आवश्यकता है। समीक्षक का मन्तव्य, कृति के अनुशीलन द्वारा, रचनाकार की मानसिकता पाठक के अंतःकरण तक सम्प्रेषित करना है। वह काव्यकृति की आन्तरिक और बाह्य संरचना का तत्त्वगत विश्लेषण करते हुए, उसका मूल्यांकन करता है। भारतीय काव्यशास्त्र में कृति के भावगत सौन्दर्य की व्याख्या के लिए रस सिद्धान्त का मानदण्ड अपनाया गया। रचनाकार अपनी कृति में विभावों, अनुभावों और संचारी भावों का किस सीमा तक संयोग स्थापित करके रस दशा तक पहुँचाने में सफल है, शास्त्रीय समीक्षा द्वारा इसकी समीक्षा की जाती है। हिन्दी काव्यशास्त्र में शृंगार, हास्य, करुण, वीर, रौद्र, भयानक, अद्भुत, बीभत्स और शान्त ये नौ रस संस्कृत काव्यशास्त्र से ज्यों के त्यों स्वीकार कर लिए गए। हिन्दी के विपुल साहित्य के सन्दर्भ में वात्सल्य, भक्ति और बुद्धिरस को भी अनेक विद्वानों ने मान्यता प्रदान की है। सूरदास के कृष्ण भक्ति साहित्य को नौ रसों के अन्तर्गत आँकना सम्भावित नहीं था, इसलिए वात्सल्य रस की प्रकल्पना की गई। कबीर, तुलसी जैसे कवियों के काव्य में आत्मनिवेदन और समर्पणभाव का नौ रसों में अन्तर्भाव नहीं होता, अतः भक्तिरस को मान्यता देने का प्रयास हुआ। इसी प्रकार नई कविता तथा साठोत्तरी कविता का मूल्यांकन करने में, मुक्तक काव्य की स्थिति देखते हुए, बुद्धि की प्रधानता के कारण बुद्धिरस की कल्पना करना कोई अनुचित बात नहीं समझी गई। छोटी-छोटी कविताओं में बुद्धि के चमत्कार से जो अनुभूति होती है, वह बुद्धिरस के अतिरिक्त अन्य कहीं नहीं समा पाती। यथा—

हैदराबाद के म्यूजियम में
एक घड़ी है
जिसमें हर घण्टे बाद
गाँधी आते हैं
और लौट जाते हैं।
X X X
बैठना इसका अशुभ है
यह उड़े उड़ती रहे
कंकड़ें मारो समय की चील को, सोने न दो।
X X X
कह दो उनसे कि

सन्नाटा चुप नहीं रहता
सन्नाटा बोलता है
सन्नाटा बुनता है
सन्नाटा, सच को खोज निकालता है।
X X X
कमीजें तो उजली हैं
किन्तु बनियानें मैली हैं।

इस प्रकार की कविताएँ, जीवन के खण्ड अनुभवों को बुद्धि कौशल से मापती हैं। इनकी अनुभूति के लिए बुद्धिरस की कल्पना निरर्थक भी नहीं। हिन्दी समीक्षक देखता है कि संस्कृत काव्यशास्त्र के रस सम्बन्धी मानदण्ड कुछ छोटे पड़ गए हैं, अतः शास्त्रीय समीक्षा में इन्हें विस्तृत कर लेने का प्रयास हुआ। इसीलिए रामचन्द्र शुक्ल, डॉ. नगेन्द्र, नन्ददुलारे वाजपेयी ने रस को लौकिक और सुख-दुखात्मक स्वीकार करने की घोषणा कर दी। विभाव-अनुभाव और संचारी भावों का पुराना साँचा जो प्रबन्ध काव्य के लिए उपयुक्त माना गया था, अब मुक्तक काव्य की बहुलता होने से, उतना उपयोगी न रहा। अतः शास्त्रीय समीक्षा, जो कि वर्तमान हिन्दी साहित्य की व्याख्या और विश्लेषण में प्रवृत्त हुई, के सम्मुख परिस्थितियों की विविधता के कारण उसे कुछ नए मानदण्डों की ओर अग्रसर होना पड़ा। द्विवेदी युग की इतिवृत्तात्मक एवं उपदेशात्मक कविता को मापने के लिए नैतिक मूल्यों की अन्वेषणा का सोपान शास्त्रीय समीक्षा के लिए महत्त्वपूर्ण बनने लगा। जातीय, राष्ट्रीय एवं सांस्कृतिक मूल्यों की रक्षा के लिए, काव्य समीक्षा के व्यावहारिक रूप में कुछ परिवर्तन हुए। अब समीक्षक रचना के विषय स्वरूप, जीवन दृष्टि, उद्देश्य, देशकाल, प्रभाव, सन्देश, प्रचार, मौलिकता, रचनाकार के व्यक्तित्व, काव्य के भाव पक्ष और कला पक्ष सम्बन्धी विविध वैशिष्ट्य का सप्रमाण विवेचन करने लगा और आलोच्य कृति के गुण-दोषों का क्रियात्मक बोध प्रस्तुत करने को अग्रसर हुआ।

शास्त्रीय समीक्षा में, समीक्षक शाश्वत मूल्यों की प्रतिष्ठा में रत साहित्य को श्रेष्ठता के पद पर आसीन करता है और काव्यशास्त्रीय मर्यादाओं के सन्दर्भ में साहित्यिक कृति के महत्त्व का निर्धारण करता है। सभी प्रकार के साहित्यिक निर्णय प्रत्यक्ष या अप्रत्यक्ष रूप से निर्णायक मानदण्डों पर निर्भर रहते हैं। इस प्रकार की समीक्षा में नैतिक मूल्यों का समावेश रहता है। शास्त्रीयता के प्रति विशेष आग्रह नैतिक मूल्यों की रक्षा में सहायक होता है। इस शास्त्रीय समीक्षा में समीक्षक दो वर्गों में विभाजित हो जाते हैं। प्रथम वर्ग के अन्तर्गत वे परम्परावादी समीक्षक हैं जो पूर्ववर्ती शास्त्रों द्वारा निर्मित साहित्य सिद्धान्तों को पूर्ण, शाश्वत और अद्वितीय मानकर, उनकी मर्यादा के अनुकूल कलाकृति का मूल्यांकन करते हैं। उनकी दृष्टि में सिद्धान्तों का शासन सर्वोपरि है। दूसरे वर्ग में उदारवादी समीक्षक हैं जो पूर्व निर्धारित

मान्यताओं और प्रतिमानों को सर्वथा शाश्वत न मानकर, उनमें युगानुरूप संशोधन स्वीकार करते चलते हैं। समीक्षा में सिद्धान्तों का आश्रय तो आवश्यक है किन्तु युगीन संवेदनाओं के समावेश से उनमें सौन्दर्यउन्मेष किया जा सकता है।

शास्त्रीय समीक्षा पर आरोप लगाया जाता है कि यह बाह्य रूप से आरोपित नियमों और सिद्धान्तों पर आधारित होने के कारण रचना के केन्द्रीय भाव, संवेदनीयता और समसामयिक चेतना से सम्बन्ध नहीं जोड़ पाती। यह रचना में समाहित युग, जीवन, वातावरण तथा लेखक की अन्तरंगता से पृथक् रहकर मूल्यांकन करती है जिससे आधुनिकता का मार्ग अवरुद्ध हो जाता है और विकासशील लेखकीय प्रतिभा के साथ न्याय नहीं हो पाता। परिवर्तनशील जीवन प्रवाह और मानवानुभूतियाँ इस समीक्षा में अपेक्षित महत्त्व प्राप्त नहीं कर पातीं। समीक्षक निश्चित आदर्श की कसौटी पर साहित्य को कसता है, नवीन प्रवृत्तियों और संवेदनाओं से वह परे हो जाता है। इस प्रकार की समीक्षा में मूल्यात्मक भ्रम उत्पन्न होता है। समालोचक कला के सम्पूर्ण उपादानों, उपकरणों और माध्यमों का मूल्य निर्धारित करना चाहता है, यह असंगत दृष्टि है। सिद्धान्तों की शाश्वतता और प्रामाणिकता की स्थिति भी भ्रामक होती है। अतः समीक्षा का औचित्य इस तथ्य पर आधारित है कि वह कलाकार, कलाकृति एवं समीक्षक के अन्तःकरण के साथ सिद्धान्तों की संगति स्थापित करते हुए, मूल्यांकन प्रस्तुत करे। रूढ़िवादिता न्यायोचित समीक्षण में व्यवधान बन जाती है और समीक्षा की तथ्य-अतथ्य ग्रहण करने वाली प्रज्ञा का लोप हो जाता है। रचनाकार के मानसिक संविधान तथा रचना में समाहित गत्यात्मक चेतना के प्रति तटस्थ होने के कारण यह समीक्षा, साहित्य की प्रगतिशीलता में बाधक रहती है। सम्भवतः इसीलिए शास्त्रीय समीक्षा के क्षेत्र में समीक्षकों ने प्रगतिशील दृष्टिकोण ग्रहण किया। बिम्ब योजना, प्रतीक योजना और मिथकीय प्रयोगों, जो कि पाश्चात्य काव्यशास्त्र की देन हैं, काव्य के कलापक्ष में अवतरित हुए। कल्पना तत्त्व की व्याख्या प्रतिभा तत्त्व के सन्दर्भ में की गई और साहित्य में कल्पना की क्षमता पर प्रकाश डाला गया। अलंकार योजना पर प्राचीनों की तरह आग्रह न रखने की चेष्टा हुई और छन्दों का मोहभंग भी हुआ। साथ ही रचनाकार के व्यक्तित्व, समसामयिक परिस्थितियों के प्रभाव और युगीन चेतना को भी काव्यकृति के मूल्यांकन के साँचे में स्थान मिला। प्राचीनों के रीति, वक्रोक्ति, औचित्य आदि सिद्धान्त पर बल नहीं दिया गया। नाटक के प्रतिमानों में, नायक-नायिका सम्बन्धी भेदों, नाटक की अंक योजना, नाटक में सन्धियों, अर्थ प्रकृतियों, नान्दी, प्रस्तावना आदि के सम्बन्ध में ढील दे दी गई है। उपन्यास, कहानी, संस्मरण, जीवनी, आत्मकथा आदि नव्यविधाओं के लिए तो पुराने शास्त्रीय प्रतिमान थे ही नहीं, अतः इनकी समीक्षा हेतु नव्य प्रतिमानों के निर्माण की आवश्यकता हुई।

इस प्रकार शास्त्रीय समीक्षा जो कि सिद्धान्तों का व्यवहार पक्ष है, के अन्तर्गत काव्यकृतियों की व्याख्या, तुलना, निर्णय सम्बन्धी मूल्यांकन में क्रमशः उत्तरोत्तर

संशोधित और परिवर्तित होती गई। इसकी आवश्यकता भी थी। युग की चाल को उपेक्षित करना भूल होती। सभी नियम और सिद्धान्त युग-युगान्तर तक उपयोगी नहीं रह पाते। परन्तु इसका अभिप्राय यह नहीं है कि प्रत्येक युग में समीक्षा उनसे कटकर नया मार्ग बनाए। पुराने को भी अपनाया जा सकता है, नई दृष्टि उपयोगी है तो त्याज्य नहीं। कालिदास का कथन है–

पुराणमित्येव न साधु सर्वम् न चापि काव्यं नवमित्यवद्यम्।
सन्तः परीक्ष्यान्तरद् भजन्ते मूढः परप्रत्ययनेयबुद्धिः।

अर्थात्–कोई काव्य रचना पुरानी है, अतः अच्छी है और कोई नई है तो तिरस्कार्य है, ऐसा विचार उचित नहीं। समझदार लोग दोनों को परखकर, उन्हें ग्रहण करते हैं, दूसरों के कथन पर विश्वास मानने वाले व्यक्ति मूर्ख हैं।

स्वच्छन्दतावादी समीक्षा

हिन्दी समीक्षा में दो रूप हैं—शास्त्रीय धारा की समीक्षा और पाश्चात्य धारा की समीक्षा। शास्त्रीय धारा की समीक्षा में भारतीय काव्य सिद्धान्तों के आधार पर काव्यकृतियों की समीक्षा की जाती है। इसमें कृति के अध्ययन के पश्चात् सिद्धान्तों के अनुसार व्याख्या की पद्धति का अनुसरण होता है। कभी-कभी दो काव्यकृतियों की तुलना और तुलना के पश्चात् मूल्यांकन को निर्णयात्मक दिशा में मोड़ देते हैं। परन्तु व्याख्यात्मक समीक्षा की ओर ही समीक्षकों का रुख अधिक है क्योंकि दो महान् साहित्यकारों की तुलना करके एक को उत्कृष्ट बताने में दूसरे का तिरस्कार ही व्यक्त होता है। सभी साहित्यकार अपने-अपने क्षेत्र में अपनी प्रतिभा का परिचय देते हैं। दूसरी प्रकार की समीक्षा पाश्चात्य सिद्धान्तों से प्रभावित है। रोमांटिक दृष्टि के आधार पर स्वच्छन्दतावादी समीक्षा, मार्क्स के चिन्तन की दृष्टि से प्रगतिवादी समीक्षा और नई कविता के वजन पर नई समीक्षा के दौर हिन्दी समीक्षा में आए। इन सबके पीछे पाश्चात्य विचारधाराएँ प्रेरणास्रोत रहीं।

हिन्दी साहित्य में, तीसरे दशक में छायावादी काव्य का उत्थान हुआ जिसके मूल में रोमांटिक कविता और भारतीय दार्शनिक चिन्तन धारा की प्रेरणा का योगदान था। छायावादी काव्य स्थूल के प्रति सूक्ष्म का विद्रोह था। इससे पूर्व कविता में इति-वृत्तात्मक की स्थिति बहुत हो चुकी थी, उपदेशात्मकता और परम्परावाद सीमा से पार हो चुका था और वैयक्तिक चेतना की उपेक्षा सर्वत्र परिलक्षित थी। अतः छायावाद के रूप में कविता का नया स्रोत फूट निकला। इस नई काव्यधारा के मूल्यांकन हेतु शास्त्रीय समीक्षा के मानदण्ड छोटे पड़ गए, फलतः स्वच्छन्दतावादी समीक्षा का प्रादुर्भाव हुआ।

स्वच्छन्दतावादी समीक्षा प्रणाली वैयक्तिक चेतना का प्रतिफलन है। इस विधा के समर्थक, साहित्यिक कृति के सम्यक् अध्ययन से, अपने मन पर पड़े प्रभावों की अभिव्यंजना करते हैं। प्रभावाभिव्यक्ति की प्रक्रिया में समीक्षक के वैयक्तिक स्वातन्त्र्य की चेतना की प्रमुखता रहती है। समीक्षक रचनाकार की मानसिकता का विश्लेषण करता हुआ, वादमुक्ति की भूमि पर, वैयक्तिक अभिरुचि के अनुसार कृति के मूल्यांकन

पर ध्यान देता है। इस समीक्षा का आधार समीक्षक की प्रतिभा, व्यक्तित्व की सबलता और अभिरुचि की सघनता है। भारत में, भरतमुनि के नाट्यशास्त्र में, प्रभावात्मक समीक्षा का सामूहिक रूप मिलता है जिसमें नाटक की सफलता का निर्णय, दर्शकों पर हुए प्रभाव के अनुसार होता था और इसमें बुद्धि की अपेक्षा अंतःकरण की वृत्ति अधिक सक्रिय रहती थी। परन्तु स्वच्छन्तावादी समीक्षा में, समीक्षक की प्रभावग्रहण की क्षमता ही प्रमुख है। सेंट्सबरी का कथन है कि समीक्षक का कार्य कलाकृति के सान्निध्य से संवेग ग्रहण करना तथा उन संवेगों को अभिव्यक्ति देना है। वह कृति में सौन्दर्य तत्त्व का अन्वेषण करता है और उसकी दृष्टि कृति के समग्र सौन्दर्य रसास्वादन में रत रहती है। समीक्षक परम्परागत प्रतिमानों का निषेध करके स्वप्रतिभा और स्वरुचि के मानदण्ड पर ही कृति की रमणीयता का चित्रण करता है। इस समीक्षा में पूर्व निर्धारित नियम एवं विधान निरर्थक समझे जाते हैं। कलाकृति के अनुशीलन से प्राप्त आनन्द और सम्प्रेषणीयता ही सर्वोपरि है।

इस स्वच्छन्दतावादी समीक्षा को प्रभाववादी या सौष्ठववादी समीक्षा भी कहा जाता है क्योंकि यह युगजीवन के प्रति समर्पित न होकर क्षणिक प्रभाव की ऊहात्मक अभिव्यक्ति करती है। प्रभाववादी आलोचक एक साधारण सी भावगति अथवा अन्तर्दृष्टि अथवा बौद्धिक उत्तेजना की ओर असाधारण रूप से आकृष्ट होता है। क्षण और क्षणिक प्रक्रिया ही उसकी समीक्षा का आधार है। इस प्रकार यह समीक्षा अधिकांशतः पक्षपातपूर्ण तथ्यों पर बल देती है। रचनाकार तथा रचना की स्वायत्तता तथा सिद्धान्तों के अभाव में, समीक्षक की व्यक्तिगत धारणाओं से अनुप्राणित होने के कारण, निष्पक्ष मूल्यांकन की सम्भावनाएँ क्षीण होने लगती हैं। समीक्षक की निजी संवेदनीयता के प्रभाव से यह समीक्षा पद्धति समीक्षा न रहकर कला बन जाती है और न ही इससे मूल्यों के प्रतिपादन में कोई निर्देश मिलता है। दूसरे, प्रत्येक समीक्षक में अपेक्षित गुण नहीं होते और निम्न स्तर के समीक्षक इस पद्धति का दुरुपयोग करने लगते हैं। सौष्ठववादी समीक्षक में तीव्र संवेदना, चित्त की गतिशीलता, भावानुभूति एवं उदात्त कल्पना शक्ति की अवस्थिति अनिवार्य है। समीक्षक की रुचि में थोड़ी भिन्नता आने की स्थिति में काव्य रचना के साथ अन्याय हो सकता है। समीक्षक के अंतःकरण की प्रामाणिकता का कोई मानदण्ड तो होता नहीं, अतः समीक्षा में एकांगिता, अपूर्णता और अनावश्यक पक्षपात की सम्भावना बढ़ जाती है। इसके अतिरिक्त एक ही कृति के विषय में, अनेक स्वच्छन्दतावादी समीक्षा द्वारा प्रस्तुत की गई समीक्षाओं में, रुचि भिन्नता के कारण भारी अन्तर आ सकता है। साहित्यिक कृति के प्रति उनकी मूल्य चेतना में विभिन्नता रहेगी। सैद्धान्तिक परम्पराओं के प्रति उपेक्षाभाव होने से औचित्य से विमुख होने की सम्भावनाएँ सदा विद्यमान रहेंगी। विश्व में स्वतः प्रामाण्य कुछ भी नहीं होता। इससे रचनाकार, समीक्षक की दया पर निर्भर हो जाएगा।

हिन्दी में नन्ददुलारे वाजपेयी को स्वच्छन्दतावादी समीक्षक माना जाता है। वे संवेदनाओं में व्याप्त सौन्दर्य को तटस्थ दृष्टि से देखने का प्रयास करते हैं। निराला की काव्य रचनाओं की विवेचना में उनका दृष्टिकोण सौन्दर्य की महत्ता निरूपित करता है। किन्तु इसका आशय यह नहीं है कि वे कलावादी हैं। वे कला का सम्बन्ध जीवन से मानते हैं। उनके मत में कोरा कलावाद बौद्धिक भ्रम है। उनके अनुसार रचनाकार की अन्तःवृत्तियों को समझकर ही कृति में अन्तर्भूत भावात्मक सूत्रों का मूल्यांकन सम्भव है। उनके विचार में मानव जीवन को केन्द्र बिन्दु मानकर ही साहित्य की समीक्षा की जानी चाहिए। वे रसवाद के समर्थक हैं, किन्तु रस को मानवतावाद के यथार्थ के रूप में स्वीकार करते हैं। उनकी समीक्षा विशुद्ध सांस्कृतिक मूल्यों से अनुस्यूत है। डॉ. नगेन्द्र भी स्वच्छन्दतावादी व्यक्तित्व के समर्थक है। उनके विचार में रचनाकार के व्यक्तित्व विश्लेषण द्वारा रचनात्मक कृति का मूल्यांकन सम्भव है। किसी भी रचना की रसात्मकता इस बात पर निर्भर है कि वह किस सीमा तक रचयिता के व्यक्तित्व का अनुवाद है। डॉ. नगेन्द्र रोमांटिक कविता के प्रति आकृष्ट रहे हैं। छायावादी रूप विन्यास से प्रभावित होकर उन्होंने 'सुमित्रानन्दन पन्त' समीक्षा में मनोवैज्ञानिक धरातल तथा पाश्चात्य शिल्प प्रतिमानों के परिप्रेक्ष्य में सौन्दर्य का निरूपण किया। डॉ. नगेन्द्र भी रसवादी दृष्टिकोण रखते हैं। उन्होंने तो कवि की अनुभूति का साधारणीकरण स्वीकार करके रस को नई व्याख्या देने का प्रयास किया। वे काव्य का लक्ष्य आह्लाद और सौन्दर्य को मानते हैं। छायावादी भी स्वीकार करते हैं कि काव्य की चरम परिणति आह्लाद और सौन्दर्य है। प्रसाद तो रस में लोकमंगल की प्रच्छन्न कल्पना को स्वीकृति देने के पक्ष में हैं, किन्तु इसका स्वरूप स्थूल सामाजिक मूल्य न होकर सूक्ष्म वैयक्तिक नैतिक चेतना है। उनके विचार में सौन्दर्य बोध काव्य की प्रेरणा है। प्रसाद की रचनाओं में रसवाद और सौष्ठववाद का सामंजस्य है। छायावादी कवि, सौन्दर्य को कविता का साध्य मानते हैं। महादेवी सत्य और सौन्दर्य की अनन्तता में काव्य की पूर्णता देखती हैं और निराला की दृष्टि में सौन्दर्यसृष्टि ही कविता का प्रयोजन है। छायावादी कविता में जो व्यक्ति चिन्तन है, वह समाज मंगल के चिन्तन से विच्छिन्न न होकर, समाज कल्याण की चेतना को आत्मसात् किए हुए हैं।

स्वच्छन्दतावादी समीक्षकों और छायावादी कवियों की मान्यताओं को देखते हुए, यह नहीं मानना चाहिए कि स्वच्छन्दतावादी समीक्षा केवल वैयक्तिक दृष्टिकोण के आश्रय में पलती है। उनके मन्तव्यों के आधार पर–

(1) काव्य का चरम साध्य आह्लाद और सौन्दर्य है। सौन्दर्य ही कविता की प्रेरणा है, साध्य है और प्रयोजन है।

(2) स्वच्छन्दतावादी समीक्षा का दृष्टिकोण रसवादी है।

(3) स्वच्छन्दतावादी समीक्षक रस में मानवतावादी यथार्थ को स्वीकृति देते हैं।

(4) इस समीक्षा में रचनाकार की अंतःवृत्तियों का अध्ययन वांछित ही नहीं, अनिवार्य है।

(5) इसमें सांस्कृतिक मूल्यों की निरपेक्षता स्वीकार्य नहीं।

(6) इसमें लोकमंगल तत्त्व अनुस्यूत रहते हैं परन्तु उनका स्वरूप सूक्ष्म वैयक्तिक नैतिक चेतना है।

(7) स्वच्छन्दतावादी काव्य सूक्ष्म नैतिकता का पक्षधर है।

उपर्युक्त विचार-बिन्दुओं पर ध्यान देने से ज्ञात होता है कि सौष्ठववादी काव्य, कविता की अन्य प्रवृत्तियों से श्रेष्ठतर ही है। सौन्दर्य, रस, मानवतावाद, सांस्कृतिक मूल्य, लोकमंगल और नैतिकता जिस काव्य और उसकी समीक्षा के तत्त्व हों, वह काव्य श्रेष्ठता का हकदार है, भले ही उसमें सूक्ष्म वैयक्तिक चेतना का आधार रहे। यह न तो कोरा पलायनवाद है और न ही कोरी स्वच्छन्दता। हाँ, इतना जरूर है कि समीक्षक स्थूल प्रभावों को नकार कर अंतःकरण की संवेदना पर विश्वास करता है जो सर्वथा बन्धनमुक्त नहीं अपितु जिसने आह्लाद, सौन्दर्य, नैतिकता, मानवतावाद और सांस्कृतिक मूल्यों को स्वेच्छा से भीतर ही भीतर समन्वित कर लिया है। उसकी यह स्वच्छन्दता पूर्वस्थापित काव्यसिद्धान्तों के प्रतिमानों को आदर्श नहीं मानती और न ही परम्परावादी साँचे के प्रति समर्थन व्यक्त करती है। समीक्षक उन सब नियमों को मानने के लिए उद्यत है जो मुक्त और समग्र मानवतावाद के स्वतन्त्र चिन्तन की परिधि में आता है। अनैतिकता, अविश्वास, विघटन, तुच्छता, खण्डित मूल्यों में उसकी कोई आस्था नहीं। वह मुक्त नील गगन के तले उन संवेदनाओं का आनन्द लेना चाहता है जिसमें समस्त मानवता की समता की दृष्टि टिकी है। प्रसाद ने कामायनी में भी यही सन्देश दिया है–

समरस थे जड़ या चेतन,
सुन्दर साकार बना था।

अतः स्वच्छन्दतावादी काव्य और स्वच्छन्दतावादी समीक्षक दोनों ही समरस की तलाश में हैं। उन्हें उच्छृंखलता से कोई मोह नहीं, उन्हें अमानवीय व्यवहार से कोई लगाव नहीं, उन्हें अहंवादी वैयक्तिकता का कोई आकर्षण नहीं। उनका व्यक्तिवाद लोकमंगल की भावना से आबद्ध है। उसमें स्थूलता न होकर, सूक्ष्मता का निर्वाह है जो कि सभ्य, शिष्ट, शिक्षित और सांस्कृतिक भावनाओं से ओत-प्रोत व्यक्ति की प्रवृत्ति होती है। यह कहना कि स्वच्छन्दतावादी समीक्षा के अन्तर्गत काव्यकृति का मूल्यांकन, समीक्षक की कृपा पर निर्भर है, सच नहीं है। स्वच्छन्दतावादी समीक्षक तभी समीक्षक की पहचान बना पाता है जब वह अपने अंतःकरण में परिमार्जित और सूक्ष्म मानववाद को संस्कार रूप में ग्रहण कर ले। व्यवसायी समीक्षक को इस समीक्षा पद्धति में पदार्पण करने की आवश्यकता नहीं। इसके लिए तो हजारीप्रसाद द्विवेदी, नन्ददुलारे वाजपेयी और नगेन्द्र जैसे उदार, समन्वयवादी, रसवादी और मानवतावादी समीक्षक

ही सत्यान्वेषक सिद्ध हो सकते हैं।

निष्कर्षतः स्वच्छन्दतावादी समीक्षा, परम्परावादी काव्यशास्त्र के नियमों को नकारने में स्वच्छन्द है, परन्तु उच्छृंखल नहीं है, इसका आधार सौन्दर्य, आह्लाद और मानवतावाद है।

मार्क्सवादी समीक्षा

मार्क्सवादी समीक्षा का आधार कार्ल मार्क्स द्वारा प्रतिपादित द्वन्द्वात्मक भौतिकवाद है। मार्क्स का कथन है कि मनुष्य की चेतना उसके सामाजिक जीवन द्वारा निर्धारित होती है। पदार्थ-जगत का अस्तित्व मनुष्य की चेतना से स्वतन्त्र है, परन्तु मनुष्य की चेतना का आधार पदार्थ जगत् है। पदार्थ से अलग होकर चेतना के अस्तित्व की कल्पना नहीं की जा सकती। जगत् की परिस्थितियाँ मनुष्य की चेतना का निर्माण करती हैं। परिस्थितियाँ भी व्यक्ति समूह के सामाजिक सम्बन्धों के अनुसार बदलती रहती हैं और सामाजिक सम्बन्ध जीविकोपार्जन के साधनों अर्थात् उत्पादन के नियमों पर आधारित होते हैं। समाज व्यवस्था का आधार ये उत्पादन के नियम अर्थात् आर्थिक परिस्थितियाँ ही हैं। इन परिस्थितियों का प्रभाव साहित्यकार की चेतना पर अनायास और परोक्ष रूप में पड़ता रहता है। इस प्रकार साहित्य अन्ततः समाज के आर्थिक आधारों के सम्बन्ध से निर्दिष्ट होता है। मार्क्सवादी सगीक्षा साहित्य में उन प्रेरक तत्त्वों का अनुसन्धान करती है जो समाज को गतिशील बनाने और विकास की दिशा में परिवर्तित करने में सहायक हों।

प्रगतिवादी दृष्टिकोण समाज में शोषक वर्ग के प्रति उपेक्षा और शोषित वर्ग के प्रति सहानुभूति जगाता है। मानवीय विकास और जनकल्याण के लिए समाज में आर्थिक समानता की आवश्यकता है जो सब प्रकार के संघर्ष दूर करके राष्ट्रीय एवं अन्तर्राष्ट्रीय व्यवस्था उत्पन्न करती है। साहित्य सामान्य जन में समाज निर्माण की चेतना जगाता है, संघर्ष की शक्ति देता है और विजय प्राप्त करके समाज-हित में उपयुक्त नियमों की प्रस्थापना की प्रेरणा देता है। साहित्य जन-जीवन के यथार्थ से अनिवार्यतः सम्पृक्त है। साहित्य की सम्पूर्ण शक्ति समाज प्रदत्त है। सामाजिक जीवन से अलग, मनुष्य के भाव-विचार का कोई मूल्य नहीं। जन-जीवन से कटा हुआ साहित्यकार शक्ति के अक्षय स्रोत से विच्छिन्न हो जाता है और अल्पकाल में ही उसके साहित्य के प्राण सूखे जाते हैं। प्रगतिवादी साहित्य जनता का पक्षधर होता है क्योंकि वर्गबद्ध समाज में शोषित जनता की पुकार बनना मानवतावादी साहित्य की विशिष्टता है। रचना में जितना गहरा यथार्थ होगा वह उतनी ही श्रेष्ठ बनेगी।

प्रगतिवाद शोषण का यथार्थ चित्रण, संघर्ष की प्रेरणा और स्थिति की जागरूकता उत्पन्न करता है। प्रगतिवादी यथार्थ के विभिन्न स्तरों में प्रविष्ट होकर, सत्य का साक्षात्कार करते हैं और समाज को प्रगतिशील व्यवस्था देते हैं। अतः सामाजिक जीवन के यथार्थ के सन्दर्भ में ही साहित्य का मूल्यांकन होना चाहिए।

प्रगतिवादी दृष्टिकोण के दो आधार हैं--पहला प्रकार, सापेक्ष सत्य है जो व्यक्तिगत, समाजगत, वर्गगत या परम्परागत हो सकता है। दूसरा प्रकार, निरपेक्ष सत्य है जो सम्पूर्ण जीवन की शाश्वतता से सम्बद्ध है। जो साहित्य सिद्धान्त विशेष या पार्टी की नीति पर आधारित है, वह प्रगतिशील साहित्य नहीं है। साहित्य में सर्वत्र वर्ग संघर्ष ढूँढ़ना उचित नहीं अपितु वर्ग संघर्ष से आगे की सम्भावनाओं और विकासगतियों को खोजना अपेक्षित है। मार्क्स के सिद्धान्तों को यान्त्रिक रूप में साहित्य पर थोपना अनुचित है। प्रत्येक देश की सामाजिक परिस्थितियाँ भिन्न होती हैं, उनमें भेद रहते हुए भी एक सार्वभौम मानवीयता उनके भीतर रहती है जो शताब्दियों को भेद जाती है। जो साहित्य, जीवन के गहरे यथार्थ से जुड़ा हो और मानव समाज के सांस्कृतिक, आध्यात्मिक उन्नयन में सहायक हो, वही प्रगतिशील साहित्य है। किसी अन्य धारा का पोषक कवि भी सामाजिक एवं मानवीय दायित्वों के प्रति सजग होकर प्रगतिशील हो सकता है। महान् साहित्य वर्ग संघर्ष, सामाजिक विषमता और मानवता-हनन के पक्ष में नहीं होता। प्रगतिशील साहित्यकार युग विकास की सीमाओं के अन्तर्गत नैतिकता के निर्माण का आग्रह करता है। प्रगतिशीलता मानवता की व्यापक पृष्ठभूमि पर आधारित है। साहित्य का कर्तव्य है कि वह सम्पूर्ण मानवता की प्रतिष्ठा के लिए प्रत्यनशील रहे। राष्ट्रीयता का पोषक साहित्य भी परोक्ष रूप में अन्तर्राष्ट्रीय सम्बन्धों का रक्षक होता है। कला में राष्ट्रीय तत्त्व जितना गहरा होगा, उसे उतनी विश्वजनीन स्वीकृति मिलने में सुविधा होगी। यहाँ डॉ. रामविलास शर्मा के मत में कुछ भिन्नता है। उनकी समीक्षा का आधार राजनीति है। वे साहित्य को राजनीति से अनुशासित मानते हैं। मार्क्सवादी सिद्धान्तों में आस्था रखने वाले ही साहित्यकार प्रगतिशील हो सकते हैं। प्रगतिशील साहित्यकार मार्क्सवादी सिद्धान्त के अनुसार वर्ग संघर्ष के परिप्रेक्ष्य में राष्ट्रीय गौरव की रक्षा करने वाले जनवादी साहित्य का सृजन करता है। वे इस बात को मानने के लिए तैयार नहीं कि व्यक्तिगत रूप से मार्क्सवादी न होकर भी प्रगतिशील साहित्यकार बना जा सकता है। उनके मत में प्रत्येक गतिशील कलाकार को, समाज निर्माण की विकास योजनाओं के कार्यान्वयन हेतु मार्क्सवादी होने की अनिवार्यता है। मार्क्सवाद समाज को समझने और बदलने का विज्ञान है और समाज निर्माण की प्रक्रिया से साहित्य का गहरा सम्बन्ध है, अतः साहित्यकार मार्क्सवाद में गहरी आस्था रखे। डॉ. रामविलास शर्मा के इस मत से अन्य प्रगतिवादी समीक्षक सहमत नहीं हैं। वे मार्क्सवादी दृष्टिकोण की कट्टरता के पक्षधर नहीं और न ही विध्वंसात्मक आलोचना के समर्थक। वे तो

उदारता के साथ प्रगतिशील विचारधारा को मानवीय प्रगति का संवाहक मानते हैं। उनका विश्वास है कि संसार दो परस्पर विरोधी शक्तियों के संघर्ष का परिणाम है। पुरातन और नूतन की संघर्षात्मक स्थिति मानव जीवन को गति देती है। समाज की अर्थव्यवस्था और उत्पादन शक्तियाँ मनुष्य की इस गति का संचालन करती हैं। पूँजीवादी व्यवस्था में मनुष्य असहाय, कुण्ठित और जर्जर हो जाता है। सामन्ती युग की तरह पूँजीवादी युग भी, साहित्य और कला को सामान्य जनता से दूर ले जाता है। प्रगतिशील साहित्यकार में सामाजिक-सांस्कृतिक क्रान्ति द्वारा नई व्यवस्था स्थापित करने की इच्छा होती है। अतः वह परम्परा से उपलब्ध अनुभवों का उपयोग, सांस्कृतिक अभ्युथान में करता है।

प्रगतिवाद व्यक्तिवादी चेतना का समर्थक नहीं। सामाजिक यथार्थ के पलायन से शाश्वत साहित्य का सृजन नहीं होता। व्यक्तिनिष्ठ दृष्टिकोण धारण करने वाले प्रतिमान समीक्षा को लक्ष्य से भ्रष्ट कर देते हैं। अमृतराय तो कहते हैं कि आज जब हम क्रान्ति के बीच जी रहे हैं, हमारा सम्बन्ध विनाशोन्मुख वर्ग के साहित्य से है और हमारी आलोचना को मुख्यतः उसी से प्रयोजन है। साहित्यकार समाज की स्थिति का सजग निर्देशक होता है। वह ह्रासोन्मुख तत्त्वों का विघटन करके मानवता के पथ का निर्देशन करता है। उसमें वैयक्तिक संकीर्णता, निराशा, कुण्ठा, अनास्था के स्वर अनपेक्षित हैं।

प्रगतिवादी समीक्षा रस सिद्धान्त के विषय में नया दृष्टिकोण प्रस्तुत करती है। शिवदानसिंह चौहान मार्क्सवाद और रसवाद में विरोध नहीं मानते। उनके अनुसार वे सभी सिद्धान्त जो मार्क्सवाद से सामंजस्य रखते हैं, जो किसी भी रूप में मानवता के उन्नयन के समर्थक हैं, ग्राह्य हैं। परन्तु डॉ. रामविलास शर्मा रसवाद की व्याख्या भिन्न रूप में करते हैं। वे साहित्य में, परम्परागत स्थायी भावों को मान्यता नहीं देते। जब मानव जीवन ही स्थायी नहीं है तो भाव स्थायी कैसे हो सकते हैं ? देश-काल-परिवेश के साथ उनमें भी परिवर्तन होता रहता है, अतः अनेकानेक भावों के साथ, रस भी अनेकानेक हो सकते हैं। वे रस की व्याख्या के लिए द्वन्द्ववाद का आश्रय लेते हैं। दो विरोधी तत्त्वों की एकता में रस की उद्‌भूति होती है। उनके मत में प्राचीन तथाकथित रसों के आधार पर विकासशील साहित्य का मूल्यांकन नहीं हो सकता। डॉ. शर्मा उन्नत समाज के निर्माण में संघर्ष चेतना को महत्त्व देते है। शान्तिमयी पद्धति से अर्थशक्ति की बागडोर सर्वहारा के हाथों में नहीं आ सकेगी। अतः साहित्य को सामान्य जनता के अनुकूल सम्प्रेषणीय बनाना और आर्थिक विषमता के निवारणार्थ समाज में जागृति उत्पन्न करना ही साहित्य का लक्ष्य है। इस प्रकार वे रस को साहित्य की अन्तिम परिणति नहीं मानते। दूसरी ओर अमृतराय साहित्य की उस कसौटी को स्वीकार करते हैं जिसमें युगव्यापी संवेदना हो। वे साधारणीकरण के सिद्धान्त को संवेदनीयता के पर्याय के रूप में स्वीकार करते हैं। साहित्य उच्चकोटि

की संवेदनीयता धारण करने के कारण ही प्रत्येक युग में समादृत होता है। रांगेय राघव भी इसी विचार के समर्थक हैं। उनके विचार में काव्य समाजगत वस्तु है और काव्य के काव्यत्व की परख उसके साधारणीकरण पर होती है। आलोचक का काम कवि के सत्य को मानवता के सत्य से मिलाकर देखना है, न कि अपने सत्य को दोनों पर हावी करना। इस प्रकार प्रगतिवादी समीक्षक अधिकांशतः साधारणीकरण के सिद्धान्त के विरोधी नहीं हैं।

जनवादी साहित्य की भाषा सरल, सुबोध और सहज ग्राह्य होनी चाहिए क्योंकि साहित्य की महत्ता किसी अहं की पूर्ति के लिए नहीं होती, उसमें तो सामाजिकता की रक्षा के लिए संकल्पबद्धता रहती है। प्रगतिवादी समीक्षक का पुरातन अलंकार योजना में विश्वास नहीं। उन्हें सरल और नए उपमान जो शोषण की स्थिति और संघर्ष के बिम्ब प्रस्तुत कर सकें, मान्य हैं। मार्क्सवादी समीक्षा के सन्दर्भ में रांगेय राघव का दृष्टिकोण अधिक उदार और व्यापक है। वे कहते हैं कि समीक्षक की निष्पक्षता के लिए आवश्यक है कि वह कलाकृति की गहराई में प्रवेश करके सामाजिक हित के पोषक तत्त्वों की खोज करे, अपने पाण्डित्य प्रदर्शन का प्रयास न करे। वे घोषणा करते हैं कि "मैं आलोचना की भूमि में संस्कृति के नए भवन की नींव डालता हूँ। व्यक्तियों को ही नहीं, मैं समग्र काव्य को देखता हूँ। व्यक्ति और समाज का सन्तुलन निर्धारित करता हूँ। समग्र मानव ही मेरे विकास का माध्यम है।" उनकी समीक्षा दृष्टि संकीर्णता के समस्त आचरण विदीर्ण करके, सम्पूर्ण मानव समाज को अपना केन्द्र बिन्दु बनाती है। वे प्रगतिशील साहित्य के लिए मानवीय भावनाओं, युग यथार्थ, जन कल्याण का लक्ष्य और सौन्दर्य अभिव्यक्ति को आवश्यक मानते हैं। उन्होंने मार्क्सवाद को भारतीय चिन्तन परम्परा के साथ समन्वित करने का अद्वितीय प्रयास किया है। उनका मत है कि भारतीय परिस्थितियों में मार्क्सवाद की उपादेयता का परीक्षण करते हुए, उसे अंगीकार करना चाहिए। उन्होंने मार्क्सवादी समीक्षा को मानवतावादी लक्ष्य बिन्दु पर आसीन करके, व्यापक सांस्कृतिक पृष्ठभूमि का निर्माण किया है। उनके अनुसार काव्य की उत्कृष्टता का प्रमाण लोकप्रियता मात्र नहीं है, अपितु काव्यकृति में निहित मानवीय मूल्यबोध और युग सापेक्ष अनुभूतियाँ हैं जो भविष्य का मार्ग दर्शन करती हैं।

नई समीक्षा

नई समीक्षा के उद्भव के मूल में बौद्धिक अतिरेक से युक्त पीढ़ी का आगमन, विरासत में प्राप्त काव्यशास्त्र के प्रति शंकाओं की आकुलता और साहित्य का बहुमुखी विकास प्रमुखतः प्रेरणा-स्रोत रहे। नए कवियों के वक्तव्य एवं नई कविता के प्रतिमानों से सम्बद्ध पत्रिकाओं एवं पुस्तकों ने समीक्षा के सन्दर्भ में कुछ नए प्रश्न और समाधान प्रस्तुत किए। धीरे-धीरे हिन्दी समालोचना स्वतन्त्र अध्ययन का विषय बन गई, परन्तु यह अमरीकी तथा ब्रिटिश समालोचकों के दृष्टिकोण से प्रभाव ग्रहण करती रही। अमेरिकी समालोचक पारम्परिक समालोचना के प्रति अधिक अनास्थावादी, शंकालु तथा नएपन के प्रति अधिक मुखर थे। बीसवीं शती के आरम्भ में पश्चिमी आलोचना में काव्यशास्त्रीय स्वर के विरुद्ध अविश्वास खुलकर सामने आने लगा था। आर्थर के. साबिन ने तो परम्परागत समीक्षा के प्रति विद्रोह सा ही कर दिया था कि समालोचना कोई ऐसी निश्चित पद्धति अर्जित नहीं कर सकी है जिससे तनिक भी विश्वास से सच्चे और झूठे लेखकों के बीच भेद किया जा सके और आस्वाद का कोई भी व्यापक मानदण्ड स्थापित नहीं हो सका है जिससे नए कवि की प्रतिभा का सम्यक् मूल्यांकन हो सके। समालोचकों द्वारा नए कवियों को उचित स्थान दिलाने का प्रयास व्यर्थ का श्रम है। यह प्रथम विश्वयुद्ध से पूर्व का समय था जब पश्चिमी साहित्य क्रान्ति के दौर से गुजर रहा था। इसके लिए नई आलोचना की क्या आवश्यकता थी और परम्परागत काव्यशास्त्र के मानदण्ड क्यों हेय हैं, इसके कारणों पर प्रकाश डालते हुए टी.एस. इलियट ने लिखा कि "समालोचना के उद्भव के लिए महत्त्वपूर्ण समय वह होता है जब काव्य समग्र मानव-चेतना की अभिव्यक्ति नहीं रह जाता।" यह तथ्य हमारे प्रयोगवादी कवियों ने समझ लिया। मुक्तिबोध ने इसे समकालीन काव्य को पथ खोजने वाले बेचैन मन की अभिव्यक्ति कहा। नेमिचन्द्र ने इसे और अधिक स्पष्ट किया, "बाहरी दबावों के परिणामस्वरूप बुद्धि, हृदय, भावना, विवेक, आदर्श एवं आचार सामंजस्यहीन हो गए हैं। आज की कविता इस अन्तःसंघर्ष की अभिव्यक्ति है।" इन वक्तव्यों का अभिप्राय यही था कि जब कविता समग्र जन चेतना की अभिव्यक्ति नहीं रही तो जनसाधारण द्वारा इसका यथारूप में ग्रहण नहीं हो सकता।

अतः कविता की व्याख्या के लिए नई समीक्षा का विकास अनिवार्यता है। बदलते हुए भाव बोध और सौन्दर्य बोध के अनुरूप समीक्षा हेतु काव्यशास्त्र में परिवर्तन और संशोधन अपरिहार्य है।

सौन्दर्यगत अनिश्चय और विचारगत बहुवादिता ने साहित्य की सभी विधाओं को प्रभावित किया जिससे सृजनात्मक साहित्य में उफान सा उत्पन्न हो गया। अंग्रेजी में इलियट, पाउंड, लाटेस और हेनरी जैसे लेखक भी प्रभावित होकर समीक्षक के रूप में सामने आए। हिन्दी में अज्ञेय को छोड़कर किसी न समालोचना के नए काव्यशास्त्रीय रूप पर पृथक से विचार नहीं किया। वस्तुतः वे लोग समीक्षा को साहित्य की तुलना में गौण और अल्पकालीन मानते थे। उनकी दृष्टि में समीक्षा साहित्य-सापेक्ष होनी चाहिए। परन्तु इलियट और अज्ञेय समीक्षा के स्वरूप के नवनिर्माण में अग्रसर हुए क्योंकि उनकी दृष्टि में समीक्षा, स्वतन्त्र विषय का अध्ययन बन चुकी थी। रिचर्डस, विलियम एम्पसन, केनेथ ब्रुक, ऐलन टेट आदि ने तीसरे और चौथे दशक में, काव्य प्रतिमानों से सम्बन्धित महत्त्वपूर्ण रचनाएँ लिखी। इनसे समीक्षा के साहित्य-सापेक्ष और साहित्य निरपेक्ष दोनों रूप सामने आए। इनका साहित्य सापेक्ष रूप परम्परागत साहित्य और समीक्षा की सापेक्षता से पर्याप्त हटकर था। यह नई सापेक्षता, साहित्य की निकटता, गहनता एवं दायित्वपूर्ण अध्ययन हेतु साहित्यिक भाषा की पहचान से सम्बद्ध थी। यह पहचान आधुनिकतावादी तथा नव्य प्रतीकवादी आन्दोलनों से प्रभावित थी जिसके स्रोत इलियट, पाउंड, जेक्स तथा फ्रांसीसी प्रतीकवादी आन्दोलन थे। अज्ञेय ने इन्हीं के प्रभाव से भाषा का बाह्य आवरण भेद कर उसमें नए अर्थ भरने की बात कहीं। भाषा में नए अर्थ मरने के विचार से एक दृष्टिकोण तो यह उभरा कि समीक्षा का कोई स्कूल आत्यन्तिक तौर पर वैज्ञानिक नहीं हो सकता। दूसरे, सभालोचना का एक संरचनात्मक स्वरूप सामने आया। इस विषय में ब्राडबरी ने लिखा, ''सभी साहित्यिक भाषाओं के कुछ पहलू सर्वसामान्य होते है और साहित्य निश्चय ही एक भाषागत संरचना होता है जिसमें तकनीक उत्पन्न की जा सकती है।'' इस प्रकार नए समीक्षक की धारणा बनी कि साहित्य का अस्तित्व सायास और विवेकपूर्ण शब्दयोजना में रहता है। साहित्य का सम्बन्ध जीवन से होते हुए भी कलाकार से अपेक्षाएँ, सौन्दर्य के प्रति उसकी सजगता तथा शिल्प व तकनीक सम्बन्धी नव्यता, मूलतः शब्दगत जगत से आबद्ध हैं। समीक्षा के इस नए रूप को सामान्यतः रूपवादी (Formalistic) नाम दिया गया। इस प्रकार नई समीक्षा में प्रभाववादी संवेदना लेखक के परिवेश और मानसिक पृष्ठभूमि, रचना प्रक्रिया के सामाजिक संदर्भों तथा पाठकीय प्रतिक्रिया को महत्त्व न देकर काव्यकृति के रचना पाठ अर्थात प्रत्येक शब्द का महत्त्वपूर्ण स्थान मिला। यह रचनापाठ ही वह आधार था जहाँ सर्वमान्य अर्थ को तलाश करने की बात कही गई थी। इस अर्थ की खोज ही रचना की गुणवत्ता एवं मूल्यांकन का आधार मान लिया गया। इस प्रकार नई

समीक्षा, नए रूप में उभरी जिसे शैक्षिक रूप की संज्ञा दी जा सकती है। इस दृष्टि में पाठ की चर्चा में ही जीवन मूल्यों के प्रति साहित्यिक दायित्व समझा जा सकता था। इसी साहित्यिक दायित्व के संदर्भ में काव्य की पहचान निहित थी। निष्कर्षतः नई समीक्षा का आधार काव्यकृति का रचना पाठ है।

नयी समीक्षा की केन्द्रीय शक्ति का स्रोत व आधार भावुकता नहीं, तार्किकता है। यह तार्किकता भी अकाट्य और अशक्त है। इसी तार्किकता के आधार पर नया समीक्षक परम्परागत धारणा से स्वयं को मुक्त कर लेता है। इसी कारण नयी समीक्षा साहित्य–अध्ययन, ऐतिहासिक और दार्शनिक बोध व दृष्टि से कटकर, केवल प्रस्तुत रचना की आन्तरिक सम्पदा तक सिमट गई। इसके पास साहित्य की कोई समग्रतावादी दृष्टि नहीं है अपितु प्रस्तुत नाटक, कविता, उपन्यास आदि है और वह भी इसी आग्रह के साथ कि इसमें तार्किक, अशंक्य और सही दृष्टि है। नयी कविता की भीतरी सम्पदा, तनाव तथा भाषा के उच्च दबाव से युक्त है, अतः रचनागत गुणों को अनिवार्य मानकर नयी समीक्षा ने इन्हें साहित्य की शर्तें घोषित कर दिया और इनकी पहचान का आधार तकनीक मान लिया। मार्क शोरर ने इस तकनीक का महत्त्व रेखांकित करते हुए इसे 'टेकनीक एज डिस्कवरी' की संज्ञा दी और तकनीकी योगयता को सामाजिक और कलात्मक साहित्यक प्रबुद्धता स्वीकार किया। उनका कथन है कि जिस प्रकार लेखक केन्द्रीय मानवप्रज्ञा होता है, उसी रूप में समीक्षक होता है। वह साहित्य द्वारा जीवन को समझने और मूल्यांकित करने में बराबर का भागीदार होता है, उसे केवल साहित्य के सम्बन्ध में ही कुछ महत्त्वपूर्ण कहना नहीं होता अपितु स्वयं जीवन के सम्बन्ध में भी कहना होता।

संक्षेपतः नयी समीक्षा शैक्षिक रूप में प्रतिष्ठित हुई, इसने साहित्यिक अध्ययन के पाण्डित्यवादी स्वरूप पर प्रहार किया और मूल्यांकन एवं अर्थवत्ता को आस्वाद निरपेक्षता की स्वीकृति प्रदान की। परन्तु अपनी इस प्रतिस्थापना के मोह में नयी समीक्षा धीरे-धीरे साहित्य निरपेक्ष होती गई और आलोचक व्यवसायी बन गया। इस सन्दर्भ में मैल्कोलम काउले लिखते हैं कि कई नई साहित्यिक शक्तियाँ सृजनात्मक साहित्य में नहीं मिलतीं जितनी कि समालोचना में। वास्तव में बहुत सी रचनाएँ वर्तमान के श्रेष्ठ समालोचनात्मक सिद्धान्तों को लेकर लिखी जा रही हैं और उनके लेखक शैक्षिक अध्यापक और समालोचक हैं। ऐसी स्थिति में समालोचक यह मानने लगा कि वह लेखकों का मार्गदर्शन कर रहा है और समालोचना गौण श्रेणी का कार्य व्यापार नहीं जो किसी प्रथम श्रेणी के सृजनात्मक साहित्य पर आश्रित हो। उसके विचार में तकनीक के प्रकाश में रचनापाठ के अध्ययन से साहित्यिक भाषा और संरचना को व्यापक शैली मिल जाएगी और नया काव्यशास्त्र विकसित होगा। समालोचना के व्यवसायीकरण से इसे निर्वैयक्तिकता प्राप्त होगी क्योंकि इसकी साहित्यिक अनुभूति के विश्लेषण में, पृष्ठ पर लिखे गए शब्द ही अनुभव वाचक

होंगे, लेखक की मनःस्थिति, परिवेश आदि नहीं और समालोचना, विज्ञान के समान एक विद्या शाखा के रूप में स्थापित हो जाएगी। यह उद्देश्य ध्यान में रखकर पाँचवें दशक में नई समीक्षा अपने रूपवादी, भाषावादी और संरचनावादी स्वरूप से आगे बढ़कर अन्तर्विद्यावर्ती होती चली गई। स्वयं को विज्ञान के समकक्ष बनाने हेतु इसमें भाषा विज्ञान, समाजशास्त्र, नृविज्ञान और मनोविश्लेषण विद्याशाखाओं के रूप प्रविष्ट किए गए। परन्तु यह बहुशाखीय विकास साहित्य को आधार बनाकर नहीं हुआ, इसके केन्द्र में ये विद्याशाखा ही थीं। अपने इस रूप में नई समीक्षा अब संशोधित समीक्षा कही जाने लगी। परन्तु ध्यातव्य है कि नयी समीक्षा का यह आग्रह पश्चिम में ही सीमित रहा।

नई समालोचना का उद्भव जिस अति आधुनिकता में हुआ उसमें अनेक अन्तर्विरोध भरे पड़े हैं। अब नई समीक्षा के कई पहलुओं पर कई प्रश्न चिह्न लग गए। यथा–

(1) रचना पाठ की प्राथमिकता और लेखक विशेष की वैयक्तिक तकनीक।

(2) समालोचना की साहित्य-निरपेक्ष सत्ता।

(3) इतिहास, समाज और मूल्यों की उपेक्षा।

इन बिन्दुओं के आधार पर उन लेखकों को समाज के बृहत्तर आयाम से बचने वाला लेखक कहा जाने लगा। उनका लेखन नितान्त वैयक्तिक विचारों और कुण्ठाओं का प्रचारक होने के कारण सन्देह के घेरे में आ गया। तकनीक के आधार पर शैक्षिक और अध्यापकीय समालोचकों द्वारा एक विशिष्ट वर्ग के लिए ही समीक्षा लिखी गई, जिससे नई समीक्षा, मूल्यांकन की सर्व सामान्य खोज से भटक गई। नई समीक्षा में बहुवादिता के कारण नैतिकता का ह्रास हुआ। साहित्य-निरपेक्षता के नारे पर गुटबन्दी करने वाले आलोचक साहित्यिक विद्वानों पर जोड़-तोड़ का प्रयास करके, छाने लगे। अतः सृजनात्मकता के प्रति गुटबन्दी की नीति के कारण, नई समालोचना को सन्देह की दृष्टि से देखा गया। और भी, अपने नियमों के अतिरिक्त अन्य नियमों से वास्ता न रखने की दृष्टि से अविश्वास का वातावरण उत्पन्न होना ही था।

नई समीक्षा कुछ साहित्यिक प्रतिबद्धता से आरम्भ होकर, मार्ग से भटक गई। कुछ समालोचक इसे शैक्षिक क्षेत्र में घसीट ले गए, फलतः आज सृजनात्मक साहित्य और समालोचना में व्यापक भिन्नता दिखाई देती है। यह समीक्षा सांस्कृतिक मानवता की रुग्ण मानसिकता है जिसमें समालोचक ने अपने व्यावसायिक विश्वास में सृजनात्मक लेखक को नंगा कर दिया। इस व्यवसायीकरण से ही समालोचकों में गुटबन्दी का दौर चला और समालोचना द्वारा स्थापित पद्धतियाँ व्यावसायिकता की अनुकूलता में ही गढ़ी गईं। समालोचकों की यह दलबन्दी अमेरिकी समालोचकों, की तरह, नई कविता से सम्बद्ध काव्यान्दोलनों को लेकर हिन्दी कवियों ने भी की। इस प्रकार समालोचकों के व्यावसायिक होने से समालोचना पद्धतियों में बाढ़ सी आ गई

और सभी अपनी-अपनी पद्धति को श्रेष्ठ बताने लगे। फलतः साहित्य और विविध विद्याशाखाओं का अध्ययन व्यावसायिक मान लिया गया और साहित्य को समालोचना का आधार मानने वाली अध्ययन प्रणाली, गम्भीरता से कटी हुई घोषित की गई। वस्तुतः साहित्यिक आलोचना का व्यवसायीकरण संगत प्रतीत नहीं होता। यदि समालोचना में विलक्षण तकनीक ही ग्रहण करनी है तो इसे अतीत की तकनीक के विकास के रूप में भी देख सकते हैं। समालोचना सर्वथा साहित्य निरपेक्ष हो ही नहीं सकती। आलोचना तो सृजनात्मक साहित्य पर टिकी होती है और इसका कार्य साहित्य सृजन के बाद का है। समालोचना की साहित्य के प्रति प्रतिबद्धता होती है जिसे भुलाकर इसका कार्य निरर्थक नहीं तो अवांछित अवश्य हो जाता है। फलतः नई समीक्षा आलोचना के मानदण्डों की प्रासंगिकता से भटककर काल्पनिक सिद्धान्तों की दलदल में जा फँसी। यदि नई समीक्षा अपनी परिकल्पनाओं को काव्यशास्त्रीय स्रोतों पर आश्रित रखती और वितण्डावाद से मुक्त रहती तो शायद कुछ ठोस दृष्टि दे पाती। नई समालोचना का यह विश्वास कि साहित्य पहले आन्तरिक रूप में भाषा होता है, नितान्त असंगत है। साहित्य, आन्तरिक रूप में पहले साहित्य ही होता है। छोटी-छोटी कृतियों के विश्लेषण के आधार पर विभिन्न पद्धतियों के मोह में, रचना की भीतरी पकड़ के लिए भाषा तथा संरचना की जटिलताएँ खोलने के उत्साह में नई समीक्षा, साहित्य निरपेक्ष होकर मूल उद्देश्य से दूर जा गिरी है। लेखक की स्वतन्त्रता सीमित करके इसने साहित्य को उसकी ऐतिहासिक धुरी से ही उखाड़ दिया। यहाँ ध्यातव्य है कि समालोचना के नए स्वरूप का समर्थन अमेरिका और फ्रांस में हुआ।

हिन्दी में नई कविता से सम्बद्ध कवि और आलोचक पाश्चात्य नई समालोचना की ओर उन्मुख हुए, परन्तु उन्होंने सैद्धान्तिक स्तर पर गहराई से विमर्श ही नहीं किया। उनके सामने पश्चिम के बने बनाए सिद्धान्त विद्यमान थे। तकनीक और अन्तर-विद्यावर्ती बिन्दुओं के परिप्रेक्ष्य में नई हिन्दी समालोचना को देखने की अभी अपेक्षा नहीं हुई क्योंकि अन्तर-विद्यावर्ती विषय, उस रूप में संस्थित ही नहीं हैं जिस रूप में पश्चिम में। और फिर नई समीक्षा, जहाँ पाश्चात्य नई समीक्षा की अनुगामिनी बनकर, सीधी खड़ी होकर चलने के लिए कदम बढ़ाती वहाँ समकालीनता बोध ने अपनी किरणों से नए सूर्योदय की घोषणा कर दी।

आधुनिकता बनाम समकालीनता बोध

आधुनिकता

साहित्य के क्षेत्र में आधुनिकता शब्द व्यापक रूप में प्रचलित है। इसके विषय में अन्तिम रूप से कुछ कह पाना तो सम्भव नहीं, फिर भी आधुनिकता का बोध इतिहास में कुछ वर्षों का बोध है और इस बोध का जिम्मेदार बाह्य विकास है जिसने इस आन्तरिक बोध को जन्म दिया है। परन्तु आधुनिकता बोध को अतीत एवं परम्परा की सापेक्षता में ग्रहण करना उचित है, अन्यथा किसी देश, जाति या मानवता के इतिहास में विकास की श्रृंखलाएँ परस्पर अपरिचित एवं मूल्यहीन हो जाएँगी। यों तो कालक्रमेण प्रत्येक कालखण्ड अपने अतीत के समक्ष आधुनिक होता है, परन्तु इस आधुनिकता में पुरातनता की अपेक्षा लीक से हटकर कुछ नएपन की सम्भावनाएँ विद्यमान रहती हैं जिनसे पुरातन और आधुनिक में भेद दिखाई पड़ता है। आधुनिकता का अभिप्राय अतीत के कालखण्ड से सर्वथा कटना नहीं है। लक्ष्मीकान्त वर्मा का मत है कि "भावबोध का यह परिवर्तन जहाँ देशकाल की सापेक्षता में उत्पन्न होता है, वहीं वह अपनी समग्रता में अपने प्राचीन को भी पुनर्मूल्यांकित करता है।" जगदीश गुप्त इसी दृष्टिकोण की पुष्टि करते हैं कि आधुनिकता का अभिप्राय पुरातनता की निन्दा करना नहीं अपितु "विगत सांस्कृतिक समृद्धि को आत्मसात् करते हुए मानव की वर्तमान नियति एवं उसके भावी विकास के प्रति अपने दायित्व का विशिष्ट एवं सक्रिय अनुभव करना है।" गिरिजाकुमार माथुर आधुनिकता को इसी रूप में स्वीकारते हैं कि आधुनिकता आन्तरिक मूल्यभाव है जिसका एक पक्ष दीर्घकालीन सांस्कृतिक विकास से सम्बन्धित है तो दूसरा पक्ष सामयिक है जिसके अन्तर्गत परिवेश और रूप आकार का परिवर्तन, शैली और भंगिमा का नवरूपान्तर आता है। इन दोनों पर उदित मूल्यबोध ही आधुनिकता के दृष्टिकोण का जनक है। इस प्रकार आधुनिकता बोध इतिहास की वह कड़ी है जो अतीत के बोध के सामंजस्य के साथ विकास के नए बोध को वर्तमान के साथ आबद्ध करती है और भविष्य की नई सम्भावनाओं के प्रति आशावान होती है। आधुनिकता खण्डित घटना नहीं है अपितु कालखण्डों

के क्रमिक विकास की नव्यता का बोध है। इसी से जीवन में स्थिरता और जड़ता के स्थान पर गति और सप्राणता की अनुभूति की ताज़गी बनी रहती है। टी.एस. इलियट भी अतीत के महत्त्व का प्रतिपादन करते हैं कि "वर्तमान और अतीत में यह अन्तर है कि जागरूक वर्तमान में इस प्रकार और इस सीमा तक अतीत की चेतना अन्तर्भूत होती है जो अपने सम्बन्ध में, अतीत की चेतना में व्यक्त नहीं होती। कवि को अतीत की चेतना का विकास करना चाहिए और जीवन भर इस चेतना को विकसित करते रहना चाहिए।" ध्यातव्य है कि अतीत से जोड़कर आधुनिकता की मौलिकताएँ तिरोहित नहीं हो जातीं और न ही आधुनिकता स्वीकृत मूल्यों एवं धारणाओं की विरोधी है। आधुनिकता का सम्बन्ध तो उस मानसिकता से है जो किसी पुरातन मूल्य, परम्परा या मान्यता को आज के जीवन के सन्दर्भ के साँचे में ढालकर उपयोगी बना ले। ऐसी स्थिति और बोध को स्वीकारने में संकोच नहीं होना चाहिए। आधुनिकता में अन्धविश्वासों, रूढ़ियों और अन्ध-परम्पराओं का स्थान नहीं। जैसे वसन्त आने पर पेड़ों पर नए पत्ते और फूल जन्म लेकर, नए सौन्दर्य से धरती को सुरभित कर देते हैं, उसी प्रकार अतीत के बोध को वर्तमान की स्थितियों में तराश कर नई गन्ध से नव्यता की छटा का प्रादुर्भाव आधुनिकता का आलोक विकीर्ण करता है। पेड़ को समूल काट देने से नव्यता के दर्शन नहीं होंगे, इसी तरह अतीत से कटकर आधुनिकता निराश्रय हो जाएगी। नव्यता ही सौन्दर्य है और यही आधुनिकता है। यदि पेड़ पर फूलों के रंग देखना चाहते हैं तो उसकी जड़ मिट्टी में स्थिर करनी ही होगी।

आधुनिकता के सन्दर्भ में धनंजय वर्मा कहते हैं, "आधुनिकता का मतलब आधुनिक युग में रहना ही नहीं, उसे जीना भी है, आधुनिकता कालसापेक्ष धारणा नहीं है, वह दृष्टिसापेक्ष है और व्यक्ति के ऐटीट्यूड, टेम्परामेंट और उसके समूचे अंतर्बाह्य व्यक्ति से जुड़ी है।" कहते हैं वसन्त आता नहीं, ले आया जाता है, जो चाहे जब ले आए। आधुनिकता में जीकर भी कितने ही लोग आधुनिक नहीं हैं क्योंकि उनमें आधुनिक दृष्टि का अभाव है या फिर आधुनिक दृष्टि होने पर भी, उसे जीने में संकोच है। यह तो एक आन्तरिक बोध है जिसे जो जीना चाहे तब जी ले। आधुनिकता के दो रूप हैं। पहला रूप कालसापेक्ष है—आधुनिकता इतिहास चक्र की अन्तिम परिणति है जो परिवर्तन और विकास की सरणियों को पार कर उपलब्ध हुई है। इसका दूसरा रूप है—विभिन्न प्रभावों से उत्पन्न चेतना। वस्तुतः आधुनिकता के ये दोनों रूप एक ही चिकनी चकत्ती के दो पहलू हैं जो एक दूसरे से भिन्न होकर अस्तित्व ही खो देते हैं। इतिहास चक्र में जो परिवर्तन और विकास होता है उसके मूल में वर्तमान के प्रभावों से उत्पन्न चेतना की सक्रियता अनिवार्य तत्त्व है। तत्त्वतः वर्तमान सदा आधुनिक होता है, उसमें विगत काल की अपेक्षा थोड़ी-बहुत नवीनता अवश्य आती है क्योंकि स्थितियाँ और परिस्थितियाँ सदा गतिशील रहती हैं। जो कल

आधुनिक था; आज पुरातन है और जो कल (आने वाले) वर्तमान होगा, उसके सम्मुख आज की आधुनिकता पुरातनता की सीमा में जा चुकी होगी। इस दृष्टि से आधुनिकता के स्वरूप में, प्रत्येक युग में थोड़ा-बहुत बदलाव आएगा। अतः आधुनिकता समय-सापेक्ष हो सकती है जिसमें अपने युग की नूतन चेतना सन्निहित रहती है। जैसे आज की आधुनिकता की विशिष्टता इसके वैज्ञानिक दृष्टिकोण की ग्राह्यता, धर्म की रूढ़िवादिता के प्रति विद्रोह, यथार्थ की स्वीकृति, मानवीय अस्तित्व के संकट की व्याकुलता और शिल्पगत नव्यता में देखी जा सकती है। प्रत्येक युग आधुनिक होता है और अपने पूर्ववर्ती युग से अधिक आधुनिक होता है और इस प्रक्रिया में परम्परा से ज़ो स्वस्थ है, जीर्ण-शीर्ण नहीं है, उससे भी आधुनिकता जुड़ी रहती है। यह दूसरी बात है कि किसी युग में नव्यता अधिक मुखर हो या किसी में कम। कबीर ने अन्धविश्वासों और पाखण्ड के विरुद्ध अपनी आवाज बुलन्द की और धार्मिक संकीर्णता के खिलाफ विद्रोह कर दिया तो उस कालखण्ड की आधुनिकता की तीव्रता पूर्ववर्ती कालखण्ड की अपेक्षा अधिक अनुभव हुई। आधुनिक काल में भी, भारतेन्दु हरिश्चन्द्र युगीन आधुनिकता और आज की आधुनिकता में क्या कोई अन्तर नहीं आया है ? यदि आया है तो आधुनिकता की गतिशीलता को नकारना सम्भव नहीं। इस दृष्टि से प्रत्येक काल अपने पूर्ववर्ती कालखण्ड से अधिक आधुनिक है।

आज भारतीय आधुनिकता के सन्दर्भ में कहा जाता है कि यह पश्चिमी देशों से उधार ली गई है, पाश्चात्य आधुनिकता का अनुकरण है। यह कथन अंशतः असत्य नहीं है। बीसवीं शती में, विचारों, व्यवहारों, कलाओं और ज्ञान की क्रियाओं-प्रतिक्रियाओं में जिस नवीनता ने तेजी से कदम बढ़ाए, वह पूर्णतः भारतीय नहीं थी। इसीलिए इस शती की आधुनिकता को प्रारम्भ में विरोध का सामना भी करना पड़ा, परन्तु धीरे-धीरे वह सब कुछ स्वीकार लिया गया जो इस देश की आधुनिकता में खप सकता था, शेष के प्रति उदासीनता ही रही। विज्ञान, कला, साहित्य, नैतिकता, जीवन शैली, दिनचर्या, व्यवसाय आदि कोई ऐसा क्षेत्र नहीं है जिसमें इस देश की आधुनिकता ने पाश्चात्य आधुनिकता से कुछ न कुछ, न ग्रहण किया हो। अतीत की रूढ़ियों और जीवन की निश्चल निष्क्रियता से उबरने के लिए, यदि किसी से सहायता ले ली जाए तो इसमें कौन सी बुरी बात है ? मनुस्मृति में भी लिखा है—

विषादप्यमृतं ग्राह्यं बालादपि सुभाषितम्।
अमित्रादपि सदवृत्तममेध्यादपि कांचनम्।।
स्त्रियो रत्नान्यथ विद्या धर्मः शौचं सुभाषितम्।
विविधानि च शिल्पानि समादेयानि सर्वतः।।
अब्राह्मणादध्ययनमापत्काले विधीयते।
अनुव्रज्या च शुश्रूषा यावदध्ययनं गुरोः।। 2.239-241

अतः ज्ञान, कला, शिल्प तथा जीवन के विभिन्न क्षेत्रों में विकास हेतु कहीं से भी,

कुछ भी उधार लेना, भारतीय धर्म की दृष्टि के अनुकूल है। हाँ, इतना अवश्य है कि नव्यता की चर्चा देश के जीवन एवं धरती से कटकर नहीं की जा सकती। यदि आधार से कटकर आधुनिकता थोपने का प्रयास किया जाएगा तो उसकी परिणति स्वस्थ न होगी। अतः पाश्चात्य प्रभावों से मुक्त होकर, इस देश की परिस्थितियों के चश्मे से आधुनिकता का निरूपण करने का प्रयास अवश्य श्लाघ्य होगा।

आधुनिकता के सन्दर्भ में एक प्रश्न उठाया जाता है कि क्या यह कोई नैतिक मूल्य है ? इस विषय में कुछ लोग इसे 'वस्तु और नैतिक मूल्य' के रूप में स्वीकार करते हैं, जबकि कुछ का विचार है कि आधुनिकता, कोई मूल्य नहीं, यह तो मूल्यों के विघटन का पर्याय है। भगवतीप्रसाद शुक्ल का मन्तव्य है कि आधुनिकता स्वयं कोई मूल्य नहीं है, यह तो दृष्टि भर है, एक अनुभूति है। आधुनिकता के कोई मानदण्ड नहीं होते, बस इतना ही आवश्यक है कि इसमें विगत कालखण्ड की अपेक्षा विकास के क्रम में नवीनता हो। कितनी मात्रा में हो, किस प्रकार हो, कैसी हो, इस बात की कोई कसौटी नहीं है। अतः नैतिकता, सौन्दर्यबोध आदि के समान, आधुनिकता कोई शाश्वत मूल्य नहीं है। इसे दृष्टि या मानसिक स्थिति का परिचायक कहा जा सकता है, जिसका सम्बन्ध व्यक्ति की चेतना, व्यावहारिकता और अन्तर्भावना से जुड़ा है।

समकालीनता बोध

काल में एक साथ बहुत कुछ घटित होता रहता है तथा एक घटना, व्यक्ति, विचार, भाव, क्रिया-प्रतिक्रिया आदि उसी काल में घट रही दूसरी घटना के रूप-स्वरूप, आवृत्ति-प्रवृत्ति को प्रभावित करती है। इस काल में घट रही किसी घटना से सम्बन्धित वे तत्त्व जो उस घटनाकाल में उपस्थित हैं तथा अपनी उपस्थिति से उसके रूप-स्वरूप को प्रभावित करते हैं, समकालीनता या समसामयिकता के तत्त्व कहे जाएँगे। अतः समकालीनता या समसामयिकता उस व्यक्ति, घटना या स्थिति के विश्लेषण के रूप में प्रयुक्त होता है जो तथाकथित का समकालिक हो। समकालीनता की दो अनिवार्यताएँ हैं--स्वचेतना और संवेदनशीलता। स्वचेतना के अभाव में हम जड़ व्यक्ति के समान हो जाते हैं, उन व्यक्तियों की तरह जिन्हें अपने काल, व्यक्ति और प्रवृत्तियों की पहचान नहीं। संवेदनशीलता समसामयिक व्यक्ति के कालबोध, देश बोध, व्यक्तिबोध और समूह बोध के रूप में एकीभूत होकर प्रकट होती है।

समसामयिक बोध और आधुनिकता में क्या सम्बन्ध है ? क्या ये दोनों एक हैं या इनमें कोई भेद है ? कुछ लोग इन दोनों को एक मानते हैं और कुछ के विचार में, इनमें सूक्ष्म भेद है। वस्तुतः आधुनिकता युग विशेष का गुण है जबकि समसामयिकता स्थिति विशेष का आयाम है। विचार में आधुनिक होते हुए भी हम समसामयिक नहीं हो सकते क्योंकि समसामयिकता का परिवेश इतना विस्तृत नहीं

होता। अतः आधुनिकता युग विशेष का भाव है, परन्तु समकालीनता, वर्तमान स्थिति विशेष को कह सकते हैं। आधुनिकता के सन्दर्भ में जिस संवेदना की बात की जाती है, वह किसी हद तक समकालीनता में दीख पड़ती है। समसामयिकता में जहाँ वर्तमान जीवन के प्रति क्रियाशील होने का भाव है, वहाँ वह अतीत एवं भविष्य दोनों से अलग स्थिति विशेष भी कही जा सकती है। समसामयिकता में समग्र युग को पकड़ पाना सम्भव नहीं जबकि आधुनिकता किसी युग की दृष्टि का निर्माण करती है। सामयिक आन्दोलन के सन्दर्भ में लिखे जाने वाला प्रचारात्मक साहित्य, समसामयिक साहित्य की कोटि में रखा जा सकता है।

निष्कर्षतः आधुनिकता सतही वस्तु नहीं है जो वेशभूषा, भोजन और भाषिक उपकरणों तक सीमित हो, इसका सम्बन्ध व्यक्ति की सम्पूर्ण चेतना, मानसिकता एवं आचरण से जुड़ा है, फिर भी यह कोई शाश्वत मूल्य नहीं है, केवल एक जीवनदृष्टि है। आधुनिकता और समसामयिकता में आधुनिकता अधिक व्यापक है जबकि समकालीनता वर्तमान की स्थिति विशेष मात्र होती है।

आलोचक के गुण

आलोचक कौन हो सकता है ? जो किसी साहित्यिक कृति की विशेषताओं पर विचार करे, उसकी उपलब्धियों और अभावों का मूल्यांकन करे, सहृदयों के मन पर उसकी प्रतिक्रिया का विश्लेषण प्रस्तुत करे और उसे श्रेणीबद्ध करे, उसे आलोचक कहा जाता है। आलोचक बनना सरल कार्य नहीं है। यूँ ही किसी कृति की आलोचना कर डालने से कोई व्यक्ति आलोचक नहीं बन जाता। आलोचक का पद पाने हेतु अनेक गुणों की अपेक्षा होती है।

आलोचक के लिए भावयित्री और कारयित्री प्रतिभा उतनी ही अपेक्षित है जितनी कि कलाकार के लिए। प्राचीन आचार्यों के मत में तो कवि और भावक में अन्तर नहीं होता, वे दोनों ही कवि हैं–

कः पुनरनयोर्भेदो यत्कविर्भावयति भावकश्च कविः।

अतः आलोचक को सहृदय होना चाहिए अर्थात् उसका हृदय कवि के समान होना चाहिए अन्यथा वह कवि की भावनाएँ यथार्थ रूप में ग्रहण नहीं कर सकेगा। आचार्य धर्मदत्त का मत है कि वासनायुक्त सभ्यों को ही रस प्राप्त होता है–

सवासनानां सभ्यानां रसस्यास्वादनं भवेत्।

भिखारीदास भी यही कहते हैं–

रस कवित्त परिपक्वता जानै रसिक, न और।

बेन जानसन इसी विचार का समर्थन करते हुए कहते हैं कि किसी कवि के विषय में मत निर्धारित करना कवि का ही कार्य है और वह भी सभी कवियों का नहीं, केवल मुख्य कवियों का ही साध्य है। वस्तुतः काव्य की रचना हृदय के आवेग से बद्ध है, अतः उसके आस्वादन के लिए प्रमाता को भी कवि हृदय ही रखना चाहिए। इस दृष्टि से कविकर्म और आलोचककर्म भिन्न नहीं हैं। उत्तम कवि ही आलोचक बन सकता है। आलोचक में भावनशक्ति की क्षमता के अभाव में, वह आलोच्य विषय की मौलिक विशेषताएँ समझ पाने में असमर्थ रहेगा। महावीरप्रसाद द्विवेदी इस बात पर बल देते हैं कि कवि के कार्यों से यथेष्ट आनन्द वे ही अनुभव कर सकते हैं जिनका हृदय उनके समान सुसंस्कृत, कोमल और भावग्राही हो। इसी प्रकार के सहृदय

समीक्षकों को काव्यानन्द अनुभूति कराने के लिए ही कवि अपनी कृति को आस्वाद्य बनाते हैं। कहने का तात्पर्य है कि काव्य के आस्वादन के लिए सहृदय को भी कवि के समान संवेदनशील होना चाहिए। इस प्रकार की धारणा कवियों ने स्वयं भी व्यक्त की है। अयोध्यासिंह उपाध्याय के अनुसार "आलोचक भी काव्यज्ञ, भावुक, रसग्राहक और सहृदय हो।" जिसकी जैसी वासना होगी, भावग्रहण की जैसी शक्ति होगी, जिसमें जैसी सहृदयता होगी, रस आस्वाद्य का वह वैसा ही अधिकारी होगा। रामधारी सिंह दिनकर तो आलोचना को कवि कर्म के समान महत्त्वपूर्ण मानते हैं–"जो लोग यह समझते हैं कि समालोचना सीखने की चीज है, वे गलती करते हैं। यह भी उसी प्रकार जन्मजात है जैसे कवित्व।" दिनकर आलोचक के लिए भावयित्री प्रतिभा के अतिरिक्त कारयित्री प्रतिभा को भी आवश्यक मानते हैं–"समालोचक में कविवत् भावुकता, चिन्तन की कोमलता, भावों की प्रवणता और रसग्राहिता होनी चाहिए अन्यथा वह उन मनोदशाओं के धूमिल विश्व में पहुँच ही नहीं सकता जिनमें कविता की सृष्टि की जाती है।" इस प्रकार रचना के माध्यम से रचयिता के मानस का साक्षात्कार करने के लिए समीक्षक में भावयित्री और कारयित्री प्रतिभा का होना अपेक्षित है। अंग्रेजी के कवि पोप मानते हैं कि रसज्ञ भावुकता अर्थात्–निर्मल चित्त से काव्यास्वादन क्षमता, आलोचक का अनिवार्य गुण है। कवि हरिवंशराय बच्चन का मत है–"किसी कविता का अर्थ तटस्थ रहकर भी जाना जा सकता है, पर भावनाओं को समझने के लिए अपने आपको कवि के साथ एक करना पड़ता है। साहित्य को समझने के लिए जीवन के अनुभव की आवश्यकता होती है। अतः समालोचक में भावयित्री और कारयित्री प्रतिभा की अपेक्षा ही नहीं, अपितु अनिवार्यता है अन्यथा उसकी पहुँच काव्य के भावतत्त्व तक नहीं हो सकेगी, वह केवल विचार तत्त्व तक ही सीमित रह जाएगा। स्पष्टतः आलोचक का दायित्व कवि से भी अधिक है, उसे सही अर्थों में काव्य का मर्मज्ञान होना चाहिए।

आलोचना के लिए आलोचक को एक निश्चित विचारक्रम और शिल्पबोध अपनाना होता है। वह पहले आलोच्य कृति का अध्ययन करता है, फिर उसमें निहित मूलभाव समझता है, तदनन्तर उसकी व्याख्या और विश्लेषण द्वारा उसके महत्त्व के मूल्यांकन की प्रस्तुति होती है। इस प्रकार आलोचना को कई कार्यों में प्रवृत्त होना पड़ता है।

(1) विषय बोध

आलोचक सर्वप्रथम आलोच्य विषय का पूर्ण बोध प्राप्त करे। इसके बिना निष्पक्ष आलोचना की सम्भावना ही नहीं हो सकती। कृति के अध्ययन के बाद उससे प्रभावग्रहण की क्षमता भी आलोचक के लिए अनिवार्य है। विषयबोध और उसकी प्रभाविता से प्रेरित होकर आलोचक किसी कृति के विश्लेषण और मूल्यांकन में प्रवृत्त

होगा। किन्तु किसी रचना के प्रति व्यक्ति की प्रतिक्रिया उसके संस्कार, उसकी आयु और उसके ज्ञान स्तर के आधार पर ही होगी। उदाहरणतः कोई भक्त रीतिकालीन कविता पढें तो अच्छा नहीं लगेगा परन्तु रसिक उसे ही पढ़कर आत्मविभोर की स्थिति प्राप्त कर लेता है। इसीलिए समीक्षक में सहृदय के समावेश की आवश्यकता होती है। उसे कृति की समस्या हेतु देश की सांस्कृतिक विचाराधारा की पृष्ठभूमि का भी ज्ञान होना चाहिए। प्रत्येक देश की कुछ चिन्तन विशिष्टताएँ होती हैं, उन्हें ध्यान में रखे बिना, उस देश के साहित्य के सम्बन्ध में अपना मत दे देना उचित नहीं। काव्यालोचन के लिए कवि की जातिगत मनोवृतियों, सामाजिक-राजनीतिक परिस्थितियों और कालदशा को दृष्टिगत रखना चाहिए। अतः आलोचक को विषय का प्रामाणिक बोध प्राप्त करना सर्वप्रथम कार्य है।

कई बार आलोचक की आयु और परिस्थितियाँ उसकी प्रतिक्रिया को प्रभावित करने लगती हैं। युवावस्था में प्रिय लगने वाली रचनाएँ जरूरी नहीं कि वृद्धावस्था में भी अच्छी लगें। आलोचकों के स्तर की भिन्नता और विचारधारा में भेद होने से प्रतिक्रियाएँ भिन्न हो जाती हैं। जो आलोचक अभावों में पले हैं, उनकी प्रतिक्रिया और सम्पन्नता में जीने वाले आलोचकों की प्रतिक्रिया में भिन्नता रहना, कोई आश्चर्य नहीं। इस विषय में यही कह सकते हैं कि किसी कृति के प्रति अधिक से अधिक सहृदय समाज की जो प्रतिक्रिया हो, वही प्रामाणिक है। यदि पूर्वाग्रहों से मुक्त, संवेदनशील व्यक्तियों में से अधिकतर ने किसी कृति को श्रेष्ठ घोषित किया, वह अवश्य ही श्रेष्ठ कृति है। आलोचक की प्रतिक्रिया भी उसके अनुकूल होनी चाहिए। आलोचक जो भी समीक्षा प्रस्तुत करता है, वह उसका व्यक्तिगत दाय नहीं है। उसे तो इस बात का ध्यान रखना है कि देश और काल के सन्दर्भ में उसका आयाम कितने अधिक सहृदयों तक पहुँचा है। इस कार्य हेतु आलोचक का बोध फलक भी व्यापक और बहु-अध्ययन पर आधारित होना चाहिए। वह केवल काव्यकृति को पढ़े ही नहीं, समझे ही नहीं, रसग्रहण ही न करे अपितु परिवेश के साथ सम्बद्ध करके देखे। इसलिए आलोचक का अवबोध अन्य किसी सहृदय से अवश्य ही अधिक होना चाहिए।

(2) व्याख्या-विश्लेषण

किसी कृति के अध्ययन और प्रभाव ग्रहण के पश्चात् समालोचक उसकी व्याख्या एवं विश्लेषण की ओर ध्यान दे। इस कार्य के लिए उसे काव्यशास्त्र, सौन्दर्यशास्त्र, मनोविज्ञान और समाजविज्ञान का आश्रय लेना चाहिए। आलोचक को किसी कृति का विश्लेषण करने से पहले सैद्धान्तिक आलोचना से भली भाँति परिचित होना, अनिवार्यता है। फिर आलोचना करते समय उसके सामने निम्न तथ्य आते हैं–

–काव्य का बाह्याकार।

—काव्य में निहित भाव।

—कवि की वह मनःस्थिति जो काव्य का हेतु रही।

—समकालीन परिस्थितियाँ जिन्होंने कवि की मनःस्थिति का निर्माण किया।

इन तथ्यों को ध्यान में रखकर, वह काव्यशास्त्र के आधार पर काव्यकृति के रूप का विवेचन, सौन्दर्यशास्त्र के आधार पर उसके भावगत सौन्दर्य का उद्घाटन, मनोविज्ञान के सिद्धान्तों से लेखक की मनःस्थिति का विश्लेषण तथा समाजशास्त्र के आधार पर युगीन परिस्थितियों का कथन और कवि पर उनके प्रभाव का विश्लेषण करे। साहित्य का मूलतत्त्व तो भाव है, किन्तु उस भाव की प्रियता का आधार कवि और उसकी परिस्थितियाँ होती हैं। यदि लेखक विषम परिस्थितियों से गुजर रहा है तो वह उनसे अवश्य प्रभावित होगा और उसके काव्य की पृष्ठभूमि में वह प्रभाव कहीं न कहीं अपनी प्रतिक्रिया अवश्य व्यक्त करेगा। यदि आलोचक इस ओर ध्यान नहीं देता तो लेखक के प्रति अन्याय है। भक्तिकाल के कवियों की कविता में भक्ति का भाव था क्योंकि उन कवियों का परिवेश, भक्ति में लीन उन परिस्थितियों से आबद्ध था, जहाँ बैठकर मनःशुद्धि और शुद्ध समर्पण के सिवाय अन्य कोई भाव न होता था। रीतिकाव्य में शृंगारिकता का आधार दरबारी वातावरण रहा। अनेक कवियों को परिस्थिति अनुसार दरबारी कवि बनना पड़ा, किन्तु अनेक कवि राज्याश्रय के बन्धन में न फँसे। समकालीन परिस्थितियों के दबाव में, काव्यधारा पर पड़ने वाले प्रभाव के कारण, आलोचक उन कवियों की निन्दा न करे जिनकी कृति में शृंगार भाव मुखर हुआ है। इस प्रकार समालोचक का कर्तव्य है कि वह किसी कृति के विश्लेषण हेतु उपर्युक्त चारों तथ्यों का अनुसन्धान करे। किसी भी काव्य कृति के अध्ययन में, रचनाकार के व्यक्तित्व और युगीन सन्दर्भ की उपेक्षा करना सर्वथा अनुचित है क्योंकि कवि हृदय में संश्लेषित वस्तु में कवि के व्यक्तित्व और युगीन दबावों का स्पर्श अनायास हो जाता है।

(3) मूल्यांकन

किसी काव्यकृति की व्याख्या या विषय विश्लेषण के पश्चात् समालोचक के सम्मुख उसके साहित्यिक महत्त्व का आलेखन करने का अवसर होता है। कुछ विद्वान मानते हैं कि आलोचक को मूल्यांकन अर्थात् निर्णय देने का अधिकार नहीं, उसका कार्य तो कृति के सौन्दर्य का उद्घाटन मात्र करना है। फिर भी प्रायः देखा जाता है कि समालोचक जब किसी कृति से प्रभावित होता है तो उसके मन में एक निश्चित धारणा बन जाती है और वह अपनी प्रतिक्रिया व्यक्त करते समय प्रकारान्तर से उसका महत्त्व निर्धारित कर ही देता है। कृति के आस्वाद का विश्लेषण करते समय प्रत्यक्ष या परोक्ष रूप में मूल्यांकन अनायास ही हो जाता है। मूलतः मूल्यांकन कोई स्वतन्त्र प्रक्रिया न होकर व्याख्या-विश्लेषण की प्रक्रिया का ही परिणामी अंग है।

इनके अतिरिक्त साहित्यिक गतिविधि का नियमन करना भी आलोचक का कर्म है। इस विषय में गुलाबराय का मत है–"जिस प्रकार शासन के आलोचक शासन को शिथिलता से बचाए रखते हैं, उसी प्रकार साहित्य के आलोचक साहित्य में शिथिलता और कुत्सितता नहीं आने देते और उसकी गतिविधि निर्धारित करने में सहायक होते हैं। परन्तु साहित्य की गतिविधि के नियमन का दायित्व प्रायः व्यावसायिक हो जाता है। उसमें रस के स्थान पर शक्ति की इच्छा प्रमुख हो उठती है, रचना कार्य पीछे पड़ जाता है और सर्जना का तो प्रश्न ही नहीं रहता। निश्छल आत्माभिव्यक्ति के स्थान पर मताग्रह का बोलबाला हो जाता है। इस प्रकार का दम्भ लेकर जो आलोचक चलता है, वह समर्थ प्रचारक तो बन सकता है, मर्मवेत्ता साहित्यकार नहीं। वस्तुतः कोई आलोचक, किसी कवि को बनाने या बिगाड़ने का गर्व नहीं कर सकता। डॉ. नगेन्द्र का विचार है कि साहित्य का विकास प्रज्ञा के आधार पर न होकर सर्जना के आधार पर होता है और कलाकार की सर्जनाशक्ति आलोचक की सर्जनाशक्ति से अधिक प्रबल ठहरती है, अतः साहित्य की गतिविधि के नियन्त्रण का दायित्व आलोचक के स्वधर्म से बाहर की बात है। जो साहित्य आलोचना की गर्मी से मुरझा जाए या उसके विकास के लिए आलोचना के सहारे की जरूरत पड़े, उसमें प्राणशक्ति कम ही माननी चाहिए। साहित्य को दिशा तो कलाकार ही देता है। आलोचक तो संघात और प्रतिघात से उसकी प्रतिभा को कसौटी पर रखने का प्रयास करता है। अतः साहित्य की गतिविधि का नियन्त्रण करने की महत्त्वाकांक्षा आलोचक के लिए कल्याणकर नहीं हो सकती। उसका कर्तव्य तो आलोच्य कृति के प्रतिपाद्य को हृदयंगम करके अपनी संवेदनशील प्रकृति के अनुरूप कृतिकार के साथ तादात्म्य स्थापित करे। इसके लिए उसे व्यक्तिगत पूर्वाग्रहों का त्याग करके निःसंगभाव से समीक्षा करनी चाहिए, लेखक की अनपेक्षित स्तुति या निन्दा करना समान रूप से अशोभनीय है। कभी-कभी समालोचक अपनी विशिष्ट अभिरुचि के कारण लेखक की धारणाओं से असहमत रहकर न्याय नहीं कर पाता। फलतः वह लेखक के प्रति सहानुभूति के अभाव के कारण उसकी कृति का मर्म उद्घाटित करने में सर्वथा असमर्थ रहता है। संकीर्ण छिद्रान्वेषण को प्रश्रय देना, आलोचक का धर्म नहीं है। महावीरप्रसाद द्विवेदी आलोचक के कर्तव्य के सम्बन्ध में कहते हैं–"मित्रता के कारण किसी की पुस्तक की अनुचित प्रशंसा करना, विज्ञापन देने के सिवाय कुछ नहीं। ईर्ष्या, द्वेष अथवा शत्रुभाव के वशीभूत होकर किसी कृति में अमूलक दोषोद्भावना करना उससे भी बुरा काम है।"

राजशेखर ने पक्षपात करने वाले समीक्षकों को मत्सरी आलोचक कहा है क्योंकि वे कवि प्रतिभा को देखकर भी नहीं देखना चाहते और गुणकथन के विषय में मौन रहते हैं। साहित्यस्रष्टा और आलोचक में प्रतिस्पर्धा का भाव साहित्य की स्वस्थ रचना के लिए विघातक होता है। इसीलिए बालमुकुन्द गुप्त, आलोचक को सचेत करते

हैं–"आलोचक में केवल दूसरों की आलोचना करने का साहस ही न होना चाहिए, अपितु अपनी आलोचना दूसरों से सुनने और उसकी तीव्रता सहने की हिम्मत भी होनी चाहिए। वस्तुतः आलोचक का कर्तव्य किसी कृति के मर्म की प्रस्तुति एवं समाज के लिए उपयोगी आदर्शों के प्रति लेखक की सजगता का अध्ययन, पाठकों के सम्मुख रखना है।

आलोचक रामचन्द्र शुक्ल

रामचन्द्र शुक्ल हिन्दी आलोचना के युग प्रवर्तक थे। उनसे पहले हिन्दी आलोचना अपने नए रूप में अवतरित नहीं हुई। तब तक लक्षण ग्रन्थों में रसों, अलंकारों, नायकों और नायिकाओं की सूची मात्र बनी हुई थी। इनमें इन तत्त्वों की स्थूल मीमांसा पर ही बल दिया गया। परिणामतः साहित्य अनुशासन का काम इनसे सिद्ध न हो सका। साहित्य के मार्ग निर्देशन या भले बुरे की भी ये पहचान न करा सके। लक्षणग्रन्थों में काव्यांगों की मनोवैज्ञानिक एवं कलात्मक विवेचना का अभाव रहा। इनमें सामाजिक पृष्ठभूमि के सरोकार और लेखक की परिस्थितियों के प्रभाव के सम्बन्ध में सर्वथा उपेक्षा का दृष्टिकोण अपनाया गया। रामचन्द्र शुक्ल ने रस और अलंकार शास्त्र को नई मनोवैज्ञानिक व्याख्या दी और उन्हें ऊँची मानसिक भूमि पर स्थापित किया। शुक्ल ने समीक्षा के भारतीय साँचे को नहीं तोड़ा अपितु उसे बने रहने पर बल दिया और रस, अलंकार आदि के लक्षण ग्रन्थों के निःशक्त रूप को नई ताजगी से अनुप्राणित किया। उन्होंने काव्य की स्थापना, ऊँची मानसिक संवेदना के स्तर पर की।

शुक्ल जी में उच्चकोटि की काव्य रसज्ञता थी, साथ ही उनकी कुछ अभिरुचियाँ और आग्रह थे जिन्हें उन्होंने दबाया नहीं। इसका कारण था कि उनमें आलोचना के साथ रचनात्मक प्रेरणाएँ भी प्रमुख थीं। स्वतन्त्र रचना के लिए स्वतन्त्र अभिरुचि की अनिवार्यता होती है किन्तु काव्य समीक्षक अधिकाधिक निष्पक्ष होना चाहिए। यहाँ समीक्षा की तटस्थता का यह आशय नहीं है कि समीक्षक सामाजिक सम्पर्क से मुक्त है। शुक्ल जी की काव्य समीक्षा में सामाजिक सम्पर्क का आवाहन है। उन्होंने काव्य और कलाओं के सामाजिक सम्पर्क की आवाज उठाई और रचनाकार की व्यक्तिगत मनःस्थिति को उद्धृत किया। रचनाकार के काव्य निर्माण में उसके व्यक्तिगत संस्कारों का हाथ रहता है। वे संस्कार किस सीमा तक उसके काव्य का उन्नयन या पतन करते हैं, प्रत्येक समीक्षक इसे जानना चाहेगा। शुक्ल जी ने इस दिशा में आरम्भिक कार्य का सूत्रपात कर दिया था। परन्तु ध्यातव्य है कि शुक्ल, नव्यतर सामाजिक और राजनीतिक प्रगति से घनिष्ठ परिचय स्थापित नहीं कर पाए जितनी कि उनसे सम्भावना थी।

शुक्ल अधिक वादों के पक्षपाती नहीं थे। यूरोप के साहित्य में शीघ्र-शीघ्र वाद परिवर्तन होते रहे, पर शुक्ल की उनमें आस्था न थी। वे उन्हें बदलते फैशन की वस्तु समझते थे। जब तक किसी वाद से सम्बद्ध साहित्य में गहराई न आए तब तक उसे काव्य चिन्तन की सीमा में लाने का कोई औचित्य नहीं।

रामचन्द्र शुक्ल जिस प्रकार वादों के झंझट में नहीं पड़े, उसी प्रकार उन्होंने सामाजिक या राजनीतिक विचारधाराओं की उपेक्षा की। कुछ लोगों का कहना है कि इस कमी के कारण वे आधुनिक साहित्य का नेतृत्व न कर सके। इस विषय में ऐसा प्रतीत होता है कि शुक्ल का एक सामाजिक सिद्धान्त था, सम्भवतः वह अपनी रूपरेखा के साथ उपस्थित नहीं हो पाया, उसका एक सामान्य रेखाचित्र उनकी रचनाओं में मिलता है। उन्होंने इसे लोकधर्म सिद्धान्त कहा है और भारतीय वर्णाश्रम धर्म के साँचे में इसे ढालने की चेष्टा की है। वर्णाश्रम धर्म से उनका आशय हिन्दू धर्म से ही नहीं है अपितु प्रत्येक सामाजिक संगठन से है जिसमें कर्तव्यों और अधिकारों के समीकरण की चेष्टा की गई है। यह लोकधर्म का सिद्धान्त मध्यवर्ग की उन आदर्शात्मक प्रेरणाओं से युक्त है जो बीसवीं शती के प्रारम्भ में विद्यमान थीं। शुक्ल के विचार में हिन्दू समाज-पद्धति और आदर्शवाद का प्रधान स्थान है, उन्होंने इसे सार्वदेशिक व्यवस्था के रूप में लिया।

शुक्ल ने अपने समय की अर्धजाग्रत साहित्य चेतना को दिशा ज्ञान दिया। उन्होंने केवल रास्ता ही नहीं सुझाया अपितु नेतृत्व किया और मंजिल तय की। लक्षण ग्रन्थों की बिखरी परम्परा को साहित्यशास्त्र का पद दिया। साहित्य समीक्षक की दृष्टि से उन्होंने वह ज्ञान दिया कि हम उच्चतर और निम्नतर काव्य में पहचान कर सकें। उन्होंने काव्य भावना के बल पर समीक्षा की जो शैली निर्धारित की, वह ठीक थी। वे तुलसी, सूर और जायसी के काव्य की व्यावहारिक समीक्षा में प्रवृत्त हुए जिससे उनकी आलोचना के पैमाने सुस्थिर रहे। उत्थानमूलक आदर्शवादी चिन्तन से उनका सम्पर्क कभी न टूटा। सूर, तुलसी, जायसी के काव्य की समीक्षाओं से उन्होंने हिन्दी आलोचना को सुदृढ़ आधार दिया।

शुक्ल जी की सबसे बड़ी विशेषता है कि उन्होंने समीक्षा के सब अंगों का समान रूप में विन्यास किया। उनका सन्देश है कि साहित्य की समीक्षा किसी एक अंग या पहलू पर समाप्त नहीं हो जानी चाहिए। साहित्य में किसी एक कोने को पकड़कर कनकौआ उड़ाने की तरह खींचतान करने से साहित्य का कोई लाभ नहीं।

सैद्धान्तिक आलोचना सम्बन्धी विचार

रामचन्द्र शुक्ल में, सर्वप्रथम वह संगति दिखाई दी जो हिन्दी आलोचना सिद्धान्तों को प्राच्य या पाश्चात्य सिद्धान्त से नहीं, अपने लक्ष्य ग्रन्थों को और सृजनशील चेतना को जोड़ती है, इसीलिए वे मौलिक एवं उद्भावक आचार्य ही नहीं अपितु हिन्दी

आलोचना के जन्मदाता भी हैं। शुक्ल कवि कर्म की सिद्धि भावयोग के रूप में देखते हैं और इसे ज्ञानयोग और कर्मयोग के समकक्ष रखते हैं। इस योग में पाठक अथवा श्रोता का तादात्म्य हो जाता है और आलम्बन का साधारणीकरण चरमावस्था पर पहुँचने से आश्रय और आलम्बन में एकता स्थापित होती है। भाव की परिभाषा देते हुए वे 'रसमीमांसा' में लिखते हैं कि प्रत्यय बोध, अनुभूति और वेगयुक्त प्रवृत्ति इन तीनों के गूढ़ संश्लेष का नाम भाव है। इस भावप्रकृति के तीन अवयव हैं–

(1) मूल मनोविकार।

(2) उसकी आन्तरिक प्रक्रिया।

(3) उसकी बाह्य अभिव्यक्ति।

भावों के प्रकृत आधार पर विषय का, कल्पना द्वारा पूर्ण और यथातथ्य प्रत्यक्षीकरण कवि का सबसे पहला और आवश्यक कार्य है। काव्य में विभाव मुख्य हैं। विभाव व्यंग्य नहीं है। विभाव अर्थात् वस्तु का प्रत्यक्षीकरण अभिधा और अनुमान द्वारा हो जाता है। विभाव पक्ष के व्यापक और सम्पूर्ण चित्रण के लिए कल्पना का उपयोग उचित है। दूसरे शब्दों में विभावन व्यापार द्वारा वर्ण्य विषयों का मूर्त प्रत्यक्षीकरण काव्य में आवश्यक है और यह कार्य कल्पना की सहायता से सिद्ध होता है। कल्पना को भी अनुभूति या रागात्मिका वृत्ति के आदेश पर चलना पड़ता है। रामचन्द्र शुक्ल आश्रय की चेष्टाएँ अनुभाव में ग्रहण करते हैं। उनकी दृष्टि में आलम्बन की चेष्टाएँ हाव के अन्तर्गत आती हैं क्योंकि उनका उद्देश्य आलम्बन के सौन्दर्य में वृद्धि करना है। तात्त्विक दृष्टि से आलम्बन के सौन्दर्य की उपकारक चेष्टाएँ उद्दीपन विभाव हैं। इन्हें ही शुक्ल ने हाव कह दिया। शुक्ल ने भावों के विभाजन का आधार बताया कि पात्र जिन भावों को प्रकट करता है उन्हें सुनकर या देखकर श्रोता या दर्शक उन्हीं भावों सा अनुभव कर सकते हैं वे प्रधान भाव हैं, शेष भाव संचारी भाव हैं। उन्होंने लज्जा, असूया आदि संचारी भावों के विषय में कहा कि आश्रय के मन में उन भावों का उदय होने से दर्शकों के मन में वैसा नहीं होता, अतः ये प्रधान भाव नहीं हैं। संचारी भावों के उदयकाल में स्थायी भाव विसर्जित नहीं होता, ज्यों का त्यों बना रहता है। शुक्ल ने संचारी भावों को चार वर्गों में विभाजित किया–सुखात्मक, दुःखात्मक, उभयात्मक और उदासीन। वे यह भी मानते थे कि कोई प्रधान भाव, दूसरे प्रधान भाव के संचारी भाव के रूप में भी आ सकता है। आचार्य शुक्ल हृदय की मुक्तावस्था को रसदशा कहते हैं। मुक्त का अर्थ है–व्यक्ति बद्धदशा से ऊपर उठकर लोकसामान्य भूमि पर पहुँचना अर्थात् व्यक्ति हृदय का लोक हृदय में तल्लीन हो जाना। यह धारणा, प्राचीन मान्यताओं से भिन्न है। शुक्ल रस में कोटिक्रम स्वीकार करते हैं। जब पाठक या सहृदय, काव्यगत आश्रय के साथ तादात्म्य कर लेते हैं तब उत्तम कोटि की, और जब तादात्म्य नहीं कर पाते तब मध्यम कोटि की रसानुभूति होती है। रस का सम्बन्ध मनोमय कोश से जोड़ने के कारण, वे रस की अनुभूति

को लौकिक मानते हैं। इसीलिए वे विशिष्ट अवस्थाओं में प्रत्यक्ष अनुभूति को भी रसात्मक करके ग्रहण करते हैं जबकि प्राचीन आचार्यों ने तो रस को अलौकिक ही कहा है। साधारणीकरण के विषय में शुक्ल का मत है कि यह आलम्बन का होता है। डॉ. नगेन्द्र को इस बात पर आपत्ति है और वे कहते हैं कि साधारणीकरण कवि की अनुभूति का होता है, आलम्बन तो विभाव है।

शुक्ल ने क्रोचे के अभिव्यंजनावाद का विरोध किया। क्रोचे कला को बोधस्वरूप मानते थे और कला की निराकार अनभिव्यक्त मानसी सत्ता को प्रमुखता देते थे। क्रोचे के मत में अलंकार और अलंकार्य में कोई भेद नहीं। शुक्ल क्रोचे की इस अवधारणा से पूर्णतया असहमत थे।

प्रकृति चित्रण के सम्बन्ध में शुक्ल ने विस्तार से लिखा। उनके विचार में प्राकृतिक दृश्य दो रूपों में उपस्थित होते हैं—आलम्बन रूप में और उद्दीपन रूप में। आलम्बन रूप ही काव्य में चित्त आकर्षक बनता है क्योंकि प्रकृति के प्रति प्रेमभाव, पूर्व साहचर्य के प्रभाव से संस्कार या वासना के रूप में हमारे अंतःकरण में निहित है। प्राकृतिक दृश्यों के दर्शन से मनुष्य की भीतरी प्रकृति का अनुरंजन होता है। इस अनुरंजन को दूसरे भाव का आश्रित या उत्तेजक कहना अनुचित है। शुक्ल प्रकृति प्रेम को देश प्रेम का परिष्कृत रूप मानते हैं। उनके अनुसार प्रकृति वर्णन में मनुष्य की क्रियाओं और भावनाओं का आरोप, निश्चित मर्यादा के भीतर ही हो सकता है। इतना स्वीकार करने पर भी प्रकृति वर्णन को वे कवि कार्य का साधारण अंग ही मानते रहे।

शुक्ल ने काव्य का वर्गीकरण दो रूपों में किया—तत्त्व की दृष्टि से और रूप की दृष्टि से। तत्त्व की दृष्टि में रमणीयता का कोटिक्रम रस के आधार पर निर्धारित है और रूप की दृष्टि में काव्य रूप के बाह्य एवं आन्तरिक विधान का ध्यान रखा गया है। शुक्ल के अनुसार कवियों और काव्यों की भी कोटियाँ हैं। जो कवि लोक-सामान्य आलम्बनों के विधान का प्रयास करते हैं और उसमें सफल होते हैं, वे सच्चे और ऊँची श्रेणी के कवि हैं। जो कवि, भावों के लिए उपयुक्त विषय उपस्थित करने की अपेक्षा आलंकारिक-चमत्कार पर केन्द्रित रहते हैं या उपदेश और छन्दयोजना का आश्रय लेते हैं, वे सूक्तिकारों या नीतिकारों की श्रेणी के कवि हैं। जब तक उक्ति की तह में रहने वाला भाव बिल्कुल आछन्न न हो जाए अर्थात् प्रस्तुत अर्थ का लोप न हो जाए, तब तक उसे काव्य मानना समीचीन है। इस दृष्टि से उन्होंने सूर, तुलसी और रहीम को प्रथम श्रेणी के कवि माना जबकि वृन्द, गिरधर, घाघ, बैताल आदि दूसरी कोटि के कवि थे। जो कवि उपमा, रूपक आदि अलंकारों का प्रयोग अर्थ समझाने के लिए ही करते हैं, रसात्मक भाव उत्पन्न करने के लिए नहीं, वे तीसरी कोटि के कवि है। उन्हें पद्यकार ही समझा जाए।

रस की दृष्टि से आचार्य शुक्ल ने प्रबन्धकाव्य को अधिक महत्त्व दिया।

प्रबन्धकाव्य में इतिवृत्त की गति इस ढंग से होनी चाहिए कि मार्ग में जीवन की वे बहुत-सी दशाएँ आ जाएँ जिनसे मनुष्य के हृदय में भिन्न भावों का स्फुरण होता है और जिनका सामान्य अनुभव प्रत्येक मनुष्य स्वभावतः कर सकता है। इतिवृत्त में रसात्मक प्रसंगों का सन्निवेश भी होना चाहिए और इन प्रसंगों तक पहुँचने के लिए नीरस इतिवृत्त की योजना भी की जाती है। इतिवृत्त के संगठन में सबसे अनिवार्य तत्त्व, घटनाओं या वृत्तों का सम्बन्ध निर्वाह है। अरस्तू ने इसी वृत्त संगठन को कार्यान्वय (unity of action) कहा है। यह वृत्त संगठन का निर्वाह नाटक और प्रबन्ध काव्य में समान रूप से अपेक्षित है।

मुक्तक काव्य के विषय में शुक्ल का मत है–"यदि प्रबन्धकाव्य विस्तृत वनस्थली है तो मुक्तक काव्य चुना हुआ गुलदस्ता है। इसीलिए यह सभा-समाजों के लिए अधिक उपयुक्त है।" मुक्तक में रस की धारा नहीं बहती, केवल उसके छींटे उड़ते हैं जो हमारे चित्त को थोड़ी देर के लिए सिक्त कर देते हैं। भावदशा की दृष्टि से मुक्तक काव्य में क्षणिक दशा ही मिलेगी जो एक समय एक आलम्बन के प्रति होती है, स्थायी दशा नहीं। क्षणिक दशा मुक्तक रचनाओं में देखी जाती है और स्थायी दशा प्रबन्धकाव्य में और शील दशा पात्रों के चित्रण में। शुक्ल का यह निरूपण सर्वथा मौलिक है।

आचार्य शुक्ल ने काव्य शिल्प को तीन अंगों में विभाजित किया–भाषा, छन्द और अलंकार। भाषा के सम्बन्ध में दो अभिन्न परम्पराएँ हैं–एक शब्द की और दूसरी अर्थ की। किसी देश की शब्द परम्परा अर्थात् भाषा कुछ काल तक चलकर जो अर्थ विधान करती है, वही उस देश का साहित्य है। उनके विचार में काव्यभाषा में चार विशिष्टताएँ होती हैं। इनमें पहली विशेषता लाक्षणिकता है। कविता सूक्ष्म पदार्थों और व्यापारों को गोचर रूप में प्रस्तुत करती है, स्थूल रूप में प्रत्यक्ष करती है और उसके लिए भाषा की लक्षणा शक्ति का आश्रय लिया जाता है। भाषा की दूसरी विशेषता में उनका कहना है कि जातिसंकेत वाले शब्दों की अपेक्षा विशेष रूप-व्यापार-सूचक शब्द अधिक रहते हैं। कवि शब्द समूहों में से केवल उनका चुनाव करते हैं जो विशेष रूपों और व्यापारों के सूचक हैं। और पदार्थों या क्रियाओं का गोचर रूप हमारे सामने रख सकते हैं। काव्यभाषा की तीसरी विशेषता नाद-सौष्ठव है। यह संगीत का कुछ-कुछ सहारा लेती है। भारतीय काव्यशास्त्र में भी वर्णों की कोमलता व कठोरता और विभिन्न वृत्तियों का आश्रय इसी तत्त्व को ध्यान में रखकर लिया गया। भावों को तीव्रता और पुष्टि प्रदान करने के लिए, केवल चमत्कार के लिए नहीं, वर्णों का सूक्ष्म भेद अपनाया जाना चाहिए। काव्य भाषा की चौथी विशेषता व्यक्तियों या स्थानों के रूप-गुण-बोधक शब्दों में होती है। गिरिधर, दीनबन्धु आदि शब्दों का साभिप्राय प्रयोग इसी प्रकार का है। शब्दों की इस प्रकार की विशेषता पहले से ही मानी जाती रही है।

शुक्ल जी का मत है कि अलंकारों को काव्यरस के साधक अवयव के रूप में ग्रहण करना ही युक्ति संगत है। भावों का उत्कर्ष दिखाने और वस्तुओं के रूप, गुण और क्रिया का अधिक तीव्र अनुभव कराने में कभी-कभी सहायक होने वाली युक्ति का नाम अलंकार है। वे, काव्य और अलंकार का शाश्वत सम्बन्ध स्वीकार नहीं करते। अलंकारों की कोई विशिष्ट सीमा भी नहीं हो सकती। शुक्ल के मत में अलंकार और अलंकार्य में अभेत्व नहीं होता। इन दोनों को एक मान लेने पर असमंजस पैदा हो जाता है।

आचार्य शुक्ल का मन्तव्य है कि छन्द बँधी हुई लय के निश्चित ढाँचे हैं। स्वरों के उतार-चढ़ाव के ये छोटे-छोटे ढाँचे, छन्द के चरण के भीतर न्यस्त रहते हैं। काव्य में इन ढाँचों की विद्यमानता आवश्यक है अन्यथा अनुभूत नाद-सौन्दर्य की प्रेषणीयता का ह्रास होगा। कविता में केवल लय से काम पूरा नहीं हो जाता, छन्द की आवश्यकता तो रहती है। इसीलिए उनका कथन है—"जो कविता में केवल उतने ही नाद-सौन्दर्य की जरूरत समझते हैं जितना केवल लय से सिद्ध हो जाता है, उनसे हमें कुछ कहना नहीं है। हम अधिक की जरूरत समझते हैं और बहुत से लोग शायद ऐसा ही समझते हों।" आचार्य शुक्ल को नए छन्दों का विधान स्वीकार्य नहीं। परन्तु यदि मात्राओं और शब्द समूहों के घटाने-बढ़ाने से संशोधित छन्दों में यदि नया संगीत उत्पन्न हो सके तो वे उसे ग्राह्य मानते हैं। कविता में तुकान्त होना कोई अनिवार्यता नहीं। इसी प्रकार, छन्द के विषय में उन्होंने थोड़ा-सा लचीला दृष्टिकोण तो अपनाया परन्तु छन्द का निराकरण उन्हें कदापि सह्य नहीं।

व्यावहारिक आलोचना सम्बन्धी विचार

शुक्ल की व्यावहारिक आलोचनाओं में उनकी साहित्यिक मान्यताओं का सफल विनियोग परिलक्षित होता है। उन्होंने सिद्धान्त मीमांसा और व्यावहारिक समीक्षा में अभेद सा स्थापित कर दिया। सिद्धान्त और प्रयोग के सामंजस्य से उनकी व्यावहारिक समीक्षा, और व्यावहारिक हो गई। उनकी आलोचना के सबसे मूल्यवान् और मार्मिक प्रसंग वे हैं, जहाँ वे कवियों की भावसम्पत्ति का मूल्यांकन करते हैं। उन्होंने तुलसीदास के काव्य का अन्तरंग निरूपण करने के लिए तुलसी की भक्ति पद्धति, प्रकृति और स्वभाव, लोकधर्म, धर्म और जातीयता का समन्वय, मंगलाशा, लोकनीति और मर्यादावाद, शील, साधना और भक्ति तथा ज्ञान का विवेचन किया। तुलसी की काव्य पद्धति, उक्ति वैचित्र्य, भाषा पर अधिकार आदि अध्यायों में तुलसीदास के काव्य के बहिरंग अर्थात् कलापक्ष का सुन्दर निरूपण करके उन्होंने व्यावहारिक समीक्षा के सुन्दर समन्वित रूप की प्रस्तुति की। वे तुलसी को लोकधर्म का सच्चा आख्याता मानते हैं। उन्होंने तुलसी के काव्य के मार्मिक प्रसंगों का भावुकता और तन्मयता से विवेचन किया। वे, जहाँ काव्य के मार्मिक प्रभाव को विवेचन का विषय बनाने

में सक्षम नहीं रहे, वहाँ उन्होंने प्रभाववादी समीक्षक का रूप ग्रहण किया।

शुक्ल ने सूर साहित्य को लोकमंगल की सिद्धावस्था का निरूपक बताया, इसलिए इस काव्य का मूल प्रेरक भाव करुणा न होकर प्रेम है। शुक्ल के अनुसार आनन्द की सिद्धावस्था को लेकर चलने वाले काव्यों में दीप्ति-माधुर्य और कोमलता की स्निग्ध भूमि होती है। इसमें मद और उल्लास की मृदुल व तरंगमयी धारा का मानस लोक झलकता है। सूर का काव्य-जगत् इसी दीप्ति, माधुर्य और कोमलता के आलोक से उद्‌भासित है। परन्तु सूरदास को रामचन्द्र शुक्ल के समीक्षा दृष्टिकोण की सहानुभूति नहीं मिली। उनकी दृष्टि में तुलसी का काव्य-जगत् लोकमंगल की साधना से युक्त होने के कारण, सूर के काव्य-जगत् से श्रेष्ठतर ही ठहरता है।

आचार्य शुक्ल ने जायसी के काव्य की विवेचना अत्यन्त तन्मयता एवं निष्ठा से की। शुक्ल ने रस की दृष्टि से पद्मावत के सौन्दर्य का जो निरूपण किया वह आज भी सर्वमान्य है। सूफी दर्शन और सिद्धान्त के विषय में, अब अधिक जानकारी मिल चुकी है, इसके प्रकाश में शुक्ल द्वारा दी गई समीक्षा कुछ छोटी पड़ गई है, परन्तु काव्य के रस का आस्वादन करने में हम लगभग उसी स्तर पर हैं जहाँ शुक्ल हमें छोड़ गए थे।

छायावाद के प्रति शुक्ल का दृष्टिकोण सहानुभूतिपूर्ण नहीं रहा, फिर भी वे इसको सर्वथा निरर्थक नहीं मानते थे—"छायावाद का रूप रंग बनाकर आजकल जो बहुत-सी कविताएँ निकली हैं, उनमें से कुछ तो बहुत ही सुन्दर, स्वाभाविक और सच्ची रहस्यभावना लेकर चली हैं, कुछ वादग्रस्त और कृत्रिम हैं और अधिकांश कुछ भी नहीं हैं। शुद्ध-काव्यदृष्टि का प्रचार हो जाने पर पूर्ण आशा है कि कूड़े-करकट के ढेर में से सच्ची स्वाभाविक रहस्य भावना अपना मार्ग अवश्य निकाल लेगी और हिन्दी काव्यक्षेत्र की यह शाखा भी अपनी एक स्वतन्त्र भारतीय विभूति का प्रकाश करेगी।"

व्यावहारिक आलोचना में शुक्ल ने नई पीढ़ी का मार्गदर्शन किया। उनके सुझावों में ईमानदारी और सहानुभूति है। परन्तु उन्होंने नए कवियों की कठोर आलोचना की। तुलसी के सम्बन्ध में वे अधिक सहृदय थे, परन्तु सन्त साहित्य के प्रति उनकी दृष्टि में उपेक्षाभाव रहा।

आलोचक नन्ददुलारे वाजपेयी

नन्ददुलारे वाजपेयी अपनी पुस्तक 'हिन्दी साहित्य : बीसवीं शताब्दी' की भूमिका में आलोचना सम्बन्धी संकेतों का निर्देश करते हैं कि समीक्षक के लिए किसी काव्यकृति के मूल्यांकन हेतु कुछ काव्य सम्बन्धी दृष्टिकोण ध्यातव्य हैं। इनमें निम्नलिखित सात चेष्टाएँ महत्त्वपूर्ण भूमिका निभाती हैं—

(1) कवि की अन्तर्वृत्तियों का अध्ययन।

(2) कलात्मक सौष्ठव का अध्ययन।

(3) शैली का अध्ययन।

(4) समय और समाज तथा उनकी प्रेरणाओं का अध्ययन।

(5) कवि के दार्शनिक, सामाजिक और राजनीतिक विचारों का अध्ययन।

(6) कवि की जीवनी और रचना पर उसके प्रभाव का अध्ययन।

(7) काव्य के जीवन सम्बन्धी सामंजस्य और सन्देश का अध्ययन।

इनमें भी वाजपेयी को कवि की अन्तर्वृत्तियों और कलात्मक सौष्ठव पर अधिक ध्यान देना महत्त्वपूर्ण प्रतीत होता है। साथ ही वे चार प्रकार की पाश्चात्य समीक्षा पद्धतियों से बचने की भी चर्चा करते हैं। उनका मत है कि हिन्दी के आलोचक को फ्रायड, युंग और एडलर से प्रभावित वैयक्तिक मनोविज्ञान पर आधारित समीक्षा पद्धति, मार्क्सवाद से प्रेरित समाजवादी समीक्षा, कलाविज्ञानवादी परम्परा और आई.ए. रिचर्ड्स द्वारा प्रतिपादित उपयोगितावादी या नीतिवादी पद्धति से बचना चाहिए। इसके विपरीत वे आस्था व्यक्त करते हैं कि पिछले पचास वर्षों में हिन्दी साहित्य की जो मर्यादा बन गई है, उसे हम किसी भी स्थिति में टूटने न देंगे। स्पष्ट है कि वाजपेयी को भारतीय काव्यशास्त्र के प्रति विश्वास और उसकी उपयोगिता पूर्णतः ग्राह्य है।

वाजपेयी ने काव्यशास्त्र के सिद्धान्तों का विवेचन बहुत कम किया। व्यावहारिक आलोचना के क्षेत्र में उन्होंने प्रासंगिक रूप में जो कुछ कहा, उसी से उनकी काव्य सम्बन्धी मान्यताओं का परिचय मिलता है। वे रस को भारतीय काव्यशास्त्र का अन्तरंग तत्त्व मानते हैं। उनके विचार में, काव्य में हृदयस्पर्शिता और आह्लाद प्रमुख हैं, परन्तु काव्यानन्द की अलौकिकता के विचार से वे सहमत नहीं। वे कहते हैं कि रसानुभूति सम्बन्धी अलौकिकता के पाखण्ड से काव्य का अनिष्ट ही हुआ है, उससे वैयक्तिकता

की वृद्धि हुई और सांस्कृतिक ह्रास का मार्ग खुला। वस्तुतः रससिद्धान्त को इतना व्यापक रूप प्रदान किया जा सकता है कि वह सारी साहित्य समीक्षा का मूल आधार बन सके। रस की दृष्टि से पाश्चात्य काव्य सिद्धान्तों के आकलन की भी जरूरत है। इससे बृहत्फलक पर रस की व्याख्या द्वारा साहित्य मात्र की समीक्षा का मानदण्ड तैयार करना सम्भव है। रस के सम्बन्ध में वाजपेयी अभिव्यंजनावाद का समर्थन नहीं करते। उनके मत में, काव्य में तीव्र अनुभूति ही प्रमुख तत्त्व है। उनकी दृष्टि में अभिव्यंजनाएँ निम्न स्तर की वस्तु हैं–"काव्य अथवा कला का सम्पूर्ण सौन्दर्य, अभिव्यंजना का ही सौन्दर्य नहीं है, अभिव्यंजना काव्य नहीं है। काव्य अभिव्यंजना से उच्चतर तत्त्व है। उसका सीधा सम्बन्ध मानव जगत् और मानस वृत्तियों से है, जबकि अभिव्यंजना का सम्बन्ध केवल सौन्दर्यपूर्ण प्रकाशन से है।" स्पष्ट है कि वे अभिव्यंजना का अनावश्यक महत्त्व नहीं चाहते, उन्हें तो अनुभूति की तीव्रता और हृदयस्पर्शिता से सामंजस्य रखने वाली अभिव्यक्ति ही अभिमत है।

नन्ददुलारे वाजपेयी अलंकारों को रससिद्धि का साधनमात्र मानते हैं। भारतीय काव्यशास्त्र में यह मत सर्वमान्य है। अलंकार शब्द से उनका तात्पर्य बँधे हुए प्रकारों से है, शब्द की भंगिमा से नहीं। शब्द भंगिमा काव्य की भाषा का अनिवार्य तत्त्व है। वाजपेयी का मन्तव्य है कि कविता अपने उच्चतम स्तर पर अलकारविहीन हो जाती है। इस स्थिति में वह वेगवती नदी की धारा के समान हृदय को स्तम्भित कर देती है। उसके प्रवाह में अलंकार, ध्वनि, वक्रोक्ति आदि सब बह जाते हैं और सभी सम्प्रदायों का कोई चिह्न दिखाई नहीं देता। इस प्रकार की उत्कृष्ट कविता में तो अलंकार वही कार्य करते हैं जो दूध में पानी अर्थात् उनका पृथक् अस्तित्व नहीं रहता। वहाँ अलंकार प्रयत्न सापेक्ष न होकर अभिव्यक्ति के स्वाभाविक और सहज अंश हो जाते हैं। आलोचक भी इनमें आह्लाद वृद्धि की क्षमता ही देखता है। वाजपेयी का यह दृष्टिकोण सौष्ठववादी है जिसमें अनुभूति और अभिव्यक्ति का सामंजस्य रहता है।

वाजपेयी काव्य में जीवन की प्रेरणा, सांस्कृतिक चेतना और भावनाओं के परिष्कार की क्षमता स्वीकार करते हैं। वे काव्य से नीति का बहिष्कार तो नहीं करना चाहते, परन्तु नैतिक सिद्धान्त का नियन्त्रण परोक्ष ही मानते हैं। उच्च आदर्शों की दुहाई और प्रगतिशील विचारधारा का उत्कृष्ट साहित्य से नित्य सम्बन्ध मानना उनकी दृष्टि में समीचीन नहीं। उनकी निश्चित धारणा है कि उच्चकोटि का साहित्य कभी अश्लील नहीं होता। उनके विचार में अश्लीलता की धारणा धर्मशास्त्र की परिभाषाओं के आधार पर नहीं, उच्च मानवता की दृष्टि से ही ग्रहण करनी चाहिए। वे कहते हैं कि महान् कला कभी अश्लील नहीं होती। उसके बाहरी स्वरूप में कभी-कभी श्लीलता-अश्लीलता सम्बन्धी रूढ़ आदर्शों का व्यतिक्रम भले ही हो, परन्तु वास्तविक अश्लीलता, अमर्यादा या मानसिक स्खलन उसमें नहीं होता। साहित्य सदा सबल

सृष्टि का हिमायती होता है। साहित्य में निरुद्देश्यता का कोई औचित्य नहीं होता। जो साहित्यकार विकासोन्मुख जीवन का प्रेरक हो, वही श्रेष्ठ है। साहित्य में निर्बल भावनाओं का चित्रण केवल अपर पक्ष के लिए ही करना चाहिए। निर्बल भावनाएँ स्वीकार करने से साहित्य उच्च और महान् उद्देश्य से पतित होता है। साहित्य में उपदेशवृत्ति अनुचित है। वाजपेयी की दृष्टि में जीवन-सन्देश के साथ ही उदात्त भाव और ललित कल्पनाएँ साहित्य के आवश्यक तत्त्व हैं। काव्यशास्त्र के तत्त्वों से ऊपर उठकर सौन्दर्य का उद्घाटन करना आलोचक का प्रमुख कार्य है। इसमें भावना का उद्रेक, उच्छ्वास, परिष्कृति और प्रेरकता मुख्य मापदण्ड होंगे। किसी कृति की समीक्षा में सौष्ठववादी समालोचक भावों के उदात्त, सार्वजनिक रूप और साहित्यिक मार्मिकता को प्रकट करता है। ऐसी स्थिति में वह स्वयं भी आनन्द अनुभव करता है और पाठक को भी अपने साथ, उसी भाव भूमि में ले आता है। यही आलोचक की पूर्ण सफलता है।

समीक्षात्मक दृष्टिकोण

नन्ददुलारे वाजपेयी ने सूरदास और प्रसाद के काव्यों की समीक्षाएँ लिखीं। सूरदास पर समीक्षा लिखते समय उन्होंने स्पष्ट किया कि समीक्षा में स्थिति विशेष का पूरा दिग्दर्शन करें, घटनाक्रम का आभास दें और उच्चकोटि के रूप सौन्दर्य और भाव सौन्दर्य की झलक भी दिखाएँ। सूर के काव्य में यह विशेषता उपलब्ध है। सूरकाव्य में गोचारण या गोवर्धन के कथा प्रसंग हैं किन्तु उन प्रसंगों को सुन्दर भावगीतों में परिणत कर दिया गया। पाठक समझ नहीं पाता कि कथा में रूप सौन्दर्य या मनोगतियों के चित्र देख रहा है अथवा रूप सौन्दर्य या मनोगतियों के वर्णन में कथा का विकास देख रहा है। स्पष्ट है कि वाजपेयी सौन्दर्य बोध को मुख्य मानते हैं और घटनाक्रम पृष्ठभूमि में रहे, यही समीचीन है। इसी कारण उन्हें प्रसाद सर्वप्रिय कवि है। प्रसाद के काव्य में घटनाओं का विस्तार नहीं है। वाजपेयी को स्थूल चित्रण भी इष्ट नहीं, वे तो चेतन चेष्टाओं की झलक देखना चाहते हैं। वाजपेयी के काव्य सिद्धान्त, प्रसाद से प्रभावित हैं। प्रसाद रसवादी कलाकार थे और वाजपेयी रसवादी समीक्षक। प्रसाद का रसवाद नैतिकता या स्थूल उपयोगिता का आधार नहीं अपनाते तो वाजपेयी नैतिकता का बन्धन स्वीकार नहीं करते। वाजपेयी का विश्वास है कि सौन्दर्य स्वतः शिव है, वह असत्य नहीं हो सकता। नैतिकता के आग्रह की प्रतिक्रिया में उनका कहना है कि इसमें साहित्य और समाज की विविध ऐतिहासिक स्थितियों और कवियों की रुचि और परिस्थिति से बनने वाले काव्य-व्यक्तियों का आकलन नहीं किया जा सकता। इस मान्यता के कारण उन्होंने रिचर्ड्स और उनके समर्थक आचार्य शुक्ल से अलग रास्ता अपनाया। वे प्रभाववादियों की तरह हृदय की क्षणिक प्रतिक्रिया को आलोचना नहीं मानते और न ही वादग्रस्त प्रचार को। उनके विचार में सुन्दरतम

साहित्यिक रचनाओं में सार्वजनिकता होती है, युग का वाद नहीं होता। वे कवि पर युग की स्थितियों और प्रवृत्तियों का प्रभाव मानने के पक्ष में हैं।

नन्ददुलारे वाजपेयी की समीक्षा शैली व्याख्यात्मक और विवेचनात्मक है। उनके विवेचन के गहनता, संयम और शालीनता है। कहीं-कहीं विशेषताएँ बताते समय वे उन्हें एक, दो, तीन आदि संख्या के रूप में गिनाते हैं और एक के बाद दूसरे तथ्य गिनाते जाते हैं। वे कहीं-कहीं अवांछित स्थल आ जाने पर आवेश में आ जाते हैं और एक साथ कई प्रश्न उठा देते हैं। वे यथास्थान व्यंग्य करने से भी नहीं चूकते। उनकी भाषा संयत और गम्भीर है और उसमें सूक्ष्मताएँ ग्रहण करने की अद्‌भुत शक्ति है। वे कहीं-कहीं अंग्रेजी शब्दों का प्रयोग करके उसका हिन्दी रूपान्तर भी रख देते हैं। जहाँ कोरे तथ्यों का उल्लेख करना हो, वहाँ वाक्य छोटे-छोटे हो जाते हैं। जहाँ भावों का प्रवाह अधिक हो, वहाँ बड़े वाक्यों का प्रयोग कर दिया गया है।

वाजपेयी को स्वच्छन्दतावादी अथवा सौष्ठववादी समीक्षक माना जाता है और साथ ही उन्होंने अपने आपको जिस कोटि का समीक्षक स्वीकार किया है, उसका कम से कम ध्यान रखा गया है। अनेक समीक्षकों ने उनमें परस्पर विरोधी मान्यताएँ होने की बात कही है। वाजपेयी एक ओर कहते हैं कि मार्क्सवाद का आधार वर्ग संघर्ष है, मार्क्स ने साहित्य व कला का आधार अर्थ सम्बन्ध मानकर कवि कल्पना की स्वच्छन्दता के लिए कोई अवसर नहीं छोड़ा और घृणा एवं विद्रोह को प्रेरित करने वाले साहित्य को श्रेष्ठ बताकर मानवीय मूल्यों का तिरस्कार किया है। दूसरी ओर उनका मन्तव्य है कि प्रगतिवादी दृष्टिकोण से उत्पन्न साहित्य समाजोपयोगी है। मार्क्सवादी दृष्टि कोण ने साहित्य के जिन प्रेरणास्रोतों को प्रवाहित किया, उनसे एक ऐसी समाजनिष्ठ मन्दाकिनी के दर्शन हुए जिसके तीव्र प्रवाह में जीवन और समाज से निरन्तर अलग ले जाने वाले तत्त्वों की कर्दम बह गई है। वाजपेयी मार्क्स द्वारा बताए वर्ग संघर्ष को बुरा नहीं मानते, फिर भी प्रगतिवाद की अर्थ सम्बन्धों की प्रधानता, प्रचारवाद और भड़काने वाली घृणा पर आधारित दृष्टि को उचित समझने के पक्षपाती नहीं हैं। वे साहित्य को अपने नियम से मूल्यांकित करना चाहते हैं। उन्हें साहित्य पर बदलते हुए जीवन मानों का आंशिक प्रभाव तो स्वीकृत है किन्तु साहित्य को सामाजिक इतिहास का अध्याय बनाना अमान्य है। साहित्य क्षेत्र में वे निरपेक्षतावादी नहीं हैं, सापेक्षतावादी हैं। इसीलिए वे साहित्य को उन सभी तत्त्वों से प्रभावित मानते हैं, जो हमारे जीवन को प्रभावित करते हैं, किन्तु वे उन्हें वहीं तक स्वीकृति देते हैं जहाँ साहित्य की प्रभुसत्ता की मौलिकता पर आँच न आए। इसका अर्थ यह नहीं है कि वाजपेयी कलावादी हैं। कलावादी मान्यताएँ तो उन्हें एकदम आग्रह्य हैं–जीवन निरपेक्ष रस, कोरा अलंकार और शब्दाडम्बर है। कविता के लिए कविता और कला के लिए कला इससे बढ़कर भ्रामक वस्तु और क्या होगी ? वाजपेयी, प्रेमचन्द के

समान सच्चे साहित्यकारों को सदैव प्रगतिशील मानते हैं क्योंकि वे परिवेशात्मक यथार्थ के साथ-साथ प्रगतिशील सामाजिक प्रेरणाओं, स्वरूपों और प्रवृत्तियों को शाश्वत सौन्दर्य संवेदना का स्वरूप देते हैं। वाजपेयी को सामाजिक यथार्थवाद से अनेक आशाएँ हैं और वे उसे स्वस्थ व विकासोन्मुख मानते हैं क्योंकि इससे राष्ट्र में अधिकाधिक सन्तुलन और समानता लाई जा सकती है। प्रगतिशील समीक्षा के विषय में वे अपनी प्रतिक्रिया व्यक्त करते हैं कि इसमें एक और मार्क्सवाद के अर्थ सिद्धान्त, साहित्य पर सीधे-सीधे लागू करके, कारण-काय सम्बन्ध दिखाकर निर्णय लेने में उतावली दिखाई गई है तो दूसरी और श्रेष्ठ साहित्यकारों के काव्य का मार्क्सीय सौन्दर्यशास्त्र के दृष्टिकोण से विवेचन करके किसी निर्णय पर पहुँचने की अपेक्षा, उनकी साहित्यक विशेषताओं को स्वीकृति प्रदान कर दी। परिणामतः अपने खेमे में ही प्रबल विरोध का सामना करना पड़ा। प्रगतिशील आलोचक कहते तो यह हैं कि वर्गसंघर्ष की वास्तविक भूमि पर उस युग के कवि का कल्पना भवन खड़ा होता है, परन्तु अनुशीलन में वे उन कवियों की साहित्यिक विशेषताओं को ज्यों का त्यों मान लेते हैं। इसके बाद वे उन विशेषताओं की युगीन कारण-कार्य सम्बन्ध में स्थापित करने का प्रयास करते हैं। यह उल्टा और तर्कहीन क्रम है।

अतिव्यक्तिवादी, मनोवैज्ञानिक तथा अस्तित्ववादी मान्यताओं को लेकर आने वाले प्रयोगवाद का, वाजपेयी ने खुलकर विरोध किया—"प्रयोगवाद हिन्दी में बैठे ठाले का धन्धा बन आया था। प्रयोक्ताओं के पास न तो काव्य सम्बन्धी कोई कौशल था और न ही किसी प्रकार की कथनीय वस्तु। धीरे-धीरे इस मज़ाक में भी सच्चाई जान पड़ने लगी और कुछ लोग इन अर्थहीन वस्तुओं में भी नए वाद की सम्भावना देखने लगे। क्रमशः यह भाषा सम्बन्धी प्रयोगों का बीहड़ अड्डा बन गया जिससे पाठकों को भी थोड़ी-बहुत दिलचस्पी होने लगी। आगे चलकर इसमें इलियट की शैली में, आधुनिक जीवन के खोखलेपन का परिचय कराया जाने लगा। यह वाद हिन्दी में आरम्भ से ही हार खाए और फिर भी शौकीन तबीयत वाले व्यक्तियों के हाथ में रहा। पिछले कुछ दिनों में इसमें उन व्यक्तियों की निराशा और गिरा हुआ मन प्रतिबिम्बित होने लगा है। आश्चर्य नहीं यदि निकट भविष्य में यह नई रंगत धारण करे जो पश्चिमी अतियथार्थवादियों की रचनाओं ने धारण की है।" इस प्रकार मार्क्सवादी प्रगतिवाद को लताड़ने के बाद वाजपेयी ने प्रयोगवाद के मूल पर ही कुठाराघात कर दिया। उनका दृष्टिकोण सच भी निकला। हिन्दी में प्रचारात्मक प्रगतिवादी साहित्य आगे न बढ़ सका और प्रयोगवाद ने नई कविता की शरण ले ली। नई कविता नाम को मान्यता मिल जाने पर उसका स्वरूप ही बदल गया और उसमें वाद के प्रति आग्रह न रहा।

वाजपेयी ने व्यंग्य को साहित्य की शक्ति मानकर, साहित्य के उपयोगितावादी दृष्टिकोण को मान्यता दी। वे कहते हैं कि प्रेमचन्द साहित्य अपनी मीठी चुटकियों

के लिए प्रसिद्ध है। ये मीठी चुटकियाँ समाज सुधार के लिए आवश्यक और उपयोगी होती हैं। कंकाल उपन्यास की विशेषता यह है कि इसके व्यंग्य केवल वर्णन प्रसंग में ही नहीं आए हैं, वे उपन्यास की घटनाओं से घनिष्ठ हो गए हैं, कथानक के भीतर भी निहित हैं। चरित्रों की सृष्टि में ही व्यंग्य है। जातीयता की सृष्टि से सबके सब वर्णसंकर हैं। कंकाल को वाजपेयी सामाजिक क्रान्ति का वाहक मानते हैं। उनका मत है कि आज के समाज की यथार्थ स्थिति का इसमें चित्रण है। इसके पात्र निष्क्रियता, अशिक्षा, थोथे धर्म, मिथ्या कुलीनता के दम्भ और सामाजिक परतन्त्रता में जकड़े हुए हैं। इन सबसे मुक्ति दिलाने का एक मात्र पथ समाज क्रान्ति है जो इस उपन्यास का सन्देश है।

वाजपेयी की समीक्षा में रसवादी मान्यताएँ प्रमुख हैं। वे रस की शारस्त्रीय व्याख्या को अपर्याप्त मानते हैं और उसमें संशोधनों की आवश्यकता समझते हैं। वाजपेयी का मत है कि रस की न्यूनाधिक मात्रा वाली अनेक कोटियाँ हो सकती हैं और गीति-काव्य का मूल्यांकन रस की कसौटी पर नहीं हो पाता, अतः दृष्टियों में विकास होना चाहिए। वे रस को अलौकिक न मानकर लौकिक अनुभूतियों के स्तर पर स्थापित करते हैं। उन्होंने दरबारी संस्कृति का विरोध करते हुए लोक तत्त्वों का समर्थन किया। रीतिकालीन काव्य मान्यताओं का विरोध करते हुए कहते हैं कि वे अश्लील साहित्य को भी श्रेष्ठता का प्रमाणपत्र दे देती हैं जिससे भ्रष्ट कविताएँ और निम्न कोटि के कवि पोषित होकर लोक अमंगलकारी साहित्य की वृद्धि में योगदान करते हैं। वाजपेयी रस को मानवतावाद का पर्याय मानते हैं—"जब हम कहते हैं कि रस काव्य की आत्मा है तब हमारा आशय यह होता है कि प्रत्येक काव्य में यदि वस्तुतः काव्य है, तो वह मानव समाज के लिए आह्लादकारिणी, भावात्मक नैतिक, और बौद्धिक अनुभूतियों का संकलन होगा ही। रस शब्द से आचार्यों का आशय काव्य की इसी मानवतावादी सत्ता से ही है। रस के सम्बन्ध में वाजपेयी की महत्त्वपूर्ण स्वीकृति बुद्धिरस है। उन्होंने बौद्धिक अनुभूतियों को भी रस में स्थान देकर प्रगतिवादी सौन्दर्य के बड़े प्रश्न का समाधान कर दिया। साधारणीकरण द्वारा उन्होंने रस की समष्टिगत मान्यता भी स्वीकार की है। इस मान्यता का व्यावहारिक रूप हमें सूरदास की आलोचना में मिल जाता है जब वे कृष्णभक्ति को वैयक्तिक प्रेम का समाजीकरण मानते हैं। रस की न्यूनाधिक मात्रा के आधार के अतिरिक्त उन्हें रस की सुखात्मक तथा दुखात्मक दोनों अनुभूतियाँ मान्य हैं।

वाजपेयी राष्ट्रवादी हैं परन्तु उनका राष्ट्रवाद रूढ़िवाद या सीमित राष्ट्रवाद नहीं है। वह विश्व मानवतावाद की कड़ी है। वे राष्ट्रीयता से साहित्य की रूप प्रतिष्ठा के एवं सार्वभौमता द्वारा उसकी आत्मा का सृजन करना अभीष्ट समझते हैं।

वाजपेयी ने विकासवाद के सिद्धान्त को स्वीकार करते हुए भाषा व शैली के विवेचन एवं विकास में इसका व्यावहारिक रूप स्पष्ट किया। वे भाषा को परिस्थिति

की उपज मानकर उसमें होने वाले परिवर्तन का कारण भी परिस्थिति ठहराते हैं। यह मान्यता उनकी स्वच्छन्दतावादी समीक्षा पर भी लागू होती है। कला की शुद्ध और सूक्ष्म चेतना, नीतिपरक दृष्टि के स्थान पर मानवतावादी दृष्टि का आग्रह, नियम के स्थान पर संवेदनशीलता का उत्कर्ष और काव्य-सौष्ठव के प्रति अधिक अभिरुचि इस समीक्षा की मुख्य विशेषताएँ थीं। इसके साथ ही हिन्दी समीक्षा में अनेकमुखी वस्तुपरकता का आगमन हुआ। विज्ञान और मनोविज्ञान, इतिहास और समाजशास्त्र की नई शोधों का आकलन, साहित्य समीक्षा के धरातल पर किया गया और सांस्कृतिक भूमिका पर साहित्य मूल्यांकन की प्रवृत्ति दृढ़ हुई। वे मानवतावादी जनतान्त्रिक समीक्षक हैं, अतः मानव जीवन ही उनका सर्वोत्कृष्ट आदर्श है। उन्हें प्रगतिवादी मान्यताएँ अन्य प्रचलित साहित्यिक वादों की अपेक्षा उपयोगी एवं मानवतावाद के निकट प्रतीत हुई किन्तु उनका मन्तव्य है कि प्रगतिवादी मान्यताएँ साहित्यकार की प्रेरणा बनी रहकर कृतियों पर परोक्ष रूप में ही प्रभाव डालें। इससे आगे मार्क्सदर्शन उन्हें अस्वीकृत है।

आलोचक हजारी प्रसाद द्विवेदी

हजारी प्रसाद द्विवेदी ने हिन्दी समीक्षा को एक नई, उदार और वैज्ञानिक दृष्टि प्रदान की। उन्होंने उस ऐतिहासिक और समाजशास्त्रीय पद्धति की नींव डाली जो साहित्य को अपने आप में स्वतन्त्र मानकर नहीं चलती, बल्कि उसे संस्कृति की जीवनधारा का एक महत्वपूर्ण अंग मानती है। उनके अनुसार संस्कृति प्रगतिशील और परिवर्तनशील है, अतः साहित्य भी संस्कृति का अंग होने के कारण, परिवर्तनशील और प्रगतिशील है। मनुष्य की जीवन-शक्ति बड़ी निर्मम है। वह सभ्यता और संस्कृति दोनों का मोह छोड़ती चलती है। देश और जाति की विशुद्ध संस्कृति की बात, केवल बात ही है। शुद्ध है केवल मनुष्य की दुर्दम जिजीविषा। वह गंगा की अबाधित-अनाहत धारा के समान सब कुछ को हजम करने के बाद भी पवित्र है। अतः तत्कालीन सामाजिक परिस्थिति में सांस्कृतिक गतिविधि, लोक जीवन, राजनीतिक हलचल आदि के बीच रखकर ही साहित्य का परीक्षण करना, साहित्य की समाजशास्त्रीय पद्धति है।

मध्यकालीन संस्कृति और लोकजीवन के धर्म के विषय में द्विवेदी का मत है कि उस समय दो समुदाय थे। पहला समुदाय ब्राह्मण संस्कृति से प्रभावित था और दूसरा विशाल बहुजन समाज, समग्र संस्कृति की परम्पराओं से आबद्ध था। अतः अपभ्रंश के सिद्ध कवियों, जैन कवियों और बाद के सन्तों ने जिस धर्म विश्वास की अभिव्यक्ति की, वही तत्कालीन लोकधर्म और लोक-विश्वासों का सच्चा रूप है। इस दृष्टि से तत्कालीन संस्कृति के स्वरूप और उस काल की सामाजिक-धार्मिक परिस्थितियों का पता लगाने के लिए निर्गुण धारा के कवियों पर विशेष रूप से विचार होना चाहिए था। यह काम द्विवेदी ने सफलतापूर्वक किया। उन्होंने उन कवियों की कृतियों के विषय में कहा कि उनमें कई रचनाएँ ऐसी हैं जो धार्मिक तो हैं किन्तु उनमें साहित्यिक सरसता बनाए रखने का पूरा प्रयास है। धर्म वहाँ कवि को केवल प्रेरणा दे रहा है। इधर कुछ ऐसी मनोभावना दिखलाई पड़ने लगी है कि धार्मिक रचनाएँ साहित्य में विवेच्य नहीं हैं। कभी-कभी शुक्ल के मत को भी उद्धृत किया जाता है, मुझे यह बहुत उचित मालूम नहीं देता। धार्मिक प्रेरणा या आध्यात्मिक उपदेश होना काव्यत्व का बाधक नहीं समझा जाना चाहिए। धार्मिक साहित्य होने मात्र से

कोई रचना, साहित्य की कोटि से अलग नहीं की जा सकती। यदि ऐसा समझा जाने लगा तो तुलसीदास का रामचरितमानस भी साहित्य क्षेत्र में अविवेच्य हो जाएगा और जायसी का पद्मावत भी साहित्य की सीमा में न घुस सकेगा। यदि केवल रसवाद की दृष्टि से साहित्य पर दृष्टि डाली जाए तो साहित्य की सीमा बहुत संकीर्ण हो जाएगी।

हजारी प्रसाद द्विवेदी साहित्य को जनता के जीवन से विच्छिन्न, अलग वस्तु नहीं मानते। उन्होंने मनुष्य को जीवन के केन्द्र में प्रतिष्ठित करके समूचे साहित्य को देखने का प्रयास किया। यह मनुष्य समग्र और मुक्त, एक इकाई के रूप में है, विभिन्न वर्णों, वर्गों, धर्मों, सम्प्रदायों, जातियों, राष्ट्रों आदि की सीमा में बँटा और बँधा मनुष्य नहीं। उन्होंने प्रमाणों से सिद्ध किया कि विभिन्न जातियों और देशों के बीच आदिकाल से सांस्कृतिक तत्त्वों का आदान-प्रदान होता आया है क्योंकि सत्य एकदेशीय या एकजातीय नहीं होता। द्विवेदी, मानवमात्र की एकता में विश्वास करते हैं और पाश्चात्य संस्कृति या प्राच्य भारतीय संस्कृति के भेद को कृत्रिम मानते हैं। कुछ प्रतिक्रियावादी आलोचक संकीर्ण राष्ट्रीयता के जोश में यहाँ तक कहने लगते हैं कि संसार का सब ज्ञान-विज्ञान भारत से ही बाहर गया, अतः हमें भारतीय संस्कृति को दृढ़तापूर्वक पकड़े रहना चाहिए। ऐसे लोगों के विषय में द्विवेदी का कथन है कि इस प्रतिक्रिया के कारण, इस देश में ऐसे आलोचकों का आविर्भाव हुआ जो सब समस्याओं का समाधान एक ही कसौटी पर करने लगे कि हमारे यहाँ ऐसा माना जाता है या हमारे यहाँ ऐसा नहीं माना जाता। यह संकेत रामचन्द्र शुक्ल की ओर था।

मनुष्यता अर्थात् मनुष्य की एकता के सम्बन्ध में द्विवेदी ने यथार्थोन्मुख मानवतावाद का समर्थन किया। यह मानवतावाद, आदिकाल से महात्माओं और महापुरुषों द्वारा प्रतिपादित आदर्शवाद नहीं है। द्विवेदी की मान्यता है कि काव्य और विज्ञान एक ही मानवीय चेतना के दो किनारों की उपज हैं, वे परस्पर विच्छिन्न नहीं हैं, परस्पर विरुद्ध तो हैं ही नहीं। सौन्दर्यशास्त्र का आलोचक इसी परस्पर असम्बद्ध और विच्छिन्न सी लगने वाली रसप्रेरणा के स्रोतों में सामंजस्य खोजता है। अर्थात् साहित्य के आलोचक को विज्ञान, राजनीति, अर्थनीति आदि शास्त्रों से भी सहायता लेनी पड़ेगी अन्यथा वह साहित्य के मर्म तक नहीं पहुँच सकता। भारत के लिए यह कोई नई बात नहीं है। यहाँ काव्यशास्त्र को वेदान्त, न्याय, धर्मशास्त्र, बौद्ध दर्शन आदि ने किस सीमा तक प्रभावित किया, यह सर्वविदित है। अतः आज के युग में, ज्ञान-विज्ञान के उन अंगों का, जो पश्चिम से आए हैं, समीक्षा के क्षेत्र में उपयोग करना अनुचित नहीं। उन्होंने जीवविज्ञान के अध्ययन का निष्कर्ष और साहित्य के लिए उसकी उपयोगिता की चर्चा करते हुए मनुष्यता की परिभाषा कुछ इस प्रकार दी है—जो जैसा है, उसे वैसा मान लेना, मनुष्य पूर्व जीवों का लक्षण था। जैसा

होना चाहिए, उसके लिए प्रयास करना, मनुष्य की अपनी विशेषता है। इसमें प्रयत्न की आवश्यकता होती है और प्रयत्न मनुष्य का स्वाभाविक धर्म है। लोभ सहजात मनोवृत्ति है, वह पशु और मनुष्य में समान है। परउदारता, परदुखसंवेदना पशु में नहीं होती, यह मनुष्य की अपनी विशेषता है इसी प्रकार आहार, निद्रा आदि में भी मनुष्य, पशु के धरातल से ऊपर है, यह भी मनुष्य की अपनी विशेषता है जो संयम, तप, उदारता और त्याग से प्राप्त होती है। यही मनुष्य की मनुष्यता है। फिर मनुष्य प्रकृति के नियमों का विश्लेषण करता है और उनके उपयोग से नए सृजन में कदम बढ़ाता है। विवेक, कल्पना, उदारता, संयम मनुष्यता है, इसके विरुद्ध जाने वाले मनोभाव मनुष्यता नहीं हैं।

द्विवेदी मानते हैं कि साहित्यकार का लक्ष्य मनुष्य का हित साधन करना है और उसे कला के लिए निरुद्देश्य और कल्पनामिश्रित सिद्धान्त से प्रेरणा नहीं लेनी चाहिए। द्विवेद्वी की सामाजिक चेतना, विद्रोह पर आधारित है, परन्तु यह विद्रोह मानव मात्र का उसके अथक प्रयत्नों के रूप में सहज विद्रोह है जिसका विधाता स्वयं इतिहास है। यह क्रान्ति मनुष्य अपने परिवेश के अनुरूप विभिन्न प्रकार से करता आ रहा है। भक्ति और सन्त साहित्य उसी की वाणी है। छायावादी कवियों के साहित्य में भी उसी विद्रोह का स्वर फूटा है। परन्तु द्विवेदी अन्धक्रान्ति की बात नहीं करते, वे सहज क्रान्ति चाहते हैं। क्रान्ति का अर्थ, अतीत की परम्परा से वर्तमान को तोड़ लेना नहीं अन्यथा राष्ट्रों और जातियों की अपनी विशेषताएँ नष्ट हो जाएँगी और सब एक साँचे में ढल जाएँगे। यह आदर्शवादी या काल्पनिक क्रान्ति है। इस प्रकार उनकी विचारधारा क्रान्तिकारी होते हुए भी उदार, सहिष्णु और सामंजस्यपूर्ण है।

हजारी प्रसाद द्विवेदी का दृष्टिकोण ऐतिहासिक वैज्ञानिक और समाजशास्त्रीय है। इतिहास को वे विगत तथ्यों का विवरण नहीं मानते बल्कि उसे जीवन्त शक्ति मानते हैं। मनुष्य ही इतिहास को नहीं बनाता अपितु इतिहास भी मनुष्य को बनाता है। इस प्रकार इतिहास सामाजिक जीवनधारा का प्रवाह है जो एक ओर अपने परिवेश से संघर्ष करके आगे बढ़ता है तो दूसरी ओर व्यक्ति को समष्टि में निमग्न करता है। इस तरह इतिहास केवल व्यक्ति का नहीं है, समाज और उसके परिवेश का होता है अथवा युगविशेष के मानव समाज और उसके संघर्ष का नाम ही इतिहास है अथवा मानव प्रयत्नों और परिवेश की प्रतिक्रियाओं की अटूट परम्परा इतिहास है। इतिहास एक अखण्ड धारा के समान है जिसके प्रवाह में संस्कृतियों के अनावश्यक तत्त्व लुप्त होते हैं और उपयोगी जीवन तत्त्व प्रवाहित होते रहते हैं। साहित्य के इतिहास के सम्बन्ध में उनकी धारणा है कि वह कालस्रोत में बह आते हुए जीवन्त समाज के विकास की कथा है। ग्रन्थकार और ग्रन्थ उस प्राणधारा की ओर संकेत भर करते हैं, वे मुख्य नहीं हैं। मुख्य है वह प्राणधारा जो नाना परिस्थितियों से गुजरती हुई आज हमारे भीतर अपने आपको प्रकाशित कर रही है। हिन्दी साहित्य के आदिकाल

के विषय में उनकी प्रतिक्रिया है कि इतिहास में उस दृष्टि की प्रतिष्ठा जो शुष्क घटनाओं और तिथियों को इतिहास समझती है, उसी के कारण देश की अन्य महत्त्वपूर्ण परिस्थितियाँ उपेक्षित रह गईं। यदि इतिहास का अर्थ मनुष्य जीवन के अखण्ड प्रवाह का अध्ययन हो तो हिन्दी साहित्य के आदिकाल का इतिहास एकदम उपेक्षणीय नहीं है, पर सचमुच ही वह उपेक्षित रह गया। इस प्रकार इतिहास के प्रति द्विवेदी का मत आत्मगत नहीं, वस्तुगत है। इतिहास और समाजशास्त्र की यही वैज्ञानिक दृष्टि है। इसी दृष्टि के आधार पर उन्होंने 'हिन्दी साहित्य की भूमिका' और 'हिन्दी साहित्य का आदिकाल' रचनाएँ प्रस्तुत कीं। इनमें उन्होंने तत्कालीन राजनीतिक, सामाजिक, धार्मिक और सांस्कृतिक परिस्थितियों का विशद विवेचन किया। हिन्दी के भक्ति साहित्य के सम्बन्ध में उनका मत है कि वह हतदर्प पराजित हिन्दू जाति की सम्पत्ति नहीं है और न ही निरन्तर पतनशील जाति की चिन्ताओं का मूर्त प्रतीक है। अगर इस्लाम नहीं आया होता तो भी इस साहित्य का अधिकांश वैसा ही होता, जैसा आज है। उन्होंने ईसा की पहली शती से पन्द्रहवीं शती तक की सांस्कृतिक परिस्थितियों का विश्लेषण करके अपने मत की पुष्टि की। इस देश में, हजार वर्ष बाद, यहाँ के सभी सम्प्रदाय, शास्त्र और मत धीरे-धीरे लोकमत में घुलमिलकर लुप्त हो गए जिसकी स्वाभाविक परिस्थिति का मूर्त प्रतीक हिन्दी साहित्य है। वे भक्तिकाल को मुसलमानी आक्रमण की प्रतिक्रिया नहीं मानते और न वे मतों, आचार्यों, सम्प्रदायों और दार्शनिक चिन्तनों के मानदण्ड से लोक चिन्तन को मापना नहीं चाहते। इसके विपरीत वे लोकचिन्तन की अपेक्षा में उन्हें देखने की सिफारिश करते हैं। उनका यह मत पूर्ववर्ती इतिहासकारों से सर्वथा भिन्न था। उन्होंने भारतीय समाज में विभिन्न कालों में आकर घुलमिल जाने वाली जातियों और उनकी मान्यताओं का समाजशास्त्रीय विश्लेषण किया। कबीर, नाथ सम्प्रदाय, मध्यकालीन धर्म साधना और प्राचीन भारत के कलात्मक विनोद नामक पुस्तकों में इस प्रकार के शोध का विवरण दिखाई देता है। उनके विचार में हिन्दी साहित्य को लिखने से पूर्व जैन और बौद्ध अपभ्रंश साहित्य, काश्मीर के शैवों तथा दक्षिण तथा पूर्व के तान्त्रिकों का साहित्य, उत्तर और पश्चिम भारत के नाथों का साहित्य, वैष्णव आगम, पुराण, निबन्ध ग्रन्थ, पूर्व के प्रच्छन्न बौद्ध वैष्णवों का साहित्य और विविध लौकिक कथाओं का साहित्य समझ लेने की आवश्यकता है। द्विवेदी जी की तात्त्विक आलोचना की दृष्टि भी, इतिहास की दृष्टि से भी कम सूक्ष्म नहीं है। इस दिशा में उन्हें काम करने का समय कम मिला, वे इतिहास के उपेक्षित अंगों का उद्घाटन करने में ही लगे रहे। 'हिन्दी साहित्य का आदिकाल' पुस्तक में उन्होंने हिन्दी काव्यरूपों का सूत्र प्राकृत और अपभ्रंश के काव्यरूपों में खोजा और अन्य प्रान्तों के साहित्य को हिन्दी साहित्य के साथ जोड़कर काव्यरूपों का तुलनात्मक अध्ययन किया। काव्य रूढ़ियों और कथानक रूढ़ियों के सम्बन्ध में उन्होंने हिन्दी के काव्यरूपों के अध्ययन क्षेत्र को नई दिशा दी। लोक

कथाओं, प्राचीन निजन्धरी कथाओं और लोकगीतों के मेल में रखकर हिन्दी साहित्य को देखने की यह बिल्कुल नई दृष्टि थी। ऐतिहासिक व्यक्तियों के नाम पर भी काव्यरचना करने की प्रथा पर प्रकाश डाला। पृथ्वीराजरासो की ऐतिहासिकता के प्रश्न का बहुत कुछ समाधान हो जाता है। आदिकाल और मध्यकाल की हिन्दी कविता में प्रयुक्त छन्दों और उनकी परम्पराओं के सम्बन्ध में विशद विवेचन किया।

द्विवेदी की विचारधारा आत्मगत और पूर्वाग्रह युक्त नहीं है। उन्होंने जो कुछ लिखा उसे तर्क-सम्मत उदाहरणों से पुष्ट किया। अतः उनकी आलोचना में सन्तुलित दृष्टिकोण दिखाई देता है। उनके विचार में सन्तुलित दृष्टि वह नहीं है जो अतिवादों के बीच कोई मध्यमार्ग खोजती है, अपितु वह है जो अतिवादियों की आवेगमयी विचारधारा का शिकार नहीं हो जाती। उनके विचार से संतुलित दृष्टि सत्यान्वेषी दृष्टि है जो एक ओर सत्य की समग्र मूर्ति देखने का प्रयास करती है तो दूसरी ओर अपने को शुद्ध करने को प्रस्तुत रहती है। वही सभी प्रकार के पूर्वाग्रहों और दुराग्रहों से मुक्त है और सभी प्रकार के सही विचारों को ग्रहण करने के लिए तत्पर है। द्विवेदी की इस समाजशास्त्रीय दृष्टि का सम्बन्ध मार्क्सवाद से बिल्कुल नहीं हैं। कभी-कभी उन्हें पुरातनवादी या जातीयतावादी भी कह दिया जाता है, परन्तु द्विवेदी के साहित्य में पुनरुत्थानवाद और जातीयतावाद का तो विरोध ही मिलता है। प्रगतिशील लेखकों के विषय में उनका मत है कि इनमें कुछ लेखक साम्यवाद की निर्धारित नीति के अनुसार साहित्य लिखते हैं और कुछ इस वाद से सम्बन्धित तो नहीं हैं, परन्तु इन विचारों को मानते हैं। ये दोनों प्रकार के विचार ग्राह्य नहीं हैं। द्विवेदी ने आलोचना के जिस विद्वत्तापूर्ण, सहज, वैज्ञानिक, तटस्थ, किन्तु सोद्देश्य मार्ग का निर्देश किया, वह नवीन होते हुए भी कठिन है। उसे पार करना किसी एक व्यक्ति के बस की बात नहीं है। अनेक शोधकर्ता मिलकर इस दिशा का मार्ग आगे बढ़ाने में समर्थ हो सकते हैं।

आलोचक रामविलास शर्मा

(1) सिद्धान्त

रामविलास शर्मा ने कार्ल मार्क्स के सिद्धान्तों का अध्ययन किया और अपनी आलोचना पद्धति में उनको अपनाया। मार्क्स की मुख्य मान्यताओं के विषय में वे कहते हैं कि इतिहास की परम्परा का विकास आर्थिक सम्बन्धों तथा उपादानों पर निर्भर है। आर्थिक सम्बन्धों के आधार पर ही मनोभावों, आकांक्षाओं और विचारधाराओं का भवन खड़ा होता है। इसी से विश्व में वर्ग विभाजन स्थिति आती है जिसमें शोषण की पद्धति भी शामिल है। पूँजीवादी व्यवस्था में मजदूर ही वास्तविक क्रान्तिकारी हो सकता है, किसान इस क्रान्ति में सहायक है। वर्ग विभाजित समाज में जिस कला और साहित्य का सृजन होगा, वह वर्गवादी होगा। सच्ची कला तभी उत्पन्न होगी जब साम्यवादी समाज बन जाएगा। जब तक स्थिति नहीं उपलब्ध होती तब तक साहित्य और कला इस उद्देश्य की पूर्ति के लिए अस्त्र मात्र हैं। साहित्य का उद्देश्य कुछ समृद्ध लोगों का मनोरंजन करना नहीं होना चाहिए। उसे जनता के आर्थिक और राजनीतिक संघर्ष से नाता जोड़ना चाहिए जो नए समाज का निर्माण करने में सक्षम है और पुरानी व्यवस्था के उत्पीड़न को समाप्त करने के लिए लड़ रहा है।

रामविलास शर्मा विचारों और कलाओं का आधार मनुष्यों के आदर्शों से जोड़ते हैं। जैसे-जैसे उत्पादन के साधन बदलते हैं, उत्पादन बदल जाता है और उससे समाज में प्रचलित उत्पादन सम्बन्धों में बदलाव आता है इसी से समाज बदलता जाता है। समाज के साथ ही उस पर आधारित कला और संस्कृति की विचारधारा भी बदल जाती है। परन्तु परिवर्तित होता समाज जहाँ नवीन रूप ग्रहण करता है, वहाँ पूर्व परम्पराओं को भी स्वीकार करता है। संसार में दो वर्ग हैं–शोषक और शोषित। इन्हीं वर्गों में संघर्ष चलता है। बुद्धिजीवियों को अलग वर्ग में रखने की आवश्यकता नहीं, वे इन्हीं दोनों वर्गों में समाहित हैं। परन्तु बुद्धिजीवी इतिहास के क्रम में इसलिए महत्त्वपूर्ण हैं कि वे श्रमिक आन्दोलन को दिशा प्रदान करते हैं, उद्देश्य स्पष्ट करते

हैं और समाजवादी व्यवस्था तक लाते हैं। बुद्धिजीवी वहीं तक क्रान्तिकारी हैं, जहाँ तक वे शोषितों के साथ हैं। पूँजीवादियों के साथ रहने वाले बुद्धिजीवी समस्या को शान्ति से सुलझाना पसन्द करते हैं, इसलिए वे क्रान्ति विरोधी कहे जाते हैं। उनमें कोई सक्रिय विरोध नहीं। रामविलास शर्मा का अभिमत है कि उन्हें सहअस्तित्व में कोई विश्वास नहीं उनकी आस्था केवल संघर्ष में है। वे नारी को क्रान्तिकारी आन्दोलन में सक्रिय भाग लेने के लिए आमन्त्रित करते हैं। उनके मत में धर्म, ईश्वर और परलोक, शोषकों द्वारा शोषितों का शोषण करने की विधियाँ हैं। जब तक आर्थिक साधनों का समान विभाजन न होगा, समाज में वर्ग विभाजन रहेगा। और वर्ग विभाजन होगा तो वर्ग-संघर्ष नहीं रोका जा सकता।

(2) प्रगतिशीलता

शर्मा का कथन है कि राजनीति साहित्य का आधार है। किसी भी देश की राजनीति, वहाँ की संस्कृति तथा आर्थिक व्यवस्था के आधार के बिना टिक नहीं सकती। जो लोग संस्कृति को राजनीति से अछूती रखना चाहते हैं, वे वस्तुतः निराधार संस्कृति का सृजन करना चाहते हैं। राजनीतिक और आर्थिक व्यवस्था में परिवर्तन के साथ संस्कृति में भी परिवर्तन होता है। हमारे समाज में कुछ विचार ऐसे हैं जो जनता के शत्रुओं का हित करते हैं; अतः आलोचक का कर्तव्य है कि वह स्पष्ट करे कि साहित्य के विचार या सिद्धान्त जनता का हित करते हैं या उसके शत्रुओं का। समाज और साहित्य का घनिष्ठ सम्बन्ध है। साहित्य समाज का चित्रण करता है और उसे प्रभावित करता है। समाज की आर्थिक व सामाजिक स्थिति का परिणाम ही साहित्य है। प्रगतिशील आन्दोलन बाहर से थोपा हुआ नहीं होता, वह परिवेश की देन है। प्रगतिशील साहित्य जनता की तरफदारी करने वाला होता है। इसमें अश्लीलता, निराशावाद एवं प्रयोगवादी मान्यताएँ अवांछित हैं क्योंकि इनसे व्यक्ति और समाज के सम्बन्धों पर पर्दा आ जाता है, शोषण की अभिव्यक्ति नहीं हो पाती और सर्वहारा वर्ग में क्रान्ति विमुखता आती है। इस विषय में डॉ. शर्मा लिखते हैं–"साहित्य में अश्लीलता, निराशावाद, तथाकथित प्रयोगवाद यानी घटिया और कुघड़ साहित्य अपनी परम्परा से विलग और अंग्रेजी के निम्न साहित्य की छिछली नकल, साम्प्रदायिकता आदि प्रवृत्तियाँ वर्तमान हैं। साहित्य के सर्वांगीण विकास की समस्या हमारे सामने है–ऐसा साहित्य जो हमारे राष्ट्रीय गौरव के अनुरूप हो और जिसे हम वास्तव में जनता का साहित्य कह सकें। क्या इन सब बातों से एक शक्तिशाली साहित्यिक आन्दोलन की आवश्यकता सिद्ध नहीं होती ?" वे साहित्यकारों को यह छूट देने को तैयार नहीं कि व्यक्तिगत रूप में चाहे वे मार्क्सवादी न हों, किन्तु उनकी साहित्योपलब्धि उन विशेषताओं से युक्त हो जो प्रगतिशीलता के लिए आवश्यक हैं। मार्क्सवाद को समझे बिना, विश्वास किए बिना, उसके आधार पर कार्यक्रम निश्चित

किए बिना, भावी समाज की रचना में योगदान नहीं हो सकता। मार्क्सवाद समाज को समझने और उसे बदलने का विज्ञान है। जो भी वर्तमान को बदलना चाहता है, उसे मार्क्सवाद का अध्ययन करना होगा। मार्क्सवाद को समझने और उससे प्रभावित होने का मतलब यह नहीं है कि हम साहित्य को किसी राजनीतिक कार्यक्रम से बाँध दें। इससे प्रभावित होने का अर्थ समाज और साहित्य की गतिविधि के प्रति वैज्ञानिक दृष्टिकोण अपनाना है। आजादी पाने से पहले साम्राज्यवाद और सामन्तवाद के विरुद्ध संघर्ष करने के लिए मार्क्सवाद की सामाजिक आवश्यकता थी, परन्तु स्वाधीन होने के बाद देश में सामन्तवाद और साम्राज्यवाद के अवशेष समाप्त करके, समाजवादी व्यवस्था रचने के लिए मार्क्सवाद की ऐतिहासिक आवश्यकता हुई है। यदि समाज को समझने और उसे बदलने के लिए वैज्ञानिक समाजवाद की आवश्यकता है तो वह साहित्य के लिए भी उपयोगी होगा क्योंकि समाज को समझने, उसे बदलने और नया समाज रचने के साथ साहित्य का गहरा सम्बन्ध है। अतः पुराने साहित्य का वैज्ञानिक मूल्यांकन करने के लिए मार्क्सवाद की सहायता आवश्यक है। भारतीय संस्कृति और विभिन्न जातियों की प्रदेशतः संस्कृति का क्या सम्बन्ध है और क्या हो, हिन्दी भाषी जाति का सांस्कृतिक नवनिर्माण कैसे हो, साहित्य में विषय और रूप का क्या सम्बन्ध हो, दूसरे देशों की संस्कृति से हम क्या लें और क्या छोड़ें, ऐसे अनेक प्रश्नों का समाधान पाने में मार्क्सवाद से सहायता मिलती है। पूँजीवादी साहित्य में जनता से भय, निराशा, कुढ़न, खीज और घृणा के भाव मिलते हैं जबकि प्रगतिवादी साहित्य देशप्रेम, भाईचारा, भविष्य में आस्था और उल्लास का सन्देश देता है।

कला का स्रोत जनता है। जो साहित्य जनता से सम्बद्ध नहीं होता, उसमें वे सभी विशेषताएँ नहीं आ सकतीं जो साहित्य को प्रगतिशील बनाती हैं। साहित्य जनता की वाणी है, उसके जातीय चरित्र का दर्पण है। प्रगतिपथ में बढ़ने के लिए उसका मनोबल है, उसकी सौन्दर्य की चाह पूरा करने वाला साधन है। प्रगतिशीलता का सम्बन्ध यथार्थवाद की भावना से है। प्रगतिशील साहित्यकार वास्तविक स्थितियों का चित्रण करते हुए भी अपनी दृष्टि भविष्य पर रखता है। जो साहित्य मनुष्य को श्रेष्ठ विचार नहीं देता, हमारे मनोबल को नहीं बढ़ाता, वह व्यर्थ है। साहित्य, विज्ञान और दर्शन से आगे बढ़कर हमें अधिक संवेदनशील बनाता है और हमारा भावजगत विस्तृत करता है, इसीलिए वह शास्त्रों से अधिक उपयोगी है। साहित्य मनुष्य को श्रेष्ठ विचार ही नहीं देता अपितु उन्हें कार्यरूप में परिणत करने की प्रेरणा भी देता है। विचारों में श्रेष्ठ आस्था पैदा करना, उन विचारों को आचरण में उतारने के लिए, दृढ़ संकल्प में बदलने के लिए निश्चय बुद्धि साहित्य से ही प्राप्त होती है। इसलिए किसी जाति या राष्ट्र के चित्र पर, मनुष्य के कर्ममय जीवन पर, जितना प्रभाव साहित्य का पड़ता है, उतना दर्शन या विज्ञान का नहीं। साहित्य की सबसे बड़ी विशेषता

उपयोगिता है।

डॉ. शर्मा का मत है कि कलापक्ष और भावपक्ष का समन्वय, यथार्थवादी साहित्य का आधार है। जब कथ्य प्रगतिशील होता है तो उसकी सफल अभिव्यक्ति के लिए कलापक्ष भी उसी के अनुरूप प्रगतिशील तत्त्वों से समन्वित होना चाहिए। साहित्य में विषय और व्यंजना दोनों एक-दूसरे के सहारे हैं। इनमें से एक अकेला पक्ष प्रतिक्रियात्मक और प्रगतिशील नहीं हो सकता। साहित्य की श्रेणियों के अनुसार व्यंजना के अनेक प्रकार हो सकते हैं। दरबारी कवियों की उक्तिचातुरी, सन्त कवियों की सरल वाणी, रोमाण्टिक कवियों का दुरूह शब्दविन्यास आदि सिद्ध करते हैं कि भाव के साथ शैली में भी परिवर्तन होता है। अतः विषयवस्तु के निरूपण के साथ व्यंजना का सम्बन्ध लेखक की प्रतिभा अथवा युग की प्रवृत्ति के अनुसार प्रतिक्रियावादी या प्रगतिशील होता है। जो लेखक केवल तथ्य को महत्त्व देकर अभिव्यक्ति पक्ष को नगण्य बना देते हैं, उनकी कलाकृतियाँ असन्तुलित होती हैं। अतिव्यक्तिवादी अनुभूतियों को विकृत कला द्वारा साकार करने वाले प्रयोगवादी तथा कला को जीवन से असम्पृक्त मानने वाले कलावादी त्याज्य हैं। इनसे कला अराजकतावादी बन जाती है जिससे न आनन्द मिलता है और न ही समाज का हित होता है।

रामविलास शर्मा साहित्य में ऐसी भाषा के पक्षपाती हैं जो सामान्य व्यवहार की हो। साहित्य सामान्य जनता के लिए होता है। यदि जनता, साहित्य की भाषा नहीं समझ पाएगी तो साहित्य का उद्देश्य अपूर्ण रह जाएगा। ओज भाषा की शक्ति है, अतः साहित्यकार के लिए ग्राह्य है। भाषा समाज के साथ चल कर विकसित होती है। भाषा का विकास पहले बोली के रूप में होता है, फिर वह साहित्यिक बनती है। हिन्दी का संस्कृतकरण उचित नहीं, परन्तु इसका यह अभिप्राय नहीं कि संस्कृत के शब्द न लिए जाएँ। आवश्यकतानुसार उन्हें भी लें, परन्तु भाषा के नाम पर हिन्दी को क्लिष्ट न बनाएँ।

छन्द से काव्य की शक्ति बढ़ जाती है। काव्य में उन छन्दों के प्रयोग से अधिक बल मिलता है जिनका प्रयोग तत्कालीन जनता में अधिक रहा हो। सन्तों की लोकपिय्रता का एक कारण यह भी था कि उन्होंने अपने पद उन रागों में रचे जो जनता में गाए जाते थे और आज भी गाए जाते हैं। संगीत और काव्य का समन्वय उनकी लोकप्रियता का महत्त्वपूर्ण आधार था। निराला के काव्य में मुक्त छन्द का प्रयोग है, फिर भी वह नाटकीयता और स्वर के उतार-चढ़ाव के कारण प्रशंसनीय है, परन्तु जहाँ कविता की सामाजिकता का विवेचन है, वहाँ मुक्त छन्द हेय है।

(3) शास्त्रीय आधार

भारतीय काव्यशास्त्र के आधारभूत सिद्धान्त के विषय में रामविलास शर्मा रस को साहित्य की अन्तिम और शाश्वत कसौटी नहीं मानते। उनके विचार में यह रस

अलौकिक नहीं है। स्थायी भावों के लौकिक अनुभवों के आधार पर कुछ भाव सुखात्मक हैं और कुछ दुखात्मक। साहित्य में जो स्थायी भाव माने गए हैं, उनकी स्थिति स्थायी नहीं हो सकती क्योंकि मनुष्य का जीवन सदैव स्थिर नहीं रहता। देश, काल और परिस्थितियों से उसमें विकास होता रहता है अतः रसों की संख्या निश्चित नहीं की जा सकती। डॉ. शर्मा के विचार में रस की मार्क्सवादी व्याख्या हो सकती है। जब दो विरोधी तत्त्वों की एकता प्रकट होती है, तभी रस उत्पन्न होता है। साहित्य साधारण और असाधारण के विरोधी तत्त्वों की एकता प्रकट करता है। यदि दुष्यन्त हर प्रेमी की तरह हो तो वह दुष्यन्त नहीं रह जाएगा और उसके अपने व्यक्तित्व की विशेषता न होगी। यदि वह असाधारण हो जाए तो साधारण प्रेमियों से कोई समानता न होगी और उसके क्रियाकलाप से औरों में दिलचस्पी न रहेगी। इसलिए साहित्य की विषयवस्तु साधारण और असाधारण, मौलिक और उधार ली हुई, दोनों प्रकार की होती है। साहित्य का प्रभाव सहृदय व्यक्ति पर ही पड़ता है और एक बार प्रभाव पड़ने के बाद उसकी सहृदयता निखरती ही जाएगी। साहित्य और पाठक या श्रोता की सहृदयता का यह द्वन्द्वात्मक सम्बन्ध है। डॉ. शर्मा का मत है कि प्राचीन रसों के आधार पर नए साहित्य की व्याख्या नहीं की जा सकती। साहित्य विकासमान है और यह महान सामाजिक क्रिया है। प्राचीन आचार्यों ने जो सिद्धान्त बनाए थे, वे आज नए साहित्य पर पूरी तरह लागू नहीं होते। काव्य के नौ रसों से, साहित्य की परख नहीं हो सकती। वे रस सामन्त युग की देन थे और आज के युग के लिए नितान्त अनुपयुक्त हैं। डॉ. शर्मा के विचार में वही साहित्य श्रेष्ठ है जो शोषण के प्रति घृणा उत्पन्न करके सर्वहारा के पक्ष का समर्थन करता हो। ऐसा न करने पर साहित्य प्रतिक्रियावादी होगा, समय से पिछड़ा रहेगा और उसका कोई मूल्य न होगा। नई कविता के प्रति भी उनकी तीव्र प्रतिक्रिया यही है कि उसमें जीवन का यथार्थ, प्रगतिशीलता और समाजवादी दृष्टिकोण नहीं है, अतः उसे स्वीकार नहीं किया जा सकता। उन्होंने नई कविता के खण्डन के कारण और आधार भी बताए हैं जिनमें अहंवाद, यथार्थ से पलायन, रस-आनन्द-आशा और जीवन की अस्वीकृति, नीरसता, विद्रूपता, निराशा और कुण्ठा की स्वीकृति आदि हैं। फिर भी वे नई कविता के नितान्त विरोधी नहीं हैं क्योंकि कविता में तरह-तरह के प्रयोग करने की गुंजाइश होती है। कवि अनेक प्रकार की शैलियों द्वारा अपने विचार पाठकों तक पहुँचा सकता है। शैली की यह विविधता भावों की अभिव्यंजना में ही नहीं भावानुभूति और संवेदन के प्रकारों में भी देखी जा सकती है। इस विविधता से हिन्दी कविता की मूल यथार्थवादी धारा समृद्ध होती है। वे नई कविता और आधुनिक कविता को एक नहीं मानते और आशा करते हैं कि आलोचना का कोलाहल शान्त होने पर नई कविता के कर्दम पर यथार्थवाद की निर्मल धारा बहती दिखाई देगी।

प्रगतिवादी समीक्षा के क्षेत्र में डॉ. रामविलास शर्मा को लेकर काफी विवाद

चला क्योंकि वे मानते हैं कि वे समाज के सह-अस्तित्व में विश्वास नहीं रखते। उनका विचार है कि शान्तिमय पद्धति से कभी भी सर्वहारा के हाथों में शक्ति नहीं आएगी। इसके लिए संघर्ष की आवश्यकता है और उनका यह संघर्ष समीक्षा के क्षेत्र में भी प्रकट हुआ जिससे प्रतिक्रियावादियों और प्रगतिवादियों में काफी तू-तू मैं-मैं हुई। अभी तो कम्यूनिस्ट पार्टी के हाथों में शक्ति आई भी नहीं है, शक्ति हाथ लग जाने पर निश्चित रूप से गृह-युद्ध की स्थिति का रूप हो सकता है।

डॉ. शर्मा आग्रही समीक्षक हैं। वे सोचते हैं कि जब समाज बदल जाएगा तो जनता का सौन्दर्य बोध अपने आप बदल जाएगा, अतः साहित्य को आर्थिक और सामाजिक क्रान्ति के लिए कार्य करना चाहिए। फिर भी उनमें शक्तिशाली समीक्षक के गुण हैं। वे दृष्टि, पकड़, सूझ और अनुभूतिशीलता से युक्त हैं। उन्होंने हिन्दी समीक्षा को परम्परागत कार्य से हटाकर नए पथ पर अग्रसर किया।

आलोचक डॉ. नगेन्द्र

डॉ. नगेन्द्र रसवादी समीक्षक हैं, किन्तु इन्होंने रस की व्याख्या में मनोविज्ञान को भी स्वीकृति दी है। उनका मत है कि काव्य की अन्तिम एवं शाश्वत कसौटी रस है। रस में आनन्द और लोकहित दोनों निहित हैं। वे लिखते हैं–"साहित्य का चरम मान रस ही है जिसकी अखण्डता में व्यष्टि और समष्टि, सौन्दर्य और उपयोगिता, शाश्वत और सापेक्षिक का अन्तर मिट जाता है। अन्य कथित मान या तो रस के एकांगी आख्यान हैं या फिर असाहित्यिक मान हैं जिनका आरोप साहित्य के लिए अहितकर है।...आनन्द और कल्याण को परस्पर विरोधी मानना असंगत है, पर इन दोनों में सापेक्षिक मूल्य आनन्द का ही अधिक है। आनन्द की व्यापक परिधि में हित की भावना अन्तर्भूत है और हित की परिणति भी आनन्द ही है।" वे रस को यथार्थ अनुभूतियों के आधार पर ग्रहण कर, उसे ऐन्द्रिक एवं लौकिक मानते हैं। उन्हें क्रोचे की सहजानुभूति स्वीकार्य नहीं है। उनके विचार में यह सहजानुभूति न शुद्ध ऐन्द्रिक है और न शुद्ध अतीन्द्रिय। इस अनुभूति को ऐन्द्रिक मान लेने पर दुखात्मक अनुभूतियों से दुख की प्राप्ति होगी, जैसा कि आचार्य शुक्ल मानते हैं। परन्तु डॉ. नगेन्द्र को रस में केवल आनन्द की स्थिति ही मान्य है। दूसरी ओर यदि सहजानुभूति को अलौकिक मान लिया जाए तो काव्यानन्द में चपलता आदि स्थिति की विद्यमानता, अचंचल और आत्म तत्त्व की विरोधी बन जाती है। उनकी दृष्टि में काव्यानुभूति को अनिर्वचनीय कहना तो एक प्रकार से समस्या से पलायन करना है। जब सौन्दर्य की अनुभूति के लिए हमारे पास कोई विशिष्ट या पृथक् इन्द्रिय नहीं है तो उस अनुभूति को भी विशिष्ट या पृथक् कैसे माना जा सकता है ? इसका अनुभव साधारण इन्द्रियों द्वारा होता है, इसलिए इसे ऐन्द्रिक अनुभूति से भिन्न कैसे मानें ? रसानुभूति का यह लौकिक और ऐन्द्रिक दृष्टिकोण अत्यन्त समुचित तथा प्रगतिशील है। डॉ. नगेन्द्र यह भी मानते हैं कि रस की आनन्दावस्था में निष्क्रियता की स्थिति नहीं होती। रस शुद्ध आत्मिक अनुभूति इसलिए नहीं है कि इसमें चापल्य विद्यमान रहता है। मार्क्सवादी दृष्टिकोण भी इसे स्वीकार करता है। रस के सम्बन्ध में मार्क्सवादी समीक्षकों की धारणा है कि इसमें स्थित आनन्द का कारण परस्पर

विरोधी तत्त्वों की एकत्र स्थिति है। डॉ. नगेन्द्र का वक्तव्य भी कुछ इसी प्रकार का है–"काव्य के भावन का अर्थ ही अव्यवस्था में व्यवस्था स्थापित करना है और अव्यवस्था में व्यवस्था ही आनन्द है। इस प्रकार जीवन के कटु अनुभव भी काव्य में, अपने तत्त्व रूप संवेदन के समन्वित हो जाने से आनन्दप्रद बन जाते हैं।" डॉ. नगेन्द्र का मन्तव्य है कि कवि की कसौटी साधारणीकरण है। कवि वह होता है जो अपनी अनुभूति का साधारणीकरण करा सके। इस साधारणीकरण का अभिप्राय है–काव्य की भावना द्वारा पाठक का भाव भी सामान्य भूमि पर पहुँचना। इससे अहं का सामाजीकरण हो जाता है और अतिवैयक्तिकता की स्थिति नहीं आती। यह साधारणीकरण का सिद्धान्त मानववादी दृष्टि रखता है और साहित्य को सार्वभौमिक व सार्वकालिक मानता है। मानव मूल्य निस्सन्देह जीवन के चरम मूल्य हैं। मानवता से अधिक मानव जीवन का मानदण्ड क्या हो सकता है ? भारतीय रस सिद्धान्त इसे हजारों वर्ष पूर्व स्वीकृति दे चुका है। डॉ. नगेन्द्र अदृश्य आलम्बन की कल्पना में उड़ान भरना उचित नहीं मानते। उन्हें जीवन की मधुर एवं गहन भावनाओं की रागमय बिम्बीय अभिव्यक्ति ही अभिप्रेत है।

डॉ. नगेन्द्र का प्रगतिवाद के प्रति अलग-सा दृष्टिकोण है। वे इसे शंका की दृष्टि से देखते हैं। उनका विचार है कि प्रगतिवादी जीवन दर्शन संकुचित है। यह केवल आर्थिक सम्बन्धों की व्याख्या करके जीवन के सभी प्रश्नों का उत्तर इन्हीं के आधार पर देता है। प्रगतिवादी, साहित्य को सामाजिक चेतना मानते हैं जबकि यह आत्माभिव्यक्ति है। साहित्यकार पहले व्यक्ति है, बाद में सामाजिक इकाई। व्यक्ति समाज चेतना से बहुत कुछ ग्रहण करता हुआ भी साहित्यकार के रूप में अहं की अभिव्यक्ति करता है। प्रगतिवाद एक राजनैतिक विचारधारा मात्र है जो साहित्य के क्षेत्र में व्याख्या देने में सहायक तो है, परन्तु इसके आधार पर साहित्य मूल्यांकन अनुपयुक्त है। साहित्य को केवल अर्थ सम्बन्धों पर आँकना अनुचित है। साहित्य की परख रस के आधार पर ग्राह्य है। प्रगतिवादी दृष्टिकोण मूलतः बौद्धिक और आलोचनात्मक है, इसमें साहित्य की तन्मयता का अभाव है। प्रगतिवादी वर्गवादी हैं और क्रान्ति का राग अलापते हैं। इस प्रकार डॉ. नगेन्द्र की दृष्टि में प्रगतिवाद एकांगी दृष्टिकोण है। इसमें सृजन की न्यूनता को समीक्षा द्वारा पूर्ण करने की चेष्टा की जाती है। वस्तुतः हिन्दी के अधिकांश प्रगतिशील लेखक उस जीवन से दूर हैं जो उनकी प्रेरणा का मूल स्रोत है। उनको सिद्धान्त, पठन और मनन के आधार पर ही प्राप्त है, सहकर या भोगकर नहीं। केवल बौद्धिक बल पर शोषितों की पीड़ा मुखर करने वाले, हजारों मील दूर पर लड़ने वाली लाल सेना के अभियानों के गीत लिखने वाले, इन लेखकों की रचनाएँ सप्राण कैसे हो सकती हैं ? फिर डॉ. नगेन्द्र प्रगतिवाद के विकास की सम्भावनाओं के प्रति आशावान् हैं, परन्तु यह आशा अब क्षीण हो चुकी है।

मानवतावाद प्रगतिशील दृष्टिकोण का प्रमुख अंग है। डॉ. नगेन्द्र इस दृष्टिकोण को प्रगतिवाद की भाँति संकुचित अर्थ में स्वीकार नहीं करते, वे इसकी तलाश जीवन के व्यापक स्तर पर करना चाहते हैं। उन्होंने लोकमंगल की भावना को भी इसी दृष्टिकोण के साथ सम्बद्ध किया है। वे लिखते हैं, "पहले मुझे नैतिक मूल्यों के प्रति एक प्रकार की विरक्ति थी क्योंकि मुझे वे आनन्दवादी मूल्यों के प्रतिकूल लगते थे, किन्तु आज ऐसा नहीं है। आनन्द और मंगल में केवल विरोध नहीं है, उनमें अभिन्न सम्बन्ध भी है।" उनका मानवतावाद उपयोगितावाद से दूर नहीं है, इसका समाज के लिए उपयोग है। इससे सहानुभूति द्वारा सामाजिकों को परिष्कृत आनन्द की प्राप्ति होती है, यह आनन्द संवेदनाएँ समृद्ध करता है, पराजय और क्रान्ति की अवस्था में शान्ति और माधुर्य का संचार करता है। मानवतावाद से सामाजिक चेतना का संस्कार होता है। सामाजिक चेतना के संस्कार से कोमल वृत्तियों की सरसता से मूढ़ता दूर होती है। यह मानवतावाद राष्ट्रीय भी है और अन्तर्राष्ट्रीय भी। डॉ. नगेन्द्र राष्ट्रीयता के स्तर से उठकर अन्तर्राष्ट्रीय स्तर तक पहुँचे हैं। विषम परिस्थितियों में जब राष्ट्रीयता और अंतर्राष्ट्रीयता में संघर्ष हो तो वे उन्हीं तत्त्वों का समर्थन करेंगे जो मानवतावाद के पक्ष में होंगे। इसीलिए उन्होंने एक युग और एक देश की अपेक्षा युग-युग और देश-देश की चेतना को अधिक महत्त्व दिया। एक युग और देश की चेतना का सम्बन्ध राजनीतिक अथवा सामाजिक, नैतिक मूल्यों से है और युग-युग तथा देश-देश की चेतना का सम्बन्ध मानवीय मूल्यों से है। इन दोनों में साधारणतः विरोध नहीं है, मानवीय मूल्यों में ही सामाजिक मूल्यों का अन्तर्भाव हो जाता है। विशेष परिस्थितियों में विरोध हो भी तो मानवीय मूल्य अधिक विश्वसनीय समझे जाएँगे।

साहित्य में नीति और सामाजिकता को डॉ. नगेन्द्र अग्राह्य मानते हैं क्योंकि साहित्य न नीतिशास्त्र है और न समाजशास्त्र। फिर भी साहित्य की व्याख्या करने में इनकी सहायता ली जा सकती है। वे कहते हैं मैं सामाजिक और नैतिक मूल्यों का निषेध नहीं करता। जीवन में नीति और समाज की सत्ता अतर्क्य है। मनुष्य सामाजिक प्राणी है। सामूहिक हित व्यतिगत हितों से निश्चय ही अधिक महत्त्वपूर्ण है, समाज की संघशक्ति, अपनी शक्ति की अपेक्षा अवश्यमेव प्रबल है। समाज के संगठन और हितों की रक्षा करने वाले नियमों का संकलन नीति है। समाज के प्रत्येक व्यक्ति को उसकी अपेक्षा करनी होगी। लेखक समाज का अभिन्न अंग है। साधारण व्यक्ति की अपेक्षा उसमें प्रतिभा अधिक है, अतः इसी अनुपात में उसका दायित्व भी अधिक है। जिस समाज ने उसे जीवन में उपकरण दिए हैं, बौद्धिक और भावगत परम्पराएँ दी हैं, उसका ऋण शोध करना उसका धर्म है। इससे स्वार्थ साधना की भूमि से उठकर उसके अहंभाव का उन्नयन और विस्तार होता है।

साहित्य और जीवन का गहन सम्बन्ध है। साहित्य जहाँ एक ओर जीवन की

अभिव्यक्ति है, वहाँ वह दूसरे रूप में जीवन का निर्माता और शोधक है। इसे यथार्थ और आदर्श का सम्बन्ध भी कहा जा सकता है। यथार्थ जीवन सबको प्रभावित करता है और साहित्यकार को अधिक करता है क्योंकि वह अधिक संवेदनशील है। अपने साहित्य में, चाहकर भी वह इससे नहीं बच सकता। अपनी कल्पना शक्ति से मंगलमय भविष्य का जो चित्र वह रागात्मक बिम्बों से देगा, उसमें आदर्श का समाहित होना अनिवार्य नहीं तो स्वाभाविक अवश्य है। साहित्य का जीवन से दोहरा सम्बन्ध है—एक क्रिया रूप में तथा दूसरा प्रतिक्रिया रूप में। क्रिया रूप में वह जीवन की अभिव्यक्ति है और प्रतिक्रिया रूप में उसका निर्माता और पोषक है। डॉ. नगेन्द्र समाज की सामयिक परिस्थितियों का साहित्य पर प्रभाव तो मानते हैं परन्तु उन परिस्थितियों को सीधे रूप में चित्रण के विरोधी हैं। परिस्थितियों के सीधी अभिव्यक्ति से साहित्य निर्बल हो जाता है। समसामयिकता की दृष्टि से साहित्य को देखना उसके साथ खिलवाड़ करना है। अतः उनके आवरण को चीर कर मूल मानवीय अन्तर तत्त्व ग्रहण करने चाहिए। किसी प्राचीन कृति की समीक्षा करते समय तत्कालीन समाज के दिग्दर्शन के साथ उन प्रेरणाओं को स्पष्ट करना चाहिए जिन्होंने उसके निर्माण में सहयोग दिया। तदनन्तर कृति में युग-युगीन सार्वकालिक चेतना तलाश करना उचित है। डॉ. नगेंद्र का मत है कि समीक्षा में ऐतिहासिक आधार ग्रहण करना समुचित है। वे व्यक्तियों और घटनाओं की अपेक्षा इतिहास की धारा के क्रम को अधिक महत्त्व देते हैं। इतिहास के विकास का यह दृष्टिकोण मार्क्सवाद में भी स्वीकृत है। मार्क्स ने इतिहास को सामान्य के अन्तस्सम्बन्धों की कथा कहा है। डॉ. नगेन्द्र की आलोचना का उद्देश्य भी लोकहित पर आधारित है। उन्हें कलाकार का स्वरति ग्रस्त होना अस्वस्थता का लक्षण दिखाई देता है।

डॉ. नगेन्द्र प्रयोगवाद को एकान्त अन्तर्मुखी व्यक्तियों के मन की निबिड़ता का विस्फोट मानते हैं। प्रयोगवादी कवि अपने अवचेतन के अर्धव्यक्त अनुभव खण्डों को, जो एकान्त, व्यक्तिगत होते हैं, यथावत् वस्तुरूप में अंकित करने का प्रयत्न करता है। यह यथावत् अंकन, काव्य की बिम्ब ग्रहण की पद्धति के विपरीत है। इसमें विशेष की प्रयत्क्ष अभिव्यक्ति का इतना आग्रह रहता है कि कवि साधारणीकरण नहीं कर पाता। वह अपने विशिष्ट अव्यवस्थित भावखण्डों को अव्यवस्थित रूपों में प्रतीकों द्वारा अनूदित करने का प्रयास करता है। और अपने इस प्रत्यक्ष में मनोविश्लेषण शास्त्र की 'मुक्त विचार प्रवाह', स्वप्न चित्र आदि पद्धतियों से प्रत्यक्ष सहायता लेता है। डॉ. नगेन्द्र साहित्य में वादों के समर्थक नहीं। साहित्य आत्माभिव्यक्ति है, इसे वाद के घेरे में सीमित करना इसके साथ अन्याय है। प्रयोगवाद की कविताओं का सैद्धान्तिक रूप से दुरूह होना, रागतत्त्व का स्थान बुद्धितत्त्व को देना, साधारणीकरण का त्याग, काम कुण्ठाओं का यथावत् चित्रण एवं भाषा का अति वैयक्तिक प्रयोग अत्यन्त आपत्तिजनक है। परन्तु डॉ. नगेन्द्र जीवन और साहित्य में नये प्रयोगों के

विरोधी नहीं हैं। यदि ये प्रयोग साहित्य के उद्देश्य के मूल्य का व्याघात करें तो ग्राह्य नहीं हो सकते। वे प्रयोगवाद के उस रूप को स्वीकार करने के लिए तत्पर हैं जो जीवन के मूल तत्त्वों पर दृष्टि केन्द्रित रखते हुए, उन्हीं के पोषण और समृद्ध विकास के निमित्त प्रयोग करे। साहित्य को रूढ़ और स्थिर परिदृश्य से बचाने के लिए नवीन गतिविधि का अन्वेषण करना सार्थक होता है। केवल प्रयोगों को उद्देश्य मान लेना साहित्य का उपकारक प्रयास नहीं। प्रयोगवाद में कला और जीवन के प्रति भी विरोध मिलता है जो किसी भी दृष्टि से वांछित नहीं।

वस्तुतः डॉ. नगेन्द्र का लक्ष्य भारतीय काव्यशास्त्र और पाश्चात्य काव्यशास्त्र के समन्वय से एक ऐसे काव्यशास्त्र का निर्माण करना था जिसमें काव्यसृजन और काव्यास्वाद का व्यापक विवेचन हो। उन्होंने इस विषय में वक्तव्य दिया था–''काव्यशास्त्र के अध्ययन में ज्यों-ज्यों मैंने प्रवेश किया, त्यों-त्यों एक तथ्य मेरे मन में स्पष्ट होता गया कि भारत तथा पश्चिम के दर्शनों की तरह यहाँ के काव्यशास्त्र भी एक-दूसरे के पूरक हैं और पुनराख्यान द्वारा उनके आधार पर हमारे अपने साहित्य की परम्परा के अनुकूल एक संश्लिष्ट आधुनिक काव्यशास्त्र का निर्माण सहज सम्भव है।'' उन्होंने इस धारणा का व्यावहारिक अन्वय 'हिन्दी काव्यालंकार सूत्र' और ध्वन्यालोक की भूमिकाओं में तथा 'रस सिद्धान्त' में उपस्थित किया है। उनका कहना है कि वर्तमान साहित्य जगत् में पाश्चात्य आलोचना के प्रतिमान इतने रम गए हैं कि आज का आलोचक उन्हीं के माध्यम से चिन्तन और मूल्यांकन करता है। अतः प्राचीन काव्यशास्त्र के सिद्धान्तों की यथावत् अवतारणा की अपेक्षा उनका नई आलोचना पद्धति से विचार विवेचन करना आवश्यक हो गया है। इसीलिए एक नए संश्लिष्ट काव्यशास्त्र का उदय हो रहा है। इस प्रवृत्ति का सर्वाधिक विकास हिन्दी और मराठी में हुआ है। सम्भव है निकट भविष्य में डॉ. नगेन्द्र की यह दृष्टि साकार रूप ग्रहण कर ले।

काव्य-सत्य–प्लेटो एवं अरस्तू के सन्दर्भ में

(1) प्लेटो का काव्य-सत्य

प्लेटो दार्शनिक थे, सत्य के उपासक तथा तर्क के समर्थक। उनके अनुसार सत्य वह है जिससे व्यक्ति और समाज के नैतिक एवं आध्यात्मिक जीवन को बल मिले। इसके विपरीत जो कुछ भी हो, वह असत्य है। वे अपने सत्य सिद्धान्त में कहते हैं–जब कभी कई प्राणियों या वस्तुओं की एक सामान्य संज्ञा होती है तो हम कल्पना कर लेते हैं कि उनका सामान्य रूप या आदर्श होगा अतः सम्पूर्ण विश्व में व्याप्त सौन्दर्य, शिवत्व, सत्य एवं आनन्द का आदर्श एक-एक है। इस प्रकार उनके मत में सार्वभौम/सामान्य सत्य ही, वास्तविक सत्य है। विशिष्ट सत्य, इसकी छाया मात्र होता है।

जहाँ तक काव्य-सत्य का सम्बन्ध है, प्लेटो ने अपने युग की काव्यकृतियों से प्रभावित होकर, इस विषय में अपना मत बनाया। उन्होंने देखा, जीवन में जो कुछ उदात्त और वांछनीय है, काव्य उसके विपरीत है। होमर ने अपने काव्य में नायक को रोते-पीटते दिखाया है जिसे जीवन में अच्छा नहीं समझा जाता, फिर भी पाठक उस काव्य को पढ़कर आनन्द लेते हैं। प्लेटो का मत है कि उनके समय की कविता मनोरंजन के लिए थी और अस्वस्थ मनोवेग उभारती थी ! उस समय साहित्य का स्तर नीचा था और सामाजिक व राजनीतिक जीवन भी अच्छा नहीं था, अतः दार्शनिक वृत्ति के लोग उसे न पचा पाने के कारण, उसके प्रति कटु दृष्टिकोण अपनाने के लिए विवश थे। इसीलिए प्लेटो ने कहा कि हम काव्य के सौन्दर्य से सचेत हैं, परन्तु हम सत्य पर आघात नहीं सह सकते। प्लेटो आदर्शवादी सुधारक थे और वे अपने राज्य के नागरिकों को आदर्श बनाना चाहते थे। उनका उद्देश्य कला को परिभाषित करना नहीं था, वे तो बताना चाहते थे कि सच्ची कला का स्वरूप क्या होना चाहिए ? अतः उन्होंने कवियों के लिए कुछ परामर्श दिए। उनका विचार था कि कोई कवि ऐसी रचना न करे जो विधि, न्याय, सौन्दर्य व शुभत्व के सम्बन्ध में राज्य द्वारा निर्धारित मानदण्डों के विरुद्ध हो अथवा कोई काव्यकृति तब तक प्रकाशन का

आधिकार प्राप्त न करे जब तक विधि के संरक्षकों द्वारा स्वीकृति न मिल जाए।

प्लेटो का कथन है कि काव्य-सत्य वास्तविक सत्य नहीं है क्योंकि कविता का जन्म अज्ञान से होता है। कवि जिस वस्तु का अनुकरण करता है, उसकी प्रकृति से परिचित नहीं होता। त्रासदी-लेखक न तो अपने अनुकार्य की प्रकृति से परिचित होता है और न ही उसका स्वरूप अंकित कर पाता है, उसका अनुकरण अज्ञानजन्य एवं भ्रामक होता है।

कवि यश और कीर्ति चाहता है, इसके लिए वह पाठकों और श्रोताओं की वासनाएँ उत्तेजित करके लोकप्रिय बनने के प्रयास में जुट जाता है। वह आवेगपूर्ण और उन्मादग्रस्त प्रकृति चुनकर, उसका चित्रण करता है। ऐसी प्रकृति का अनुकरण करना सुगम है और पाठक भी इसे पसन्द करते हैं। कवि आत्मा के विवेकपूर्ण रूप को प्रभावित करने के लिए लेखनी नहीं उठाता और न ही उसका यह प्रयोजन है। त्रासदी का लेखक हमारे विवेक को आच्छादित करके वासनाएँ जाग्रत करता है, उनका पोषण करके काव्य का आयोजन कर देता है। काव्य के इसी हानिकर प्रभाव के कारण काव्य-सत्य, वास्तविक सत्य नहीं है। प्लेटो को जनता की रुचि पर विश्वास न था, इसीलिए उन्होंने संगीत के विषय में भी विपरीत टिप्पणी की। इनके विचार में मनोरंजन का अभिप्राय, प्रत्येक का मनोरंजन करना नहीं। सर्वोष्कृष्ट संगीत वह है जो शिक्षितों को प्रसन्नता प्रदान करे, शिक्षा तथा गुणों के क्षेत्र में प्रमुख व्यक्तियों को प्रभावित कर पाए। यही बात साहित्य के विषय में ग्राह्य है। साहित्य में आनन्द ही एकमात्र तत्त्व नहीं है, इस विषय में बुद्धि का आनन्द ही ग्राह्य और उपादेय है। इसमें ऐन्द्रिय कालुष्य की स्थिति स्वीकार्य नहीं हो सकती।

प्लेटो पाँचवीं शती ई.पूर्व. में यूनान के प्रमुख विचारक और मार्गदर्शक थे। उनके युग में नैतिकता और सत्य की चर्चा जोरों पर थी। अतः जीवन के प्रत्येक क्षेत्र में सत्य और नैतिकता की खोज और स्थिति के सन्दर्भ में ही उन्होंने काव्य के सम्बन्ध में अपने विचार प्रस्तुत किए। वे किसी भी व्यक्ति को सत्य का व्याघात करने पर सम्मानित नहीं करना चाहते थे, अतः उन्होंने काव्य भी सत्य के आधार पर ही मूल्यांकन करने की बात कही। उन्होंने सुधारक तथा शिक्षा-पद्धति के संचालक की दृष्टि से कविता के मानदण्ड निर्धारित करने पर बल दिया। उनकी दृष्टि में कविता जीवन के यथार्थ से हटकर वासनाओं के उद्दीपन द्वारा आदर की पात्र नहीं।

(2) अरस्तू का काव्य-सत्य

अरस्तू यूनानी विचारक थे और प्लेटो के शिष्य थे, फिर भी काव्य-सत्य के विषय में उनके विचारों में प्लेटों से भिन्नता दिखाई देती है। वे काव्य और इतिहास में विभेद करते हुए कहते हैं–

कवि का कर्तव्य-कर्म घटित का वर्णन करना नहीं है अपितु जो हो सकता

है, जो सम्भावित है अथवा आवश्यकता के नियम के अधीन सम्भव है उसका वर्णन करना है। इतिहासकार और कवि में वास्तविक भेद यह है कि एक उसका वर्णन करता है जो घटित हो चुका है और दूसरा उसका वर्णन करता है जो घटित हो सकता है।

इस प्रकार काव्य का सत्य, इतिहास के सत्य की अपेक्षा महान होता है। कवि सार्वभौम का चित्रण करता है, इसीलिए काव्य, इतिहास से अधिक तर्कसंगत एवं उदात्त है। कवि विशिष्ट के माध्यम से सामान्य को अभिव्यक्ति देता है, अतः काव्य-सत्य व्यष्टि तथ्य से सम्बद्ध होकर भी अधिक व्यापक और स्थायी सत्य है। वह व्यक्ति-मानव के भीतर समष्टि-मानव का साक्षात्कार करता है।

अरस्तू के उपर्युक्त विचारों से निम्नलिखित बातें स्पष्ट होती हैं–

(1) सत्य के दो रूप हैं–व्यापक सत्य और सीमित सत्य।

(2) सार्वभौम या व्यापक सत्य वह है जो सम्भावित है अर्थात् घटित हो सकता है। यह मानव स्वभाव के नियमों के अन्तर्गत आता है।

(3) सार्वभौम सत्य, वस्तु सत्य से बड़ा है, अतः काव्य-सत्य भी वस्तु-सत्य से बड़ा होता है।

(4) काव्य-सत्य को वस्तु-सत्य की कसौटी पर नहीं कसना चाहिए। उदाहरणतः गोदान उपन्यास का होरी केवल कोई व्यक्ति नहीं है, अपितु वह होरी जैसे कितने ही व्यक्तियों का प्रतिनिधि है।

(5) कवि कोई काव्य-सत्य किसी विशिष्ट-व्यक्ति के माध्यम से ही प्रस्तुत करता है। यदि सत्य का सिद्धान्त व्यक्त करना हो तो हरिश्चन्द्र या उस जैसे किसी व्यक्ति के माध्यम से ही प्रस्तुति की जाती है।

(6) सम्भाव्यता से यह अभिप्रायः नहीं है कि कवि केवल उन वस्तुओं का वर्णन करे जो उसकी दिनचर्या के अनुभवों का अंश हों। सम्भाव्यता उसे कल्पना की उड़ान भरने से नहीं रोकती, उसे जीवन की सामान्य चारदीवारी में बन्द नहीं करती। यदि कवि सामान्य जीवन की दिनचर्या का ही वर्णन करता तो अभिज्ञान-शाकुन्तल, रामचरितमानस जैसी रचनाएँ प्रस्तुत नहीं कर पाता क्योंकि इनकी घटनाएँ और चरित्र सामान्य जीवन की कसौटी पर असत्य ही प्रमाणित होते। नाटक और महाकाव्य के प्रसंग सामान्य जीवन के प्रसंग नहीं होते और उनके चरित्र भी सामान्य व्यक्ति नहीं बनाए जा सकते। उनके कृत्य और आचरण भी सामान्य मानव के आचरण से ऊपर होते हैं। जो लोग कवि पर आरोप लगाते हैं कि उसके वर्णन यथातथ्य नहीं हैं, सामान्य अनुभव से परे हैं, उनके विषय में अरस्तू कहते हैं–"वस्तुएँ जैसी होनी चाहिए, वैसी तो हैं।" परन्तु इसका अभिप्राय यह नहीं है कि अरस्तू वस्तुगत सत्य को सत्य नहीं मानते, भावना के सत्य या आदर्श को ही सत्य मानते हैं।

अरस्तू के समसामयिक साहित्य में देवताओं से सम्बन्धित कथाएँ, वास्तविक

तथ्यों के अन्तर्गत स्वीकार्य थीं। अरस्तू को भी ये परम्परागत विश्वास एवं धारणाएँ, काव्य-सत्य के रूप में मान्य हैं। उस युग में देव-कथाएँ, त्रासदी साहित्य के लिए उपयुक्त विषय के रूप में ग्रहण की जाया करतीं। भले ही देवकथाएँ असम्भव घटनाओं का उद्घाटन करती हों, हैं तो वे मानवीय विश्वासों और परम्पराओं की मूलाधार। अरस्तू का मन्तव्य है कि जीवन में जो असम्भव है, वह काव्य के लिए सर्वथा त्याज्य नहीं अपितु कभी-कभी और भी ग्राह्य हो जाता है। जो कभी घटित नहीं हुआ और न कभी होगा, सत्य हो सकता है। वे कवि को कुशलतापूर्वक असत्य को प्रस्तुत करने की कला सीखने का परामर्श देते हैं और होमर की प्रशंसा करते हैं कि उन्होंने कवियों को असत्य भाषण की कला सिखाई। यह असम्भव ग्रहण करने के लिए कलागत कौशल, वस्तुसत्य से भव्यतर सत्य की प्रतिष्ठा एवं परम्परागत विश्वास के आधार की आवश्यकता है। अरस्तू के अनुसार कवि द्वारा होने वाली छोटी-मोटी असंगतियाँ, तथ्य सम्बन्धी भूल तथा असावधानी के कारण हो जाने वाली गल्तियाँ भी क्षम्य हैं यदि ये कृति के समग्र प्रभाव को विकृत न करें। काव्य के सम्बन्ध में अरस्तू मानते हैं कि कवि अपनी कृति के आरम्भ में कुछ पूर्व धारणाएँ बना ले और अपना मानसिक परिवेश तैयार कर ले। तदनन्तर उन्हीं के आधार पर कला-कौशल के अनुसार कल्पना के सहयोग से आगे बढ़े, कथानक एवं पात्रों का विकास करे। महाकाव्यों में इस प्रकार की स्वतन्त्रता अधिक हो सकती है। महाकाव्यों में विशद चित्रण एवं सूक्ष्म विवरणों द्वारा यह असम्भव अधिक प्रभावशाली बन जाता है और पाठक उसे सत्य मान लेता है। कलात्मक प्रयोग से अविश्वसनीय भी सम्भव, स्वाभाविक व अनिवार्य प्रतीत होने लगता है। कभी-कभी तो पाठकों का मन आनन्दित करने के लिए असम्भव की प्रतिष्ठा करना आवश्यक हो जाता है। कहने का अभिप्राय है कि वस्तुजगत का असत्य भी अद्भुत तत्त्व के समावेश से पाठकों के मन का प्रसादन करने की क्षमता रखता है और यह काव्य-सत्य के लिए ग्राह्य है। इलियाड काव्य में एक दृश्य है कि एशिलीज, ट्राय की दीवारों के चारों ओर हैक्टर का पीछा करता है और ग्रीक सैनिक चुपचाप देखते रहते हैं। यहाँ घटना अविश्वसनीय लगती है परन्तु कलागत प्रस्तुति के कारण, यह सब ग्राह्य हो गया। रामायण में हनुमान द्वारा उड़कर पर्वत पर जाना और संजीवनी लेकर लौटना, राम द्वारा समुद्र पर पुल बनाना आदि घटनाओं के सत्य का आधार काव्य-कौशल ही है। अरस्तू कथानक रूढ़ियों, दन्तकथाओं के असम्भव विषय को भी काव्य में स्वीकार करने की बात करते हैं, भले ही वे असत्य, तर्कहीन एवं असंगत हों क्योंकि इनके मूल में जन विश्वास है, परम्परा और निष्ठा का बल है। तर्क की दृष्टि से पौराणिक कथाएँ सत्य की कसौटी पर खरी नहीं उतरतीं, फिर भी विश्वसाहित्य उनसे व्यापक रूप में प्रभावित है। जब तक जनविश्वास विद्यमान है, कोई असत्य घटना भी काव्य के विषय में कलागत कौशल से सत्य की भाँति प्रस्तुत की जा सकती है।

अरस्तू कला में भावगत असत्य की स्थिति स्वीकार नहीं करते। वे उस असत्य को मानने के लिए तैयार नहीं जो मानव स्वभाव की मूल-प्रवृत्तियों के विरुद्ध हो। लक्ष्मण की मूर्च्छित स्थिति का समाचार पाकर अयोध्या के राजपरिवार एवं परिजनों में प्रतिक्रिया न हो, इसी प्रकार का सत्य है। इसी को लक्षित करके मैथिलीशरण गुप्त ने साकेत काव्य की रचना की।

काव्य में आकस्मिक घटनाओं की प्रस्तुति के विषय में अरस्तू सहमत नहीं थे। आकस्मिक घटनाएँ प्रकृति की कार्य प्रणाली के प्रतिकूल होती हैं और कला की विघातक हैं। जीवन में आकस्मिक घटनाएँ होती तो हैं, परन्तु सदा नहीं। इसलिए वे आसानी से स्वीकार्य नहीं हो पातीं।

निष्कर्षतः अरस्तू का मत है कि काव्य जीवन की व्याख्या है, परन्तु यह व्याख्या घटनामूलक न होकर भावमूलक होती है। उत्तम काव्य वही है जिसमें वर्णित घटनाएँ सहृदयों का मन छू लें। ऐसा तभी सम्भव हो सकता है जब कवि तथ्यों को अपनी प्रतिभा, कल्पना एवं अनुभूति से भावपूर्ण बना दे। काव्य-सत्य असत्य का विलोम नहीं अपितु मानव सत्य का पर्याय है। इस प्रकार अरस्तू का काव्य-सत्य, भारतीय साधारणीकरण के सिद्धान्त के निकट आ जाता है।

अनुकरण-सिद्धान्त

अनुकरण शब्द यूनानी भाषा के Mimesis शब्द का रूपान्तर है। इस शब्द के माध्यम से काव्य-समीक्षा के क्षेत्र में एक सिद्धान्त का उद्‌भव हुआ जिसने काव्य में प्रकृति और कला के तत्त्वों का अनुपात निर्धारित करने का प्रयास किया। प्राचीन यूनान में मान्यता थी कि कला सच्चे रूप में अनुकरणात्मक होती है। सुकरात आदि विचारकों का मत था कि कविता की ध्वनियाँ जीवन की ध्वनियों की नकल हैं और इसकी गतियाँ जीवन की गतियों की। कलाकार वास्तविक जगत् के पदार्थों का निर्माण नहीं करता, केवल उनकी छाया प्रस्तुत करता है। अतः कला अनुकृति है, स्वतन्त्र रचना नहीं।

प्लेटो भी कला को अनुकृति मानते हैं। उन्होंने अनुकरण का अर्थ साधारण नकल के अर्थ में भी किया है और कल्पना की रचनात्मक शक्ति के अर्थ में भी। यह अनुकरण वास्तविक वस्तु और वस्तु की प्रकृति के मध्य रहने वाले सम्बन्ध का संकेत करता है। प्लेटो मानते थे कि ईश्वर के दिए मूलादर्श वास्तविक सत्ता हैं। इन मूलादर्शों का एक सूक्ष्म जगत् है। यह स्थूलजगत्, इस सूक्ष्मजगत् का अपूर्ण अनुकरण है। मानवीय कला के विषय में प्लेटो कहते हैं कि यह Copy making-Photographic Art तथा Fantastic Art के रूप में होती है Photographic Art के अनुसार चित्रकार उतने ही आकार की मेज का चित्र अंकित करता है जितनी उसके सम्मुख है परन्तु सामने रखी मेज को उस अनुपात में चित्रित करना, जिससे वह अधिक सुन्दर लगे, यह Fantastic Art है। इसमें Photographic Art असली मेज की नकल है, परन्तु Fantastic Art इससे भी बड़ी नकल है। अतः अनुकरणात्मक कला, सत्य से बहुत दूर हो जाती है। फिर कलाकार का सम्बन्ध उन वस्तुओं से होता है जो प्रतिक्षण बदलती रहती हैं जबकि मूलादर्श अपरिवर्तनशील होता है। इसलिए मूलादर्श के सम्मुख Phantasm तुच्छ है। कलाकृति में विशुद्ध सत्य का अंशमात्र रहता है जिससे पाठक भ्रान्ति में पड़ सकता है, अतः वह कलाकृति अधिक महत्त्व की नहीं रहती। फोटो कला, इस प्रकार मनोरंजन का ही एक प्रकार है, कोई गम्भीर कार्य नहीं। इसी तरह कवि अपनी कविता में वीर पुरुष की झाँकी तो दे सकता

है, पर वीर पुरुष का निर्माण नहीं कर सकता। इस तरह प्लेटो ने कला और कविता का अध्ययन नीतिशास्त्र की दृष्टि से ही किया। उनका विचार है कि यदि अनुकरण सत्य के निकट है और उसका विषय जनमंगलकारी है, तो वह अनुकरण बुरा नहीं है। उनकी दृष्टि में कविता इसलिए त्याज्य नहीं कि वह अनुकरण है, अपितु इसलिए है कि वह अनुकरण अधूरा होता है। उसमें सत्य का अभाव होता है। कविता का विषय झूठा होता है और कवि के साधन झूठे होते हैं। कविता पाठकों को ज्ञान देने की अपेक्षा उनके निकृष्ट भावों को उत्तेजित करके उन्हें सबल बनाती है। यदि काव्य में सत्य और ज्ञान की पूर्ण प्रतिष्ठा हो तो ऐसा काव्य स्वागत के योग्य है।

निष्कर्षतः प्लेटो कला और अनुकरण का घनिष्ठ सम्बन्ध मानते हैं। उनका विचार है कि मूलादर्श की विशुद्ध अनुकृति न होने के कारण कला हेय है। वे अनुकरण का समर्थन उसी सीमा तक करते हैं जहाँ तक वह सत्य के समीप हो और उसका विषय शुभ हो।

अरस्तू ने काव्यकला को नीतिशास्त्र की दृष्टि से नहीं, सौन्दर्यशास्त्र की दृष्टि से परखने की चेष्टा की। इसीलिए अनुकरण के सम्बन्ध में उनका मत प्लेटो से बहुत भिन्न हो गया। अरस्तू ने अनुकरण को नई व्याख्या दी। उनका कहना है कि कविता सामान्यतः मानवीय प्रकृति की सहज प्रवृत्तियों से उद्भूत हुई जिनमें से अनुकरण एक प्रवृत्ति है। कला प्रकृति का अनुकरण करती है। यह प्रकृति क्या है ? पर्वत, नदी, पशु आदि मानवेतर जगत् प्रकृति नहीं है और इसका अनुकरण करना कला का काम नहीं। कवि या कलाकार प्रकति की गोचर वस्तुओं का नहीं, प्रकृति की सृजन-प्रक्रिया का अनुकरण करता है। अनुकरण का विषय गोचर वस्तुएँ नहीं होतीं, उनमें निहित प्रकृति नियम रहता है। कवि प्रकृति की सर्जन क्रिया का अनुकरण करता हुआ उसके अधूरे काम पूरे करता है। यदि कविता प्रकृति का केवल दर्पण होती तो वह हमें कुछ भी अधिक न दे पाती, जितना प्रकृति दे पाती है। तथ्य यह है कि हम कविता का आस्वादन इसलिए करते हैं कि वह हमें ऐसा कुछ देती है जो प्रकृति नहीं दे पाती। वस्तुजगत् के माध्यम से कवि की कल्पना में जो वस्तुरूप प्रस्तुत होता है, कवि उसी को भाषा में प्रस्तुत करता है। यह पुनः प्रस्तुतिकरण ही अनुकरण है। इस प्रकार अनुकरण हू-ब-हू नकल नहीं, अपितु संवेदना, अनुभूति, कल्पना, आदर्श आदि द्वारा अपूर्ण को पूर्ण बनाना है।

अरस्तू का कथन है कि कलाकार तीन प्रकार की वस्तुओं में से किसी एक का अनुकरण कर सकता है—

(1) जैसी वे थीं या हैं,

(2) जैसे वे कही या समझी जाती हैं और

(3) जैसे वे होनी चाहिए।

इस अनुकरण में कवि की भावना और कल्पना का योगदान रहेगा। प्रतीयमान एवं

सम्भाव्य रूप में यदि वह भावना और कल्पना का आश्रय लेगा तो आदर्श रूप में वह अपनी इच्छा तथा आदर्शों के अनुरूप चित्र प्रस्तुत करेगा। इस प्रकार अररतू अनुकरण सिद्धान्त को भावनामय तथा कल्पनामय अनुकरण मानते हैं, शुद्ध प्रतिकृति नहीं। अरस्तू का मत है कि कवि उसका वर्णन करता है जो घटित हो सकता है। काव्य का सत्य व्यापक एवं अमूर्त है। कवि वस्तुओं के यथारूप का वर्णन नहीं करता अपितु उन्हें युक्ति-युक्त रूप में प्रस्तुत करता है। उस का कर्तव्य है कि मूलवस्तु में स्थित प्राकृतिक उपयुक्तता व सत्य सम्प्रेषित करने का प्रयत्न ही न करे अपितु कलाकौशल से आवश्यक एवं सम्भावित तत्त्व का भी प्रेषण करे।

त्रासदी के सम्बन्ध में अरस्तू का विचार है कि वह मनुष्यों का नहीं, कार्यरत मनुष्यों तथा जीवन का अनुकरण करती है। जो मानव जीवन के आन्तरिक पक्ष को व्यक्त कर सके, बुद्धिसम्मत व्यक्तित्व का उद्‌घाटन करे, वह सब कुछ 'कार्य' के अन्तर्गत समाविष्ट है। कार्य का अर्थ केवल मनुष्य के कर्म ही नहीं, उसके भाव, विचार, आचरण आदि भी हैं जो कर्म के लिए उत्तरदायी हैं। यहाँ भी अनुकरण का अर्थ अनुकरण नहीं, पुनःप्रस्तुतिकरण है। काव्य में जिस मानव का चित्रण है, वह सामान्य मानव से अच्छा भी हो सकता है, उससे बुरा भी हो सकता है और ज्यों का त्यों भी। अरस्तू ने सामान्य से अच्छे और बुरे की चर्चा की है क्योंकि सामान्य से अच्छे और बुरे मानव का चित्रण करने में ही कल्पना तत्त्व की आवश्यकता होती है। इससे स्पष्ट है कि अरस्तू अन्धानुकरण के पक्ष में नहीं थे, अनुकरण से उनका अभिप्राय कल्पनात्मक पुनःसृजन था जिसमें कुछ बढ़ाया जा सकता है एवं कुछ अनावश्यक छोड़ा जा सकता है तथा जिसमें कवि अन्विति के अनुसार अपनी वस्तु का चुनाव करता है और उसे कलात्मक ढंग से सजाता है। इसीलिए जिन वस्तुओं के प्रत्यक्ष दर्शन से दुख होता है, अनुकरण द्वारा प्रस्तुत होने पर उनसे आनन्द मिलता है। डरावने जीव को देखने से भय उत्पन्न होता है परन्तु उसका अनुकृत रूप आनन्द प्रदान करता है। इसका आशय है कि अनुकरण द्वारा, वास्तविक जीवन में दुख और भय की अनुभूति देने वाली वस्तु इस प्रकार प्रस्तुत की जाती है कि उससे आनन्द उपलब्ध हो। यह अनुकरण निश्चय ही वस्तुपरक अंकन न होकर भावात्मक एवं कल्पनापरक होगा।

इस प्रकार अरस्तू के विविध कथन इस बात की पुष्टि करते हैं कि अनुकरण का अभिप्राय भावनापूर्ण अनुकरण है, प्रत्यक्ष अंकन नहीं। कला या कविता मानव जीवन के सर्वव्यापक तत्त्व की अभिव्यक्ति करती है और अनुकरण की रचनात्मक प्रक्रिया है। अतः अनुकरण का अर्थ जीवन का पुनःसृजन है। इस प्रकार अरस्तू ने अनुकरण को नया अर्थ प्रदान करके कला या कविता का स्वतन्त्र अस्तित्व स्थापित किया। फिर भी यह अनुकरण सिद्धान्त सर्वथा दोषमुक्त नहीं है। इसमें निम्नलिखित कमियाँ दिखाई देती हैं—

(1) अरस्तू का अनुकरण-सिद्धान्त कल्पना तत्त्व स्वीकारते हुए भी वस्तुतत्त्व को प्रमुखता देता है। इसमें वस्तुतत्त्व उद्दीपक मात्र नहीं अपितु आधार रूप है।

(2) इस सिद्धान्त में कवि की अन्तश्चेतना को उचित स्थान नहीं मिला। कवि अपने जीवन में अनेकानेक अनुभूतियाँ पाता है, अनेक प्रभाव ग्रहण करता है जिनसे उसकी अन्तश्चेतना की निर्मिति होती है। यह अन्तश्चेतना की निर्मिति, प्रस्तुत सिद्धान्त में उपेक्षित ही रह जाती है क्योंकि यहाँ वस्तुपरक भावतत्त्व ही प्रमुख है।

(3) गीतिकाव्य, अनुकरण-सिद्धान्त की परिधि से बाहर हो जाता है। गीतिकाव्य का मूल भाव है जो प्रेरणा के प्रभाव से एकदम गीत के रूप में फूट पड़ता है। इसमें वैयक्तिक अनुभूतियों की प्रधानता होती है जिन्हें अनुकरण की परिधि में नहीं लाया जा सकता।

(4) क्रोचे का कथन है कि कला के सृजन में अनुकरण-सिद्धान्त का कोई महत्त्व नहीं क्योंकि कला का मूल रूप तो कलाकार के मानस में घटित होता है। वस्तु का अनुकरण तो कला के सृजन में आनुषंगिक घटना है।

(5) अनुकरण-सिद्धान्त के लिए अरस्तू ने mimesis शब्द प्रयुक्त किया। इस शब्द से कल्पनापरक पुनर्निर्माण अथवा सृजन के आनन्द की स्थिति की अभिव्यक्ति नहीं हो पाती। यह शब्द अपने आपमें संकुचित अर्थ का द्योतक है। इससे कला की भावात्मक स्थिति की प्रतीति नहीं होती।

आज समीक्षा के क्षेत्र में अनुकरण-सिद्धान्त का महत्त्व बहुत कम हो गया है। इसके स्थान पर कल्पना के उन्मेष की चर्चा की जाती है। आज कविता को जीवन की कसौटी पर नहीं कसा जाता, उसका विवेचन और मूल्यांकन स्वतन्त्र कलाकृति के रूप में होता है। अब कविता के मूल्यांकन में यह देखने की चेष्टा की जाती है कि वह पाठकों या श्रोताओं को कितनी प्रभावित कर पाती है। फिर भी अनुकरण-सिद्धान्त को विलुप्त नहीं समझा जाना चाहिए। यह साहित्य की विधाओं में प्रकृतवाद और यथार्थवाद के रूप में विद्यमान है। जो साहित्यकार अपनी कृति में जीवन का हू-ब-हू रूप उतारने के पक्ष में हैं, वे वस्तुतः अनुकरणवादी ही हैं। कितनी ही साहित्यिक रचनाओं में जीवन के अशिव एवं घिनौने रूप अंकित किए जाते हैं, जीवन के ऐसे रूप भी जिन्हें यथार्थ का सीधा अनुकरण कहा जा सकता है। यथार्थ के नाम पर साहित्य में वादों का प्रचलन भी हुआ है। अतः अनुकरण का सिद्धान्त अभी सर्वथा मृत नहीं, इसका महत्त्व अवश्य कम हो गया है।

इस प्रकार प्लेटो से लेकर आज तक अनुकरण-सिद्धान्त मान्य तो रहा, परन्तु भिन्न-भिन्न कालों में इसकी स्थिति अलग रूप में दिखाई दी—

—प्लेटो से पहले अनुकरण का अर्थ था—होमर की रचना का अनुकरण।

—प्लेटो के अनुसार मूल आदर्श का अनुकरण ही सच्चा अनुकरण है।

—अरस्तू की दृष्टि में अनुकरण का अर्थ है—कल्पनापरक पुनःसृजन।

—अलंकारवादियों के अनुसार अनुकरण का अभिप्राय है—महान् कवियों का अनुकरण करना।

—नव जागरण युग में प्राकृतिक उपादानों का अनुकरण ही कलात्मक सृजन का आधार स्वीकार किया गया।

—आधुनिक साहित्य में यथार्थवाद, प्रकृतवाद, अतियथार्थवाद आदि रूपों में, दिखाई देता है। अरस्तू द्वारा प्रतिपादित अनुकरण-सिद्धान्त पर आधारित कविता और विज्ञान के मध्य, कुछ विचारक अधिक अन्तर नहीं मानते।

मूलतः देखा जाए तो अनुकरण-सिद्धान्त नाट्यकृति में अधिक सक्रिय है। नाटक में मूल पात्रों, घटनाओं और वस्तुओं की अनुकृति प्रस्तुत करने का अभिनय होता है। यह तो ठीक है कि नाटककार पहले घटनाओं, पात्रों और कृत्यों का चयन करता है, फिर उन्हें हृदयंगम करके कल्पना द्वारा भावों की संश्लिष्टि के साथ पुनःसृजन में लीन होता है, परन्तु मूल आदर्श से अधिक परे जाने के लिए अधिक गुंजाइश नहीं होती। विशेषतः ऐतिहासिक और पौराणिक नाटकों में यह सिद्धान्त महत्त्वपूर्ण है। कविता के क्षेत्र में भावों की प्रवणता और गीतिकाव्य में भाव का स्वतः प्रवाह अनुकरण-सिद्धान्त की बहुत ही कम अपेक्षा रखता है। असल में अरस्तू के युग में नाटकों में विशेषतः त्रासदी की लोकप्रियता अधिक थी। नाटकीय रचनाएँ प्रायः प्रख्यात घटनाओं, व्यक्तियों से जुड़ी होने के कारण अनुकृति पर आधारित होती थीं, इसलिए उनमें अनुकरण-सिद्धान्त के प्रभाव की चर्चा करना युगीन आवश्यकता थी। सम्भवतः त्रासदियों के सन्दर्भ में ही अरस्तू ने अनुकरण-सिद्धान्त को नई व्याख्या देने का प्रयास किया हो। इसे विश्व-साहित्य की विविध-विधाओं के विविध-रूपों में परखना, अधिक समीचीन नहीं। फिर भी आंशिक रूप में, समीक्षा क्षेत्र में इसे ग्रहण करना अनुचित नहीं।

त्रासदी

त्रासदी का विवेचन यूनान से प्रारम्भ हुआ। इसके सम्बन्ध में कुछ विचार प्लेटो ने व्यक्त किए थे, परन्तु अरस्तू ने सबसे पहले इस पर विशद रूप में विवेचन प्रस्तुत किया। उन्होंने अपनी पुस्तक पोएतेस में लिखा है कि त्रासदी किसी गम्भीर, पूर्ण एवं महत् कार्य का निरूपण है। इसकी भाषा परिष्कृत एवं कलात्मक अलंकरण से युक्त होती है। त्रासदी के अनेक रूप, नाटक के विभिन्न भागों में कार्य के रूप में होते हैं, वर्णनात्मक नहीं। यह करुणा और भय के माध्यम से इन भावों का प्रसादन करती है।

Tragedy then is an imitation (mimesis) of an action that is serious, complete and a certain magnitude, in language embellished with each kind of artistic ornament, the several kinds being found in separate party of the play, in the form of action, not of narrative, through pity and fear effecting the proper purgation of these feelings.

इस परिभाषा से त्रासदी के विषय में निम्न बातों का बोध होता है–

(1) त्रासदी में किसी कार्य का निरूपण, अनुकरण होता है।

(2) त्रासदी का विषय गम्भीर एवं पूर्ण हो जो त्रासदी की गरिमा के अनुकूल दिखाई दे।

(3) त्रासदी में कलात्मक भाषा एवं शैली सौन्दर्य की अपेक्षा है।

(4) त्रासदी में कई अलग-अलग भाग (दृश्य) होने चाहिए।

(5) त्रासदी का कार्य अभिनयात्मक हो, वर्णनात्मक नहीं।

(6) इससे करुणा और भय के भावों की उचित शुद्धि (विरेचन) होती है।

त्रासदी के सम्बन्ध में, संक्षेप में कहना चाहें तो अरस्तू के अनुसार, त्रासदी में जीवन के किसी गम्भीर एवं गरिमापूर्ण कार्य का कई दृश्यों में कलात्मक भाषा के माध्यम से अभिनयात्मक निरूपण होता है जिससे करुणा और भय के भाव शुद्धि प्राप्त करते हैं। इससे प्रतीत होता है कि अरस्तू त्रासदी के लिए साधारण विषय, सामान्य भाषा और कार्य की अपूर्णता स्वीकारने के पक्ष में नहीं थे।

अरस्तू के अनुसार त्रासदी में छह तत्त्व होने चाहिएँ (1) कथानक Plot (2) चरित्र Character (3) विचार तत्त्व thought (4) पदावली Diction (5) दृश्य विधान Spectacle (6) संगीत Melody।

(1) कथानक

घटनाओं का विन्यास कथावस्तु है। यह त्रासदी का सबसे महत्त्वपूर्ण अंग है। अरस्तू कथानक को वास्तविक जीवन में कार्य का पर्याय मानते थे। कार्य का अभिप्राय केवल बाह्य क्रियाकलाप नहीं हैं, इसमें आन्तरिक क्रिया भी निहित है जो बाह्य क्रियाओं में अभिव्यक्ति पाती है। अर्थात् कार्य से उनका अभिप्राय स्थूल कार्य, घटनाएँ और स्थितियाँ ही न था अपितु मानसिक प्रक्रिया और प्रेरक हेतु (Motives) भी था। अरस्तू चरित्र की सार्थकता क्रिया में मानते थे। जब तक व्यक्ति अपनी मानसिक वृत्तियाँ, कार्य-कलाप द्वारा प्रकट न करे, दर्शक और पाठक प्रभावित नहीं होते—Character in itself is not fully real until it is `in act' or `in action'.

—A tragedy is impossible without action, but there may be one without character (ethos). अरस्तू ने चरित्र (ethos) शब्द दो अर्थों में प्रयुक्त किया है—पात्र तथा पात्र का नैतिक स्वभाव (ethical nature)। वे कहते हैं कि चरित्र के बिना भी त्रासदी सम्भव है अर्थात् अपना नैतिक स्वभाव न प्रदर्शित करने वाले पात्रों के बिना भी सम्भव है। उनके मत में पात्रों का कोई महत्त्व नहीं यदि वे उन परिस्थितियों और तथ्यों को प्रकट नहीं करते जिनके माध्यम से चारित्रिक विशेषताएँ प्रकट होती हैं। इन्हीं तथ्यों और परिस्थितियों का नाम कथानक है। पात्र तुच्छ नहीं हैं, केवल शून्य में स्थित पात्रों की त्रासदी में कोई जरूरत नहीं। कथानक के माध्यम से पात्र सार्थक बनते हैं क्योंकि कथानक द्वारा ही नाटकीय मूल्य प्राप्त होता है। जो कथानक, पात्र के विकास में सहायक न हो, अनावश्यक है।

अरस्तू ने कथानक के तीन रूप बताए हैं—

(क) दन्तकथामूलक।

(ख) कल्पनामूलक।

(ग) इतिहासमूलक।

इन तीनों में दन्तकथामूलक कथानक प्रमुख है फिर भी कल्पनामूलक व इतिहास मूलक कथानक भी त्रासदी का आधार बन सकते हैं, यदि वे सम्भाव्य और आनन्दप्रद हों। इतिहासमूलक कथानक यदि अपनाए जाएँ तो उन्हें इतिहासकार की तरह नहीं, नाटककार के दृष्टिकोण के समान ग्रहण किया जाए। उनका सत्य, इतिहास का सत्य न होकर काव्य का सत्य होना चाहिए। दन्तकथाओं का प्रयोग इसलिए उचित है कि उनमें सत्य और कल्पना के मिश्रण का अवकाश रहता है। कथानक का विस्तार इतना होना चाहिए कि उसे सरलता से स्मरण रखा जा सके। वह इतना छोटा न

हो कि प्रेक्षक के मन में उसका स्वरूप ही स्पष्ट न हो और न इतना बड़ा कि उसे समग्र रूप में ग्रहण न कर सके। उसमें इतना अवकाश रहना चाहिए कि जीवन की सुखमय या दुखमय परिणति दिखाई जा सके। कथानक में प्रभावान्विति अवश्य होनी चाहिए।

अरस्तू ने कथानक के चार मूल गुण बताए हैं–

(क) **पूर्णता**–कथानक के संगठन में आरम्भ, मध्य और अन्त की स्थिति होनी चाहिए। आरम्भ की स्थिति ऐसी हो कि जिसमें परिणाम तो निश्चित हों, पर पूर्व-कारण न हो। अर्थात् नाटक के आरम्भ में ही प्रेक्षक को पूर्ववर्ती घटनाओं की जिज्ञासा न हो। नाटक के प्रारम्भ के तथ्य ऐसे हों कि जिनके स्रोत तलाशने की जिज्ञासा न हो, अपितु भावी परिणाम जानने की उत्सुकता हो। कथानक के मध्य भाग में पूर्ववर्ती कारण भी हों और उनसे आगामी परिणाम भी घटित हों। अर्थात् मध्यभाग का सम्बन्ध पूर्ववर्ती और परवर्ती घटनाओं के साथ कार्यकारण सम्बन्ध रहे। त्रासदी के कथानक का अन्त, मध्य भाग का परिणाम हो और वह किसी अन्य स्थिति को जन्म न दे। अन्त भाग ऐसा न हो कि प्रेक्षक बाद में भी जिज्ञासा बनाए रखे। नाटक, कार्य की अन्तिम परिणति के साथ समाप्त हो जाना चाहिए।

(ख) एकान्विति–त्रासदी में एकान्विति का अभिप्राय है–कार्य की एकता। कथानक का कार्य-व्यापार ऐसा होना चाहिए जिसके विभिन्न अंग परस्पर जुड़े रहें और मूल कार्य से विच्छिन्न न हों। उनमें निरर्थक और अनावश्यक अंगों का समायोजन उचित नहीं। घटनाएँ एक के बाद एक न आएँ, अपितु प्रत्येक दृश्य, आगामी दृश्य से सम्बद्ध रहे और सभी दृश्य ऐसा भाव सम्पन्न करे जो अन्तिम प्रभाव की सम्पन्नता में योग दे।

अरस्तू का मत है कि त्रासदी को यथासम्भव सूर्य की एक परिक्रमा या इससे कुछ अधिक समय तक सीमित रखने का प्रयत्न किया जाता है। कहने का अभिप्राय है कि त्रासदी का अभिनय एक दिन या कुछ अधिक में समाप्त कर देना चाहिए। स्थान की अन्विति के विषय में अरस्तू ने कोई स्पष्टीकरण नहीं दिया। सामान्यतः ग्रीक मंच, सम्पूर्ण कार्य में एक ही स्थान का प्रयोग करता था और यह स्थान प्रायः महल के बाहर या एक घर में होता था। कभी-कभी चित्रित दृश्यों का प्रयोग भी होता था।

(ग) सम्भाव्यता और आवश्यकता–कथानक में ऐसे प्रसंग लाए जाएँ जो सम्भाव्यता एवं आवश्यकता के अनुकूल हों। कवि का कर्म इतना ही नहीं है कि जो घटित हो चुका है, उसी का वर्णन करे, वह उसका भी वर्णन कर सकता है जो घटित होना सम्भव है। कहने का अभिप्राय है कि कथानक में युक्ति संगत प्रसंग लिए जाने चाहिए। संयोग (chance) और असम्भाव्य घटनाओं का समायोजन अनुचित है। जो प्रसंग मूल नाटक में न आते हों, उनकी अवतारणा बहिष्कार्य है। आकस्मिक

अतिमानवीय तत्त्वों का सन्निवेश ठीक नहीं। आवश्यकता में दो बातें आती हैं। एक, किसी विशिष्ट प्रकार का कार्य किया जाएगा तो उसका फल भी विशिष्ट प्रकार का होगा, जैसे गर्दन पर तलवार चलाने से चोट लगेगी। दूसरा, कोई व्यक्ति, किसी परिस्थिति में, किन्हीं व्यक्तियों के सम्पर्क में आता है तो अमुक प्रकार का कार्य करेगा। इस नियम से कोई नाटककार ऐसे पात्रों, ऐसी परिस्थितियों या ऐसे कार्यों का सृजन नहीं कर सकता जो अविश्वसनीय प्रतीत हों।

(घ) सहज विकास—कथानक में अंगों का सहज विकास वांछित है। घटनाएँ एक-दूसरे का सहज परिणाम होनी चाहिए। यान्त्रिक घटनाओं की अवतारणा या बाह्य साधनों का प्रयोग ठीक नहीं। घटना की प्रस्तुति नाटकीय, भावुकतापूर्ण और कुतूहल बढ़ाने वाली होनी चाहिए। यूनान में नाटककारों ने नाटक में कलात्मकता लाने के लिए नाट्यव्यंग्य का प्रयोग किया। नाटक में सस्पेंस (असमंजस) की स्थिति अधिक उपयोगी सिद्ध हुई क्योंकि इसका प्रभाव न तो क्षणिक होता है और न ही जल्दी बासी पड़ता है। अरस्तू का स्पष्ट कथन है कि नाटक की घटनाओं में कार्यकारण की पूर्व-अपरता उपेक्षित न की जाए, इसी से त्रासदी का प्रभाव गहरा हो सकता है। संयोग और आकस्मिक प्रसंगों से नाटक के प्रभाव में वृद्धि नहीं होती।

कथानक के शिल्पगत भेद—शिल्प की दृष्टि से अरस्तू ने कथानक के दो भेद किए—सरल और जटिल। इन भेदों का आधार कथानक का कार्य है। यदि कार्य सरल है तो कथानक भी सरल होगा और जटिल है तो जटिल होगा। सरल से अभिप्राय है कि अविच्छिन्न कार्य व्यापार, सीधा घटना की ओर बढ़ता है। जटिल कथानक में त्रासदी का कार्य व्यापार जटिल रहता है। वहाँ परिवर्तन के लिए स्थिति विपर्यय और अभिज्ञान का सहारा लिया जाता है। जटिल कथानक का विकास सीधा नहीं होता, उसमें अनेक मोड़ होते हैं और प्रासंगिक कथाएँ आती हैं। जटिल कथानक में तीन अंग प्रमुख माने गए हैं। इनमें पहला अंग **हैमरतिया** (Hamartia) अथात् **महान् त्रुटि** है। अरस्तू के अनुसार त्रासदी का नायक पूर्ण नहीं हो सकता और नाटक के प्रभाव के लिए उसका अपूर्ण होना आवश्यक भी है। यह अपूर्णता क्या है ? चारित्रिक मूल, बौद्धिक कमी, परिस्थिति के अपर्याप्त ज्ञानजन्य भूल, गलत निर्णय आदि दोष हैमरतिया के अन्तर्गत आते हैं। इसका अभिप्राय नैतिक पतन नहीं है। नायक कोई गलती कर बैठता है जिससे उसे संघर्ष में आना पड़ता है। वह सामान्य व्यक्ति से परे नहीं है। यदि नायक भूलें न करे तो वह अविश्वसनीय हो जाएगा। अपनी भूलों पर वह पश्चात्ताप करता है तो प्रेक्षकों के मन में करुणा और सहानुभूति के भाव उत्पन्न होते हैं। सामाजिक के मन में, किसी गलत बात को मान लेने पर, सन्तोष का भाव जाग्रत हो जाता है क्योंकि उसे वह स्थिति स्वीकार्य है।

जटिल कथानक में दूसरा अंग **'स्थिति विपर्यय'** अर्थात् पेरीपेतेइया (Peripeti) है। इस स्थिति में नायक की इच्छा के विपरीत कुछ घटित हो जाता है। त्रासदी में

प्रभाव तभी पैदा होता है जब विपरीत घटना, संयोग या भाग्य से उत्पन्न न होकर, पात्र अथवा उसके शुभचिन्तकों के कारण हो। अलौकिक संयोगों की अवतारणा, सामाजिकों के लिए अधिक प्रभाविता नहीं रखती। सामाजिक तो परिस्थितियों और परिणतियों में अपने जीवन की समानता ढूँढ़ता है। अतः ऐसी स्थिति जो सर्वथा अप्रत्याशित और अनिच्छित हो और जिसके कारण मनुष्य विपत्ति में पड़े, स्थिति विपर्यय है।

जटिल कथानक को गति देने वाला तीसरा अंग **अभिज्ञान 'अनग्नोरिसिस'** है। इसका अभिप्राय है—अज्ञान का ज्ञान में परिणत होना अर्थात् भ्रान्ति। भ्रान्ति के कारण स्थिति बदलती है, परिणति उल्टी-पुल्टी हो जाती है।

त्रासदी को गठित करने वाले अंग—त्रासदी का गठन चार बातों पर निर्भर करता है। त्रासदी के प्रारम्भ में कथावस्तु के लिए भूमिका के रूप में **प्रस्तावना** (Prologue) दी जाती है। इसमें कथा के संकेत निहित रहते हैं। इसके बाद **उपाख्यान** (Episode) होते हैं। इनसे कथावस्तु विविध स्थितियों में विभाजित की जाती है। उपाख्यान के प्रारम्भ में सब अभिनेता मंच पर आते हैं और अन्त में चले जाते हैं। उपाख्यान सम्भवतः अंक विभाजन था। यूनानी त्रासदी में प्रायः तीन उपाख्यान होते थे। कथावस्तु को गठित करने वाला तीसरा अंग वृन्दगान (chorus) है। इसमें अनेक गायक नाचते हुए आते थे और त्रासदी की घटनाओं की भावात्मक समीक्षा की जाती थी। गायक अनेक होने पर भी उनके व्यवहार में सामूहिक व्यक्तित्व रहता था। वृन्दगान अलंकरण मात्र नहीं था। वह भूत पर प्रकाश डालता था, वर्तमान की आलोचना करता था तथा भविष्य की सूचना देता था। उससे प्रेक्षक की प्रतिक्रिया को भी अभिव्यक्ति मिलती थी। वृन्दगान की अवतारणा उपयुक्त वातावरण उत्पन्न करने के लिए हुआ करती। वृन्दगान में प्रगीति तत्त्व से प्रेक्षकों के मन का तनाव कम होता था। परन्तु वृन्दगान का सम्बन्ध नाटक की मूलकथा से नहीं रहा, अतः बाद में इस अंग की उपेक्षा होने लगी। त्रासदी में कथावस्तु गठन में उपसंहार (Exode) भी शामिल था। इसे अन्तिम घटना अर्थात् कैटेस्ट्रोफी कहा जाता है।

(2) चरित्रांकन

अरस्तू के मत में इथोज (चारित्र्य) उसे कहते हैं जो व्यक्ति की रुचि-अरुचि का प्रदर्शन करता हुआ, नैतिक प्रयोजन व्यक्त करे। इसमें व्यक्ति के नैतिक गुण-दोषों के साथ ही व्यक्ति की विशिष्टता की ओर भी संकेत रहता है। चरित्रांकन में नाटककार को चार बातों पर ध्यान देना चाहिए—

(क) नाटक में चरित्र अच्छा हो अर्थात् शीलवान् व्यक्ति जो पूर्ण नहीं है, दृढ़ चरित्र है। पूर्णतः सदाचारी व्यक्ति को आपदाग्रस्त देखकर न्यायभावना पर आघात होता है, इसलिए चरित्र में पूर्णता नहीं होनी चाहिए। कहीं न कहीं कुछ कमी रहे

तो ही कार्य की स्थिति बनेगी।

(ख) अरस्तू का विचार है कि लिंगभेद के आधार पर व्यक्तियों में गुण-भेद होता है। स्त्री स्वभाव से भावुक और उदार होती है, उसमें धूर्तता कम रहती है। पुरुष में शौर्य और परुषता के भाव होते हैं। अतः नाटक में स्त्री-पुरुष पात्र उनके गुणों के अनुसार दिखाए जाएँ। पात्र उन विवरणों के अनुरूप हों जो उनके विषय में परम्परा से चले आ रहे हैं। यदि किसी पात्र का परम्परागत रूप वीरता है तो उसे वीर ही दिखाया जाए। उदाहरणतः परशुराम का क्रोधी रूप है, उसमें सौम्य भाव दिखाने में औचित्य नहीं। पात्र अपने सामाजिक आदि रूप के अनुकूल हों, भले ही उनमें कुछ व्यक्तिगत विशेषता भी रहे।

(ग) पात्रों में जीवन की अनुरूपता रहनी चाहिए। वे स्वाभाविक हों और जीते-जागते इन्सान हों। नाटककार को उनमें थोड़ा बहुत परिवर्तन करने का भी अधिकार होता है। पात्र पूर्णतः स्थिर या स्टीरियो-टाइप न रहें।

(घ) चरित्र में एकरूपता का निर्वहन होना चाहिए। पात्र का विकास इस प्रकार हो जो समझ में आ सके। यदि कहीं विकास में परिवर्तन हो तो वह आकस्मिक या असंगत न हो, उस परिवर्तन के बीज पात्र के संस्कार में होने चाहिए। इन संस्कारों का संकेत परिवर्तन से पूर्व ही देना उचित है–Aristotle is not recommending a dead level, not a flat uniformity, but a living coherence.

उदाहरणतः किसी डाकू को कोई पूर्व-पीठिका बनाए बिना एकदम समाजसेवक के रूप में दिखाना, उसके चरित्र की एकरूपता नहीं।

त्रासदी का नायक–त्रासदी का कार्य त्रास और करुणा भाव जगाना है। अतः नायक ऐसा होना चाहिए जिसके कार्य से ये दोनों भाव प्रेक्षक में जाग्रत हों। करुणा भाव उसके प्रति जागता है जो भले ही पूर्णतः निर्दोष न हो परन्तु अपने दोष से अधिक कष्ट झेल रहा हो। त्रास भाव तब उत्पन्न होता है जब त्रस्त व्यक्ति, प्रेक्षक के समान हो। नायक में किसी दुष्ट पात्र की विपत्ति से उत्कर्ष का चित्रण नहीं होना चाहिए। इससे न तो नैतिक भावना तुष्ट होगी, न ही करुणा व त्रास की उद्‌बुद्धि। अरस्तू के मत में खल पात्र त्रासदी का नायक नहीं होना चाहिए। उसके प्रति प्रेक्षक के मन में करुणा नहीं जाग्रत होती क्योंकि उसका कष्ट, उसके दोष के अनुपात में ही होता है। उदाहरणतः रावण, दुर्योधन आदि के पतन से प्रेक्षक का मन करुणार्द्र नहीं हो पाता। उनकी बुराई के सम्मुख, उनकी शक्ति फीकी पड़ जाती है। अतः नायक–

–सहज मानवीय भावनाओं से युक्त हो जिससे प्रेक्षक तादात्म्य स्थापित कर सकें।

–उसके वैभव, यश और महत्त्व का प्रभाव व्यापक हो और उसके सुख-दुख से समाज और देश भी प्रभावित होता हो।

–उसके चरित्र में सत् के साथ, कुछ अंश असत् का भी रहे। उसमें दुष्टता तो न हो, परन्तु भूल करने की कमजोरी होनी चाहिए।

इस प्रकार नायक पूर्णतः निर्दोष न हो, अपने दोष के अनुपात में अधिक कष्ट पाए और प्रेक्षकों के समान हो।

(3) विचार-तत्त्व

त्रासदी में बुद्धितत्त्व और भावतत्त्व दोनों का समावेश होना चाहिए। त्रासदी का मूल विचार तो नाटककार का ही विचार होता है जिसे वह घटनाओं और पात्रों के माध्यम से प्रस्तुत करता है। नाटककार समाज की घटनाओं, स्थितियों, विचारों, मान्यताओं आदि को अपने मन में संश्लेषित करके, त्रासदी के विचार-तत्त्व का निर्णय लेकर उसे नाटक के माध्यम से प्रेक्षकों तक सम्प्रेषित करता है।

(4) पदावली

पदावली से अभिप्राय है—शब्दों में अर्थ की अभिव्यक्ति। अरस्तू त्रासदी के लिए अलंकृत भाषा का प्रयोग उचित मानते हैं। अलंकृत भाषा में लय सामंजस्य और गीत का समावेश रहता है। नाटक की भाषा गद्य, पद्य या दोनों रूपों में हो सकती है, फिर भी पद्यमय भाषा अधिक उपयोगी है। अर्थात् छन्दोबद्ध भाषा का प्रयोग वांछनीय है। अरस्तू का विचार है कि भाषा प्रसाद गुण सम्पन्न हो और उसमें क्षुद्रता प्रतीत न हो।

The perfection of style is to be clear without being mean.

यदि कवि जनसामान्य की भाषा का प्रयोग करेगा तो वह प्रसाद गुण से युक्त तो होगी, परन्तु उसमें भव्यता का अभाव रहेगा, क्षुद्रता आ जाएगी। इसके विपरीत अप्रचलित शब्दों का प्रयोग करने से वागाडम्बर प्रतीत होगा। अतः त्रासदी के भव्य विषय के अनुकूल ही अलंकृत एवं भव्य भाषा का प्रयोग होना चाहिए। इस कार्य के लिए कवि में प्रतिभा की आवश्यकता होती है। यह कवि पर निर्भर करता है कि वह रूपक अलंकार का कितना सफल प्रयोग कर पाता है।

(5) दृश्य विधान

दृश्य विधान का सम्बन्ध मंचन कला से अधिक है। रंगमंच की सजावट, पात्रों की वेशभूषा, प्रकाश व्यवस्था आदि रंगमंचीय साधनों से प्रस्तुत की जाती है। यह सब मंचीय व्यवस्था की कुशलता पर निर्भर है, अतः नाटककार के साथ इसका सीधा सम्बन्ध नहीं। अरस्तू ने इस सम्बन्ध में अधिक संकेत भी नहीं दिए हैं।

(6) संगीत

अरस्तू के विचार में संगीत त्रासदी का अनिवार्य अंग है। संगीत द्वारा त्रासदी का विषय और वातावरण गम्भीर एवं भव्य हो उठता है। प्रेक्षकों की एकाग्रता एवं भावों

की उत्तेजना में संगीत की महत्त्वपूर्ण भूमिका होती है।

त्रासदी और आनन्द

त्रासदीजन्य आनन्द के विषय में अरस्तू कहते हैं–The tragic pleasure is that of pity and fear and the poet has to produce it by a work of imitation.
इससे स्पष्ट है कि त्रासदी का लक्ष्य त्रास और करुणा भाव जगाना है। जब त्रास और करुणा भावों का सफल अनुकरण होगा तभी आनन्द के सृजन की स्थिति होगी। अनुकरण का आनन्द दो प्रकार का है–एक, मूल भावों की सच्ची प्रतिकृति देखकर उत्पन्न हुआ आनन्द। दूसरा, अनुकरण की सच्चाई और गम्भीरता से पात्रों के साथ प्रेक्षकों के साधारणीकृत होने पर अनुभूत होने वाला आनन्द। इस आनन्द की प्रभाविता के लिए कवि की साधारणीकरण की शक्ति प्रमुख भूमिका निभाती है। अतः त्रासदी भावजन्य एवं कलाजन्य दोनों प्रकार का आनन्द प्रदान करती है। अब प्रश्न यह उठता है कि त्रासदी पीड़न के अभिनय से आनन्द कैसे दे पाती है ? उत्तर में यही कहा जा सकता है कि त्रासदी प्रेक्षक की सौन्दर्य भूख सन्तुष्ट करती है और जीवन के गम्भीर सत्यों से परिचित कराती है। त्रासदी देखते समय प्रेक्षक साधारणीकरण की प्रक्रिया से भावान्दोलन की स्थिति में चला जाता है। फिर त्रासदी में अभिनीत दृश्य प्रेक्षक के जीवन की प्रत्यक्ष पीड़ा नहीं है, वह केवल भाव-तादात्म्य है, अतः उससे दुख अनुभव नहीं होता, विशेष प्रकार की आनन्दानुभूति होती है। सांसारिक पदार्थों से मिलने वाले सुख-दुख और नाटक के आनन्द के स्वभाव में अन्तर है। त्रासदी का आनन्द लोकोत्तर है अर्थात् लौकिक वस्तुओं से उत्पन्न आनन्द से भिन्न है।

त्रासदी और महाकाव्य

त्रासदी और महाकाव्य दोनों ही काव्य की श्रेष्ठ विधाएँ हैं। इनकी निर्मिति में बहुत कुछ समानता है–

(1) त्रासदी और महाकाव्य दोनों का आधार अनुकरण है।

(2) दोनों के कथानक प्रख्यात होते हैं।

(3) दोनों में सामान्य जीवन की अपेक्षा श्रेष्ठतर जीवन अंकित किया जाता है।

(4) दोनों की कथाएँ प्रायः जातीय दन्तकथाएँ होती हैं।

(5) दोनों के कथासंगठन में पूर्वापर क्रम, सम्भाव्यता तथा कुतूहल की भूमिका होती है।

(6) दोनों विधाओं के पात्र उच्चतर कोटि के होते हैं।

(7) त्रासदी और महाकाव्य की शैली कलात्मक रखी जाती है और दोनों में

विचार गरिमा रहती है।

(8) दोनों विधाओं का लक्ष्य मानव मन का परिष्कार करना एवं मनःशान्ति प्रदान करना है।

(9) दोनों के कथानक सरल और जटिल होते हैं।

(10) इनके कथानकों का आधार करुणा और नैतिकता बनाया जाता है।

त्रासदी और महाकाव्य में उपर्युक्त समानताएँ होने पर भी दोनों में आन्तरिक भेद है।

(1) त्रासदी की रचना नाट्यशैली में होती है, परन्तु महाकाव्य की समाख्यान शैली में।

(2) त्रासदी में गीत और दृश्य विधान होते हैं, परन्तु महाकाव्य में ऐसे रूप नहीं मिलते।

(3) त्रासदी दृश्यकाव्य है और महाकाव्य श्रव्यकाव्य।

(4) महाकाव्य की कथावस्तु का विस्तार, त्रासदी की कथावस्तु से अधिक होता है। महाकाव्य में अपनी सीमाओं का विस्तार करने की क्षमता अधिक रहती है।

(5) त्रासदी रंगमंच पर देश-काल की सीमाओं में बद्ध है, जबकि महाकाव्य पर ऐसा कोई बन्धन नहीं होता। त्रासदी के अभिनय का समय प्रायः एक दिन है, परन्तु महाकाव्य का गायन बहुत दिनों तक हो सकता है।

(6) महाकाव्य में अतिप्राकृत एवं विस्मयोत्पादक तत्त्वों का समावेश सम्भव है, परन्तु त्रासदी में ये तत्त्व अभिनीत नहीं हो सकते।

(7) त्रासदी में त्रास और करुण भाव होते हैं, परन्तु यह आवश्यक नहीं कि महाकाव्य भी दुखान्त हो।

(8) त्रासदी के नायक में कुछ स्वभावदोष होना आवश्यक माना गया है, परन्तु महाकाव्य के चरित्रों में यह दोष होना आवश्यक नहीं।

(9) अरस्तू का मत है कि महाकाव्य में एक ही छन्द आरम्भ से अन्त तक हो। वीर छन्द भव्य एवं गरिमामय होता है और उसमें लाक्षणिक एवं अप्रचलित शब्द सरलता से रम जाते हैं। इसके विपरीत त्रासदी के लिए द्विमात्रिक आदि छन्द ही अभिनय के लिए उपयोगी हैं।

(10) भावोत्तेजन में महाकाव्य की अपेक्षा त्रासदी का प्रभाव तीव्र होता है।

(11) महाकाव्य का विस्तार अधिक होता है, अतः त्रासदी की अपेक्षा उसमें गरिमा और भव्यता अधिक होती है।

अरस्तू के युग में त्रासदी की अपेक्षा महाकाव्य अधिक महत्त्वपूर्ण माना जाता था। महाकाव्य अच्छे श्रोताओं के लिए था जो अभिनय के बिना भी कला समझ लेते थे और प्रभावित होते थे। परन्तु अरस्तू ने कहा कि त्रासदी महाकाव्य से श्रेष्ठ होती है। इसमें महाकाव्य के सभी तत्त्व होते हैं, यह महाकाव्य का छन्द प्रयुक्त

कर सकती है, इसमें संगीत और दृश्य विधान की अतिरिक्त सुविधा रहती है, यह श्रव्य और दृश्य दोनों प्रकार की है, यह थोड़े समय में और थोड़े कथा-विस्तार में अपना उद्देश्य उपलब्ध कराती है, अतः इसका प्रभाव अधिक आनन्दप्रद है। महाकाव्य का संगठन त्रासदी की अपेक्षा शिथिल होता है, इसलिए त्रासदी, काव्य की श्रेष्ठ विधा है।

विरेचन-सिद्धान्त

साहित्य में विरेचन-सिद्धान्त का सम्बन्ध यूनानी दार्शनिक अरस्तू से माना जाता है यद्यपि उन्होंने इसकी न कोई परिभाषा दी और न ही कोई व्याख्या की। परन्तु त्रासदी के विषय में उनका कथन है–"त्रासदी किसी गम्भीर, स्वतःपूर्ण तथा निश्चित आयाम से युक्त कार्य की अनुकृति का नाम है जिसका माध्यम नाटक के भिन्न-भिन्न रूप से प्रयुक्त सभी प्रकार के आभरणों से अलंकृत भाषा होती है जो समाख्यान रूप में न होकर कार्य व्यापार रूप में होती है और जिसमें करुणा तथा त्रास के उद्रेक से इन मनोविकारों का उचित विरेचन किया जाता है।" इसी प्रकार अरस्तू का मत है कि संगीत द्वारा ऐसे रोगों के प्रभाव से जो रहस्यात्मक आवेश उद्बुद्ध करते हैं, रोगी शान्त हो जाते है, मानो उनके आवेश का शमन और विरेचन हो गया हो। करुणा और त्रास से आविष्ट व्यक्ति एक प्रकार की शुद्धि अनुभव करते हैं, उनकी आत्मा विशद और प्रसन्न हो जाती है। इस प्रकार के विरेचक राग मानव समाज को निर्दोष आनन्द प्रदान करते हैं। वे मानते हैं कि शिक्षा में नैतिक रागों को प्रधानता देनी चाहिए, परन्तु आवेग अभिव्यक्त करने वाले रागों का भी आनन्द लिया जा सकता है क्योंकि करुणा, त्रास अथवा आवेग का प्रभाव न्यूनाधिक मात्रा में सभी व्यक्तियों पर होता है। संगीत के प्रभाव से विरेचन द्वारा उनका आवेश शान्त हो जाता है।

उपर्युक्त कथन से स्पष्ट है कि अरस्तू ने विरेचन अर्थात् catharsis शब्द का प्रयोग किसी सिद्धान्त के प्रतिपादन के लिए नहीं किया। वे वैद्य के पुत्र थे। और वैद्यक में विरेचन शब्द का प्रयोग, रेचक औषधियों द्वारा रोगी के शरीर की शुद्धि के लिए किया जाता है। अरस्तू ने काव्यशास्त्र में विरेचन शब्द का लाक्षणिक प्रयोग कर दिया। अरस्तू के व्याख्याकारों ने इस विरेचन शब्द की तीन अर्थों में व्याख्या की–

(1) धर्मपरक व्याख्या

यूनान में नाटकों का आरम्भ धार्मिक उत्सवों से हुआ। वर्ष के आरम्भ में दिओन्यूसस नामक देवता के सम्बन्ध में एक उत्सव मनाया जाता था। इस उत्सव में देवों से प्रार्थना की जाती थी कि वे उन्हें विगत वर्षों के पापों से मुक्त करके शुद्ध हृदय

बना दें और भावी बुरे कर्मों से बचने के लिए शक्ति प्रदान करें। इस उत्सव का लक्ष्य हृदय की शुद्धि हेतु था। अरस्तू के युग में भावों के आवेश के शमन हेतु उद्दाम संगीत का उपयोग भी किया जाता था। इससे स्पष्ट है कि यूनान में धार्मिक सस्थाओं में आन्तरिक विकारों का शमन का उपाय प्रचलित था, सम्भवतः अरस्तू को विरेचन सिद्धान्त की बात कहने की प्रेरणा यहीं से मिली। उन्होंने विरेचन शब्द का लाक्षणिक प्रयोग धार्मिक आधार पर ही किया जिसका उद्देश्य बाह्य उत्तेजना और उसके शमन द्वारा आत्मिक शुद्धि और शान्ति प्राप्त करना था।

(2) नीतिपरक व्याख्या

जर्मन विद्वान वारनेज का कथन है कि मन में अनेक विकार वासना रूप में रहते हैं जिनमें करुणा और त्रास अत्यन्त दुखदायी हैं। त्रासदी मंच पर ऐसे दृश्य प्रस्तुत करती है जिनमें ये मनोवेग अतिरंजित रूप में प्रस्तुत किए जाते हैं। प्रेक्षक जब वे दृश्य देखता है और उनमें से मानसिक रूप से गुजरता है तो उसके मन में स्थित त्रास और करुणा भाव उद्वेलित हो जाते हैं। तत्पश्चात् उन भावों का शमन हो जाने से प्रेक्षक मानसिक शान्ति का सुखद अनुभव करता है और मन में स्थित वेगों की पीड़ा का दंश नहीं रहता। इस प्रकार के कार्य की अभिव्यक्ति केवल प्रेक्षागृहों में ही सम्भव है क्योंकि प्रेक्षक वहाँ बिना किसी दबाव के भावों में विचरण कर सकते हैं। इसी भाव विहार से खोया हुआ मानसिक सन्तुलन पुनः स्थिति प्राप्त करता है। मनोविकारों के उत्तेजन के बाद उद्वेगों का शमन और तज्जन्य मानसिक विशदता की प्राप्ति को वारनेज ने विरेचन की नीतिपरक व्याख्या नाम दिया।

(3) कलापरक व्याख्या

प्रोफेसर बूचर का मत है कि अरस्तू का विरेचन शब्द मनोविज्ञान या चिकित्सा से ही सम्बद्ध नहीं है, यह कला-सिद्धान्त का भी अभिव्यंजक है। त्रासदी का लक्ष्य केवल करुणा या त्रास के शमन हेतु अभिव्यक्ति प्रस्तुत करना नहीं है, यह सुनिश्चित कलात्मक परितोष भी प्रदान करती है। उनका मत है कि विरेचन के कलापरक अर्थ में पहले मानसिक सन्तुलन और तत्पश्चात् कलात्मक परिष्कार की स्थिति होती है। अंग्रेजी के स्वच्छन्दतावादी कवियों ने भी विरेचन के इस अर्थ की यथास्थान पुष्टि की।

व्याख्याओं की समीक्षा

(1) विरेचन के जो तीन अर्थ परवर्ती व्याख्याकारों ने प्रस्तुत किए, वे अरस्तू को अभीष्ट थे या नहीं, इस विषय में कुछ कह पाना सम्भव नहीं। इन अर्थों के सम्बन्ध में उन्होंने कहीं प्रकाश नहीं डाला। धार्मिक संगीत द्वारा मनोविकारों की शुद्धि की चर्चा तो उन्होंने 'राजनीति शास्त्र' पुस्तक में की है, परन्तु विरेचन के सम्बन्ध में

धर्मपरक, नीतिपरक और कलापरक अर्थ भी उन्हें स्वीकार्य थे, इस विषय में केवल अनुमान का ही सहारा लिया जा सकता है भले ही इन तीनों अर्थों में इन सत्यों का अंश विद्यमान है। जहाँ तक धार्मिक प्रथा के साथ विरेचन-सिद्धान्त के सम्बन्ध की बात है, यह सत्य है कि अरस्तू अपने युग की धार्मिक स्थितियों से अवश्य प्रभावित थे। उनके विरेचन-सिद्धान्त और इसकी परिकल्पना पर युगीन विचारों का प्रभाव पड़ा हो, इससे इन्कार नहीं किया जा सकता।

(2) विरेचन-सिद्धान्त की नीतिपरक व्याख्या के विषय में आधुनिक मनोविज्ञान मानता है कि जब वासनाएँ तृप्त नहीं हो पातीं तो मनोवेग कुण्ठित हो जाते हैं और वासनाएँ अवचेतन मन में दबी रह जाती हैं। यदि उन्हें अभिव्यक्ति का अवसर न मिले तो मनुष्य रोगी हो सकता है। दबे हुए मनोवेग कुण्ठा बन जाते हैं और कुण्ठाएँ मानसिक सन्तुलन विकृत कर देती हैं। आधुनिक मनोविश्लेषक इन कुण्ठाओं की अभिव्यक्ति को ही मनोवेगों के उपचार का उपाय मानता है। इसी प्रकार अरस्तू का मत था कि विरेचन द्वारा प्रेक्षक के अवचेतन मन की ग्रन्थियाँ खुलने लगती हैं और आन्तरिक उलझन दूर होती है। मानसिक स्वास्थ्य के लिए भावातिरेक निश्चय ही अनिष्टकर है। अरस्तू इसीलिए कहते हैं कि त्रासदी करुणा एवं त्रास का अवांछित अंश उभारकर उसका निष्कासन कर देती है और मनोभावों का समंजन होता है। करुणा की मात्रा इतनी वांछनीय नहीं होती कि हम चींटी की मौत पर भी विह्वल हो जाएँ या प्रिय की हानि पर भी आँसू न निकालें। काव्य का यही मंगल पक्ष है कि मानव मन की इन दोनों परिस्थितियों में सन्तुलन स्थापित किया जाता है। काव्य एक ओर दमित वासनाएँ उत्तेजित करता है तो दूसरी ओर अमर्यादित भावों को अनुशासन में लाता है। त्रासदी भी प्रेक्षकों के भाव इसी प्रकार नियन्त्रित करती है कि वे उपयुक्त रूप में संचरित हों। विरेचन का लक्ष्य भावगत सन्तुलन है, अतः त्रासदी रोगों की चिकित्सा नहीं है और न ही रंगशाला का कोई चिकित्सालय। त्रासदी का उपभोग मानसिक आनन्द के लिए है। इस दृष्टि से सौन्दर्य अनुभूति एवं कलात्मक अनुभूति की प्रक्रिया इसमें समाहित नहीं हो पाती।

(3) प्रोफेसर बूचर के अनुसार विरेचन के दो पक्ष हैं—अभावात्मक एवं भावात्मक। अभावात्मक पक्ष में पहले मनोवेगों का उत्तेजन होता है, तदुपरान्त शमन और मनःप्रसादन। भावात्मक पक्ष में विरेचन कलात्मक परितोष प्रदान करता है। प्रोफेसर बूचर की व्याख्या का भावात्मक पक्ष अरस्तू के शब्दों की परिधि में नहीं आता। अरस्तू का अभीष्ट केवल मनोविकारों का सामंजस्य और तज्जन्य विशदता ही था, कलाजन्य आस्वाद का विचार नहीं। अतः विरेचन कला आस्वादन का साधन मात्र है, इसमें कलास्वादन का अन्तर्भाव मानना कदाचित् न्याय नहीं। विरेचन सिद्धान्त के भावात्मक पक्ष की चर्चा सम्भवतः अनपेक्षित प्रयास है।

अतः अरस्तू का विरेचन-सिद्धान्त अपने ढंग से त्रासदी के आस्वादन की समस्या

का समाधान करता है। उनका कथन है कि करुणा और त्रास कटुभाव हैं और त्रासदी का अभिनय देखने से प्रेक्षक की मनःस्थिति सुखद होती है। प्रोफेसर बूचर द्वारा विरेचन के अन्तर्गत कलात्मक प्रक्रिया शामिल करना, उनकी बुद्धि का अपना प्रयास है। अरस्तू के विरेचन-सिद्धान्त की अपनी सीमाएँ हैं, उन्होंने इसके माध्यम से केवल करुणा और त्रास भावों को दूर करके मनःप्रसादन तक की बात प्रस्तुत की है। वे इसके माध्यम से आनन्दानुभूति की चर्चा नहीं करते, अतः प्रो. बूचर का भावात्मक पक्ष इसमें समाहित मानना उचित नहीं। अरस्तू ने समस्त काव्यजगत के रति, साहस, घृणा, जुगप्सा, वैराग्य आदि भावों के सन्दर्भ में कुछ भी संकेत नहीं दिया। उनकी दृष्टि केवल त्रासदी थी।

विरेचन और आनन्द

त्रास और करुणा दोनों ही कटुभाव हैं। त्रास में अनिष्ट से उत्पन्न कटु अनुभूति होती है तो करुणा का प्रादुर्भाव किसी निर्दोष व्यक्ति के संकटग्रस्त होने की स्थिति में व्यक्त होता है। त्रासदी में एक ओर निर्दोष व्यक्ति को कष्ट सहते देखकर करुणा आती है तो दूसरी ओर भय भी जाग्रत होता है कि कहीं प्रेक्षक ही कभी उस संकट में न जा फँसे। इस प्रकार त्रासदी में त्रास और करुणा साथ-साथ रहते हैं, परन्तु त्रासदी का वातावरण, वास्तविक जीवन के त्रास और करुणा भावों से कुछ भिन्न स्थिति बना देता है यद्यपि त्रास और करुणा मूल भाव सर्वत्र एक जैसे ही होते हैं। नाटक में उस व्यक्ति के प्रति करुणा अनुभव होती है जो निर्दोष होने पर भी कष्ट सहता है। फिर भी नाटक के पात्र के कष्ट से उत्पन्न भाव और वास्तविक जीवन में कष्ट सहने के भाव में कुछ अन्तर रहता है अन्यथा दुख से दुख उत्पन्न होता। व्यक्तिगत दुख से सुख की अनुभूति सम्भव नहीं, दूसरे के दुख देखकर ही करुणा का भाव जाग्रत होता है।

प्रोफेसर बूचर दुख से सुख की प्रतीति में दो कारण बताते हैं—स्व की मुक्ति तथा कलात्मक प्रक्रिया। प्रत्यक्ष जीवन में त्रास और करुणा दुखद अनुभूतियाँ हैं, परन्तु त्रासदी में, स्व से दूर होने के कारण वे साधारणीकृत रूप में व्यक्त होती हैं। अपने ही जीवन में भावुक होना दोष है परन्तु ओथैलो के प्रति करुणा अनुभव करना सुखद है। हैमलेट का दुख दर्शक का अपना दुख नहीं, उसका दुख देखकर प्रेक्षक का मन विस्तृत हो जाता है, उसे अपने दुख क्षुद्र प्रतीत होते हैं। नायक को आपदाएँ झेलते देखकर, प्रेक्षक सुख अनुभव करता है। इसी सुखद अनुभूति में त्रासदी का आनन्द निहित है।

प्रोफेसर बूचर का तर्क है कि त्रासदी कलात्मक कृति है जो सुखद प्रतीत होती है। कलात्मक प्रक्रिया में त्रास और करुणा का दर्द शमित हो जाता है, दुख की परिणति सुख में होने लगती है। आधुनिक समीक्षक इस विषय में कहते हैं कि प्रोफेसर बूचर

विरेचन की कलात्मक प्रक्रिया सम्बन्धी व्याख्या उनका अपना विचार है, अरस्तू ने इस ओर कहीं संकेत नहीं किया। विरेचन-सिद्धान्त कलात्मक आनन्द नहीं है, आनन्द की भूमिका ही दे पाता है क्योंकि इसमें आनन्द का अभावात्मक रूप ही रहता है, इसकी पहुँच मन की विशदता की सीमा तक जाती है।

अब विचारणीय यह है कि नाटककार त्रासदी की रचना क्यों करता है ? इसका उत्तर है कि उसके सृजनकार्य का लक्ष्य है—आनन्द प्रदान करना, प्रेक्षकों को प्रभावित करना और अपने भावों एवं विचारों को अभिव्यक्ति देना। यह ठीक है कि त्रासदी पढ़ने या देखने से पाठक और दर्शक मनःशांति अनुभव करते हैं, परन्तु इससे प्रतीत होता है कि त्रासदी की रचना केवल विरेचन के लिए नहीं है। आज दर्शक भावोत्तेजन के लिए थिएटर जाता है, त्रासदी देखने से उसमें जीवन के तथ्य समझने की शक्ति बढ़ती है, उसकी भावनाएँ विस्तृत फलक का आयाम लेती हैं। फिर अरस्तू ने विरेचन को ही त्रासदी का कार्य क्यों बताया ? इसका उत्तर यही है कि उसके सम्मुख प्लेटो द्वारा प्रस्तुत जीवनदृष्टि थी। उस समय के दार्शनिक युगीन साहित्य के सन्दर्भ में भावशमन पर बल देते थे, संयम और निवृत्ति आवश्यक मानते थे। प्लेटो ने तो काव्य के सम्बन्ध में कहा था कि इससे अहितकर भाव पल्लवित होते हैं और यह सत्य से दूर रहता है, अतः काव्य श्रेयस्कर कार्य नहीं है। अरस्तू ने इसी बात की ओर ध्यान देकर, विरेचन के माध्यम से भावशमन की बात प्रस्तुत की। उनका कथन था कि नाटक भाव विकृत नहीं करता, मनुष्य को वातोन्मत्त नहीं बनाता अपितु भावों का विरेचन करता है। नाटक द्वारा, दमित भाव समय-समय पर अभिव्यक्ति पाकर स्वस्थ हो जाते हैं। मूलतः अरस्तू अपने गुरु प्लेटो के विचार को संशोधित करना चाहते थे। अपनी कृति काव्यशास्त्र में तो उन्होंने त्रासदी का उद्देश्य आनन्द प्रदान करना ही कहा है।

उपर्युक्त विश्लेषण से स्पष्ट है कि अरस्तू द्वारा की गई चर्चा भले ही काव्य के लक्ष्य का अधूरा चित्र प्रस्तुत करती है, फिर भी विशेषतः पाश्चात्य काव्य के लिए यह महत्त्वपूर्ण देन है। उन्होंने विरेचन के विचार के माध्यम से काव्य की महत्ता स्थापित की और त्रासदी के प्रभाव को गौरवपूर्ण पद दिया। रिचर्ड्स द्वारा प्रतिपादित 'अन्तःवृत्तियों के संमजन' तथा रामचन्द्र शुक्ल के 'हृदय की मुक्तावस्था' और अरस्तू के विरेचन-सिद्धान्त में मूलतः कोई भेद दिखाई नहीं देता। केवल आक्षेप या कमियाँ दिखाने से विरेचन-सिद्धान्त की अनपेक्षिता करना अनौचित्य है। विशेषतः पाश्चात्य काव्य में यह सिद्धान्त महत्त्वपूर्ण एवं स्थायी उपलब्धि है। भारतीय काव्यशास्त्र की ब्रह्मानन्द सहोदर की कल्पना के लिए इससे आगे केवल एक ही सोपान की अपेक्षा रह जाती है। अरस्तू के सम्मुख, संस्कृत के विपुल साहित्य के समान काव्यसरणि नहीं थी, अतः काव्य प्रयोजन की अन्तिम सीढ़ी की कल्पना सम्भव न थी। त्रासदी के सन्दर्भ में इससे आगे कुछ पाने की अधिक आशा नहीं की जा सकती।

हौरेस का औचित्य सिद्धान्त

हौरेस ने औचित्य सिद्धान्त की स्थापना की उनके मत में यह औचित्य काव्य के विषय चरित्र, अभिनय, घटना, शैली, छन्द आदि में अपेक्षित है। अपनी पुस्तक Ars Poetica में वे कहते हैं कि कोई कलाकार यदि ऐसे प्राणी का चित्र प्रस्तुत करे जिसका सिर स्त्री का, शरीर पक्षी का और पूँछ मछली की हो तो उसे अतिमानव समझा जाएगा। जीवन का प्रतिनिधित्व न करने के कारण ऐसा चित्र उपेक्षा का पात्र होगा या उपहास का। इसी प्रकार काव्य में विसंगति का चित्रण किया जाए तो वह भी तिरस्कार्य है। अतः साहित्य की विधाओं के स्वरूप की रक्षा की जानी चाहिए। महाकाव्य की संरचना आदि से अन्त तक महाकाव्य के स्वरूप के अनुकूल रहे और त्रासदी की त्रासदी के स्वरूप के अनुसार। दोनों के सम्मिश्रण की स्थिति में काव्यकला की संवेदना को आघात पहुँचेगा। अतः काव्य में कलात्मक औचित्य की रक्षा होनी चाहिए। किसी काव्यकृति में यह औचित्य का सिद्धान्त निम्न रूपों में ध्यातव्य है--

(1) कथानक सम्बन्धी औचित्य

हौरेस का विचार है कि साहित्यकार किसी कृति के कथानक की कल्पना करने के लिए तो स्वतन्त्र है, परन्तु उसकी कल्पना में संगति तथा प्रयोग में व्यवस्था होनी चाहिए। कथानक के वे अंश त्याज्य होते हैं जो कलात्मक स्पर्श से सजीव न हो सकें। ऐसे नए अंशों की कल्पना की जा सकती है जो मुख्य विषयवस्तु का अपकर्ष न करते हों। साहित्यकार को परम्परागत कथाओं का प्रयोग करने में उनमें नई उद्भावनाएँ करनी चाहिए और विषय का चयन भी ऐसा हो जो उसकी सामर्थ्य की सीमा में रहे। किसी अबूझे और अनजाने विषय के चयन की अपेक्षा विख्यात कथावस्तु ग्रहण करना उचित है। भारतीय भाषाओं में तो रामकथा ऐसा प्रख्यात विषय है कि साहित्यकारों ने उसे अपने काव्यों और नाट्यकृतियों का आधार बनाया और कितने ही कवि रामकथा के सहारे महाकवि बन गए। वाल्मीकि, कालिदास, भवभूति स्वयंभू, तुलसीदास, मैथिलीशरण गुप्त जैसे कवियों की रचनाओं का आधार प्रख्यात रामकथा

है और ये कृतियाँ आज भी उपादेय हैं। परम्परागत एवं सुविख्यात विषयवस्तु ही चिरजीवी रचनाओं का आधार होती है। इसीलिए हौरेस कहते हैं–

You act more wisely by dramatizing the Iliad than by introducing a subject unknown and hitherto unsung.

किसी काव्यकृति में उत्पाद्य अर्थात् कल्पित विषय के प्रयोग का औचित्य नहीं। निरी कल्पना पर आधारित नाटक अथवा काव्य पाठकों और श्रोताओं की समझ के साथ औचित्य प्रस्तुत करने में सक्षम नहीं होते, केवल उपहास के पात्र बन जाते हैं।

(2) चरित्र सम्बन्धी औचित्य

हौरेस का मत है कि किसी कृति के पात्र परम्परागत कथानक से हों तो उनके परम्परागत स्वरूप की रक्षा की जानी चाहिए। उदाहरणतः कवि राम के चरित्र में शौर्य, मानवता, दया, अनुशासन, मर्यादा, भक्त वत्सलता, कर्तव्यपरायता आदि चित्रित करे। इसके विपरीत गुण-दोषों का समावेश करना अनौचित्य है। रावण जैसे पात्रों में हिंसा, क्रोध, कामभाव, अन्याय आदि रूप दिखाना ही उचित है। हनुमान में भक्ति का रूप अवतरित होना चाहिए। सीता के सतीत्व गुण की स्थापना करना उचित है। परन्तु पात्र की कल्पना में यदि नई उद्भावना की जाए तो उसमें उद्भावना के अनुरूप संगति होनी चाहिए। कहने का अभिप्राय है कि चरित्र की प्रकृति के अनुरूप ही उसका चित्रण होना चाहिए। इसी में चरित्र सम्बन्धी औचित्य है।

किसी पात्र के चरित्रांकन में ध्यान रखना चाहिए कि पात्र के कार्य, उसकी रुचि और उसके गुण-दोष उसकी आयु तथा स्थिति के अनुकूल हों। बालक को समान आयु के बच्चों में खेलते और क्षण-क्षण में रुष्ट एवं तुष्ट होते दिखाना उचित है। शरारत करना उसका स्वभाव है। युवक में हठ, आवेश, धन के प्रति लापरवाही और बुराइयों के प्रति झुकाव दिखाना अनुचित नहीं। वृद्ध को कलहप्रिय, आलोचक, कृपण, अनुत्साही, शंकालु और वहमी चित्रित करना उसकी प्रकृति के अनुरूप है। हौरेस कहना चाहते हैं कि पात्रों के परम्परागत व्यवहार और रूपों का ध्यान रखना साहित्यकार का दायित्व है। इन रूपों में यथास्थान व स्थिति के अनुसार संशोधन और परिवर्धन हो सकता है, परन्तु नई उद्भावना विसंगति का रूप न धारण करे।

हौरेस का यह मत नितान्त उपयुक्त था। बाद में लोगों के सिद्धान्त के प्रति आग्रह ने इसे यांत्रिक बना दिया जिससे चरित्र रूढ़ और स्थिर बनने लगे। काव्य कृति में चित्रित चरित्रों को स्थिर बना देना भी उचित नहीं। कथावस्तु में नई उद्भावनाओं के साथ पात्रों के चरित्र एवं व्यवहार की गतिशीलता बनाए रखना उपयुक्त होगा अन्यथा चरित्र जड़वत् हो जाएँगे।

(3) अभिनय सम्बन्धी औचित्य

अभिनय का सम्बन्ध नाट्यविधा से है। किसी नाट्यकृति को मंचित करना अभिनय है। हौरेस के मत में अभिनय में ऐसी शक्ति होनी चाहिए कि प्रेक्षक पर उचित प्रभाव पड़ सके ताकि वह नाटक पढ़ने या देखने से न ऊबे। प्रेक्षक पर नाट्यकृति का वांछित प्रभाव डालने के लिए अभिनेता उचित अभिनय करें। यदि प्रेक्षकों को हँसाना है तो अभिनेता हास्य की मुद्रा बनाए और यदि उन्हें करुणापूर्ण बनाना है तो ऐसी करुणा-कातर भंगिमाएँ प्रस्तुत करे जिनसे दर्शक करुणा से आप्लावित हो उठें। अभिनेता के संवाद भी स्थिति और मनोदशा के अनुरूप होने चाहिए। शोकार्त के मुख से दुख भरे शब्द और क्रुद्ध के मुख से रोषपूर्ण शब्दों का उच्चारण हो। प्रफुल्ल मन के मुख से परिहासपूर्ण शब्दों तथा गम्भीर मुख से ओजस्वी शब्दों का उच्चारण उपयुक्त लगता है। कहने का अभिप्राय है कि अभिनय में मन, वचन और शरीर के माध्यम से भंगिमाओं, शब्दों और कार्यकलापों की प्रस्तुति इस प्रकार हो कि प्रेक्षकों पर उचित एवं वांछित प्रभाव पड़े। विषय और प्रेक्षकों की मानसिक स्थिति के सन्दर्भ में ही अभिनय प्रस्तुत करना औचित्य है। इस औचित्य के मानदण्ड क्या हों, यह विषय अभिनेता की सूझ-बूझ पर ही निर्भर करता है। प्रेक्षक तो अभिनय के प्रभाव की प्रतिक्रिया करते हैं। उन्हें उचित लगता है तो अच्छा कह देते हैं।

(4) घटना सम्बन्धी औचित्य

नाट्यकृति की घटनाएँ मंच पर अभिनीत की जाती हैं, परन्तु कभी-कभी कुछ घटनाओं की सूचना मात्र दे दी जाती है। सुनने की अपेक्षा आँखों से देखी गई घटनाओं का प्रभाव अधिक होता है। मंच पर अभिनीत होने पर ही घटनाओं के प्रसंग सजीव दिखाई देते हैं। हौरेस का मत है कि कुछ घटनाएँ ऐसी होती हैं जिनका अभिनय मंच पर सम्भव नहीं और न ही वांछित होता है। ऐसी घटनाएँ नाट्य वर्जनाओं के अन्तर्गत आती हैं। हत्या करना, नर मांस पकाना, मनुष्य का पक्षी या सर्प बन जाना इत्यादि घटनाओं का अभिनय उचित नहीं। इनसे प्रेक्षकों में जुगुप्सा और अविश्वास के भाव उत्पन्न होते हैं। विभिन्न भावों के सम्मिश्रण का अभिनय भी उचित नहीं। कामदी का भाव हास्य है और त्रासदी का करुणा। इन दोनों भावों का मिश्रण प्रस्तुत करने में औचित्य नहीं। हौरेस त्रासदी का विषय कामदी शैली में और कामदी का विषय त्रासदी शैली में प्रस्तुत करने के विरुद्ध हैं। वे वृन्दगान को नाटक का अभिन्न अंग मानते हैं। ये वृन्दगान इस प्रकार के हों जिनसे कथानक को गति मिले और लोकमंगल की साधना भी हो। हौरेस घटनाओं की यान्त्रिक अर्थात् बँधे-बँधाए रूप में प्रस्तुति के विरुद्ध हैं।

(5) शैली औचित्य

यहाँ शैली का सम्बन्ध भाषा, शब्द चयन और उनकी प्रस्तुति के ढंग से है। साहित्यकार को चाहिए कि वह कृत्रिम एवं आडम्बरपूर्ण शब्दों का प्रयोग न करे। रुक्ष और कठोर शब्दों का प्रयोग भी इस प्रकार किया जाए कि उनमें कोमलता की झलक मिले। ओजहीन तथा शक्तिहीन शब्द त्याज्य हैं। जहाँ तक सम्भव हो दिनचर्या से जुड़े शब्दों का प्रयोग किया जाए। आवश्यकता अनुसार कवि को नए शब्द गढ़ने की स्वतन्त्रता भी होनी चाहिए क्योंकि भाषा का लक्ष्य भावाभिव्यक्ति है और भावों की प्रस्तुति के लिए नए शब्दों का प्रयोग अनुचित नहीं। प्रचलन में आए नए शब्दों को नई तराश में ढालना ठीक है। यदि किसी भाव की अभिव्यक्ति हेतु प्रचलित शब्द न हों तो अन्य भाषा से भी शब्द लिए जा सकते हैं। उपयुक्त शब्दों का ग्रहण उचित है। हौरेस काव्य में काव्यभाषा के सम्बन्ध में रूढ़िगत प्रयोगों के पक्ष में नहीं थे। अभिव्यक्ति को सबल बनाने के लिए शब्दयोजना कुशल होनी चाहिए। कुशल शब्दयोजना से साधारण शब्द भी प्रभावपूर्ण अर्थ देने लगते हैं। शैली शब्दों की प्रस्तुति का ढंग है। हौरेस का मानना है कि यह प्रस्तुति विषय के अनुरूप होनी चाहिए। प्रसंग के अनुसार ओज या माधुर्य गुणों का सम्प्रेषण वांछित है। ओजपूर्ण स्थिति व्यक्त करने हेतु शब्द-चयन और उनकी प्रस्तुति का कौशल भिन्न होता है। जबकि माधुर्य गुण की अभिव्यक्ति के लिए कोमल शब्दावली की प्रस्तुति अपेक्षित है। इस दृष्टि से हौरेस का मत भारतीय रीति-सिद्धान्त और औचित्य सिद्धान्त के निकट आ जाता है। हौरेस शैली के विषय में कुछ और स्पष्ट करते हैं कि शैली अर्थात् भाषा एवं शब्द-चयन की प्रस्तुति आयु, लिंग, जाति, सामाजिक स्तर, मनःस्थिति के अनुरूप होनी चाहिए। यदि कोई वृद्ध अपनी बात बालक के ढंग से प्रस्तुत करेगा तो उसका कथन हास्यास्पद हो जाएगा। उपर्युक्त मानदण्डों के अपने टाइप होते हैं। यदि टाइप के अनुकूल शैली नहीं अपनाई जाएगी तो उसका प्रभाव निरर्थक होगा। यदि कोई अंग्रेज पंडिताऊ भाषा बोले तो अस्वाभाविक लगेगा और भारतीय अंग्रेजी ढंग की हिन्दी बोलता है, वह भी उचित नहीं। हौरेस कहते हैं कि कवि, संक्षेपण की स्थिति लाने में अस्पष्ट न हो, स्पष्टता के प्रयास में बलहीन न बने, कल्पना के पीछे आडम्बरपूर्ण न बने, सादगी की प्रशंसा पाने के लिए नीरस न हो जाए और विविधता लाने के उद्देश्य में अमर्यादित न हो। यह शैली अपने आपमें अतिविस्तृत है। इसके सभी रूप बताना भी सम्भव नहीं। प्रस्तुति कवि की अपनी सूझ-बूझ है। उदाहरणतः बाण ने अपने दो पुत्रों को सूखे पेड़ पर एक-एक पंक्ति लिखने के लिए कहा। एक ने लिखा—

शुष्कस्तरुः तिष्ठत्यग्रे।

दूसरे ने लिखा—

नीरसस्तरुः विलसत्यग्रे।

वस्तु तो दोनों की एक ही है। केवल शब्दचयन और शैली का अन्तर है। एक कहता है—सामने सूखा वृक्ष है परन्तु दूसरे का कथन है कि एक वृक्ष जिसके जीवन का रस सूख गया है, फिर भी वह सामने झूमता दिखाई देता है। यहाँ दूसरा कथन प्रभावशाली है। अतः शब्दचयन और शैली किसी भी कथन को प्रभावशाली बना देते हैं। इस प्रकार औचित्य वह है जो प्रभान्विति उत्पन्न कर सके। कवि को इसके प्रति निष्ठावान् होना चाहिए।

(6) छन्द औचित्य

प्रत्येक छन्द में अपनी विशिष्टता होती है। कुछ छन्द ओज का भाव उद्‌घाटित करते हैं तो कुछ छन्दों में गेयता का भाव अधिक रहता है। कुछ छन्द कविता रूप में पठनीय होते हैं। अतः विषयानुसार छन्द का प्रयोग काव्य में सौन्दर्य सृजन करता है। उदाहरणतः महाकाव्य के लिए षट्पदी छन्द, करुणापूर्ण विषय के लिए Elegy (करुण गीत), कामदी व त्रासदी के लिए लघु-गुरु Iambic छन्द, विजय प्रशंसा के लिए ode तथा प्रेमोच्छ्‌वास व्यक्त करने के लिए Lyric छन्दों का प्रयोग उचित है। विषयवस्तु की अनेक कोटियाँ होती हैं, उन सबके लिए एक ही प्रकार के छन्द उपयुक्त नहीं। हौरेस ने छन्दों के औचित्य निर्धारण में ग्रीक साहित्य की परम्परा को ध्यान में रखा। वैसे व्यावहारिक रूप में कवियों ने इन विषयों में विभिन्न छन्दों का प्रयोग भी किया है। यह कवि की कुशलता पर निर्भर है कि वह छन्द योजना में निपुण है। हौरेस ने स्वयं भी अपने सिद्धान्त का पालन नहीं किया। फिर भी देखा जाए तो कुछ विषयों के वर्णन में विशिष्ट छन्द ही सुन्दरता ला सकते हैं। हिन्दी में वीररस की अवतारणा आल्हा, नाराच तोमर, चौपाई (15 मात्रा), छप्पय आदि छन्दों में अधिक सुन्दर लगती है। यों तो कवियों ने मदिरा सवैया, कवित्त, चौपाई (16 मात्रा), गीतिका, हरिगीतिका आदि छन्द भी प्रयुक्त किए हैं। शृंगार रस की अभिव्यक्ति के लिए रीतिकाल में दोहा, मत्तगयन्द सवैया, सुमुखी सवैया, किरीट सवैया, दुर्मिल सवैया, कवित्त आदि छन्दों का बहुलता से प्रयोग किया गया। फिर भी छन्दों के प्रयोग का औचित्य कवि की कुशलता पर निर्भर है।

हौरेस का औचित्य सिद्धान्त मूलतः ग्रीक साहित्य की त्रासदी, कामदी एवं महाकाव्य विधाओं को ध्यान में रखकर निर्धारित किया गया है। तदपि अपना मत प्रस्तुत करने के लिए उनके सामने रोम की जनता तथा समसामयिक रचनाएँ भी थीं। वे साहित्य सृजन में सुधार लाना चाहते थे, अतः उन्होंने सुन्दर साहित्य की कसौटी के लिए एक नए सिद्धान्त की खोज की। उनकी अवधारणा के अनुसार यह मत रूढ़िवादी नहीं है। हौरेस परम्पराओं के साथ चिपटे नहीं रहना चाहते। वे परम्पराओं का सदुपयोग भी चाहते हैं और रूढ़िवादिता से मुक्ति भी। उन्हें विषय, पात्र, अभिनय, शैली, छन्द आदि के सामंजस्य में उत्तम काव्य की उद्‌भावना के अवसर

दिखाई देते हैं। उन्होंने तो कवियों का मार्गदर्शन किया है, किसी शिकंजे में कसने की कोशिश नहीं की।

निष्कर्षतः देखा जाए तो हौरेस का औचित्य सिद्धान्त काव्य के बहिरंग को सुव्यवस्थित करने का प्रयास है। इसमें काव्यकला के मूलतत्त्व की विवेचना के पक्ष का संस्पर्श नहीं हुआ। मूलतः हौरेस परम्परावादी थे और परम्पराओं का अनुकरण करने में ही काव्य की सिद्धि मानते थे, परन्तु अन्धानुकरण उन्हें स्वीकार्य नहीं। वे काव्य में कवि की कल्पनाओं और नए प्रयोगों की विसंगतियाँ दूर करने के लिए, नए सिद्धान्त की ओर अग्रसर हुए। वस्तुतः प्रत्येक समालोचक समसामयिक परिस्थितियों के सन्दर्भ में ही मार्ग खोजने की ओर प्रेरित होता है, भले ही वह भावी साहित्य की रेखाएँ निर्धारित न कर पाए, कुछ सीमा तक तो उसका चिन्तन उपयोगी रहता ही है।

लौंजाइनस का उदात्त-तत्त्व

लौंजाइनस ने यद्यपि उदात्त-तत्त्व को परिभाषित नहीं किया, फिर भी उनका कथन है कि साहित्य के सभी गुणों में उदात्त-तत्त्व सबसे महत्त्वपूर्ण है। यह गुण, साहित्य में साधारण त्रुटियाँ होने पर भी उसे सच्चे अर्थों में प्रभावपूर्ण बना देता है। लौंजाइनस ने इस उदात्त-तत्त्व के बहिरंग तथा अन्तरंग तत्त्वों की चर्चा की। उनके अनुसार 'विषय की गरिमा' तथा 'भावावेश की तीव्रता' इस तत्त्व के अन्तरंग रूप हैं। समुचित अलंकार योजना, उत्कृष्ट भाषा और गरिमापूर्ण रचना विधान इसके बहिरंग तत्त्व होते हैं। इनके अतिरिक्त कुछ ऐसे तत्त्वों का ध्यान रखना भी अपेक्षित है जो उदात्त तत्त्व के विरोधी हो सकते हैं। औदात्य के इन पक्षों के सम्बन्ध में निम्न विचार प्रस्तुत किए गए।

(1) विषय की गरिमा

विषय की गरिमा का अभिप्राय उदात्त विचार है। किसी कवि की कृति तब तक श्रेष्ठ नहीं हो सकती जब तक उसमें महान् धारणाओं को अभिव्यक्त करने की क्षमता न हो। श्रेष्ठ बनने के लिए कवि को अपने मन में उदात्त विचारों का पोषण करना चाहिए। जीवन भर क्षुद्र उद्देश्यों और विचारों में निमग्न कवि की कृति स्तुत्य नहीं हो सकती। महान् शब्द उन्हीं के मुख से निःसृत होते हैं जिनके विचार गम्भीर एवं गहन हों। लौंजाइनस काव्य के विषय को साधक मानते हैं क्योंकि विषय के महत्त्व से काव्य में आनन्द तत्त्व आता है। विषय की गरिमा का कार्य प्रतिभा द्वारा सिद्ध होता है तो भी महानू कवियों की कृति का अवलोकन इसमें सहायक है। किसी कवि को, किसी महान् कवि का अन्धानुकरण नहीं करना चाहिए, उससे संस्कार ग्रहण करें और कवित्व शक्ति की दिशा प्राप्त करें।

उदात्त विचारों के लिए कल्पना का योगदान होता है। यह कल्पना प्रतिभाजन्य है। श्रेष्ठ विचार और कल्पना में गति पाने के लिए प्राचीन काव्य का अनुशीलन अत्यन्त सहायक सिद्ध होता है। विषय के महत्त्वपूर्ण विवरणों का चयन इन विवरणों का संगठन तथा विषय बिम्ब योजना कवि के लिए उपादेय हैं। श्रेष्ठ रचना में विषय का विस्तारपूर्ण रूप बनाए रखना आवश्यक है। विवरणों की संक्षिप्तता से उदात्त तत्त्व

की अभिव्यक्ति नहीं हो पाती। लौंजाइनस के मत में उदात्त-विषय में ज्वालामुखी के समान असाधारण शक्ति और वेग की स्थिति भी रहे और ऐश्वर्य व वैभव भी।

(2) भावावेश की तीव्रता

भावावेश की तीव्रता से अभिप्राय है कि हमारा मानसिक परिवेश, जीवन के सामान्य धरातल से ऊपर उठकर उच्चाशय से परिपूर्ण हर्ष और उल्लास में निमग्न हो जाए। मन किसी अलौकिक एवं सुन्दरतम जगत् की कल्पना और सृजन में भावों का उद्दाम प्रवाह अनुभव करने लगे तो भावावेश की तीव्रता की स्थिति प्रतीत होने लगती है। परन्तु जब भावावेश निम्न स्तर के आवेगों से अनुस्यूत हो तो उसका सम्बन्ध दया, शोक, भय आदि से रहता है। इन आवेगों से चित्त अपकर्ष की स्थिति अनुभव करता है। दूसरी ओर भव्य आवेग से आत्मा (मन) का उत्कर्ष होता है। उदात्त भावना की अभिव्यक्ति के लिए भव्य आवेग की अनिवार्यता है। लौंजाइनस, उदात्त उसी को कहते हैं जो ऊर्जा, उल्लास, सम्भ्रम आदि के सम्मिलित प्रभाव से ऐसी अनुभूति को जन्म दे और अभिव्यक्त करे जो पाठक या श्रोता की चेतना अभिभूत कर दे। जब चेतना स्व का भाव विगलित करके भावों की विराटता में खो जाए तभी भव्यता का रूप अनुभव हो पाता है।

(3) समुचित अलंकार योजना

उदात्त का यह बहिरंग तत्त्व है। लौंजाइनस के युग में काव्य में अलंकारों का समायोजन अत्यधिक था, परन्तु वह समायोजन ही था, उसके मूल में मनोवैज्ञानिक आधार नहीं रहा। साहित्यकार अपनी रचना में चमत्कार हेतु अलंकार प्रदर्शन करते थे। इससे काव्यकृति अनावश्यक रूप में अलंकारों के बोझ से दबी रहती थी। लौंजाइनस को यह स्वीकार्य न था। उनका विचार था कि मनोवैज्ञानिक प्रभाव उत्पन्न न करने वाली अलंकार योजना, काव्य के उत्कर्ष हेतु नहीं होती। कोई अलंकार योजना जब तक अपने भाव और अर्थ से उत्कर्ष की स्थिति उत्पन्न न करे, पाठक को आनन्दित न करे तो वह निरर्थक है। इस अलंकार योजना में भावावेग की विद्यमानता आवश्यक है। अलंकारों का हठात् प्रयोग कविता कामिनी के लिए बोझ बन जाता है। अलंकार योजना तो काव्य का साधन मात्र है। अतः इसे काव्य में सहज रूप में ही ग्रहण करना चाहिए। पाठक का ध्यान अलंकार प्रदर्शन हेतु न हो। अतः लौंजाइनस ने उन्हीं अलंकारों का विवेचन किया जो काव्यशैली को उत्कर्ष प्रदान करे। उन्होंने इन अलंकारों के अन्तर्गत विस्तारण, शपथोक्ति, प्रश्नालंकार, विपर्यय, व्यतिक्रम, आवृत्ति, छिन्नवाक्य, प्रत्यक्षीकरण, संचयन, सार, रूप परिवर्तन, पर्यायोक्ति आदि के विवेचन की ओर ही ध्यान दिया। पाश्चात्य साहित्य में इन अलंकारों का प्रयोग काव्य-चमत्कार उत्पन्न करने हेतु होता था।

(4) उत्कृष्ट भाषा

उत्कृष्ट भाषा के अन्तर्गत शब्द चयन और भाषा की सज्जा तत्त्व आते हैं। लौंजाइनस विचार और पदविन्यास को परस्पर आश्रित मानते थे। अतः उदात्त विचारों की अभिव्यक्ति साधारण शब्दावली से नहीं, गरिमामयी भाषा से ही सम्भव है। भाषा की गरिमा का आधार उपयुक्त और प्रभावशाली शब्दावली का प्रयोग है। जैसे–

उधर गरजती सिन्धु लहरियाँ, कालकूट के व्यालों सी।...
उषा सुनहले तीर बरसती जय लक्ष्मी सी उदित हुई।
उधर पराजित कालरात्रि भी जल में अन्तर्निहित हुई।

भाषा में कौन-सा शब्द सुन्दर और प्रभावशाली है, कौन-सा नहीं ? यह प्रश्न निरर्थक है। शब्द तो शब्द है और कोई असुन्दर नहीं। मानव ने हमेशा सुन्दरतम की खोज की है। सुन्दरता तो शब्द का उचित प्रयोग है। प्रयोग का औचित्य क्या है ? समय, स्थिति और विषय की अभिव्यक्ति के अनुकूल शब्दों का प्रयोग ही उत्कृष्ट भाषा है। उपर्युक्त उदाहरण में जयशंकर प्रसाद ने जल प्लावन के उद्वेलन और शयन दृश्यों का वर्णन किया और उनके अनुकूल शब्द ज़ुटाए, अतः यह उत्कृष्ट भाषा है। शब्द प्रयोग में ध्वनिपक्ष और अर्थपक्ष दोनों पर समुचित ध्यान होना चाहिए। लौंजाइनस ने चेतावनी दी कि हर जगह गरिमामयी भाषा का प्रयोग भी उचित नहीं। छोटी-मोटी बातों को भारी-भरकम रूप देना भी गलत है। शब्द योजना संगीतात्मक प्रभाव के अनुकूल होनी चाहिए।

लौंजाइनस द्वारा कथित भाषा की उत्कृष्टता का विचार, भारतीय काव्यशास्त्र रीति-सिद्धान्त के अत्यन्त निकट है, परन्तु वे शब्द चयन के प्रयोग के मूल में मनोवैज्ञानिक आधार की अनिवार्यता भी मानते हैं।

(5) गरिमापूर्ण रचना विधान

रचना विधान में विचार, कार्य, सौन्दर्य एवं रागों के अनेक रूप सम्मिलित हैं। काव्य में रचना का प्राणतत्त्व इन रूपों का सामंजस्य होता है। यह सामंजस्य उदात्त शैली के लिए अनिवार्य है। सामंजस्य का स्वरूप क्या और कैसा हो, इसके लिए किसी प्रकार के मानदण्ड निर्धारित कर पाना सम्भव नहीं। यह साहित्यकार की दृष्टि और कौशल पर निर्भर है कि वह अपनी कृति का रचना विधान किस रूप में अपनाए। रचना विधान के रूपों की सीमाएँ नहीं।

काव्य में कल्पना का महत्त्वपूर्ण स्थान है। लौंजाइनस ने कल्पना तत्त्व की चर्चा तो नहीं की, परन्तु काव्य बिम्बों के वर्णन में एक निर्मात्री शक्ति की ओर ध्यान दिलाया है जो कल्पना ही है। उनका बिम्ब से अभिप्राय कल्पना चित्र से है और वे बिम्ब की शक्ति कल्पना मानते हैं। उनके अनुसार कल्पना वह शक्ति है जो कवि

को मानसिक रूप में वर्ण्य विषय का साक्षात्कार कराती है, फिर कवि इसकी सहायता से भाषा में चित्रात्मकता द्वारा वर्ण्य विषय प्रस्तुत करता है जो पाठकों और श्रोताओं के सम्मुख जीवन्त दिखाई देता है। कल्पना के सम्बन्ध में लौंजाइनस का विचार अद्यतन कल्पना-विषयक धारणा से दूर नहीं है। कल्पना किसी वर्ण्य विषय को मानसिक धरातल पर सजाती और सँवारती है, तभी वह विषय अपने नए, सजे-धजे रूप में अभिव्यक्ति पाकर पाठकों/श्रोताओं के सामने आता है।

उदात्त के विरोधी तत्त्व

लौंजाइनस ने विषय को निर्भ्रान्त बनाने के लिए उन तत्त्वों की भी चर्चा की जो उदात्त-तत्त्व के मार्ग में अवरोधक सिद्ध होते हैं। उनके विचार में हल्कापन उदात्त का विरोधी है। चंचल पद रचना, असंयत वाग्विस्तार और क्षुद्र अर्थयुक्त शब्दों का प्रयोग उदात्त-तत्त्व के अपकारक हैं। कवि इन विरोधी तत्त्वों का त्याग कर दे। भावाडम्बर और शब्दाडम्बर भी विरोधी तत्त्व हैं। उदाहरणतः गीध को 'जीवित समाधि' कहना लौंजाइनस की दृष्टि में वाक्स्फीति मात्र है। वे उन चमत्कार प्रयोगों को उदात्त के विरुद्ध मानते हैं जो साधनमात्र हैं और विवेकपूर्वक नहीं अपनाए गए हैं। इन प्रयोगों से किसी कृति में भावों की अभिव्यंजना में गरिमा नहीं आती। अभिव्यक्ति की क्षुद्रता, अत्यन्त संक्षिप्तता, अनावश्यक साज-सज्जा, संगीत की अधिकता आदि ऐसे तत्त्व हैं जिनसे उदात्तता का स्तर गिर जाता है। कुत्सित शब्दों का प्रयोग भाषा के लिए कलंक है। काव्यकृति में विचार का बरबस प्रवेश संक्षिप्तता दोष उत्पन्न कर देता है जिससे विषय की गरिमा घट जाती है।

भारतीय काव्यशास्त्र में उदात्त-तत्त्व की कोई अलग व्याख्या नहीं मिलती परन्तु अनेक स्थलों पर उदात्तता की चर्चा अवश्य की गई है। महाकाव्य, नाटक, रस-विवेचन, अलंकार सिद्धान्त, औचित्य सिद्धान्त, रीति-सिद्धान्त आदि के निरूपण में लौंजाइनस के उदात्त-तत्त्व के रूप प्राप्त होते हैं। धीरोदात्त नायक की परिकल्पना, वीर रस, अद्भुत रस, ओजगुण, गौड़ी रीति आदि प्रसंगों में उदात्तता की बात आती है। लौंजाइनस के 'पेरिइप्सुस' में कथित उदात्त-तत्त्व की तरह भारतीयों ने इसे पृथक् तत्त्व के रूप में ग्रहण नहीं किया है। भव्यता, गरिमा, उदात्तता चाहे नायक की हो, भाषा की हो, काव्य रीति की हों, अलंकार विधान की हो, महाकाव्य में वर्ण्य-विषय की हो, भारतीय मनीषियों को सर्वथा ग्राह्य रही है। उन्होंने शब्द चयन, विषय चयन, चरित्र-चयन, शैली चयन, आदि में सर्वत्र भव्यता पर बल दिया है। वस्तुतः भव्यता कोई स्थूल विषय नहीं है जिससे आसानी से प्रत्यक्ष किया जा सके। यह भव्यता भी विषय, विचार, शब्द, चरित्र आदि के माध्यम से प्राप्त होने वाली अनुभूति है। यह आन्तरिक मन पर अनुभूत होने वाला प्रभाव है जो बाह्य उपकरणों से अन्तः अनुभूति के रूप में ग्राह्य होता है। इस भव्यता का आधार केवल स्थूल विशालता नहीं, आत्म गरिमा

का विस्तृत रूप है। जिस काव्यकृति में भव्यता की अभिव्यक्ति निहित हो, वह वस्तुतः श्रेष्ठ कृति होती है। इसका अभिप्राय यह नहीं कि ऐसी कृति सर्वथा दोषरहित हो, परन्तु दोष इतने मुखर न हों कि भव्यता का अपकर्ष करें। केवल कुछ नियमों को आधार मानकर उदात्त काव्यकृति की रचना कर पाना सम्भव नहीं।

लौंजाइनस का विचार था कि उदात्त तत्त्व की परिकल्पना मौलिक, सार्वभौम एवं चिरन्तन है। एटकिन्स इस सम्बन्ध में कहते हैं–

There are things in its pages that can never grow old, while its freshness and light will continue to charm all ages.

हिन्दी साहित्य में कबीर, रहीम, जयशंकर प्रसाद, निराला, दिनकर आदि ऐसे साहित्यकार हुए हैं जिनकी रचनाएँ आज भी पुरानी नहीं है और पाठकों को ताजगी प्रदान करती हैं।

डॉ. जानसन–काव्य सिद्धान्त

डॉ. जानसन (1709-85) के युग में कला के क्षेत्र में एक ओर नवशास्त्रवादी थे जिनका दृष्टिकोण रूढ़िवादी रहा, तो दूसरी ओर स्वच्छन्दतावादी विचारधारा के पोषक थे जिन्होंने शास्त्रीय नियमों की परम्परा की अवहेलना की। परन्तु डॉ. जानसन का मत रूढ़िवादी न था और न ही वे स्वच्छन्दतावादी विचारधारा के पक्षधर बने। उन्होंने काव्य को जीवन के सत्य के धरातल से जोड़ने का प्रयास किया।

(1) कला और जीवन सत्य

डॉ. जानसन कला को जीवन का अंश मानते थे, इसीलिए उन्होंने शेक्सपीयर के उन नाटकों की प्रशंसा की जिनमें जीवन की प्रतिकृति अंकित है। उनका मानना है कि कला को जीवन से अलग देखने में, उसका अस्तित्व ही खतरे में पड़ जाता है। यदि जीवन ही न हो तो कला किसके लिए ? कला तभी कला है जब वह जीवन के साथ आबद्ध है। डॉ. जानसन पारिवारिक त्रासदी को भी इसीलिए सुन्दर मानते हैं कि उसका सत्य हमारे भावों को उद्वेलित करने में समर्थ होता है। यह सत्य हृदय को संवेदनशील बनाने में सक्षम है। उनका मत है कि साहित्यकार भाव का निरूपण करने से पूर्व उसका स्वयं अनुभव करे तो ही वह उच्च कोटि की रचना कर सकेगा। अवास्तविक अनुभूति को अभिव्यक्ति देना काव्यदोष है। यही कारण है कि वे मिल्टन की रचना Lycidas को पसन्द नहीं करते क्योंकि उसमें व्यक्त अनुभूति, कवि की अनुभूति नहीं है। जो लोग सौन्दर्य देखे और अनुभव किए बिना उसकी प्रशंसा या निन्दा करते हैं, वे हास्य के पात्र हैं। जो कृतियाँ सत्य की उपेक्षा करती हैं, वे ग्राह्य नहीं। सत्य को कला का आधार मानने के कारण, डॉ. जानसन ने रोमांस काव्य, रूपक काव्य, गोप काव्य तथा उपन्यास के पक्ष में अपना समर्थन नहीं जुटाया।

इस प्रकार डॉ. जानसन कला की उपयोगिता जीवन-सापेक्ष मानते हैं। निराधार, वायवीय अभिव्यक्ति किसी को उपकृत नहीं कर सकती। निरी कल्पना जीवन के लिए शक्तिदायक नहीं। जब जीवन ही नहीं तो कला की आवश्यकता अनुभव करना निरर्थक है।

(2) काव्यगत न्याय

डॉ. जानसन कहते थे कि लेखक का कर्तव्य विश्व को सुन्दरतर सृजित करना है। वे प्रकृति के उन रूपों का अनुकरण करने का परामर्श देते थे जो मानव चरित्र का उत्थान करने में सहायक हों। वे उन पात्रों के चित्रण के विरुद्ध थे जो श्रोताओं और दर्शकों को पतन की ओर उन्मुख करें। इसीलिए उन्होंने काव्यगत न्याय पर बल दिया। उनका विचार था कि 'किंग लियर' नाटक में दुःखद अन्त न्यायोचित नहीं है।

(3) काव्य में अनुकरण

डॉ. जानसन प्राचीन विद्वानों के अन्धानुकरण के पक्ष में भी नहीं थे। महान् साहित्य का सृजन प्राचीन लेखकों के अनुकरण से सम्भव नहीं अपितु सार्वभौम प्रकृति और आचरण की प्रस्तुति अनिवार्य तत्त्व है। मूलतः मानव-प्रकृति सर्वत्र समान है, अतः विशुद्ध अनुकृति की अपेक्षा सार्वभौम का चित्रण अधिक महत्त्वपूर्ण है। कवि का कर्तव्य है कि व्यक्ति का नहीं जाति का विश्लेषण प्रस्तुत करे और सार्वभौमिक गुणों को काव्य का आधार बनाए, विवरणों की अपेक्षा सर्वमान्य गुणों पर ध्यान दे।

(4) नाटक और कार्यान्विति

डॉ. जानसन नाटक के लिए कार्यान्विति आवश्यक मानते हैं। मिल्टन की कृति 'Samson Agonistes' में कार्यान्विति का अभाव है, अतः उनकी दृष्टि में यह कृति सन्तोषजनक नहीं। वे दूसरी ओर Tragic-Comedy का समर्थन करते हैं। जब वास्तविक जीवन में ही यह महत्त्वपूर्ण तथा महत्त्वहीन घटनाएँ साथ-साथ घटती हैं तो उन्हें मंचित करने में आपत्ति नहीं होनी चाहिए क्योंकि मंच भी तो जीवन की प्रतिकृति ही प्रस्तुत करता है।

(5) काव्य में भाषा-शैली

जहाँ तक भाषाशैली का सम्बन्ध है, डॉ. जानसन इसे अधिकाधिक गरिमापूर्ण, अलंकृत एवं सौष्ठव बनाने के पक्ष में थे। परन्तु भाषाशैली विधा के अनुरूप होनी चाहिए। त्रासदी के लिए भव्य शैली उचित है और सामान्य विषयों के लिए अलंकृत शैली का प्रयोग ठीक नहीं। उदाहरणतः Annas Mirabilis में नौ-विद्या से सम्बद्ध पारिभाषिक शब्दों का प्रयोग अग्राह्य है। यहाँ कवि की भाषा सामान्य होनी चाहिए थी। विषय तथा सन्दर्भ के अनुसार उचित अवसर पर, उसके अनुरूप शब्दों का प्रयोग प्रशंसनीय है, परन्तु निरर्थक श्लेष, अनेकार्थता तथा वाक्छल की प्रस्तुति व्यर्थ है।

(6) काव्य और छन्द

छन्द प्रयोग के विषय में डॉ. जानसन का मत है कि शब्दों की संगीतात्मकता और छन्द की नियमितता का ध्यान रखना अपेक्षित है। उनके विचार में पोप ने छन्दों के प्रयोग में जिस सुरुचि और कुशलता का परिचय दिया और जो उत्कर्ष पाया, उससे अधिक कर पाना सम्भवतः सम्भव नहीं। उन्होंने वीर छन्द का समर्थन किया, भिन्न-तुकान्त छन्द (Blank Verse) के विषय में वे सहमत नहीं थे। वे काव्यगत सौंदय का आधार भाषागत सौन्दर्य तथा छन्दमाधुर्य मानते थे।

(7) काव्य हेतु

डॉ. जानसन के अनुसार मौलिकता, आविष्कार शक्ति, कल्पना और सद्-विवेक प्रतिभा के मूल तत्त्व हैं। कवि यह शक्ति धारण करे तो ही उससे सुन्दर कृति की सर्जना की सम्भावना की जा सकती है। इन्हीं गुणों के कारण उन्होंने शेक्सपीयर की प्रशंसा की। नवीन घटना-क्रम की सृष्टि, नए पात्रों की अवतारणा तथा प्रसादान्त रचना की क्षमता आविष्कार शक्ति के रूप हैं। वे दूसरी ओर कल्पना का अभिप्राय स्वच्छन्दता, दिवास्वप्न, पलायन, ऐन्द्रिय बिम्ब आदि नहीं मानते। उनका कहना है कि कल्पना, स्मृति के कोष से विचारों का चयन करके, विविध संयोगों द्वारा नवीनता उत्पन्न करती है। उनका कल्पना सम्बन्धी मत आधुनिक अर्थ के अधिक निकट है जिसमें अनियन्त्रण, असंयम तथा ऊँची उड़ान के लिए स्थान नहीं। कल्पना के इस दृष्टिकोण के अनुसार उन्होंने Tempest नाटक की प्रशंसा की और Mid summer nights dream नाटक अच्छा नहीं समझा।

डॉ. जानसन का मत है कि कला को उत्कर्ष प्रदान करने के लिए प्रकृति से उपमान ग्रहण करना उत्तम है। परन्तु प्रकृति चित्रण के लिए कला से अपनाए गए अलंकार ग्राह्य नहीं होते। इनसे अनावश्यक मानसिक श्रम एवं अस्वाभाविकता की स्थिति आ जाती है। यथार्थ से हटकर कला कोरी कल्पना के गर्त में धँस जाएगी। साहित्यकार की कृति का मूल्यांकन उसके समय और परिस्थितियों के सन्दर्भ में ही उचित है।

(8) धार्मिक काव्य के प्रति दृष्टिकोण

डॉ. जानसन धार्मिक काव्य के प्रति सहृदय नहीं थे उनका कथन है कि काव्य का विषय ईश्वर न होकर ईश्वर की सृष्टि होना चाहिए। भक्ति के क्षेत्र में कल्पना के लिए कोई अवकाश नहीं और बिना कल्पना के काव्य सृजन सम्भव नहीं। ईश्वर तो स्वयं इतना विराट है कि काव्य के माध्यम से उसे पूर्णता, व्यापकता अथवा विराटता प्रदान करना सूर्य के सम्मुख दीप जलाने के समान है। अतः वह विराट शक्ति काव्य

का विषय नहीं बन सकती, मनुष्य जीवन अपूर्ण है, इसे ही पूर्णता का प्रयास देने के लिए काव्य में प्रवृत्त होना श्रेयस्कर है।

(9) आलोचना सम्बन्धी विचार

आलोचना की भूमिका के विषय में डॉ. जानसन अनेक बाधाओं की स्थिति का वर्णन करते हैं। यह आवश्यक नहीं कि कुशल एवं मेधावी रचनाकार भी आलोचकों की दृष्टि में गौरवपूर्ण स्थान पा ले। पहले तो यह जीवन इतना समस्या संकुल है कि कवि के गुण अव्यक्त ही रह जाते हैं। दूसरे, आलोचकों के मन आवेगों से आक्रान्त और पूर्वाग्रहों से दूषित होने के कारण कृति का मूल्यांकन ठीक नहीं हो पाता। आलोचक प्रायः तब तक कृति को पढ़ते ही नहीं या पढ़कर भी मौन धारण किए रहते हैं, जब तक कृति की ख्याति नहीं फैल जाती या साहित्यकार का स्थान साहित्य के क्षेत्र में नहीं बन जाता। इस स्थिति में कोई आलोचक किसी साहित्यकार को किसी प्रकार का प्रोत्साहन नहीं दे पाता। कुछ आलोचक स्वभाव से ईर्ष्यालु होते हैं। वे सोचते हैं कि अमुक साहित्यकार को कहीं ख्याति न मिल जाए, इसलिए वे मार्ग में बाधा डालने लगते हैं। तीसरे, कुछ आलोचक निर्भय नहीं होते, उन्हें अपने ज्ञान पर विश्वास नहीं, इसलिए वे अपना मत जल्दी प्रकट नहीं करते। उन्हें भय रहता है कि कहीं वे स्वयं ही उपहास के पात्र न बन जाएँ। इन दोषों में पूर्वाग्रह ऐसा दोष है जिसके परिणामस्वरूप किसी कृति का सौन्दर्य आलोचक के मन पर कोई छाप नहीं छोड़ पाता। अहंकार और प्रमाद के कारण, मार्ग से भटक जाना स्वाभाविक है।

डॉ. जानसन कहते हैं कि आलोचक को जिस विषय का ज्ञान न हो, उस विषय से सम्बन्धित पुस्तक पर उसे लेखनी नहीं उठानी चाहिए। लेखक और कृति के उद्देश्य को समझे बिना आलोचना कर डालना निस्सन्देह त्रुटिपूर्ण है। किसी कृति की आलोचना तभी करनी चाहिए जब उसे ध्यानपूर्वक पढ़ा हो। सरसरी तौर पर कृति का अवलोकन करके निर्णय दे देना, लेखक के साथ अन्याय करना है।

कभी-कभी देशप्रेम, भाषा-प्रेम आदि भी आलोचक को अनुचित निर्णय की दिशा में प्रेरित कर देते हैं। कोई आलोचक अपने देशवासी की कृति की तुलना में दूसरे देश या भाषा के लेखक की कृति को निकृष्ट घोषित कर देता है। इस निर्णय के मूल में उसका देश-प्रेम या भाषा-प्रेम आड़े आ जाता है। अतः आलोचक के पास निष्पक्ष दृष्टि होनी चाहिए ताकि किसी सुन्दर कृति के सौन्दर्य की आभा ओझल न हो जाए।

कुछ लोग आलोचक में विनयशीलता गुण की बात भी करते हैं, परन्तु इस प्रकार के विनयशील लोग या तो भीरु होते हैं अथवा दूसरे की प्रशंसा करके, बदले में प्रशंसा पाने की लालसा रखते हैं मूलतः आलोचक को निर्भीक होकर आलोचना

के मानदण्डों की कसौटी पर ही कृति का मूल्यांकन करना समीचीन है। किसी भी लेखक की प्रशंसा तभी करनी चाहिए जब वह इसका अधिकारी हो।

प्रायः देखा गया है कि कुछ आलोचक प्राचीन और समसामयिक लेखक के लिए भिन्न-भिन्न कसौटियाँ अपना लेते हैं। प्राचीन लेखकों के विषय में अधिक ध्यान रखना जरूरी है क्योंकि उनकी अनपेक्षित प्रशंसा से प्रेरित होकर कहीं समसामयिक लेखक पथभ्रष्ट न हो जाएँ। यदि प्राचीन कृतियों के दोषों का अवलोकन नहीं होगा तो उनके दोष नए लेखन में संक्रमित होते जाएँगे और लेखनकार्य स्वस्थ दिशा में अग्रसर नहीं होगा। ऐसी स्थिति में भावी लेखन दोषाक्रांत हो जाएगा। परन्तु इसका तात्पर्य यह नहीं कि किसी कृति में दोषदर्शन ही आलोचक का कर्तव्य है। वह कृति में दोषान्वेषण से अधिक उसके सौन्दर्य की ओर संकेत करे। किसी कृति का अवमूल्यन करना या उसे व्यर्थ ही गौरवान्वित करना आलोचक का दायित्व नहीं होता। उसका कार्य तो विवेक के आलोक में किसी कृति के गुण उद्‌घाटित करके निर्णय देना है। व्यक्तिगत रुचि के आधार पर सतही समीक्षा करके उपहास करना या तोता रटन्त समीक्षा-सिद्धान्तों के सहारे प्रशंसा के पुल बाँध देना अनुचित है। किसी कवि के सही मूल्यांकन के लिए हमें उसके युग में प्रवेश करके देखना चाहिए कि समय की माँग क्या थी, उसकी पूर्ति के साधन कौन-से थे और कवि कहाँ तक अपना दायित्व निभाने में सक्षम हो पाया।

इस प्रकार डॉ. जानसन ने आलोचना के क्षेत्र में बहुत कुछ नयापन लाने का प्रयास किया। वे न तो पुरातनवादी थे और न ही निरंकुशता झेलने को तैयार थे। उनका लक्ष्य समीक्षा क्षेत्र की खेमेबन्दी के मध्य ऐसा दृष्टिकोण उभारना था जिससे किसी भी कृति के गुण-अवगुणों को पक्षपात के घेरे से बाहर निकालकर, उसके स्वरूप को पारदर्शी बनाया जा सके। इसी कारण डॉ. जानसन को अंग्रेजी साहित्य में गौरव प्राप्त हुआ और उन्हें इस साहित्य के तीन श्रेष्ठतम समीक्षकों में स्थान पाने का श्रेय मिला।

क्रोचे–अभिव्यंजनावाद

क्रोचे आत्मवादी दार्शनिक थे। उन्होंने कला के क्षेत्र में, कलाकार की सहजानुभूति का विचार दिया जिसे काव्यशास्त्र में अभिव्यंजनावाद कहते हैं। क्रोचे का कथन है कि मानव मन में विचारात्मक और व्यावहारिक दो प्रकार की क्रियाएँ होती हैं। इनमें विचारात्मक क्रियाओं के दो रूप हैं–तर्कज्ञान एवं स्वयंप्रकाश ज्ञान। तर्क से प्राप्त ज्ञान का सम्बन्ध निश्चयात्मक बुद्धि तथा पदार्थ बोध से है। यह सामान्य ज्ञान है और इससे दर्शन एवं विज्ञान का जन्म होता है। इसके विपरीत स्वयंप्रकाश ज्ञान का सम्बन्ध विशेष पदार्थ से है और यह कल्पना द्वारा कला का निर्माण करता है। यह ज्ञान एक प्रकार की अलौकिक शक्ति है जो क्षण भर में कोई भावना अपनाकर उसे मूर्त एवं सुन्दर रूप प्रदान कर देता है। इस स्वयंप्रकाश ज्ञान से ही कल्पना द्वारा प्राप्त होने वाला बोध सहजज्ञान है। यह सहजज्ञान बिम्बों की रचना करता है। क्रोचे उदाहरण देकर स्पष्ट करते हैं कि चित्रकार जब किसी वस्तु की झलक देखता है तो सामान्य ज्ञान है, जब वह उसका पूर्ण प्रत्यक्षीकरण कर लेता है अर्थात् उसे अपने अन्तर्मन में पूरी तरह अभिव्यक्त कर लेता है तो इसे सहजज्ञान की उपलब्धि समझा जाएगा। मन की इस सहजानुभूति को क्रोचे अभिव्यंजना मानते हैं जो संवेदनाएँ अपने में पचाकर और उनके साथ एकाकार होकर मूर्त रूप प्राप्त कर लेती है। इसी सहजानुभूति से कलाकार भावनाओं तथा संवेगों का वेग नियन्त्रण में रखता है और इनके प्रभावों को बिम्बों में अभिव्यक्त कर स्वयं इनसे मुक्त हो जाता है। इस प्रकार क्रोचे सहजानुभूति को अभिव्यंजना या अभिव्यक्ति मानते हैं। यह अभिव्यंजना केवल अन्तर्मन की भूमि पर होती है और इसका बाह्य प्रकाशन पत्थर या कागज पर आवश्यक नहीं। यह सहजानुभूति बिम्ब रूप या अभिव्यक्ति है और यही कला है। कला और सहजानुभूति का अभिन्न सम्बन्ध है। इस प्रकार क्रोचे कला को आध्यात्मिक प्रक्रिया मानते हैं। कलाकार अपनी सहजानुभूति को पूर्ण अभिव्यक्ति देने के लिए प्रयत्नशील रहता है। यदि वह अपनी अभिव्यंजना को मूर्त रूप देना चाहता है तो वह अतिरिक्त क्रिया होगी। जिस कलाकार का वस्तु प्रत्यक्षीकरण जितना विराट होगा, उसकी अभिव्यक्ति अथवा कला उतनी ही सफल होती है। अतः क्रोचे के अनुसार

सहजानुभूति/अभिव्यंजना/अभिव्यक्ति/कला आन्तरिक मन की अनुभूति है जो विषय के पूर्ण मानसी प्रत्यक्षीकरण के साथ कल्पना द्वारा निर्मित होती है। कलाकार जब बाह्य उपकरणों से उसे प्रस्तुत करता है तो वह पाठकों और दर्शकों तक पहुँचती है। कलाकार की कलाकार के रूप में स्थिति, केवल उन क्षणों में होती है जब वह अपने को प्रेरणा के क्षणों में पाता है और ऐसा अनुभव करता है कि वह विषय के साथ तदाकार हो गया है। कवि काव्यनिर्माण से पूर्व कृति का समग्र मानस दर्शन करता है, अपने अन्तर्मन में उसका चित्र बना लेता है। यही अभिव्यंजना है। अब प्रश्न है कि यदि इस अभिव्यंजना की बाह्य अभिव्यक्ति कला नहीं है तो यह क्या है ? क्रोचे के मत में, प्रेषण और बाह्य प्रकाशन तो सहायक मात्र साधन हैं। कलाकार को बाह्य प्रकाशन का सहारा इसलिए लेना पड़ता है कि वह अपनी कला को सामाजिक उपभोग के योग्य और सहृदय संवेद्य बनाना चाहता है। दूसरे, इन कलाकृतियों के कारण उसकी सहजानुभूति नष्ट नहीं होती और उन्हें देखकर वह उस मानसिक स्थिति को पुनः प्राप्त हो जाता है जिसमें उसके मन में सहजानुभूति का प्रादुर्भाव हुआ था। अतः बाह्य अभिव्यक्ति तो केवल व्यावहारिक उपयोगिता के लिए है।

सौन्दर्य के सम्बन्ध में क्रोचे का विचार है कि कला की सुन्दरता या असुन्दरता इस बात पर निर्भर नहीं करती कि इन्द्रियगोचर जगत् सुन्दर या असुन्दर है। जो सामान्य अर्थ में सुन्दर है, वह भी सहजानुभूति की त्रुटि के कारण असुन्दर बनकर प्रकट हो सकती है। अतः कला की उत्कृष्टता के लिए, विषयवस्तु का उत्कृष्ट होना अनिवार्य नहीं है। उत्कृष्टता तो जीवन के प्रति दृष्टि में होती है। कलाकार गरीबी, गन्दगी, अभद्रता में भी सुन्दरता की खोज कर लेता है। जीवन में अँधेरा ही अँधेरा नहीं होता, प्रकाश की लौ कहीं न कहीं टिमटिमाती रहती है। कलाकार उसी में सौन्दर्य तलाश लेता है। कुरूप और बीभत्स वस्तु भी यदि कलाकार के मन पर प्रभाव डालती है तो वह भी कला का विषय बन सकती है। विषय का चुनाव, कलाकार की इच्छा पर निर्भर है।

कला जब सिद्धान्त क्षेत्र से आगे बढ़कर व्यवहार क्षेत्र में पदार्पण करती है तो उसके सामने प्रयोजन का प्रश्न आता है। अन्यथा कला का एक ही प्रयोजन है—मन में सहज ज्ञान आलोकित करना। इससे जो आनन्द या सन्तोष मिलता है, उसका मूल्य नैतिकता की कसौटी पर निर्धारित करना उचित नहीं कला का आनन्द तो सफल अभिव्यक्ति से प्राप्त निजत्व मुक्ति का आनन्द है। सफल अभिव्यक्ति में सौन्दर्य विद्यमान रहता है। यदि कला में सौन्दर्य नहीं तो वह सफल अभिव्यक्ति नहीं।

इस प्रकार क्रोचे के मत में—

(1) कला, अभिव्यंजना, सहजानुभूति और अभिव्यक्ति पर्यायवाची हैं।

(2) अभिव्यंजना आन्तरिक मन में होती है और आध्यात्मिक प्रक्रिया है।

(3) अभिव्यंजना सुन्दर होती है, अन्यथा वह कला ही नहीं।

(4) कलाकार के लिए सुन्दर-असुन्दर में कोई भेद नहीं। यदि कोई वस्तु असुन्दर हो परन्तु कलाकार के मन पर बिम्ब अंकित करने में समर्थ है तो भी वह ग्राह्य है।

(5) कल्पना सौन्दर्य का अनिवार्य तत्त्व है।

(6) अभिव्यंजना का आधार स्वयंप्रकाश ज्ञान अर्थात् प्रतिभा है।

(7) रूप भी (form) सौंदर्य की आधारभित्ति है।

(8) कला का बाह्य प्रकाशन कलाकार अपनी अनुभूति, अपने और दूसरों के लिए सुरक्षित रखने हेतु करता है।

कलाकार की इस सहजानुभूति को क्रोचे ने चार भागों में विभक्त किया है—

(क) अरूप संवेदन अर्थात् वस्तु का मानसिक प्रत्यक्षीकरण।

(ख) कल्पना शक्ति से अरूप संवेदनों की आन्तरिक अन्विति।

(ग) सफल अभिव्यंजना।

(घ) सफल अभिव्यंजना से उत्पन्न आनन्द की अनुभूति।

(ङ) आन्तरिक अभिव्यंजना का मूर्तिकरण अर्थात् बाह्य प्रकाशन। इसे क्रोचे कला का शिल्प विधान मानते हैं परन्तु उनके मन में कला के लिए यह प्रक्रिया अनिवार्य नहीं।

इस प्रकार कला की समस्त प्रक्रिया कलाकार के मन में सम्पन्न होती है। कलाकार ही इसका भोक्ता और समीक्षक है। यह केवल स्वान्तः सुखाय है।

क्रोचे के मत की समीक्षा

(1) क्रोचे के अनुसार अभिव्यंजना का सम्बन्ध अन्तर्मन से है, उसकी बाह्य अभिव्यक्ति आवश्यक नहीं। यदि कला की बाह्य अभिव्यक्ति न हो अर्थात् शब्द, रंग-रूप आदि में दूसरों के सम्मुख प्रस्तुति न हो तो यह कैसे ज्ञात होगा कि कोई व्यक्ति कलाकार है। ऐसी स्थिति में कलाकार और अकलाकार का भेद नहीं रहेगा और प्रत्येक व्यक्ति अपने आपको कलाकार समझेगा, क्योंकि उसे कला की झलक, बाह्य रूप में देने की आवश्यकता ही नहीं। फिर हम इतने कवियों की कविताएँ पढ़ते हैं, नाटक आदि रचनाएँ देखते हैं, वे सब लुप्त ही रहेंगी। कलाकार के मन में छिपी कला दूसरों के लिए रहस्य का ही विषय होगी। अन्तर्मन की कला को न कोई जानेगा, न समझेगा, न मूल्यांकन कर पाएगा और न ही वह कला जीवनोपयोगी होगी। अपने आपको कलाकार कहने वाले को मूर्ख या पागल समझकर, लोग उसे नकार देंगे। कितने ही लोग कलाकार होने का दम्भ भरने लगेंगे, वे कहेंगे कि हमें सहजानुभूति अपने मन में प्राप्त है। क्रोचे को ध्यान नहीं रहा कि इस प्रकार के गूँगे कलाकारों की मिट्टी पलीत होती है। कबीर, सूर, तुलसी आदि महान् कवि न होते यदि उन्होंने अपनी सहजानुभूति की बाह्य अभिव्यंजना न की होती। स्वयं क्रोचे के अभिव्यंजनावाद को कौन सुनता यदि यह उनके अन्तर्मन की ही सहजानुभूति मात्र रहता और इसका

बाह्य प्रकाशन न होता।

(2) क्रोचे का कथन है कि सहजानुभूति वैयक्तिक होती है और इसका पुनर्भाव (Repetition) भी नहीं होता, परन्तु सुन्दर बाह्य कलाकृति से भावक भी सहजानुभूति अनुभव करता है। ऐसी स्थिति में, वैयक्तिक अनुभूति दूसरों के लिए अनुपयोगी ही रहेगी और जब उसका पुनर्भाव नहीं होता तो बाह्य प्रकाशन कैसे हो पाएगा ? बाह्य प्रकाशन न होगा तो भावक उसे क्योंकर अनुभव करेगा।

(3) कवि का अस्तित्व केवल उस क्षण तक रहता है जब तक वह कलम नहीं पकड़ता। ज्यों ही वह मानस क्षेत्र से निकलकर बाह्य उपकरणों से बाह्य अभिव्यंजना में प्रवृत्त होगा, कला पीछे छूट जाएगी। पाठक, जिनके लिए काव्यत्व बाह्य काव्यकृति में होना चाहिए, इससे वंचित रह जाएँगे। पाठक क्रोचे की कला सम्बन्धी अवधारणा समझ नहीं पाते।

(4) कला की अभिव्यंजना केवल मानसिक धरातल तक ही सीमित कर दी जाए तो कुरूपता और विक्षिप्तता भी कला का विषय बन जाएँगे। क्रोचे का मत है कि कलाकार ज्यों ही मानसिक जगत् से हटकर, अभिव्यंजना को स्थूल रूप देने में प्रवृत्त होता है तो वह कलाकार को मिलने वाली स्वतन्त्रता से वंचित हो जाता है और जीवन के नीति बन्धन उसे घेर लेते हैं। क्रोचे बाह्य कलाकृति का निर्माण शुद्ध कला नहीं मानते। यदि इस अवधारणा को सत्य मान लिया जाए तो ऐसे कलाकार की जगत् को जरूरत ही न पड़ेगी और वे उसको महत्त्व ही क्यों देंगे ?

(5) क्रोचे ने इस बात की ओर ध्यान नहीं दिया कि कलाकार का काम, अपनी अनुभूति का सम्प्रेषण दूसरों तक करना है। उनके मत से सम्प्रेषण व्यावहारिक तथ्य है, वह क्रियात्मक मनोवृत्ति का व्यापार है और किसी अनुभव को सुरक्षित रखने या प्रसार करने की इच्छा से निष्पन्न होता है, अतः कला से बाह्य है। परन्तु सम्प्रेषण के बिना कला कला नहीं हो पाएगी। कलाकार जीवन के प्रति उपेक्षा धारण नहीं कर सकता, संसार से कटकर नहीं रह सकता। इससे ऐसा प्रतीत होता है कि क्रोचे ने जीवन के प्रति उपेक्षा प्रकट की है। बाह्य अभिव्यंजना को स्वन्तत्रता न देकर क्रोचे ने कला के साथ अन्याय किया है। क्रोचे द्वारा सोची गई आदर्श कलाकार की कहानी अपने आप में निराली है और वास्तविक जगत् में सम्भव नहीं।

अभिव्यंजनावाद और वक्रोक्ति

अभिव्यंजना के विषय में रामचन्द्र शुक्ल का कथन है कि यह वक्रोक्ति का विलायती उत्थान है। हमें ध्यान रखना चाहिए कि आचार्य कुन्तक वक्रोक्ति को काव्य की आत्मा मानते हैं। वक्रोक्ति से उनका अभिप्राय कथन की वक्रता से है। क्रोचे ने अभिव्यंजना की जो व्याख्या की, वक्रोक्ति के साथ उसका कोई विशेष सम्बन्ध दिखाई नहीं देता।

तात्त्विक दृष्टि से अभिव्यंजना और वक्रोक्ति में थोड़ी-सी समानता जरूर प्रतीत

होती है।

– कुन्तक और क्रोचे दोनों कलावादी आचार्य थे।

– दोनों आचार्यों ने अभिव्यंजना को कला का प्राणतत्त्व स्वीकार किया है।

– दोनों अभिव्यंजना को अखण्ड मानते हैं।

– दोनों ने कला में कल्पना तत्त्व को प्रमुखता दी है।

– दोनों के अनुसार अभिव्यंजना सफल कला में रहती है।

इन समानताओं के बावजूद दोनों सिद्धान्तों में बहुत दूरी विद्यमान है–

* कुन्तक अलंकारवादी थे परन्तु क्रोचे दार्शनिक।
* कुन्तक ने काव्य के बाह्य अंगों की व्याख्या पर बल दिया जबकि क्रोचे काव्य के बाह्य रूप की आवश्यकता ही नहीं मानते।
* कुन्तक ने चमत्कारपूर्ण उक्ति को काव्य स्वीकार किया जबकि क्रोचे केवल सहजानुभूति ही स्वीकार करते हैं। क्रोचे के सिद्धान्त में चमत्कारपूर्ण या चमत्कारहीन उक्ति में भेद की आवश्यकता नहीं।
* क्रोचे के अनुसार कवि काव्य रचना, अभिव्यंजना के लिए करता है, आनन्द के लिए नहीं, भले ही अभिव्यंजना के समय आनन्द उसे प्राप्त होता है। इसके विपरीत कुन्तक काव्य का चरम लक्ष्य आनन्द को मानते हैं। इस आनन्द का कारण सौन्दर्य है।
* क्रोचे के विवेचन में वस्तुतत्त्व की स्थिति अत्यन्त गौण है। कलाकार के मानस पटल पर बिम्ब अंकित करने की क्षमता उत्पन्न करने वाली कुरूप विषय स्थिति उसे स्वीकार्य है, परन्तु कुन्तक के मत में विषय-वस्तु महत्त्वपूर्ण है।
* क्रोचे के अभिव्यंजनावाद में नीति-अनीति का कोई प्रश्न नहीं, परन्तु कुन्तक नैतिकता से दूर जाने का प्रयास नहीं करते।

वस्तुस्थिति यह है कि क्रोचे का कला के प्रति ऐसा दृष्टिकोण है जिसे पाठक या श्रोता की जरूरत ही नहीं। वे तो मन की सहजानुभूति को कला मानते हैं। किसी को क्या मालूम कि किसको सहजानुभूति हो गई और वह कलाकार बन गया। वास्तव में चित्रकार वह है जिसने फलक पर चित्र अंकित किया है, कवि वह है जिसने कविता लिखी है, मूर्तिकार वह है जिसने मूर्ति बनाई है। कोई सो रहा है तो वह कलाकार नहीं है, कलाकार तो वह है जो कला का निर्माण कर रहा है। केवल हवाई अनुभूति कला नहीं होती। विषय के बिना अनुभूति के लिए स्थान कहाँ ? कोई कहे अमुक व्यक्ति महान् कवि है और दूसरा पूछे कि उसकी कविता सुनाओ। उत्तर में कह दिया जाए कि उसको काव्य की सहजानुभूति हो गई है। कितनी हास्यास्पद स्थिति हो जाएगी। यदि क्रोचे के अभिव्यंजनावाद को कला की प्रक्रिया मात्र मान लिया जाए तो कोई हानि नहीं, इसे पूर्ण सिद्धान्त मानने का मार्ग कंटकापूर्ण ही है।

टी.एस. इलियट–निर्वैयक्तिकता सिद्धान्त

टी.एस. इलियट बीसवीं शती के प्रभावशाली समीक्षक थे। उन्होंने समीक्षा के क्षेत्र में अद्भुत क्रान्ति उपस्थित की। वे अपने आपको क्लासिकवादी कहा करते। उनके अनुसार क्लासिक का अर्थ है–प्रौढ़ता या परिपक्वता। उनका विचार था कि क्लासिक साहित्य का सृजन तभी सम्भव है जब कृतिकार का मस्तिष्क संस्कृति, भाषा और साहित्य के सन्दर्भ में प्रौढ़ हो। मस्तिष्क की प्रौढ़ता के लिए इतिहास और ऐतिहासिक चेतना की अनिवार्यता होती है। इसके लिए कवि अपने देश और अपनी जाति के अतिरिक्त अन्य सभ्य जातियों का इतिहास भी पढ़े तथा उनकी सभ्यता का ज्ञान प्राप्त करे जिसने हमारी सभ्यता को प्रभावित किया है। इलियट शील की प्रौढ़ता का अभिप्राय आदर्श चरित्र का निर्माण मानते थे। उनका विचार था कि भाषा की प्रौढ़ता के लिए पहले हो चुके कवियों की रचनाएँ देखनी चाहिए और भाषा का वह रूप ग्रहण करना चाहिए जो उनमें पराकाष्ठा तक न पहुँचा हो। निष्कर्षतः इलियट, क्लासिक के लिए मस्तिष्क की प्रौढ़ता, शील की प्रौढ़ता, शैली की प्रौढ़ता एवं सार्वभौमिकता आवश्यक मानते थे। उनके विचार में संकीर्णता और सीमित धार्मिक चेतना अग्राह्य है। एक जगह वे लिखते हैं कि 'यदि क्लासिक वास्तविक आदर्श है तो उसे ईसाई धर्म की उच्चाशयता की अभिव्यक्ति करनी होगी।' यहाँ उनका अभिप्राय उच्चाशय, उदार एवं आस्तिक दृष्टिकोण है जो चरित्र, औचित्य और सकल मानवता के लिए कल्याणकारी है। संकुचित धार्मिक दृष्टिकोण उन्हें ग्राह्य नहीं।

उन्नीसवीं तथा बीसवीं शती के प्रारम्भ में, साहित्य में स्वच्छन्दतावाद का प्रभाव था। भावात्मक अभिव्यंजना के आग्रह से इसमें विकृति आ रही थी। इलियट ने इसे स्वीकार नहीं किया। उन्होंने कला को कलाकार का आत्मप्रकाशन मानने वाले सिद्धान्त की जमकर आलोचना की और प्रभाववाद को अस्वीकार कर दिया। वैयक्तिकता की बढ़ती हुई भावनाओं को व्यवस्था देने के लिए उन्होंने परम्परा का नियम सामने रखा। उनका विचार था कि काव्य रचना में परम्परा का प्रमुख स्थान है और कवि की प्रतिभा, केवल मध्यस्थ रूप में परम्परा को ही काव्य में प्रतिफलित होने में सहायता देती है। इस परम्परा में, ऐतिहासिक बोध का अर्थ केवल अतीत को देखना नहीं,

उसे वर्तमान रूप में देखना भी है। अपनी पुस्तक After Strange Gods में वे लिखते हैं–

"परम्परा से मेरा तात्पर्य उन सभी स्वाभाविक कार्यों, रीति-रिवाजों से है, जो एक स्थान में रहने वाले एक समुदाय के व्यक्तियों का रक्त सम्बन्ध व्यक्त करते हैं।"

इस कथन का आशय है कि परम्परा का सम्बन्ध संस्कृति से है और वह अपनी प्रगति में जातीय जीवन, कला, दर्शन और साहित्य के उत्कृष्ट अंश सन्निविष्ट करती है। कवि के लिए परम्परा का ध्यान रखना अनिवार्य है। यदि वह परम्परा भुलाकर निजी वेदना की कथा लिखता है तो अपने उद्देश्य से भटक जाता है। परम्परा के ज्ञान से साहित्यकार को जानकारी होती है कि उसे क्या करना चाहिए। साथ ही उसे पता भी चल जाता है कि उसकी कृति का क्या मूल्य है। यहाँ ध्यातव्य है कि इलियट परम्परा का रूढ़ि रूप स्वीकार नहीं करते थे। अनेक युगों और कलाकृतियों में मिश्रित प्रभाव से निर्मित परम्परा को कवि आत्मसात् करे और उसे परिवर्तित व परिवर्धित करे। इस कार्य के लिए उसे अपना व्यक्तित्व अर्पित करना पड़े तो संकोच नहीं करना चाहिए। अतीत को वर्तमान में देखना कवि की मौलिकता है। इलियट साहित्य के जीवन्त विकास के लिए परम्परा का योग स्वीकार करते हैं जिसके कारण साहित्य में आत्मतत्त्व नियन्त्रित होता है, वस्तुनिष्ठता की प्रमुखता उभरती है और निर्वैयक्तिकता आती है। उनके मत में काव्य की निर्मिति में कवि माध्यम मात्र है।

"कवि व्यक्तित्व की अभिव्यक्ति नहीं करता, वह विशिष्ट माध्यम मात्र है। ...व्यक्तिगत भावों की अभिव्यक्ति कला नहीं है, उनसे पलायन कला है। कलाकार की प्रगति निरन्तर आत्मत्याग, व्यक्तित्व का निरन्तर बहिष्कार है।"

इलियट मानते हैं कि कवि कविता लिखता नहीं, कविता कवि के माध्यम से शब्द विधान के रूप में उतर आती है। कविता उत्पन्न नहीं की जाती, उत्पन्न हो जाती है। वे कविता में इस निर्वैयक्तिकता के दो रूप मानते हैं। एक निर्वैयक्तिकता तो कुशल शिल्पी मात्र के लिए प्राकृतिक होती है। दूसरी निर्वैयक्तिता प्रौढ़ कलाकार द्वारा अधिकाधिक प्राप्त की जाती है। यह दूसरी प्रकार की निर्वैयक्तिकता उस प्रौढ़ कवि की होती है जो अपने उत्कृष्ट, व्यक्तिगत अनुभवों के माध्यम से सामान्य सत्य व्यक्त करने में समर्थ होता है। इलियट का अभिप्राय कुशल शिल्पी मात्र की निर्वैयक्तिकता ग्रहण करने से नहीं, प्रौढ़ कवि के निजी अनुभवों की सामान्य अभिव्यक्ति से है। वे भारतीय मत के अनुरूप मानते हैं कि कवि कविता में निजी अनुभव इस प्रकार व्यक्त करता है कि वे उसके अपनी ही नहीं, अपितु सर्वसामान्य के भाव बन जाते हैं। दूसरे शब्दों में निर्वैयक्तिकता का अर्थ, कवि के व्यक्तिगत भावों की विशिष्टता का सामान्यीकरण है। कवि अपनी तीव्र संवेदना से अन्य लोगों की अनुभूतियाँ आयत्त

कर लेता है और वे आयत्त अनुभूतियाँ उसकी निजी अनुभूतियाँ हो जाती हैं। जब वह उन अनुभूतियों को काव्य में व्यक्त करता है तो वे निजी अनुभव होते हुए भी, सबके अनुभव बन जाते हैं। इस प्रकार इलियट कविता में कवि का व्यक्तित्व स्वीकार नहीं करते, इसीलिए वे निर्वैयक्तिकता की वकालत करते हैं।

'कविता के तीन स्वर' नामक भाषण में उन्होंने बताया कि कविता का पहला स्वर वह है जिसमें कवि किसी अन्य से नहीं अपितु स्वयं से बात करता है। दूसरा स्वर वह है जिसमें वह श्रोताओं से बात करता है और तीसरे स्वर में वह स्वयं वक्ता न होकर पात्रों के माध्यम से बोलता है। यहाँ पहले स्वर में कवि का लक्ष्य, अपने भाव दूसरों तक पहुँचाना नहीं होता। ऐसी स्थिति में, कविता में आन्तरिक वस्तु अपना रूप स्वयं निर्मित करने में प्रवृत्त होती है। वस्तु और रूप का साथ-साथ विकास होता चलता है। इसीलिए इलियट कहते हैं कि कविता स्वयं अवतरित हो जाती है, कवि तो केवल माध्यम होता है। दूसरे स्वर में कविता किसी सजग सामाजिक उद्देश्य के लिए लिखी जाती है। मनोरंजन या उपदेश के लिए रचित साहित्य व्यंग्य काव्य और नीतिकाव्य के रूप में सृजित होता है। इन कविताओं का रूप अंशतः पूर्व निर्धारित होता है। तीसरे स्वर में नाटक आते हैं। इन दूसरे और तीसरे स्वर के साहित्य को इलियट कवि की अचेतनावस्था से उद्भूत नहीं मानते। इनमें वह सजग होकर कृति का निर्माण करता है। वह व्यक्तित्व से पलायन नहीं करता अपितु व्यक्तित्व का निर्माण करता है। यदि ध्यान से देखा जाए तो कविता में ये तीनों स्वर, व्यवस्थित रूप में साथ-साथ वर्तमान रहते हैं। यदि कवि ने अपनी कविता में निज से कुछ न कहा तो उसकी कृति कविता नहीं होती। इसी प्रकार यदि वह नितान्त अपने लिए कविता लिखता है तो वह व्यक्तिगत और अपरिचित भाषा में होगी। ऐसी कविता केवल कवि के लिए होगी। उसे भी कविता की कोटि में लाना उचित नहीं।

इलियट ने कलात्मक सफलता के लिए वस्तुमूलक प्रतिरूपता की बात कही है। वे लिखते हैं, "कला में भाव प्रदर्शन का एक ही मार्ग है कि उसका वस्तुनिष्ठ समीकरण प्रस्तुत किया जाए।" नाटककार या कवि जो कुछ कहना चाहता है, उसे वह वस्तुओं की किसी संघटना, किसी स्थिति या किसी घटना शृंखला द्वारा ही कहता है। वह अपनी संवेदनाओं और अनुभूतियों की अभिव्यक्ति के लिए वस्तुमूलक चिह्नों से काम लेता है। परिणामतः अमूर्त भावनाएँ मूर्त हो जाती हैं। इन मूर्त प्रतीकों से वही भावनाएँ जाग्रत होती हैं जो कवि के मन में जाग्रत हुई थीं। भावनाओं और उनके मूर्त विधान में सामंजस्य व एकरूपता ही काव्य कृति की सफलता का आधार माना जा सकता है। वस्तुनिष्ठ समीकरण का यह रूप, भारतीय दृष्टि से विभाव विधान ही है। यह भाव विधान तभी सार्थक है जब वह सामाजिकों और कृतिकार में भाव जाग्रत कर सके।

इलियट मानते हैं कि प्रत्येक जाति या राष्ट्र की अनुभूति निजी और विशिष्ट

होती है और उसी की भाषा में व्यक्त की जा सकती है। परम्परा में बँधी हुई भाषा, कवि की अनुभूति की संवाहक बनने में सक्षम नहीं होती, अतः कवि को अभिव्यक्ति के लिए नई भाषा की तलाश करनी पड़ती है। यह सत्य है कि कविकर्म भाषा के माध्यम से ही सम्भव है क्योंकि भाषा द्वारा ही वह नई संवेदनाओं का सम्प्रेषण करता है, अतः उसे परम्परागत भाषा से संघर्ष करके अनुकूल भाषा का रूप गढ़ना होगा। उसे पुराने शब्दों को नई अर्थवत्ता प्रदान करनी पड़ेगी और उन्हें बोधगम्य बनाने के लिए भाषा की शक्तियों का विकास करने की आवश्यकता होगी। भाषा को समृद्ध करने हेतु नए प्रतीक और रूपक बनाने होंगे। भाषा सदा विकासमान होती है। परिस्थितियाँ बदलती हैं, जीवन के रूपों में परिवर्तन होता है, नई संवेदनाएँ उद्भूत होती हैं तो उन्हें अभिव्यक्ति प्रदान करने के लिए भाषा के नए रूपों की भी निर्मिति करनी होगी। हिन्दी साहित्य में भक्तिकाल, रीतिकाल, राष्ट्रीय जागरण काल, छायावाद, प्रगतिवाद और नई कविता के भाषिक प्रयोगों, प्रतीकों, रूपकों में भिन्नता स्पष्ट है। कवियों को विषय और अनुभूतियों की बदलती दिशाओं के अनुरूप भाषिक प्रयोगों में भी परिवर्तन करना पड़ा। परन्तु इलियट का मत है कि कवि की भाषा, अपने युग की भाषा के इतनी समीप होनी चाहिए कि पाठक या श्रोता उसे अपनी समझता हो। आज कविता के गेय तत्त्व में कमी आई है, वह बोलने के लिए लिखी जाती है, अतः उसका सम्बन्ध बोलचाल की भाषा से होना चाहिए। कवि के लिए यह भी ध्यातव्य है कि वह अपने काव्य को द्रुत परिवर्तनों से बचाए। भाषा का प्रयोग देश और काल के अनुसार ही ग्रहण करे, उसकी भाषा वैयक्तिक न हो।

इलियट अपने काव्य सिद्धान्त को कवि तक ही सीमित नहीं रखते, वे इसमें समीक्षक के दायित्व का निर्वाह भी करना चाहते हैं क्योंकि निष्पक्ष समीक्षा, निष्पक्ष समीक्षक ही कर सकता है। उनके मत में समीक्षक विवेकी और मर्मज्ञ होना चाहिए। उसे ज्ञान होना चाहिए कि हम क्या हैं, हमें क्या होना चाहिए, हम क्या चाहते हैं और हमें क्या चाहना चाहिए। समीक्षक साहित्य मूल्यों से अवगत हो, उसका अध्ययन व्यापक और विवेकपूर्ण हो और उसमें आग्रह न हो। समीक्षक में अन्य विषयों के प्रति भी रुचि होनी चाहिए।

इलियट का विचार है कि समीक्षा का मूलभूत कार्य साहित्य का बोध कराना और उसका आनन्द अनुभव कराना है। समीक्षा काव्य-रचनाओं की व्याख्या प्रस्तुत करके लोक अभिरुचि को परिष्कृत करती है। किसी कृति में बोध प्राप्ति और आनन्द उपलब्धि अलग-अलग क्रियाएँ नहीं होतीं। इलियट इन्हें बौद्धिक और भावात्मक क्रियाओं के रूप में पृथक् नहीं मानते। वे कविता का बोध प्राप्त करने को, आनन्द लेना ही मानते हैं। यहाँ जिज्ञासा होती है कि समीक्षक पाठक को काव्य का बोध कराने और उसका आनन्द लेने में कैसे सहायता करता है। वस्तुतः काव्य के बोध पक्ष से सम्बन्धित पहली प्रवृत्ति वह है, जो कवि के जीवन, उसके युग की प्रवृत्तियों

और विभिन्न प्रेरणाओं की खोज करती है, वह एक प्रकार से काव्य का समाजशास्त्रीय अध्ययन है। इलियट इस प्रकार की समीक्षा की उपयोगिता तो स्वीकार करते हैं, परन्तु समीक्षा के इस पक्ष पर अधिक बल देने से, हानि ही होगी। इससे साहित्य के बोध और आनन्द प्राप्ति में बाधा आएगी। काव्य में बोध पक्ष से सम्बन्धित दूसरी प्रवृत्ति में काव्यकृति को अन्य काव्यकृतियों के सन्दर्भ के बिना समझने का प्रयास किया जाता है। ऐसा करते समय कविता के प्रत्येक अंग, प्रत्येक पंक्ति का विश्लेषण करते हुए उसका अर्थ दूहने का प्रयास होता है। यह समीक्षा पद्धति भी काव्यानन्द की अनुभूति में बाधक है। इस प्रकार समीक्षा की पहली पद्धति में काव्योद्‌भव के मूल कारणों की खोज को प्राथमिकता दी जाती है तो दूसरी पद्धति में काव्यकृति का अध्ययन किया जाता है। इलियट इन दोनों पद्धतियों को सीमा के भीतर उपयोगी मानते हैं। वे चाहते हैं कि समीक्षक इन दोनों पद्धतियों का उपयोग करे। समीक्षक का लक्ष्य है कि वह पाठकों के सम्मुख कृति के अनुद्‌घाटित रूप को उद्‌घाटित कर दे। काव्य रस के आस्वादन की बात वह पाठक पर ही छोड़ दे। उसका कार्य तो कृति में अभिव्यक्त देशकाल-निरपेक्ष सामान्य मानवीय अनुभूति, पाठकों के सम्मुख प्रस्तुत करना है। समीक्षक को अपने कार्य में निर्वैयक्तिक ही रहना होगा।

निष्कर्षतः इलियट कविता के स्वतन्त्र अस्तित्व और उसकी वस्तुनिष्ठ प्रकृति के पक्षधर थे। कविता में वैयक्तिकता की अभिव्यक्ति उन्हें स्वीकार्य न थी। अतः यह निश्चित करना भी अनिवार्य हो गया कि किसी कृति का नैतिक मूल्य क्या है ? धर्म और साहित्य के सम्बन्ध के विषय में उनकी मान्यता थी कि यह अनेक प्रकार का हो सकता है। धार्मिक साहित्य में भी काव्यत्व है परन्तु उसे काव्यत्व के लिए नहीं पढ़ा जाता। जो कृति धर्म को काव्य के रूप में प्रस्तुत करती है, उसे उच्चकोटि का साहित्य नहीं कहा जा सकता, वह तो प्रचारकाव्य है। यदि धार्मिक प्रबुद्धता बिना प्रयास, किसी कृति में आ जाए तो वह रचना उच्चकोटि की होगी। उसमें धर्म और साहित्य का उचित सम्बन्ध होगा। यह जरूरी नहीं है कि साहित्यकार अपनी कृति में धर्म या नीति का उपदेश करे। यदि वह जानबूझकर ऐसा करता है तो उसे असाहित्यिक ही मानना होगा। जो साहित्य जीने की कला सिखाए, संकुचित दृष्टिकोण से व्यापक धरातल का निर्माण करे, मानव-मात्र की संवेदनाएँ जगाए, चाहे वे नीति या धर्म से सम्बन्ध भी रखती हों तो ऐसा साहित्य, निश्चय ही उपयोगी होगा, जन मन को आनंदित करके सर्वजनहिताय प्रतिष्ठा प्राप्त करेगा।

कॉलरिज के काव्य सिद्धान्त

पाश्चात्य काव्यशास्त्र में अरस्तू के बाद सेमुअल टेलर कॉलरिज का स्थान माना जाता है। इनकी अंग्रेजी भाषा में लिखित Biographia Literaria पुस्तक काव्यशास्त्र के क्षेत्र में श्रेष्ठ कृति है। कॉलरिज रोमाण्टिक युग के प्रसिद्ध आलोचक एवं महान् कवि थे। उन्होंने अपने काव्य सिद्धान्त का आधार तत्त्वचिन्तन बनाया क्योंकि वे दर्शन एवं काव्य का अविच्छिन्न सम्बन्ध स्वीकार करते थे। उन्होंने काव्य में मौलिकता एवं प्रतिभा पर अधिक बल दिया। काव्य-सम्बन्धी उनके विचार कवि, कविता, कल्पना, गद्य, छन्द आदि के विषय में स्पष्ट थे।

(1) कवि के गुण

कॉलरिज प्रायः कवि और कविता में अन्तर नहीं मानते। कभी-कभी तो वे कवि का परिचय देकर कविता की परिभाषा देना चाहते हैं। वे मानते हैं कि कवि को प्रतिभा सम्पन्न होना चाहिए। इसके साथ ही पद्य-माधुरी, मूर्त-विधान, चिन्तन की गम्भीरता, भावुकता, भावावेग, विवेक, निर्णय शक्ति, कल्पना, मानवीय दृष्टि भी कवि के आवश्यक गुण हैं। कवि को तत्त्ववेत्ता और दार्शनिक होना अपेक्षित है। कवि धार्मिक प्रवृत्ति से दूर न जाए, इस गुण से श्रद्धा भाव व्यक्त होता है। कॉलरिज के मत में श्रद्धाहीन कवि पागल होता है। इतिहास एवं प्रकृति का ज्ञान भी कवि के लिए वांछनीय है। विज्ञान की अनेक शाखाओं शरीर रचना, स्थैतिकी (Hydro statics), धातु विज्ञान आदि के सम्बन्ध में भी जानकारी होनी चाहिए। कवि से आशा की जाती है कि वह निर्वैयक्तिक एवं वस्तुपरक रहकर विश्व को समझने और उसे अभिव्यक्ति देने का प्रयास करे।

कॉलरिज के उपर्युक्त विचारों में कुछ विरोधाभास भी है। कवि दार्शनिक भी हो, भावुक भी, दोनों विरोधी बातें हैं। कवि ज्ञान-विज्ञान की व्याख्या नहीं करता, वह तो संवेदना की भूमि पर संश्लिष्ट भाव व्यक्त करता है। भले ही वह दर्शन, इतिहास, विज्ञान की बात कहे, परन्तु काव्य वस्तुपरकता की परिधि में आकर नीरसता के गर्त में न डूब जाए। यह कॉलरिज का मत है कि कवि विरोधी गुण का समंजन

करे और अपने काव्य में भावनात्मक दृष्टिकोण अपनाए।

(2) कविता के गुण

कॉलरिज के अनुसार कविता व्यक्त-भाषा की कला है। कविता सौन्दर्य द्वारा तात्कालिक आनन्दोद्रेक के लिए भावों का उद्वेलन करती है। यह काव्य की विशिष्ट रचना है जो विज्ञान से भिन्न होती है। कविता का लक्ष्य आनन्दानुभूति कराना है, किसी सत्य की उपलब्धि नहीं जबकि विज्ञान का उद्देश्य केवल सत्य के दिग्दर्शन की प्रस्तुति होता है। सार्वभौमिकता कविता का अनिवार्य गुण है, इसलिए काव्य में भावों की निर्वैयक्तिकता पर अधिक बल दिया जाना चाहिए। कविता वही श्रेष्ठ है जो पाठक का मन प्रभावित करे। कविता को परिभाषित करते हुए वे कहते हैं–

It is the excitement of emotion for the purpose of immediate pleasure, through the medium of beauty.

इस परिभाषा के अनुसार सौन्दर्य द्वारा भावों की उत्तेजना का महत्त्वपूर्ण स्थान है, क्योंकि यही उत्तेजना पाठक के मन में तुरन्त आनन्द का उद्रेक करती है। अतः कविता ज्ञान-विज्ञान से कम, हृदय के साथ अधिक आबद्ध है। परन्तु इसका अभिप्राय यह नहीं कि ज्ञान-विज्ञान की आधार, बुद्धि का, काव्य में कोई स्थान नहीं। कॉलरिज का मत है कि कविता में बुद्धि और हृदय का स्थान सन्तुलित होना चाहिए। बुद्धि जिसका विषय चिन्तन है, सर्वथा त्याज्य नहीं। श्रेष्ठ कविता वही है जिसे पाठक बार-बार पढ़े और हर बार आनन्द अनुभव करे। जो कविता केवल एक बार पढ़ने पर ही रसास्वादन करा पाए, चिरजीवी नहीं होती। कॉलरिज नहीं चाहते कि कवि काव्य-रचना के नियमों के नीचे दबकर रह जाए। नियमों की कठोरता लागू करने पर कवि की कल्पनाशक्ति कुण्ठित हो जाएगी। वह अपनी प्रतिभा का सदुपयोग नहीं कर पाएगा, कुछ मौलिक एवं प्रभावपूर्ण कृति की रचना सम्भव न हो सकेगी।

रोमाण्टिक कवियों एवं समालोचकों के समान कॉलरिज कविता में भावावेग पर अधिक बल देते हैं। यह भावावेग कवि के हृदय में भी रहे और कविता के माध्यम से पाठक के मन में भी उत्पन्न हो। कविता केवल कवि के आनन्द हेतु नहीं होती, इसका लक्ष्य तो उन सभी पाठकों को आनन्द दशा में पहुँचाना है जो इसे पढ़ें। यहाँ कॉलरिज द्वारा सुझाया गया निर्वैयक्तिकता का विचार कुछ विरोधाभास सा लगता है, परन्तु यह ध्यान में रखना चाहिए कि काव्यगत भावावेग और सामान्य भावुकता में अन्तर होता है। कवि का भावावेग, आन्तरिक आनन्द अथवा मानसिक शान्ति से अभिन्न है क्योंकि इसमें कवि का निजीपन नहीं रहता और वह वेद्यान्तर शून्यता की स्थिति प्राप्त कर लेता है। काव्य में भावों के निजीपन से ऊपर उठकर सार्वभौमिकता की स्थिति प्राप्त करने का लक्ष्य रहता है।

कविता की परिभाषा में तात्कालिक आनन्द से कॉलरिज का अभिप्राय है कि

कविता का आनन्द कविता से ही उत्पन्न होता है और उसी से सम्बद्ध रहता है। यह विशुद्ध काव्यानन्द है और इसकी स्थिति तात्कालिक ही होती है अन्यथा यह ब्रह्मानन्द हो जाता। इसीलिए भारतीयों ने काव्यजन्य आनन्द को ब्रह्मानन्द सहोदर कहा है। काव्यानन्द मन की किसी अन्य रुचि या आवश्यकता की पूर्ति से सम्भव नहीं। नैतिक उपदेश, विवेक सम्मत सूक्तियाँ, आध्यात्मिक ज्ञान आदि जो हमें रुचिकर हों, इस आनन्द का कारण नहीं है। काव्यजन्य आनन्दानुभूति का स्रोत तो कविता के समग्र प्रभाव से होता है।

कॉलरिज का कथन है कि काव्यानन्द सौन्दर्य के माध्यम से उद्‌भूत होता है। कवि किसी योजना द्वारा आनन्द की सृष्टि के लिए प्रयत्नवान् नहीं होता। जब कविता में सौन्दर्य की स्थिति बनती है, आनन्द अनुभव होने लगता है। यह सौन्दर्य क्या है ? इस विषय में कॉलरिज ने कोई व्याख्या नहीं दी। वे केवल इतना कहते हैं कि जिस पाठक की वृत्तियाँ कोमल हों, जो भावुक हृदय हो और सौन्दर्य की परख जानता हो, वही इस आनन्द का आस्वादन अनुभव करता है। इसलिए ध्वनि-सिद्धान्त के स्थापक आनन्दवर्धन ने कहा था कि सहृदय लोगों के मन को आनन्दित करने वाले ध्वनि सिद्धान्त का वर्णन किया जाता है। कॉलरिज कहते हैं कि सुन्दर कलाकृति में एकता तथा सजीव आंगिकता की सम्पूर्णता होनी चाहिए। सौन्दर्य की यह परिभाषा कितनी स्पष्ट या सम्पूर्ण है, इसकी व्याख्या कर पाना कहाँ तक सम्भव है, कह नहीं सकते। सौन्दर्य की अनुभूति हृदय की वस्तु है जिसका कोई आकार नहीं। यहाँ कबीर का कथन स्मरण हो आता है–

कहिबे कूँ सोभा नहीं तेख्या ही परवान।

कॉलरिज के लिए काव्य में वास्तविकता का पृथक् कोई अर्थ नहीं। काव्य में वास्तविक और अवास्तविक दोनों प्रकार की वस्तु आ सकती है। यदि वास्तविक वस्तु, काव्य में आए तो उस पर कल्पना का इतना रंग चढ़ा दिया जाए कि वास्तविक वस्तु भी अवास्तविक सी दीख पड़े और अवास्तविक वस्तु काव्य का विषय हो तो उसे भी सांवेगिक तत्त्व से ऐसा रूप दिया जाए कि वह वास्तविकता की झलक दे। कवि में अनास्था स्थगित करने की क्षमता होनी चाहिए।

(3) काव्य में कल्पना तत्त्व

कवि अपने काव्य में जो कुछ प्रस्तुत करता है, उस पर कल्पना का रंग रहता है। यह कल्पना वह तत्त्व है जो वस्तुओं को नए रूप देती है, उन्हें नई व्यवस्था में ढालती है और नवीनता द्वारा मौलिकता एवं सौन्दर्य सृजन करती है। कॉलरिज के मत में कल्पना के दो रूप हैं–मुख्य कल्पना एवं विशिष्ट कल्पना ! मुख्य कल्पना जनसाधारण में भी पाई जाती है। यह मानव मन में मानसिक विश्व प्रस्तुत करती है। यह समस्त मानव ज्ञान की सजीव शक्ति है और सम्पूर्ण मानवीय अनुभवों के प्रत्यक्षीकरण का

मुख्य माध्यम है। यह चेतना को विषय और विषयी में बाँटती है। इन्द्रियों द्वारा होने वाले बोध को व्यवस्था देती है। उदाहरणतः आँखों से पुष्प का रंग देखते हैं, हाथों के स्पर्श से कोमलता ज्ञात होती है, नाक से सुगन्धि का बोध होता है और जिह्वा से स्वाद का अनुभव मिलता है। इस प्रकार फूल से कई इन्द्रिय बोध प्राप्त होते हैं। इन सब अनुभवों को व्यवस्थित करके कल्पना बताती है कि यह अमुक फूल है। यह कल्पना सभी बिम्बों को एक-एक करके हमारे अव्यवस्थित बोध को ज्ञान में परिवर्तित कर देती है। अतः कल्पना द्वारा, इन्द्रियों से अनुभूत पृथक्-पृथक् बोध एक व्यवस्था प्राप्त करते हैं। यही मुख्य कल्पना है।

विशिष्ट कल्पना कलाकारों में पाई जाती है। यह मुख्य कल्पना की प्रतिध्वनि है, उसका सजग मानवीय प्रयोग है। यह बाह्य संसार का प्रस्तुतिकरण एवं पुनःसृजन करने में सहायता करती है। इसी की सहायता से कलाकार बाह्य जगत् का पूर्ण रूप प्रस्तुत करने में समर्थ होता है। यह अनेक विषयों में एकसूत्रता लाती है, विषय और विषयी का समन्वय करती है और अनेक रूपों व व्यापारों की अखण्ड रूप में प्रस्तुति करने में सक्षम है। मुख्य कल्पना द्वारा सहज रूप में बोध व्यवस्थित होते हैं, परन्तु विशिष्ट कल्पना का प्रयोग सजग रूप में इच्छा से किया जाता है। उदाहरणतः—

नाचो मयूर नाचो कपोत के जोड़े,
नाचो कुरंग तुम लो उड़ान के तोड़े। (मुख्य कल्पना)

X X X

मैं पली पक्षिणी विपिन कुंज पिंजर की,
आती है कोटर सदृश मुझे सुधि घर की। (विशिष्ट कल्पना)

कलाकार सृष्टि का पुनःसृजन अपनी भावना के अनुसार करता है। जगत् से चेतना में आए हुए तत्त्वों का कलाकार द्वारा अपनी भावना के अनुसार एकीकरण करना पुनःसृजन है। कला एक-दूसरे परिवर्तित जगत् की सृष्टि करती है। कलाकार किसी वस्तु के अपूर्ण रूप को उदाहरणों से पूर्णता के प्रत्यय तक पहुँचा देता है। इस प्रत्यय तक पहुँचने में वह वस्तु के कुछ विवरण छोड़ देता है, कुछ नए ग्रहण कर लेता है और कुछ नए विवरण जोड़ देता है। इस प्रकार वस्तु का परिवर्तित एवं परिवर्धित रूप कल्पना के आईने में आ जाता है। वस्तु का यह रूप ऐसी तुष्टि प्रदान करता है जो तथ्य की तुष्टि से अलग होता है। अतः कल्पना ऐसी मानसिक शक्ति है जिससे विभिन्न तत्त्व एकीकृत होते हैं। यह कल्पना किसी विषय के विभिन्न पक्षों को संश्लिष्ट अन्विति में ढालती है।

कल्पना का कार्य परस्पर विरोधी गुणों में सामंजस्य स्थापित करना भी है। यह सादृश्य और वैदृश्य, ससीम और असीम, सामान्य और विशेष, विचार और बिम्ब, व्यक्ति और समष्टि, नवीनता और प्राचीनता, विवेक और अविवेक, आत्म-निग्रह और

उत्साह आदि सभी का समंजन करती है। कॉलरिज का मत है कि कवि को प्रकृति और जीवन के यान्त्रिक अनुकरण से बचना चाहिए। कलाकार का महत्त्व सृजन में है और यह कार्य, कल्पना द्वारा ही सम्भव है। कल्पना ही जीवन का सजीव रूपान्तर करती है। इससे पदार्थ और मन के बीच दीवार टूटती है और बाह्य व आन्तरिक का भेद मिटता है। कल्पना के अभाव में कलाकार का मस्तिष्क जिन पदार्थों का साक्षात्कार करता है, वे मृत और निष्क्रिय रह जाते हैं। कल्पना मृत-वस्तुओं में प्राण-संचार करती है। इससे अनुकरण न होकर पुनर्निर्माण होता है।

कॉलरिज फैंसी को कल्पना से भिन्न मानते हैं। फैंसी की क्रीड़ा का क्षेत्र अचल और निर्दिष्ट पदार्थ होते हैं। कल्पना का कार्य वस्तुओं का एकीकरण और समंजन है परन्तु फैंसी उनका केवल संयोजन करती है और इस संयोजन में सरसता व मार्मिकता का अभाव रहता है। फैंसी वस्तुओं का ढेर लगा देती है, भले ही उनमें क्रम तथा अनुपात न हो, वह बिखरी वस्तुओं को एकत्र भर करती है। स्वप्न में मनुष्य अनेक विचार तो एकत्र कर लेता है, पर उन्हें क्रम नहीं दे पाता, उनमें अन्विति नहीं ला पाता। इसी तरह फैंसी भी स्वप्न है जहाँ वस्तुओं का एकत्रीकरण ही हो पाता है।

(4) काव्य में छन्द का स्थान

कॉलरिज काव्य के लिए छन्द अनिवार्य मानते हैं। उनका तर्क है कि जहाँ तीव्र मनोवेगों की अभिव्यक्ति होगी, वहाँ छन्द का प्रयोग होगा ही। छन्द तो कविता का परिच्छद है। छन्दहीन कविता सदोष एवं अपूर्ण रह जाती है। छन्द प्रयोग के विषय में उनका कथन है कि इसमें दो बातों पर ध्यान रखना चाहिए। छन्द आवेग की सहज भाषा से युक्त होना चाहिए और छन्दोबद्ध भाषा में आह्लाद के भाव संश्लिष्ट रहें। छन्द की उपयोगिता इसी में है कि वह सामान्य भावनाओं और मनोवेग दोनों को अधिक ग्राह्य एवं प्रबल बनाए। वह चित्रमयी और मूर्ति विधायिनी भाषा के प्रयोग की प्रेरणा देता है। छन्द के प्रभाव से पाठक का ध्यान भी काव्य-विषय पर केंद्रित रहता है। इससे वह उदात्त भावों के जगत् में विचरण करता है। अतः छन्द कविता का अलंकार मात्र नहीं है अपितु उसका अभिन्न तत्त्व है।

कॉलरिज कविता और पद्य में भी अन्तर बताते हैं। जब छन्द आवरण मात्र रहता है तो कविता पद्य बन जाती है। उनका विचार है कि कविता छन्दोबद्ध रचना से बाहर भी हो सकती है। जर्मी टेलर, बर्नेट, ईसिया की रचनाएँ छन्दोबद्ध न होकर भी काव्य कहलाने की अधिकारी हैं।

(5) गद्य और कविता

कॉलरिज का मत है कि बाह्य आधार पर गद्य और कविता में भेद करना कठिन है। केवल छन्द, तुक और लय के आधार पर कोई रचना कविता नहीं बन जाती।

गद्य रचना भी छन्द और तुक में ढाली जा सकती है। उपन्यास आदि पद्य में लिखे जाने सम्भव हैं। केवल छन्द के प्रयोग के कारण वे काव्य नहीं बन सकते। गद्य और काव्य का अन्तर समझाते हुए वे कहते हैं कि जिन रचनाओं में सत्य की अभिव्यक्ति प्रमुख हो, वे गद्य के अन्तर्गत आएँगी और जिनका उद्देश्य आनन्दोद्रेक प्रमुख हो, उन्हें कविता कहा जाएगा। छन्द और तुक तो कविता के रूप विन्यास का बाह्य आवरण है। जब तक इसका सम्बन्ध भावावेग से न होगा, कविता कविता न होगी। सच्ची कविता वही है जिसके विविध अंश परस्पर अनुपात में समंजित हों और उसके उद्देश्य एवं प्रभाव उभरकर आएँ। केवल मन को आकर्षित करने वाली पद्यमयी पंक्तियाँ कविता नहीं है। कॉलरिज की दृष्टि में कविता का पथ इतना सुरम्य हो कि पाठक पग-पग पर रुककर उसका रसास्वादन करे। जो कविता पाठक को घोड़े की तरह सरपट भगाए, उत्तम नहीं कही जा सकती।

निष्कर्षतः कॉलरिज के काव्य सिद्धान्त का रूप निम्न प्रकार है–

(क) कवि में प्रतिभा, पद्य माधुरी, मूर्त विधान, विचारों की गम्भीरता, भावुकता, भावावेग, विवेक, निर्णयशक्ति, कल्पना और मानवता के गुण होने चाहिए। उसके लिए प्रकृति, इतिहास और विज्ञान की जानकारी भी वांछित है।

(ख) कविता सौन्दर्य के माध्यम से तात्कालिक आनन्दोद्रेक के लिए भावों को उद्वेलित करती है। सौन्दर्य, सार्वभौमिकता, निर्वैयक्तिकता, हृदय और बुद्धि का सन्तुलन, कल्पना, भावावेश तथा विशिष्ट काव्यानन्द तत्त्वों की विद्यमानता से उत्तम काव्य की निर्मिति होती है।

(ग) कल्पना मानव मन में मानसिक विश्व प्रस्तुत करती है। यह समस्त मानव ज्ञान की सजीव शक्ति है और सम्पूर्ण (Human perception) मानव अनुभूतियों की प्रस्तुति का आधार है। कलाकार कल्पना की सहायता से जगत् को अधिक पूर्ण रूप में प्रस्तुत कर पाता है। इससे परस्पर विसंवादी गुणों में सामंजस्य उत्पन्न होता है।

(घ) काव्य के लिए छन्द एक अनिवार्यता है। इसका उद्गम उस स्वतः स्फुरित प्रयास द्वारा मन में उत्पन्न सन्तुलन से होता है जो भावना के प्रवाह को संयमित रखने में संलग्न है। छन्द के बिना कविता सदोष रह जाती है।

(ङ) बाह्य तौर पर गद्य और काव्य में भेद करना कठिन है। छन्द में निबद्ध रचना पद्य होती है। गद्य भी छन्द में लिखा जा सकता है। गद्य में सत्य की अभिव्यक्ति की प्रमुखता रहती है, परन्तु कविता में आनन्दोद्रेक की।

विलियम वर्ड्स्वर्थ के काव्य सिद्धान्त

विलियम वर्ड्स्वर्थ के काव्य संग्रह Lyrical Ballads का दूसरा संस्करण 1798 ई. में प्रकाशित हुआ। इस संग्रह की भूमिका में उन्होंने कवि, कविता और काव्यभाषा के सम्बन्ध में अपने विचार प्रस्तुत किए। वर्ड्स्वर्थ उस समय प्रचलित काव्यशैली से सहमत नहीं थे। उनका कथन है कि छन्दोबद्ध रचना की भाषा और गद्य की भाषा में कोई अन्तर नहीं है। वे काव्यभाषा और जनसाधारण की भाषा एक ही मानते हैं। उनका मत है कि कविता, भावनाओं का सहज प्रवर्तन है। उन्होंने अठारहवीं शती की कृत्रिम कलात्मकता का विरोध करके कवियों के लिए स्वच्छन्दता का मार्ग प्रशस्त किया। उनके विचार अंग्रेजी स्वच्छन्दतावाद का घोषणा-पत्र समझे जाते हैं। इन विचारों ने नव्यशास्त्रवाद से नाता तोड़कर, नई विचारधारा प्रस्तुत की। अठारहवीं शती में, काव्य में कृत्रिम, आडम्बरपूर्ण तथा रूढ़िग्रस्त भाषा शैली का प्रचलन था। वर्ड्स्वर्थ ने कविता को इस शैली से मुक्ति दिलाई और नई दिशा में अग्रसर होने की प्रेरणा दी।

वर्ड्स्वर्थ के कविता सम्बन्धी विचार निम्न रूप में समझे जा सकते हैं।

(1) काव्य का विषय

वर्ड्स्वर्थ कलावाद की कृत्रिमता की अपेक्षा भावावेग और जीवनोत्साह को महत्त्व देते हैं। कविता के लिए हृदयगत प्रेरणा और कल्पना की सूक्ष्मदृष्टि अपेक्षित है। भावना को अधिक महत्त्व देने के कारण कविता में सामान्य जीवन की घटनाओं तथा सहज विषयों के चयन पर बल दिया जाना चाहिए। वर्ड्स्वर्थ ग्राम्य तथा सामान्य जीवन का चित्रण करना आवश्यक मानते हैं। अलौकिक पात्रों एवं नगरीय जीवन के चित्रण की अपेक्षा कृषकों एवं ग्राम्य बालाओं का चित्रण काव्योपयोगी है। इससे हृदय के मूलभावों के प्रवर्तन के लिए अधिक उर्वर भूमि प्राप्त होगी। ग्राम्य जीवन के भाव सरल, स्थायी और सुग्राह्य होते हैं। कविता का अर्थ स्पष्ट करते हुए वे कहते हैं–

All good poetry is the spontaneous overflow of powerful feelings, it takes its origin from emotions recollected in tranquility.

कविता मानव मन की बलवती भावनाओं का सहज प्रवर्तन है और इसका उद्भव

मौन अवस्था में भाव-संचय से होता है। इस परिभाषा में सहज शब्द का महत्त्व अधिक है। सहज से उनका अभिप्राय उस मानवीय प्रवृत्ति से है जिसमें जानबूझकर विचारों और भावों का आरोपण न हो। मानव मन के स्वाभाविक धरातल पर सामान्य रूप में उभरने वाले भाव ही सहज होते हैं। वर्ड्स्वर्थ चिन्तन को भी महत्त्वपूर्ण मानते हैं। अतः मन में चिन्तन और सहजानुभूतियों से संश्लिष्ट भावभूमि ही कविता को जन्म देती है।

वर्ड्स्वर्थ काव्यरचना में प्रकृति के सुन्दर रूपों के महत्त्व से परिचित थे। उनका विचार था कि प्रकृति का रम्य परिवेश कवि की भावनाओं को विशद, तीव्र एवं द्रवित करने में सहायक होता है। तीव्र अनुभूति के क्षणों में वह प्रकृति के सामान्य रूपों में आध्यात्मिक अनुभूतियाँ पाता है और सुन्दर काव्य का सृजन करता है। वह अपने काव्य से पाठकों को भी उसी अनुभूति के क्षण सम्प्रेषित करता है जिनमें से वह स्वयं गुजरा है। इसीलिए वर्ड्स्वर्थ सुन्दर काव्य के लिए निश्छलता पर बल देते हैं।

वर्ड्स्वर्थ सहज भावों के चिन्तन के साथ-साथ काव्य के कलापक्ष को सुधारने का समर्थन करते हैं। उन्होंने चिन्तन, पुनः परीक्षण और विवेक को काव्य के लिए अपेक्षित स्वीकार किया है। उनके मत में कविता को सुधारने तथा उसे कलात्मक रूप देने पर कवि को समुचित ध्यान देना चाहिए।

हिन्दी में छायावादी कविता वर्ड्स्वर्थ के इस विचार से प्रभावित प्रतीत होती है। छायावादी कवियों की कविता में प्रकृति चित्रण, आध्यात्मिक चिन्तन, भावों की सहजता और काव्य का कलात्मक परिपोषण इसी रूप में व्यक्त हुआ है। अंग्रेजी की स्वच्छन्दतावादी कविता और हिन्दी की छायावादी कविता में पर्याप्त समीपता के दर्शन होते हैं।

(2) काव्य में कल्पना का रूप

कवि सामान्य जीवन की घटनाओं और स्थितियों को कल्पना के माध्यम से ग्रहण करे, वह वस्तुओं का वर्णन इस प्रकार करे, जैसे वे उसे दिखाई देती हैं या जैसा वह उनके विषय में अनुभव करता है। कल्पना शक्ति द्वारा वस्तुओं को सुन्दरतर रूप देना कवि का लक्ष्य होना चाहिए। प्रतिभासम्पन्न कवि कल्पना के बल पर प्रकृति की प्रतिकृति अंकित करता है। जैसे–

नील परिधान बीच सुकुमार, खुल रहा मृदुल अधखुला अंग।
खिला हो ज्यों बिजली का फूल, मेघबन बीच गुलाबी रंग ॥

X X X

घिर रहे थे घुँघराले बाल, अंस अवलंबित मुख के पास।
नील घन शावक से सुकुमार, सुधा भरने को विधु के पास ॥

कल्पना के अन्तर्गत पारदर्शी दृष्टि, बुद्धि की विशदता और तर्कसंगति की अवस्थिति

भी होनी चाहिए।

वर्ड्स्वर्थ के मत में, कवि इस कल्पना शक्ति से व्यक्ति और वस्तु में सार्वभौम विचार या सिद्धान्त भी स्थापित कर सकता है या एक को अनेक में विभक्त कर देता है। इस प्रकार कवि संश्लेषण और विश्लेषण दोनों कार्य करता है। कल्पना और फैंसी के सम्बन्ध में वे कहते हैं कि ये दोनों ही रचनात्मक शक्तियाँ हैं, दोनों का कार्य स्मृतियाँ और वस्तुएँ एकत्र करना है, उन्हें एक दूसरी से जोड़ना और नई उद्भावनाओं को जन्म देना है। फिर भी दोनों में भेद है। फैंसी का सम्बन्ध स्थिर तथा निश्चित वस्तुओं से है जबकि कल्पना परिवर्तनशील अनिश्चित एवं प्लास्टिक वस्तुओं से सम्बद्ध है। यदि कोई व्यक्ति मिल्टन की भाँति आदम के पतन पर आकाश को शोकपूर्ण अश्रु बहाते हुए चित्रित करे तो इसे कल्पना समझना चाहिए परन्तु ओस की बूँदों को आँसू कहना फैंसी है। फैंसी भ्रान्ति पर आधारित होती है और बौद्धिक व्यायाम का परिणाम है, अतः काव्य के लिए अधिक उपयोगी नहीं होती। इसकी गति अत्यन्त तीव्र होती है और एकदम विचार व बिम्ब प्रस्तुत करती है। इसके विपरीत कल्पना की गति धीमी होती है, वह धीरे-धीरे चित्र का निर्माण करती है।

वर्ड्स्वर्थ के कल्पना सम्बन्धी विचार तर्कसंगत तो हैं, परन्तु इनमें अन्तर्दृष्टि का वह रूप व्याख्यायित नहीं हो पाया है जिनसे किसी कलाकृति की सम्पूर्णता एवं समग्रता ग्राह्य होती है।

(3) काव्य के प्रयोजन

वर्ड्स्वर्थ का मन्तव्य था कि कवि अपनी काव्यकृति के माध्यम से पाठकों की भावनाओं का परिष्कार करे। इस परिष्करण का अभिप्राय भावनाओं को सन्तुलित, विवेकपूर्ण, स्थायी तथा प्रकृति के अनुरूप बनाना है। काव्य का भावात्मक प्रभाव पाठक के हृदय में जड़-चेतन के प्रति सहानुभूति एवं संवेदना जाग्रत करे, जड़ता व उदासीनता समाप्त हो और जगत् का रहस्य चेतना को ग्राह्य हो। काव्य केवल सत्य एवं नैतिक मूल्यों का विज्ञापन नहीं होता। इसमें जब तक संवेदना एवं आनन्दानुभूति अनुस्यूत न हो, तब तक इसका मूल्य प्रचार-साहित्य से अधिक न होगा।

इस प्रकार वर्ड्स्वर्थ भावनाओं के परिष्कार, संवेदनात्मक अनुभूति, आनन्द आस्वादन एवं जगत् की मूल प्रकृति समझना, काव्य के प्रयोजन के अन्तर्गत स्वीकार करते हैं। वे नैतिकता या सत्य की अभिव्यक्ति नहीं नकारते, परन्तु केवल नैतिकता ही काव्य का लक्ष्य बन जाए तो काव्य नीरसता और उबा देने वाले उपदेश से अधिक कुछ न दे सकेगा।

(4) काव्य में भाषा का रूप

यूरोप में अठारहवीं शती में प्रचलित काव्यशैली रूढ़िवादी एवं अनुपयोगी मानी जाने लगी थी। वर्ड्स्वर्थ ने उस शैली के विरुद्ध तीव्र प्रतिक्रिया की। उन्होंने अपने काव्य में परम्परागत शैली का क्रमशः परित्याग करके वैयक्तिकता और भावात्मकता ग्रहण की। प्रचलित काव्य शैली में कुछ नियम निर्धारित थे जिनके अनुसार शब्दावली चयन का रूप निश्चित हो गया था और सामान्य शब्दों का प्रयोग तो बहिष्कृत सा ही था। भाषा मानवीकरण, वक्रोक्ति आदि अलंकारों के बोझ से दबी हुई थी जिससे काव्य में गत्यात्मकता एवं मौलिकता का भाव न रहा। वर्ड्स्वर्थ ने भाषा की कृत्रिमता दूर करने के लिए सरलता पर बल दिया और अलंकृत भाषा की यान्त्रिकता से काव्य को मुक्ति देने की कोशिश की। वे मानते हैं कि काव्य की भाषा जनभाषा हो। पद्य एवं गद्य की भाषा में कोई तात्त्विक भेद नहीं है और न ही यह भेद हो सकता है। यह जनभाषा क्या है ? क्या इसे ग्राम्य भाषा के रूप में ही ग्रहण किया जाए ? प्रारम्भ में वर्ड्स्वर्थ ने इस भाषा का प्रयोग भी किया परन्तु उनके बाद के साहित्य में स्थिति कुछ भिन्न हो गई। उनके Lyrical Ballads को छोड़कर शेष काव्य में ग्राम्य भाषा का प्रयोग प्राप्त नहीं होता। उन्होंने ग्राम्य भाषा के प्रयोग में सुधार और परिष्कार की बात भी की थी। वे भाषा चयन की चर्चा करते हैं ताकि ग्राम्यत्व, तुच्छता एवं प्रभावहीनता से बचा जा सके। वे भाषा के सम्बन्ध में सरलता एवं जनभाषा का वही रूप चाहते थे कि वह सामान्य व्यक्ति की समझ से बाहर न हो, हृदय के तीव्र भावावेग की अभिव्यक्ति वहन कर सके, आडम्बर से रहित हो और सार्वभौमिकता ग्रहण कर सके। वर्ड्स्वर्थ काव्य को भावावेग का प्रवर्तन मानते हैं और भावोच्छलन काल में भाषा हृदय के स्वाभाविक रूप में निःसृत होती है, उस पर मनन-चिन्तन का आवरण नहीं होता। चिन्तन की प्रक्रिया में कवि का अन्तर्जगत् स्वयमेव इतना परिष्कृत हो जाता है कि उसके काव्य की भाषा सजीव हो उठती है। भाव तीव्रता के क्षणों में काव्य स्वाभाविक रूप में अलंकृत होने लगता है, कृत्रिमता नहीं रहती और भाषा की अभिव्यक्ति में गरिमा आ जाती है।

वर्ड्स्वर्थ जिस सामान्य भाषा की बात करते हैं, वह तात्त्विक नहीं है। केवल पाठकों को आधार मान कर चलने का प्रश्न साहित्य में कई बार उठा है। सामान्य पाठक साधारण भाषा से ऊपर नहीं उठ पाता और न ही वह शब्दों के काव्यार्थ समझने की चेष्टा करता है। हिन्दी में छायावादी कवियों प्रसाद, निराला, पंत, महादेवी आदि की भाषा सम्भवतः सामान्य पाठक के भाषिक परिवेश से कुछ ऊपर ही है। वर्ड्स्वर्थ के उपदेश के अनुसार इन कवियों को तो निराश ही होना पड़ेगा, शायद वे कवि-पंक्ति से ही बाहर हो जाएँ। कामायनी जैसी श्रेष्ठ कृति तो रद्दी की टोकरी में जा पड़ेगी। ज्यों-ज्यों काव्य में गरिमा और सौन्दर्य की संवेदना आरूढ़ होती है,

त्यों-त्यों भाषा का रूप परिष्कृत और अलंकृत होने लगता है, व्यंग्य शक्ति का प्रभाव अधिक तीव्र हो जाता है। यदि जनसाधारण की भाषा ही काव्यभाषा मान ली जाए तो काव्य से मिलने वाली संवेदना एवं आह्लाद की अनुभूति खिसकने लगेगी। कवि का मानसिक जगत् सामान्य व्यक्ति के चिन्तन परिवेश और उसकी भाषा से कुछ भिन्न ही होता है, अन्यथा हर व्यक्ति ही कवि बन जाए।

(5) कविता में छन्द योजना

वर्ड्स्वर्थ के मत में कविता छन्दोमयी रचना है। कवि को छन्द के अनुसार ही भाषा का चयन करना होता है। शब्द चयन की भाँति, छन्द चयन पर ध्यान दिया जाना चाहिए। छन्दों का प्रयोग उपयुक्त नियमित एवं एकविध किया जाए और उनके नियम निश्चित हों। मूलतः वर्ड्स्वर्थ छन्द को कविता के लिए अनिवार्य नहीं, आवश्यक मानते हैं। छन्द से कविता की महत्ता, शक्ति एवं प्रभाविता में वृद्धि होती है। उनकी दृष्टि में करुण स्थिति एवं भाव तीव्रता का सफल चित्रण छन्दोमयी रचना के माध्यम से अधिक प्रभावशाली हो पाता है। छन्द से ध्वनि संयोजन होता है जो श्रोता को अधिक प्रभावित करने में सक्षम है। अतः कविता में छन्द की उपेक्षा नहीं होनी चाहिए।

वर्ड्स्वर्थ के भाषा एवं छन्द सम्बन्धी दृष्टिकोण के विषय में उनके समसामयिक कवि कॉलरिज सहमत नहीं थे। उन्होंने आक्षेप किया कि वर्ड्स्वर्थ का भाषा सम्बन्धी नियम केवल काव्य के कुछ विशिष्ट वर्गों पर ही लागू हो सकता है, इसकी काव्य में कोई सार्थकता नहीं अतः इसका पालन करना काव्य के लिए उपयोगी नहीं माना जा सकता। कॉलरिज का मत था कि भाषा वही श्रेष्ठ हो सकती है जो मन पर होने वाली क्रियाएँ बिम्ब द्वारा ग्रहण करती हो। बोलचाल की सामान्य भाषा काव्य में उपयुक्त नहीं। वर्ड्स्वर्थ द्वारा कथित 'यथार्थ भाषा के चयन' की बात वे स्वीकार नहीं करते। यह यथार्थ क्या है, इसे स्पष्ट नहीं किया जा सकता। भिन्न-भिन्न परिस्थितियों में इसका अर्थ भिन्न होगा। प्रत्येक व्यक्ति की भाषा उसकी प्रतिभा, अनुभूति और ज्ञान की सीमा के अनुसार अलग-अलग होती है। व्यक्तिगत एवं जातिगत परिवेश के अनुसार एक ही स्थान पर रहने वाले व्यक्तियों की भाषा में भी भिन्नता रहती है। अतः यह कह पाना सम्भव नहीं, कौन-सी जनभाषा यथार्थ है।

छन्द के विषय में कॉलरिज का कहना है कि यह काव्य का अनिवार्य तत्त्व है। छन्द का उद्‌गम स्वतः स्फुरित प्रयास से मन में होता है और यह भावना का प्रवाह संयमित रखता है। छन्द भावनाओं और मनोवेगों को ग्राह्य एवं सबल बनाता है। इसीलिए कॉलरिज के मत में गद्य और पद्य की भाषा में अन्तर रहता है–

I write in metre because I am about to use a language different from that of prose. ...There may be is and ought to be an essential difference between the language of prose and metrical composition.

वर्ड्स्वर्थ ने काव्य सम्बन्धी जो विचार दिए, वस्तुतः वे अपने युग की प्रतिक्रिया के फलस्वरूप ही थे। उनका लक्ष्य समसामयिक भाषिक प्रयोगों और शैली की रूढ़िवादिता का बहिष्कार करना था; इसलिए उन्होंने प्रतिक्रिया व्यक्त की कि काव्य का भाषा जनसाधारण की भाषा हो। वे काव्यभाषा में आडम्बरपूर्ण एवं रूढ़िग्रस्त भाषा के प्रयोग के विरुद्ध कदम उठाना चाहते थे। जब किसी परम्परा का विरोध करना हो या उसे तोड़ना हो तो नए सिद्धान्त की स्थापना में प्रतिक्रिया का स्वर कहीं न कहीं सन्तुलन खो देता है। इसीलिए वर्ड्स्वर्थ की काव्यभाषा में, जनसाधारण की भाषा के प्रयोग की वकालत सीमा का उल्लंघन कर जाती है। फिर उनके प्रयास से उस युग में, काव्य में वागाडम्बरपूर्ण कृत्रिम भाषा के प्रचलन को झटका अवश्य लगा। वर्ड्स्वर्थ ने कल्पना शक्ति की उपयोगिता पर पर्याप्त बल दिया। उनके अनुसार कवि कल्पना द्वारा ब्रह्माण्ड की एकता अनुभव करता है। उन्होंने काव्य के बहिरंग की अपेक्षा अन्तरंग की महत्ता तथा भाषाशैली में अलंकरण एवं रूढ़िवादी प्रयोगों के स्थान पर अंतःस्फूर्ति एवं भावों के सहज प्रवर्तन की मान्यता के आधार पर स्वच्छन्दतावादी आलोचना का प्रादुर्भाव किया। उन्होंने काव्यशास्त्र के क्षेत्र में अधिक नहीं लिखा, फिर भी उनकी मान्यताएँ महत्त्वपूर्ण हैं।

आई.ए. रिचर्ड्स–काव्य सिद्धान्त

आई.ए. रिचर्ड्स ने काव्य सिद्धान्तों को परम्परा से हटकर नया आयाम दिया। उन्होंने मनोविज्ञान की सहायता से कविता की सार्थकता और महत्ता के विषय में नए तर्क प्रस्तुत किए। उनका कथन था कि आज पुरानी परम्पराएँ विलुप्त हो रही हैं। पुराने मूल्य जिन्हें शाश्वत समझा जाता था, एक-एक करके टूट रहे हैं। मूल्यों के विघटन से उत्पन्न स्थिति में अन्धकार छाया है, दिशाभ्रम हो रहा है। इन परिस्थितियों में सभ्य समाज कविता के सहारे अपनी मानसिक व्यवस्था पुनः संचित करने में समर्थ हो सकता है, यदि काव्य उसे प्रेरणा दे पाए। रिचर्ड्स के अनुसार साहित्यालोचन का सिद्धान्त दो स्तम्भों पर टिका होना चाहिए–मूल्य का लेखा-जोखा और सम्प्रेषणीयता का सिद्धान्त।

(1) काव्य का मूल्य सिद्धान्त

(क) काव्य का मनोवैज्ञानिक मूल्यांकन

रिचर्ड्स का मत है कि जो कविता पाठक या श्रोता का मन जितना अधिक प्रभावित करती है अर्थात् जिसमें जितनी अधिक संप्रेषणीयता है, वह उतनी ही श्रेष्ठ है। कविता का मूल्यांकन मन को प्रभावित करने की क्षमता पर निर्भर है। यह मन क्या है ? रिचर्ड्स मानते हैं कि मन, शिरा सम्बन्धी व्यवस्था है। जो कविता इस व्यवस्था के लिए उपयुक्त होगी, वही श्रेय है। मन में विचित्र आवेग उठते हैं जिनसे उसका सन्तुलन भंग हो जाता है। यदि ये आवेग व्यवस्थित हो जाएँ तो असन्तुलन की स्थिति नहीं रहती। कविता का प्रयोजन यही है कि वह मन के विचित्र आवेगों में एकस्वरता लाए, उनमें संगति बिठाए और सन्तुलन स्थापित करे ताकि मन की शिरा-विषयक व्यवस्था को विश्रान्ति प्राप्त हो। सौन्दर्य का भी इसीलिए महत्त्व है कि उससे विसंवादी मनोवेगों को व्यवस्था मिलती है और सन्तुलन कायम होता है।

रिचर्ड्स के अनुसार मनोवेगों के दो रूप हैं–

(क) भूख, वासना और एषणा (Appetency)

(ख) विमुखता (Aversion)

इनमें प्रथम कोटि के आवेगों से हम कुछ पाने के लिए उद्यत होते हैं जबकि दूसरी कोटि के आवेगों से वैराग्य या उदासीनता का भाव उभरता है। दूसरे शब्दों में प्रथम कोटि के आवेग प्रवृत्तिमूलक हैं और दूसरी कोटि के आवेग निवृत्तिमूलक। प्रवृत्तिमूलक एषणाओं के मनोवेग महत्त्वपूर्ण होते हैं जो अन्य एषणाओं को अवरुद्ध किए बिना अपना अस्तित्व बनाए रखते हैं। जब मन में मानवीय क्रियाओं की संगति अधिकतम हो जाए तो वह मानसिक स्थिति सर्वाधिक मूल्यवान् होती है। मन में स्थित एषणाओं में अल्पतम संघर्ष रहने पर प्रतिस्पर्धी एषणाएँ भी एक दूसरी को दलित किए बिना समायोजित हो जाती हैं। इस समायोजन से मानसिक आवेगों में टकराव की अपेक्षा सन्तुलन बनता है और अनुभूतियों में व्यापकता आती है। कला और काव्य का महत्त्व इसी में है कि वह इन एषणाओं के टकराव की अपेक्षा इनमें सन्तुलन द्वारा अनुभूतियों का विकास करे। काव्य मनुष्य को सहयोग की प्रेरणा देता है। अतः रिचर्ड्स का मन्तव्य है कि साहित्य का प्रयोजन ऐसी मनःस्थिति उत्पन्न कर देना है जिसमें आवेगों का सन्तुलन होने के साथ-साथ बाह्य क्रिया के लिए तत्परता उत्पन्न हो। यही प्रक्रिया काव्य के आनन्द की दिशा की मनोवैज्ञानिक व्याख्या करती है। काव्य के प्रभाव और प्रयोजन के सम्बन्ध में रिचर्ड्स के मनोवैज्ञानिक मूल्यांकन को निष्कर्षतः निम्न रूप में ग्रहण कर सकते हैं–

(क) कला मानवीय व्यापारों से सम्बद्ध है।

(ख) मानवीय क्रियाओं में कला का स्थान सर्वाधिक महत्त्वपूर्ण है।

(ग) कला की श्रेष्ठता इसी में है कि वह मनोवेगों में सन्तुलन और सुव्यवस्था करने में सक्षम है।

(घ) काव्य द्वारा मनोवेगों में सन्तुलन और सुव्यवस्था स्थापित होने पर रसास्वादन की दशा उत्पन्न होती है।

(ख) कलागत सौन्दर्य वृत्ति (Aesthetic Sense)

मानसिक क्रियाशीलता में एक ऐसी वृत्ति है जो सुन्दरता का अनुभव स्पष्ट करती है। इसे कलागत सौन्दर्य वृत्ति कहते हैं। आधुनिक तत्त्ववेत्ता मानते हैं कि सत्य ज्ञानात्मक मनोवृत्ति का क्षेत्र है, शिव क्रियात्मक मनोवृत्ति का और सुन्दर कलागत सौन्दर्यवृत्ति का। कलागत सौन्दर्यवृत्ति वस्तुओं के स्वभाव की खोज नहीं करती अर्थात् वस्तु का सत्य जानने का प्रयास नहीं करती और न ही वस्तुओं को इच्छापूर्ति का साधन मानती है अर्थात् कोई वस्तु हमारे लिए उपयोगी सिद्ध हो सकती है, इस बात की ओर ध्यान नहीं देती। कलागत सौन्दर्य वृत्ति विशिष्ट है। इस वृत्ति का अनुभव भी विशेष प्रकार का होता है। जो व्यक्ति यह अनुभव प्राप्त कर लेता है, उसमें निषेध (inhibition) नहीं रहता। उसकी शारीरिक और मानसिक व्यवस्था ऐसी हो जाती

है जिसमें प्रेरणाओं की विविधता एकरस प्रतीत होने लगती है। जिस अनुभव में अनुरूप प्रेरणाओं की तुष्टि हो, वह निम्नकोटि का अनुभव है। इसके विपरीत कलागत सौन्दर्य अनुभव के विरुद्ध प्रेरणाओं का सन्तुलन हो जाता है जिसमें अन्धविश्वास और आग्रह प्रभावहीन सिद्ध होते हैं। ये अनुभव, साधारण अनुभव से उच्चतर हैं और इनमें साधारण अनुभवों से अधिक जटिलता होती है। सौन्दर्य अनुभव जितना बढ़ेगा, इसके स्वरूप की जटिलता भी उतनी ही अधिक होगी। दूसरे शब्दों में सौन्दर्य अनुभवों की संख्या में वृद्धि होगी तो तुष्ट होने वाली प्रेरणाओं की विविधता बढ़ जाएगी, इससे जटिलता की मात्रा में विस्तार होगा।

(ग) काव्य में कल्पना

कल्पना, मन की कोई रहस्यपूर्ण क्रिया नहीं है। यह भी मन की अन्य क्रियाओं के समान होती है। मन में कुछ आवेगों के जाग्रत होने पर, अन्य आवेग भी जाग्रत हो जाते हैं, भले ही उनके बाह्य उत्तेजक कारण न हों। ये आवेग कल्पना हैं। पूर्व अनुभव के समय जो आवेग उत्पन्न हुए थे, उन्हीं में से कुछ वर्तमान में उत्पन्न हो जाते हैं, चाहे उनके बाह्य उत्तेजक कारण विद्यमान न रहें। ऐसे आवेग आवृत्यात्मक कल्पंना हैं। जो आवेग वर्तमान परिस्थितियों के कारण प्रादुर्भूत हों, उन्हें रूपात्मक (Formative) कल्पना कहा जाता है। रिचर्ड्स ने इस कल्पना को छह प्रचलित अर्थ दिए हैं–

(1) कल्पना चाक्षुष स्पष्ट बिम्बों की उत्पादक है।

(2) कल्पना का सम्बन्ध सालंकार भाषा प्रयोग से है। जो कवि अलंकारों के माध्यम से भाव व्यक्त करता है, वह कल्पनाशील साहित्यकार है।

(3) दूसरे मनुष्यों के मनोवेग सहानुभूतिपूर्वक प्रस्तुत करने वाला साहित्यकार कल्पनाशील होता है।

(4) कल्पना युक्ति-कौशल की द्योतक है। कल्पनाशील व्यक्ति विसंवादी तत्त्वों को मिला देता है। जो तत्त्व सामान्यतः मिलाए नहीं जाते, कवि उन्हें एकत्र करके सन्तुलित कर देता है। यह कार्य कल्पना द्वारा होता है।

(5) एक वैज्ञानिक कल्पना भी होती है। यह कल्पना, वह मानसिक शक्ति है जिससे कोई वैज्ञानिक सामान्यतः असमान वस्तुओं में संगति प्रस्तुत कर देता है। इस क्रिया में, कल्पना-अनुभव को निर्णीत तरीकों में, निर्णीत उद्देश्यों के लिए व्यवस्थित कर देती है। कल्पना के चमत्कार से रचना कौशल के नए रूप सामने आते हैं।

(6) कल्पना ऐसी शक्ति है जो विपरीत और विस्वर गुणों को सन्तुलित कर देती है। कॉलरिज तो इसी को कल्पना कहते हैं। रिचर्ड्स भी मूलतः यही मानते हैं कि कल्पना विपरीत मनोवेगों और अनुभवों में व्यवस्था तथा सन्तुलन स्थापित

करती है। उदाहरणतः करुण नाटक में करुणा और भय उत्पन्न होते हैं। ये दोनों विपरीत प्रवृत्तियाँ हैं। प्रथम में हम समीप जाते हैं और दूसरी में दूर भागते हैं। करुण नाटक इन दोनों को साथ-साथ उपस्थित करता है। इसीलिए त्रासदी उत्तम काव्य है। रिचर्ड्स कल्पना का मौलिक कार्य बिम्ब निर्माण नहीं, विरोध परिहार मानते हैं। कवि कल्पना द्वारा उन आवेगों को व्यवस्थित और सन्तुलित करता है जो एक दिशा में समानान्तर चलते हैं और उनको भी जो परस्पर विरोधी या विविध रूप में बिखरे होते हैं। इस प्रकार रिचर्ड्स को कल्पना का यह अन्तिम रूप ही स्वीकार्य है।

(घ) कला और नीति

रिचर्ड्स रूढ़ नैतिकता की अपेक्षा प्रकृति विषयक नैतिकता के पक्षधर हैं। वे कहते हैं कि कला बहुमूल्य अनुभव प्रदान करती है। बहुमूल्य अनुभव वह है जिसमें विभिन्न अंगभूत प्रेरणाओं की तुष्टि अन्य महत्त्वपूर्ण प्रेरणाओं की तुष्टि में बाधक नहीं बनती। रिचर्ड्स नैतिकता को आचार के बोझ और अन्धविश्वास से मुक्ति देना चाहते हैं, परन्तु विलास-व्यापार और स्वच्छन्दता भी उन्हें स्वीकार्य नहीं। उनके मत में, कलाकार का काम, स्वस्थ मन से मूल्यवान् अनुभूतियाँ अंकित करना है। कलाकार की अनुभूतियों में ऐसे आवेगों का सामंजस्य दिखाई देता है जो अधिकतर लोगों के मन में अस्त-व्यस्त तथा द्वन्द्वरत होते हैं। अतः कला की उपयोगिता एवं श्रेष्ठता इसी में है कि वह आवेगों का संगठन करे और परिस्थितियों व क्रिया-कलापों का समन्वित अंकन करे जिसमें न्यूनतम अवरोध, द्वन्द्व, बुभुक्षा एवं नियन्त्रण का समावेश रहे तथा क्षय एवं कुंठा का परिहार करने की उन्मुखता हो। इस प्रकार रिचर्ड्स रूढ़ नैतिकता व आचारपरक सूक्तियों के समावेश के विरुद्ध हैं, फिर भी वे मनोवैज्ञानिक दृष्टि से कलाकार के लिए नैतिकता के स्वाभाविक रूप को ग्राह्य मानते हैं। उनका विचार है कि मूल्यवान् अनुभवजन्य आनन्द का आस्वादन व्यक्ति और समाज दोनों के लिए कल्याणकारी है।

ब्रेडले 'कविता कविता के लिए' के सिद्धान्त के समर्थक थे, परन्तु रिचर्ड्स ने इसके विपरीत कला और नीति का सम्बन्ध स्वीकार किया और सत्काव्य के लिए कुछ परिसीमाएँ रखीं ताकि कला जनहित की अभिवृद्धि, पीड़ितों के उद्धार एवं पारस्परिक सहानुभूति में रत हो। ब्रेडले तो सौन्दर्यानुभूति को विशिष्ट एवं स्वतः पूर्ण मानते थे और उनके विचार में परोक्ष मूल्य-संस्कृति, धर्म, शिक्षा, सद्‌देश्य उन्नयन, यश, द्रव्य, भावों की मृदुता, आत्मशान्ति आदि काव्यानुभूति के मूल्यांकन के लिए निर्धारक तत्त्व नहीं होने चाहिए। इसके विपरीत रिचर्ड्स का कहना है कि यश, द्रव्य आदि भले ही प्रसंग संगत न हों परन्तु संस्कृति, धर्म, सद्‌देश्य आदि का कला से सीधा सम्बन्ध है अन्यथा काव्य अर्थहीन ध्वनि रह जाएगा, अतः कला के मूल्यांकन

में इन तत्त्वों का ध्यान अनिवार्य है। काव्य की परख में ध्यान रखना होगा कि मानव जीवन की व्यवस्था में उसका क्या स्थान है। कल्पनापरक अनुभूति की परख, उसके भीतर से नहीं अपितु बाहरी परिवेश के सन्दर्भ में ही उचित है। कविता का जगत्, वस्तु के जगत् से भिन्न नहीं होता। उसका आनन्द लोकोत्तर कहलाता अवश्य है, परन्तु वह लोक से असम्बद्ध नहीं होता। काव्यानुभूति जगत् के माध्यम से उपलब्ध होती है। कविता की निर्मिति के वैसे ही अनुभव होते हैं, जैसे अनुभव अन्य क्षेत्रों से प्राप्त किए जाते हैं, अन्तर केवल इतना है कि काव्य अनुभव सीमित अनुभव खण्ड होते हैं, इतर तत्त्व आ जाने पर वे छिन्न-भिन्न हो जाते हैं और साधारण अनुभवों की अपेक्षा भव्य और सुकुमार होते हैं। वे अनुभव प्रेषणीय हैं। अर्थात् सामान्य मानसों के अनुभव हो सकते हैं। यदि कवि उनमें व्यक्ति-वैचित्र्य लाने का प्रयास करेगा तो साधारणीकृत न हो पाएँगे। इस प्रकार रिचर्ड्स 'कला कला के लिए' के सिद्धान्त का विरोध करते हैं और काव्य में साधारणीकरण की बात मानते हैं। काव्यानुभूति को जगत् से पृथक् देखने का परामर्श नहीं देते। उन्होंने नैतिकता भी मनोवैज्ञानिक मानवतावादी दृष्टि से निर्धारित की है। उनके अनुसार अच्छा वही है जो मूल्यवान् हो और मूल्यवान् वह है जो मन में संगतिपूर्ण सन्तुलन स्थापित करे।

(ङ) काव्य की भाषा

रिचर्ड्स भाषा प्रयोग दो प्रकार से मानते हैं--तथ्यात्मक एवं रागात्मक। वैज्ञानिकों तथा दार्शनिकों द्वारा तथ्यात्मक भाषा का प्रयोग होता है, परन्तु कवि की भाषा रागात्मक ही है। कविता की भाषा में रागात्मक तत्त्वों की प्रमुखता रहती है। कवि तो विशिष्ट चित्तवृत्तियों और रागात्मक अवस्थाओं का सृजन करता है। वह भाषा को ऐसे प्रतीकों का समूह मानता है जो पाठकों या श्रोताओं के मन में, कवि के मन के अनुरूप भाव उत्पन्न करते हैं। इस प्रतीकात्मक भाषा के अनेक स्तर हैं। इसका पहले स्तर में श्रोता या पाठक केवल इसके नाद से अवगत होता है। ध्वनियों के विभेद श्रोता के मन में विविध भाव उत्पन्न करते हैं। इसके बाद शब्दों को पहचानने की अवस्था आती है। शब्दों की सहायता से सरल विचारों तथा तथ्यों का बोध कराया जाता है। जब विचार और अनुभव जटिल होते जाते हैं तो उनकी अभिव्यक्ति एवं ग्राह्यता के लिए जटिल प्रतीकों की सहायता ली जाती है। इससे कुछ ऊपर उठकर भाषा का वह रूप उभरता है जिसमें रूपकों का प्रयोग किया जाता है। रूपकों में दो या दो से अधिक पक्षों का समावेश साथ-साथ होता है। रूपक में शब्दों का अर्थ प्रसंग के अन्तर्गत ही समझा जाता है। यहाँ प्रसंग का अभिप्राय परम्परागत अर्थ नहीं, इसका सम्बन्ध मनोविज्ञान एवं तर्क के अनुकूल ही ग्राह्य है।

(च) काव्य में लय और छन्द

कविता के लिए रिचर्ड्स लय की अनिवार्यता मानते हैं। यह लय केवल ध्वनियों की व्यवस्था नहीं है, इसमें गम्भीर भाव और शब्दों के अर्थ भी निहित रहते हैं। लय की योजना सतही नहीं होनी चाहिए, इसका विकास मन और भाषा की गहराई में होता है। लय का आधार है प्रत्याशा अर्थात् कविता में ध्वनि इस प्रकार नियोजित की जाती है कि हम पहले से ही भावी सम्भावनाओं का बोध मन में बनाए रखते हैं। छन्द में लय अधिक नियमित होकर प्रकट होती है। छन्द के नियम पहले से निर्धारित हैं, परन्तु छन्दों का प्रयोग यांत्रिक नहीं होना चाहिए। छन्द में भी भाव, अर्थ आदि उतना ही महत्त्व रखते हैं जितनी ध्वनि।

निष्कर्षतः रिचर्ड्स के सिद्धान्त इतने नए हैं कि उन्हें पूर्ण स्वीकृति नहीं मिल पाई। शिरा व्यवस्था एवं वस्तु की सत्ता का नियम अभी आलोचकों को मान्य नहीं हुआ है। मनोवेगों का विचार और उनकी परिगणना भी स्पष्ट नहीं है। फिर भी उनके सिद्धान्त महत्त्वहीन नहीं हैं।

(2) सम्प्रेषण सिद्धान्त

रिचर्ड्स के आलोचना सिद्धान्त का दूसरा स्तम्भ सम्प्रेषण सिद्धान्त है। मनुष्य सामाजिक प्राणी है और वह अपने अनुभवों का सम्प्रेषण करता चलता है। इसी सम्प्रेषण से उसे विचार, ज्ञान और अनुभव प्राप्त होते रहते हैं। इस सम्प्रेषण शक्ति के माध्यम से मानव समाज का सांस्कृतिक, वैज्ञानिक एवं तकनीकी विकास हुआ और हो रहा है। प्रश्न उठता है कि यह सम्प्रेषणीयता क्या है ? इसके विषय में रिचर्ड्स कहते हैं कि सम्प्रेषण तब होता है जब एक मस्तिष्क अपने पर्यावरण में इस प्रकार क्रियाशील हो कि दूसरा मस्तिष्क भी प्रभावित हो जाए अर्थात् दूसरे मस्तिष्क में स्थित मन की अनुभूतियाँ इस प्रकार जाग्रत हों जो पहले मन की अनुभूतियों की समानता व्यक्त करें। यह सम्प्रेषण एक जटिल प्रक्रिया है। यह सम्भव है कि दो व्यक्तियों के मन की अनुभूतियों में भेद रह जाए या कुछ अंश तक ही समानता हो सके। ऐसी स्थिति में सम्प्रेषण का कार्य अपूर्ण ही रह जाएगा। कविता के क्षेत्र में सम्प्रेषण की प्रक्रिया और भी जटिल होती है।

रिचर्ड्स का मत है कि सम्प्रेषण, कला का धर्म है। कलाकार का अनुभव, विशिष्ट एवं नव्य होने के कारण समाज के लिए मूल्यवान् होता है, अतः इसकी सम्प्रेषणीयता वांछित ही नहीं, अनिवार्य भी है। कलाकार के काव्य की श्रेष्ठता की कसौटी यही है कि वह अपना अनुभव दूसरों तक पहुँचा सके। जिसकी रचना में, जितनी प्रभावशाली प्रेषणीयता हो वह उतना ही बड़ा कलाकार है। इस प्रेषणीयता को अधिक प्रभावी बनाने के लिए कवि की अनुभूति व्यापक अर्थात् सार्वभौमिक होनी चाहिए। कवि जो भी अनुभूति प्राप्त करे, उसमें विभिन्न आवेग व्यवस्थित एवं

सन्तुलित हों अन्यथा अनुभूति की तीव्रता इतनी शक्तिशाली न होगी कि श्रोताओं या पाठकों का मन आकर्षित कर सके। कवि के अनुभवों और सामाजिकों के अनुभवों में भी संगति होनी चाहिए। यदि यह तालमेल न हो तो कवि कल्पना की सहायता से अपने अनुभव सम्प्रेषणीय बनाए। कवि में इतनी निरीक्षण शक्ति भी होनी चाहिए कि वह वस्तु या स्थिति का पूर्ण बोध प्राप्त करके पाठकों के सम्मुख अपनी अनुभूतियाँ नव्य रूप में प्रस्तुत कर सके।

रिचर्ड्स कहते हैं कि सौन्दर्यगत अनुभव मन की आन्तरिक क्रिया है, फिर भी इसका सम्प्रेषण होना चाहिए। वही सौन्दर्यगत अनुभव श्रेयस्कर है जो सम्प्रेषण में खरा उतरे। यदि सौन्दर्यगत अनुभव अन्तर्मन में ही सिमटकर रह जाए तो उसकी अनुभूति ही निरर्थक है। कवि की सबसे बड़ी उपलब्धि यही है कि वह जो कुछ कहना चाहता है, उसे दूसरों तक पहुँचा सके। इस सम्प्रेषण से कवि और पाठक के मन की समान मनोदशा निर्मित होती है। प्रेषणीयता के लिए रिचर्ड्स तीन बातों की आवश्यकता बताते हैं–

(क) कवि की क्रियाओं में एकरसता हो।

(ख) उसकी क्रियाओं में विविधता भी रहे।

(ग) वे क्रियाएँ उत्तेजनाओं से प्रेरित होने वाली हों।

काव्य सम्प्रेषण का कार्य सरल नहीं है। इसके लिए काव्य के घटक तत्त्वों का महत्त्वपूर्ण योग रहता है। कविता के सम्प्रेषण में शब्द, लय, छन्द एवं स्वर समायोजन महत्त्वपूर्ण भूमिका निभाते हैं। कविता की शब्दावली का चयन सन्दर्भ के अनुकूल इस प्रकार होना चाहिए कि वह पाठक या श्रोता के मन की अनुभूति का संस्पर्श करे। वैसे यह भेद बताना सम्भव नहीं कि कौन-से शब्द रागात्मकता उत्पन्न करते हैं और कौन से नहीं। यह तो कवि का काव्य कौशल है जो उन्हें रागात्मक या अर्थवान् बना देता है। शब्दों को नई अर्थवत्ता प्रदान करने से उनमें सम्प्रेषणीयता बढ़ जाती है। उदाहरणतः–

कुत्ता स्वामी भक्त होता है
अपने मालिक को नहीं काटता
लेकिन आदमी काट लेता है।

X X X

मेरे यौवन का मोती खो गया है
क्या तलाश दोगे ?

X X X

मैं रथ का टूटा पहिया हूँ
मुझे फेंको मत।

X X X

सर्प
नगर में तुम रहे नहीं
सभ्य तुम हुए नहीं
फिर डसना कहाँ से सीखा
विष कहाँ से पाया ?

X X X

मेरे देश की संसद
कच्चे तेल की घानी है,
जिसमें आधा तेल
और आधा पानी है।

X X X

जो समय को नहीं समझता
समय उसके लिए काल बन जाता है।

उपर्युक्त वाक्यों में शब्द तो साधारण हैं, परन्तु उनमें नई अर्थवत्ता का समावेश हो गया है, जिससे पाठकों की अनुभूतियाँ प्रभावित होती हैं। नए अर्थों ने सम्प्रेषणीयता का विस्तार कर दिया है। कविता का शब्द चयन हमारी चित्तवृत्तियों और भावों को उद्‌बुद्ध करता है और विशिष्ट रागात्मक अवस्थाओं के सृजन में सहायता देता है। रिचर्ड्स भाषा को ऐसे प्रतीकों का समूह मानते हैं जो श्रोता या पाठक के मन में, लेखक के मन के अनुरूप भाव उत्पन्न करते हैं। भाषा का प्रतीकत्व वक्ता और श्रोता के बीच, एक अखण्ड मानसिक व्यापार का सूत्रपात करता है। जैसे-जैसे जीवन के अनुभव अधिकाधिक जटिल होते चले जाते हैं, उनके प्रकाशन के लिए अधिक जटिल प्रतीकों का प्रयोग होने लगता है। भाषा में रूपकों का प्रयोग, उसे बहुत ऊँचे स्तर पर पहुँचा देता है।

कविता के लिए रिचर्ड्स लय को अनिवार्य मानते हैं। लय केवल ध्वनियों की व्यवस्था नहीं है, इसमें गम्भीर भावनाएँ और अर्थ नियोजित रहते हैं। यथा—

बरसहिं जलद भूमि नियराए। जथा नवहिं बुध विद्या पाए।
सिमिट सिमिट जल भरहिं तलावा। जिमि सद्‌गुण सज्जन पहिं आवा॥

X X X

बरसा बिगत सरद रितु आई। देखहु लछमन परम सुहाई।
फूले कास सकल महि छाई। जनु वर्षा कृत प्रगट बुढाई।

यहाँ कविता में लय के साथ-साथ कुछ भावनाओं और गम्भीर अर्थों का नियोजन भी है जो पाठक की अनुभूतियों को कवि के मन की अनुभूतियों के अनुरूप जाग्रत करता है। अतः सम्प्रेषणीयता की मात्रा बढ़ जाती है। ध्यान रखना चाहिए कि केवल तुकबन्दी लय नहीं है। लय के साथ रागात्मकता का गहरा सम्बन्ध है, जिसके बिना

शुष्कता नीरसता उत्पन्न कर देगी और सम्प्रेषणीयता में बाधा आएगी। इसका अभिप्राय यही है कि लय की स्थिति केवल ऊपरी सतह पर ही नहीं रहती, उसका विकास मन और भाषा की गहराई में होता है–

"The way in which the sound of a word is taken varies with the emotion already in being. But it Varies with the sense."

लय का आधार सम्भावना (expectancy) है। ध्वनि में कविता इस प्रकार नियोजित की जाती है कि हम पहले से ही निरन्तर रूप में भावी सम्भावनाओं का बोध मन में बनाए रखते हैं–

"The texture of expectations, satisfactions, disappointments surprisals, which the sequence of syllables bring about is rhythm, and the sound on words comes to its full power only through rhythm."

छन्द में लय अधिक नियमित होकर प्रकट होती है। छन्द के बँधे हुए नियम तो पहले से चले आए हैं और लोग उन्हीं को मानदण्ड बनाकर कविता का मूल्यांकन करते हैं, परन्तु छन्दों का यान्त्रिक प्रयोग उचित नहीं। छन्द में भी भाव, अर्थ आदि उतना ही महत्त्व रखते हैं जितनी ध्वनि। हिन्दी साहित्य के रीतिकाल में सवैया और कवित्त छन्द का प्रयोग अपनी प्रेषणीयता, लय और कोमल भावों की प्रस्तुति के कारण चरम-सीमा तक हुआ।

कुंदन को रंगु फीकौ लगै, झलकै अति अंगन चारु गुराई।
आँखिन में अलसानि चितौन में मंजु विलासन की सरसाई ॥

इसी प्रकार छन्द और लय का एक प्रयोग केशव की कविता में देखिए–

पढ़ौ बिरंचि मौन वेद जीव सोर छंडि रे।
कुबेर बेर कै कही, न यक्ष भीर मंडि रे ॥
दिनेस, जाय दूरि बैठि नारदादि संग ही।
न बोल चंद मंद बुद्धि, इंद्र की सभा नहीं ॥

इन उदाहरणों से स्पष्ट है कि केवल छन्द और लय की बाह्य संरचना, सम्प्रेषण का आधार नहीं, अपितु इनमें निहित अर्थ और अनुभूतियों की समानता का भी योगदान है। सम्प्रेषणीयता के सन्दर्भ में रिचर्ड्स का मन्तव्य है कि कविता के सभी बाह्य आवरण अकेले-अकेले अधिक महत्त्वपूर्ण नहीं हैं, उन सबकी संगति ही ग्राह्यता में वृद्धि का कारण है। सम्प्रेषण के लिए पाठक या श्रोता का मानसिक और बाह्य परिवेश भी उत्तरदायी है। परिवेश के सन्दर्भ में ही कवि और पाठक की अनुभूतियों में समानता का रूप परिलक्षित होता है। प्रत्येक व्यक्ति की अनुभूतियाँ अपने परिवेश के खण्डों से जुड़ी होती हैं और वह अपने परिवेश की अनुभूतियों का संस्पर्श शीघ्र ग्रहण करता है। उसकी अनुभूति के मूल में अपनी संस्कृति, धर्म, व्यवहार आदि के प्रति भावभूमि पहले से ही तैयार रहती है। कोई भारतीय, भारत की सांस्कृतिक पृष्ठभूमि

से आबद्ध अनुभूतियाँ सफलतापूर्वक सम्प्रेषित कर पाने में सक्षम है। अन्य देश की सांस्कृतिक परम्परा से जुड़ी वस्तुओं के प्रति उसमें आवेगों की तीव्रता का अभाव रहेगा।

निष्कर्षतः रिचर्ड्स का मन्तव्य है कि सम्प्रेषणीयता में कवि और पाठक की अनुभूतियों में समानता, भाषा, शब्द चयन, लय, छन्द आदि का महत्त्वपूर्ण योगदान है। काव्य की सम्प्रेषणीयता भी अनिवार्य है, अन्यथा कला का अस्तित्व भी संशयपूर्ण हो जाएगा।

मैथ्यू आर्नल्ड के काव्य सिद्धान्त

मैथ्यू आर्नल्ड अंग्रेजी के प्रसिद्ध कवि एवं समालोचक थे। उनका विचार था कि साहित्य की समस्याएँ, जीवन की समस्याओं से भिन्न नहीं होतीं, अतः साहित्य का मूल्यांकन जीवन के सन्दर्भ में ही होना चाहिए। यही कारण था कि उन्होंने साहित्य को परिभाषित करते हुए कहा कि साहित्य, जीवन की आलोचना है। मैथ्यू आर्नल्ड की दृष्टि में लोक-कल्याण महत्त्वपूर्ण है और साहित्य का आदर्श, लोकमंगल ही होना चाहिए। काव्य का लक्ष्य आनन्द की प्राप्ति ही नहीं, इसकी सार्थकता जीवन की पूर्णता का ज्ञान कराने, आत्म विकास एवं समाजोत्थान में है। किसी कवि की काव्य रचनाओं का महत्त्व इसी में है वे कहाँ तक युगीन समाज के प्रति दायित्व पूरा करती हैं। मैथ्यू आर्नल्ड के काव्य-सम्बन्धी ये विचार निम्न रूप में प्रस्तुत किए जा सकते हैं।

(1) उत्तम साहित्य का स्वरूप

उत्तम साहित्य की रचना हेतु कवि उत्तम विषय या कार्य का चयन करके उसे उपयुक्त शैली में प्रस्तुत करे ताकि उससे आनन्द प्राप्ति के साथ-साथ लोक-कल्याण के दायित्व की भी पूर्ति हो। काव्य रचना का आनन्द, सम्पूर्ण रचना के विविध अंगों की अन्विति से उत्पन्न होना चाहिए। मैथ्यू आर्नल्ड नहीं मानते कि निकृष्ट कार्य-व्यापार, कलात्मक प्रस्तुति से उत्कृष्ट कार्य-व्यापार बन सकता है। उनकी दृष्टि में, काव्यकृति में कार्य चयन और निर्माण का ही महत्त्व है। वे कहते हैं–

"सब कुछ विषय पर निर्भर है, उपयुक्त कार्य का चयन करें, उसकी स्थितियों के मूल में निहित भावना से तादात्म्य स्थापित करें, यदि ऐसा हो गया तो बाकी सब सिद्ध हो जाएगा।"

उत्कृष्ट कार्य-व्यापार के विषय में वे स्पष्ट करते हैं–

"जो मानव के सहज संस्कारों को आन्दोलित करे, मानस में स्थित उन स्थायी भावनाओं को जगाएँ जो काल-निरपेक्ष होती हैं, उत्कृष्ट कार्य व्यापार कहलाते हैं।"

आर्नल्ड के इस विचार की पुष्टि हिन्दी के मैथिलीशरण गुप्त की इन पंक्तियों में देखी जा सकती है–

राम तुम्हारा चरित स्वयं काव्य है।
कोई कवि बन जाए सहज सम्भाव्य है।

विषय की गरिमा, कवि और उसकी कृति का मूलाधार है। राम का चरित इतना महान् है कि इसके संस्पर्श से कोई भी कृति श्रेष्ठ काव्य बन सकती है।

आर्नल्ड कला का उद्देश्य रसास्वादन मानते हैं। मानव को कैसे सुखी बनाया जाए, इससे महत्तर और गम्भीरतर कोई समस्या नहीं। वास्तविक कला वही है जो आनन्द का सृजन करे, परन्तु वह आनन्द जीवन के साथ सम्बद्ध हो। त्रासदी के विषय में उनका कथन है कि यह ठीक है कि इसका लक्ष्य रसास्वादन है, परन्तु पात्रों को निरन्तर कष्ट सहते दिखाना उचित नहीं। उन्हें विपत्ति का प्रतिरोध करते और संघर्ष में लीन रहते तो दिखाना चाहिए परन्तु पीड़ा की कार्य में परिणति न हो तो ऊब पैदा करने वाली विकृति काव्य की श्रेष्ठता को व्याघात पहुँचाएगी। कामदी का विषय दिन-प्रतिदिन होने वाली या सामयिक स्थितियाँ हो सकती हैं, परन्तु त्रासदी में प्राचीन, गरिमापूर्ण विषय ही ग्राह्य हों क्योंकि त्रासदी गम्भीर कलात्मक कृति है। स्पष्ट है कि उत्तम काव्य में वस्तु सत्य, वर्णन सत्य एवं उच्च गम्भीरता अनिवार्य तत्त्व होते हैं। आर्नल्ड का विचार है कि काव्य के लिए स्थायी एवं शाश्वत विषय अधिक उपयोगी हैं। इसके लिए प्राचीन काव्य विषय बार-बार अपनाने चाहिए। समसामयिक जीवन की समस्याएँ श्रेष्ठ काव्य के लिए अनुपयोगी हैं।

उत्तम काव्य के लिए गम्भीर विषय के साथ-साथ उत्कृष्ट शैली का प्रयोग भी वांछित है। आर्नल्ड ने Lost words काव्य में श्रेष्ठता के चार मानदण्ड तलाश किए—काव्यात्मकता, उच्चादर्श, सरसता एवं सिद्धि। उनका कहना है कि सरल उत्कृष्ट शैली का उदाहरण होमर के काव्य में द्रष्टव्य है और सिद्ध उत्कृष्ट शैली का रूप मिल्टन के काव्य में देखा जा सकता है। आर्नल्ड काव्यांशों में शैली की उत्कृष्टता को महत्त्व नहीं देते, वे तो सम्पूर्ण काव्य विधान में उत्कृष्ट शैली का प्रयोग देखना चाहते हैं। कीट्स आदि कवि अपने काव्य के कुछ अंश बिम्ब विधान आदि उपकरणों से समृद्ध तो करते हैं, परन्तु उनकी सम्पूर्ण कविता समृद्ध नहीं हो पाती।

इस प्रकार आर्नल्ड के मत में उत्तम काव्य वही है जिसमें महान् कार्य का गम्भीर प्रतिपादन हो और जिसमें उच्चतम आनन्द प्रदान करने की क्षमता भी रहे। कविता का लक्ष्य केवल मनोरंजन नहीं होता। हिन्दी कवि मैथिलीशरण गुप्त भी यही कहते हैं कि काव्य का लक्ष्य केवल मनोरंजन नहीं होना चाहिए, उसमें जीवन के मर्म की प्रस्तुति भी अपेक्षित है।

आर्नल्ड के उपर्युक्त विचारों के सम्बन्ध में कुछ आपत्तियाँ की जाती हैं—

(1) आर्नल्ड का कथन है कि काव्य का उपयुक्त विषय प्राचीन हो, समसामयिक जीवन की समस्याएँ नहीं। उनका अपना युग औद्योगिक प्रगति, भौतिक समृद्धि और विज्ञान की उन्नति का युग था, परन्तु ऐसे युग के जीवन को भी वे काव्य का विषय

नहीं मानना चाहते थे। वास्तविकता यह है कि युग विशेष के जीवन और उसकी समस्याओं का उस युग के मनुष्यों के लिए अधिक महत्त्व होता है। युगीन जीवन से युक्त काव्य रचनाओं के माध्यम से पाठक अधिक लाभान्वित हो सकते हैं। इनसे उन्हें अपनी समस्याओं से जूझने की शक्ति मिलेगी और अपने युग से साक्षात्कार होगा अन्यथा वे अपने युग से कटकर अपनी समस्याओं को न तो समझेंगे, न ही कोई निर्णय ले पाएँगे, उनके विचारों में आत्मघात की स्थिति आ सकती है। अतः पुरातन और शाश्वत मूल्य के विषय ही काव्य के लिए उपयुक्त नहीं अपितु समसामयिक जीवन भी काव्य के विषय का आधार होना चाहिए।

(2) शैली के सम्बन्ध में आर्नल्ड का कहना है कि इसमें सरलता और सिद्ध रूप आवश्यक है, परन्तु वे इस बात का स्पष्टीकरण नहीं दे पाए कि काव्य में जटिल शैली का बहिष्कार क्यों कर दिया जाए ? विश्व में जटिल शैली में लिखी कितनी ही रचनाएँ आज भी श्रेष्ठ समझी जाती हैं। आर्नल्ड की धारणा के अनुसार तो वे साहित्य की सीमा से ही बाहर हो जाएँगी, परन्तु ऐसा होना सम्भव नहीं। बाण, दण्डी, माघ आदि की रचनाएँ जटिल शैली में रचित होने पर भी, आज भी साहित्य की धरोहर हैं। अतः आर्नल्ड जिस शैली की सीमाओं की बात करते हैं, साहित्य में वह सम्पूर्ण मानदण्ड नहीं हो सकती।

(2) कला और नीति का सम्बन्ध

आर्नल्ड मानते हैं कि जिस कविता में नीति के विरुद्ध विद्रोह हो, उसमें जीवन के विरुद्ध विद्रोह है। जो कविता नीति के प्रति उदासीन है, वह जीवन से भी उदासीन है। वे लिखते हैं—''मानव जाति को पता चलेगा कि जीवन का पुनराख्यान करने के लिए, मनुष्य जाति को आश्वस्त करने के लिए और उसकी रक्षा करने के लिए, हमें कविता का आश्रय लेना पड़ेगा। कविता के बिना हमें विज्ञान अधूरा प्रतीत होगा। आज हम जिसे धर्म और दर्शन कहते हैं, उसका स्थान निकट भविष्य में कविता ही लेगी।''

आर्नल्ड के मत में नैतिकता कविता का अनिवार्य तत्त्व है। इस नैतिकता को हमें कुछ व्यापक अर्थ में लेना होगा। परम्पराओं, रूढ़ियों और अन्धविश्वासों से जुड़े व्यवहारों के साथ चिपके रहना नैतिकता नहीं है। नैतिकता का अर्थ व्यापक है। 'कैसे रहना चाहिए', इस प्रश्न के भीतर जो कुछ समाविष्ट हो सके, वही नैतिकता है। यह नैतिकता समाज सापेक्ष होती है। कविता में नैतिक नियमों का उपदेश मात्र करना तो इसका उपहास है। कवि अपनी कृति में जीवन के लिए विचारों और व्यवहारों का उदात्त एवं व्यापक रूप प्रस्तुत करे जो मानव मात्र का उपकार करने में सक्षम हो। ईमान, सत्य, अहिंसा, क्षमा, धैर्य, शौर्य, संघर्ष, सहानुभूति, दया, सहायता, मित्रता, निष्ठा, शुद्धाचरण जैसे अनेक व्यवहार हैं जो मानव जाति की नैतिकता की सीमाएँ निर्धारित करते हैं। इस प्रकार की नैतिकता का महत्त्व पहले भी था और आज भी

है। न्याय और अन्याय के बीच सदा संघर्ष रहा। इसमें न्याय का पक्ष लेना ही नैतिकता है। दिनकर कहते हैं–

चुराता न्याय जो रण को बुलाता भी वही है।
युधिष्ठिर ! स्वत्व की अन्वेषणा पातक नहीं है।

युद्ध और हिंसा बुरे कृत्य हैं परन्तु अधिकारों के लिए ऐसा करना अनुचित नहीं।

इस प्रकार नैतिकता का अर्थ लोक व्यवहार के सन्दर्भ में ही समझना होगा। यह नैतिकता पुरातन है, शाश्वत है और आज की जिन्दगी का भी अभिन्न अंग है।

(3) आलोचक और आलोचना सम्बन्धी विचार

आर्नल्ड के मत में समीक्षा सर्जनात्मक कार्य है और इसके बिना उत्कृष्ट कृति का निर्माण सम्भव नहीं। युगीन सन्दर्भ की पहचान के लिए समीक्षा आवश्यक है। समीक्षा द्वारा कृति की उपादेयता और लक्ष्य दिशा का ज्ञान होता है। कृतिकार को स्वयं अपनी कृति के विषय में गुण-दोष का ध्यान नहीं रहता। समीक्षा उसकी रचना के सभी पक्ष प्रस्तुत करके दिशा निर्देश करती है।

आर्नल्ड के अनुसार आलोचक का कर्तव्य है कि वह संसार के सर्वोत्तम विचार जाने, उन्हें सोचे-समझे और उनका प्रसार करे ताकि सत्य एवं मौलिक भावों की धारा प्रवाहित हो। उनके अनुसार आलोचक में निम्न गुण वांछनीय हैं–

(क) आलोचक पढ़े, समझे और वस्तुओं का यथार्थ अनुभव करे।

(ख) वह जो कुछ सीख पाए उसे दूसरों तक सम्प्रेषित करे।

(ग) वह रचनात्मक शक्ति की क्रियाशीलता के लिए उपयुक्त वातावरण बनाए और ऐसी भावनाओं का प्रसार करे जिनसे भावी रचनात्मक प्रतिभा का पोषण हो।

(घ) निष्पक्षता आलोचक का सबसे बड़ा गुण है। निष्पक्षता का अर्थ है कि आलोचक उन बातों से मुक्त हो जो बौद्धिक तथा नैतिक पूर्णता के मार्ग में बाधक होती हैं। उसका निर्णय असभ्य तथा आभिजात्य दोनों पक्षों के पूर्वाग्रहों से मुक्त हो। उसे जनसाधारण की भावुकता से भी दूरी रखनी चाहिए। उसे ध्यान रखना चाहिए मध्यवर्गीय मिथ्या अवधारणाओं से बचे क्योंकि इस वर्ग के लोग, रूढ़िवाद, धर्मान्धता, व्यापार, धनार्जन तथा भोग में लिप्त रहने के सिवाय कुछ नहीं सोचते। निष्पक्षता का मूलभाव है–सत्य या अर्धसत्य से दूर रहना, उन सभी वस्तुओं से दूरी रखना जिनसे नगरीय जीवन की यान्त्रिकता आबद्ध है और दार्शनिक एवं शाश्वत मूल्यों की अवहेलना होती है।

इस प्रकार आर्नल्ड की दृष्टि में निष्पक्ष आलोचक वह है जो सांस्कृतिक पूर्णता के प्रति उन्मुख रहता है और जीवन की तुच्छ रुचियों से प्रभावित नहीं होता। आलोचक की निष्पक्षता व्यक्ति या व्यक्तियों से नहीं है अपितु उन विचारों और जीवन सरणियों से है जिनके यथार्थ में मनुष्य भविष्य के सोपानों पर आगे बढ़ रहा है।

(ङ) सुन्दर कविता क्या है ? इसकी खोज के लिए आलोचक सुन्दर कविताओं और विचारों का दीर्घ अनुभव प्राप्त करें। सुरुचि और युक्ति इस अनुभव के पथप्रदर्शक होते हैं। वह कविता के उदाहरण पढ़े और उनमें पाए जाने वाले गुणों को ही कविता की परख का आधार बनाए। महान् कविता में, विषय की सत्यता व गाम्भीर्य, शैली का सौन्दर्य, शक्ति और उदात्तता तत्त्व निहित रहते हैं। ऐसी कविता रसास्वादन के लिए उपयुक्त होती है। पाठक और श्रोता इस प्रकार की कविताओं से आकृष्ट हो जाते हैं।

(च) आलोचक महान् काव्यों की ही प्रशंसा करे और मध्यम कोटि के साहित्य के प्रति उदासीनता दिखाए।

समीक्षा में ऐतिहासिक, वैयक्तिक तथा अनुभवात्मक ये तीन मूल्यांकन रूप हैं। आर्नल्ड ने इनमें अनुभवात्मक मूल्यांकन को महत्त्व दिया। ऐतिहासिक मूल्यांकन के विषय में उनका विचार है कि इससे ऐतिहासिक मूल्य तो उद्घाटित होते हैं, परन्तु काव्यगत दोषों की उपेक्षा हो जाती है। कोई कृति साहित्य के विकास में योगदान कर सकती है, वह युगीन जीवन की व्याख्या भी करती है, परन्तु श्रेष्ठ कृति होने के लिए इतना ही पर्याप्त नहीं। आलोचक को देखना चाहिए कि वह काव्य की कसौटी पर कितनी खरी है। आर्नल्ड वैयक्तिक मूल्यांकन के पक्ष में भी नहीं थे। वैयक्तिक रुचियों, सम्बन्धों और परिस्थितियों से आलोचक मार्गभ्रष्ट हो सकता है। ऐसी स्थिति में वह किसी कृति को अनावश्यक महत्त्व देने लगता है और किसी को अपेक्षित महत्त्व भी नहीं। अतः अनुभवात्मक मूल्यांकन का मार्ग श्रेष्ठ है। इस मार्ग से आलोचक श्रेष्ठ कृतियों के गुणों के अनुभव से अपना निर्णय देता है। उसे रचनाओं के तुलनात्मक गुणों में सन्तुलन की दृष्टि ध्यान में रहती है।

आर्नल्ड के इन आलोचना सिद्धान्तों के विषय में कुछ आक्षेप भी किए जाते हैं और त्रुटियाँ दिखाई जाती हैं।

(क) आर्नल्ड आलोचना में नैतिक मूल्यों की अपेक्षा पर अमर्यादित बल देते हैं। इसीलिए कई स्थानों पर उन्होंने ऐसी काव्य पंक्तियाँ आदर्श रूप में स्वीकार कर लीं जो काव्य की दृष्टि से निम्न कोटि की हैं। इस आग्रह के कारण आलोचना पक्षपातपूर्ण हो जाती है।

(ख) मध्यम कोटि के काव्य के प्रति आर्नल्ड की उदासीनता समुचित प्रतीत नहीं होती। सभी रचनाएँ उत्तम कोटि की नहीं हो सकतीं। यदि मध्यम कोटि की रचनाओं को साहित्य से बहिष्कृत कर दिया जाए तो हम विपुल साहित्य भण्डार से हाथ धो बैठेंगे। मध्यम कोटि की रचनाएँ भी साहित्य के विकास में महत्त्वपूर्ण योगदान करती हैं।

निष्कर्षतः आर्नल्ड ने अंग्रेजी आलोचना को कविता में मिथ्यातत्व, आडम्बर और छद्म के स्थान पर सत्य, उदात्त विचार, गरिमा गुणों की प्रतिष्ठा का मार्ग दिया। उन्होंने काव्य में अतिवाद, आडम्बर तथा अर्धसत्य से बचने की प्रेरणा दी जिसका प्रभाव लम्बे समय तक आलोचना जगत् पर रहा।

यथार्थवाद

उन्नीसवीं शती में, फ्रांस में दो वादों का जन्म हुआ—यथार्थवाद और प्रकृतवाद। इन दोनों ने साहित्य को विशेष रूप में प्रभावित किया। दर्शन के क्षेत्र में यथार्थवाद शब्द का प्रयोग बहुत समय से चला आ रहा था और यह दिश्वसनीय विचारों का परिचायक था। इसका प्रमुख उद्देश्य आदर्शवाद और यथार्थवाद की भिन्नता सामने रखना था। श्लेगल की दृष्टि में यह यर्थाथवाद प्रकृति पर निर्भर है। 1798 ई. में शिल्लर ने भी यही अर्थ स्वीकार किया। 1826 ई. के आसपास फ्रांस में इसकी चर्चा आरम्भ हुई। वहाँ यथार्थवाद के विषय में कहा गया कि यह निरन्तर विकसित होने वाला साहित्य सिद्धान्त महान् कृतियों का अनुकरण करने की अपेक्षा प्रकृति प्रदत्त मूल स्रोतों का अनुकरण करेगा, इसे ही यथार्थवाद कहा जाएगा। कुछ संकेतों के आधार पर सिद्ध किया जा सकता है कि उन्नीसवीं शती का साहित्य यथार्थ रूप में सत्य को व्यक्त करेगा। वहाँ प्रारम्भ में लोग इस शब्द की सार्थकता के प्रति शंकाकुल थे। परन्तु धीरे-धीरे यथार्थवाद की धारणा प्रतिष्ठित हो गई। इससे पहले साहित्य में अनुकरण प्रधान वस्तुगत निरूपण अथवा भावना प्रधान विषयगत निरूपण का बोलबाला था, परन्तु यथार्थवाद के साथ, एक नया आदर्श सामने आया जो उस काल के जीवन के उतार-चढ़ाव चित्रित करने का प्रमुख साधन सिद्ध हुआ। इसमें जीवन की सभी समस्याओं, परम्पराओं, घटनाओं, रहन-सहन के तौर-तरीकों, जाने-पहचाने क्षुद्र स्वरूपों और प्रिय तथा अप्रिय जीवन प्रसंगों को पहली बार यथार्थ रूप में चित्रित करने का प्रयास हुआ। इससे साहित्य को नई शब्दावली और जीवन के चित्रण की नई शैली मिली।

उन्नीसवीं शती में विज्ञान तेजी से विकसित हुआ। इससे इन्सान के देखने और परखने की दृष्टि में क्रान्तिकारी परिवर्तन आया। इससे पहले कला में अनुकरणवादी सिद्धान्त का बोलबाला था। प्रारम्भ में यथार्थवाद के लेखकों ने इसका पूरी तरह विरोध न करके प्रकृति के यथातथ्य की चर्चा की। इससे स्वच्छन्द आत्मगत प्रवृत्ति त्यागकर जीवन की समस्याएँ, स्थानीय चित्रण तथा प्रचलित रीति-रिवाज यथातथ्य रूप में अपनाने की प्रथा चल पड़ी। यथार्थवाद की मूल चेतना वैज्ञानिक

थी, अतः इसके माध्यम से दृश्य और उपलब्ध तथ्यों में संगति की खोज आरम्भ हुई। इससे दो बातें उभर कर आईं। एक तो शाश्वतता की दृष्टि पर पटाक्षेप हुआ और दूसरे परिवेश को समझने का नया सूत्र मिला। विज्ञान की गवेषणाएँ इसका रूप सँवारने में कम सहायक नहीं हुईं। धीरे-धीरे मनोवैज्ञानिक निष्पत्तियाँ भी अलग अनुशासन के रूप में सामने आने लगीं। इनसे परम्परा का बन्धन टूटा और नए रूप में सोचने के लिए पर्याप्त सामग्री मिली। अब यह धारणा जोर पकड़ने लगी कि कलाकार का प्रमुख उद्देश्य शुभ-अशुभ, नैतिक-अनैतिक तथा सुन्दर-असुन्दर सबको समान रूप में अपनाना है।

उन्नीसवीं शती में, यथार्थवाद में विस्मयकारी विविधता मिलती है। अतः इसे एक सूत्र द्वारा प्रकट करना सम्भव नहीं। इसका कारण है कि साहित्य में कल्पना और यथार्थ का पुट पाया जाता है जो न केवल कल्पना के आँचल में पलता है और न यथार्थवाद के भुलावे में पड़ता है। कुछ लोग साहित्य में आदर्श और यथार्थ की समस्या खड़ी कर देते हैं, परन्तु इससे भटकाव ही पैदा होता है। वस्तुतः साहित्य में कल्पना और यथार्थ का अन्तःसम्बन्ध प्रमुख होता है। इसी से उसकी दृष्टि परिमार्जित होती है। साहित्य में यथार्थवाद ऐसे दृष्टिकोण का परिचायक है जो हर सम्भव तरीके से जीवन को चित्रित करना और प्रकृति को निरूपित करना चाहता है। इस क्रिया में यथार्थ को आदर्श का आवरण नहीं ढँक लेता। इसी बात को कजामियाँ ने स्पष्ट करते हुए लिखा कि यथार्थवाद यथार्थ का शैलीबद्ध निरूपण या उसे निश्चित साँचे में ढालने की क्रिया है। जार्जल्यूकाज ने यथार्थ के विश्वसनीय चित्रण अथवा शैलीबद्ध निरूपण के अतिरिक्त इसकी अद्भुत संश्लेषण क्षमता का उल्लेख किया। उनके अनुसार यथार्थवाद विशिष्ट तथा अद्भुत और सामान्य तथा असामान्य को आपस में जोड़ता है। यह क्रिया मानवीय तथा सामाजिक तथ्यों से अलंकृत रहती है और विकास क्रम में अपनी सम्भावनाएँ स्पष्ट बनाती चलती है। सच्चा यथार्थवादी बिना किसी संकोच, उस परिस्थिति और घटना को सामने रख देता है जिसे वह देखता है। परन्तु इसका अभिप्राय यथार्थवाद को नारे के रूप में लेना नहीं। यहाँ प्रश्न यथार्थ का नहीं, अपितु उसके निरूपण का है। यदि यह मान लिया जाए कि यथार्थवादी जिस वस्तु का जो रूप देखता है, उसे उसी रूप में चित्रित करता है तो कला का फोटोग्राफिक चित्र बन जाने का खतरा पैदा हो जाएगा। अतः हमें यह तथ्य स्वीकार कर लेना चाहिए कि कलाकार स्रष्टा ही नहीं, द्रष्टा भी होता है। सृष्टि में अनेक शक्तियाँ क्रियाशील होती हैं। दृश्य जगत् की अनुभूतियों से यथार्थ जब सृजन में ढलता है तो वह कुछ बदला-बदला सा नजर आता है। उदाहरणतः हीरा और सोना खान से निकाले जाते हैं। परन्तु उन्हें उसी रूप में प्रयुक्त नहीं किया जाता। उन्हें साफ किया जाता है, तराशा जाता है, गलाया जाता है, चमकाया जाता है, तभी वे उपयोगी बनते हैं। कलाकार भी सृजन की स्थिति में अनुभूति को गलाता है, पचाता

है, फिर उसे कला में जड़ता है। तटस्थता के बावजूद उसकी रुचि और कलात्मक क्षमता, उसका दृष्टिकोण प्रभावित करती है और सृजन की स्थिति में वह चुनाव को स्वीकार करके चलता है। सच तो यह है कि यथार्थ सत्य नहीं होता, वह सत्य से इतना ही दूर होता है कि पाठक के सामने सत्य होने की प्रतीति उत्पन्न कर सके। यथार्थवाद ऐसा साहित्यिक संश्लेषण है जो रचना तथा चुनाव द्वारा यथार्थ विचारों का उदात्त बोध पाठकों के सामने प्रस्तुत कर सके। यथार्थ के संश्लेषण की चर्चा तो बहुत रही, परन्तु उदात्त बोध की बात हावर्ड फास्ट ने उठाई। शैली तो हर वाद की होती है, नई संवेदना नई शैली के साथ सामने आती है, परन्तु इसके अतिरिक्त कुछ अन्य तत्त्वों का भी महत्त्व होता है। यथार्थ भले ही परम्परित मान्यताओं का विरोधी है फिर भी वह जीवन की गतिशीलता का सहज चित्र और समाज में घटित होने वाले सूक्ष्म परिवर्तनों को समझने का प्रयास करता है। इसीलिए वह विद्रूपता और कल्पना जनित कृत्रिमता के स्थान पर सामाजिक मूल्य की प्राण-प्रतिष्ठा की ओर अग्रसर है। यथार्थवाद जीवन के सर्वमान्य स्वरूपों और वस्तुगत दृष्टिकोणों को चित्रित करने का सनर्थन करता है। यथार्थवादी साहित्य अभिनव वस्तु, परिस्थिति और भाषा के गवेषणात्मक गतिशील रूप से हमें परिचित कराता है।

यथार्थवादी साहित्य में विविधता और उस विविधता में छिपे मूल्य के अभिज्ञान पर बल दिया गया है। यह तभी सम्भव है जब यथार्थवादी कलाकार मनमानी लीपापोती से बचे और जीवन-जगत् के उस रूप को अपनाए जिसका बिम्ब उसकी स्मृति में उभरा है। यह कार्य सायास और आवश्यक प्रयास होता है। इसे सायास इसलिए कहा गया है कि यथार्थवादी प्रतिबद्ध लेखन स्वीकार करता है। बिम्ब ग्रहण की क्रिया में मन धूमिल, अस्त-व्यस्त और टेढ़े-मेढ़े चित्र पैदा कर सकता है, परन्तु कलाकार ने जो अपने कानों से सुना है, आँखों से देखा है और बुद्धि से परखा है, उसे बाँधने के लिए वह प्रतिबद्ध है। उसका अनुभव श्लील-अश्लील, उचित-अनुचित किसी तरह का हो सकता है। यदि वह विषय को सच्चाई के साथ अनुभव करता है तो उस पर प्रतिबद्धता आरोपित करना, उसका श्रेय सीमांकित करना है। जब वह बोध के खरेपन की कसौटी अपना कर चलता है तो उसका चित्रण, प्रभावहीन होने से बच जाता है। श्लील-अश्लील के प्रति जुगुप्सा तब होती है, जब वे साध्य नहीं, विद्रूपता प्रकट करने के लिए आरोपित साधन बन जाते हैं। उनका उपयोग नारे के रूप में होने लगता है। विज्ञान की वस्तुवादी दृष्टि हमें सत्य की ओर उन्मुख करती है और रहस्य से परे होने के कारण सर्वसुलभ और बोधगम्य है। यथार्थवादी इन्हीं विशेषताओं के कारण लगाव अनुभव करता है। यथार्थवादी की यह दृष्टि यथार्थ की भावात्मक प्रतिक्रिया मात्र होती है। यथार्थवादी तटस्थ होता है, निष्क्रिय नहीं। उसका यथातथ्य भी उसके भोगे और अर्जित सत्य का साक्षी होता है। वह सदैव सार्थक विवरण चुनता है और उन्हें परस्पर जोड़कर बिम्ब की रचना करता है। इसीलिए प्रस्तुत की गई

कला का यथार्थ, जीवन के यथार्थ से अधिक प्रभावोत्पादक और व्यंजक बन जाता है। कलाकार को अपनी इस कला से दो प्रकार की अपेक्षाएँ होती हैं--

(1) सत्य के प्रति सही निष्ठा तथा

(2) कलात्मक निर्वैयक्तिकता जो फोटोग्राफिक चित्र प्रस्तुत करने की अपेक्षा कला को सप्राण और जीवन्त बनाने में सक्षम हो।

यह काम सरल नहीं है। कला के क्षेत्र में यथार्थवाद की प्रतिष्ठा का प्रश्न इतना सरल नहीं है जितना कि इसे समझ लिया जाता है। कला मानव के मन के आरोह-अवरोह, और ऊँचाई-नीचाई की खोज का प्रतिमान है। वैज्ञानिक जिस पद्धति से भौतिक जगत् की परीक्षा करता है, कलाकार उसी पद्धति से मानव मन की जटिलता समझता है। इस खोज का परिणाम कला के रूप में हमारे सामने आता है। मानव की क्रिया पर आधारित स्वप्न, आशा, आकांक्षा और मन को मथने वाली भावना उतनी ही यथार्थ है जितना कि पदार्थ और ऊर्जा से बने हुए भौतिक जगत् का स्वरूप। भौतिक जगत् की खोज के लिए वैज्ञानिक को अपने अनुकूल खोज के साधन अपनाने पड़ते हैं और मानसिक जगत् के शोध के लिए उसे सचेत होकर प्रयोगरत रहना पड़ता है। कला के विचारों का सम्बन्ध मानव मन के अज्ञात स्वरूपों से भी होता है जो सर्वथा पूर्ण नहीं होते और रहस्यमय रहस्य के भी परिचायक होते हैं।

कला और जीवन के प्रत्यक्ष में सीधी एकता नहीं होती। यदि ऐसा होता तो कला की अलग सत्ता ही समझने की आवश्यकता न पड़ती। इसका अभिप्राय यही है कि कला और जीवन में लगाव और अलगाव की स्थिति रहती है। जीवन हर वस्तु को एक ही योजना में ढालता है और कार्यों को अनन्त काल तक मन्थर गति से चलाता है, परन्तु कला सावधानी रखती है, तैयारी करती है और कौशल के साथ संक्रमण का विधान रचती है। कलाकार अपने कौशल से आवश्यक तत्त्व उद्‌भासित करके, उन्हें कला का रूप देता है। ये सभी क्रियाएँ संवेदना से परिचालित होती हैं। सत्य की अभिव्यक्ति यथातथ्य अभिव्यक्ति नहीं, अपितु सत्य का आभास उत्पन्न करती है। यह सामान्य संगति की अपेक्षा अथवा उपेक्षा करके सत्यों को व्यवस्थित करती है। अतः यथार्थवाद में सत्याभास की प्रस्तुति ही साध्य है। जो कलाकार इस सत्याभास का परिचय करा सके, वही कुशल कलाकार है।

निष्कर्षत :

(1) यथार्थवाद अनुकरण सिद्धान्त का पोषक नहीं। उसने धीरे-धीरे इस सिद्धान्त का प्रतिवाद किया।

(2) यथार्थवाद की मूल चेतना वैज्ञानिक थी।

(3) यथार्थवाद कलाकार का ध्येय शुभ-अशुभ, नैतिक-अनैतिक तथा सुन्दर-असुन्दर सब समान रूप में ग्राह्य हुआ।

(4) यथार्थवाद में कल्पना और यथार्थ का अन्तःसम्बन्ध होता है।

(5) यथार्थवाद विशिष्ट तथा अद्‌भुत और सामान्य तथा असामान्य को जोड़ता है।

(6) यथार्थवाद में कोरा यथार्थ नहीं, अपितु यथार्थ का निरूपण होता है। अर्थात् यथार्थवाद में फोटोग्राफिक चित्रण नहीं होता।

(7) यथार्थवादी, सृजन की स्थिति में अनुभूति कला में व्यक्त करता है, यथार्थ का सीधा चित्रण नहीं करता।

(8) कलाकार की रुचि और कलात्मक क्षमता उसे सृजन के क्षेत्र में प्रभावित करती है।

(9) यथार्थवाद भले ही परम्परागत मान्यताओं का विरोधी है, फिर भी वह जीवन की गतिशीलता का सहज चित्र समझने का प्रयास करता है।

(10) यथार्थवाद कलाकार को प्रतिबद्ध लेखन स्वीकार्य है।

(11) यथार्थवाद तटस्थ होता है, निष्क्रिय नहीं।

(12) वह सार्थक विवरण चुनकर, उन्हें जोड़कर संश्लेषण से बिम्ब की रचना करता है।

(13) यथार्थवाद में सत्य के प्रति निष्ठा और कलात्मक निर्वैयक्तिकता की अपेक्षा रहती है।

(14) कला और जीवन के सत्य में, सीधे रूप में एकता नहीं होती, अतः कला सत्य का यथातथ्य चित्रण नहीं करती अपितु सत्याभास प्रस्तुत करती है।

अस्तित्ववाद

अस्तित्ववाद की विचारधारा का प्रवर्तन डेनमार्क के सारन कीर्केगार्द (1813-1855 ई.) से हुआ। बीसवीं शती के प्रारम्भ में उनकी पुस्तक का जर्मन भाषा में अनुवाद होने पर जर्मनी एवं फ्रांस के विचारकों का ध्यान इस ओर गया। जर्मनी के फ्रेडरिक नीत्शे एवं कार्ले जेस्पर्स तथा फ्रांस के गैब्रियल मार्सल, ज्याँपाल सार्त्र और आलेवर कामू ने अपनी-अपनी दृष्टि से अस्तित्ववाद के विषय में व्याख्याएँ प्रस्तुत कीं। इन व्याख्याओं में ज्याँ पाल सार्त्र का मत सर्वाधिक महत्त्वपूर्ण है और इनकी व्याख्या ही अस्तित्ववाद की प्रामाणिक व्याख्या समझी जाती है।

अस्तित्ववाद की अवधारणा

यूरोप में प्राचीन विचारक तत्त्ववादी कहलाते हैं। उनका मत था कि पहले विचार (idea—तत्त्व) का उदय हुआ, तदनन्तर उस आइडिया के अनुसार वस्तु का आविर्भाव। ईश्वर ने पहले कोई विचार किया, फिर जगत् की रचना की। इस प्रकार उनके अनुसार पहले वस्तु का रूप परिकल्पित होता है, इसके बाद वस्तु अस्तित्व में आती है। अतः विचार या तत्त्व को मूल मानने के कारण वे विचारक विचारवादी या तत्त्ववादी (idealist) कहे जाते थे। मध्य काल के विचारकों ने Essence अर्थात् (सार या तत्त्व) की कल्पना की। उनके अनुसार सार का महत्त्व पदार्थ या व्यक्ति से अधिक है। सार का अभिप्राय व्यक्ति के उन गुणों से है जो व्यक्ति का निर्माण करते हैं। उदाहरणतः मानव में मानवता सार है। वे मानते हैं कि सार ही सत्य एवं शाश्वत सत्ता का प्रतिनिधि है। पदार्थों और प्राणियों की सत्ता क्षणभंगुर होने के कारण, मिथ्या है। उनके मतानुसार साररूप गुणों के अभाव में वस्तु की स्थिति निरर्थक है। परन्तु अस्तित्ववाद का दृष्टिकोण, प्राचीन और मध्यकालीन विचारकों के विपरीत था। अस्तित्ववादी तर्क देते हैं कि जब वस्तु ही न हो तो उसका सार कहाँ होगा ? पहले वस्तु या व्यक्ति का अस्तित्व होना चाहिए, फिर उसके सार का। अतः पहले व्यक्ति अस्तित्व में आया, इसके बाद उसने विभिन्न सिद्धान्तों का निरूपण किया। इस दृष्टि से व्यक्ति का अस्तित्व प्रमुख है, विचार या सार या सिद्धान्त का स्थान गौण।

अस्तित्ववादी सार या अरूप अवधारणा (abstract concept) को महत्त्व नहीं देता। उसकी रुचि तो उन पदार्थों में है जिनका अस्तित्व है। यह अस्तित्व क्या है ? अस्तित्ववादी मानते हैं कि पदार्थों की स्थिति अर्थात् उनका होना ही अस्तित्व नहीं है। जब पदार्थों के होने का विचार हो, तभी वे अस्तित्व में आते हैं। पत्थर तभी अस्तित्व रखता है, जब हम उसके विषय में सोचें। यदि पत्थर हमारे विचार का विषय न बने, हमें उसकी अपेक्षा न हो तो वह हमारे लिए अस्तित्ववान् नहीं होता। व्यक्ति के लिए अन्य व्यक्तियों का अस्तित्व तभी तक है जब तक वे उसके लिए उपयोगी हों, उनके विषय में उसकी चेतना सजग हो। संसार को देखने का अलग-अलग दृष्टिकोण है और संसार के सब पदार्थ साधन हैं। प्रत्येक व्यक्ति अपना अस्तित्व बनाए रखना चाहता है, हर व्यक्ति दूसरे को अपना साधन बनाना चाहता है, उस पर शासन करना चाहता है। सबके लिए जगत् एक सा नहीं है। प्रत्येक व्यक्ति के लिए यह जगत् उसकी रुचि या उद्देश्य के कारण भिन्न-भिन्न रूप धारण कर लेता है। हम जगत् पर निर्भर नहीं रहते। व्यक्ति के लिए उस जगत् का अस्तित्व है जो उसकी चेतना का परिणाम हो। इस प्रकार अस्तित्ववादियों के लिए अस्तित्व स्थिति (state) नहीं, कार्य (act) है। आदमी का होना एक बात है और अस्तित्ववान् होना दूसरी बात। अस्तित्व में आने का अर्थ है—वह जो बनना चाहता है, इसके लिए स्वतन्त्रता चाहिए। यह स्वतन्त्रता केवल मनुष्य को ही प्राप्त हो सकती है, पशु को नहीं क्योंकि उसमें विवेक नहीं है कि वह कुछ बने, उसका स्थान हो उसका अस्तित्व समझा जाए। व्यक्ति को कुछ बनने की स्वतन्त्रता मिलने पर भी वह इसका सदुपयोग नहीं कर पाता तो गतानुगतिकता में फँस कर अपनी स्वतन्त्र रुचि खो बैठता है। ऐसे व्यक्तियों के विषय में नहीं कहा जा सकता कि उनका अस्तित्व है। अस्तित्ववान् व्यक्ति तो वह है जो अपने आपको बनाने में स्वतन्त्र है, जो स्वावलम्बी और समर्थ है। अस्तित्व में आने के लिए यह निर्णय करना पड़ेगा कि हम क्या बनना चाहते हैं। इस प्रकार का निर्णय जीवन में एक बार ही नहीं लिया जाता। व्यक्ति को अस्तित्व के एक टाइप में ही बँधकर नहीं बैठ जाना चाहिए। जो ऐसा करता है, अपना अस्तित्व खो बैठता है। अतः अस्तित्व बनाए रखने के लिए निरन्तर निर्णय लेते रहना चाहिए कि हम क्या होना चाहते हैं ? अस्तित्व का अर्थ है, अपनी इच्छानुसार ऊपर उठते रहना।

अस्तित्व और परिस्थितियाँ

व्यक्ति कुछ बनने के लिए निर्णय लेता है, परन्तु यह अधिकार पशुओं या वनस्पति को नहीं है क्योंकि उनमें निर्णयशक्ति, चुनने का विवेक और अवसर नहीं होता। वृक्ष का भावी विकास उसके बीज में है और वह यान्त्रिक होता है, परन्तु समान परिस्थितियों में भी भिन्न-भिन्न व्यक्ति, भिन्न-भिन्न विकास मार्ग चुन सकते हैं।

अस्तित्ववादी व्यक्ति के अस्तित्व पर परिस्थितियों के प्रभाव को एकदम नहीं नकारते, पर इसे महत्त्वपूर्ण स्थान भी नहीं देते। कोई व्यक्ति कुरूप है या निर्धन परिवार में उत्पन्न हुआ हैं, यह उसके वश की बात नहीं। वह इन्हें बदल भी नहीं सकता, परन्तु इनके प्रति वह अपना रुख अपनाने में स्वतन्त्र है। वह नियति के हाथों कठपुतली नहीं, पुरुषार्थी भी है। यह ठीक है कि कोई अपने जीवन के प्रारम्भ में आलसी या उद्दण्ड हो, पर आगे चलकर वह अपना भविष्य सुधार सकता हैं और अपने अतीत की धारणा बदल सकता है ताकि जगत् में उसका अस्तित्व हो। इस भौतिक जगत् को बदलने की शक्ति हममें नहीं है, पर इसके प्रति हमारी दृष्टि तो बदल सकती है। यह व्यक्ति पर निर्भर है कि वह उसे कैसा समझता है और उसमें कैसे रहता है। वस्तुतः अस्तित्वपूर्ण व्यक्ति वही सब है जो कुछ वह करता है। कुछ करने की स्वतन्त्रता में ही उसका अस्तित्व छिपा है।

अस्तित्ववादी की विचारों, तत्त्वों, सिद्धान्तों और नियमों में कोई आस्था नहीं। उसके विचार में प्रत्येक सिद्धान्त, व्यक्ति की अपनी दृष्टि की उपज है। ऐसी स्थिति में कोई भी नियम सार्वभौमिक नहीं माना जा सकता। दूसरों द्वारा प्रतिपादित सिद्धान्तों को स्वीकार करना व्यक्ति के लिए आवश्यक नहीं। अस्तित्ववादी के लिए परम्परागत सामाजिक, नैतिक, शास्त्रीय या वैज्ञानिक सिद्धान्त अव्यावहारिक है। वह व्यक्ति का अस्तित्व उसकी इच्छा पर निर्भर मानता है। उसके अनुसार व्यक्ति का अस्तित्व किसी बाह्य सत्ता या परिस्थिति या पूर्वकर्मफल पर आधारित नहीं। प्रत्येक व्यक्ति अपने भाग्य का स्वयं निर्माता है। व्यक्ति अपने आपको जैसा बनाना चाहता है, वह वैसा ही बनता है। परिस्थितियों के बन्धन स्वीकार करना या न करना, उसकी इच्छा है। परिस्थितियों के अनुसार ढलने के लिए वह स्वयं उत्तरदायी है। उसे डार्विन का सिद्धान्त स्वीकार्य नहीं कि जो अपने आपको परिस्थितियों के अनुसार नहीं ढालता, जीवित नहीं रह सकता। अस्तित्ववादी इसे घुटने टेकना मानता है। उसका विचार है कि यह व्यक्ति का चुनाव है कि वह परिस्थितियों के अनुकूल बनता है या प्रतिकूल, इसमें किसी अन्य सिद्धान्त या परिवेश का दोष नहीं।

अब विचारणीय है कि क्या यह व्यक्ति के वश में है कि वह जो बनना चाहता है, वैसा ही बन सकता है। कोई व्यक्ति बहुत बड़ा पूँजीपति बनना चाहता है, परन्तु बन नहीं पाता, वह दरिद्रता में रहने को विवश है। इस विषय में अस्तित्वादी का कहना है कि वह जो बनना चाहता है उससे अन्य बनना वह क्यों स्वीकार करे ? व्यक्ति भय, दुख और मृत्यु के कारण अप्रिय को स्वीकार कर लेता है। यदि वह दुख और मृत्यु की अनिवार्यता स्वीकार कर ले तो भय नहीं रहता। दूसरे शब्दों में, व्यक्ति जो बनना चाहे, पर बन न सके तो हर प्रकार के दुख को सहन करने के लिए उद्यत रहे। यदि वह इतना साहसी हो जाए तो उसे कोई नहीं झुका सकता। अस्तित्ववादी को अपने अस्तित्व का बोध दुख या भय की स्थिति में ही होता है।

उसे ऐसी स्थिति का स्वागत करना चाहिए। अपनी वैयक्तिक स्वतन्त्रता कुचलकर, परिस्थितियों के आगे झुक जाने की अपेक्षा दुख या मृत्यु का वरण करना श्रेयस्कर है। आत्म स्वातन्त्र्य की रक्षा हेतु दुख सहना, दासता से प्राप्त सुख की अपेक्षा बेहतर है, ऐसा अस्तित्ववादियों का विश्वास है।

व्यक्ति अपने कार्य के चुनाव, चुनाव के मानदण्डों एवं उद्देश्यों में पूर्ण स्वतन्त्र है। उसके अपने भावावेग भी स्वतन्त्र हैं। उसके लिए स्वतन्त्र कार्य का अर्थ वह कार्य है जो बिना किसी उद्देश्य (motive) के किया जाए और उसके लिए तर्क सम्मत होना भी आवश्यक नहीं। सार्त्र की भाषा में 'चुनाव और स्वतन्त्रता' का सामान्य अर्थ नहीं है। उसके लिए चुनाव का अर्थ है जीना। व्यक्ति का प्रत्येक कार्य जिसमें उसका अस्तित्व दिखता है, स्वतन्त्रता कहा जा सकता है। इसीलिए सार्त्र ईश्वर, समाज, नैतिकता आदि के प्रति व्यक्ति को उत्तरदायी नहीं मानता। परन्तु व्यक्ति की यह स्वतन्त्रता उसे उच्छृंखल या दायित्वहीन बना सकती है क्योंकि उसे अपना सिद्धान्त अपनी नैतिकता और अपना आदर्श चुनने की स्वतन्त्रता है। यदि सभी व्यक्ति यह स्वतन्त्रता मान बैठते हैं तो समाज में अराजकता की स्थिति होना सम्भव है। इसीलिए सार्त्र के इस दृष्टिकोण को विनाशवाद (Nihilism) कहा गया है। जब व्यक्ति की, समाज, परिवार एवं नैतिकता के साथ कहीं भी प्रतिबद्धता न रहे तो प्रतिद्वन्द्विता एवं संघर्ष ही परिणाम होगा।

अस्तित्ववाद और ईश्वर

सार्त्र ईश्वर के अस्तित्व में विश्वास नहीं करता। उसकी दृष्टि में, विश्व के निर्माण के पीछे न कोई कारण है और न उद्देश्य। इसे बनाने की कोई आवश्यकता भी न थी। अस्तित्ववादी के अनुसार ईश्वर, व्यक्ति के मन की कल्पना मात्र है। जिस प्रकार व्यक्ति ने धर्म, नीति एवं सिद्धान्तों की कल्पना अपनी रुचि के अनुसार कर ली है, उसी प्रकार उसने अपने सुरक्षा कवच की सम्भावनाओं हेतु ईश्वर का आविष्कार कर लिया। ईश्वर, स्वर्ग-नरक, पाप-पुण्य, पूर्वजन्म, भाग्य आदि तो सूचित करते हैं कि व्यक्ति किसी पूर्वनिर्धारित व्यवस्था पर निर्भर है। इसे मान लेने पर व्यक्ति को स्वेच्छा अनुसार आगे बढ़ने की छूट नहीं रह जाती। दास्ताएव्स्की ने कहा था कि यदि ईश्वर को मिटा दें तो फिर सब कुछ करना सम्भव है। सार्त्र भी लिखते हैं--यदि ईश्वर का अस्तित्व न हो तो सब कुछ सम्भव है क्योंकि मनुष्य निराश्रित होकर किसी भी आन्तरिक या बाह्य वस्तु से न बँध सकेगा। यदि अस्तित्व सचमुच सार का पूर्ववर्ती है तो फिर किसी पूर्व निर्धारित प्रवृत्ति के आधार पर वस्तुओं की व्याख्या अपेक्षित नहीं। मनुष्य के लिए कुछ भी पूर्व निर्धारित नहीं है, वह स्वतन्त्र है। यदि ईश्वर का अस्तित्व न रहे तो ऐसा कोई मूल्य या आदेश भी न रहेगा जिसे मानना आवश्यक हो। इस प्रकार अस्तित्ववादी ईश्वर की सत्ता का निषेध करते हैं। असल में उन्हें

ईश्वर के होने या न होने में चिन्ता नहीं है, उनका असली विरोध तो ईश्वर के नाम पर स्थापित आस्थाओं, धारणाओं और नियमों से है। इसीलिए सार्त्र कहते हैं कि अस्तित्ववाद इतना नास्तिक नहीं है कि वह ईश्वर का विरोध करने में ही अपनी शक्ति का अपव्यय करता रहे, अपितु वह, यह स्पष्ट कर देना चाहता है कि यदि ईश्वर है भी तो उससे मनुष्य का कुछ बनता बिगड़ता नहीं। अतः अस्तित्ववादी उस ईश्वर को नहीं स्वीकारता जो व्यक्ति के स्वावलम्बन में बाधक बनता है। यही कारण है कि वह ईश्वर या आध्यात्मिक धारणाओं के प्रति आस्थावान नहीं है।

अस्तित्ववाद और जीवन मूल्य

विश्व में महान् पुरुषों का लक्ष्य व्यक्ति और समाज को सुखी बनाना रहा है। अतः किसी व्यक्ति के क्रिया-कलापों का मूल्यांकन इस बात पर निर्भर है कि वे मानवीय जीवन को सुखी एवं समृद्ध बनाने के लिए कहाँ तक सफल रहे। परन्तु अस्तित्ववादी इन लक्ष्यों और मूल्यों की अपेक्षा नहीं रखता। उसके विचार में सुख की लालसा ही मिथ्या है। चाहे जितनी समृद्धि हो जाए, मनुष्य पूर्णतः सुखी नहीं हो सकता। पूर्णतः सन्तुष्ट होना मनुष्य की न तो प्रकृति है और न ही नियति। अस्तित्ववादी की दृष्टि में तथाकथित महापुरुषों का मूल्यांकन करना भी व्यर्थ है क्योंकि उन्होंने किसी न किसी सिद्धान्त या व्यवस्था का आविष्कार करके मनुष्य की व्यक्तिगत स्वतन्त्रता कम करने का अपराध किया है। उनकी महानता मानने का अभिप्राय है कि वे दूसरे व्यक्तियों की महत्ता कम करते हैं और व्यक्ति को व्यक्ति की प्रभुता मानने को बाध्य होना पड़ता है। अतः अस्तित्ववादी न तो अतीत में समाज सुधारकों की देन मानने को तैयार है और न ही भविष्य में स्वयं को इस प्रक्रिया में धकेलने को उत्सुक। वह चाहता है कि इस धरती को ऐसा रूप दे दें जहाँ हर व्यक्ति को मनचाहा करने की पूरी छूट हो, भले ही इसका परिणाम अराजकता, संघर्ष और मृत्यु हो। मृत्यु तो आखिर एक दिन होनी ही है, फिर डर-डर कर क्यों मरें ? स्वच्छन्दता से जीते जी क्यों न उसका वरण करें ? इस प्रकार मरना इस बात का प्रमाण होगा कि हमने स्वेच्छा से मृत्यु का वरण किया है। अतः अस्तित्ववादी की दृष्टि में वैयक्तिक स्वच्छन्दता से बढ़कर कोई मूल्य नहीं, दुख और अवसाद जीवन के अनिवार्य तत्त्व हैं। दुख विवशता के रूप में नहीं, उपलब्धि के रूप में स्वीकार करने योग्य है क्योंकि दुख में ही व्यक्ति की अन्तर चेतना का पूर्ण जागरण होता है और यही वह स्थिति है जिसमें व्यक्ति अपने अस्तित्व का बोध प्राप्त करता है। इतना ही नहीं, वेदना जितनी गहरी होगी, अस्तित्व का बोध उतना ही गम्भीर होगा। निष्कर्षतः अस्तित्ववादी व्यक्ति, पूर्ण स्वच्छन्दता को सबसे बड़ा मूल्य मानता है, यही जीवन के अस्तित्व का आधार है। वह स्वेच्छानुसार परम्पराओं, नियमों और परिस्थितियों की सर्वथा उपेक्षा करता हुआ, अपने जीवन का मार्ग चुनता है और यह मार्ग अपनाने में सभी प्रकार

के कष्ट सहर्ष भोगता है। उसके लिए, अपने या दूसरों के सुखों की चिन्ता व्यर्थ है।

अस्तित्ववाद एवं ज्ञान

ज्ञान-विज्ञान के प्रति अस्तित्ववादी का दृष्टिकोण विरोधमूलक है। उसके विचार में सिद्धान्त, मत, सम्प्रदाय और वाद झगड़े की जड़ है। जनतन्त्र, साम्यवाद, पूँजीवाद, समाजवाद आदि वादों के कारण विश्व का जीवन अशान्त है अतः ये सब त्याज्य हैं। उसकी दृष्टि में इतिहास, भूगोल, समाजशास्त्र, दर्शन आदि की जानकारी का कोई महत्त्व नहीं क्योंकि इनसे व्यक्ति के अस्तित्व बोध में कोई सहायता नहीं मिलती। बौद्धिकता और विज्ञान में सामान्य को दृष्टि में रखकर नियम बनाए जाते हैं जो व्यक्ति की वैयक्तिक स्वतन्त्रता के विरुद्ध पड़ते हैं जबकि अस्तित्ववादी, व्यक्ति की स्वतन्त्रता में विश्वास रखता है। अस्तित्ववाद विचार, सार, पूर्वनिर्धारण, सामान्यीकरण, सिद्धान्त स्थापन, अनुशासन, नियम आदि का घोर शत्रु है। उसका पहला सूत्र ही सत्य एवं तथ्य को मिथ्या मानता है।

निष्कर्षतः अस्तित्ववाद को निम्न सूत्रों में समझा जा सकता है—

(1) अस्तित्ववाद का मूलमन्त्र वैयक्तिक स्वच्छन्दता है।

(2) अस्तित्ववादी ईश्वर में आस्था नहीं रखता।

(3) सामाजिकता और नैतिकता के प्रति वह कोई दायित्व नहीं समझता और उनका प्रतिबन्ध उसे स्वीकार्य नहीं।

(4) ज्ञान-विज्ञान के नियम वैयक्तिक स्वतन्त्रता में बाधक हैं अतः ये व्यक्ति के अस्तित्व के विरोधी हैं।

(5) अस्तित्ववादी पीड़ा को अस्तित्व का अनिवार्य अंग मानता है। दुख, भय, मृत्यु के क्षणों में ही अस्तित्व बोध की चेतना का गम्भीर जागरण सम्भव है।

(6) निरुद्देश्यता ही जीवन की सार्थकता है।

(7) अस्तित्ववाद केवल वर्तमान की पूजा करता है। वर्तमान का अर्थ है, अतीत को समझकर, वर्तमान की सार्थकता भविष्य में खोजना। अस्तित्ववादी के सामने भविष्य खुला है जिसमें वह वर्तमान की स्थितियाँ बदल सकता है। वह अनागत की ओर उन्मुख होकर, वर्तमान को व्यवस्थित कर लेता है और उसे अतीत से विच्छिन्न नहीं होने देता।

अस्तित्ववादी कलाकारों ने कलाकृतियों के माध्यम से इन सिद्धान्तों को उकेरा है। इनके साहित्य में व्यक्ति का चित्रण मिलता है और उसमें सामान्य की अपेक्षा विशेष पर बल दिया गया है, इससे अस्पष्टता झलकती है। इस साहित्य में चित्रित स्थितियाँ वास्तविकता के अतिरेक के कारण अवास्तविक प्रतीत होती हैं। इसके पात्र स्वतन्त्रता की खोज में मारे-मारे फिरते हैं, अतः उनका चित्रण एकाकी, उदास और

निष्क्रिय पात्रों के रूप में होता है। वे नहीं जानते कि वे क्या हैं ? अस्तित्ववादी कलाकारों ने जीवन को हीनतम रूप में चित्रित किया है और उनकी अभिव्यक्ति प्रकृतिवादी कलाकारों के समान है।

अस्तित्ववाद पलायनधर्मी है। इसका आधार विच्छृंखलता, विच्छिन्नता, एकान्तिकता, असामाजिकता, अमान्यता और स्वच्छन्दता है। यह विवेकहीनता, दायित्वहीनता और असंगति में ही जीवन की सार्थकता देखता है। अतः यह वाद न कोई वाद है और न कोई सिद्धान्त। यह न समाज का और न ही व्यक्ति का कोई हित कर सकता है। इस मत के अनुयायी कलाकारों की कृतियों में भी कोई ताज़गी नहीं। फिर भी अस्तित्ववाद अपने शुद्ध रूप में महत्त्वपूर्ण दर्शन है क्योंकि यह व्यक्ति को अपना निर्माण स्वयं करने हेतु आदर्श निर्धारित करने की स्वतन्त्रता प्रदान करता है।

●●●